BAEDEKER

T

THAILAND

»

Wende dein Gesicht der Sonne zu, und die Schatten werden stets hinter dir liegen.

Thailändisches Sprichwort

baedeker.com

DAS IST THAILAND

TOUREN

LEGENDE

Baedeker Wissen
● Textspecial, Infografik & 3D

Baedeker-Sterneziele
★★ Top-Reiseziele
★ Herausragende Reiseziele

ZIELE VON A BIS Z

HINTERGRUND

ERLEBEN & GENIESSEN

PRAKTISCHE INFORMATIONEN

ANHANG

PREISKATEGORIEN

Restaurants
Preiskategorien für ein Hauptgericht

€€€€	über 20 €
€€€	12 – 20 €
€€	8 – 12 €
€	bis 8 €

Hotels
Preiskategorien für ein Doppelzimmer

€€€€	über 200 €
€€€	100 – 200 €
€€	50 – 100 €
€	bis 50 €

MAGISCHE MOMENTE

ÜBERRASCHENDES

Mit dem Longtail-Boot in die Inselwelt

D
DAS IST …

Thailand

Die fünf großen Themen
rund um das Land des Lächelns.
Lassen Sie sich inspirieren!

Elefantenstatuen schützen den Eingang
zum Wat Phra Kaeo in Bangkok. ►

PHILOSOPHIE ODER RELIGION?

Mit knapp 400 Millionen Anhängern gilt der Buddhismus zwar als fünfgrößte Religion der Erde, doch viele dieser 400 Millionen würden sich weigern, den Buddhismus als Religion zu bezeichnen. Dazu ist dieses Buddha-Zitat überliefert: »Niemand rettet uns, außer wir selbst. Niemand kann und niemand darf das. Wir müssen selbst den Weg gehen.«

◄ Keine Furcht vor großen Buddhas

Bis zur Erleuchtung so ausgeglichen meditieren wie dieser Steinbuddha im Wat Mahathat Historical Park – für viele Buddhisten Ideal und Lebenssinn

SANUANGHIT ist 23 Jahre alt, kommt aus Khon Kaen im armen Nordosten des Landes, dem Isan, und sie ist schon seit langer Zeit Prostituierte in einem Bangkoker Massagesalon. Jeden Tag, bevor sie zur Arbeit geht, kniet sie im Wat Bovornives vor Buddha nieder und bittet um Vergebung für ihre schlechte Arbeit, gleichzeitig aber auch um gute Einnahmen aus dieser schlechten Arbeit. Ein Widerspruch?

Derselbe Tempel im Bangkoker Traveller-Stadtteil Banglamphu beherbergte die meisten thailändischen Könige während ihrer Novizenzeit. Auch Bhumipol Adulyadej war in Wat Bovornives, um im Alter von 21 Jahren für 15 Tage sein Mönchsversprechen einzulösen, wie es in der Regel jeder junge thailändische Mann tut. Sein Urgroßvater, König Mongkut, war dort Abt und der Tempel ist bis heute **Sitz des Sangha Raja**, dem Oberhaupt der thailändischen Mönchsgemeinschaft. Wat Bovornives taucht zwar in kaum einem Reiseführer auf, ist für die Buddhisten jedoch von großer Bedeutung. Deshalb lohnt sich ein genauer Blick auf die Statuen der Tempelwächter, bärtige Dämonen auf Krokodilen stehend, und auch auf die

Torvergoldung: Sie sind ganz und gar nicht ehernen Ursprungs und wurden von Opiumhändlern gestiftet, mit dem unverhohlenen Wunsch nach weiterhin guten Geschäften …

Kein Gott, kein Dogma

Die junge Prostituierte und die cleveren Rauschgifthändler zeigen: Der Buddhismus kennt kein Dogma. Weil es keinen Gott gibt. Es gibt nur Buddha, der eine Lehre gelehrt und als Siddharta Gautama ein Beispiel gegeben hat. Der Buddhismus proklamiert weder Himmel noch Hölle, sondern Erlösung durch Selbsterkenntnis, Wiedergeburt und Erleuchtung. Im **Karma-Prinzip**, also dem Glauben an ein Geist-Kontinuum, das bis zur Erleuchtung viele Leben durchlaufen muss, wird ein Mädchen wie Sanuanghit nicht getadelt oder gar bestraft. Buddhistische Kleriker setzen niemanden unter Druck, wenden keine Gewalt an, weder physisch noch psychisch. Der Buddhismus kennt auch keinen Missionierungsanspruch, eben weil es kein Dogma und keinen Gott gibt. Daher sieht man im Buddhismus auch keinen Widerspruch in der Existenz unterschiedlicher Religionen. In der Geschichtsschreibung ist zudem kein Krieg bekannt, der im Namen Buddhas geführt wurde, anders als etwa im Namen des Christentums und des Islams. Und anders als in den beiden großen Offenbarungsreligionen Christentum und Islam geht es im Buddhismus nicht um die Offenbarung des göttlichen Willens in einer Selbstmitteilung Gottes an die Menschen und um den Glauben an diesen Gott. Es gibt auch keine göttliche Schöpfungsgeschichte. Der Buddhismus beruft sich auf logische Zusammenhänge. Daher ist der Buddhismus vielmehr – je nach individueller Einschätzung und Auslegung – eine **Lehrtradition oder Philosophie**. Und Buddha ist der Weise, der Lehrer, der Führer, an dem man sich orientieren kann. So gesehen fußt auf dem Buddhismus in Thailand ein Stück weit auch die viel zitierte thailändische Toleranz.

DIE NOVIZEN VON WAT SAKHET

318 Stufen über Bangkok: Das gibt einem trotz der unzähligen Skyscraper immer noch ein erhabenes Gefühl. Einst war der Golden Mount die höchste Erhebung der flachen Stadt. Auf der Anhöhe thront gold-glänzend Wat Sakhet. Bis heute warten dort jeden Mittag Novizen auf Touristen, um mit ihnen ein wenig Englisch zu lernen: Sie fragen nach dem Namen und wo man herkommt, wie man Thailand finde und sogar, welcher Religion man nahestehe. Der eine oder andere leuchtend orange Gewandete erklärt im Gegenzug, warum Buddha kein Gott ist … (▶ Bangkok, S. 78)

DIE KONSTANTE EINER NATION

Das Land hält kurz inne, das Alltagsleben stoppt, wenn die Nationalhymne erklingt. Jeden Tag, Punkt 8 Uhr. Dasselbe passiert, wenn der König spricht. Er ist der Vater des Landes, streng und gutmütig, immer weise, immer der Halt für alle Thais. Dieser Halt hieß knapp 70 Jahre lang Bhumibol Adulyadej. Dann kam der 13. Oktober 2016: Der neunte Rama der Chakri-Dynastie starb und ein Land versank in einem Trauerrausch.

◄ Familie Bhumine im Juli 1966. Ganz links der aktuelle Herrcsher Maha Vajiralongkorn.

IHN, **König Bhumibol**, respektierten alle: die Militärs, die Buddhisten und Muslime, Regierung und Opposition, Gelbhemden und Rothemden, der CEO eines global aufgestellten Konsortiums und der Arbeiter vom stinkenden Hafen Klong Thoey. Ein Beispiel aus vergangenen Tagen: Als 1992 hunderte Demonstranten vom Militär erschossen wurden, bestellte der König den General Premierminister und den Oppositionsführer ein. Vor laufenden Fernsehkameras mussten sich die Kontrahenten vor **Bhumibol** niederwerfen und hörten sich danach kniend ihre Standpauke an wie Schulbuben. Weiteres Blutvergießen gab es nicht mehr und bald auch wieder geregelte Regierungsgeschäfte. Damals wie heute gilt: Der König ist Staatsoberhaupt, hat zwar keinen offiziellen Einfluss auf die Tagespolitik, doch Bhumibol hat mehrfach gezeigt, wenn er das Wort erhebt und Stellung bezieht, dann wird von der Politik auch entsprechend gehandelt.

Und nun alles anders?

Und jetzt? Ist jetzt alles anders in Thailand mit dem neuen **König Maha Vajiralongkorn**? Ja. Und Nein. Nein, weil auch Bhumibols einziger Sohn und Nachfolger, Maha Vajiralongkorn, als zehnter Rama der Chakri-Dynastie der König aller Thailänder ist. Ja, weil fraglich ist, ob sein Wort so viel Gewicht haben wird wie das seines Vaters. Ja, weil sie ihn nicht mögen, seinen Lebensstil unpässlich finden und weil er mehr in München und Tutzing am Starnberger See ist als in Bangkok und der Sommerresidenz Hua Hin. Offen sagt das niemand, aber fast alle hinter vorgehaltener Hand. Der neue König feiert die Partys, wie sie kommen, und der Lebemann gibt das Geld auch gerne mit vollen Händen aus. Ein königlicher Jet ist am Münchner Flughafen geparkt, weil in seiner schönen, gelb gestrichenen Tutzinger Villa sein jüngster Sohn mit seiner jüngsten Liebe lebt. Er hatte die Stewardess auf einem Thai-Airways-Flug kennen gelernt. Insgesamt hat Maha Vajiralongkorn 13 Kinder von fünf Frauen. Das alles mögen die Thais nicht. Aber er ist jetzt nun mal ihr König und deshalb respektieren sie ihn, nur wie einen Vater lieben werden sie ihn nicht, schon gar nicht so wie seinen Vater. Lieben würden sie Bhumibols zweite

WENN UM 8 UHR ALLES STILL STEHT

Hauptbahnhof Bangkok, genau 7.59 Uhr: Es herrscht geschäftiges Treiben. Einer rennt, um seinen Zug zu erwischen, ein anderer schläft im Sitzen, weil er noch warten muss. Doch eine Minute später stehen beide stramm. Der eine hat aufgehört zu rennen, der andere aufgehört zu schlafen. Die Nationalhymne erklingt aus den Lautsprechern, und Hua Lumphong, der Bahnhof, erstarrt wie in Eis. Keiner bewegt sich: »Thailand den Thailändern. So bleibt es, denn alle Thailänder sind in Einigkeit miteinander verbunden ...« schallt die Hymne für den wichtigsten aller Thais, den König ... (▶ S. 86)

König Maha Vajiralongkorn, offiziell Rama X., tritt in große Fußstapfen.

Tochter Sirindhorn, die ihren Vater zu all seinen inländischen Entwicklungshilfeprojekten begleitete und diese übernahm, als der Papa krank wurde.

Militär und bunte Hemden

Das alles wird dazu führen, dass die Militärs noch eine ganze Weile die Nation regieren werden. Wahlen sind nicht vor Ende 2018 vorgesehen, da die Generäle das Land unter Maha Vajiralongkorn als nicht besonders stabil sehen und der Konflikt zwischen den königstreuen, mittelständischen Gelb(hemd)en und den armen, ländlichen Rot(hemd)en wohl sofort wieder eskalieren würde. **Gelb- und Rothemden** werden so genannt, weil sich einige Zeit lang Millionen im Land mit diesen Farben bei Massendemonstrationen kleideten und so Farbe bekannten und Gesinnung zeigten. Wenn man nun verstärkt auch **lilafarbige Hemden** auf den Straßen im Land sieht, dann outen sich damit die Anhänger von Prinzessin Sirindhorn, denn Lila ist ihre Farbe, so wie Gelb die Farbe von Bhumibol Adulyadej war.

HEISSE LIEBE FÜR SCHARFES

Thailands Street-Food gehört zum Besten, was weltweit von den Köchen der Straßenküchen aufgetischt wird: aromatisch, scharf und immer sauber, auch wenn die direkte Umgebung anderes vermuten lässt. Der Baedeker-Autor fährt seit 30 Jahren nach Thailand, isst sehr oft an Garküchen, weil es eben die authentische Küche und sehr lecker ist, hatte aber noch nie Magen-Darm-Probleme ...

Wer braucht ein Restaurants wenn es Garküchen gibt? ▶

MAN sagt, die Thais würden, wenn sie nicht gerade essen, zumindest ans Essen denken. Die eine Hälfte kocht, die andere isst. Gegessen wird immer und überall, zu jeder Tages- und Nachtzeit, im Feinschmeckerrestaurant und an der Bordsteinkante – wie in Bangkoks Chinatown, wo die Touristen aus aller Welt staunen, wenn sie denn die Augen aufmachen und sehen, was es so alles gibt auf der Yaowarat Road und den unzähligen Straßen mit ihren **Garküchen**. Neben Fisch und Huhn, Rind und Schwein, Gemüse und natürlich Reis sind dort bekanntermaßen köstliche Hummer und die geschmacklich noch feineren Langusten sehr beliebt.

Auf ins Gewirr!

Chinatown ist vielleicht das beste Viertel, Street-Food auszuprobieren. In einem heillosen Gewirr aus Läden und Buden gleiten die Menschen mit asiatischer Geschmeidigkeit aneinander und an den zahllosen Essenständen vorbei, um genau die richtige Garküche zu finden. Diese Straßenküchen bieten schließlich fast alles, was man nur so essen kann. Auch die **Nachtmärkte** von Hua Hin oder Chiang Mai und nach einem ausgedehnten Shopping-Tag, der fünfte und sechste Stock des Einkaufs-Centers MBK in der Silom-Gegend der Hauptstadt bieten eine ähnliche Vielfalt und Qualität zu niedrigen Preisen: An vielen Garküchen und auf Nachtmärkten gibt es noch für zwei Euro beste Reis- und Nudelgerichte sowie Suppen oder marinierte Hühnchen vom Grill. »Off the record«, geben sogar die Starköche der Stadt zu, dass sie traditionelles Thai-Food nicht besser zubereiten können, sondern ihnen nur bessere und teurere Rohprodukte zur Verfügung stehen, wie Rind und Lamm aus Australien oder geschmackvollere Kaltwasserfische.

Ende der Straßenküchen?

Da schlug es natürlich wie eine Bombe ein, als kürzlich aus thailändischen Regierungskreisen verlautbart wurde, dass man Straßenküchen im Lauf der nächs-

REIZÜBERFLUTUNG IN CHINATOWN

In der Sampeng Lane, einer langen, schmalen Gasse und seit jeher die kleine Pulsader von Bangkoks Chinatown, läuft ein frisch geköpftes Huhn noch ein paar Meter den Marktgang entlang, ehe es tot umfällt. Ein Mann gibt eine lebende Schlange dem Koch einer Garküche, um sich die Delikatesse frisch zubereiten zu lassen. An einer anderen Kochstation häufen sich gegrillte Heuschrecken. Und in den Apotheken rätselt der Besucher über in Gläsern ausgestellte Seepferdchen. Wang, der chinesische Apotheker der »Bird's Nest Farmacy« in der Yaowarat Road erklärt: »Man legt sie zwei Wochen in Alkohol ein und isst sie, um Nierenprobleme zu lindern.« (▶ Bangkok, S. 86)

Frisch, schnell, günstig, lecker: kleine Garküchen bergen große Geschmackserlebnisse.

ten Jahre verbieten wolle, Anbieter nur noch **Konzessionen** für in dafür ausgewiesene, klimatisierte Food-Center bekämen und man das Drunter und Drüber an und um die Food-Stalls so nicht mehr dulden wolle. Ein einhelliger Aufschrei der Bevölkerung schallte durchs Land, lauter als die Verlautbarungen der immer noch regierenden Generäle. Aber Wanlop Suwandee von der Bangkok Metropolitan Administration relativierte schnell: »Wir verbannen unser Street-Food nicht. Die Khao San Road und Chinatown mit ihren Garküchen sind Touristenanziehungspunkte erster Klasse! Aber wir passen vermehrt auf, dass die **Hygiene-Standards** eingehalten werden.«

Street-Food mit Michelin-Stern

Selbst im allerletzten Winkel des Königsreichs ist zumindest eine Garküche zu finden. Und bestellen kann man um zwölf Uhr mittags wie um zwei Uhr nachts. Viele Garküchen in Bangkok und die kleinen Lokale an den Busbahnhöfen haben zuweilen sogar einen 24-Stunden-Betrieb. In Thailand kann man für zwei Euro ebenso gut essen wie für zehn, hundert oder mehr: Schließlich bekam Bangkok 2017 seinen ersten **Michelin-Guide**, mit drei Zwei-Sterne- und 14 Ein-Sterne-Restaurants. Den Mut nicht nur in feinen Restaurants zu speisen, sondern auch einmal auf einem kleinen Hocker zu bestellen, sollte man sich unbedingt nehmen. Wer einmal dort gegessen hat, denkt dann wie die Thais beim Essen auch schon mal ans nächste Essen ... Und wenn man das »Jay Fai« wählt, hat man sogar Street-Food und Sterne-Küche in einem, denn die 72-jährige Restaurant-Besitzerin und Küchenchefin Supinya Junsuta hat als erstes Street-Food-Lokal überhaupt einen der begehrten Michelin-Sterne ergattert.

VOM HOLZARBEITER ZUM ENTERTAINER

»Das sind Khun Eer und Puang Whan!«, werden in Hua Hin zwei ganz unterschiedliche Typen vorgestellt: Der eine ist ein Fliegengewicht von 50 kg, der andere knapp drei Tonnen schwer. »Die beiden sind wie ein Ehepaar, denn der Elefant vertraut nur einem: seinem Mahut Eer …« Und mit beiden geht's zwar nicht in den Porzellanladen, aber in die Weinberge von Hua Hin …

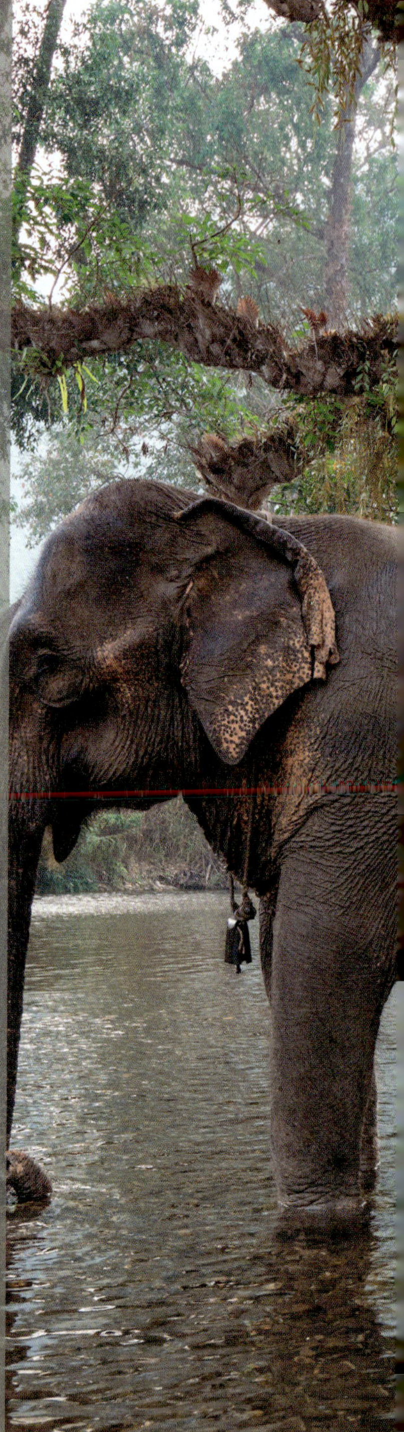

Unzertrennlich: Elefant und Mahut ▶

Ein traditioneller Ausritt auf einem Elefanten gehört noch zum normalen touristischen Angebot, aber müssen die Dickhäuter auch Fußball spielen?

SHOWTIME auch im großen Elefantencamp von Mae Rim bei Chiang Mai: Die Elefanten spielen Fußball – und das gar nicht schlecht! – oder zeigen, was sie früher gemacht haben, nämlich Teakholzstämme umher zu wuchten. Doch spätestens beim Weinberg- oder Fußballangebot stellt sich der eine oder andere die Frage, ob es denn richtig sei, all diese touristischen Angebote mit Elefanten anzunehmen? Einen Elefantenritt versteht man ja noch. Aber diese anderen, manchmal absurd wirkenden Shows, in denen Elefanten Männchen machen oder gar malen müssen? Sind die nicht wider jegliche Natürlichkeit der Tiere?

Kulturgut und Tierwohl

Die Antwort liegt in Thailand offensichtlich nicht gleich auf der Hand, denn es werden eine ganze Reihe von Gründen vorgetragen: Der Elefant ist ein **Glücksbringer**, ja sogar eine Art Kulturgut in Land, einer, der in Tempeln verehrt und von den Menschen als ehemaliger Kämpfer in den Kriegen gegen Burma hoch geachtet wird. Danach war er in der Geschichte Thailands ein unermüdlicher Arbeiter in den Wäldern des Nordens.
Und alle weißen Elefanten, also Albinos, werden bis heute klaglos dem Königshaus geschenkt. Dabei muss man

wissen: Elefanten kosten immer noch bis zu 15 000 Euro. Früher waren sie sogar noch teurer. Da haben sie Holz abtransportiert und gestapelt. Vor hundert Jahren gab es an die 100 000 **Arbeitselefanten** in Thailand. Doch seit 1989 darf kaum noch gerodet werden.

Deshalb sind heutzutage gerade mal 3000 dieser Dickhäuter übrig geblieben im Königreich. Der Rest ist arbeitslos. Auch Phuang Whan oder seine 70 Kollegen aus dem Mae Sa Valley wären ohne Arbeit, wenn sie nicht Touristen durch die Hua Hin Vineyards schaukeln oder mit Fußballspielen begeistern würden.

200 kg Festtagsmenü

Einer wie Phuang Whan muss sich sein Fressen schließlich verdienen. Seine drei Tonnen Lebendgewicht wollen pro Tag mit rund 200 kg Grünzeug gefüttert werden. Wobei Phuang Whan – wie jeder Elefant – sehr schlau ist. Weiß er doch, was nach dem Ritt auf ihn wartet. Die Touristen werden mit Delikatessen verwöhnt und verkosten diverse Thai-Weine. Er nimmt zunächst mal einen kräftigen Schluck Wasser – pro Rüsselfüllung 15 Liter – und dann gibt's das Festtagsmenü: Ananas, Papaya und Wassermelone zur Vorspeise, Zuckerrohr und Kokosnussblätter als Hauptgericht und frische Bananenstauden zum Dessert.

ABM-Stelle oder Ausbeutung?

Bei jedem Ritt, bei jeder Show bucht man mit dem touristischen Angebot gleichzeitig auch immer eine ABM-Maßnahme. Eine Arbeitsbeschaffungsmaßnahme für einen entlassenen Holzarbeiter, der nun sein Futter (und natürlich auch das seines Besitzers ...) mit **Entertainment** verdient. Allerdings sollte man immer einen Blick auf die Tiere und Ställe werfen, bevor es losgeht oder lustig wird: Wirken die Tiere apathisch, haben sie nur wenig Platz oder sind an einer kurzen Kette angebunden, dann sollte man vielleicht von dem Angebot **Abstand nehmen**, da davon auszugehen ist, dass diese Elefanten nicht artgerecht gehalten und regelrecht ausgebeutet werden.

ELEFANTENRITT UND WASSERFONTÄNE

»Song soong!«, befiehlt der Elefantenführer im Elephant Center. Und brav bildet der Elefant mit seinem Rüssel eine Treppe zum Aufsteigen. Das Kraftpaket setzt sich in Bewegung, und oben, im Nacken des Tieres sitzend, erlebt man jede Bewegung intensiv mit. Es geht eine Stunde durch ein Flussbett, und man schaut zu, wie der Elefantenführer sein Tier beim Baden mit der Schale einer Kokosnuss schrubbt. Dem Elefanten gefällt das: Er taucht seinen Rüssel in den Fluss und spritzt ausgelassen eine Wasserfontäne in die Luft. (▶ S. 218)

VOM BACKPACKER ZUM MASSENZIEL

Im Tourismusgeschäft gehört Thailand längst zu den Schwergewichten: Knapp 50 Milliarden Euro Einnahmen werden jährlich erzielt. Mit 32,6 Millionen Besuchern pro Jahr hat sich Thailand seit 2016 sogar unter die Top Ten der der Welt geschoben. 1970 zählte man noch nicht einmal 400 000 Gäste! Und ein Ende scheint nicht in Sicht: Man geht davon aus, dass schon 2020 die 50-Millionen-Marke in Reichweite kommt ...

◄ Alles bereit für den Ansturm in Phuket

Seit der Verfilmung von »The Beach« ist es an der Maya Bay vorbei mit der Einsamkeit.

THAILAND ist unserer Zeit weit voraus. Das Königreich schreibt schon das Jahr 2561, wenn dieses Buch in den Handel kommt. Ihrer Zeit voraus waren auch die Hippies, die ab 2513, also ab 1970, Ko Samui und Phuket als neue **Blumenkinderparadiese** entdeckten. Schon bald entstanden die ersten Holz- und Bambushüttchen für die Gäste, Fischer sorgten für den Bootstransfer, die Szene traf sich abends im dämmrigen Schein von Petroleumlampen und schwärmte von Leben, Liebe, Freiheit und stetig kreisenden Joints.
In den 1980er Jahren war ein Beachfront-Hüttchen schon nicht mehr selbstverständlich, denn die Bungalow-Siedlungen wurden vorwiegend ins Landesinnere gebaut. Ebenso romantische wie spartanische Hütten ohne Elektrizität, aber nur wenige Meter vom Ufer entfernt verschwanden nach und nach. Dafür bestimmten bald komfortable Mittelklasseanlagen mit Pool das Bild. Die Szene zog derweil weiter auf die Schwesterninseln Phangan und Tao.

di Caprios Traumstrand

Dann kam das Jahr des Drachen, 2543, unser 2000, und Alex Garlands »The

Beach«. Da mittlerweile so viele Pauschaltouristen die Endstation ihrer Sehnsüchte auf Ko Samui gefunden hatten, winkten die Filmemacher ab: Für die Dreharbeiten zogen sie samt Leonardo di Caprio, der den Rucksackreisenden Richard spielte, auf die unbewohnte Insel Phi Phi Le an die Westküste Siams. Dort fand di Caprio als Richard seinen verklärten Traumstrand. Und Thailand wurde überrollt von Besuchern.

Beispiel Ko Samui

Mit **»Welcome to Paradise«** werden die Besucher bis heute auf Ko Samui empfangen, wenn sie über den immer noch beschaulichen und mit Blumen geschmückten Flugplatz einreisen. Doch bevor die Touristen einflogen, lebten die gut 35 000 Einwohner ausschließlich von ihren drei Millionen Kokospalmen und vom Fischfang. Dabei wurde der monatliche, rekordverdächtige Ertrag von zwei Millionen Kokosnüssen erzielt. Heutzutage werden Plantagen nur noch im Süden der Insel rentabel betrieben. Denn zur Monokultur Kokosnuss kam die **Monokultur Tourismus**, die beste Lagen für die Hotels beansprucht. Vom einfachen 500-Baht-Zimmer bis zur 500 000-Baht-Luxusvilla (das sind bis zu 12 500 Euro pro Nacht!) ist heutzutage alles zu haben. Schlimmste Auswüchse wurden glücklicherweise vermieden, denn kein Hotel ragt höher als eine Kokospalme in den Himmel. Und die natürliche Schönheit der Insel hat sowieso ihren Selbstschutz, da das Innere mit seinen bis zu 635 m hohen Bergen bis heute praktisch unentdeckt und nur sehr schwer zugänglich ist.

Ko Samui ist exemplarisch und gehört zu den Teilen des Landes, die sich vom Backpacker- zum Massenziel gewandelt haben. Trotzdem gibt es Massentourismus nicht überall in Thailand. Er beschränkt sich neben der Hauptstadt Bangkok auf einige Badeorte an der Küste wie Pattaya, Hua Hin, Krabi und Kao Lak oder auf die wichtigsten Inseln wie Phuket, Phangan, Samet und eben Samui. Auf zahlreichen anderen Inseln geht es noch wesentlich **beschaulicher** zu, sogar auf Thailands drittgrößter Insel Ko Chang findet man bis heute 1980er Romantik mit Bungalows direkt am Strand. Es gilt halt wie immer in Thailand: same same – but different ...

BIG BUDDHA REVISITED

Die Sonne brennt, der Schweiß rinnt, der Buddha glänzt: wie in den 1980ern. Auch damals waren es 74 Stufen bis nach oben. 2005 hat der 12 m hohe Big Buddha auf einer Anhöhe an der Nordostspitze von Ko Samui allerdings noch ein Lebensrad und ein zierendes Schiff hinter seinem Rücken hinzubekommen, das ihn noch imposanter erscheinen lässt. Es sind auch mehr Souvenirstände rund um Wat Phra Yai, zu dem Big Buddha gehört, dazugekommen, und die Halbinsel Bo Phut ist inzwischen zugebaut. Gut 30 Jahre gehen auch an einem Paradies nicht spurlos vorüber ... (▶ Ko Samui, S. 198)

T
TOUREN

Durchdacht, inspirierend, entspannt

Mit unseren Tourenvorschlägen
lernen Sie Thailands beste Seiten kennen.

Mit dem Heißluftballon über das Ruinenfeld von Ayutthaya ▶

CANCER RESEARCH UK

UNTERWEGS IN THAILAND

Richtig planen

Thailand ist, obwohl das Straßennetz gut ausgebaut ist, kein Land für Raser. Es wäre auch zu schade, an den vielen Sehenswürdigkeiten abseits der Hauptverkehrsrouten einfach vorbeizufahren. Deshalb sollten Sie für Überlandfahrten eine **Durchschnittsgeschwindigkeit von maximal 40 km/h** zugrunde legen und genügend Zeitreserven für Abstecher einplanen. Das betrifft nicht nur Fahrten auf den gut ausgebauten Schnellstraßen, sondern auch ganz besonders solche auf Nebenstrecken. Hier können z. B. Omnibusse und Lastwagen unliebsame Verkehrshindernisse darstellen. Vorsicht: **Während der Regenzeit** kann es durchaus vorkommen, dass Nebenstraßen und Sandpisten nicht passiert werden können! Wer Fahrten in das unwegsamere Bergland im Norden Thailands unternimmt, sollte eventuell ein geländegängiges Fahrzeug anmieten. Da nur Hauptstraßen nachts ausreichend beleuchtet sind, sollte man sicherheitshalber **auf Nachtfahrten verzichten**.

Mietwagen

Thailand lässt sich sehr gut mit dem Mietwagen erkunden, alle international operierenden Fahrzeugverleiher sind mit Dependancen an Flughäfen und größeren Städten vertreten

NORDOSTTHAILAND-RUNDFAHRT

Länge der Tour: ca. 2500 km
Dauer: 10 Tage
Start/Ziel: Bangkok

Tour 1

Terra inkognito? Nicht ganz, aber diese Rundreise führt durch den Isan, den touristisch noch wenig erschlossenen Nordosten Thailands. Die Qualität der Unterkünfte kommt in der Regel über einfaches Mittelklasse Niveau nicht hinaus, dafür gibt es große Kultur und authentische Eindrücke aus dem Alltagsleben.

Tag 1

Man verlässt ❶ ★★**Bangkok** über die Nationalstraße 1 in nördlicher Richtung, fährt vorbei an Ayutthaya nach ❷ **Saraburi** und von dort

MYANMAR (BIRMA)
★ Mae Sai
Chiang Saen
★ Chiang Rai
Fang
TOUR 3
Phayao
Wang Nua
★★ Chiang Mai
★★ Lamphun
★ Lampang
★ Si Satchanalai
TOUR 2
★★ Sukhothai
Phitsanulok
★ Kamphaeng Phet
Nakhon Sawan
★ Lopburi
★★ Ayutthaya
★★ Bang Pa in
LAOS
VIETNAM
Nakhon Phanom
★ Udon Thani
★ Ban Chiang
Khon Kaen
That Phanom
TOUR 1
★ Pa Tham
★★ Phimai
★★ Ubon Ratchathani
★ Wat Phra Buddhabat
Nakhon Ratchasima
★ Saraburi
★ Wat Prasat Phanom Rung
★★ Khao Phra Viharn
★★ Bangkok
★ Phetchaburi
Pattaya
Chanthaburi
Hua Hin
Sattahip
Ko Samet
Trat
KAMBODSCHA
MYANMAR (BIRMA)
TOUR 5
★★ Ko Chang
Prachuap Khiri Khan
TOUR 4
Andamanen-see
Golf von Thailand
Chumphon
VIETNAM
Suratthani
★★ Phangnga
Nakhon Si Thammarat
★★ Krabi
★★ Phuket
Südchinesisches Meer

weiter auf der Nationalstraße 2 nach Nakhon Ratchasima. Zunächst geht es dabei durch eine von Reisfeldern geprägte, danach bereits durch eine für den Nordosten typische karge Landschaft. 7 km vor Saraburi lohnt sich eine Besichtigung des als Wallfahrtsort beliebten Wat Phra Buddhachai.

Von Saraburi geht es nach 34 km (Nationalstraße 1 in Richtung Norden) zum Höhepunkt des 1. Tages: 3 ★ **Wat Phra Buddhabat**, der berühmte Tempel mit dem einzigen echten Fußabdruck Buddhas in Thailand. Etwa auf halber Strecke zum Wat Phra Buddhabat liegt noch der Höhlentempel Wat Tham Si Wilai mit einem imposanten Gewölbe.

Tag 2 Vor der Weiterfahrt nach Khon Kaen sollte man sich am frühen Morgen 4 **Nakhon Ratchasima** ansehen, das auch Khorat genannt wird. Anschließend biegt man von der Nationalstraße 2 rechts ab zur sehr sehenswerten Khmer-Tempelanlage von 5 ★★ **Phimai**, die vor einigen Jahren mit erheblichem Aufwand restauriert worden ist, das größte und am besten erhaltene Zeugnis der Khmer-Kunst auf thailändischem Boden. Abends erreicht man Khon Kaen.

Tag 3 6 **Khon Kaen** hat keine sonderlich interessanten Sehenswürdigkeiten. Besuchenswert ist jedoch (auch zur Vorbereitung auf Ban Chiang am 4. Tag) das Nationalmuseum mit Artefakten aus der thailändischen Frühgeschichte, darunter ein in Ban Chiang freigelegtes Grab.

Die kurze Tagesetappe von Khon Kaen nach 7 ★ **Udon Thani** (Nationalstraße 2 nach Norden) gibt Gelegenheit, sich die Landschaft anzusehen, in der einen oder anderen kleinen Ortschaft haltzumachen und die zumeist einfachen, doch hübschen Tempelanlagen oder auch einen Markt zu besuchen.

Tag 4 Um ausreichend Zeit für den Besuch in Ban Chiang zu haben, verlässt man Udon Thani schon am frühen Morgen (Nationalstraße 22 nach Osten). 8 ★ **Ban Chiang**, wo 1967 sensationelle Keramik- und Bronzewerkzeugfunde gemacht wurden, ist 46 km von Udon Thani entfernt. Man erreicht die Fundstätten nach 6 km und das kleine, etwa 1 km von ihnen entfernte Nationalmuseum von der Nationalstraße 22 aus.

Tag 5 Kurz vor dem Dorf Ban That Naweng (ca. 70 km von Udon Thani) führt von der Experimentierstation für Reisanbau eine unbefestigte Nebenstraße zu einem interessanten Khmer-Heiligtum mit besonders kunstvoll skulptierten Türstürzen. Auf der Nationalstraße 22, die kurz vor Sakhon Nakhon und dem Nong Han Reservoir nordöstlich abbiegt, erreicht man am Abend 9 **Nakhon Phanom** am Mekong, der die Landesgrenze zu Laos bildet.

Man verlässt Nakhon Phanom auf der Nationalstraße 212 in südlicher Richtung und erreicht nach 53 km das kleine Städtchen ⑩ **That Phanom** mit dem Phra That Phanom, einem ebenfalls im laotischen Stil erbauten buddhistischen Heiligtum. Am Flussufer gegenüber dem Tempel befindet sich ein lebhafter Markt. Sehenswert in Mukdahan, das man nach ca. 42 km erreicht, sind zwei Tempelanlagen, die von vietnamesischen Flüchtlingen erbaut wurden. Tag 6

Die Nationalstraße 212, die von Nakhon Phanom bis Mukdahan am Mekong entlang führte, verlässt nun den Fluss. Die einzige Sehenswürdigkeit auf der Weiterfahrt bis zum Tagesziel ⑪ ★★**Ubon Rat-** Tag 7

Novizen an einem Tempel in Ubon Ratchathani sorgen für Atmosphäre.

chathani ist der Wat Phra Mongkol bei Amnat Charoen mit einer überdimensionalen Buddha-Figur inmitten Schatten spendender Bäume – sie zählt zu den größten in Thailand.

Tag 8 Die Provinzhauptstadt Ubon Ratchathani sieht man sich am besten am frühen Morgen an. Interessant sind der lebhafte Markt und einige Tempel. Danach fährt man auf der Straße 217 nach Osten und wechselt hinter Phibun Mangsahan auf die Straße 2222. Nach 43 km gelangt man zum Wat Phokhaokaeo, einem sehr hübschen Tempel aus rot gebrannten Tonziegeln. Auf der Weiterfahrt nach ⓬ ★**Pa Tham** kommt man nach 7 km zu der Felsengruppe Sao Chaliang, die zum Naturdenkmal erklärt wurde. In Pa Tham lohnt v. a. der herrliche Blick über den Mekong nach Kambodscha.
Wenn es die politischen Verhältnisse erlauben (unbedingt Auskunft in Ubon Ratchathani einholen!), sollte man auch den Khmer-Tempel ⓭ ★★**Khao Phra Viharn** besuchen. Er liegt in Kambodscha und ist

offiziell seit 1992 (nur von Thailand aus) wieder zugänglich. Man erreicht den Tempel auf der Provinzstraße 2178; gegen Abend Rückkehr nach Ubon Ratchathani.

Tag 9

An der vorletzten, recht langen Etappe der Rundreise liegen zwei wichtige Sehenswürdigkeiten. Um genügend Zeit für ihre Besichtigung zu haben, ist ein zeitiger Aufbruch zu empfehlen. Man verlässt Ubon Ratchathani auf der Nationalstraße 24 in südöstlicher Richtung, dann wendet sich die Straße nach Westen. Nach etwa 260 km erreicht man Prakhon Chai in der Provinz Buriram. Etwa 14 km südlich liegt der kleine Ort Ban Tako, wo eine Tafel den weiteren Weg zum 14 ★**Wat Prasat Phanom Rung** auf einer 158 m hohen Bergkuppe weist. Eine weitere Sehenswürdigkeit ist der Wat Prasat Muang Tam, weitere 8 km südlich im Tal gelegen. Besonders beachtenswert ist das imposante Hauptheiligtum. Man kehrt auf die Nationalstraße 24 zurück und erreicht nach rund 110 km wieder Nakhon Ratchasima.

Tag 10

Auf der Rückfahrt nach Bangkok stellen die Ruinen von 15 ★★**Ayutthaya** eine Art krönenden Abschluss dieser Isan-Rundfahrt dar. Das UNESCO-Weltkulturerbe gehört zu den schönsten Tempelanlagen Asiens. Von dort geht es dann zurück nach 1 ★★**Bangkok**.

VON BANGKOK NACH CHIANG MAI

Länge der Tour: ca. 1000 km
Dauer: 9 Tage
Start: Bangkok
Ziel: Chiang Mai

Tour 2

Da schnalzen die Kunst- und Kulturliebhaber mit der Zunge: Wie Perlen an einer Schnur reihen sich Thailands großartigste Denkmäler entlang der Route von Bangkok nach Chiang Mai. Klangvolle Namen wie Ayutthaya, Lopuri, Phitsanulok oder Sukhothai liegen auf dem Weg und warten auf Ihren Besuch.

Tag 1

Man verlässt 1 ★★**Bangkok** am frühen Morgen in nördlicher Richtung (Nationalstraße 1, dann 32) und erreicht nach gut 70 km 2 ★★**Ayutthaya** mit seiner einzigartigen Ruinenstadt, zu deren Besichtigung man sich ausreichend Zeit lassen sollte.

Tag 2 Von Ayutthaya kann man die Route über Saraburi wählen und zunächst den ❸ ★**Wat Phra Buddhabat** besuchen, bevor man ❹ ★**Lopburi** erreicht. Bleibt nicht ausreichend Zeit zur Besichtigung des Königspalastes und der anderen Sehenswürdigkeiten, kann man dafür auch noch den nächsten Vormittag verwenden, da während der Fahrt nach Nakhon Sawan nur der Besuch eines Tempels in Chai Nat auf dem Programm steht.

Tag 3 Von Lopburi fährt man über Singburi und von dort auf der Straße 311 nach Chainat (85 km). Dort lohnt der Wat Thammamun mit einer Buddha-Statue aus der Ayutthaya-Epoche einen kurzen Besuch.

Entlang der Nationalstraße 32 gelangt man über Uthai Thani zum Tagesziel ❺ **Nakhon Sawan**. Die sehenswerte Stadt liegt vor einer Bergkette in einer landwirtschaftlich intensiv genutzten, weiten Ebene. Nicht auslassen sollte man den Wat Chomkiri Nagaproth auf einem Hügel über dem Menam Chao Phraya, der sich dort aus den beiden Flüssen Menam Ping und Menam Nan bildet.

Tag 4 Von Nakhon Sawan führt die Nationalstraße 117 in nördlicher Richtung nach ❻ **Phitsanulok.** Diese Etappe ist kurz gehalten, damit man den Nachmittag für den Besuch des Wat Phra Si Ratana Mahathat mit der einzigartig schönen Buddha-Statue Phra Buddha Jinarat zur Verfügung hat.

Tag 5 Diese Tagesstrecke sieht zunächst etwas merkwürdig aus, ist aber wegen der wenig empfehlenswerten Übernachtungsmöglichkeiten in Kamphaeng Phet so gewählt. Von Phitsanulok fährt man auf der Straße 12 nach Sukhothai und dann auf der 101 nach ❼ ★**Kamphaeng Phet** (insgesamt ca. 2,5 Std.). Sehenswert sind hier die beiden nebeneinander liegenden Tempelanlagen Wat Phra Kaeo und Wat Phra That. Nach gut 100 km auf der gleichen Strecke ist man wieder zurück in Sukhothai.

Tag 6 So hat man einen ganzen Tag Zeit für ❽ ★★**Sukhothai**, eine phantastische Ruinenstadt, in der sich ein ausgiebiger Rundgang sehr lohnt.

Tag 7 Auf der Straße 101 erreicht man zunächst Sawankhalok und fährt weiter nach ❾ ★**Si Satchanalai** (60 km). Bemerkenswert ist der Wat Chang Lom mit einem monumentalen Chedi. Daran könnte sich ein Besuch des Wat Chedi Chet Theow mit seinen 32 Stupas, in denen die Asche von Mitgliedern der königlichen Familien enthalten ist, anschließen. Von Si Satchanalai benutzt man die Straße 101 bis kurz vor Den Chai, biegt auf die Straße 11 ab und erreicht nach gut 2,5 Stunden Lampang (127 km).

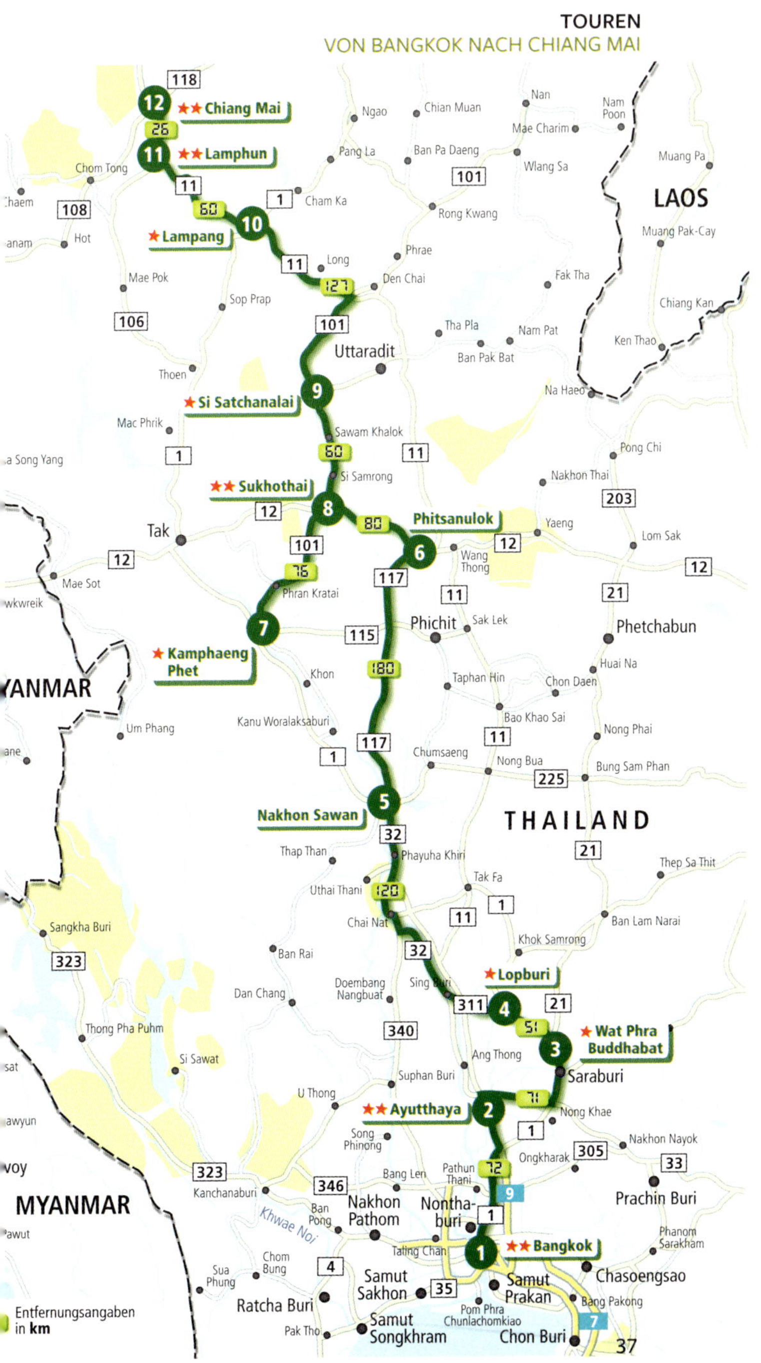
★★ Chiang Mai
★★ Lamphun
★ Lampang
★ Si Satchanalai
★★ Sukhothai
Phitsanulok
★ Kamphaeng Phet
Nakhon Sawan
★ Lopburi
★ Wat Phra Buddhabat
★★ Ayutthaya
★★ Bangkok
LAOS
THAILAND
MYANMAR
Uttaradit
Tak
Phichit
Phetchabun
Saraburi
Nakhon Pathom
Nonthaburi
Samut Sakhon
Samut Prakan
Samut Songkhram
Ratcha Buri
Chon Buri
Chasoengsao
Prachin Buri
Khwae Noi
Entfernungsangaben in km

Tag 8 Der Vormittag in ⑩ ★**Lampang** sollte dem Besuch einiger der zahlreichen Tempel gewidmet werden. Außerhalb der Stadt liegt der Wat Phra Kaeo Don Tao, in dem über 32 Jahre hinweg der berühmte, heute im Wat Phra Kaeo in Bangkok stehende Jade-Buddha, das wichtigste Heiligtum der thailändischen Buddhisten, aufbewahrt wurde. 18 km außerhalb der Stadt (Nationalstraße 1 nach Süden) steht mit dem Wat Phra That Lampang Luang ein weiterer, sehr sehenswerter Tempel. Über die Nationalstraße 11 und den Ort Lamphun (dessen Besichtigung morgen auf dem Programm steht) erreicht man Chiang Mai mit besten Unterkunftsmöglichkeiten.

Tag 9 Um sich die alte Stadt ⑪ ★★**Lamphun** mit dem Wat Phra That Haripunchai und ⑫ ★★**Chiang Mai**, die Rose des Nordens, in Ruhe ansehen zu können, empfiehlt es sich, mindestens einen ganzen Tag dafür einzuplanen.

Rückreise Für diejenigen, die nicht weiter gen Norden reisen (vgl. Tour 3), empfiehlt sich abends oder am nächsten Morgen die Rückreise nach Bangkok **mit dem Flugzeug**, da die beiden Städte etwa 750 km trennen. Einige Mietwagenfirmen bieten die Möglichkeit an, das in Bangkok übernommene Fahrzeug in Chiang Mai zurückzugeben.

VON CHIANG MAI INS »GOLDENE DREIECK«

Länge der Tour: ca. 750 km
Dauer: 3 – 4 Tage
Start/Ziel: Chiang Mai

Tour 3 *Schon der Name weckt Erwartungen: »Goldenes Dreieck« ... Aber diese Route führt nicht nur dorthin, sondern auch durch die Landschaft Nordthailands mit dichtem Dschungel und hohen Bergketten sowie nach Mae Sai, der nördlichsten Stadt Thailands. Der dortige Grenzübergang nach Myanmar ist auch für Touristen geöffnet und ermöglicht einen unkomplizierten Schnupperbesuch im früheren Burma.*

Tag 1 Von ❶ ★★**Chiang Mai** benutzt man nicht die nach Chiang Rai führende Nationalstraße 118, sondern zunächst die Nationalstraße 107, die durch eine ungleich reizvollere Landschaft führt. Nach ca. 18 km trifft man auf das Städtchen Mae Rim. Biegt man nach links auf die

Straße 1096 ab, erreicht man nach 11 km ein Elefantencamp, in dem junge Dickhäuter trainiert werden (Vorführungen tgl. 8, 9.40 und 13.30 Uhr). Zurück auf der Straße 107 geht die Fahrt weiter durch die eindrucksvolle Landschaft. Wenn genügend Zeit ist, sollte man einen Besuch der Höhlen von Chiang Dao nicht versäumen. Bei ❷ **Fang** (131 km) sind die 50 heißen Quellen von Ban Pin (ca. 10 km außerhalb) lohnenswert. Sie liegen in einem bewaldeten Gebiet und sind zum Teil bis zu 100° Celsius heiß. Ab Fang geht es direkt auf den Straßen 109, 118 und 1 nach ❸ ★**Chiang Rai**.

Das kleine, geschäftige Städtchen ❹ ★**Mae Sai**, 59 km von Chiang Tag 2
Rai entfernt, ist die nördlichste Ortschaft Thailands (1010 km von Bangkok entfernt) und Grenzstadt zu Myanmar. Die Benutzung des Übergangs nach Tachilek und einen kurzen Besuch in Myanmar sollte man nicht versäumen.

Fährt man nach Chiang Rai zurück und dann auf der 1173 nordwärts, gelangt man nach 5 **Chiang Saen**, das für seinen eigenständigen Kunststil bekannt ist. Schön liegt inmitten von Bäumen der Wat Pa Sak und der Wat Chedi Luang mit einem 58 m hohen Chedi, der einmal fast 90 m hoch war. Außerhalb der Stadt thront auf einem Hügel der Wat Phra That Chom Kitti mit einem schiefen Chedi. Von dort aus ist es nicht mehr weit bis zu einem Aussichtspunkt, den man als »Goldenes Dreieck« bezeichnet. Dort grenzen Thailand, Laos und Myanmar aneinander. Sehenswert ist die Mündung des Menam Ping in den Mekong, der mit mehr als 4000 km Länge zu den längsten Flüssen der Erde gehört und als Lebensader Südostasiens gilt.

Tag 3 Die letzte Etappe ist ca. 345 km lang und deshalb etwas strapaziös. Eine Möglichkeit ist, die Strecke zu teilen und unterwegs zu übernachten. Von Chiang Saen benutzt man zunächst wieder die Straße zurück nach Chiang Rai, von dort die gut ausgebaute Nationalstraße 1, die auf direktem Weg nach 6 **Phayao** führt. Die Stadt liegt an einem 24 km² großen See, an dessen Ufer der Wat Si Kom Kam steht. Von Phayao führt die Straße 120 durch eine einzigartige Landschaft über 7 **Wang Nua** zurück nach 1 ★★**Chiang Mai**. Diese Fahrt ist besonders während der Regenzeit reizvoll, wenn alles in voller Blüte steht.

VON BANGKOK NACH PHUKET

Länge der Tour: ca. 1250 km
Dauer: 7 Tage
Start: Bangkok
Ziel: Phuket

Tour 4 *Sonne und Sand, Palmen und Meer: Diese Route führt an der Küste des Golfs von Thailand entlang – auf der einzigen Straße, die Bangkok mit Südthailand verbindet. Passiert werden etwa der Königspalast von Phetchaburi, das Königsbad Hua Hin, die engste Stelle des Königreichs und im tiefen Süden die goldene Spitze des Chedis von Nakhon Si Thammarat.*

Tag 1 Man verlässt 1 ★★**Bangkok** auf der gut ausgebauten Nationalstraße 4 und erreicht nach knapp 150 km 2 ★**Phetchaburi**, wo man den Aufstieg zum Phra Nakhon Khiri, den von König Mongkut auf einem

★★Bangkok
Chasoengsao
Ratcha Buri
Chon Buri
Bucht von Bangkok
★Petchaburi
Hua Hin
Rayong
THAILAND
MYANMAR (BIRMA)
Mergui
Prachuap Khiri Khan
Golf von Thailand
Chumphon
Isthmus von Kra
Ko Pha Ngan
Ko Samui
Suratthani
Nakhon Si Thammarat
THAILAND
★★Phangnga
★★Krabi
★★Phuket
Ko Phuket
Trang
Entfernungsangaben in km

Berg erbauten Sommerpalast, nicht versäumen sollte. Die 66 km von Phetchaburi nach ③ **Hua Hin**, dem Städtchen am Golf von Thailand, in dem einst König Bhumibol während der heißen Jahreszeit gerne seinen Urlaub verbrachte, sind in etwa 1,5 Stunden gut zu fahren.

Tag 2

Kurz vor ④ **Prachuap Khiri Khan**, das man nach 93 km erreicht, befindet sich mit einer Breite von nur 13 km die schmalste Stelle des thailändischen Staatsgebiets: Eindrucksvoll ist linker Hand die Kulisse der Berge im Nationalpark Sam Roi Yot, die 300 Bergspitzen, die zum Teil direkt aus dem Golf von Thailand aufragen. In der Umgebung von Prachuap Khiri Khan findet man einige Höhlen mit Tempeln.

Tag 3

Die Fahrt nach ⑤ **Chumphon** geht durch eine abwechslungsreiche Landschaft, und die Nationalstraße 4 entfernt sich immer nur wenige Kilometer vom Golf von Thailand. Einen Abstecher wert ist der kleine Fischerhafen Paknam, etwa 10 km östlich von Chumphon.

Tag 4

Ab Chumphon benutzt man die Nationalstraße 41, die weiter am Golf von Thailand entlangführt. Die Tagesetappe von gut 200 km lässt sich in rund vier Stunden bewältigen. So bleibt genug Zeit, sich noch ⑥ **Suratthani** anzusehen.

Tag 5

Zwei Straßen führen von Suratthani nach ⑦ ★**Nakhon Si Thammarat**. Da entlang der im Land verlaufenden Straße 41 außer der schönen Landschaft mit zahlreichen Gummibaumplantagen keine Sehenswürdigkeiten bemerkenswert sind, ist die Straße 401 vorzuziehen, die ab Sichon dicht am Golf von Thailand entlangführt. Die zurückzulegende Strecke ist recht kurz; man hat also noch Zeit, Nakhon Si Thammarat, einst ein bedeutender Handelsplatz und Hafen, zu besichtigen.

Tag 6

Die Straße 401 endet wenige Kilometer nach Ron Phibun; von dort geht es nach Westen auf der Straße 41 bis Thung Song und wieder nach Süden auf der Straße 403, die kurz vor Huai Yot in die Nationalstraße 4 mündet. Rechts geht's weiter zum Tagesziel ⑧ ★★**Krabi**, das für seine beeindruckend bizarre Küstenlandschaft und herrliche Strände bekannt ist. Ehemals war der ganze Süden dschungelartig bewaldet; heute stehen Gummibäume in Reih und Glied.

Tag 7

Verlässt man Krabi auf der Straße 4034 nach Westen, gelangt man nach wenigen Kilometern zum 75 Millionen Jahre alten Muschelfriedhof.
Zurück auf der Nationalstraße 4 und vorbei am Naturpark Than Bok

Von Chumphon aus kann man mit einem Longtailboat gemütlich in die Inselwelt um Koh Nangyuan schippern.

Koroni, wo man durchaus einen Zwischenhalt einplanen kann, kommt man nach 9 ★★**Phangnga**. Eine Bootsfahrt durch die Bucht von Phangnga führt auch an der Felsnadel Khao Ta Pu vorbei, die als James-Bond-Felsen weltberühmt wurde. Während der Bootsfahrt wird auch das von Muslimen bewohnte, auf Pfählen erbaute Fischerdorf Ko Panyi besucht. Wieder auf der Straße erreicht man am Abend nach knapp 100 km über die Sarasin-Brücke 10 ★★**Phuket**.

Rückreise

Für diejenigen, die nicht auf Phuket bleiben wollen, empfiehlt sich spätabends oder am nächsten Morgen die Rückreise nach Bangkok **mit dem Flugzeug**, da die beiden Städte stattliche 1250 km trennen. Einige Mietwagenfirmen bieten die Möglichkeit an, das in Bangkok übernommene Fahrzeug in Phuket zurückzugeben.

VON PATTAYA NACH KO CHANG

Länge der Tour: ca. 500 km
Dauer: 2 Tage ohne Badeaufenthalte
Start: Pattaya
Ziel: Ko Chang

Tour 5

Abwechslung vom hektischen Badeort Pattaya und ein Stück normales Thailand erleben: Dieser Ausflug bringt Abwechslung ins Spiel, zumal er sich durch Übernachtungen, etwa auf den Inseln Samet oder Chang, verlängern lässt. Und natürlich ist die Tour auch all jenen zu empfehlen, die das Ostküstengebiet näher kennenlernen möchten.

Fähre nach Ko Samet

Von 1 **Pattaya** geht es auf der Nationalstraße 3 zum Hafenstädtchen 2 **Sattahip** (33 km)und weiter nach Rayong (67 km), das für seine Weiterverarbeitung von Fisch zu der in Thailand sehr beliebten Fischsoße Nam Pla bekannt ist. Im Dorf Ban Phe (14 km) biegt man rechts Richtung Meer ab und gelangt zum Hafen. Von hier aus gibt es mehrmals täglich Schiffsverbindungen zur Insel 3 **Ko Samet**.

»Notre-Dame« Thailands

Am nächsten Morgen (oder auch nach einigen Tagen Strandurlaub auf Ko Samet) geht es von Ban Phe weiter nach 4 **Chanthaburi**. Die Stadt ist bekannt für ihre Edelsteinminen, von denen einige in der Umgebung auch besucht werden können. In einer Parkanlage steht das Reiterstandbild des Königs Taksin. Einen Besuch lohnen zudem

das größte christliche Gotteshaus in Thailand, die im gotischen Stil erbaute Kirche Notre-Dame, sowie die alten Befestigungsanlagen um Chanthaburi.
72 km weiter, unweit der Grenze zu Kambodscha, liegt 5 **Trat**. Von dort geht es nach Laem Ngob, von wo aus man noch abends auf 6 ★★ **Ko Chang** übersetzen und dort dann einige Inseltage verbringen kann.

Z
ZIELE

Magisch, aufregend, einfach schön

Alle Reiseziele sind alphabetisch geordnet. Sie haben die Freiheit der Reiseplanung.

Einer von nahezu unendlichen Traumstränden Thailands: hier auf Ko Phi Phi Lay ▶

★★ AYUTTHAYA

Region: Zentralthailand
Provinz: Ayutthaya
Höhe: 4 m ü. d. M.
Einwohnerzahl: 55 000

Ein Platz auf dieser Welt, den man nie vergisst? Es gibt einige solcher Plätze – und Ayutthaya ist sicherlich einer davon! Am Morgen oder gegen abends in der quadratischen Anlage von Wat Yai Chai Mongkol stehen, umgeben von gut hundert Buddha-Statuen, die von allen vier Seiten auf den 80 m hohen Chedi und den Besucher blicken: Das macht stolz und ruhig. Auch nachdenklich und gibt sogar Kraft. Dabei ist dieser wunderbare Tempel nur einer von einst 1500 der ehemaligen Hauptstadt. Von der UNESCO zum Weltkulturerbestätte erkoren, wird hier jeder einen ganz besonderen, unvergesslichen Platz finden.

Die alte Hauptstadt

33 Könige herrschten in Ayutthaya, der Hauptstadt des Königreichs Siam von 1350 bis 1767. Westliche Besucher beschrieben sie enthusiastisch als »das Schönste, was sie je gesehen hätten«. Im 11. Jh.

Bei Sonnenauf- und -untergang wird die beeindruckende Ruinenstadt besonders in Szene gesetzt.

gründeten Khmer nordöstlich des heutigen Bahnhofs eine kleine Ortschaft als Vorposten ihres Reichs. Im 13. Jh., nachdem die Thai das Land in der Menam-Ebene erobert und kultiviert hatten, wurden Ayutthaya und Lopburi dem Fürstentum U Thong angegliedert, einem Vasallenstaat von Sukhothai.

Nach einer verheerenden Seuche 1347, die die Bevölkerung um mehr als die Hälfte dezimierte, musste der Fürst U Thong verlassen. Er wählte das von Flussläufen umschlossene Ayutthaya zu seiner neuen Hauptstadt, deren gut zu verteidigender Kern südlich des Chao Phraya lag. Die erneute Aufteilung des Königreichs Siam nach dem Tod Ramkhamhaengs in mehrere Fürstentümer veranlasste auch U Thong, sich von den Herrschern in Sukhothai zu lösen. Er rief 1350 als König Somdet Phra Rama Thibodi, meist **König U Thong** genannt, seinen eigenen Staat aus, den er nach der Hauptstadt benannte. Rama Thibodi bezeichnete sich als Reinkarnation des Gottes Vishnu und wiedergeborener Held des indischen Epos »Ramayana«. Seine **»göttliche Allmacht«** ließ er anlässlich seiner Krönung durch acht Brahmanen aus der indischen Hindu-Stadt Benares, dem heutigen Varanasi, legitimieren.

Sechs große Forts

Blütezeit

Die Stadt entwickelte sich zu einem blühenden **Kulturzentrum** und wichtigen **Handelsplatz**, an dem viele europäische Handelshäuser Niederlassungen hatten. Heute noch sichtbar sind die Grundmauern eines holländischen Warenhauses und die restaurierte französische Kathedrale St. Joseph. **Kriegsschiffe** und die königlichen Barken ankerten am nördlichen Ufer des Lopburi nahe dem königlichen Palast. König U Thong umgab die Stadt zunächst mit einem **Erdwall** und Palisadenzäunen. Erst 1549 wurde sie durch eine feste Mauer aus Ziegelsteinen geschützt. Von den sechs großen Forts, die in die **Mauer** einbezogen waren, sind nur vom Fort Phom Phet einige Reste erhalten geblieben. Nach der Zerstörung Ayutthayas wurden die Steine der anderen Forts und der Befestigungsanlagen u. a. zum Bau der Stadtmauer von Bangkok verwendet.

Die Brutalität der Birmanen

Niedergang

Dann kam 1767 und Krieg: Die Birmanen fielen ein, und Ayutthayas Untergang bedeutete den zeitweiligen Niedergang der siamesischen Monarchie. Rivalisierende Angehörige des Königshauses kämpften um die **Macht**. König Ekatot, dem letzten und wohl auch schwächsten Regenten der Ayutthaya-Dynastie, gelang es nicht, zu vermitteln. Als die Birmanen zum wiederholten Male vor den Toren der Stadt standen, öffneten Rivalen des Königs dem Feind ein Tor und leiteten damit die Zerstörung und eine mehr als 15 Jahre dauernde **Epoche birmanischer Besetzung** der Hauptstadt ein. Sie wüteten wie die Vandalen. Kein Tempel blieb verschont, auch der Königspalast Wang

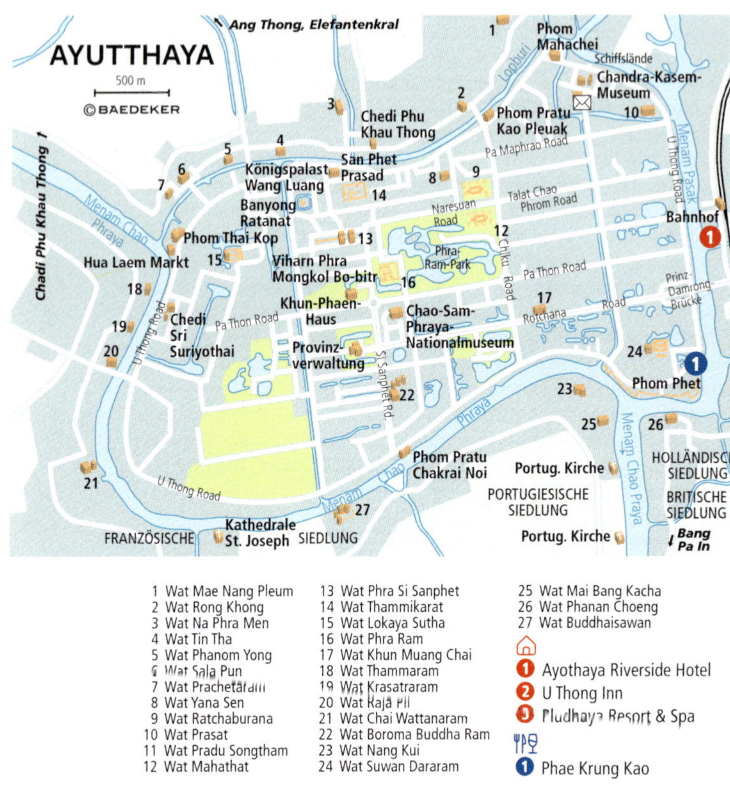

Luang wurde dem Erdboden gleichgemacht. Zum Symbol für die endgültige Einnahme Ayutthayas wurde die **Zerstörung Tausender von Buddha-Figuren**: Sie wurden ihrer Seele beraubt, indem die Besatzer ihnen die Köpfe abschlugen – ein schlimmes Sakrileg. Einige dieser geschändeten Statuen sind noch heute zu sehen. Kurz nach der Zerstörung von Ayutthaya gründete König Rama I. die **neue Hauptstadt** Bangkok, wo er eine Kopie des Königspalastes (Grand Palace) errichten ließ. Wer sich intensiver für die siamesische Geschichte interessiert, sollte unbedingt auch die beiden anderen früheren Königsstädte Lopburi und Sukhothai besuchen.

Archäologisches Ausgrabungswunder

UNESCO-Weltkulturerbe

Ayutthaya ist heute eine **riesige Ruinenstadt**. Die Grundmauern einiger Tempelanlagen wurden seit 1956 sukzessive freigelegt. Etwa 100 Gebäude und Ruinen wurden zu Nationaldenkmälern. Weitere erhalten sukzessive entsprechend dem Fortschritt der **Rekonstruktion** bzw. Restaurierung denselben Status. Die Unesco erklärte die Ruinenstadt von Ayutthaya **1991** als ein archäologisches Ausgrabungswunder zum Weltkulturerbe.

Die Ruinenstadt

Von allen Seiten mit Wasser umgeben, von **drei Flüssen** und einem Kanal, liegt Ayutthaya strategisch günstig als **Insel** im fruchtbaren Binnenland. Es war der Kern des alten Ayutthaya, in dem es drei Königspaläste, 375 Tempelanlagen, 29 Forts und 94 Stadttore gab. Wer einen Überblick über die einstige Größe und Schönheit Ayutthayas bekommen will, nimmt am besten ein **Fahrrad**, radelt früh los und geht mittags während der größten Hitze gemütlich zum Essen. Dann laufen die meisten organisierten Touren Ayutthaya an. Und wenn der Spuk vorbei ist, geht's wieder aufs Rad. So hat man am meisten von dieser wunderbaren Ruinenstadt, die ihren größten Reiz eben in den Morgen- und Spätnachmittagsstunden entfaltet. Dann kann man auch am besten fotografieren ...

Umgeben von Wasser

Tgl. 8.30–17 Uhr

Von Mönchen bewohnt

Eingerahmt von **drei Weihern** ist der um 1700 erbaute Tempel, dessen Fundamente zum Zentrum hin geneigt sind, der einzige auf der Ayutthaya-Insel, der heute noch von Mönchen bewohnt wird. Sehenswert sind der große Bot mit Vorhalle, die **Holzschnitzereien** der Giebelfelder, im Innern die **Fresken** aus der frühen Bangkok-Zeit, die kunstvolle **Kassettendecke** und eine Buddha-Statue im Ayutthaya-Stil. Der Viharn, von Rama II. (1809–1824) erbaut, wurde 1931 mit modernen **Wandmalereien** zur Geschichte Thailands ausgeschmückt.

Wat Suwan Dararam

Die letzte Festung

Verlässt man den Tempelbezirk, sieht man am Ufer des Chao Phraya die **Reste** des einzigen noch erhaltenen Forts: Phom Phet. Es wurde nach der ersten Niederlage gegen die Birmesen 1549 erbaut.

Fort Phom Phet

Drei Türen

Der Wat Boroma Buddha Ram, von dem nur noch die Mauern erhalten sind, wurde 1683 während der Regentschaft von König Narai erbaut. Die drei Türen des Bot erhielten um 1740 mit Perlmutt eingelegte Holzpaneele. Diese **hervorragenden Arbeiten** wurden nach der Zerstörung Ayutthayas nach Bangkok geschafft. Je eine dieser Türen wurde in Bangkok in den **Wat Benchama Bobitr** und in den **Wat Phra Kaeo** eingebaut. Die dritte Tür wurde zu einem **Bücher-**

Wat Boroma Buddha Ram

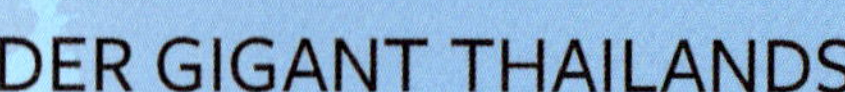

DER GIGANT THAILANDS

In Thailand, wo der Buddhismus die am weitesten verbreitete Religion ist, spielen überdimensionale Darstellungen des Buddha für die Gläubigen eine wichtige Rolle. Diese Monumentalstatuen gehören zu den größten der Welt.

▶ **Buddha Statue im Wat Muang bei Ang Thong**
Der eigentliche Name der Statue lautet: »Phra Buddha Maha Nawamin Sakayamuni Sri Wiset Chai Chan«. Die Kosten für den Bau beliefen sich auf 104 261 089,65 Baht (ca. 2,7 Mio. €). Das Geld wurde komplett gespendet.

Baubeginn	9. März 1991
Bauzeit	ca. 16 Jahre
Material	Zement
Anstrich	Gold

▶ **Kolossalstatuen weltweit**

Mensch	**Christus König**	**Luang Por Yai**
	Świebodzin, Polen	Ang Thong, Thailand
	52 m	92 m
	2010	2009

THAILAND
Ang Thong Provinz
Bangkok
reiheitsstatue
Jew York, USA
93 m
1886
Laykyun Setkyar
Monywa, Myanmar
116 m
2008
Spring Temple Buddha
Lushan, China
153 m
2002

Hoch zu Elefant im Ruinenfeld auf dem Weg zum Wat Phra Si Sanphet

schrank umgearbeitet, der heute im Nationalmuseum in Bangkok zu sehen ist.

Von König Bhumibol gegründet

National-museum Chao Sam Phraya

Ein **kolossaler Buddha-Kopf** im U-Thong-Stil und ein **sitzender Buddha** im Dvaravati-Stil (11./12. Jh.) sind die herausragenden frühen Werke des 1961 von König Bhumibol gegründeten Chao-Sam-Phraya-Nationalmuseums. Es birgt außerdem wertvolle Stücke im Lopburi-, U-Thong und Ayutthaya-Stil sowie im Dvaravati- und Sukhothai-Stil: Skulpturen aus Bronze und Stein, Terrakotta-Arbeiten, Keramiken, Holzschnitzereien, Lackarbeiten, Votivtafeln sowie mit Edelsteinen verzierter **Goldschmuck**.

Mi.–So. 9–16 Uhr | Eintritt: 150 Baht

Früheres Gefängnis

Khun-Phaen-Haus

In der Nähe steht das im traditionellen Thai-Stil erbaute Khun-Phaen-Haus auf einem von **Wassergräben** umgebenen Stück Land. Das frühere Gefängnis wurde als eines der wenigen **noch erhaltenen Bauwerke** in diesem Stil 1940 aus Teilen alter Häuser errichtet, ähnlich wie das Jim Thompson Haus in Bangkok.

Viel Kleines im Großen

Viharn Phra Mongkol Bobitr

Am **Sanaam Luang**, dem großen Platz, steht seit 1956 wieder der Viharn Phra Mongkol Bobitr. Im Stil des ursprünglichen Baus errichtet, fand auch die hoch verehrte und künstlerisch wertvolle bronzene **Buddha-Statue**, eine der größten in Thailand, wieder ihren Platz, an dem sie seit 1603 gestanden hatte. Über ihr früheres Schicksal ist wenig bekannt. Gegossen wurde sie, folgt man den U-Thong- und Sukhothai-Stilmerkmalen, wahrscheinlich unter König Boroma Trailokanat im 15. Jahrhundert. Die Figur ist häufig restauriert, allerdings nur wenig verändert worden. Vor einigen Jahren entdeckte man in ihrem Inneren mehrere Hundert kleiner Figuren.

Mit Nagas und Garudas

Wat Phra Ram

Das von einer **Teichlandschaft** umgebene Wat Phra Ram entstand 1369, wurde im Lauf der Jahrhunderte aber immer wieder restauriert und vergrößert. Auf der weitläufigen **Terrasse** befindet sich eine Galerie mit Nagas und Garudas sowie einige zerstörte Buddha-Figuren.

Der wichtigste Tempel

Wat Phra Si Sanphet

Einer der schönsten und sicher der bedeutendsten aller Tempel im alten Ayutthaya ist Wat Phra Si Sanphet (▶Baedeker Wissen, S. 56).

Mit weißen Elefanten

Königspaläste

Der Königspalast **Wang Luang** wird zur Unterscheidung vom später erbauten **Chandra-Kasem-Palast** auch schlicht Alter Palast genannt. Vom Dritten im Bunde, dem **Klang Suan Luang**, ist nichts geblieben. Die Mauern des Wang Luang reichen bis dicht ans Ufer des Lopburi-Flusses, außer ihnen und den gut rekonstruierten Fundamenten ist aber nur noch wenig zu sehen. In diesem Viertel Ayutthayas wüteten und brandschatzten die Birmanen besonders. Immerhin erhält man eine Vorstellung von der Ausdehnung des Komplexes: Er mag dem jetzigen Großen Palastbezirk in Bangkok geglichen haben, da dieser in Anlehnung an die einstige Königsresidenz von Ayutthaya, allerdings in anderen Stilrichtungen, erbaut wurde.
Wang Luang wurde 1350 von König U Thong errichtet, als er Ayutthaya zur Hauptstadt seines Reichs erklärte. 1448 kam unter König Boromaraja II. der gegenüber dem Wang Luang gelegene **Sanphet-Prasat-Palast** hinzu, von dem noch hohe Pfeilerstümpfe zu sehen sind. Der Viharn Somdet entstand 1643 unter König Prasat Thong; er war das erste Gebäude in Ayutthaya, das mit Goldplatten verkleidet wurde, was ihm den Namen **Goldener Palast** einbrachte. Das **Banyong-Ratanat-Gebäude** auf einer künstlichen Insel, erbaut um 1688 unter Prasat Thongs Sohn Narai und vollendet unter König Petraja, diente dem letztgenannten Herrscher während seiner gesamten Amtszeit (1688–1702) als Wohnsitz. König Narai ließ im 17. Jh. auch das Suri-

WAT PHRA SI SANPHET

Der Wat Phra Si Sanphet, auch Königstempel genannt, stammt in seinen Grundzügen aus dem 15. Jh. und wurde zunächst als Staatstempel von König Boromatrailokanat errichtet. Dessen Sohn Rama Thibodi II. fügte zwei Chedis hinzu, in denen die Reliquien seines Vaters und seines Bruders ruhen sollten. Der dritte Chedi wurde nach Rama Thibodis II. Tod errichtet, um wiederum dessen sterbliche Überreste aufzunehmen. Nach der Zerstörung durch die Birmanen blieben die Ruinen sich selbst überlassen, bis sie 1991 als UNESCO-Weltkulturerbe anerkannt wurden.

Öffnungszeiten: 8.30 – 17 Uhr

1 Östlicher Chedi

Den östlichen der drei großen Chedis ließ König Rama Thibodi II. 1492 als Mausoleum für die Asche seines Vaters Boromatrailokanat errichten. Er überstand als Einziger die birmanische Invasion unzerstört.

2 Mittlerer Chedi

Hier ruhten die Überreste des älteren Bruders von Rama Thibodi II.

3 Westlicher Chedi

Die Asche Rama Thibodis II. wurde in diesem Chedi beigesetzt, den sein Sohn und Nachfolger König Boromaraja IV. im Jahr 1530 errichten ließ.

4 Mondhops

Die Gebäude zwischen den einzelnen Chedis waren vermutlich Bibliotheken (Mondhops).

5 Viharn

Vor der Terrasse etwa im Zentrum des Tempelbezirks sind noch Reste (Säulen und Mauern) des großen Viharn zu sehen, der einst eine 16 m hohe, vergoldete Buddha-Figur enthielt.

Die Trümmer dieser Statue, von der die Birmanen den Goldüberzug ablösten, sind von König Rama I. im Wat Pho in Bangkok untergebracht worden.

Grabschätze

Alle drei Chedis wurden von plündernden Birmanen geöffnet und ausgeraubt, dabei entgingen ihnen allerdings Hunderte von kleinen Buddha-Statuetten aus Bronze, Kristallglas, Silber, Blei und Gold, die heute im Nationalmuseum von Bangkok ausgestellt sind.

Buddha-Statuen

Weitere kleinere Buddha-Statuen wurden im Wat Buddhaisawan und im westlichen Viharn des Wat Pho (beide in n Bangkok) aufgestellt.

AYUTTHAYA ERLEBEN

TOURISM AUTHORITY OF THAILAND (TAT)

108/22 Moo 4
Tambon Phratoochai
Tel. 035 2460767
www.tourismthailand.org/ayutthaya

ANREISE

Tagestouren nach Ayutthaya ab Bangkok haben alle Reisebüros im Angebot. Die Fahrtzeit für Auto, Bus und Bahn liegt bei mindestens 1 ½ Std.

Auto
Von Bangkok Nationalstraße 1, nach 86 km bei Wang Noi links zur Straße 309.

Bus
Vom Bangkok-Northern Bus Terminal tgl. und mehrfach stündlich.

Bahn
Von Bangkok-Hauptbahnhof Hua Lumphong mehrfach tgl.

Schiff
Eine geradezu beruhigend schöne Tour führt mit der Teakholzbarke »Mekhala« in knapp 24 Std. von Bangkok nach Bang Pa In. Dort wird man abgeholt und macht in der Ruinenstadt Ayutthaya eine sehr gut geführte Fahrradtour. Das thailändische Lunch und Abendessen auf der »Mekhala« sind sehr gut, das Frühstück o.k., der Service außerordentlich freundlich, nur die Kabinen sind ein wenig eng. Aber für eine Nacht geht's (https://bangkokbiking.com/bangkok/mekhala-cruise-and-bike).

1 AYOTHAYA RIVERSIDE HOTEL €

Das größte Hotel am Platz liegt vis-a-vis des Bahnhofs bietet einen schönen Blick auf den Pasak-Fluss; gutes Restaurant mit Terrasse. 102 Zi.
91/1 Moo 10, Tambol Kamong
Tel. 035 243139
www.ayothayariversidehotel.com

2 U THONG INN €

Preiswertes 3-Sterne-Haus mit sauberen, klimatisierten Zimmern und Restaurant. 100 Zi.
210 Moo 5, Rotchana Road
Tel. 035 242236
uthonginn@hotmail.com

3 PLUDHAYA RESORT & SPA €

3-Sterne-Boutique-Resort, 4 km außerhalb der Ruinenstadt, um einen Teich oder um den Pool gruppieren sich die Bungalows im Thai-Stil.
12/3 Moo 7, Klong Suanplu
Tel. 035 707 5656
www.pludhaya.com

1 PHAE KRUNG KAO €€

Restaurant direkt am Fluss mit einem Ponton auf dem Wasser des Pasak. Spezialität sind die schneeweißen und zarten Süßwasserkrabben.
1, U-Thong Road
Tel. 035 241555

yat-Ainarindra-Gebäude errichten, von dem noch eine hohe Mauer erhalten ist. Daneben lagen die **Ställe** der königlichen weißen Elefanten. Neu erbauen ließ **König Chulalongkorn** 1907 das **Trimuk-Gebäude**, einen offenen Pavillon auf weiter Terrasse, wo immer wieder Zeremonien zu Ehren der früheren Herrscher Ayutthayas abgehalten werden.

Der schönste Buddha

Wat Lokaya Sutha

Obwohl fast komplett zerstört, ist Wat Lokaya Sutha einer der **Höhepunkte** in der Ruinenstadt Ayutthaya, denn ein **riesiger liegender Buddha** ist übrig geblieben. Er lässt beinahe den Atem stocken, wenn man ums Eck kommt und ihn, geschmückt mit safrangelber Robe, so ruhen sieht. Er befand sich früher im Tempel, der aber abgebrannt ist; nur noch ein paar Säulen deuten auf die frühere Behausung hin. Heute liegt er im Freien und wird sehr verehrt. Keine Chronik verrät, wann genau der Tempel des ruhenden Buddha gegründet wurde. Stilelemente deuten auf die mittlere Ayutthaya-Periode als Entstehungszeit. Die Buddha-Statue ist 40 m lang, 8 m hoch und besteht aus Ziegeln und Mörtel. Sein kleidendes Tuch wird immer wieder erneuert.

Im Königsgewand

Wat Na Phra Men

Vorbei am Wat Thammikarat, der wild überwucherten Ruinenstätte eines außerordentlich großen Tempels – erhalten sind Terrassenreste sowie die Pfeiler der Vorhallen und ein Chedi mit schiefer Spitze –, gelangt man über eine kleine Brücke über den Lopburi zum Wat Na Phra Men. Er ist einer der wenigen Tempel, die von der Zerstörungswut der Birmanen **fast verschont** blieben. Wann er erbaut wurde, ist nicht bekannt. Die Chronik erwähnt nur, dass er unter König Boromakot (1732–1758) und später noch einmal während der frühen Bangkok-Zeit restauriert wurde.

Der **Bot** ist ein großes, imposantes Gebäude mit schönen Holzschnitzereien im Giebelfeld und in den Türfüllungen. Das dreifach gestaffelte Dach und ein großer Portikus, flankiert von zwei kleinen, anmutigen Vorbauten, sind Beweise für die Kunstfertigkeit der Thai. Im **Innenraum** betonen zwei Reihen achteckiger Säulen, die eine kunstvoll geschnitzte Decke tragen, die Höhe des Raums. Der große Buddha aus Bronze trägt ein königliches Gewand, eine äußerst **seltene Darstellung**. Der kleine, wohlproportionierte **Viharn** birgt mit einem in europäischer Weise sitzenden steinernen Buddha eine der besterhaltenen Plastiken aus der Dvaravati-Epoche (6.–10./11. Jh.). Die Figur stammt ursprünglich aus Nakhon Pathom.

Typischer Ayutthaya-Stil

Wat Yana Sen

Zurück über die Brücke und wieder auf die Insel geht's weiter zum Wat Yana Sen, einem Tempel mit einem hohen, **nischenbesetzten Chedi**, dessen feine, wohlausgewogene Gliederung typisch ist für den Ayutthaya-Stil.

Zweikampf um den Thron

Der Wat Ratchaburana wurde von König Boromaraja II. (1424–1448) zum Gedenken an seine beiden älteren Brüder Ay und Yi, die sich im Zweikampf um die Thronfolge gegenseitig töteten, errichtet. Vom Viharn stehen noch Säulen und Wände, außerdem die Ruinen einiger Chedis, die den Prang umgeben, sowie Teile der Umfassungsmauer mit einigen Portalen in Form von Lanzettenspitzen. Sehr schön erhalten ist der große Prang mit guten figürlichen Stuckarbeiten, die **Garudas** zeigen, die sich auf **Nagas** stürzen. Die beiden Krypten im unteren Teil des Prang zeigen interessante Wandmalereien. Sie wurden vermutlich von **chinesischen Künstlern** ausgeführt, die sich in Ayutthaya niederließen und so **unterschiedliche Stile** wie die der Khmer und Birmanen sowie die von Lopburi und Sukhothai zu einer erstaunlich harmonischen Einheit verschmelzen konnten.

Außerdem fand man bei Grabungsarbeiten zwischen 1956 und 1958 im Prang mehr als 100 000 **Votivtäfelchen**, die man verkaufte: Aus dem Erlös wurde das Chao-Sam-Phraya-Nationalmuseum erbaut. Solche Votivtäfelchen wurden meist aus Ton mit Modeln geformt und bei Pilgerreisen mitgeführt. Sie trugen Abbildungen besonders heiliger Wallfahrtsstätten oder auch einfach nur Buddha-Abbildungen. Außerdem entdeckte man im Prang **kunstvolle Arbeiten** wie breite Armreifen, Kopfputz aus Goldfiligran bzw. aus massivem Gold mit eingelegten Edelsteinen oder Goldmünzen mit arabischen Buchstaben. Die meisten Fundsachen sind im Chandra-Kasem-Nationalmuseum zu sehen.

Der Prang des Wat zeigt eine Verbindung des ceylonesischen mit dem birmanischen Stil, die zu einer neuen architektonischen Form vereinigt wurde. An der quadratischen Plattform stand an jeder Ecke ein kleiner Chedi. Weitere zwei Chedis an der Straßenkreuzung enthalten die **Asche** der königlichen Brüder, ein dritter erinnert an die Königin Si Suriyothai, die 1550 in einer Schlacht mit den Birmanen als Mann verkleidet und auf einem Elefanten reitend ihrem Gemahl das Leben rettete, dabei aber selbst umkam.

Der Kopf im Baum

Die **Überlieferung** berichtet, Wat Mahathat sei 1384 von König Ramesuen errichtet worden. Eine andere Quelle meint, die ersten Bauten der Tempelanlage seien bereits von König Boromaraja I. (1370–1388) angelegt worden. Der Prang ist mit einer **Höhe von 46 m** eines der imposantesten Gebäude der alten Hauptstadt. Um 1625 brach der oberste Teil ab, wurde aber 1633 erneuert und dabei um weitere 4 m erhöht. Doch er stürzte wieder ein. Nur die Ecken, wie sie heute zu sehen sind, blieben stehen. In den Trümmern entdeckte man 1956 eine **Geheimkammer**, die Goldschmuck, eine goldene Kassette mit einer Buddha-Reliquie und kunstvoll gefertigte Tafelgeschirre enthielt. Im Tempel verstreut finden sich Reste ver-

Im Wat Mahathat ranken sich Legenden um den Buddha-Kopf im Banyan-Baum.

schiedenartiger Prangs und Chedis. Auffallend ist ein achteckiger Chedi mit stumpfer Spitze im ceylonesischen Stil. **Hauptanziehungspunkt** ist aber der hoch verehrte Buddha-Kopf im **Banyan-Baum**: Die Birmesen enthaupteten auch einen wertvollen Stein-Buddha in Wat Mahathat. Buddhisten vergruben den Kopf außerhalb des Tempels, um ihn vor weiteren Schandtaten zu schützen. Später sorgten die Wurzeln eines mächtigen Banyan-Baumes dafür, dass das Buddha-Antlitz wieder das Licht der Welt erblicken konnte – sagt eine weitere Überlieferung …

Residenz der Könige

National-museum Chandra Kasem

Buddha- und Bodhisattva-Statuen, Gold-, Schmuck und Schnitzarbeiten, Giebelfelder, Haus- und Kultgeräte aus der Zeit vom 13. bis 17. Jh.: Im Nationalmuseum Chandra Kasem gibt es einiges zu bestaunen. Der von König Mongkut (Rama IV.) aufgebaute **Palast** war einst Wohnsitz der Könige bei ihren Ayutthaya-Aufenthalten. Die ausgestellten Stücke geben aber nur einen vagen Eindruck von der **Repräsentationslust** der früheren thailändischen Könige.

Mi. – So. 9 – 16 Uhr | Eintritt: 100 Baht

Wohin noch in Ayutthaya?

Wat Yai Chai Mongkol

Am östlichen Stadtrand Richtung Bangkok liegt der eindrucksvolle Wat Yai Chai Mongkol mit einem mächtigen, **80 m hohen Chedi** auf quadratischer Basis, der von weiteren vier kleineren Chedis an den

ENERGIEN SPÜREN

Die Sonne ist noch ein wenig blass, aber die gelb gewandeten etwa hundert sitzenden Buddha-Statuen springen ein, geben Wärme und Kraft. In Reih und Glied blicken sie von allen vier Seiten der quadratischen Anlage von Wat Yai Chai Mongkol nach innen auf den 80 m hohen Chedi und auf den Besucher: Zu Wärme und Kraft kommen Ruhe und Anmut. Man spürt: Dies ist ein besonderer Platz – einer, den man nie vergisst.

Ecken umgeben wird. Eine lange Treppe führt an der Ostseite in eine kleine Krypta. Der Wat wurde 1357 unter König U Thong errichtet und **Mönchen** zur Verfügung gestellt, die in Ceylon ordiniert wurden und einem nach strengen Regeln lebenden Orden angehören. Mitglieder dieses Ordens wohnen heute noch in der Anlage. Vor dem Chedi sind noch die Pfeilerstümpfe zu sehen, die das Dach des alten Tempels trugen. Der Chedi ist an allen vier Seiten von je einer Galerie mit sitzenden Buddha-Figuren umgeben. Die mehr als **100 Statuen** verströmen eine faszinierende Anmut.

Tgl. 8 – 17 Uhr | Eintritt: 20 Baht

Weltweit einzigartig

Elefantenkral

Der **3 km nördlich von Ayutthaya** liegende antike Elefantenkral wurde unter König Rama I. errichtet und diente nach dem Einfangen dem **Zähmen** und Vorführen der Elefanten. Er ist die weltweit einzige Anlage dieser Art, die heute noch erhalten ist.

Die größte Buddha-Statue

50 km nordwestlich sollte man sich in der Nähe der Ortschaft Ang Thong den **Wat Muang** nicht entgehen lassen: Die überdimensionale, sitzende und gold glänzende **Buddha-Statue** mit dem Namen Phra Buddha Maha Nawamin Sakayamuni Sri Wiset Chai Chan ist **die größte in Thailand**: Inklusive Sockel ragt sie **92 m in der Höhe**, und die Breite misst bis zu 62 m. Allein der Kopf ist beachtliche 26,5 m hoch. Der Grundstein wurde 1991 gelegt, doch erst nach fast 16 Jahren Bauzeit wurden die Arbeiten abgeschlossen. Der Mönch Luang Pho Kasem, der die Errichtung der Buddha-Statue initiiert hatte, erlebte die Fertigstellung nicht mehr. Er starb ein Jahr zuvor. Die Baukosten, ausschließlich durch Spenden finanziert, betrugen mehr als 100 Millionen Baht. Auch der ebenfalls in neuerer Zeit erbaute **Wat Khun Inta Phra Mun**, 11 km von Ang Thong entfernt, besitzt eine monumentale Figur: Der **50 m lange ruhende Buddha** im Ayutthaya-Stil ist eine der größten Plastiken dieser Art in Thailand und wird von der Bevölkerung hoch verehrt.

BAN CHIANG

Region: Nordostthailand
Provinz: Udon Thani
Höhe: 138 m ü. d. M.
Einwohner: 3000

Was Funde alles bewirken können: Bis 1967 kannte niemand den kleinen Ort Ban Chiang im Isan. Doch dann brach eine wahre Invasion von Archäologen aus aller Welt in das dörfliche Leben der damals wenigen Hundert Bewohner ein. Grund dafür waren sensationelle archäologische Funde der bedeutendsten bislang entdeckten prähistorischen Siedlungsstätte in Südostasien.

Älter als China?

Bahnbrechend, das ist das richtige Wort für die Funde von Ban Chiang: Die Wissenschaftler waren sich zunächst nicht einmal mehr hundertprozentig darüber im Klaren, ob die ältesten Kulturen Asiens tatsächlich im heutigen China beheimatet waren. Das wiederum hätte bedeutet: Die Wiege der Menschheit liegt in Ban Chiang! Erst später wurden die Funde auf ungefähr **3800 Jahre vor unserer Zeitrechnung** datiert, also zum Ende der mitteleuropäischen Jungsteinzeit. Damit behielt China seinen Nimbus als 5000 Jahre alte Wiege der Menschheit. Trotzdem erhielt Ban Chiang 1992 **UNESCO-Weltkulturerbestatus**.

BAN CHIANG ERLEBEN

ANREISE

Auto
Ban Chiang liegt 6 km nördlich der Nationalstraße 22 und ist von Udon Thani aus in einer Stunde zu erreichen (56 km).

Bus
Tgl. von Udon Thani nach Sakhon Nakhon und an der Station Ban Pu aussteigen; dann mit dem Songthaew weiter bis Ban Chiang.

GECKO VILLA €€€

Sehr schön in einer üppigen Landschaft gelegene Villa. Lohnt für mehr als nur für eine Nacht ... 3 Zi., Swimmingpool.
13, Um Chan Road, zwischen Ban Chiang und Udon Thani
Tel. 081 9180500
www.geckovilla.com

THE RIVER HOTEL €€€

Aufgrund der Wegstrecke bietet sich eine Nacht in Nakhon Phanom an. The River liegt direkt am Mekong und bietet für die Provinzlage 48 sehr komfortable und moderne Zimmer, mit Spa.
35, Thaphanom Road in Nakhon Phanom
Tel. 042 522999
http://therivernakhonphanom.com

Ton, Steine, Scherben

Die Funde

Werkzeuge, Knochen, Tongefäße fanden die Bauern von Ban Chiang schon seit vielen Jahren bei der Arbeit auf dem Feld. Doch erst der Amerikaner **Steve Young**, Sohn des damaligen US-amerikanischen Botschafters in Thailand, machte die Wissenschaftler in Bangkok auf den Ort aufmerksam. Durch das sogenannte Thermolumineszenz-Verfahren wurde das Alter der Tonscherben ermittelt und auf mindestens 3800 Jahre v. Chr. datiert. Außer Keramiken fand man aber auch Werkzeuge aus **Bronze**. Eine **sensationelle Entdeckung**, denn bis dahin glaubte man, dass in Mesopotamien um 2000 v. Chr. die ersten bronzenen Gegenstände der Menschheitsgeschichte hergestellt wurden.

Wahre Kunstwerke

Keramiken

Die mit Spiral- und Bandornamenten bemalten Gefäße, die wohl keine Gebrauchskeramik, sondern als Grabbeigaben dienten, sind von einer künstlerischen **Qualität**, wie man sie noch nirgendwo in Südostasien entdeckt hatte. Stilisierte Pflanzen und Tiere, zunächst auf einfach geformte, rundbauchige Vasen, später dann auf Tongefäße mit eleganteren Formen aufgetragen, sind Beweise für eine **hohe Kultur**. Zum Bemalen wurden wahrscheinlich die Finger benutzt. Die Farben wurden aus Pflanzen hergestellt. Die Tongefäße entstanden in **drei Perioden**: In der ersten Phase (3800 – 2500 v. Chr.) waren sie

schwarz und hatten **Schmuckbänder** zwischen den Linien. In der zweiten Phase (2500 – 2000 v. Chr.) entstanden Gefäße, die vollständig mit einem dichten **Muster** bemalt waren. In der dritten Phase ergänzte man die gemalten durch eingeritzte Schmuckbänder. Ab 2000 – 1000 v. Chr. entstanden neben den Spiral- und Bandornamenten stilisierte **Zeichnungen von Menschen und Tieren**.
Das charakteristische Merkmal der nächsten Periode (1000 – 300 v. Chr.) war die Schlichtheit der Gefäße, bei denen fast ganz auf eine Bemalung verzichtet wurde. Die höchste künstlerische Qualität wurde während der jüngsten Periode (300 v. Chr. – 200 n. Chr.) erreicht. Aus ihr stammen die meisten der im Museum gezeigten Keramiken: Naturbelassener, gebrannter Ton wurde mit roter Farbe bemalt, die Muster offenbaren einen großen Ideenreichtum sowie ein außerordentliches Gefühl für die **Einheit von Form, Muster und Farbe**. Kurz danach (um 400 n. Chr.) scheinen die Bewohner Ban Chiang verlassen zu haben, jedenfalls wurden bislang keine Funde aus jüngerer Zeit gemacht.

Wohin in Ban Chiang und Umgebung?

Wenige Exponate

National-museum

Wer sich näher für diese vorchristlichen Ursprünge interessiert, sollte es zwar nicht versäumen, Ban Chiang aufzusuchen, doch – um einer **Enttäuschung** vorzubeugen – das Museum erlaubt nur einige wenige Einblicke. Die Informationstafeln sind zwar auch in Englisch beschriftet, doch die Präsentation der wenigen übrig gebliebenen Originalfundstücke kommt im Stil einer **Oberstufenausstellung** daher. Die wichtigsten Funde wurden zudem längst in die USA und zum Teil nach Bangkok, ins dortige Nationalmuseum, gebracht.
Mi. – So. 9 – 16 Uhr | Eintritt: 150 Baht

Im Originalzustand

Die Fund-stelle

Etwa 1 km vom Museum entfernt findet man ein **geöffnetes Gräberfeld** vor, das im Originalzustand belassen wurde. Die daneben in einem rekonstruierten Grabungsfeld ausgestellten Keramiken stammen nicht nur von dieser Fundstelle, sondern wurden auch an anderen Stellen rund um Ban Chiang ausgegraben. Entlang der Hauptstraße des Dorfes bieten Bewohner den Originalen verblüffend ähnliche **Imitationen** zum Kauf an.
Mi. – So. 8 – 16 Uhr | Eintritt: 25 Baht

Besuch bei Ho Chi Minh

Ban Nan Chok

Direkt an der Grenze zu Laos liegt am Mekong der Ort **Nakhon Phanom**. Von Ban Chiang sind es 150 km und wenn man sich für Ho Chi Minh, einen 1100 Jahre alten Tempel und Seide interessiert, lohnt

Jetzt bloß nicht fallenlassen! In Ban Chiang dreht sich alles um Keramik.

sich die Strecke – vielleicht um auch einfach mal einen Blick nach Laos zu werfen … In einem kleinen Haus am Ufer des Mekong, nordwestlich von Nakhon Phanom im Dorf Nan Chok, lebte der von den Einheimischen **Lung Ho** genannte **vietnamesische Revolutionsführer** 1928 – 1929. Das Haus ist weitgehend im **Originalzustand** erhalten. Gezeigt werden Fotografien und einige Erinnerungsstücke. Nichts Spektakuläres, aber für Ho-Chi-Minh-Fans ein Muss.

Wat Phra That Phanom

That Phanom

Für den **um 900** erbauten Prang des Wat Phra That Phanom fährt man nochmals **gut 50 km südlich** nach Taht Phanom. Im Innern des Tempels soll sich eine **Buddha-Reliquie** befinden. Ein erster, 8 m hoher Bau an dieser Stelle entstand bereits acht Jahre nach dem Tod Buddhas und wurde von fünf Königen des Si-Gotapura-Königreichs errichtet. Annähernd die heutige Form erhielt der Prang um 1690, als ihn der Mönch **Phra Khru Luang Phonsamek** auf 47 m Höhe aufstocken sowie verschiedene Verzierungen und die Schirmspitze aus **16 kg purem Gold** anbringen ließ. 1941 wurde der Prang auf seine heutige Höhe von 57 m gebracht. Vor dem That steht auf einem mehrstufigen Podest eine von einem **Ehrenschirm bekrönte Buddha-Figur**.

Die Welt der Seide

Ban Renu

7 km nordwestlich von That Phanom kann man schließlich noch einen Abstecher in das **Seidenweberdorf** Ban Renu machen. An der Hauptstraße reihen sich die **Läden**, in denen man hübsch eingefärbte Seidenstoffe in klassischen und originellen Mustern erwerben kann.

BANGKOK

Region: Zentralthailand
Provinz: Bangkok (Stadtstaat)
Höhe: 3 m ü. d. M.
Einwohnerzahl: 8,25 Mio., Metropolregion 15,5 Mio.

Eine Stadt, die brodelt wie die Suppen in den tausenden von Garküchen. Eine Stadt wie ein Moloch. Und inzwischen auch wie eine Weltstadt. Bangkok ist keine Schönheit. Bangkok ist laut. Bangkok stinkt. Aber Bangkok nimmt jeden Besucher gefangen. Diese Stadt packt ihre Krallen aus und lässt einen nicht mehr los. Denn Bangkok fasziniert, ist Breitwandkino ohne Limit. Einmal Bangkok heißt immer wieder Bangkok. Es ist wie ein Virus, den man nicht mehr losbekommt, nicht mehr losbekommen möchte.

Rasanter Wandel

In **Thonburi** machten sie einst schlechte Erfahrungen mit ihrem König: Phya Taksin ernannte sich – nach der Vertreibung der Birmanen – 1772 selbst zum König und erklärte Thonburi, den heutigen Stadtteil von Bangkok, zur neuen Hauptstadt sowie zum Königssitz. Die Ehre weilte jedoch nicht lange. 14 Jahre später wurde Taksin wegen Wahnsinn in einen seidenen Sack eingenäht und zu Tode geprügelt. Chao Phya Mahakasatsuck übernahm die Krone, verlegte den Königssitz ans andere Ufer und begründete so Bangkok. Schnell entwickelte sich die neue Hauptstadt zur Metropole des Landes. Es entstanden Klöster und Tempel, wichtige Handelshäuser siedelten sich an den Ufern des Flusses an und machten die Stadt zu einem internationalen Handelszentrum.
Seit 1782 ist Bangkok die Hauptstadt des Königreichs. **Rama I.**, Phra Phutthayotfa Chulalok (1782 – 1809) war dort der erste König der heute noch regierenden **Chakri-Dynastie**. Eine besondere Blüte erlebte Bangkok während der Regentschaft von Rama V., **Chulalongkorn** (1868 – 1910; ▶ Interessante Menschen). Er ließ großzügige Straßen anlegen und eine 10 km lange Straßenbahn bauen. Unter seinen Nachfolgern explodierte die Stadt förmlich, und bis heute fehlt es unübersehbar an einer zielgerichteten Stadt- und Verkehrsplanung. Besonders oben boomt Bangkok. Ein Skyscraper nach dem anderen wird gebaut: Hotels, Einkaufszentren, Büros ziehen ein, wie in den 313 m hohen **Maha Nakhon Tower**, mit 77 Etagen das derzeit höchste Gebäude der Stadt (fertig gestellt 2016). Oben spiegeln sich Glasfassaden, glitzern Paläste moderner Architektur, rollt der Verkehr auf mautpflichtigen Hochautobahnen mitten durch die Stadt, schwebt der Skytrain. Bangkok hat sich grundlegend und schnell verändert, auch mit der Folge, dass die Stadt durch den Bau der vielen Hochhäuser jährlich 3 cm absinkt.

Die lässt keinen kalt!

Die Stadt

Wie in einem reißenden Strom wird man in Bangkok mitgezogen, ist Teil des Geschehens, als sei man Teil eines Films, der einen **ellenlangen Namen** hat: »Stadt der Engel, größte aller Stätten unsterblicher, göttlicher Juwelen, mächtiger, unbezwingbarer Platz, neunfach mit Juwelen geschmückte, königliche Hauptstadt, göttliche Unterkunft des wiedergeborenen Vishnu«. Die Kurzfassung für Bangkok heißt kurz und gar nicht schlicht: »Stadt der Engel«, **Krung Thep**. Der Reiz dieser 15-Millionen-Stadt (Großraum) scheint buchstäblich in der Luft zu liegen. Der Duft der wohlriechenden Räucherstäbchen vermischt sich mit Abgasen von Tuk-Tuks und Uraltbussen. Dazu kommen die Esensaromen aus Garküchen, dass einem das Wasser im Mund zusammenläuft. Diese Geruchswelten – und unzählige andere – lassen schon in den ersten Minuten erahnen, was es in Bangkok alles zu **erriechen, erleben und entdecken** gibt.

Die pulsierende Metropole ist der **einzige Stadtstaat** Thailands, **Königssitz** und zugleich als **Hauptstadt** das administrative und wirtschaftliche Zentrum des Landes. Der Nabel der thailändischen Wirtschaft stemmt etwa die **Hälfte des Bruttosozialprodukts** und rund 90 % des Außenhandels. Mit mehr als 400 Tempeln bildet Bangkok aber auch das **religiöse und kunsthistorische Zentrum**, das mit der Vielfalt seiner Baustile ein Panoptikum thailändischer Kunst und Geschichte darstellt. Die Zuglinie, die den Norden mit dem Süden des Landes verbindet, teilt die Stadt in zwei Bereiche: Das alte Bangkok mit den meisten historischen Tempeln liegt zwischen dem Fluss und den Schienen. Östlich der Gleise beginnt das neue Bangkok mit den Einkaufs- und Hotelzentren. Insgesamt erstreckt sich Bangkok auf knapp 1600 km², das ist die Fläche von Berlin und Hamburg zusammen.

Alt-Bangkok

Rattanakosin

Wenn man in Bangkok vom Zentrum spricht, dann ist damit Rattanakosin Island mit Sanam Luang, Grand Palace und Wat Phra Kheo gemeint: Sie bilden das **historische, kulturelle und religiöse Zentrum** von Bangkok. Die Stadtinsel war einst komplett von Chao Phraya und Klongs umgeben. Heute sind in Rattanakosin und im Traveller-Viertel Banglampoo allerdings nur noch wenige dieser alten Wasserstraßen übrig geblieben.

Grand Palace

Die Anlage

Ab jetzt darf gestaunt werden: Über goldene Chedis, mächtige Yaks, die als Tempelwächter bedrohliche Fratzen ziehen, um böse Geister vom ehrwürdigen Platz fern zu halten. Über Kinnaris,

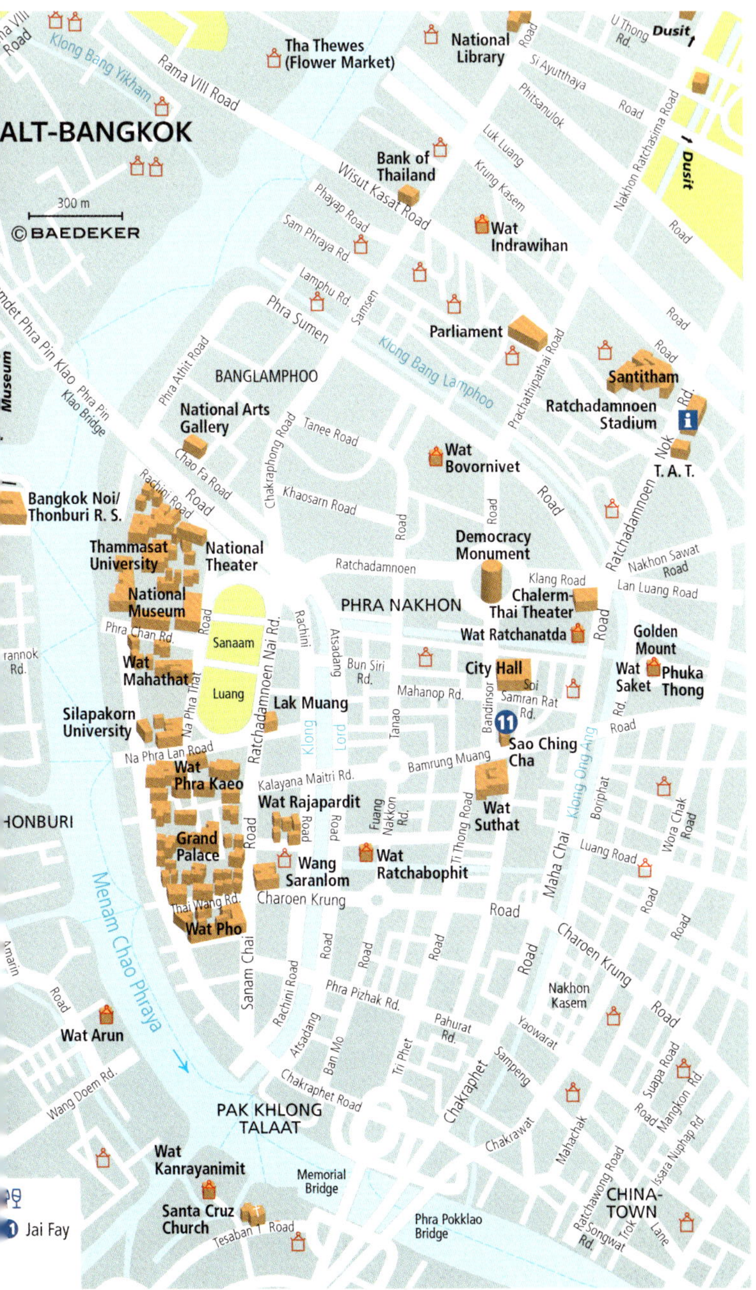

ALT-BANGKOK
300 m
© BAEDEKER
Tha Thewes (Flower Market)
National Library
Dusit
Klong Bang Yikham
Rama VIII Road
Si Ayutthaya
Phitsanulok
Luk Luang
Krung Kasem
Nakhon Ratchasima Road
Bank of Thailand
Wisut Kasat Road
Phayap Road
Sam Phraya Rd.
Lamphu Rd.
Phra Sumen
Samsen
Wat Indrawihan
Parliament
Klong Bang Lamphoo
Prachathipatai Road
Santitham
Ratchadamnoen Stadium
T. A. T.
BANGLAMPHOO
Phra Athit Road
National Arts Gallery
Chao Fa Road
Chakraphong Road
Tanee Road
Khaosarn Road
Wat Bovornivet
Phra Pin Klao Bridge
Museum
Bangkok Noi/ Thonburi R. S.
Rachini Road
Thammasat University
National Theater
National Museum
Democracy Monument
Ratchadamnoen
Klang Road
Nakhon Sawat Road
Lan Luang Road
PHRA NAKHON
Chalerm-Thai Theater
Wat Ratchanatda
Golden Mount
Wat Saket
Phuka Thong
Phra Chan Rd.
Sanaam
Luang
Wat Mahathat
Na Phra That
Ratchadamnoen Nai Rd.
Rachini
Atsadang
Bun Siri Rd.
Mahanop Rd.
City Hall
Soi Samran Rat Rd.
Bandinsor
Silapakorn University
Na Phra Lan Road
Lak Muang
Klong
Lord
Tanao
Sao Ching Cha
Klong Ong Ang
Bamrung Muang
Kalayana Maitri Rd.
Wat Phra Kaeo
Wat Rajapardit
Fuang Nakkon Rd.
Wat Suthat
Ti Thong Road
Boriphat
Wora Chak Road
THONBURI
Grand Palace
Wang Saranlom
Wat Ratchabophit
Maha Chai
Luang Road
Charoen Krung
Thai Wang Rd.
Wat Pho
Menam Chao Phraya
Sanam Chai
Rachini Road
Phra Pizhak Rd.
Pahurat Rd.
Yaowarat
Nakhon Kasem
Amarin
Wat Arun
Atsadang
Ban Mo
Tri Phet
Sampeng
Chakraphet
Suapa Road
Mangkon Rd.
Wang Doem Rd.
Chakraphet Road
PAK KHLONG TALAAT
Chakrawat
Mahachak
Issara Nuphap Rd.
Wat Kanrayanimit
Memorial Bridge
Ratchawong Road
CHINA-TOWN
Santa Cruz Church
Tesaban 1 Road
Phra Pokklao Bridge
Songwat Rd.
Trok Lane
Jai Fay

Mischwesen halb Mensch, halb Vogel, die golden strahlen im gleißenden Sonnenlicht, über filigrane Wandmalereien, steinerne Elefanten, dämonische und mythologische Wesen, eine Replik von Angkor Wat aus der Zeit, als Kambodscha Siam angeschlossen war, und unzählige Glöckchen, die leise im Wind klingeln: Wer zum ersten Mal in die Grand-Palace-Welt voller Anmut und Glauben eintaucht, die einher geht mit Größe und Macht, traut seinen Augen nicht. Aber selbst beim dritten Besuch ist die Große Palastanlage noch überwältigend. Kein Thai versteht, warum Bangkoks Grand Palace nicht UNESCO-Weltkulturerbe ist:

»
In Europa wird von der Unesco die Gotik von der Gotik von der Gotik ausgewählt. Und bei uns bleibt die Palaststadt mit 220 000 m², 100 Gebäuden und 2 km Ummauerung, Jahrhunderte thailändischer Geschichte und 400 Jahre Sakralhistorie einfach außen vor.
«

... sagt ein Reiseführer seiner Gruppe schon am Eingang an der Na Phra Lan Road. Jede der einzelnen Sehenswürdigkeiten in diesem Areal ist Ausdruck einer **Lebens- und Stilepoche**, besonders des Erbauers, des jeweils regierenden Königs. Der gesamte Sakralbereich weist trotz mehrfacher Renovierung immer noch den reinen Stil seiner Entstehungszeit auf. Bei allen Restaurierungsarbeiten legte man größten Wert auf die originalgetreue Wiederherstellung v. a. der großflächigen Wandgemälde, die durch die hohe Luftverschmutzung in Bangkok stark in Mitleidenschaft gezogen worden sind. 2017 wurde dem einen Jahr zuvor verstorbenen König Bhumibol prunkvoll in mehreren Zeremonien und Trauermärschen die Ehre erwiesen. Ein Teil der Asche von Rama IX. verbleibt im Grand Palace, zwei weitere Urnen wurden in die Tempel Bovornives und Ratchabophit gebracht.

Etikette

Besser mit Sarong

Wer dem Wachpersonal als zu **unschicklich gekleidet** erscheint, wird gebeten, sich mit einem Sarong (Wickeltuch) zu bekleiden, den man für Tempeltouren generell immer mitnehmen sollte. Grundsätzlich sollten (nicht nur) beim Besuch des Wat Phra Kaeo Oberarme und Beine bedeckt sein.

Tgl. 8.30 – 15.30 Uhr | Eintritt: 500 Baht, für die gesamte Anlage

Heimat des Jade-Buddha

Wat Phra Kaeo

Zentrum des Großen Palastbezirks ist das wichtigste Heiligtum, der Wat Phra Kaeo mit dem berühmten Jade-Buddha, der auch Smaragd-

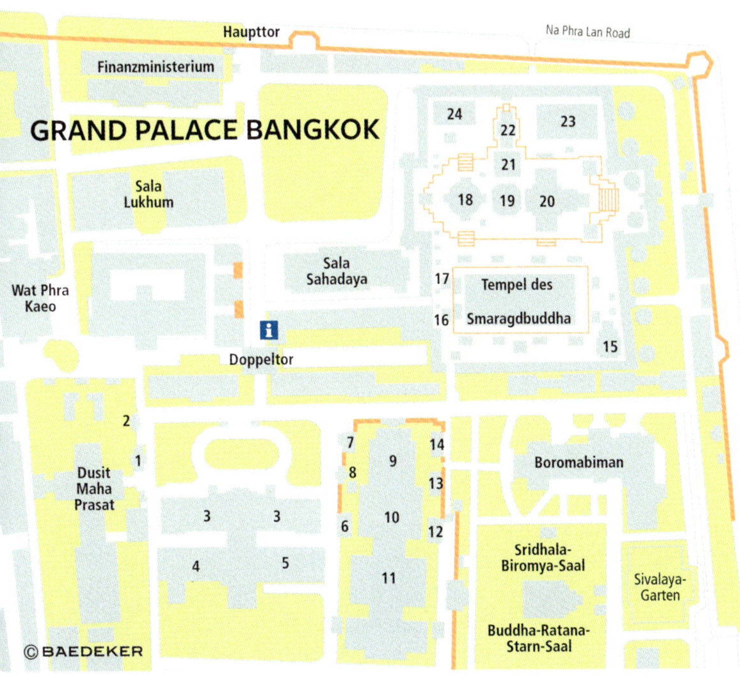

1 Königlicher Rat
2 Amporn Phimok Prasad
3 Chakri Maha Prasad
4 Somut-Devaraj-Ubbat-Saal
5 Moonstarn-Baromasna-Saal
6 Hor Phra Dhart Monthien
7 Dusida-Bhiromya Saal
8 Snamchandr-Saal
9 Amarindra-Vinichai-Saal
10 Paisal-Taksin-Saal
11 Chakrabardi Biman
12 Hor Phrasulalaya Biman
13 Rajruedi-Saal
14 Hor Satrakom
15 Hor Kanthararasdr
16 Hor Rajbongsanusorn
17 Hor Rajkornmanusorn
18 Phra Sri Ratana Chedi
19 Phra Mondhop
20 Prasad Phra Debidorn
21 Modell von Angkor Wat
22 Phra Viharn Yod
23 Hor Monthien Dharma
24 Hor Phra Naga

Buddha genannt wird. Durch ein von zwei mächtigen Dämonenfiguren, sogenannten Yaks, bewachtes Tor erreicht man den Sakralbereich. Am Zugangstor findet man auf Wandmalereien den Beginn des »Ramakien«-Epos sowie Marmortafeln mit Versinschriften, die König Chulalongkorn neu verfasste.

Der **vergoldete Chedi Phra Sri Ratana** mit seiner wie eine Nadel geformten Spitze erhebt sich auf einer runden, fünffach gestuften Basis. In seinem Innern birgt er eine **Reliquie**, die der Überlieferung nach ein Knochen oder aber ein Haar des erleuchteten Buddhas sein soll.

WUNDERN UND STAUNEN

Wo bin ich nur gelandet? Ich weiß, es ist kein Märchenpark und trotzdem kommen einem die goldenen Chedis und steinernen Elefanten, die mächtigen Yaks, die als Tempelwächter bedrohliche Fratzen ziehen, und die lieblichen Kinnaris, halb Mädchen, halb Vogel, im gleißenden Sonnenlicht vor wie surreal. Wat Phra Kaeo das erste Mal sehen, heißt, es für immer mit sich zu nehmen ...

Schicksal des Landes

Smaragd-Buddha

Für die Thais und jeden Buddhisten nimmt der kleine, hochverehrte Buddha eine **überirdischer Stellung** ein. Das Schicksal des Landes wird sogar mit ihm verknüpft. Kein Thailänder würde beim Namen dieses Buddhas schwören und dabei nicht die Wahrheit sagen. Wobei die Verweigerung des Schwurs quasi einem Eingeständnis gleich kommt. Deshalb ist das wichtigste Gebäude innerhalb des religiösen Bezirks im Großen Palast die **Kapelle Phra Ubosot** mit der einzigartigen Figur des Smaragd-Buddhas. Dieser nur 75 cm hohe Buddha ruht auf einem **vergoldeten Thron**, der während der Regierungszeit von **Rama I.**, angefertigt wurde. Später, unter Rama III., dem in Heidelberg geborenen **Phra Nang Klao**, wurde unter dem Thron noch eine weitere Basis eingefügt, so dass der Smaragd-Buddha jetzt in einer Höhe von 11 m thront.

Die schlicht gestaltete und **aus einem Stück Nephrit** geschnittene Figur wird von einem neunstufigen Baldachin beschützt. Über Ceylon und Kambodscha kam sie nach Nordthailand, wo sie in Chiang Rai entdeckt wurde, als ihre schützende Stuckumhüllung beim Transport zerbrach (1434). Über weitere **Umwege** gelangte sie 1778 nach Bangkok in den Wat Phra Kheo. Die in ihrer Schlichtheit ergreifend wirkende Buddha-Figur ist umgeben von zehn weiteren Buddha-Statuen. Die Wände des Bot sind vom Boden bis an die Decke mit hervorragenden, sorgfältig restaurierten **Wandgemälden** bedeckt, die **Szenen aus den Leben Buddhas** zeigen. Zum Inneren des Ubosot (Allerheiligsten) führen sechs Eingänge, die von ebenso vielen Paaren bronzener Löwen im Khmer-Bayon-Stil bewacht werden. Der Ubosot ist umgeben von der Edelsteinmauer, die den eigentlichen heiligen vom weltlichen Bezirk abgrenzt. In diese wurden kleine Türmchen integriert, in denen wiederum die acht Semas (Grenzsteine) stehen.

Boden aus reinem Silber

Phra Mondhop

Das Phra Mondhop ist ein reich mit **Glasmosaiken** verziertes Bauwerk, das wegen seiner **anmutigen Leichtigkeit** imponiert. Die vier Eckfiguren sind im Borobodur-Stil gefertigt (14. Jh.). Im prachtvollen schwarzen Lack-Bücherschrank mit Perlmutteinlage werden die **heiligen Schriften** »Tripitaka« aufbewahrt. Der Boden des Mondhop besteht aus reinem Silber.

Auch in Klein wunderbar

Angkor-Wat-Modell

Das Steinmodell von Angkor Wat auf der Terrasse der Tempelanlage stammt von **Rama IV.**, Mongkut. Was heute auf dem Staatsgebiet von Kambodscha steht, war ihm zu seinen Lebzeiten noch lehenspflichtig. Auch ohne Originalgröße und Urwaldumgebung ist es ein viel besuchtes Anschauungsmodell.

Thron aus Stein

Phra Viharn Yod

Im Phra Viharn Yod, links von der Terrasse, befindet sich als **älteste Sehenswürdigkeit** des Palastbezirks der Steinthron **König Ramkhamhaengs** (13. Jh.), des Gründers von Thailand. Der Thron wurde von Rama IV. während seiner Wanderzeit als Mönch entdeckt und nach Bangkok gebracht.

Die acht Regentenstatuen

Prasat Phra Debidorn

Das dritte Bauwerk auf der weitläufigen Terrasse ist der Prasat Phra Debidorn, auch **Pantheon** genannt. In seinem Innern, das nur einmal im Jahr, am **Chakri-Tag** (6. April), für die Öffentlichkeit zugänglich ist, stehen die **lebensgroßen Statuen** der ersten acht Könige der Chakri-Dynastie. Bhumibol war der neunte Thronfolger des Herrschergeschlechts.

Schatten im Königspavillon

Außenanlagen

Nach dem Verlassen des Tempels lohnt sich ein Rundgang durch die gepflegten Außenanlagen. Die zierlichen, vergoldeten Statuen heißen **Kinnari**, Vogelmädchen, die ausdrucksstarken Dämonenfiguren, **Yaks**. Sie tragen einen gestuften Chedi. Zwischen dem Bot des Wat Phra Kaeo und dem Wandelgang, der die Abgrenzung zum übrigen Palastbezirk bildet, stehen kleine **Pavillons**. In früherer Zeit dienten sie der Vorbereitung des Königs, wenn er im Bot zeremonielle Handlungen vorzunehmen hatte. Heute bieten sie an heißen Tagen willkommenen Schatten. Mit viel Liebe zum Detail wurden die Wandgemälde im Wandelgang restauriert. Sie erzählen Episoden aus dem »Ramakien« und der thailändischen Geschichte.

Gartenparty des Monarchen

Boromabiman-Halle

In der im traditionellen Thai-Stil errichteten Boromabiman- Halle zeigen Wandfresken die vier **indischen Götter** Indra, Yahuma, Varuna und Agni als **Hüter des Universums**. Darunter sind altindische Schrifttafeln zu sehen, auf denen die zehn **königlichen Tugenden** aufgezählt sind: rechtes Geben und rechtes Betragen, Opferbereitschaft, Aufrichtigkeit, Barmherzigkeit, Bescheidenheit, Arbeitsamkeit, Freiheit von Zorn, Freiheit von Arglist, Geduld und rechtes Handeln. Früher fand die alljährliche Gartenparty des Königs dort statt. Heute wird der Bau nur noch gelegentlich als Gästehaus für Staatsoberhäupter oder buddhistische Würdenträger benutzt.

Der Platz für Huldigungen

Amarindra-Vinichai-Saal

Der Gebäudekomplex **Mahamontien** (Hohe Residenz) ist lediglich im vorderen Teil für Besucher zugänglich: Dort befindet sich der Saal Amarindra Vinichai (Göttliche Entscheidung), in dem Rama I. auf dem großen, breiten Thron sitzend Huldigungen entgegennahm. König Bhumibol, der dort am 5. Mai 1950 gekrönt wurde, nutzte diesen Raum auch zu feierlichen **Staatsempfängen**. Dabei saß er aber auf dem davor stehenden Thron, der eine europäische Sitzhaltung gestattet. Und an jedem Jahrestag seiner Krönung verlieh der Monarch dort auch **Verdienstmedaillen** an Würdenträger sowie Männer und Frauen aus allen Schichten, die sich um soziale Belange verdient gemacht haben. Beim Verlassen des Gebäudes geht man um die vorgelagerte Säulenhalle herum: Dort wurden einst die **königlichen Urteilssprüche** verkündet. Und an den rot-goldenen Pfosten waren die Elefanten des Königs angebunden.

Ehemaliger Wohnsitz des Königs

Chakri-Palast

Für die Öffentlichkeit **nicht zugänglich** ist der von einem englischen Architekten im italienischem Renaissance-Stil entworfene Große Chakri-Palast, einst Wohnsitz der Könige von Thailand (im Ostflügel) und Königinnen (im Westflügel). Der Palast erhielt auf Wunsch des Auftraggebers Rama V. zusätzlich siamesische Staffeldächer und Mondhops. Der mittlere und zugleich höchste enthält eine **Urne** mit der Asche der ersten acht regierenden Könige der Chakri-Dynastie.

Alle Säle des Palastes enthalten wertvolle Gemälde, v. a. **Porträts aller thailändischen Könige**. Vom Balkon an der Frontseite aus wurden einst die königlichen Proklamationen verlesen.

Der Audienzsaal

Dusit Maha Prasat

Westlich vom Chakri-Palast stößt man auf den anmutig wirkenden Dusit Maha Prasat, einen 1789 von Rama I. errichteten Palast mit vierfach übereinander geschwungenen Dächern aus rot und grün glasierten Ziegeln. Der Grundriss ist so angelegt, dass sich die Dächer über mit Ornamenten besetzten Giebeln kreuzen und emporwachsen bis zu ihrem goldenen Mondhop, der sie, nadelspitz wie ein Chedi, nochmals überragt. Basis für ihn und zugleich harmonische Verbindung zwischen den Dachschwingen sind vier **Garudas**, mythische Vögel und Reittiere des Gottes Vishnu. Ein Garuda ist heute noch im thailändischen Wappen enthalten. Den großen **Innenraum** kann man besichtigen; er diente Rama I. als Audienzsaal. Der König empfing seine Besucher jedoch nicht von dem **Thron** aus, den man heute sieht, sondern von einem höheren, der in einer Wandnische im Südflügel dahinter steht. Die Wandmalereien entstanden erst später, als die Halle nur noch zur feierlichen Aufbahrung verstorbener Könige oder Mitgliedern der Königsfamilie diente. Vor dem Gebäude steht der **Amphorn Phimok Prasat**, ein zierlicher hölzerner Pavillon, der dem König zum **Kleiderwechsel** zwischen Sänfte und Audienz diente. Nachdem er ihn betreten hatte, wurden zwischen den Pfeilern golddurchwirkte Vorhänge heruntergelassen.

Die Wandmalereien im Wat Phra Kaeo zeigen u. a. Szenen aus dem »Ramakien«-Epos – auch den Schülern scheint's zu gefallen.

Der ruhende Buddha im Wat Pho symbolisiert, wie Buddha ins Nirwana übergeht.

★★ Wat Pho

Der ruhende Buddha

Er gehört zu den nur sechs königlichen **Tempeln Erster Klasse**, also der höchsten Stufe, in Thailand und ist nur ein paar Schritte vom Grand Palace in südlicher Richtung, an der Chetuphon Road gelegen, entfernt: Wat Pho, 80 000 m^2, 91 Tempeltürme, komplett ummauert, von 16 Toren unterbrochen, von König Rama I. gegründet. In **Bangkoks ältestem und weitläufigstem Tempel** ruhen zahllose Buddha-Statuen in Kreuzgängen, z. T. hinter Glas. Es ist die **größte Sammlung von Buddha-Statuen** in Thailand. Ein 12 m hoher stehender Buddha schaut gütig und segnend herab.

Vollkommene Anmut und Schönheit manifestiert sich in dem 1832 gefertigten, monumentalen, 46 m langen und 15 m hohen liegenden Buddha im großen **Viharn**, dem Heiligtum des Tempels. Deshalb wird die Anlage zuweilen auch Wat Chetuphon oder Temple of the Reclining Buddha genannt. Die Ruhelage symbolisiert den Moment, in dem Buddha ins Nirwana übergeht: eine der beeindruckendsten und **schönsten Bildnisse des Landes**. Interessant sind die 216 ziselierten Bilder an den überdimensionalen, mit Edelsteinen verzierten Fußsohlen, die mit 3 x 4,5 m enorme Maße aufweisen: Sie zeigen Ereignisse aus den Leben Buddhas. Die Enge des Raums gestattet aber leider keinen guten Gesamtüberblick. Es gibt zudem 108 **Bronze-**

schalen auf dem Flur, die 108 Zeichen Buddhas repräsentieren. Die Besucher werfen Münzen in die Schalen und hoffen auf Glück.
Der wohl schönste **Chedi** mit den blauen Kacheln stammt aus der Zeit Ramas IV., der ihn zur Erinnerung an Königin Suriyochai errichten ließ. Diese Königin opferte bei einer Bootsfahrt auf dem Chao Phraya ihr Leben, um das ihres Gemahls zu retten, als dieser in Gefahr geriet. Zudem können auf **1360 Mormorplatten** detailliert alle Yoga-Positionen studiert werden und in der berühmten, 1955 gegründeten Thai Traditional Medical And Massage School darf man sich bei einer **Massage** entspannen, die man außerhalb des Tempels ausschließlich im feinen Hotel The Peninsula genießen kann. Nur das Spa des Luxushotels arbeitet mit den Mönchen von Wat Pho zusammen. Last not least: Für Kinderwünsche ist der **Phallus** der richtige Platz ...

Zugang für alle

Erste Volksuniversität

Im 16. Jh. soll auf dem Gelände des heutigen Wat Pho ein Ayutthaya-Prinz eine kleine **Residenz** besessen haben. Der Wat ist seit alters her aber bekannt als **Heilstätte** sowie **Apotheke**, die in der Zeit von Rama III. gegründet wurde. Außerdem befand sich im Wat Pho die erste öffentliche Volksuniversität Thailands, zu der alle Bürger ungeachtet ihrer Herkunft oder ihres Standes Zugang hatten. Und im Wat wurden zum ersten Mal Regeln für die Thai-Massage auf **Steintafeln** verewigt. Jenseits der Chetuphon Road befindet sich heute der nicht verschlossene **Wohnbereich der Mönche**. Wer sich ernsthaft mit Fragen des Buddhismus befasst, wird fast zu jeder Tageszeit einen interessierten Gesprächspartner finden.
Tgl. 8–18, Massagen bis 17 Uhr | Eintritt: 100 Baht

Silber für die Zähne

Große Schaukel

Nur ein paar Minuten von Wat Pho entfernt, steht eines der **auffälligsten Bauwerke** Bangkoks direkt vor Wat Suthat. Bei dem 27 m hohen roten **Teakholzrahmen** handelt es sich um die Große Schaukel, die bis 1932 alljährlich im Dezember, nach der Reisernte, Schauplatz **wagemutiger Schaukelwettbewerbe** war, deren Ursprung in mythischer Vorzeit zu suchen ist. Dabei ging es um einen Beutel mit Silbergeld, den der Schaukelnde auf etwa 25 m Höhe nur mit den Zähnen packen durfte. Nach vielen schweren Unfällen, auch mit Todesfolge, verbot Rama VII., Prajadhipok, der letzte absolutistische Herrscher Siams, den Wettbewerb.

Bitten um Erlöse

Wat Suthat

Gute Geschäfte möchte jeder machen. Und jeder Thailänder hat seinen ganz persönlichen Tempel, um für die Segnungen des Handels zu bitten. Wat Suthat, am Platz der Großen Schaukel und der einzige große Tempel Bangkoks **ohne Chedi**, ist jedoch ein besonders häufig aufgesuchter Wat, um für gute Geschäfte und Erlöse zu bitten. Viel-

leicht rührt die Beliebtheit des Wats für monetäre Bitten an die Götter auch vom Silbergeld bei den Schaukelwettbewerben her (s. o.)? Und wahrscheinlich ist es deshalb auch kein Wunder, dass in den Straßen der Umgebung, besonders in der Bamrungmuang Road, Buddhas von 2 cm Größe bis zu 4 oder 5 m Höhe verkauft werden: als kleiner Talisman für die Hosentasche oder Glücksbringer für die Eingangshalle der neu gegründeten Firma.
Wat Suthat gehört zu den ältesten buddhistischen Tempeln Bangkoks. Gleich **drei Könige** waren an seiner Erstellung beteiligt: Rama I. begann das Werk kurz nach seiner Krönung 1782, Rama II. führte es fort und Rama III. vollendete es. Der Viharn hat zwei **Monumentalportale** mit berühmten Schnitzereien: Einen der Fensterflügel schnitzte Rama III. persönlich. Der 30 m hohe Raum wird durch acht Pfeiler in drei Schiffe geteilt und wurde für die wunderschöne Statue **Phra Buddha Shakyamuni** aus dem 13. Jh. gebaut, die König Rama I. aus Sukhothai nach Bangkok brachte. Einem Triumphzug gleich wurde die Bronzefigur durch die Straßen zu ihrem Bestimmungsort geführt. Der König selbst nahm barfuß an der Prozession teil. Der bronzene Korpus ist mit Blattgold bedeckt und steht auf einem mehrstufigen, verzierten Podest, in dessen unterem Teil die Asche von König Rama VIII., Ananda Mahidol, des unter bis heute ungeklärten Umständen zu Tode gekommenen Bruders von Rama IX., Bhumibol Adulyadej, aufbewahrt wird.
Für gewöhnlich sind auf den heute noch erhaltenen **Wandmalereien** in Thailand die Leben von Buddha dargestellt. Im Wat Suthat ist dies anders. Sie zeigen den Lebenslauf der ihm vorangegangenen 24 Buddhas. Den Bau umschließt eine zweigeteilte Balustrade mit 28 chinesischen Pavillons, sehr schönen Bronzepferden und chinesischen Soldaten. An den Außenmauern der Anlage befinden sich die traditionellen Wandelgänge mit Reihen **vergoldeter Buddhas**.
Tgl. 9 – 17 Uhr | Eintritt: 20 Baht

Bhumibols Asche

Wat Ratchabophit

Diesem **königlichen Tempel der Ersten Klasse** wurde die Ehre zuteil, einen Teil der Asche des verstorbenen Rama IX. zu beherbergen. Denn zum Wat gehört der **Königliche Friedhof** mit Mausoleen in verschiedenen Stilen, von buddhistischen Chedis über Khmer-Türme bis zu christlichen Kirchtürmen. Dort wurden und werden traditionell Mitglieder der königlichen Familie beigesetzt.
Tgl. 8 – 17.30 Uhr | Eintritt: 20 Baht

Treffen mit Novizen

Wat Sakhet

Der **Golden Mount** ist mit 79 m die höchste Erhebung der flachen Stadt, wenn man von den Wolkenkratzern absieht. Und ganz oben, nach **318 Stufen**, glänzt golden Wat Sakhet. Die Nähe zur Thammasat-Universität bringt es mit sich, dass dort ab Mittag Novizen anzu-

Wat Suthat: An einem der ältesten Tempel Bangkoks bitten viele um Geldsegen.

treffen sind. Mit Bleistift oder Kugelschreiber notieren sie eifrig jede neue englische Vokabel in ihr persönliches Wörterbuch. So verbessern sie ihr Englisch, fragen die Studenten oder Touristen häufig auch selbst nach neuen Wörtern und Fremde mit neugierigen Augen auch nach dem Namen, Herkunftsland, wie einem Bangkok und Thailand gefalle sowie vorsichtig, welcher Religion man nahe stehe. Andererseits erklären manche, dass Buddha kein Gott sei und der Buddhismus keine Religion. Die grell-orange gewandeten Novizen sprechen dabei von sich aus stets nur Männer an. Kommt ein **Gespräch** jedoch in Gang und meldet sich die Frau oder Freundin des Angesprochenen auch zu Wort, haben die jungen Klosterbrüder meist nichts dagegen, sagen aber: **»Can speak, cannot touch!«** – reden erlaubt, berühren verboten ...

Tgl. 7.30 – 17 Uhr | Eintritt: 20 Baht

Authentischer Tempelalltag

Wat Indrawihan

Die Statue ist erstaunliche **32 m** hoch und die **riesigen Zehen** des modernen Standbilds sind zumeist bedeckt mit Bergen von Blumen und anderen Opfergaben der Gläubigen. Wat Indrawihan ist ein von Touristen wenig besuchter Tempel und zeigt um so authentischer thailändischen Tempelalltag. Rama V. ließ ihn Mitte des 19. Jh.s als

BAEDEKER ÜBERRASCHENDES

6X ERSTAUNLICHES

Überraschen Sie Ihre Reisebegleitung: Hätten Sie das gewusst?

1. DES KÖNIGS ASCHE

2017 wurde dem verstorbenen **König Bhumibol** in prunkvollen Trauermärschen die Ehre erwiesen. Ein Teil der Asche von Rama IX. verbleibt im Grand Palace, zwei weitere Urnen wurden in die Tempel Bovornives und Ratchabophit gebracht. (▶ **S. 78, 81**)

2. ERSTES GOLD

Udomporn Polsak, eine Frau aus der Provinz Isan, holte 2004 in Athen die erste Goldmedaille bei Olympia für Thailand. Disziplin Gewichtheben, Gewichtsklasse bis 53 kg. (▶ **S. 245**)

3. DER SEGEN DES ABTS

Als Leicester City 2016 völlig überraschend englischer Fußballmeister wurde, hatte das Team einen 12. Mann im Spiel: **Chao Thongchai**, Abt im Wat Traimitr zu Bangkok. Er segnete Rasen und Spieler, gab ihnen Glücksamulette und meditierte bei jedem Spiel für sie. (▶ **S. 86**)

4. TEMPEL MIT GRENZÜBERGANG

2 km Fußweg, 341 Stufen – und ein Grenzübergang müssen bewältigt werden, um **Khao Phra Viharn** besuchen zu können! Der Khmer-Tempel liegt in Kambodscha, ist aber nur von Thailand zu erreichen. (▶ **S. 350**)

5. IN PORTUGAL BADEN GEHEN

Das Hotel **Royal Orchid Sheraton** in Bangkok hat einen Pool in Thailand und einen in Portugal. Der Garten-Pool liegt auf dem Gelände der portugiesischen Botschaft. Rama II. vermachte 1850 das Stück der portugiesischen Königin Maria II. (▶ **S. 92**)

6. MONOPOLY

Warum sind Flüge nach Ko Samui so teuer? Weil **Bangkok Airways** ein Monopol hat, wenngleich auch ein paar wenige andere Gesellschaften noch landen dürfen. Die Airline hatte den Flugplatz einst komplett finanziert und sich so alle Landerechte gesichert (▶ **S. 196**)

Schrein für eine aus Sri Lanka stammende **Buddha-Reliquie** an der heutigen Wisut Kasat Road errichten. Und die Hauptattraktion des Wats, einem Tempel der dritten königlichen Klasse, ist eben jene monumentale, 32 m hohe goldene Buddha-Statue **Luang Pho Tho**.

Tgl. 6 – 22 Uhr

300 Meter Bangkok

★ Khao San Road

Seit sich von der **Traveller-Straße** Khao San Leonardo di Caprio auf die Suche nach »The Beach« machte, brechen im Viertel Banglamphu alle Dämme. Der Neo-Hippie- und Aussteigerstreifen wurde teilweise dort gedreht – mit di Caprio als Star: Auf genau diesen 300 Metern Bangkok, die von jungen Reisenden aus aller Welt so verändert wurden, wie kein anderer Platz in der thailändischen Hauptstadt. Erst zogen aus der Khao San Road ältere Ladenbesitzer aus. Thai-Kunden kamen nicht mehr, denn die neue Kundschaft schreckte ab: Viele Traveller wirkten wie Darsteller aus einem billigen »Hair«-Remake mit schlapprigen Klamotten und zotteligen Haaren. Sie rauchten Haschisch, soffen Bier oder Mekong, den heimischen Billigfusel, hingen rum oder glotzten Tag und Nacht Videos. Dann verließen sogar die Studenten der nahen Thammasat-Universität ihre bis dahin noch günstigen Unterkünfte in der Khao San Road. Das Geschäft begann zu laufen, für Thai-Verhältnisse explodierten die Preise. Mittlerweile ist die Straße zu einer **Touristenattraktion** geworden, bei der die einen, gesetzteren Urlauber die anderen, flippigeren Traveller anschauen gehen: gepiercte, tätowierte, besoffene, hübsche, hässliche, Leute, die auf ihr Visum nach Kambodscha oder Myanmar warten, und andere, die diese Straße zwei oder drei Wochen lang nicht verlassen, weil sie dort ihre eigene, abgeschlossene 24-Stunden-Khao-San-Welt haben. **Es gibt schlicht alles**, sogar gefälschte Führerscheine, Studenten- oder Presseausweise. Wen stört da schon der im sowieso schon lauten Bangkok infernalische Lärmpegel, der aus Hunderten von Boxen wummert. Trotz all dem: Die Khao San Road muss man gesehen haben. Und ein paar hübsche Fummel kann man auch gleich kaufen ...

Sitz des obersten Mönchs

Wat Bovornives

Am westlichen Kopfende der Khao San Road liegt zunächst **Wat Chanasongkhram**, ein Hort der Zuflucht, falls die Traveller-Meile zuviel Hirnsausen verursacht. Der von Mon-Mönchen gegründete Tempel beruhigt mit knapp 100 **Buddha-Statuen** und Geschichtsunterricht: Die Wandmalereien erzählen u. a. vom Sieg der Thailänder über die Burmesen. Ganz friedlich kann man sich von einem der Mönche auch als Farang (westl. Ausländer) ein **Sai Sing**, ein Freundschaftsband, ums Handgelenk binden lassen, das man übrigens so lange tragen sollte, bis es von alleine abfällt – wenn es denn Glück bringen soll ...
Ebenfalls in unmittelbarer Nähe der Khao-San-Welt findet man auch

Wat Bovornives, den Sitz des **Sangha Raja**, dem Oberhaupt der thailändischen Mönchsgemeinschaft. Vom Massentourismus unbeachtet, beherbergte dieser Tempel die **meisten thailändischen Könige** während ihrer Novizenzeit. Auch Bhumipol war in Wat Bovornives, um im Alter von 21 Jahren für 15 Tage sein Mönchsversprechen einzulösen, wie es in der Regel jeder junge thailändische Mann tut. Die Statuen der **Tempelwächter**, bärtige Dämonen auf Krokodilen stehend, und die **Torvergoldung** wurden übrigens von Opiumhändlern gestiftet, mit dem unverhohlenen Wunsch nach weiterhin guten Geschäften.

Tgl. 6 – 18 Uhr

Treffpunkt für Demos

Demokratie-Denkmal

Thailands Symbol für die Demokratie steht gleich ums Eck, mitten in der zehnspurigen Parallelstraße Rajadamnoen Klang: Das abstrakt gehaltene Democracy Monument, das an die Abschaffung der absoluten und an die Ausrufung der **konstitutionellen Monarchie** von 1932 erinnert, symbolisch gen Himmel ragt und das bei allen Studentendemonstrationen und -unruhen immer wieder im Mittelpunkt stand und steht. Ebenfalls in der Nähe: das schneeweiße **Prasumen Fort**, eine der beiden letzten erhaltenen Wehranlagen aus der Gründerzeit der Stadt.

 Nationalmuseum

Mi. – So. 9 – 16 Uhr | Eintritt: 50 Baht

Wang-Na-Palast

Vielfältigen Einblick in die **Geschichte Thailands** gibt der mehr als 200 Jahre alte Palast Wang Na, der das 1926 gegründete Nationalmuseum mit seiner außerordentlich großen Sammlung beherbergt. Bis Mitte der 1970er-Jahre war es das einzige Museum Thailands. Inzwischen hat das Department of Fine Arts, die thailändische Kunstbehörde, etliche Filialen im ganzen Land gegründet, damit archäologische und kunsthistorische Funde möglichst in der Nähe ihres Fundorts ausgestellt werden können. Der alte Palast des **Wang Na**, von Rama I. erbaut, ist im Wesentlichen erhalten, ebenso wie der Grundstock der Sammlung, die aus König Chulalongkorns Stiftung und dem Wang-Na-Haushalt stammt: religiöse und zeremonielle Geräte, Keramiken, Spiele, Waffen, Musikinstrumente u. v. a. Sehenswert sind die in den alten Gebäuden enthaltenen Sammlungen, z. B. Geschenke für Könige, königliche Barken und Insignien, Kuriositäten, auch die Bestattungswagen. Selbst ein lebensgroßes Modell eines Kriegselefanten fehlt nicht. In den modernen Gebäuden sind v. a. Buddha-Darstellungen aus verschiedenen Epochen untergebracht. Vier bis fünf Stunden sollte man sich schon Zeit nehmen. Donnerstags gibt's Führungen auch auf deutsch.

Im Wat Buddhaisawan thront der kostbare Buddha unter einem Baldachin.

Ursprung Ceylon?

Wat Buddhaisawan

Der Wat von 1795 **auf dem Gelände des Nationalmuseums** wurde zu Ehren seiner größten Kostbarkeit, der unter einem Baldachin thronenden **Buddha-Figur**, erbaut. Einmal im Jahr, am Vortag des **Songkhran-Fests**, dem thailändischen Neujahrsfest (▶ Feiern, S. 461), wird sie in feierlicher Prozession durch die Straßen Bangkoks getragen. Obgleich die Legende ihren Ursprung nach Ceylon verlegt, vermuten Historiker wegen ihres Stils, dass sie um 1250 in Sukhothai hergestellt wurde. 1795 brachte sie König Rama I. von Chiang Mai nach Bangkok. Doch auch die **Wandmalereien**, die alle Wände des Bot schmücken, sind sehenswert, da sie noch im **Original** erhalten, also mehr als 200 Jahre alt sind. Geschaffen mit traditionellen Farben aus Mineral- und Erdpigmenten, zeigen sie Episoden aus **Buddhas irdischem Dasein**.

Das vergoldete Bett

Rotes Haus

So wohnten also die Könige: Das Rote Haus ließ Rama I. Ende des 18. Jh.s für eine ältere Schwester erbauen. Es hat seinen Namen und die Farbe von einem **Pflanzenpigment**, mit dem das **Teakholz** angestrichen wurde. Besonders anschaulich für die **königliche Wohnkultur** sind das holzgeschnitzte, vergoldete Bett, der Toilettentisch und die reich verzierten Lackholztruhen, in denen die kostbaren Gewänder aufbewahrt wurden. Das Haus steht nicht mehr an seinem ursprünglichen Ort, sondern wurde auseinandergenommen und im Nationalmuseum wiederaufgebaut.

Meditationskurse für Ausländer

Wat Mahathat

100 Buddha-Statuen empfangen Gäste dieses Klosters südlich des Nationalmuseums, in dem die buddhistische Mahachulalongkorn University untergebracht ist, an der auch Meditationskurse für Ausländer angeboten werden. Sonntags findet ein Markt statt, auf dem man traditionelle Arzneien, aber auch Amulette und Buddha-Figuren erstehen kann.

Tgl. 9 – 17 Uhr | Eintritt frei

Für den Schutzgeist Bangkoks

Lak Muang

In einem kleinen Bauwerk gegenüber dem südöstlichen Ende des **Sanam Luang** – im Übrigen der Bezugspunkt für die Landvermessung – verbirgt sich ein wichtiger **Schrein**. Dieser wurde einst um den symbolischen **Grundstein der Stadt** herumgebaut und in ihm wohnt dem animistisch-hinduistischen Glauben nach der Schutzgeist der Stadt Bangkok. Er wird symbolhaft dargestellt durch zwei phallusartige vergoldete Säulen. Zu allen Tageszeiten sieht man Buddhisten, die sich mit Blumen und Räucherkerzen um den **Lingam** drängen, das Symbol des Geistes in Form eines erigierten Penis. Durch

Nach dem Gebet im Lak-Muang-Schrein besänftigt es den Schutzgeist der Stadt, wenn man einen Vogel aus seinem Käfig freilässt.

das dargebrachte **Opfer** erhoffen sie Glück für alle möglichen irdischen Unternehmungen. Die Menschen schöpfen aus großen Kesseln geweihtes Wasser mit Lotosblüten, um sich damit vor dem Gebet zu waschen. Aus kleinen Käfigen kann man **Vögel freikaufen**, was zum einen den Schutzgeist befriedigen und zum anderen den Weg ins Nirwana beschleunigen soll. Tagsüber finden **Thai-Dramen** stets ein Publikum.

Alles im Fluss

Chao-Phraya-Fahrt

Unbedingt zu empfehlen ist Bangkoks Altstadt per Boot. Wie immer im Leben geht es einfach und gut oder teuer und gut: Einfach und gut heißt, man nehme an irgendeiner Flussstation ein **Expressboot**, erkennbar an einer orangenen, gelben oder grünen Flagge. Die blaue Flagge trägt das etwas teurere Touristenboot. Alle Boote verkehren regelmäßig zwischen 6 und 20 Uhr und halten etwa an den Piers Tha Tien (für Wat Pho) oder Tha Chang (für Wat Phra Kheo). Man kann aber fahren so lange man will und nimmt dann einfach das Boot der Gegenrichtung für den Heimweg, was hin und zurück maximal auf 1,60 € kommt. Teuer und gut heißt, man nehme eine Bootsfahrt mit Abendbuffet, eine **Chao Phraya Dinner Cruise**: Los geht's meist gegen 19.30 Uhr vom Pier River City. Da gibt's üppige Buffets, thailändische Tänze und das vorbeiziehende nächtliche Bangkok für rund 30 €.

 Chinatown

Kleines Reich der Mitte

Südlich des historischen Zentrums liegt das Viertel der Chinesen: Chinatown. Yaorawat sagen sie in Bangkok zu Chinatown, dem Viertel, in dem eine konzentrierte Ansammlung von **Thais chinesischer Abstammung** lebt und arbeitet. Rama I. ließ die Siedlung mit der Stadtgründung anlegen. China gilt als Herkunftsland der Thai. Sie machten aber nur Anleihen bei der chinesischen Zivilisation und schufen eine eigenständige **Mischkultur**. Nirgendwo auf der Welt sind die Chinesen, die sich sonst in den Großstädten in ihr unverwechselbares, abgeschlossenes Chinatown-Schneckenhaus zurückziehen, so integriert wie in Thailand. Rund **6 Millionen** von ihnen leben im Königreich. Und nur das geübte Auge erkennt einen Thai-Chinesen. Die Nachkommen der frühen Händler sprechen häufig kein Mandarin mehr, und würde man einen unerfahrenen Touristen irgendwo in Bangkoks Chinatown aussetzen, würde er das Viertel mutmaßlich nicht einmal als Chinatown identifizieren.
Auf den ersten Blick verraten nur die chinesischen Schriftzeichen der Reklameschilder, wo man sich befindet. Ansonsten brausen die Tuk-Tuks umher wie anderswo in der Stadt, die Gehwege sind voll gestellt mit Ständen, Garküchen und Schemelchen, damit man mitten im **Ge-**

wühl auch eine Suppe oder Krabben vom Grill goutieren kann. Auch der Hauptbahnhof **Hua Lumphong** gehört zur Chinatown und zeigt sich in schöner Kolonialstilarchitektur.

Ohne Anfang, ohne Ende

Sampeng Lane

Auf den **zweiten Blick** gibt sich Chinatown lupenrein chinesisch. In der Sampeng Lane, eine ewig lange schmale Gasse und seit jeher die **Pulsader des chinesischen Marktes**, werden in roten Geschenkkartons die wichtigsten Utensilien für Todesfälle in der Verwandtschaft verkauft: Eingepackt sind Papiergeld, Handyattrappe, Goldschmuck aus Karton, Räucherstäbchen, eine Plastikuhr sowie ein Taschenrechner für die ersten Geschäfte im Jenseits. Das **Gedränge** aus Mopeds, fliegenden Händlern, kleinen Läden, Werkstätten, Essständen und geschäftigen Menschen ist schier unbeschreiblich. Und es herrscht neben der engen Sampeng Lane auch auf den großen Straßen **Yaorawat** und **Charoen Krung**, an der mit dem **Wat Neng Noi Yee** der wichtigste chinesische Tempel zu finden ist.

Der Mönch und der Fußball

Wat Traimitr

Chao Thongchai ist ein hoher Abt im Wat Traimitr und in Thailand ein **Star**. Der Wat hat erhöhten Zulauf, seit Leicester City 2016 englischer Fußballmeister wurde. Nur: Was hat das eine mit dem anderen zu tun? Alle Welt rätselte, wie der gipsgraue Fußballclub aus der Provinzstadt in den englischen Midlands den Glamourclubs aus London und Manchester um mehr als eine Nasenlänge voraus sein und sich selbst die goldene Krone aufsetzen konnte.
9560 km südöstlich von Leicester ist man sich sicher, zu wissen, warum das so passiert ist. Dort liegt der Tempel Traimitr und dort wohnt **Leicester Citys zwölfter Mann**, dem sie in Thailand den großen Erfolg des Fußballclubs zuschreiben. Der Besitzer von Leicester City, Vichai Srivaddhanaprabha, ist einer der reichsten Thais und hat den seinerzeit 64-jährigen Mönch zu Beginn der Saison gebeten, den Rasen des Stadions und seine Spieler zu segnen, was in Thailand durchaus üblich ist. Zudem stattete der Mönch die Leicester-Spieler mit jeweils drei Glücksamuletten aus und er meditierte bei jeder ihrer Begegnungen. »So sende ich den Spielern positive Energie«, sagte der Abt, der vom Fußball keine Ahnung hat, weder die Regeln kennt noch andere Mannschaften. Die Saison nahm ihren Lauf. Und derjenige, der vor der Spielzeit 100 Pfund auf Leicester als Meister setzte, strich 500 000 Pfund ein. Es ist jedoch verbrieft, dass Chao Thongchai nicht gewettet hat …
Der Zufall will es – ein Buddhist würde sagen: die Bestimmung ist –, dass der Mönch Chao Thongchai in Wat Traimitr zu Hause ist, das den Buddha beherbergt, der auf ebenso wundersame Weise von **einem Gips-Buddha in einen echt goldenen Buddha** mutierte. Der Buddha von Wat Traimitr ist der wertvollste mit der kuriosesten Vergan-

Gehöriger Trubel auf einem nächtlichen Markt: in Bangkoks Chinatown ganz normal ...

genheit: Die Figur stammt aus dem 14. Jh., einer Zeit, in der die Burmesen in Thailand einfielen und plünderten. Deshalb wurde die goldene Statue mit einer unscheinbaren Gipsschicht überzogen. Die Burmesen fielen auf den **Trick** herein und ließen die scheinbar wertlose Figur außer Acht. Der wahre Kern geriet im Laufe der Zeit aber auch bei den Thailändern in Vergessenheit. Es dauerte schließlich bis ins 20. Jh. und es bedurfte eines großen **Zufalls**, um den wahren Wert wiederzuentdecken. 1955, als der vermeintliche Gips-Buddha in den Wat Traimitr umquartiert wurde, fiel er beim Transport zu Boden. Der Gipsmantel sprang, und zum Vorschein kam **blankes Gold**. Denn schnell entdeckte man, dass die 3,5 m große Figur nicht nur vergoldet ist, wie die meisten Buddhas im Land, sondern aus fast 6 Tonnen massivem, 18-karätigem Gold besteht: ein unschätzbarer Wert.
Tgl. 8 – 17 Uhr | Eintritt: 40 Baht

Indien in Chinatown

Pahurat-Markt

Das indische Viertel geht nahtlos in die Chinatown über. Lohnenswert ist v. a. der trubelige Pahurat-Markt, in dem jeder **Schneider** sein Talent beweisen will, wo es **Stoffe** in allen Farben dieser Welt

Wer im Lumpini Park keinen Sport treiben will, kann auch einfach nur die Fische füttern. Das wissen auch die Tauben.

gibt und überhaupt eigentlich alles zu haben ist, auch **Gewürze**, von denen man noch nie etwas gesehen oder gehört hat. Der Markt ist eine Sehenswürdigkeit für sich und dieses **Little India** hat sogar einen **Sikh-Tempel**, den Sri Guru Singh Sabha, der 1987 für 100 Mio. Baht fertig gestellt wurde. Das Geld stammte von den Geschäftsleuten im Viertel und soll der zweitgrößte Sikh-Tempel außerhalb Indiens sein.

Östliche Innenstadt

Die neuen Zentren

Östlich der bereits erwähnten Bahnlinie, die vom Bahnhof Hua Lumphong nach Nordthailand führt, liegen die modernen Zentren Bangkoks: rund um den **Siam Square**, entlang der **Sukhumvit Road** und am **Lumpini Park**. Da steht fast ein Shopping-Center, Hotel, Restaurant und in manchen Sois (Nebenstraßen) der Sukhumvit auch ein Massagesalon neben dem anderen. Die Sukhumvit Road ist zwischen der Soi 1 und 24 das **wichtigste touristische Zentrum** in Bangkok. Und sie ist die längste Straße des Landes: Sie endet erst nach fast 450 km an der Grenze zu Kambodscha – immer noch unter dem namen Sukhumvit Road.

Als wäre nie etwas geschehen

So bald sich die Türe eines der ultramodernen **Einkaufs-Center am Siam Square** automatisch schließt, **Madame Tussauds** Tore zufallen oder die Klimaanlage des **Hard Rock Cafe** keine Wirkung mehr zeigt, ist wieder die Hölle los: Presslufthammer, Tuk-Tuk-Knattern, Musikboxdröhnen – eine Kakofonie, die die Sinne betört. Bangkok ist laut – immer, zu jeder Tages- und Nachtzeit. Doch an der **Wahnsinnskreuzung** Ratchaprasong von Phloen-Chit- und Ratchadamri-Straße, an der Skytrain-Station Chitlom, einer nach Siam, ist es besonders schlimm.

Erawan-Schrein

Und ausgerechnet dort findet sich **gebückt unter Brücken** und eingequetscht zwischen Autobahn ähnlichen Straßen einer der wichtigsten Schreine Bangkoks. Im Vorbeifahren sieht ihn nur das ortskundige Auge. Dort opfert Bangkok, betet Bangkok, fragt sich Bangkok nach dem Warum. Gefragt und angebetet wird **Brahma**, der Gott der Schöpfung. Vom Erawan-Brahma kann man sich schließlich Geld, Liebe, beruflichen Erfolg, Gesundheit oder auch Erleuchtung erbitten. Und wird der Wunsch gewährt, besucht man den Schrein erneut, um sein zuvor gemachtes Versprechen einzulösen. Nirgends sieht man besser, wie Bangkoks Moderne mit alten Traditionen auf wenigen Quadratmetern zusammenschmilzt. Der Erawan-Schrein ist ein Stück Bangkok zwischen gestern und morgen. Nach dem **Bomben-Attentat** von 2015, bei dem 20 Menschen starben und mehr als 100 verletzt wurden, gaben die Behörden den Schrein schon nach zwei Tagen wieder frei – und auch die Tänzerinnen, die ihren **klassischen Tanz** Brahma widmen, traten auf, als wäre nie etwas geschehen.

Die grüne Lunge

Lumpini Park

Drachen steigen, **Bälle** fliegen, auf dem Rasen spielen **Kinder**, auf den Wegen traben **Jogger**: Über 2,5 km erstreckt sich die große Parkrunde. Im Open-Air-Fitnesscenter stemmen stramme Jungs Gewichte und in einem Pavillon werden Tanzschritte geprobt. Aber am schönsten ist der Park am frühen Morgen, wenn alte Herrschaften in stoischer Ruhe ihre **Thai-Chi-Übungen** machen.

Sündig im Neonlicht

Patpong

Wer Patpong sagt, meint eine zugleich merkwürdige wie weltweit wohl einmalige Mischung, die zweierlei beinhaltet: Zum einen die **Shopping-Meile**, die zwar nur 250 m lang ist, wo aber dicht an dicht gedrängt die Verkaufsstände Nacht für Nacht in drei Reihen beleuchtet werden, als sei es heller Tag. Die Ware, ob echt – in den Geschäften am Rand – oder falsch – an den Ständen in der Mitte –, muss schließlich die Kunden locken. Und diese kommen in Scharen, um vom Anhänger fürs Kettchen über die üblichen Rolex- und Lacoste-Plagiate bis zu schnell gemalten Zeichnungen das eine oder andere Stück zu erwerben.

BANGKOK ERLEBEN

TOURISM AUTHORITY OF THAILAND (TAT)

48/11 Ratchadapisek Road
Tel. 02 2762720
www.tourismthailand.org
Suvarnabhumi Airport, in der Ankunftshalle
Don Muang Airport, in der Ankunftshalle

ANREISE

Eine Vielzahl von Fluggesellschaften fliegen den Suvarnabhumi International Airport, östlich von Bangkok, an. Gegenüber teuren und schnelleren Non-Stop-Verbindungen lohnt sich der Vergleich mit deutlich günstigeren One-Stop-Verbindungen, etwa mit KLM via Amsterdam oder Air France via Paris. Wer innerthailändisch fliegt, landet häufig am zweiten Flughafen von Bangkok, Don Muang im Norden der Stadt. Der Taxi-Preis ab Suvarnabhumi nach Alt-Bangkok beträgt knapp 500 Baht, ab Don Muang ist es noch günstiger. Die Flughafenbahn verbindet Suvarnabhumi mit dem östlichen Zentrum (Phaya Thai) für 45 Baht.

ÖFFENTLICHER VERKEHR

Skytrain (BTS)

Die Hochbahn verkehrt auf 2 Linien: Die Sukhumvit-Linie verbindet den Norden (Mo Chit) mit dem Süden (Bearing), die Silom-Linie das östliche Zentrum (Nationalstadion) über

Trotz Hochbahn und Metro, Bus und Boot – an einer Fahrt mit einem Tuk-Tuk kommt man in Bangkok fast nicht vorbei.

den Fluss hinweg mit dem Westen (Bang Wa)
www. bts.co.th

Metro (MRT)
Die Metro verkehrt vom Hauptbahnhof (Hua Lumphong) bis in den Norden (Bang Sue) und umrundet dabei das östliche Zentrum
www.bangkokmetro.co.th

Airportlink (ARL)
Fahrzeiten tgl. 5.15 – 24 Uhr, alle 5 – 10 Min. Zwischen BTS, MRT und ARL gibt es Umsteigemöglichkeiten. Fahrpreis: 15 – 45 Baht je nach Streckenlänge; Tageskarten: 130 Baht.

Bus
Das Busnetz ist dicht und billig, aber für Ausländer sehr undurchsichtig.

Taxi
Da die Fahrpreise im Vergleich zu Europa sehr günstig sind, empfiehlt sich neben den Schnellbahnen die Fahrt mit einem Taximeter: Eine Innenstadtfahrt kommt nur selten über den Fahrpreis von 5 €. Tuk-Tuk sind im Vergleich meistens teurer.

Expressboot
Die Boote verkehren regelmäßig 6 – 20 Uhr im 5 – 20-Minuten-Takt und halten an gut 30 Piers entlang Chinatown, Alt-Bangkok, Banglamphu und Thonburi. Ein Expressboot ist erkennbar an einer orangenen, gelben oder grünen Flagge. Die blaue Flagge trägt das etwas teurere Touristenboot. Fahrpreis: 15 – 40 Baht.

Bangkok hat enorme Überkapazitäten in der Hotellerie, deshalb ist es möglich, bei E-Mail-Anfragen oder an der Rezeption eines jeden Hotels, auch in denen der Spitzenkategorie (außer dem preistreuen Mandarin Oriental), nach einem günstigeren Preis zu fragen. Dies gilt v. a. außerhalb der Hauptsaison.

⑩ MANDARIN ORIENTAL €€€€
The Oriental war stets die Nummer 1 am Platz, auch als es noch eine Seemannsherberge war. 1876 als erstes Hotel in Thailand gegründet, verkehrten schon neun Jahre später gekrönte Häupter im Oriental. 1891 bekam es als eines der ersten Gebäude Thailands Strom. 1981 wurde The Oriental zum ersten Mal zum besten Hotel der Welt gewählt. Eine Hotellegende direkt am Chao Phraya mit einem sehr schönen Spa in einem restaurierten Lagerhaus am gegenüberliegenden Ufer, das auch von Nicht-Hotelgästen besucht werden kann. 393 Zi., 5 Restaurants, Frühstücksterrasse direkt am Fluss, 2 kleine Swimmingpools, Spa u. v. m.
48, Oriental Avenue
Tel. 02 6599000
www.mandarinoriental.com/bangkok

⑨ THE PENINSULA €€€€
Das 38-Etagen-Hochhaus liegt auf der Thonburi-Seite am Fluss mit bestem Blick auf die Skyline und dem einzigen Hotel-Heli-Pad der Hauptstadt auf dem Dach. Alle Zimmer des Luxushotels haben Chao-Phraya-Blick. 88-Meter-Pool mit drei Becken und Schatten spendenden Thai-Pavillions: Hinten hat man Ruhe, vorne am Fluss schaut man dem regen Treiben auf dem Wasser zu. Das Spa arbeitet als einziges Hotel mit den Mönchen von Wat Pho zusammen, die für ihre Massagen berühmt sind. Den Weg über den Fluss zur Skytrain-Station Saphan Taksin legt man romantisch und kostenfrei mit einer Holzbarke des Hotels zurück. 370 Zi., 3 Restaurants, Frühstücksterrasse direkt am Fluss, großer Swimmingpool, Spa u. v. m.
333, Charoen Nakorn Road
Tel. 02 8612888
www.peninsula.com

⑭ THE SUKHOTHAI €€€€

The Sukhothai dürfte das typischste Luxushotel im Thai-Stil in Bangkok sein. Das spürt man schon in der Oase mit Teich und Park im Innenhof und erst recht in den sehr geschmackvoll eingerichteten Zimmern; Innendesigner war Edward Tuttle. Nachbar ist die deutsche Botschaft. 210 Zi., 3 Restaurants, Swimmingpool, Spa, Tennisplatz.
13, South Sathorn Road
Tel. 02 3448888
www.sukhothai.com

④ SIAM KEMPINSKI €€€€

Geräumige und sehr komfortabel eingerichtete Zimmer, davon viele mit Balkon, eine Seltenheit in Bangkok. Perfekt, aber sehr teuer, ist die Suite mit direktem Pool-Zugang von der eigenen Terrasse. Skytrain (Siam) in unmittelbarer Nähe. 401 Zi., 4 Restaurants, riesiger Swimmingpool, Spa und einige extra Annehmlichkeiten wie ein Golf Cart, der den Gast kostenfrei in die nächste Umgebung des Luxushotels zum Shopping oder Sightseeing bringt.
991 Rama I. Road
Tel. 02 1629000
www.kempinski.com

⑪ LEBUA AT STATE TOWER €€€

Unweit vom Flussufer gelegenes 5-Sterne-Hotel mit den höchstgelegenen Zimmern in Bangkok, die komfortabel und sehr großzügig geschnittenen sind. Das Preis-Leistungs-Verhältnis stimmt, aber Hndeln ist trotzdem noch möglich. Zu den absoluten In-Treffs zählt das Scirocco, eines der höchstgelegenen Open-Air-Restaurants der Welt mit der angeschlossenen Bar The Sky und Wahnsinnsblicken auf das unten tosende Bangkok. 357 Zi., 4 Restaurants, Swimmingpool, Spa.
1055, Silom Road
Tel. 02 6249999 | www.lebua.com

⑯ AVANI RIVERSIDE HOTEL €€€

Das ehemalige Anantara liegt auf der Thonburi-Seite direkt am Chao Phraya und wirkt eher wie ein Resort denn wie ein Hotel. Sehr modern eingerichtete Zimmer auf 4-Sterne-Niveau. Fantastisch ist der Rooftop-Pool mit Blick über die Dächer der Stadt. Den Weg über den Fluss legt man gemütlich und kostenfrei mit einer Holzbarke zur SRT-Station Saphan Taksin zurück. 407 Zi., 3 Restaurants, Swimmingpool, Spa.
257, Charoennakom Road
Tel. 02 3659110
www.minorhotels.com/en/avani/riverside-bangkok

⑬ W BANGKOK €€€

Das hippe und schrille W ist mit seinen 4,5 Sternen eine echte Ausnahme und Alternative in Bangkok, wenn man es mal weniger konservativ haben will beim Logieren. Schwarze Lacktüren und rote Zimmer-Nummern, frei stehende Badewanne, überdimensionale Boxhandschuhe überm Bett und bodenlange Fenster, die den Raum leicht und hell wirken lassen. Toll ist die Wand mit den Tuk-Tuk-Lampen an den Aufzügen und das im Kolonialstil gehaltene Restaurant The House on Sathorn. Das W steht direkt neben dem nun höchsten Wolkenkratzer Bangkoks, dem 313 m hohen Maha Nakhon Tower, und hat den Skytrain (Station Chong Nonsi) vor der Türe. 403 Zi., 6 Restaurants, 2 Swimmingpools, Spa.
106, North Sathorn Road
Tel. 02 3444000
www.starwoodhotels.com/whotels

⑦ ROYAL ORCHID SHERATON €€€

Wohl einzigartig auf der Welt, hat man in diesem Hotel einen länderübergreifenden Zugang zu einem der Pools. Während der Terrassenpool

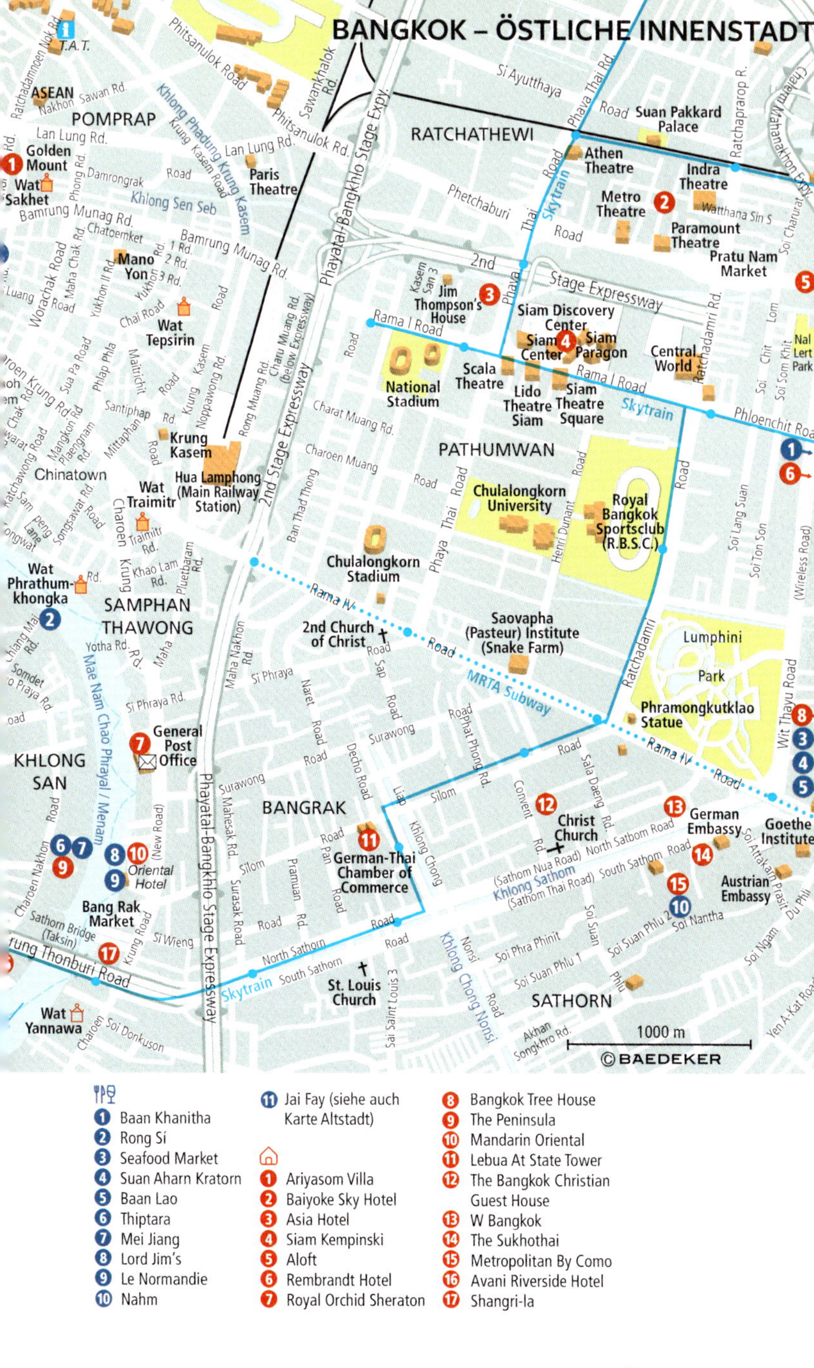
BANGKOK – ÖSTLICHE INNENSTADT
T.A.T.
ASEAN
POMPRAP
Golden Mount
Wat Sakhet
Paris Theatre
RATCHATHEWI
Suan Pakkard Palace
Athen Theatre
Indra Theatre
Metro Theatre
Paramount Theatre
Pratu Nam Market
Mano Yon
Wat Tepsirin
Jim Thompson's House
Siam Discovery Center
Siam Center
Siam Paragon
Central World
Nai Lert Park
National Stadium
Scala Theatre
Lido Theatre Siam
Siam Theatre Square
Skytrain
Krung Kasem
Hua Lamphong (Main Railway Station)
Chinatown
Wat Traimitr
PATHUMWAN
Chulalongkorn University
Royal Bangkok Sportsclub (R.B.S.C.)
Chulalongkorn Stadium
Wat Phrathum-khongka
SAMPHAN THAWONG
2nd Church of Christ
Saovapha (Pasteur) Institute (Snake Farm)
Lumphini Park
Phramongkutklao Statue
MRTA Subway
General Post Office
KHLONG SAN
BANGRAK
Christ Church
German Embassy
Goethe Institute
German-Thai Chamber of Commerce
Oriental Hotel
Austrian Embassy
Bang Rak Market
Sathorn Bridge (Taksin)
Krung Thonburi Road
St. Louis Church
SATHORN
Wat Yannawa
Mae Nam Chao Phraya / Menam
Phayatai-Bangkhlo Stage Expressway
2nd Stage Expressway
1000 m
© BAEDEKER
1 Baan Khanitha
2 Rong Sí
3 Seafood Market
4 Suan Aharn Kratorn
5 Baan Lao
6 Thiptara
7 Mei Jiang
8 Lord Jim's
9 Le Normandie
10 Nahm
11 Jai Fay (siehe auch Karte Altstadt)
1 Ariyasom Villa
2 Baiyoke Sky Hotel
3 Asia Hotel
4 Siam Kempinski
5 Aloft
6 Rembrandt Hotel
7 Royal Orchid Sheraton
8 Bangkok Tree House
9 The Peninsula
10 Mandarin Oriental
11 Lebua At State Tower
12 The Bangkok Christian Guest House
13 W Bangkok
14 The Sukhothai
15 Metropolitan By Como
16 Avani Riverside Hotel
17 Shangri-la

noch auf thailändischem Grund liegt, wechselt man zum nebenan liegenden Gartenpool auf portugiesisches Hoheitsgebiet! Ohne Passkontrolle, aber mit dem Hinweis, dass man nun Gast des portugiesischen Botschafters sei. Diese Botschaft war 1818 die erste Portugals weltweit und die erste ständige Vertretung eines Landes in Thailand. Sehr gutes und günstiges 4-Sterne-Hotel direkt am Chao Phraya, in dem man von allen Zimmern Blick auf den Fluss hat. 396 Zi., 5 Restaurants, 2 Swimmingpools, Spa.
2, Charoen Krung Road
Tel. 02 2660123
www.royalorchidsheraton.com

17 SHANGRI-LA €€€

Das größte 5-Sterne-Hotel der Stadt verteilt sich auf zwei Hochhaus-Flügel direkt am Chao Phraya. Es ist das Erste, das seinen Strom selbst erzeugt. Die Zimmer sind elegant und modern mit Thai-Einflüssen eingerichtet. Der Skytrain (Saphan Taksin) fährt ums Eck ab. 802 Zi., 6 Restaurants, Frühstücksterrasse direkt am Fluss, Swimmingpool, Spa, Tennisplätze.
89 New Road
Tel. 02 2367777
www.shangri-la.com

15 METROPOLITAN BY COMO €€€

Nach hinten versetzt von der geschäftigen Sathorn Road, deshalb auch ruhig gelegen, gibt sich das Haus im Contemporary Style: klare architektonische Strukturen, großzügige Zimmer, sehr moderne Einrichtung, viel Weiß und Schwarz, ein eher lockerer als der sonst fast schon demütige Service eines 5-Sterne-Hotels mit gutem Preis-Leistungs-Verhältnis. Das hauseigene Nahm gehört zu den besten Thai-Restaurants weltweit. 169 Zi., 2 Restaurants, Swimmingpool, Spa.
27, South Sathorn Road
Tel. 02 6253333
www.comohotels.com

1 ARIYASOM VILLA €€€

Unweit der hektischen Sukhumvit Road liegt fast am Ende einer Seitenstraße (Soi) dieses Boutique-Hotel in einem liebevoll restaurierten Teakholzgebäude, das 1942 errichtet wurde und bis heute im Besitz der Familie ist, die es erbauen ließ. Eine kleine Oase mit gemütlich-luxuriösen Zimmern im thailändischen Stil, die z. T. mit Antiquitäten ausgestattet sind. 24 Zi., Restaurant (vegetarisch), Swimmingpool, Spa, Meditationsraum.
65 Sukhumvit, Soi 1
Tel. 02 2548880
www.ariyasom.com

8 BANGKOK TREE HOUSE €€€

Mit ziemlicher Sicherheit das originellste Hotel in der thailändischen Hauptstadt: Die Unterkünfte, die aus einer Kombination von Stahl, Glas und Bambus bestehen, wurden in die Umgebung so integriert, dass der Charakter von Baumhäusern entstand. Umweltfreundliches Hotel ohne Plastikflaschen, mit Stromerzeugung aus Solaranlagen und kostenfreiem Fahrradverleih. Die Skytrain-Endstation Bang Wa ist nicht weit entfernt. 11 Zi., Restaurant, kleiner Natur-Swimmingpool.
60 Moo 1, Petch Cha Hueng Road, Ban Namphueng
Tel. 082 9951150
www.bangkoktreehouse.com

2 BAIYOKE SKY HOTEL €€

Einst höchstes Hotel der Welt hat der 88-stöckige Komplex immer noch eine imposante Open-Air-Bar, die an Rekordzeiten erinnert: Vom Bangkok Balcony ist die Sicht wirklich wunderbar ... Das Mittelklassehotel hat gut ausgestattete, großzügige Zimmer und der Airportlink (Station Rachaprarop) ist in der Nähe. 673 Zi., 3 Restaurants, Swimmingpool., Aussichtsplattform im 77. Stockwerk.
222 Rajprarop Road

Vor dem Baiyoke Sky Hotel muss man den Kopf recht weit in den Nacken legen ...

Tel. 02 6563000
www.baiyokehotel.com

5 ALOFT €€

Stylishes Hotel mit jung und modern eingerichteten Zimmern auf 4-Sterne-Niveau, die gut 30 m^2 groß sind. Toller Rooftop-Pool. Mitten im Trubel der Touristenzone um Nana, wohin das hoteleigene Tuk-Tuk kostenfrei zur SRT-Station fährt. 298 Zi., Restaurant, Swimmingpool.
11 Sukhumvit Road, Soi 7
Tel. 02 2077000
www.aloftbangkoksukhumvit11.com

6 REMBRANDT HOTEL €€

Seit vielen Jahren ist dieses zentral und doch ruhig an einer Seitenstraße der Sukhumvit Road gelegene Mittelklassehotel unter Schweizerischem Management beliebt. Die Zimmer sind komfortabel, die Preise niedrig. 407 Zi., 5 Restaurants, Swimmingpool, Spa.
19, Sukhumvit Road, Soi 18
Tel. 02 2617100
www.rembrandtbkk.com

3 ASIA HOTEL €

Gutes, preisgünstiges und bei Budget-Reisenden beliebtes, riesiges Mittelklassehotel, wenngleich alle Zimmer etwas trist in dunklen Brauntönen gehalten sind. Nahe Skytrain-Station Ratchathewi. 650 Zi., 9 Restaurants, Swimmingpool.
296 Phayathai Road
Tel. 02 2170808
www.asiahotel.co.th

12 THE BANGKOK CHRISTIAN GUEST HOUSE €

V. a. für Familien ist dieses von der presbyterianischen Kirche geführte Gästehaus geeignet, denn die einfachen, aber nett eingerichteten Zimmer haben bis zu fünf Betten. 57 Zi.
123 Soi Sala Daeng
Tel. 02 2336303
www.bcgh.org

BILLIGSTUNTERKÜNFTE €

Natürlich gibt es immer noch die Billigstunterkünfte für 10–15 € pro Nacht, die hinsichtlich Komfort allerdings wirklich meist nicht mehr bieten als Bett, WC und Dusche, manchmal auch nur als Etagenbad, und die oftmals auch recht dunkel und muffig sind. Zu finden sind sie hauptsächlich in der Gegend rund um die Khao Shan Road, seit jeher ein zentraler Treffpunkt für Backpacker aus aller Welt.

8 LORD JIM'S €€€€

Erstklassiges Seafood-Restaurant im Mandarin Oriental – und sicher eines der teuersten der Stadt. Dafür kommt nur allerbeste Qualität und Frische auf den Tisch. Das Restaurant ist benannt nach einer Romanfigur von Joseph Conrad, der einst im Oriental logierte. Reservierung ist angeraten!

48, Oriental Avenue
Tel. 02 6599000
Tgl. 12–14.30 u. 19–22.30 Uhr

9 LE NORMANDIE €€€€

Kenner bezeichnen dieses Restaurant als das beste französische östlich von Suez und es bekam prompt zwei Sterne im ersten Michelin-Guide Bangkok 2017. Tadelloser Service, schöne Blicke auf den Fluss und abends Sakko-Pflicht für den Herrn. Unbedingt rechtzeitig reservieren!

48, Oriental Avenue
Tel. 02 6599000
Tgl. 12–14 und 19–22 Uhr

1 BAAN KHANITHA €€€

Qualität und Ambiente stimmen in diesem alten, sorgfältig restaurierten Teakholzgebäude, das eines der besten Thai-Restaurants der Hauptstadt beherbergt. Spezialität ist der Chu Chi Phuket Lobster, frittierter Phuket-Lobster mit rotem Curry und Kokosmilchsauce. Reservierung empfohlen. Und falls es nicht klappt: Baan Khanitha gibt es noch in der 69 South Sathorn Road, 53 Sukhumvit Road und im Einkaufszentrum Asiatique am Fluss.

36, Sukhumvit Road, Soi 23
Tel. 02 2584128 | tgl. 11–23 Uhr

10 NAHM €€€

Was in diesem Restaurant auf den Tisch kommt, ist höchste Thai-Kochkunst. Trotz einem Michelin-Stern wird traditionell Family Style gegessen: Da kommen die Gerichte in die Mitte und jeder bedient sich. Auch deshalb ist das siebengängige Set-Menu (für 2500 Baht pro Person) absolut empfehlenswert, vor allem wenn das Catfish Curry integriert ist. Am Herd steht David Thompson, der in London den ersten Michelin-Stern für Thai-Küche erhielt.

27, South Sathorn Road | Tel. 02 6253333 | Mo.–Fr. 12–14 und 19–23 Uhr, Sa./So. nur abends

6 THIPTARA €€€

Direkt am Chao Phraya gelegen, genießt man exzellente Thai-Küche im Freien unter alten Thai-Pavillions. Chef Chamnan Thepchana hat seine Kochkünste von der Mutter und Großmutter erlernt: Das garantiert absolut authentische Thai-Küche! Unbedingt probieren: Pla Hi-Ma Sam Rod, Snow Fish, der zart wie Butter auf der Zunge zergeht.

333, Charoennakorn Road, Thonburi | Tel. 02 6261849
Tgl. 18–22.30 Uhr

7 MEI JIANG €€€

Thailands bester Chinese seit Jahren! Chef Chackie Ho aus Hongkong bietet kantonesische Küche vom Feinsten. Die Dim Sum schmecken wie aus seiner Heimat, und allein seine Interpretation der Frühlingsrolle ist den Besuch wert: außen weich und schneeweiß, dazwischen krosser Nudelteig und innen feine Krabben ... Es

ÜBER DEN DINGEN

Die Luft ist dampfig und immer noch warm, auch 200 m über dem unten brodelnden und oben nur noch dumpf lauten, nächtlichen Bangkok. Das Lichtermeer ist umwerfend! Das luftige Vertigo schwebt wie ein Schiff über der Stadt: Ein Open-Air-Restaurant, in dem einen ganz Bangkok zu Füßen liegt. Zwei Stunden mit diesem einzigartigen Ausblick und der guten internationalen Küche. Erst die Rechnung wird diesen Zauber wieder lösen können ...
(21, South Sathorn Road, Tel. 02 6791200
tgl. 17–1 Uhr; bei Regen geschl.)

gibt auch original Peking Ente: eine ganze um 50 €.
333, Charoennakorn Road, Thonburi | Tel. 02 6261847
Tgl. 11.30 – 14.30 u. 18 – 22.30 Uhr

❷ RONG SÍ €€

Vorne der Fluss mit seinen Booten und dahinter 150 Jahre alte, renovierte chinesische Lagerhäuser, in denen Künstler ein Atelier oder Individualisten ein Geschäft aufgemacht haben. Auch der kleine chinesische Tempel fällt beim Sightseeing- und Shopping-Bummel in Bangkoks jüngstem Treff auf, ehe man am Fluss Platz nimmt und einen Grouper oder anderen leckeren Fisch bestellt.
1, Chiang Mai Road, Thonburi
Tel. 081 9944597 | tgl. 12 – 24 Uhr

⓫ JAI FAY €€

Besitzerin und Küchenchefin Supinya Junsuta, stolze 72 Jahre alt, brachte das Kunststück fertig, nicht nur Thailands, sondern sogar der Welt

erstes Street-Food-Lokal zu Michelin-Ehren zu führen. Michelin kannte sie bis zu ihrer Auszeichnung nur als Reifenhersteller ... Jetzt muss man meist lange warten, bis man einen Tisch bekommt. Dann unbedingt probieren: ihre Thai-Omelette mit Krabben.
327, Maha Chai Road
Tel. 02 2239384
Mo.-Sa. 15-2 Uhr

3 SEAFOOD MARKET €€

»If it swims – we have it!« Unter dieser Devise bietet dieses ungewöhnliche Restaurant so gut wie alles, was das Meer hergibt. Die Besonderheit: Sie suchen sich die Zutaten wie auf einem Markt selbst zusammen, bezahlen und sagen dann dem Kellner, wie die Speisen zubereitet werden sollen. Vorsicht: Clevere Taxifahrer versuchen, ihre Fahrgäste zu einem anderen Seafood Market zu lotsen, da sie dort Provision erhalten!
89, Sukhumvit Road, Soi 24
Tel. 02 2612071 | tgl. 10-23 Uhr

4 SUAN AHARN KRATORN €

Das muss man gesehen haben: Die Spezialität des Hauses sind Grillhähnchen, die in der Küche auf ein Katapult gelegt und zu einem Einrad fahrenden Kellner geschossen werden, der sie wiederum, begleitet vom Applaus der Gäste, mit einem Spezialhelm auf dem Kopf auffängt und zum Tisch bringt. Und schmecken tun sie auch noch diese »flying chicken«.
99, Bangna-Trad Road, Bang Wa
Tel. 02 3995202 | tgl. 18-23 Uhr

Nicht nur auf den Märkten von Chinatown kann man schauen und schlemmen, um Souvenirs feilschen oder sich einfach nur treiben lassen.

5 BAAN LAO €

Viele Einheimische lassen es sich in diesem einfachen Lokal schmecken. Kein Wunder: Es stehen ausgezeichnete und trotzdem sehr günstige Thai-Gerichte auf der Speisekarte.
49, Sukhumvit Road, Soi 36
Tel. 02 2566096 | tgl. 11–22 Uhr

STREET-FOOD €

An den unzähligen Garküchen in Bangkok kann man auch ohne Stern unbedenklich für sehr wenig Geld meistens gut bis sehr gut essen. Besonders in Chinatown ist die Qualität und die Vielfalt sehr hoch. Aber auch in vielen Einkaufszentren kann man gut und günstig schnabulieren, so etwa im MBK (▶ Das ist…, S. 16).

Ob tagsüber oder abends: Ohne volle Einkaufstüte kommt man nur selten zurück. Besonders reizvoll sind die Märkte und die Shopping-Komplexe mit Hunderten von kleinen Geschäften. Thailand ist aber auch das Land der Plagiate – die als echt angepriesenen Markenartikel sind meist nicht mehr wert als ihr (günstiger) Preis. Nicht zu viel davon mitnehmen, sonst gibt's Ärger beim Zoll zuhause … Alle Einkaufszentren sind tgl. 10–22 Uhr geöffnet.

MBK CENTER

Mehr als 2000 Läden unter einem Dach – wo gibt's das schon auf der Welt? Das Angebot ist überreichlich. Shop 'till you drop kann im Mah Boonkrong Shopping Center, so der volle Name für MBK, durchaus Realität werden. Doch davor gibt es noch in der 6. Etage Food-Stalls mit super guter und super günstiger Thai-Küche aus allen Landesteilen. Eingang auch über die Skytrain-Station National Stadium.
444, Phayathai Road

SIAM CENTER

Eines der ältesten Shopping-Zentren von Bangkok, doch das Angebot ist zeitlos aktuell. Einige Designerläden machten das Siam Center auch wieder bei trendbewussten jungen Leuten beliebt. Skytrain: Siam.
965, Rama I. Road

CENTRAL WORLD PLAZA

Das frühere World Trade Center bezeichnet sich als größte Shoppingmall Asiens. Die Gefahr, mit Plagiaten getäuscht zu werden, ist gering, das Angebot entspricht dem gehobenen Warensegment. Skytrain: Chitlom.
4, Rajadamri Road

TERMINAL 21

Ein tolles Konzept: Dieser Einkaufskomplex hat mehrere Geschäfte diverser Städte unter seinem Dach. Man kann also in Tokio oder London oder San Francisco in Bangkok einkaufen gehen … Skytrain: Citlom.
88, Sukhumvit Road, Soi 19

GAYSORN PLAZA

Viele Läden mit echtem Kunsthandwerk, dessen Qualität weit über den üblichen Ramsch hinausreicht. Außerdem gibt es einige exklusive Boutiquen und im 2. und 3. Stockwerk den Thai Craft Museum Shop mit schönen Souvenirs u. a. von den Bergvölkern. Skytrain: Chitlom.
999, Ploenchit Road

MÄRKTE

In Bangkok werden täglich von Sonnenaufgang bis in die Nacht hinein zahlreiche Märkte abgehalten, von denen der größte Teil der Versorgung der Bevölkerung mit frischem Gemüse und lebenden Tieren wie Hühnern und Fischen, aber auch mit Textilien sowie Dingen des täglichen Bedarfs dient. Die im Folgenden genannten Märkte haben ein erweitertes, auch für Touristen interessantes Angebot. Feilschen und Handeln gehört stets dazu: Akzeptieren Sie nie den erstgenannten Preis. Auf allen Märkten finden sich auch immer zahlreiche Garküchen und Getränkestände. Die Märkte öffnen meistens schon sehr früh und gegen Mittag flaut das Geschäft ab.

Chatuchak Weekend Market
Am nördlichen Stadtrand (Skytrain Mo Chit) wird der größte aller Märkte abgehalten. Fr. – So. kommen um die 200 000 Besucher! Ihnen stehen in 27 Sektionen 8000 Stände zur Wahl. Der Vielfalt des Angebots sind keine Grenzen gesetzt. Vorsicht beim Kauf von Antiquitäten: In der Regel handelt es sich um gut gemachte Reproduktionen. Gut für den Überblick: www.bangkok.com/shopping-market/popular-markets.htm

Pratunam Market
Kleidung vom Anzug über bunte Boxer, gefakte Chanel-Kostümchen, gute Hemden, coole Sportkleidung und T-Shirts bis zu Schuhen: Dort, im Schatten des Baiyoke Towers, gibt es eigentlich alles … Näheste Skytrain-Station ist Ratchathewi, bis 21 Uhr.

Asiatique
Bangkoks jüngster Nachtmarkt, unverkenn- und -fehlbar am Fluss mit Riesenrad, mehr als 1000 Geschäften und 40 Restaurants. Es gibt alles, von kleinen Accessoires bis zu großen Möbelstücken – und das bis Mitternacht! Geöffnet wird ab 17 Uhr.

Pak Khlong Market
Die ganze Vielfalt der in Thailand wachsenden Blumen offenbart sich auf dem Blumenmarkt, der morgens in aller Frühe am schönsten ist. Orchideen in einzigartiger Vielfalt, Jasmin, Hibiskus und Lotosblüten sind ein Genuss für die Sinne. Ihr Duft erfüllt das ganze Marktgelände. Garten- und Dschungelpflanzen sorgen für eine üppige grüne Vielfalt. Vielleicht lassen Sie sich auch ein Glück verheißenden Blumenkettchen fertigen? Der Blumenmarkt ist einer der wenigen Märkte, die noch direkt am Ufer des Menam Chao Phraya stattfinden; Expressboot bis Memorial Bridge nehmen.

Weitere Märkte
Chinatown mit Sampeng Lane und Phahurat Market, Khao San Road, Patpong (▶ jeweils dort). Der einst sehr beliebte Nachtmarkt entlang der Sukhumvit Road, ziwschen den Skytrain-Stationen Nana und Asoke, existiert zwar noch, aber ausgedünnt und lange nicht mehr so attraktiv wie früher. Es gibt auch noch einen kleinen Schwimmenden Markt in Bangkok, den Klong Lat Mayom Floating Market, aber er liegt weit draußen im Westen. Von der Skytrain-Endstation Bang Wa am besten ein Taxi nehmen oder es mit Bus 146 probieren.

Das Nachtleben von Bangkok könnte kaum vielfältiger sein – wer hat nicht noch den Song »One Night in Bangkok« im Ohr? Doch hat sich einiges geändert, denn das einst so ausschweifende Nightlife der thailändischen Metropole ist wesentlich zahmer geworden. Und das, was den zweifelhaften Ruf der Stadt in der Vergangenheit begründet hat, spielt sich heute fast nur noch in Touristengebieten ab, wie auf der Patpong oder der Soi Cowboy, einer Seitenstraße der Sukhumvit Road, die nach einem US-Amerikaner benannt wurde, der dort in den 1960er Jahren die erste Go-Go-Bar Bangkoks eröffnete. Dass aber in den immer noch überall in der Stadt verstreuten Massagesalons nicht etwa nur die traditionelle Thai-Massage angeboten wird, sollte bekannt sein.
Zahlreiche Bars und Clubs bieten aber auch unzweifelhafte abendliche

Unterhaltung. Jazz ist in Bangkok beliebt, wobei einheimische Bands bisweilen erstaunliche Qualitäten offenbaren. Zu den empfehlenswerten Adressen zählen das Brown Sugar (469, Phrasumen Road) oder das Saxophone (3, Phayathai Road). Dort gibt's tgl. 18 – 2 Uhr nicht nur allerfeinsten Jazz, sondern auch traditionell thailändische Speisen. Live-Musik, Jazz, Blues und Soul stehen, ohne Eintrittsgebühr, tgl. ab 21 Uhr auf dem Programm im Black Cabin (Rama IV Road, Soi Farmwattana). Discotheken findet man überall in der Stadt; empfehlenswert ist das Route 66 (Rama IX Road, RCA Block C). Wer mehr Wert auf gepflegte und v. a. hinsichtlich der Lautstärke erträgliche Unterhaltung legt, ist in den Bars der großen Hotels, wie der 200 m über Bangkok schwebenden Moon Bar (21, South Sathorn Road), nicht falsch.

VERGNÜGUNGSPARKS

Dreamworld

Großer Vergnügungspark à la Disneyland: mit 3D-Kino, großem Schwimmbecken, Kartbahn und sogar einer kleinen Stadt aus Schnee, in der Kinder in den Tropen rodeln und einen Schneemann bauen können.
Km 7, Rangsit-Nakhon Nayok
www.dreamworld.co.th

Siam Park

Eine gelungene Kombination aus Vergnügungs- sowie Wasser- und Badepark für Kinder aller Altersstufen, der sich in unterschiedliche Themenbereiche gliedert: Family World, Fantasy World, Small World, X-Zone mit Fahrgeschäften und die Wasserwelt.
203, Suan Siam Road
www.siamparkcity.com

Patpong

Eingerahmt wird die Marktstraße von **dunklen Bars** und Tabledance-Schuppen, deren Lockvögel für eine Covercharge von 100 Baht (2,50 €) ein Bier und merkwürdige »Unterhaltung« versprechen. Auf der Bühne schießen dann junge Mädchen Tischtennisbälle aus ihrer Vagina in die Zuschauer oder zeigen so manch andere »Fertigkeit« mit leeren Bierflaschen ... Einen Stock höher spielen Mann und Frau auf offener Bühne »Mensch ärgere dich nicht« und der verdutzte Gast bemerkt erst bei der Rechnung, dass an den versprochenen 100 Baht fürs Bier jetzt plötzlich noch eine Null dranhängt ... Auch deshalb war die Patpong die erste Station der **Touristenpolizei** in Thailand.

Perfekte Wohnkultur

Jim-Thompson-Haus

Die Lebensgeschichte des gebürtigen US-Amerikaners Jim Thompson (▶ Interessante Menschen) liest sich wie ein Abenteuerroman. Und das Wohnhaus des **ehemaligen Geheimdienstlers**, der im Auftrag der USA in Südostasien unterwegs war und 1967 auf bis heute rätselhafte Weise einfach verschwand, ist das wohl beste Beispiel einer traditionellen thailändischen Wohnanlage überhaupt. Thompson erweckte nach dem Zweiten Weltkrieg zunächst die Handweberei von **Seidenstoffen** wieder zu neuem Leben. Dann ließ er sich aus **Teakholz** sein perfektes Thai-Wohnhaus bauen und reichlich ausstatten. Ein traditionelles Thai-Haus steht stets auf **Pfählen** und gilt als eine der frühesten **Fertigbauweisen**. Thompson entdeckte solche Häuser in der Nähe von Ayutthaya und brachte sie zerlegt auf dem Wasserweg nach Bangkok. Die insgesamt sieben Holzhäuser stellen ein **einzigartiges Ensemble** dar. Sie bergen aber auch Schätze aus allen Stilepochen thailändischer **Kunst**, etwa alte Bilder aus Thai-Seide, Buddha-Figuren aus fast allen wichtigen Epochen oder Gegenstände des täglichen Gebrauchs. Etwas verzwickt zu finden in der 6 Soi Kasemsan 2, Rama I. Road, aber interessant.

Mo.–Sa. 9–17 Uhr | Eintritt: 100 Baht, inkl. obligatorischer Führung

 Dusit

Bangkoks Gartenstadt

Dusit ist ziemlich **untypisch** für Bangkok, denn dieses Viertel hat den Charakter einer Gartenstadt, ohne ärmliche Hütten, ohne protzige Hochhäuser und in gewisser Hinsicht ist es auch stressfreier als anderswo in der Hauptstadt. **König Chulalongkorn**, noch geboren im Grand Palace und als Rama V. in Dusit gestorben, schuf das Viertel, weil ihm die Rattanakosin-Insel zu eng wurde. Er zog in den Vimarnmek-Palast, und auch der heutige **Wohnsitz des derzeitigen Königs**, Maha Vajiralongkorn, Rama X., liegt in Dusit, im Chitralada-Palast, der unter König Vajiravudh, Rama VI., erbaute wurde. Doch das Viertel ist nicht nur die Heimat der königlichen Gemächer, sondern auch die des **Parlaments** und einiger Ministerien sowie das Verwaltungszentrum der Hauptstadt.

Der Marmortempel

Wat Benchamabophit

Wat Benchamabophit gilt als **einer der schönsten Tempel** in Bangkok und wird im Volksmund auch Marmortempel genannt. Der weiße Marmor für seinen Bau, den Rama V. 1899 errichten ließ, stammt aus der **Toskana** und wurde per Schiff nach Bangkok gebracht. Der Tempel besitzt ein dreistufiges Dach aus glasierten chinesischen Ziegeln mit goldenen Naga-Spitzen. Die farblich und architektonisch darauf abgestimmten kleinen Pavillons und geschwungenen Brücken in Rot und Gold ergeben mit dem Grün das wohl gelungenste neuere Bauwerk in **vollendetem Thai-Stil**. Der König selbst kümmerte sich um viele Details, und sein Halbbruder Naris – Architekt und Bauleiter – war fast pausenlos auf der Baustelle.
Der **Bot** weist einen kreuzförmigen Grundriss auf, der durch schlichte Marmorsäulen betont wird. Den Zugang bewachen zwei weiße Marmorlöwen in der birmanischen Sitzhaltung. Ein hinter den Bot verlagerter Wandelgang mit mehr als **50 Buddha-Figuren** um einen mit quadratischen Marmorplatten ausgelegten Hof vermittelt den Eindruck **vollkommener Harmonie und Symmetrie**. Auf dem Hauptaltar thront ein goldener Buddha, der im Auftrag von König Chulalongkorn dem hoch verehrten **Phra Buddha Jinarat** (Siegrei-

OBEN: Zum Beten aus weißem Marmor: Wat Benchamabophit
UNTEN: Zum Wohnen aus Teakholz: Jim-Thompson-Haus

cher König) im Wat Phra Si Ratana Mahathat zu Phitsanulok nachgebildet wurde. Auf den prachtvoll geschnitzten Ost- und Nordgiebeln sind die **Ursprünge des Buddhismus**, der Hindu-Gott Vishnu auf einem Garuda reitend und der dreiköpfige Elefant Erawan zu sehen. Besonders eindrucksvoll ist ein Besuch Mitte Mai, wenn am Abend des Visakha-Bucha-Fests Pilger mit tausenden brennenden Kerzen dreimal um den Bot tanzen. Es ist der höchste Feiertag der Thais.

Tgl. 6 – 17 Uhr | Eintritt: 20 Baht

Whiskey für den König

Reiterstandbild von Rama V.

Zu Füßen des Reiterstandbilds, das den stolzen und bei den Thais geliebten König Chulalongkorn abbildet, sieht es manchmal aus wie im Minimarkt: Reis liegt neben Kerzen und Räucherstäbchen, neben Seife, Bonbons und einem Fläschchen Mekong-Whiskey. Es sind **Geschenke** der Menschen für ihren König im Jenseits. Andere schmücken den Sockel des Monuments mit Kränzen und Blumen. Besonders am **Todestag** des fünften Königs der Chakri-Dynastie pilgern die Thai zu ihm: Der 23. Oktober ist sogar ein gesetzlicher Feiertag. Denn es war König Chulalongkorn, der das heutige Thailand zum stolzen **Land der Freien** machte. Die mächtige Kulisse hinter dem Standbild ist Thailands **Nationalversammlung**, die nicht zugänglich ist.

Größtes Teakholzgebäude

Vimarnmek-Palast

Der vierstöckige Vimarnmek-Palast aus dem Jahr 1900 gilt als die größte Teakholzkonstruktion der Welt. Das ehemalige **Wohnhaus der Könige** birgt die riesigen **Kunstsammlungen des Königshauses** mit Möbeln, Gemälden und Schmuck. Ein großer Teil wurde vom Erbauer Rama V. zusammengetragen. Der Palast wird möglicherweise 2018 vorübergehend geschlossen sein.

Tgl. 8.30 – 16.30 Uhr | Eintritt: 100 Baht

Vom weißen Dickhäuter

Nationalmuseum Königliche Elefanten

Ein lebensechtes Modell eines weißen Elefanten begrüßt den Museumsbesucher, der mehr von den besonderen Dickhäutern wissen möchte. So gilt ein weißer Elefant in Thailand als sehr **verehrungswürdig**. Der große **Krieger** wird mit **Fruchtbarkeit und Wissen** assoziiert. Sogar die **Nationalflagge** Thailands trägt den weißen Elefanten als Symbol. Und es gibt ein **Gesetz**, dass jeder weiße Elefant, der in Thailand gefunden wird, dem König übergeben werden muss. Zwar erhalten die Fänger Belohnungen, aber viel wichtiger ist die Ehre. Allein während der knapp 70-jährigen Regentschaft von König Bhumibol wurden 16 weiße Elefanten gefangen, von denen zehn noch am Leben sind. Seit einigen Jahren sind sie nicht mehr innerhalb des königlichen Parks, sondern im **Dusit-Zoo** untergebracht. Bhumibol übertrifft seine Vorgänger bei der Zahl der weißen Elefan-

ten bei Weitem: Nie zuvor wurden einem Herrscher während seiner Amtszeit so viele weiße Elefanten geschenkt.
Tgl. 9. – 15 Uhr | Eintritt: 100 Baht

2000 Tiere

Dusit-Zoo

Der schön und schattig angelegte Zoo von Bangkok besitzt zwar mehr als 2000 Tiere aller möglichen Arten außer einigen Geschöpfen, die es wirklich kalt brauchen, doch der ganze **Stolz** des 1938 gegründeten Tierparks sind die berühmten weißen königlichen Elefanten (s. o.). Für Kinder gibt es einen Streichelzoo, Bootsverleih und auch ein Restaurant.
Tgl. 8 – 18 Uhr | Eintritt: 100 Baht

Des Königs Heim

Chitralada-Residenz

Unzugänglich, auch von außen nur sehr schwer einsehbar, versteckt sich in einer etwa 1 km^2 großen **Parkanlage** mit künstlichen Seen die Chitralada-Residenz, das Wohnhaus des regierenden Königs. In dem Park befinden sich außerdem eine **Rinderfarm, Fischzuchtanlagen**, eine **Molkereiversuchsanstalt** und mehrere **Labors**. 1993 war König Bhumibol der erste Monarch weltweit, der ein **Patent** einreichte: Es ging um Wasseraufbereitung. Der künstliche **Kanal**, der die Anlage umgibt, machte 1973 bei den Studentenunruhen Geschichte, als Demonstranten jenseits des Zauns Schutz vor den Polizeigewehren suchten – und ihn auch fanden. Dass Bhumibol ihnen Zuflucht gewährte, trug zu seinem außerordentlich hohen Ansehen in der Bevölkerung bei.

★ Thonburi

Ehemaliger Königssitz

Den großen Schwimmenden Markt gibt's zwar auch in Thonburi nicht mehr. Dazu muss man nach Damnoen Saduak fahren (▶ Ratchaburi). Viele der **Klongs** sind zugeschüttet, und dennoch gibt es (noch) ein kompliziertes Geflecht von kleinen und größeren Kanälen, die eine **Bootsfahrt** (von der Anlegestelle neben dem Mandarin-Oriental-Hotel) zu einem Erlebnis machen. Aber auch eine Taxifahrt lohnt sich: Die kleinen, flach gehaltenen Häuschen müssen sich nicht so ducken wie zwischen Bangkoks Hochhausgiganten. Die **Nebenstraßen** wirken rückständig, aber gleichzeitig auch wie vergessene Idyllen. Ist das noch ein Geschäft oder schon das Wohnzimmer im Wunderland einer kleinen Soi, in dem sich alles irgendwie vermengt? Eine Familie sitzt um einen köchelnden Suppentopf und isst. Ein Kunde tritt ein, wird sofort bedient. Die anderen schlürfen einfach weiter. **Idyllen** wie diese scheinen Lichtjahre von den Zwängen der Globalisierung entfernt zu sein. Thonburi ist heute einer von **50 Stadtbezirken** Bangkoks am rechten, dem westlichen Ufer des Me-

Von Wat Arun sieht man über den Fluss hinüber zum Wat Phra Kaeo.

nam Chao Praya. Bis 1971 eigenständige Stadt bzw. Provinz und von 1767 bis 1782 sogar Hauptstadt. Rama I. verlegte seine Residenz dann ans linke Ufer ins damals noch kleine Bangkok.

Museum der Königlichen Barken

Prachtvolle Prozession

Am Ende einer Tour durch die Klongs von Thonburi lohnt ein Besuch des Museums der Königlichen Barken. Diese einzigartigen, mit vielen **dekorativen Details** ausgestatteten Barken werden zu **besonderen Anlässen** von der königlichen Familie benutzt. Etwa anlässlich der **Kathin-Zeremonie** und der einhergehenden prachtvollen königlichen Prozession auf dem Chao Phraya: Sie findet meistens im Oktober oder November statt und folgt einer buddhistischen Tradition, bei der den Mönchen neue Roben dargereicht werden. Früher dienten die Barken als **Kriegsschiffe**.

Tgl. 9 – 17 Uhr | Eintritt: 100 Baht

So weit die Füße tragen

Wat Arun

Wat Arun sollte man, trotz der Übersetzung **Tempel der Morgenröte**, besser in der **Abenddämmerung** besuchen. Der Ton-Steine-Scherben-Tempel – zur Dekoration wurden unzählige kaputte Porzellanteller und -tassen verwendet – ist das große Thonburi-Highlight. Arun war der **Königstempel**, als Thonburi noch Hauptstadt war und sein 79 m hoher, im Khmer-Stil errichteter Prang (mit Fundament 86 m) glitzert ob des eingemauerten chinesischen Porzellans, als sei das noch heute so. Nach dem Einfall der Birmanen lag Ayutthaya in

Schutt und Asche. **General Taksin** beschloss mit den letzten Überlebenden so lange zu marschieren, bis die Sonne wieder aufgeht. Dort sollte dann ein Tempel entstehen. Und an der Stelle, an der Taksin ankam, steht heute Wat Arun. Interessant ist die **Bauweise**: Da der Untergrund stark morastig war, legte man Tausende von Bambusstämmen kreuzweise übereinander und füllte die entstandenen Zwischenräume mit Lehm. So ergab sich ein tragfähiges Fundament. Vom Prang hat man einen **ausgezeichneten Blick** auf Bangkok.
Tgl. 8.30 – 17.30 Uhr | Eintritt: 30 Baht

Tempel der Reisenden

Wat Kanlayanamit

Das nur wenige Schritte von Wat Arun entfernte Wat Kanlayanamit bleibt von Urlaubern weitgehend unbesucht. Schade: Bangkoks **größter sitzender Buddha**, mit rund 15 m Höhe, lohnt zum einen. Zum anderen ist das der Tempel für alle Reisenden, die sich dort Glück und Sicherheit für unterwegs wünschen. Und schließlich erlebt man in Bangkok kaum anderswo eine solche **Tempelnormalität**. Ein Mönch raucht mal eine Zigarette oder bei einer Frau, die gerade betet und bittet, klingelt unvermittelt das Handy. Keinen stört's und trotzdem herrscht eine Atmosphäre von ruhiger Anmut.
Tgl. 6 – 18 Uhr

★ BANG PA IN

Region: Zentralthailand
Provinz: Ayutthaya
Höhe: 4 m ü. d. M.
Einwohnerzahl: ca. 12 000

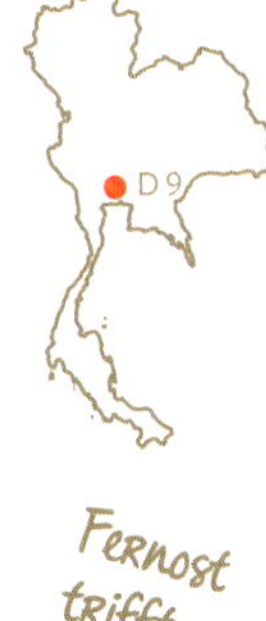

Ein wenig deplatziert wirkt Bang Pa In, wie ein auf den ersten Blick unerklärlicher Anachronismus: Fernöstliche und europäische Stile vereinen sich zu einem Ganzen, für das die beiden thailändischen Könige Mongkut und Chulalongkorn verantwortlich zeichnen. Es war die Zeit, als sich Thailand langsam dem Westen öffnete, was sich in den neoklassizistischen, viktorianischen und neugotischen Architekturen in Bang Pa In zeigt. Sogar weibliche Figuren im Versailles-Stil sind zu sehen.

Fernost trifft Europa

Angefangen hat alles mit der Thronbesteigung von König **Prasat Thong** 1629. Er entdeckte Bang Pa In, ließ zunächst einen buddhistischen Tempel bauen, dann den kleinen See auf 1,6 km² vergrößern und an dessen Ufer ein Schloss bauen, in dem er sich, wie auch seine

Nachfolger, in den Sommermonaten aufhielt. Als statt Ayutthaya das wesentlich weiter entfernte Thonburi unter König Taksin Hauptstadt des Landes wurde, verfielen die Anlagen allerdings langsam.
Bang Pa In wurde erst wieder von König **Mongkut** entdeckt. Mittlerweile gab es Dampfschiffe auf dem Chao Phraya, die von den Regenten zur Anreise benutzt wurden. Es folgte König **Chulalongkorn**: Der Sohn von Mongkut war erst **15 Jahre** alt, als er den Thron besteigen musste, weil sein Vater an Malaria starb. Seine Herrschaft ging als **Revolution von oben** in die thailändischen Geschichtsbücher ein. Als Rama V. betrieb er nicht nur weiterhin die **offene Haltung** zu westlichen Nationen, sondern er schaffte auch die Sklaverei und Frondienste Schritt für Schritt ab. Er gewährte den Hofbeamten bei Audienzen Platz auf Stühlen. Er ließ sich von ausländischen Beratern Hinweise geben, wie ein funktionierendes **Schul-, Gesundheits- und Verkehrssystem** aufzubauen sei. Zweimal reiste der König selbst nach Europa und besuchte dabei auch Heidelberg. Viele seiner Eindrücke aus dem Westen fanden in Bang Pa Ins Architektur einen Widerhall. Und Bang Pa In diente von da an nicht nur als Sommerresidenz, sondern bis in die Regentschaft von König Bhumipol immer auch für **Empfänge** des Königshauses, um Weltoffenheit zu demonstrieren.

Palastbezirk

Die Anlage

Bang Pa In besteht aus zwei Palastanlagen, der äußeren und der inneren. Die innere war einst nur dem **Herrscherpaar** und weiblichen **Hofbediensteten** zugänglich. Der gesamte Palastbezirk ist von einer hohen Mauer umgeben, die an mehreren Stellen durch monumentale Turmbauten im neoklassizistischen Stil unterbrochen sind.

Tgl. 8.30 – 17 Uhr | Eintritt: 100 Baht

Thailändische Architektur

Phra Thinang Aisawan Tippaya

Das anmutigste Gebäude ist der inmitten eines kleinen Sees gelegene, von König Chulalongkorn im typischen **Bangkok-Stil** erbaute Pavillon Phra Thinang Aisawan Tippaya von 1876, eines der schönsten Beispiele thailändischer Architektur. Eigentlich ist der Pavillon eine **Kopie** des von König Mongkut erbauten Pavillons Phra Thinang Aphonphimok Prasat im Großen Palastbezirk von Bangkok. In der Mitte des Pavillons steht eine **gusseiserne Statue**, die König **Chulalongkorn in Lebensgröße** darstellt.

Europäische Architektur

Phra Thinang Warophat Phiman

Eine Mischung aus **italienischer Renaissance** und **viktorianischem Stil** macht die Halle Phra Thinang Warophat Phiman aus, die als königlicher **Audienzsaal** benutzt wurde. Im Innern sieht man den prachtvollen, baldachingekrönten königlichen **Thron**, daneben die

Im Palastbezirk von Bang Pa In prallen mehrere Architekturstile aufeinander.

königlichen Ehrenschirme. Ein **Ölgemälde** zeigt König Chulalongkorn im Staatsgewand. An den übrigen Wänden sind **Illustrationen** zu den Erzählungen »Inao«, »Phra Aphaimani« und »Ramakien« zu sehen. Eine **überdachte Brücke** verbindet die Audienzhalle mit einem runden Bau, dessen Türen auf eine weite Terrasse führen: Die Stufen der breiten Steintreppe reichen bis ins Wasser.

Chinesische Architektur

Vehat-Chamrun

Der 1889 erbaute und Mitte der 1990er-Jahre restaurierte Vehat-Chamrun-Palast wurde König Chulalongkorn von **reichen Chinesen** in Bangkok gestiftet, die sich damit das **Wohlwollen des Regenten** erkaufen wollten. Das prächtige Gebäude verfügte bereits über **Glasfenster** und ist chinesischen Königspalästen nachgebildet, die bunt glasierten Dachziegel, **Dachdekorationen**, Holzschnitzereien und die meisten Einrichtungsgegenstände wurden aus China herbeigeschafft. Sehenswert sind das mit reicher **Schnitzarbeit** verzierte Bett des Herrschers, der im chinesischen Stil geschnitzte Schreibtisch und die Bücherschränke im Arbeitszimmer, wo **altchinesische Handschriften** aufbewahrt werden.

Königlicher Blick ins All

Observatorium

Der von König Monkut auf einer kleinen Insel zwischen den beiden Palästen erbaute **Turm** diente dem **Hobbyastronomen** als Observatorium. Von der **Plattform** aus, zu der eine Wendeltreppe hinaufführt, überblickt man die Palastanlage.

Erinnerung ans Unglück

Statue der Königin

Eines der Denkmäler, mit denen König Chulalongkorn den Park schmücken ließ, erinnert an seine erste Frau **Sumantha Kumaritana**, die 1887 auf dem Chao Phraya bei einem **Schiffsunfall** mit ihren drei Kindern ertrank. Kein Untergebener hatte es gewagt, den Ertrinkenden zu **Hilfe** zu eilen, denn es war bei Todesstrafe verboten, Mitglieder der Königsfamilie zu berühren. Nach diesem Unfall hob der König das **jahrhundertealte Verbot** auf.

Nur noch Relikte

Uthayan Phumi Sathian

Der sechseckige hohe **Turm** aus Backstein im **neugotischen Stil** ist der einzige Überrest des Palasts Uthayan Phumi Sathian, in dem sich König Chulalongkorn während der **Regenzeit** aufhielt. Die übrigen, aus Holz gebauten Teile des Palasts wurden 1938 durch eine **Feuersbrunst** vernichtet.

Das älteste Bauwerk

Wat Chumphol Nikayurum

Außerhalb der Palastanlage liegt der von König **Prasat Thong** errichtete und unter seinen Nachfolgern mehrfach veränderte Wat Chumphol Nikayaram, der einzige erhaltene Bau aus der Zeit Prasat Thongs. Er enthält **Wandmalereien** aus der Zeit König Mongkuts, die aus dem Leben Buddhas erzählen. Die beiden polygonalen **Chedis** stammen aus derselben Zeit und zeichnen sich durch besonders **schö-**

BANG PA IN ERLEBEN

ANREISE

Die meisten Reiseveranstalter in Bangkok haben Ausflüge nach Bang Pa In in ihrem Programm. Die Fahrtzeit für Auto, Bus und Bahn liegt bei mindestens 1 Std.

Auto: Von Bangkok Nationalstraße 1, bei Km 52 links abbiegen.

Bus: Vom Bangkok-Northern Bus Terminal tgl. und mehrfach stündlich.

Bahn: Von Bangkok-Hauptbahnhof Hua Lumphong mehrfach tgl.

Schiff: Eine schöne Tour führt mit der Teakholzbarke »Mekhala« in knapp 24 Std. von Bangkok nach Bang Pa In, mit der Möglichkeit zur Weiterreise nach ▶ Ayutthaya (www.asian-oasis.com/bangkok---ayutthaya-cruise-thailand.html).

ne Proportionen aus. Südlich der Residenz liegt auf einer Flussinsel der seltsamerweise im **gotischen Stil** erbaute **Wat Niwet Thamapravat**, der von König Chulalongkorn für die Mönche der Dhramayutika-Sekte gestiftet wurde. Die größte Buddha-Statue in seinem Bot ist ein Meisterwerk des **Prinzen Pradi Vrakarn**, der während der Regierungszeiten von Mongkut und Chulalongkorn Hofbildhauer war.

CHANTHABURI

Region: Ostthailand
Provinz: Chanthaburi
Höhe: 37 m ü. d. M.
Einwohnerzahl: 90 000

Wo sich ein Juwelierladen an den anderen reiht und wo Schmuck mit Rubinen, Saphiren oder Zirkonen die Herzen der Damen erfreuen, dort liegt Chanthaburi, eine ebenso reiche wie lebhafte Stadt zwischen dem 1633 m hohen Khao Sai Dhao im Norden und dem Golf von Thailand im Süden. Der Name kommt aus dem Sanskrit und bedeutet, wie auch die volkstümliche Bezeichnung Meuang Chan, Mondstadt.

Chanthaburi ist vermutlich sehr alt. Man fand Inschriften aus der **Zeit der Khmer** (9. Jh.), die die Stadt als **Seehafen und Handelsplatz** nutzten. Im 14. Jh. kam der Ort zum Königreich Ayutthaya. Nach dessen Zerstörung durch die Birmanen 1767 versuchte der Gouverneur, sich von der neuen Hauptstadt Thonburi unabhängig zu machen. Er wurde jedoch von König Taksin besiegt und hingerichtet. Von 1893 bis 1905 war Chanthaburi als einzige thailändische Provinz mehrere Jahre Teil des französischen Kolonialreichs. Viele Einwohner sind heute **chinesischer oder vietnamesischer Herkunft**, wozu auch die nahe grüne Grenze zu Kambodscha beigetragen hat.

Erst Gefängnis, jetzt Bibliothek

Die Stadt

An der nördlichen Einfahrt zur Stadt steht in einem kleinen See ein Denkmal für den berühmten Dichter **Sunthorn Phu** (▶ Interessante Menschen), der als einer der größten Poeten des Landes verehrt wird. Die französische Kathedrale **Notre-Dame**, 1898 von vietnamesischen Flüchtlingen erbaut, ist die größte römisch-katholische Kirche Thailands. Reste aus der französischen Kolonialzeit sind ein viereckiger Backsteinbau, vermutlich einst ein **Zollhaus**, und die Stadtbibliothek am Marktplatz, die früher als Gefängnis benutzt wurde.

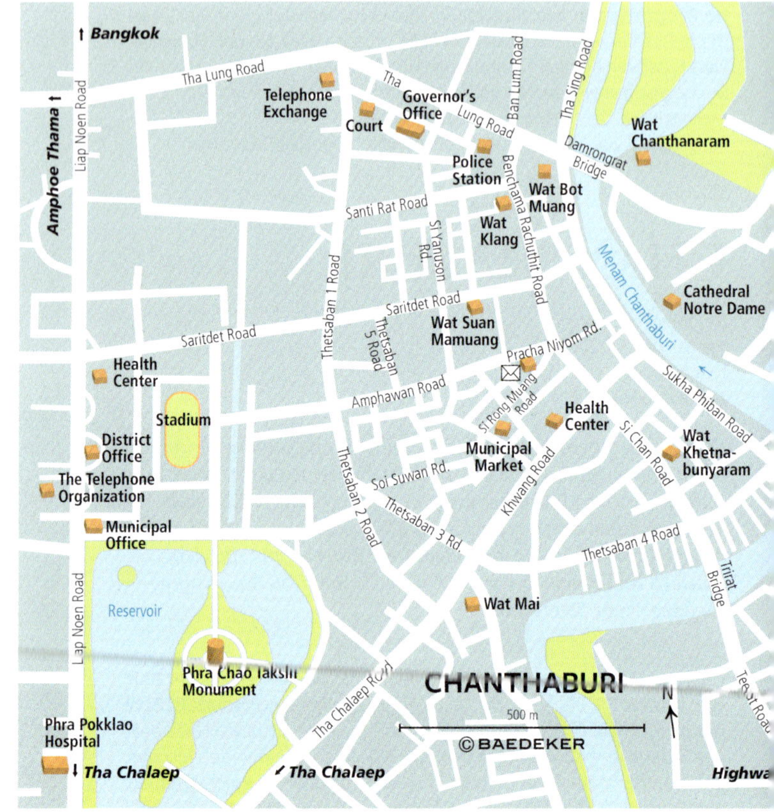

Rund um Chanthaburi

Auf Schatz-suche

In riesigen **Plantagen** um die Stadt herum gedeihen Orangen, Ananas, Mangos und die Stinkfrucht Durian. Doch alles, so möchte man meinen, lebt in Chanthaburi vom **Edelsteinhandel**. Die Minen im nahen **Bo Kai**, über die Straße 3249 zu erreichen, wo Rubine, Saphire und Zirkone im Tagebau gefördert werden, können im Rahmen von Ausflugsprogrammen besichtigt werden. In einigen **Edelsteinminen** darf man sich sogar als Schatzsucher betätigen, wenngleich mit einer spektakulären Ausbeute kaum zu rechnen ist. Was man findet, darf aber behalten werden. Bei **Ban Kacha** gibt es nicht nur eine weitere Edelsteinmine, die besucht werden kann, sondern auch den Edelsteinberg **Phu Khao Phloi Waen**, der von einem Wat mit einem symbolischen Fußabdruck Buddhas gekrönt wird.

Des Königs Festung

Khai Nern Wong

5 km südlich der Stadt sind bei Khai Nern Wong Reste einer unter König Rama III. um 1834 erbauten Festung zu sehen. Innerhalb der z. T. überwachsenen Festungsmauern steht **Wat Yottanimit**, von König Rama III., gestiftet. Er besitzt einen gut erhaltenen **Khmer-Prang** aus dem 11. Jh., der von einer Mauer eingefasst ist, auf der vier zerbrochene **Chedis** stehen.

Bis zu 400 m tief

Drei Wasserfälle

Vor dem Badespaß kommen, auf dem Weg zum **Nam Tok Praew**, die **Khmer-Ruinen** des Wat Tong Tua. Am Eingang zum Wasserfall ist ein schlichter weißer Chedi zu sehen, der die **Asche der Königin Sumantha** enthält, die bei einem tragischen Bootsunfall in Bang Pa In ums Leben kam. Der Wasserfall Praew, 13 km südlich von Chanthaburi, in dessen Becken man baden kann, ist bei der einheimischen Bevölkerung sehr beliebt. Das ganze Gebiet wurde zum **Nationalpark Khao Sor Bab** erklärt. Die Kaskaden des 28 km südöstlich von Chanthaburi gelegenen **Nam Tok Krating** stürzen über bizarre Felsformationen 400 m in die Tiefe. Über die Straße 317, die durch eine herrliche **tropische Berglandschaft** führt, erreicht man einen weiteren Wasserfall, den **Soi Dao**, in dessen Nähe sich eine Thermalquelle befindet.

CHANTHABURI ERLEBEN

ANREISE

Auto

Von Bangkok über die Nationalstraßen 3 und 344; etwa 310 km. Von Pattaya sind es 200 km.

Bus

Von Bangkoks Eastern Bus Terminal mehrfach tgl. in gut 6 Std.; ab Pattaya etwa 3 Std. Air-conditioned-Busse nehmen, die bis in die Stadtmitte fahren.

RATTANAPURA BEACH RESORT €€

Farbenfrohe und gepflegte Bungalows direkt am Strand mit gutem Seafood-Restaurant. 8 Zi.
9, Khlong Khut | Tel. 039 4331010 | www.rattanapura.com

In den Juweliergeschäften entlang der Hauptstraße kann man beim Schleifen oder Sortieren der Rubine, Saphire und anderer Edelsteine zusehen. Kaufen sollten aber nur Kenner.

★★ CHIANG MAI

Region: Nordthailand
Provinz: Chiang Mai
Höhe: 310 m ü. d. M.
Einwohnerzahl: 150 000

«Stadt der Goldenen Tempel«, sagten die ersten westlichen Besucher zu Chiang Mai. Und wer oben am Wat Doi Suthep steht, zwischen goldenen Chedis und goldenen Buddha-Statuen, der meint das heute noch. »Rose des Nordens«, sagen andere, gilt die einst stolze Hauptstadt des Lanna-Königreichs doch als eine der schönsten Städte des Landes. Chiang Mai ist das Herz von Nordthailand, hat an die 200 wunderbare Tempel, verfügt über wahrlich einladende Resorts und ist perfekt für Aktivitäten in der Natur. Und nur wenige Kilometer entfernt führen manche Bergvölker noch immer ein zum Teil archaisch anmutendes Leben.

90 000 Menschen für eine Mauer

Ureinwohner der Region waren wohl die **Lawa**, von denen nur noch wenige Menschen im heutigen Myanmar zu finden sind. Sie wurden von den **Mon**, die sich zwischen dem 6. und 8. Jh. über ausbreiteten, verdrängt oder gingen in ihnen auf. Das Machtzentrum der Mon lag bei Lamphun, damals noch wie das gesamte Königreich **Haripunchai** genannt. Seit dem 7. Jh. sickerten Thai-Stämme in das Gebiet ein. Sie hatten sich sowohl mit den Mon als auch den **Khmer** auseinanderzusetzen. Im 11. Jh. wurde Nordthailand vom birmanischen König **Annarudha von Pagan** beherrscht, dessen Reich bis ins heutige Kambodscha reichte. Der östliche Teil zerfiel nach seinem Tod in kleine Fürstentümer, in denen die ersten Thai-Regenten herrschten.

Eine dominierende Rolle unter den Thai-Fürsten spielte der 1239 geborene König **Mengrai**, dem es gelang, 1281 das Mon-Königreich Haripunchai zu erobern. Er verlegte den Königssitz ins nahe Chiang Mai, ließ 90 000 Menschen eine **Ringmauer** um das gesamte Stadtgebiet bauen und in nur vier Jahren eine prächtige neue Hauptstadt errichten, in der er bis zu seinem Tod 1317 residierte. Als 1350 **Ayutthaya** gegründet wurde, verringerte sich der Einfluss der Mengrai-Dynastie. Doch erst die **Birmanen** eroberten 1556 Chiang Mai und brachten das Lanna-Königreich unter ihre Herrschaft, die mehr als 200 Jahre dauern sollte. **Taksin**, erster König der Bangkok-Zeit und Begründer eines einheitlichen thailändischen Staats, befreite Chiang Mai 1767 zwar aus den Händen der Birmanen, doch die Bevölkerung hatte die Jahrhunderte langen Attacken satt und verließ die Stadt. Mehr als zwei Jahrzehnte lang war Chiang Mai nahezu **menschenleer**. Ab 1796 begann man die Stadt wieder zu besiedeln, **1873** kam sie unter siamesische Herrschaft.

1. Old Chiang Mai Cultural Center
2. Antique House
3. Huen Phen Restaurant
4. The Riverside
5. The Service 1921
6. Whole Earth

1. Rachamankha
2. BP Chiang Mai City Hotel
3. Tamarind Village
4. Dara Dhevi
5. Anantara Resort & Spa
6. River View Lodge
7. River Ping Palace

Der Chiang-Mai-Stil

Kunst

In der Kunst entwickelte sich der Chiang-Mai-Stil, der seine **größte Blüte** 1300 – 1550 hatte. Er übernahm **Stilelemente** der Mon-Stämme ebenso wie solche der Birmanen und aus dem benachbarten Königreich Sukhothai. Deshalb sind nirgendwo im Land die Tempel so **farbenprächtig**, leuchtend und anmutig wie in Chiang Mai.

 Wat Phra Singh

Legendäre Buddha-Figur

Der bedeutendste und größte Wat der Stadt ist Wat Phra Singh. Er war einst sogar der **Ortsmittelpunkt** und wurde 1345 von König Pa Yo angelegt. Der **heiligste Teil** des königlichen Tempels erster Klasse ist ein kleiner, wohlproportionierter, hölzerner Bau hinter dem Bot, der **Phra Viharn Lai Kam** genannt wird. Er wurde unter König San

Wat Phra Singh: trotz des vielen Goldes wohlproportioniert und grazil

Muang Ma (1385 – 1401) errichtet, um die berühmte, legendenumwobene Buddha-Figur **Phra Singh** aufzunehmen. Sie zeigt einen sitzenden Buddha im Gestus der Erdanrufung und ist im Sukhothai-Stil gefertigt. Der Legende zufolge stammt sie aus Ceylon bzw. Sri Lanka und gelangte über Ayutthaya, Kamphaeng Phet, Chiang Rai und Luang Prabang erneut nach Ayutthaya. Seit 1767 steht sie in Chiang Mai. Man weiß allerdings nicht, ob es sich bei der Statue nicht um eine der beiden bekannten Kopien handelt. Je eine weitere identische Figur steht im Nationalmuseum von Bangkok und in Nakhon Si Thammarat. Kein Sachverständiger konnte bisher die echte Figur bestimmen, und alle drei Orte nehmen deshalb für sich in Anspruch, das Original zu besitzen.

Zwei weitere Heiligenfiguren stammen aus dem 15. Jh.: eine Bronzestatue mit eingelegten Edelsteinen und eine große Buddha-

Figur, die den Erleuchteten ebenfalls im Gestus der Erdanrufung zeigt. Die kleine **Bibliothek** rechts vor dem Viharn, ein graziöser Bau aus dem 14. Jh. gilt als ein **Juwel thailändischer Sakralarchitektur**. Den hohen weißen Sockel zieren schöne Stuckarbeiten, das rotgoldene, hölzerne Obergeschoss weist kunstvolle Schnitzereien mit Einlegearbeiten auf.

Der kleine **Bot** neben dem Chedi wurde um 1600 während der Besatzung durch die Birmanen erbaut, die vermutlich auch viele der für den birmanischen Tempelbaustil so typischen **Löwenwächter** an den Eingängen zum Wat errichteten. Die gut erhaltenen **Wandfresken** mit lebhaften Darstellungen stammen aus dem 19. Jh. und erzählen die Geschichte des Prinzen Phra Sang Tong, der in einer goldenen Meeresmuschel geboren wurde.

Tgl. 6 – 17 Uhr | Eintritt: 20 Baht

Abendstimmung am Wat Chedi Luang

Heim des Schutzgeistes

Wat Chedi Luang

Der älteste Teil des ausgedehnten Tempelbezirks Wat Chedi Luang ist der bei einem **Erdbeben** 1545 eingestürzte Chedi aus Ziegelsteinen, dessen mächtige Basis die einstige Höhe von 90 m nur erahnen lässt. Das Fundament dieses Bauwerks wurde im 15. Jh. aus **Ziegel- und Lateritsteinen** angelegt, eine seltene Kombination. Auf den Terrassen und in den Nischen sind noch schöne **Elefantenkopf- und Buddha-Skulpturen** zu sehen. In der Nische auf der östlichen Seite des Chedi soll der berühmte **Smaragd-Buddha** (heute im Wat Phra Kaeo in Bangkok) gestanden haben. In den meisten der wohlproportionierten Chedis im Außenhof sind Urnen mit der Asche Verstorbener beigesetzt. Am Eingang zu dem großen, mit einem dreifach gestaffelten Dach gedeckten Viharn beeindrucken die beiden **Nashornschlangen** mit Schuppen aus bunt glasierten Ziegeln; sie gelten als die **schönsten ihrer Art** in Thailand. Bemerkenswert sind auch die reich ornamentierten Giebelfelder.

Im Innern finden sich drei im Jahr 1440 aus Bronze gegossene Buddha-Statuen, mehrere kleine Statuen und kunstvoll geschnitzte Elefantenstoßzähne. In einem kleinen Tempel, der 1940 links vom Eingang errichtet wurde, wohnt der **Schutzgeist** (Lak Muang) von Chiang Mai. Er wird beschattet von einem mächtigen Gummibaum, der eine ganz eigene Bedeutung hat: Von ihm sagt man, wenn er umstürze, drohe der Stadt großes **Unheil**. Gegenüber von Wat Chedi Luang ist der 1288

gegründete **Wat Prachao Mengrai** bekannt für seine 4,5 m hohe **Buddha-Figur** von 1920, die den **Stadtgründer** Mengrai darstellen soll.
Tgl. 6 – 17 Uhr (beide Tempel)

Der Älteste

Wat Chiang Man

Fast 200 Tempel gibt es in Chiang Mai. Und zu den wichtigsten gehört Wat Chiang Man, der Älteste, der bekannt ist für seinen **Chedi**, der getragen wird von **15 Elefantenfiguren**. König Mengrai ließ Wat Chiang Man **1296** noch vor der eigentlichen Stadtgründung erbauen und residierte darin vermutlich bis zur Fertigstellung seines Palasts. Der **Viharn** zeigt noch seine ursprüngliche Form: Das zweifach gestaffelte Dach, mit züngelnden Nagas besetzt, ist in leichtem Schwung tief nach unten gezogen. Auffallend ist das kunstvoll geschnitzte Giebelfeld an der **Portalseite**. Zwei Löwen flankieren den Eingang. Eine Tafel mit nordthailändischen Schriftzeichen weist die Stelle aus, an der Mengrai 1317 gestorben sein soll. Das Innere des Viharn wird durch Teakholzsäulen in drei Schiffe geteilt. Von den **Buddha-Figuren** ist eine große vergoldete ebenso bemerkenswert wie das Relief des Buddha-Sila, das der Abt des Wat aufbewahrt und das den Gläubigen nur während einer **einmal im Jahr** stattfindenden Zeremonie gezeigt wird. Das Relief soll aus dem 8. Jh. stammen und weist indische Stilmerkmale auf. Man schreibt ihm die Fähigkeit zu, Regen zu bringen. Auch der **Phra Sai Tang Kamani**, der Kristall-Buddha, wird beim Abt aufbewahrt. Diese Figur aus Bergkristall wurde von König Mengrai 1281 bei der Eroberung von Haripunchai erbeutet.
Tgl. 6 – 17 Uhr

Abendlicher Markt

Fünf Stadttore

Das **Zentrum** des heutigen Chiang Mai liegt östlich der Stadtmauern in der Nähe des Menam Ping. Von den fünf Stadttoren – **Tha Phae** im Osten, **Suan Dok** im Westen, **Chang Phuak** im Norden, **Chang Mai** im Süden und **San Poong** im Südwesten – wurden einige rekonstruiert. Vor dem Tha Phae Gate findet allabendlich ein Markt statt, wo Kleidung, Handarbeiten und Souvenirs angeboten und an Garküchen gut gegessen werden kann.

Bunt und glitzernd

Wat Chetawan

Im Wat Chetawan **vor dem östlichen Stadttor** beeindrucken drei reich gegliederten **Chedis**, deren eingelegte bunte und goldene Ziegel in der Sonne glitzern. Zwei der Chedis sind mit **Fabeltieren** aus der hinduistischen Mythologie besetzt. Am **Viharn** sieht man prachtvolle Holzschnitzereien. Fast genau gegenüber liegt **Wat Mahawan** mit einem sehr schönen Chedi im birmanischen Stil. Seine Spitze ist vergoldet. An den vier Ecken der Umfriedung stehen monumentale **Löwenstatuen**.
Tgl. 6 – 17 Uhr (beide Tempel)

Fremde Einflüsse

Wat Pha Pong

In den prachtvollen Wat Pha Pong führen reich gegliederte Tore. Mehrere **Chedis** umstehen einen hübschen Pavillon, Treppen führen zu einer Kapelle im Innern. Die Fassade des rechteckigen Baus zeigt **chinesische und birmanische Einflüsse**. Im dreischiffigen Innern sind **Buddha-Statuen** und Wandmalereien zu sehen.

Tgl. 6 – 17 Uhr

Von Legenden umwoben

Wat Suan Dok

Berühmt und wunderschön ist Wat Suan Dok – und er ist von Legenden umwoben: Der glockenförmige, schneeweiße Chedi im ceylonesischen Stil birgt die Hälfte einer wundertätigen, nur **erbsengroßen Reliquie**. Ein Mönch namens Sumana fand sie in einem Behälter, der in immer kleiner werdenden Kästchen aus Silber und Korallen steckte, die wiederum von einer Bronzekassette umschlossen waren. Auf mancherlei Umwegen gelangte die Reliquie zu **König Kuna** (1345 – 1385) von Chiang Mai, der für sie den Chedi errichten ließ. Auf wundersame Weise teilte sich die Reliquie 1383 in zwei Stücke, wuchs jedoch wieder zur Originalgröße. Für das Zweite wurde der **Wat Doi Suthep** erbaut.

In den unterschiedlich geformten, strahlend weißen Chedis im Hof ist die Asche von Mitgliedern der königlichen Familien beigesetzt. Der Bot im Wat Suan Dok enthält eine sehr schöne, 6 m hohe Buddha-Figur **im Chiang-Mai-Stil** (um 1550). Der Viharn in der Form einer offenen Halle ist der **größte religiöse Versammlungsraum** in Nordthailand und wurde 1932 erbaut. Im Innern befinden sich reich verzierte Säulen und Decken, zwei Rücken an Rücken stehende Buddha-Figuren und einige bemalte Darstellungen des Erleuchteten sowie ein Behälter in Form eines Palasts, der die Asche des **Mönchs Phra Si Wichai** enthält, der seinerzeit den Bau dieses Viharn anregte.

Tgl. 6 – 17 Uhr

Tempel der dunklen Roben

Wat Umong

Inmitten eines bewaldeten **Parks** liegt verwunschen mit vielen bemoosten Buddha-Köpfen Wat Umong, den König Mengrai um 1296 für einen bedeutenden Mönch erbauen ließ. Ebenfalls für einen Mönch ließ König Kuna (1355 – 1385) in späterer Zeit unterirdische Gewölbe anlegen, damit sich dieser fernab der Welt seinen **Meditationen** hingeben konnte. An den Wänden sind noch Reste von Fresken zu finden. Seitdem dient das Kloster, in dem die **strenge ceylonesische Richtung** des Buddhismus praktiziert wird, den in der Abgeschiedenheit lebenden Mönchen als Aufenthaltsort. Man erkennt diese Mönche an den dunkleren Roben. Ein Teil der Anlage dient als **Stätte der Begegnung** zwischen Menschen aller Nationen, die an der buddhistischen Religion interessiert sind.

Tgl. 6 – 17 Uhr

CHIANG MAI ERLEBEN

TOURISM AUTHORITY OF THAILAND (TAT)

105, Lamphun Road
Tel. 053 24 86 04, www.tourismthailand.org/chiangmai

ANREISE

Auto
Von Bangkok über die Nationalstraßen 32 und 1 bis Lampang, dann weiter über die 11; 750 km.

Bus
Von Bangkoks Northern Bus Terminal mehrfach tgl. (11 Std.).

Bahn
Von Bangkok-Hua Lumphong mehrfach tgl. (12 Std.). Die Nachtzüge verfügen über bequeme Schlafwagenabteile.

Flug
Von Bangkok mehrfach tgl. (1 Std.).

Innerstädtisch per Segway
Segway-Tour zu den wichtigsten Tempeln; Dauer nach einer ca. 15-minütigen Einweisung etwa 2 Std. (www.segwaygibbon.com).

4 DHARA DHEVI €€€€

Das ehemalige Mandarin Oriental ist mit einer Fläche von 24 ha schon fast ein Thai-Dorf für sich: Selbst Reisfelder, auf denen Ochsen noch den Pflug ziehen, fehlen nicht. Das im Lanna-Stil erbaute Luxushotel liegt etwas außerhalb des Stadtzentrums und bietet selbst verwöhnten Gästen einige Überraschungen: So gibt es in den Villen sogar echte, jahrhundertealte Antiquitäten. 142 Zi., 5 Restaurants, Swimmingpool, Spa.

Nach Sonnenuntergang erstrahlt das Luxus-Resort Dhara Dhevi.

51, Sankampaeng Road
Tel. 053 88 88 88
www.dharadhevi.com

1 RACHAMANKHA €€€€

Zentral hinter dem Wat Phra Singh gelegenes Boutique-Hotel mit geschmackvoll eingerichteten Zimmern. Allein die antiquarischen Möbel sind eine Sehenswürdigkeit für sich und auch beim aufmerksamen Service fehlt es an nichts. 24 Zi., Restaurant, Swimmingpool, Spa.
6, Rachamankha Road
Tel. 053 90 41 11
www.rachamankha.com

5 ANANTARA RESORT & SPA €€€€

Modern gestaltetes, allerdings mit traditionellen Thai- sowie Kolonialstil-Elementen ausgestattetes Fünf-Sterne-Resort direkt am Mae Ping River, an dem sich parallel der 34-m-Pool anschließt. Alle sehr fein ausgestatteten Zimmer haben Balkon. Es gibt einen sehr stilvollen Afternoon-Tea und man hat insgesamt ein sehr gutes Preis-Leistungs-Verhältnis. 84 Zi., 2 Restaurants, Swimmingpool, Spa.
1, Charoen Prathet Road
Tel. 053 25 33 33
www.anantara.com

3 TAMARIND VILLAGE €€€

Im modernen Thai-Stil erbautes 4-Sterne-Haus mit viel Atmosphäre, schönem Holz und polierten Böden. Es gibt immer wieder Ausstellungen. Zentrale und trotzdem ruhige Lage in der Altstadt. 46 Zi., Restaurant, Swimmingpool, Spa.
50, Ratchadamnoen Road
Tel. 053 41 88 96
www.tamarindvillage.com

6 RIVER VIEW LODGE €€

Gutes Mittelklassehotel, das, von der simplen Fassade abgesehen, weit weg vom schnöden Hoteleinerlei ist. 15 der einfach, aber schön im nordthailändischen Stil möblierten Zimmer haben einen Balkon oder eine Veranda zum Fluss. 35 Zi., Restaurant, Swimmingpool.
25, Charoen Prathet Road
Tel. 053 27 11 09
www.riverviewlodgch.com

2 BP CHIANG MAI CITY HOTEL €

Gutes und sehr günstiges Mittelklassehotel direkt in der Altstadt. Die Zimmer liegen trotzdem ruhig. 134 Zi., Restaurant, Swimmingpool.
154, Rachamankha Road
Tel. 053 27 07 10
www.bpchiangmai.com

7 RIVER PING PALACE €

Das mehr als 100 Jahre alte einstige Thai-Wohnhaus einer wohlhabenden Familie bietet anheimelnde Zimmer. Von der Restaurantterrasse blickt man auf den Mae Ping. 9 Zi., Restaurant.
385, Charoen Prathet Road
Tel. 053 27 49 32

1 OLD CHIANG MAI CULTURAL CENTER €€€

Gut essen und thailändische Tanzkunst genießen: Zum Kantoke-Dinner gibt es traditionelles Lanna-Food und authentische nordthailändische Tänze zu sehen.
185, Wualai Road
Tel. 053 20 29 93
tgl. 18 – 22 Uhr

5 THE SERVICE 1921 €€€

Feinste Thailändische Küche gibt es in diesem eleganten Restaurant ebenso wie Vietnamesisch und Szechuan. Name und Einrichtung erinnern an koloniale Zeiten. Ein Restaurant für einen besonderen Abend mit außergewöhnlich gutem Service.
1, Charoen Prathet Road

Tel. 053 25 33 33
tgl. 12 – 14.30, 17.30 – 22 Uhr

6 WHOLE EARTH €€

Schon fast eine Institution und ein Ableger des gleichnamigen Restaurants in Bangkok. Gute indische, nordthailändische und vegetarische Gerichte, die in einem offenen Teakholzhaus serviert werden.
88, Si Dornchai Road
Tel. 053 28 24 63
tgl. 11 – 22 Uhr

2 ANTIQUE HOUSE €

Sehr schönes Restaurant in einem alten Teakholzhaus mit vielen antiken Möbeln. Man sitzt aber auch sehr schön im Gartenrestaurant am Fluss. Gute Thai-Küche.
71, Charoen Prathet Road
Tel. 053 27 68 10
tgl. 11 – 24 Uhr

3 HUEN PHEN RESTAURANT €

Gute nordthailändische Küche, die manchmal recht scharf ist, aufgetischt im stilgerechtem Ambiente eines alten Teakholzhauses.
112 Rachamankha Road
Tel. 053 81 45 48
tgl. 11 – 22 Uhr

4 THE RIVERSIDE €

Thaiküche und internationale Spezialitäten: Man sitzt auf einer der beiden Terrassen am Fluss. Später gibt es Live-Unterhaltung von Bands. Möglich ist auch eine Dinner-Kreuzfahrt mit dem Schiff auf dem Fluss.
9, Charoen Rat Road
Tel. 053 24 32 39
tgl. 10 – 1.30 Uhr

NACHTMARKT

Allabendlich verwandeln sich die Straßen zwischen dem östlichen Stadttor und dem Menam Ping in einen riesigen Markt. Zahlreiche mobile Küchen geben die Gelegenheit, sich ab 17 Uhr bis weit nach Mitternacht für wenig Geld durch die lokalen Spezialitäten zu schnabulieren. Ein absolutes Must-Go!

CHIANG MAI THAI COOKERY SCHOOL

Die thailändische Küche gilt als eine der frischesten und zugleich als eine der leichtesten und bekömmlichsten Küchen der Welt. Neben einigen Hotels der Luxuskategorie bietet die Chiang Mai Thai Cookery School ein- bis fünftägige Kochkurse an. Am ersten Tag steht ein Ausflug auf einen lokalen Markt an, bei dem die Zutaten für den Kochkurs gekauft werden. Erlernen kann man auch die hohe Kunst der Obstschnitzerei. Zum Abschied gibt es ein Thai-Kochbuch (www.thaicookeryschool.com).

NACHTMARKT

Unzählige Stände bieten regionaltypische Produkte, Souvenirs und oftmals auch Kitsch an, aber natürlich auch Kunsthandwerk, besonders von Angehörigen der Bergvölker: Von ihnen kommt ein großer Teil der Holzschnitzereien, farbenprächtig bemalten Sonnenschirme, Batiken, Seidenstoffe oder fein gearbeitete Silber- und Jadewaren. Außerdem gibt es Bilder und Koffer, Hemden und Glücksbringer, Schmuck und Jeans, Echtes und Gefälschtes ... Chiang Mais Nachtmarkt gehört jedenfalls zu den besten Nachtmärkten im Land.

SONNTAGS-MARKT

Von den zahlreichen anderen Märkten ist auf jeden Fall noch die Tha Pae Walking Street, auch der Sonntagsmarkt genannt, zu empfehlen: Es gibt weniger Austauschbares, sondern mehr Individuelles, sei es kunsthandwerklich gesehen oder Jacken, Kleider, Röcke oder Taschen von den Bergvölkern.

Rund um Chiang Mai

Wat Chet Yot

Der Wat Chet Yot (4 km außerhalb am nördl. Super Highway) war nach seiner Gründung 1454 durch König Tiloka ungefähr 100 Jahre lang der bedeutendste und prachtvollste Tempelbezirk des **Lanna-Königreichs**. Der im Jahr 1455 vollendete Chedi mit sieben Spitzen ist eine Nachbildung des **Mahabodhi-Tempels** im indischen Ort **Bodhgaya**, in dem Buddha die Erleuchtung erreicht haben soll. Im hohen mittleren Turm steht eine Buddha-Figur aus Stuck, und die noch relativ gut erhaltenen Stuckarbeiten an den Mauern sind von hervorragender Qualität. Tilokas Asche ist in der stuckverzierten, kleineren, rechteckigen Stupa aus Ziegeln beigesetzt, den sein Enkel 1486 erbauen ließ. 1477 fand im Wat Chet Yot die **2000-Jahr-Feier** des Buddhismus statt.

Tgl. 6 – 17 Uhr

Skulpturen aller Stilepochen

Nationalmuseum

Das 1972 eröffnete Chiang-Mai-Nationalmuseum (am nördl. Super Highway) enthält ausgezeichnete Skulpturen aller Stilepochen sowie **Terrakotten** aus Haripunchai. Interessant ist auch ein **Fußabdruck Buddhas** mit feinsten Perlmutt-Intarsien. Im oberen Stockwerk des Museums findet man Arbeitsgeräte der Bergstämme.

Mi. – So. 9 – 17 Uhr | Eintritt: 30 Baht

Im Dorf Bo Sang dreht sich alles um die Schirmherstellung.

Der größte im Land

Zoo

Zoo und **Botanischer Garten**, mit exotischen Gewächsen und Orchideen, liegen nebeneinander. Der Chiang-Mai-Zoo ist der größte Thailands und zeigt v. a. die in Südostasien heimische Tierwelt und seltene Vogel- sowie Schmetterlingsarten. Der Star ist aber ein **Riesen-Panda**.

Mi. – So. 9 – 16 Uhr | Eintritt: 150 Baht

Bo Sang und die Schirme

Handwerksdörfer

Chiang Mai ist ein **Zentrum des thailändischen Kunsthandwerks**. Eine Vielzahl von Unternehmen bietet nicht nur Kaufgelegenheit, sondern auch die Möglichkeit, den einheimischen Künstlern über die Schulter zu sehen. Südlich der Stadt, in der Chom Thong Road, leben **Silberschmiede**. Sie stellen Schalen, Schüsseln und Schmuckgegenstände aus reinem Silber und Silberlegierungen her.

Etwas weiter östlich trifft man im Ban-Khoen-Viertel auf die Hersteller von **Lackarbeiten** (Schalen, Kästchen und Tabletts). Der schwarze Lack wird in mehreren Schichten aufgetragen und mit Asche oder Kalk poliert. In die oberste Schicht werden Ornamente eingeritzt, die mit Gold oder Farben ausgefüllt werden. Besonders in den Straßen Wulai und Ratchangsaen findet man Manufakturen der **Teakholzschnitzer**. Ihre Produkte werden in alle Welt exportiert. Seit Tropenbäume in Thailand nicht mehr gefällt werden dürfen, wird das Teakholz aus Myanmar importiert.

Sehenswert ist auch die Straße der **Bronzegießer**, die Chang Loh Road, wo Glocken gegossen werden, die keine Klöppel haben, sondern ihren hellen Klang mittels kleiner, an einem Faden befestigter Blechscheibchen erzeugen. Von dort kommen auch die Essbestecke aus massiver Bronze, die überall im Land zu finden sind.

Nördlich der Stadt, am Chang-Phuak-Tor, liegt das Dorf der **Töpfer**. Vor den Häusern sind Tonwaren zum Trocknen (und Verkaufen) aufgestellt.

Noch weiter außerhalb, 8 km östlich von Chiang Mai, stößt man auf das **Schirmmacherdorf Bo Sang**. Fast alle Bewohner dieses Dorfes sind damit beschäftigt, Bambusgestelle mit Papier, das aus der Rinde des Tonsa-Baumes gewonnen wird, oder mit Seide zu bespannen. Diese Bespannung wird zunächst lackiert und dann mit Blumen, Landschaften oder Ornamenten bemalt. Schon Kinder üben sich im Entwerfen kunstvoller Muster.

Ebenfalls östlich der Stadt gelegen, gilt San Kamphaeng als das thailändische Zentrum der **Keramikherstellung** und die **San Kamphaeng Road** als Handicraft Highway: Läden, Kunsthandwerksstätten und Ausstellungsräume säumen die Straße. Heute ist der Ort auch für seine **handgewebten Baumwoll- oder Seidenstoffe** bekannt.

Im Lanna-Stil

Wat Buakkhrok Luang

Von der San Khamphaeng Road erreicht man einen der wenig bekannten Tempel: Wat Buakkhrok Luang mit wunderschönem Teakholz-Viharn im Lanna-Stil und eine Buddha-Statue im **Chiang-Saen-Stil**. Prächtig sind die sehr alten **Wandgemälde** wie auch die **prachtvoll geschnitzten Türen**.

Tgl. 6 – 17 Uhr

Bergstamm-Disney

Old Chiang Mai Cultural Center

Nicht das historische Chiang Mai, sondern die Gründung eines cleveren Unternehmers, der in Flughafennähe ein Dorf aufbaute, in dem Angehörige verschiedener **Bergstämme** (Karen, Lisu, Akha, Yao) ihre Trachten tragen und an traditionellen Geräten arbeiten, steckt hinter Old Chiang Mai. Die kunstgewerblichen Arbeiten wie **Schmuck oder Stoffe** kann man in Läden kaufen. Abends finden im Restaurant **Kantoke-Dinner** statt, wo zu nordthailändischen Gerichten traditionelle Tänze aufgeführt werden.

Tgl. 10 – 22 Uhr

Wat Doi Suthep

Tempel auf tausend Meter

Gold, Gold und nochmals **Gold**, ob Buddhas, Chedi oder Nagas. Und Grün, Grün und nochmals **Grün**, denn der äußerst opulente Wat Doi Suthep liegt in herrlicher Landschaft auf 1053 m Höhe unterhalb des Gipfels des Doi Pui (1685 m). Mit dem Auto oder Bus fährt man 20 km nach Nordwesten. Vom Parkplatz aus (Endstation für die Busse) lohnt sich zunächst ein Gang zum **Nam Tok Huai Kaeo**, einem Wasserfall in landschaftlich reizvoller Umgebung. Wo die Straße ziemlich steil zum Tempel hin ansteigt, trifft man auf das Denkmal des Mönchs **Phra Si Wichai**, auf dessen Initiative 1934 der Bau der ersten Straße zum Wat Doi Suthep zurückgeht. Das Geld dazu sammelte er bei den Bewohnern von Chiang Mai, die auch beim Straßenbau halfen. Das letzte Stück kann man zu Fuß oder mit einer kleinen Bahn zurücklegen. Über eine monumentale Treppe mit 306 Stufen, flankiert von einer Balustrade aus sich empor windenden Leibern zweier siebenköpfiger Nagas, gelangt man auf die **Tempelterrasse**, von der aus man einen **herrlichen Blick** auf Chiang Mai und das Umland hat.

Weißer Elefant weist den Weg

Die Legende

Der **Name des Wat** geht auf den **Mönch Vasuthep** zurück, der hier in der Eremitage gelebt haben soll. Nach der Sage suchte König Kua für einen Teil einer **Reliquie** (▶ Wat Suan Dok, S. 120), die sich wunder-

Falls man den Blick von all dem Gold abwenden kann, gibt es vom Wat Doi Suthep noch einen wunderschönen Ausblick auf Chiang Mai.

sam geteilt hatte, einen Platz für das Heiligtum. Auf Anraten des Mönchs Sumana, der die ursprüngliche Reliquie entdeckt hatte, ließ er den Teil der Reliquie in einen Altar einschließen, der auf dem Rücken eines frei laufenden **weißen Elefanten** befestigt wurde. Der Elefant stieg den Berg hinan und legte sich just dort nieder, wo der Mönch Vasuthep wohnte. Als man die Reliquie aus dem Altar nahm, starb das Tier. Genau an dieser Stelle wurde der Tempel gebaut, und über dem Begräbnisplatz des Elefanten errichtete man einen kleinen Chedi.

Göttin und Dämonen

Die Statuen

Auf der ersten Plattform, bevor man die mit Nagas besetzte Treppe hochsteigt, steht rechts eine Statue der Erdgöttin Thorani – Symbol der **Schöpferkraft der Erde** –, die Wasser aus ihrem Haar wringt. Der brahmanischen Überlieferung zufolge soll der meditierende Buddha von Dämonen und ihrem Anführer **Mara** (»das Böse«) in Versuchung geführt worden sein, worauf Thorani erschien, Wasser aus ihren Haaren wrang und das Heer der Dämonen hinwegspülte. Den Eingang zum eigentlichen **Tempelbezirk** bewachen zwei Dämonenstatuen. In den Galerien stehen Buddha-Statuen im **Chiang-Mai- und Sukhothai-Stil**. Das **zentrale Heiligtum** birgt eine sitzende Buddha-Statue, die größte Verehrung genießt.

Alles Gold, was glänzt – da darf man sich beim Gebet nicht blenden lassen ...

20 m Gold

Der Chedi

Mittelpunkt der Anlage ist der in Gold erstrahlende, 20 m hohe Chedi, den ein **fünfstufiger Schirm** krönt. Der Überzug besteht aus vergoldeten, reich **ornamentierten Kupferplatten**. Die Ecken des ihn umgebenden Gitters schmücken kunstvoll skulptierte Altärchen und vier graziöse hohe Filigranschirme im burmesischen Stil aus vergoldetem Kupfer. Außerhalb des von der Galerie umschlossenen Bezirks steht an der Nordseite eine anmutige, reich geschmückte Kapelle. Im Hof hängt eine große **Bronzeglocke**, die von drei kleineren Glocken umgeben ist. Sehenswert sind auch der kleine Altar, auf dem der Elefant die Reliquie trug und die Büste des Eremiten Vasuthep. In dem kleinen **Tempelmuseum** auf dem Wat Doi Suthep werden besonders wertvolle Gegenstände sowie alte Briefmarken und Münzen aufbewahrt. An der Straße vom Wat Doi Suthep weiter den Berg hinauf erreicht man nach kurzer Zeit den königlichen Sommerpalast **Phu Ping** aus der Bangkok-Zeit, der von blühenden Gärten umgeben ist (nur geöffnet, wenn die Königsfamilie nicht anwesend ist).

Tgl. 6 – 21 Uhr | Eintritt: 30 Baht

Aktivitäten um Chiang Mai

Wandern

Eine etwa 3-stündige Wanderung durch die beeindruckende Landschaft führt auf den Gipfel des Doi Pui, von dem aus sich ein herrlicher Blick auf die mit dichtem **Dschungel** überzogenen **Berge** und **Schluchten** bietet. Man passiert auch ein **Meo-Dorf**, das allerdings wegen seiner Beliebtheit bei den Touristen bereits **stark kommerzialisiert** ist. Die farbenprächtigen Trachten und der kunstvoll gefertigte Silberschmuck sind aber trotzdem wirklich schön.

Zu Löwe und Tiger

Nachtsafari

Das 2006 eröffnete Projekt Chiang Mai Night Safari liegt mit bewaldeten Bergen, 15 natürlichen Quellen und fünf künstlichen Seen auf einem 130 ha großen Gelände am Rand des **Doi-Suthep-Pui-Nationalparks**. In dem Areal leben **1600 Tiere** aus 150 Gattungen. Bei der Night Safari wird man mit einer kleinen **Tram** herumgefahren und sieht Löwen, Tiger, Hyänen.

Tgl. 19 – 22 Uhr
Eintritt: 800 Baht, tagsüber ab 11 Uhr, ohne Tour: 100 Baht

Mae Rim

Elefantencamp

Die Ausbildung von **Arbeitselefanten** kann man in Form von Shows im Elefantencamp bei Mae Rim beobachten, etwa 25 km nördlich von Chiang Mai. Auch ein kurzer **Ritt** auf einem Elefanten ist möglich. Und man kann sogar im Rahmen des Basic Mahout Course einen **Elefantenführerschein** machen. Ein weiteres Trainingscamp bei Mae

5x UNTERSCHÄTZT

Genau hinsehen, nicht dran vorbeigehen, einfach probieren!

1. ELEFANTEN SIND GIERIG

Im Camp von **Mae Rim** können Besucher Bananenstauden kaufen, um sie an die Elefanten verfüttern zu können. Natürlich will man Banane für Banane geben, wie Bonbon für Bonbon. Doch so ein Dickhäuter packt gleich die ganze Staude ... (▶ **S. 129**)

2. RIESIG

In ihrer Blütezeit hatte **Ayutthaya** eine Million Einwohner und 1500 Tempel. Die heutige Ruinenstadt ist dagegen zwar klein, aber immer noch zu groß, um sie zu Fuß zu erkunden. Drum: Rauf aufs Fahrrad – am besten mit einem kundigen Guide! (▶ **S. 51**)

3. AUFPASSEN

Thailand hat das **Malaria**-Problem zwar gut im Griff doch an der Ostküste tritt die Krankheit immer wieder auf. Das gilt besonders in der Regenzeit ab Ko Samet östlich. Also dort abends lange helle Hosen und Hemden anziehen sowie Moskitospray und Moskitonetz benutzen (> Ko Chang). (▶ **S. 176**)

4. MACHT AUS STEIN

Groß, bizarr, aber fast überall unterhöhlt. Die wunderbare Felsenwelt im **Tarutao-Nationalpark** steht auf tönernen Füßen. Manchmal kann man mit dem Boot hinein oder sogar durch so manchen Felsen fahren. (▶ **S. 130**)

5. NOT HOT

Farangs, Westler, die zum ersten Mal ein **original scharfes Thai-Gericht** probieren, werden schwer mit den Tränen kämpfen. Man bestellt also besser »not hot«. Obwohl – stilecht ist das nicht ... (▶ **S. 451**)

Rim widmet sich der Arbeit mit **Wasserbüffeln**. Auch dort kann man auf den Tieren reiten und ein Büffelrennen sehen.

Tgl. Elefanten-Shows 8, 9.40, 13.30 Uhr | Eintritt: 800 Baht
Büffel-Shows tgl. 9, 15, 16.30 Uhr | Eintritt: 200 Baht

Im Nationalpark Doi Inthanon

Elefantenritt

Wer mehr als nur 30 Minuten auf dem Rücken eines Elefanten verbringen möchte, kann von Mae Rim aus ein- und **mehrtägige Touren** durch den rund 80 km südwestlich gelegenen Doi-Inthanon-Nationalpark machen, bei denen nicht nur Allrad-Autos, sondern auch **Elefanten als Transportmittel** dienen. Mit seinen wilden Schluchten, pittoresken Wasserfällen und seiner undurchdringlichen **Dschungellandschaft** zählt er zu den schönsten Naturparks Thailands.

Aus Affenperspektive

Zip Lines

Auf einer Höhe von 1300 m wurde ein fast **2 km langes Netz aus Seilen** gespannt, das durch die Baumkronen führt. Insgesamt gibt es **18 Plattformen** beim »Flight of the Gibbon« in Mae Kampong.

Tgl. 7 – 15 Uhr | Eintritt: 2000 Baht

Nach Chiang Dao

Autotour

Wenn man von Chiang Mai auf der Straße 107 durch die großartige Landschaft mit dichtem **Gebirgswald** nach Norden fährt, erreicht man nach 72 km Chiang Dao an den begrünten Hängen des Gebirges Doi Chiang Dao, dessen bis zu **2186 m hohe Kalksteinspitzen** eine imposante Kulisse abgeben. Ein Entwicklungszentrum der thailändischen Regierung ist dort damit beauftragt, der Bevölkerung den Anbau von Kaffee- und Teepflanzen zu lehren. Ziel ist es, den Bergvölkern eine **Alternative zum Opiumanbau**, der dort seit Jahrhunderten betrieben wird, aufzuzeigen. Landwirtschaftsfachleute gehen in die Dörfer der **Meo, Lisu und Karen**, um die Bevölkerung bei Reisanbau, Ackerbau und Viehzucht zu unterstützen. Vom nördlichen Ortsausgang führt ein 6 km langer Weg zur **heiligen Grotte** von Chiang Dao, die **14 km tief** ist. Die im Innern aufgebauten **Buddha-Statuen** werden vom Tageslicht, das durch Ritzen im Gestein in die Höhle fällt, in ein geheimnisvolles Licht getaucht. Die größte Buddha-Statue ist aus **weißem Marmor** gefertigt. Nahe dem Eingang befinden sich ein großer weißer Chedi mit vielen kleinen Türmchen und ein von einer Quelle gespeister Teich mit **heiligen Fischen**.

Stop in Phayao

Weiterfahrt nach Chiang Rai

In nordwestlicher Richtung erreicht man **nach gut 100 km** das Städtchen Phayao. Die Fahrt führt durch eine **fantastische Landschaft**. Einst Hauptstadt eines kleinen, souveränen Königreichs zur Zeit des Lanna-Königreichs, ist es heute eine fast unbedeutende Stadt, abgesehen von **Wat Si Kom Kam**, dessen Viharn aus jüngerer Zeit für die

16 m hohe Kolossalstatue eines stehenden Buddha errichtet wurde. Auch ein Besuch im nahen **Doi-Luang-Nationalpark** lohnt sich v. a. wegen der vielen Wasserfälle.

CHIANG RAI

Region: Nordthailand
Provinz: Chiang Rai
Höhe: 580 m ü. d. M.
Einwohnerzahl: 70 000

Chiang Rai ist keine Schönheit. Chiang Rai sitzt aber in der Mitte einer wunderbaren Landschaft, wie die Spinne im Netz. Das Goldene Dreieck ist schnell erreichbar, ebenso wie dichte Regenwälder und Nebel verhangene Berge, in denen die Bergvölker der Akha, Hmong, Lisu oder Yao leben. Aber auch sattgrüne Reisfelder und Teeplantagen prägen die Umgebung, von der man mit Fug und Recht behaupten kann: Sie gehört zu den schönsten Gegenden Thailands.

Älter als Chiang Mai

Das kleine Chiang Rai am rechten Ufer des Menam Kok ist älter als das doppelt so große Chiang Mai. Die Stadt wurde bereits 1262 von König Mengrai (1239 – 1317) gegründet, der sie wohl als **Residenzstadt** seines Lanna-Königreichs nutzte. Zuvor war sie jahrhundertelang ein **Siedlungsplatz** der Lawa und Mon, später lange Zeit unter **birmanischer Herrschaft** und erst 1786, vier Jahre nach der Erhebung Bangkoks zur Hauptstadt, wurde Chiang Rai **thailändisch**.

Wohin in Chiang Rai und Umgebung?

Fundort des Jade-Buddha

★ Wat Phra Kaeo Don Tao

Ein **Blitz** schlug ein – man schrieb das Jahr 1434 – in eine kleine, unscheinbare, mit Stuck überzogene Figur. Der Mantel sprang, und unter dem Gips kam eine 75 cm hohe **Statue aus grüner Jade** zum Vorschein. Chiang Rai wurde so zum Fundort des berühmten Jade-Buddha, der über viele Jahre hinweg im Wat Phra Kaeo Don Tao (15. Jh.) aufbewahrt wurde und heute im Wat Phra Kaeo im Grand Palace in Bangkok bewundert wird. Zunächst sollte der Buddha nach Chiang Mai zum regierenden König Mengrai gebracht werden. Doch ein **Elefant** sollte entscheiden, wohin die Reise geht: Er trug die Statue und schlug nicht den Weg Richtung Chiang Mai, sondern den ins

CHIANG RAI ERLEBEN

TOURISM AUTHORITY OF THAILAND (TAT)

448, Singhaklai Road
Tel. 053 71 74 33
http://tourismthailand.org/chiang-rai

ANREISE

Auto
Von Bangkok über die Nationalstraße 1 (ca. 900 km), von Chiang Mai über die 107 bis kurz vor Fang, dann weiter auf den Straßen 109 und 1 (260 km).

Bus
Von Bangkok (Northern Bus Terminal, in 14 Std.) und von Chiang Mai (in 4 Std.) mehrfach tgl.

Flug
Von Bangkok (in 1 Std.) und Chiang Mai (in 30 Min.) mehrfach tgl.

1 FOUR SEASONS TENTED CAMP €€€€

Luxus für super teures Geld: Die Zelte sind innen wie Villen mit allem Komfort eingerichtet. Abends gibt's an der Dschungelbar ein Lagerfeuer; ist sogar inklusive ... 15 Zelte, Restaurant, Swimmingpool, Spa, Exkursionen.
Tel. 053 91 02 00
www.fourseasons.com/goldentriangle

2 THE LEGEND €€

Am Ufer des Mae Kok liegt dieses feine und preisgünstige Boutiquehotel mit sehr schönen, geräumigen und komfortablen Studios. Alle haben Moskitonetze, so dass man auch mit offenen Fenstern und Türen schlafen kann. 78 Zi., Restaurant, Swimmingpool, Spa.
124, Kohloy Road
Tel. 053 91 04 00
www.thelegend-chiangrai.com

3 LA LUNA €

Günstiges und hübsches Mittelklasse-Resort. Alle Bungalows haben Parkettböden. Im tropischen Garten liegt der Pool, um den sich 20 der Bungalows gruppieren. 79 Zi., Restaurant, Swimmingpool.
14, Sanambin Road
Tel. 053 75 64 42
www.lalunaresortchiangrai.com

1 AYE'S RESTAURANT €€

Fast unschlagbar ist hier die Auswahl an Gerichten! Ob deutsches Schnitzel oder Thai-Curry – nahezu jeder Geschmack wird bedient.
479, Phaholyothin Road | Tel. 053 72 25 35 | Tgl. 11 – 22 Uhr

2 MUANG THONG RESTAURANT €

Sehr beliebtes – und entsprechend belebtes – Restaurant mit ansprechenden chinesischen und thailändischen Gerichten.
889, Phaholyothin Road | Tel. 053 71 11 62 | Tgl. rund um die Uhr

benachbarte Lampang ein, wo sie eine vorläufige Heimat im Wat Phra That Lampang Luang fand.
Tgl. 7 – 18 Uhr | Eintritt: 20 Baht

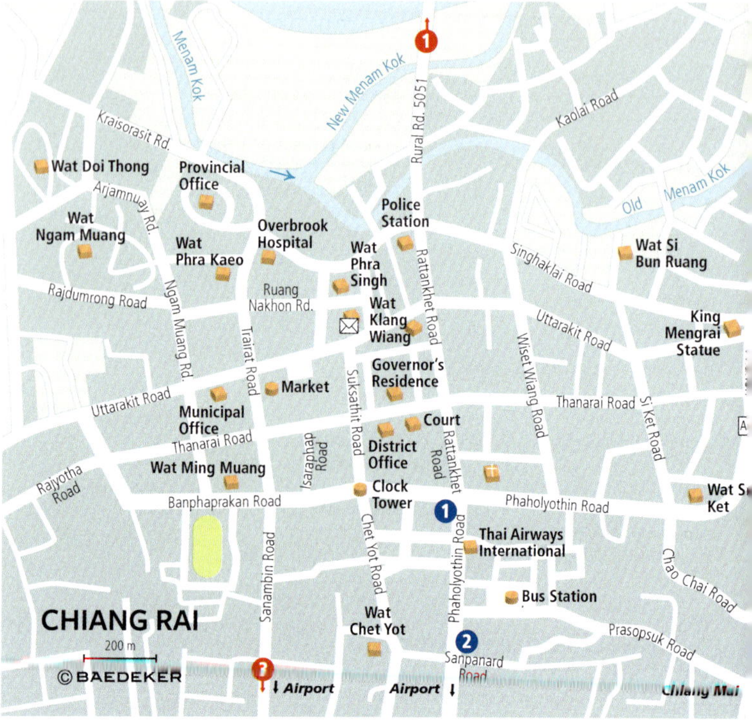

CHIANG RAI

200 m

© BAEDEKER

Restaurants:
1 Aye's Restaurant
2 Muang Thong Restaurant

Unterkünfte:
1 Four Seasons Tented Camp
2 The Legend
3 La Luna

Wat Rong Khun

Filigranes Meisterwerk

Weißer Tempel wird dieser Wat genannt, zu dem erst **1997** der Grundstein gelegt wurde und der erst im Jahr **2070** endgültig fertig gestellt sein soll. Das filigrane Werk ist derzeit zu ungefähr **einem Viertel** gediehen. **Skurril** ist der Gang über die Brücke der Wiedergeburt, wo links und rechts Hände und Köpfe aus der **Unterwelt** emporragen. Der Weg über die Brücke symbolisiert die Abkehr vom Weltlichen und entsprechenden Gelüsten. Das Projekt des thailändischen Architekten und Künstlers **Chalermchai Kositpipat** wird ausschließlich durch Kleinspenden finanziert, die umgerechnet nicht höher als 250 € sein dürfen, um nicht in die Abhängigkeit von Großspendern zu geraten. Jeder, der spendet, bekommt ein Spendenblatt

mit seinem Namen, das dann aufgehängt wird. Der Wat liegt etwas außerhalb, südlich der Stadt.
Tgl. 7 – 18 Uhr

Mae Sai

Morgennebel liegt über der unscheinbaren Brücke am Mae Sai. Da soll ein **Grenzübergang** sein? Einer, der den Grenzgänger mit ein paar Schritten am **Rad der Zeit** drehen lässt. Einer, der für **Myanmar** die Brücke zum Thai ist und einer hinter dessen Schlagbaum ein Land liegt, das heute so ist wie der südliche Nachbar noch vor 20 Jahren war. Ein **Tagesvisum** ist problemlos erhältlich und die Kurzvisite (bis 18 Uhr) ins trubelige **Tachilek** in Myanmar absolut empfehlenswert. Man kann dort mit Baht und US-Dollar bezahlen. Mae Sai, die Grenzstadt auf Thai-Seite, ist der **nördlichste Ort** Thailands und liegt rund 60 km nördlich von Chiang Rai. In der Nähe wurden vier **Höhlen** entdeckt, von denen die Tham-Luang-mit einer Höhe von bis zu 10 m die größte ist. Der erste Kilometer ist auf Treppen und Wegen zu erkunden. Ambitionierte **Höhlenforscher** können mit entsprechender Ausrüstung weitere 6 km zurücklegen.

Ein Pilgerziel

Doi Thung

Unter dem Gipfel des 1330 m hohen Doi Thung ist der **Wat Phra That Doi Thung** das Ziel vieler Pilger. Besonders Anfang März kommen **Zehntausende**, um einer **Buddha-Reliquie** zu huldigen. Aber auch sonst ist dort immer viel los. Vom Gipfel bietet sich ein **herrlicher Rundblick** über die nordthailändische Landschaft bis nach **Myanmar**. Der Berg liegt etwa 20 km südlich von Mae Sai.

Bei den Bergvölkern

Mae Chan

In der Nähe der Grenze zu Myanmar liegt die Mae Chan Community Station. Von dort betreuen Fachleute die Bergstämme und eröffnen ihnen Alternativen zum Opiumanbau. Mae Chan wird hauptsächlich von den **Lisu** bewohnt, dient aber den **Akha, Hmong und Yao** als Handelsplatz. Folgt man dem unbefestigten Weg von der Station weiter, erreicht man das Akha-Dorf **Ko Saen Chai**. Die hölzernen Schaukeln am Dorfeingang werden zu Fruchtbarkeitszeremonien benutzt. Auf Pfählen errichtete und mit weit herabgezogenen Dächern gedeckte Hütten sind Heime für Großfamilien; Männer und Frauen bewohnen je einen eigenen Raum. Die meisten Bergvölker haben eigene Sprachen und **animistische Glaubensvorstellungen**. Alle Dinge des täglichen Lebens erleben sie als von Geistern beseelt. So gibt es z. B. den Glauben, dass im Wasser böse Geister wohnen. Ein Grund, sich möglichst wenig zu waschen …
Die in den Bergen um Chiang Rai lebenden Akha haben mehr als alle anderen Bergvölker bis heute ihre kulturelle Identität erhalten. In der Nähe liegt auch noch das gut erreichbare und hübsche Akha-Dorf **Pha Mi**.

Es ist aber generell davon abzuraten, Bergvölker ohne einen orts- und sprachkundigen **Führer** zu besuchen. Verständigungsschwierigkeiten können zu **Missverständnissen** und unliebsamen Zwischenfällen führen. Die **inflationäre Entwicklung** bei den Trekking-Touren, die eigentlich den Zweck hatten, die Augen für die Probleme der Bergvölker zu öffnen, trug dazu bei, dass Besucher dort nicht mehr so willkommen sind wie früher.
Besondere Zurückhaltung ist v. a. beim **Fotografieren** nötig: Die Zustimmung lässt sich häufig per Blickkontakt einholen. Manche Dorfbewohner lassen sich dann zwar fotografieren, erwarten im Gegenzug allerdings ein angemessenes Honorar.

Perfekt zum Wandern

Nationalpark Doi Luang

Südlich von Chiang Rai liegen mehrere Nationalparks, die für ausgiebige Wanderungen ein **ideales Terrain** sind. Ob Doi Luang mit dem schönen **Wasserfall Pu Kaeng** oder **Khun Chae** sowie andere Nationalparks bieten in fast jungfräulichen Gegenden gute Wege und über das Department of National Parks auch passende Führer.
www.dnp.go.th

In den Bergdörfern der Akha stehen häufig hölzerne Schaukeln, die bei Fruchtbarkeitszeremonien zum Einsatz kommen.

CHIANG SAEN

Region: Nordthailand
Provinz: Chiang Rai
Höhe: 455 m ü. d. M.
Einwohnerzahl: 8000

Ein Name wie ein Donnerhall: Goldenes Dreieck ... Ein Drittel des weltweit illegal gehandelten (Roh-)Opiums stammt aus der Ecke, wo sich Laos, Myanmar und Thailand mit ihren Grenzen treffen. Und kein Ort ist näher dran als das kleine Chiang Saen am Mekong. Das Städtchen blickt überdies auf eine ruhmreiche Vergangenheit zurück: Es war schließlich die Hauptstadt des ersten Thai-Königreichs.

Im Goldenen Dreieck

Eine der ältesten Städte des Landes, umrahmt von hohen, Dschungel bewachsenen Bergen, war auch die **Hauptstadt des wahrscheinlich ersten Thai-Fürstentums** auf dem Staatsgebiet des heutigen Thailand. Danach sank Chiang Saen in einen Dornröschenschlaf, auch wenn der Ort durch den nach ihm benannten Chiang-Saen-Stil eine gewisse Berühmtheit erlangte.
Werkzeugfunde bestätigen die Vermutung, dass dieser Raum schon in der Altsteinzeit besiedelt war. Die größte Blüte erlebte Chiang Saen zwischen dem 10. und 13. Jh., v. a. unter König Saen Phu. Chiang Saen war 1238 der Geburtsort von König Mengrai, der 1261 Chiang Rai und 1296 Chiang Mai zu seiner Hauptstadt machte. Von der Mitte des 16. Jh.s bis zum Ende des 18. Jh.s lebte die Stadt unter birmanischer Herrschaft. Rama I. ließ sie vollständig zerstören, um den Feinden das Ziel für weitere Angriffe zu nehmen. Erst unter Rama V. fand sie wieder zurück ins Leben.

Das Ruinenfeld

Stadtmauer

Gras und Bäume haben sie genommen, die einst **8 km lange** Umfassungsmauer, denn nur noch wenige **Reste** zeigen ihren **Verlauf**. Teile der Mauer sind allerdings auch wiederhergestellt worden. Das heutige Stadtgebiet umfasst nur einen kleinen Teil der früheren, von der Stadtmauer eingeschlossenen Fläche. Innerhalb derer steht seit dem 13. Jh. mit mächtigem, 60 m hohem Chedi der **Wat Chedi Luang**. Es sind zwar noch Reste der ursprünglichen bronzeverkleideten Spitze sichtbar, doch das meiste ist heute ebenfalls mit Gras bewachsen. Auch von **Wat Phra Chao Lan Thong** steht noch ein Chedi, während **Wat Phra Buat** ein eindrucksvolles Ruinenfeld ist.

Stücke im Chiang-Saen-Stil

National-museum

Wer dem Chiang-Saen-Stil näherkommen möchte, muss ins Museum: **Buddha-Statuen**, Amulette, Silber- und Stuckarbeiten, Stelen oder eine **Dämonenmaske** gehören zu den Exponaten. Besonders wertvoll sind die **Steinreliefs** aus Wat Sang Kha Kaew Don Tun, die aus Sicherheitsgründen umgesiedelt wurden. Sie sind vor etwa 300 Jahren entstanden.

Mi. – So. 8.30 – 16.30 Uhr | Eintritt: 30 Baht

Buddhas im Sukhothai-Stil

Wat Pa Sak

Außerhalb der Stadtmauer steht Wat Pa Sak, 1295 unter König Saen Phu begründet und so benannt nach der ursprünglichen Einfassung aus 300 Teakholzstämmen. Von ihm ist noch ein schöner, als Stufenpyramide erbauter Chedi erhalten. In 12 großen und 16 kleineren

CHIANG SAEN ERLEBEN

ANREISE

Auto
Von Chiang Rai über die Nationalstraße 110 bis Mae Chan, dann Straße 1016 (58 km).

Bus
Tgl. mehrfach ab Chiang Rai in 90 Min.

❷ ANANTARA GOLDEN TRIANGLE ELEPHANT CAMP, RESORT & SPA €€€€
Super-Luxus-All-Inclusive-Resort: Alle Mahlzeiten, alle Getränke, auch Wein und Bier, alle Transfers und sogar ein Elefanten-Lernprogramm sind im Paket beinhaltet. Alle Zimmer haben einen großen Balkon und sind ein Traum aus Thai-Seide, Teakholzböden und Terrazzo-Badewannen, groß genug für zwei Personen. Ganz sicher eines der besten Hotels in Nordthailand. 61 Zi., 2 Restaurants, Swimmingpool, Spa.
Tel. 053 78 40 84
https://goldentriangle.anantara.de.com

❶ THE IMPERIAL €€
Schöne, große Zimmer mit viel Teakholz und herrlichem Blick auf den Mekong und die Grenzverläufe. 73 Zi., Restaurant, Swimmingpool, Spa.
Tel. 053 78 40 01 | www.imperialgoldentriangleresort.com

Nischen stehen teilweise sehr fein gearbeitete Buddha-Figuren im Sukhothai-Stil. Wat Pa Sak ist eines der wenigen erhaltenen Beispiele für die Kunst der Verwendung von Stuck und Terrakotta.

393 Stufen zur Stadt

Wat Phra That Chom Kitti

Auf einem Hügel mit **gutem Rundblick** in das Grenzgebiet zwischen Birma, Laos und Thailand stehen die Chedis – bzw. deren Ruinen – des Wat Phra That Chom Kitti, der um das **10. Jh.** errichtet wurde. Die Spitze des **schiefen Chedi** ist mit Bronzeplatten verkleidet, erhalten ist auch noch das Relief einer Buddha-Darstellung. In den Nischen auf jeder Seite stehen hervorragend erhaltene Buddha-Statuen im Lopburi-Stil. Gegenüber von diesem Wat sieht man die Reste des Ziegelchedis **Wat Chom Chang**. Von dort führt eine breite Treppe mit 393 Stufen hinunter zur Stadt, wo unmittelbar am Ufer des Mekong der sehenswerte, aus neuerer Zeit stammende **Wat Pa Kao Pan** seine Heimat hat.

 Goldenes Dreieck

Drei Länder

Früher wurde **Rauschgift** in Gold bezahlt. Eine Einheit wog 15,2 Gramm, das Gewicht der heutigen Baht-Münze. Und der Name

Bei einer mehrtägigen Mekong-Bootsfahrt übernachtet man an der Sandbank des Dorfes Pak Ben.

Goldenes Dreieck, wo **Thailand, Myanmar und Laos** aneinandergrenzen, rührt vom Drogenhandel her: Mit **Opium** wurde und wird Geld erwirtschaftet, schmutziges Geld. Es fließt ins Casino, wird dort gewaschen und kommt als sauberes Geld wieder heraus. Besonders Myanmar steckt tief drin im internationalen Rauschgiftgeschäft, und die Geldwaschmaschine steht wie ein Symbol auch auf burmesischem Boden direkt am Goldenen Dreieck, wo die drei Länder nur vom breiten Mekong getrennt werden. Thailändische Investoren haben sie erbaut und zweideutig Paradise getauft. Ein Hotel-Casino, das kaum ein Tourist aufsucht, das **ohne Passformalitäten** aus Thailand und Laos besucht werden kann und nur einem einzigen Zweck dient: dem der Geldwäsche. Aber es gibt auch den harmlosen, den wunderschönen **Aussichtspunkt** Goldenes Dreieck, etwa 11 km von Chiang Saen in nordwestlicher Richtung am Mekong entlang, dort, wo der Mae Sai River in den Mekong mündet. Entlang der Straße handeln Souvenirhändler auch mit Waren aus dem benachbarten Myanmar. Und der **kleine Grenzverkehr** zwischen Thailand und Laos funktioniert ohne Visum über den Fluss ebenso gut – allerdings nur für Einheimische.

Schon gewusst?

Opium-Museum

Auf fast 6000 m^2 kommt etwas **Licht ins Dunkel** der Welt des Opiums: Das Museum zeigt die **Geschichte** und Entwicklung des Rausch-

gifts, wie und warum Opium irgendwann zum täglichen Leben gehörte, wann es illegal wurde und was man heute dagegen tut.
Tgl. 7 – 19 Uhr | Eintritt: 50 Baht

Bootsfahrt
Reich an Eindrücken ist eine Fahrt auf dem Mekong zurück nach Chiang Saen, die man mit einem der angebotenen Motorboote unternehmen kann. Entlang des Flussufers leben Menschen z. T. in schwimmenden Häusern, und ihre Lebensgrundlage ist der Handel mit Laos.

Der Mekong

Bitte aufsteigen!
Normalerweise wird man ja mit dem Auto zu seinem Hotel gebracht. Beim Anantara Golden Triangle Elephant Camp, Resort & Spa ist das ein wenig anders: Zunächst geht's von Chiang Saen einige Kilometer auf dem **Mekong** mit einem typisch thailändischen **Longtail-Boot**. Bei Ankunft am Hotel-Anlegesteg am Ufer des Ruak besteigt man dann seinen Elefanten, der einen durch die üppige **Dschungel-Landschaft** in den **tropischen Hotelgarten** bis zur **Lobby** bringt, wo der Gast mit einem Drink und kalten Tüchern begrüßt wird. Wenn das kein Einstieg in den Urlaub ist ...

Elefantenritt zum Hotel

★★ CHOM TONG

Region: Nordthailand
Provinz: Chiang Mai
Höhe: 520 m ü. d. M.
Einwohnerzahl: 7000

Der schönste Ausflug in Nordthailand? Der Fluss und Berg kombiniert, an Orchideen und Wasserfällen vorbeiführt? Mit schmackhaften Mandarinen im Rucksack? Dann ab zum 2595 m hohen Doi Inthanon, dem höchsten Berg Thailands, und dem nach ihm benannten Nationalpark! Ausgangspunkt ist das relativ unbekannte Städtchen Chom Tong, das einen wunderbaren Tempel beheimatet und wo die besten Mandarinen gedeihen ...

Bang-Mot-Mandarine: schon gehört? Wenn nicht: Fragen! Weit über seine Grenzen hinaus ist Chom Tong bekannt für seine besonders wohlschmeckenden, hocharomatischen Mandarinen. Als Bang-Mot-Mandarine sind die Früchte in Thailand sehr beliebt. An der Kreuzung Rama II. Road und Suk Sawat Road findet sich daher eine **gigantische Skulptur** einer Mandarine.

Heimat der Mandarinen

Wohin in Chom Tong?

Der Buddha-Thron

Wat Phra That Si Chom Thong

Der gold glänzende **Chedi** außen, der ebenfalls goldene Buddha-Thron innen: Wat Phra That Si Chom Thong ist nicht nur ein sehr alter, auf **1451** zurückgehender Tempel, sondern auch ein sehr bedeutender, soll er doch eine **Buddha-Reliquie** enthalten. Nach dem Chedi im **birmanischen Stil** entstand rund 100 Jahre später über einem kreuzförmigen Grundriss der Viharn. Die geschmackvoll angeordneten, mit Gold überzogenen Holzschnitzereien an den Seitengiebeln, Gesimse und Portale sowie die Ornamentik an den Teakholzsäulen und Balken im Innern sind von **überragender künstlerischer Qualität**. Trotzdem zieht im Innern der Budddha-Thron alle Augen auf sich: ein **reich dekorierter Altar** im birmanischen Stil mit zwei schön verzierten Elefantenstoßzähnen und verschiedene Buddha-Statuen. Eine Straße hinter dem Kloster führt nach 9 km zum Wasserfall **Mae Klang**, der mit 100 m hohen Kaskaden beeindruckt.

Tgl. 6 – 17 Uhr

Der Größte von allen

Doi Inthanon

Eine Fahrt auf den von Chom Thong 55 km entfernten, 2595 m hohen Doi Inthanon, dem **höchsten Berg des Landes**, gehört zu den **schönsten Ausflügen**, die man in dieser an Schönheit gewiss nicht armen Landschaft Nordthailands unternehmen kann. Das **Granitmassiv**, ein südlicher Ausläufer der birmanischen Shan-Berge, ist Mittelpunkt des 1000 km² großen **Nationalparks** Doi Inthanon. Der Park gehört zu der größten Fläche von Bergwald, die sich von Nepal über Bhutan und Myanmar bis nach Nordthailand erstreckt. Es gibt verschiedene schöne **Wasserfälle** und prächtige **Orchideen**, außerdem lassen sich zahlreiche **Vögel** beobachten. Reiseveranstalter bieten 3 – 5-tägige **Trecks zu Fuß**, mit dem **Pony** oder **Elefanten** an.

CHOM TONG ERLEBEN

ANREISE

Auto: Mit dem Auto erreicht man die Stadt von Chiang Mai auf der Nationalstraße 108 (56 km).

Bus: Von Chiang Mai mehrmals tgl. (gut 1 Std.).

BANSUAN INTHANON RESORT €

Prima Lage in der Nähe des Nationalparks Doi Inthanon. 40 Zi. in frei stehenden Bungalows, einfach, günstig und gut.

14 Kuangpao Road | Tel. 864 29 16 42 | www.bansuaninthanonresort.com

Am Wat Phra That Si Chom Thong vorbei reicht der Blick weit in den Nationalpark Doi Inthanon hinein.

Übernachtet wird in einfachen Camps, außerdem stehen schlichte Bungalows bei dem Hmong-Dorf **Khun Klang** zur Verfügung. Leider sieht man auch abgeholztes und in den Jahren danach verstepptes Ödland. Die **Wiederaufforstungsmaßnahmen** können bislang nur einen geringen Teil des früheren Raubbaus wiedergutmachen.

Strom für Bangkok

König-Bhumibol-Stausee

Die Straße 108 führt weiter nach **Hot** durch das enge Tal des Menam Ping, zu dessen beiden Seiten **schroffe Felsen** und mit Dschungel bedeckte Berghänge aufragen. Auf dem von einer großartigen Bergkulisse umgebenen König-Bhumibol-Stausee kann man Boote mieten, schwimmen oder fischen. Die 245 m hohe und 486 m lange **Staumauer** ist eine der größten Staumauern in Südostasien. Sie staut den Menam Ping. Der Stausee fasst mehr als 12 Mio. Kubikmeter Wasser. Das Absperrbauwerk ist zudem das zweithöchste in Thailand nach dem Königin-Sirikit-Staudamm. Gemessen an seiner Fläche ist der Stausee der größte Thailands und der zweitgrößte nach dem Speicherinhalt. Das **Wasserkraftwerk** erzeugt Strom, der bis Bangkok geleitet wird. Ganz in der Nähe des Stausees liegt ein auf Pfählen erbautes **Karen-Dorf**. Weitere Karen-Dörfer findet man am Weg nach Mae Sariang.

Nur zwei Meter breit

Ob-Luang-Schlucht

Eine weitere Naturattraktion am Weg nach **Mae Sariang** ist die Ob-Luang-Schlucht: Der **Menam Chaem** zwängt sich dort durch ein rund 30 m hoch aufragendes **Felsmassiv**, das an der schmalsten Stelle nur zwei Meter breit ist. Von einer Brücke aus, welche die Felsblöcke miteinander verbindet, kann man die Schlucht von oben betrachten.

CHUMPHON

Region: Südthailand
Provinz: Chumphon
Höhe: 6 m ü. d. M.
Einwohnerzahl: 50 000

C 13

Wer sich ein hübsches Road-Movie für den Süden Thailands gestrickt hat und mit Auto, Bus oder auch Bahn unterwegs ist, der macht Halt in Chumphon. Ein geschäftiger Ort ohne große Sehenswürdigkeiten, vom Tourismus weitgehend unberührt, aber mit einem durchaus reizvollen Umland: einigen vorgelagerten Inselchen vor der Küste sowie Regenwälder und Berge mit Höhlen und Grotten im Hinterland.

Chumphon liegt am östlichsten Punkt der engsten Stelle der **Malaiischen Halbinsel**. Kraburi an der Westküste am Indischen Ozean ist nur 40 km entfernt. Ansonsten ist Chumphon noch berühmt für die Schwalbennester, eine bei manchen Feinschmeckern beliebte Spezialität der chinesischen Küche.

Wohin in Chumphon

Wo die Schwalben fliegen

Die Inseln

Vom Hafen aus kann man Bootsausflüge zu den vorgelagerten Inseln **Raet, Mattra, Lawa, Maphrao** und **Talu** unternehmen, wo Tausende Seglerschwalben während der **Paarungszeit** von März bis August ihre Nester bauen. Diese **Nester** werden von Sammlern aufgespürt und an Restaurants verkauft.

Besuchenswert ist auch die 80 km von Chumphon entfernte Insel **Ko Tao**, die hübsche Bungalowanlagen für einen entspannten Strandurlaub zu bieten hat. Über Ko Tao und Ko Phangan kommt man per Schiff auch weiter nach ▶ Ko Samui.

Mit Torpedoboot

Die Strände

15 km nördlich von Chumphon findet man den weitläufigen Strand von **Thung Wua Laen**, der angenehm flach abfällt. Im Süden der Stadt, an der Mündung des Pak Nam Chumphon, liegt der palmengesäumte Strand **Paradonpap** mit guten Fischrestaurants.
20 km südlich von Chumphon stößt man dann auf den **Ri Beach**, an dem zur Erinnerung an die im 19. Jh. häufigen Auseinandersetzungen zwischen Thailand und Birma das Torpedoboot »HMS Chumphon« ausgestellt ist. Der nahe gelegene **Prinz-Chumphon-Schrein** ist dem Gründer der thailändischen Marine gewidmet. Neben seiner Statue gibt es ein kleines Museum. An Wochenenden und Feiertagen herrscht am Strand Hochbetrieb. Alljährlich im Dezember findet dort auch eine **Licht- und Tonschau** zu Ehren Chumphons statt.

Zauberhafte Unterwelt

Die Höhlen

Etwa 60 km südlich von Chumphon liegt am Fuß des Bergs **Khao Kriap** ein Tempel, von dem man über eine Treppe mit **370 Stufen** zum Eingang der gleichnamigen Tropfsteinhöhle gelangt. Sie gilt als eine der schönsten Höhlen in der Umgebung und hat neben zahlreichen kleineren Stalaktiten und Stalagmiten als besondere Sehenswürdigkeit einen **20 m hohen Stalagmiten** aufzuweisen. Eine Taschenlampe ist erforderlich. Es gibt noch weitere Höhlen im **dichtem Dschungel**, etwa 21 km nordwestlich der Stadt das Höhlensystem **Rab Ro** mit imposanten **Tropfsteinen** und **Buddha-Statuen**.

Ausflug zum Indischen Ozean

Ranong

Über die Nationalstraße 4 erreicht man auf Höhe von **Kraburi** nach 54 km die **schmalste Stelle** der Malaiischen Halbinsel, den **Isthmus**

CHUMPHON ERLEBEN

ANREISE

Auto: Nationalstraße 4 (von Bangkok 460 km).

Bus: Von Bangkoks Thonburi-Busbahnhof mehrfach tgl. (7 Std.).

Zug: Tgl. von Bangkoks Hbf. (8 Std.).

Flug: Von Bangkok-Don Muang 3 x tgl. (1 Std.).

CHUMPHON CABANA RESORT & DIVING CENTER €

Umweltfreundlich ausgerichtetes Resort an einem der schönsten Strände der Gegend. Einfache, aber nett eingerichtete Zimmer und ein tolles Strandlokal für abends. 141 Zi., Restaurant, Swimmingpool, Tauchbasis.
Thung Wua Laen Beach
Tel. 089 7 24 93 19
www.chumphoncabanaresort.com

Da haben sich die Fischer wohl einiges vom Nestbau der Schwalben abgeguckt ...

von Kra: Die Entfernung zwischen dem Indischen und Pazifischen Ozean beträgt dort nur 60 km.

Fährt man noch weiter auf der 4 folgt Ranong, ein Städtchen im **chinesischen Stil mit portugiesischem Einschlag**. In der niederschlagreichsten Gegend von Thailand – acht Monate pro Jahr dauert die Regenzeit – hat man vom **Victoria Point** einen grandiosen Ausblick auf den südlichsten Teil des Festlands von Myanmar. Östlich der Stadtgrenze liefern die heißen Quellen von **Wat Tapotharam** pro Sekunde bis zu 500 l heißes Wasser (65 °C). Baden kann man in angelegten Becken mit 42 °C.

Ko Pha Yam, wo man auf natürlich gewachsenen **Muschelbänken** mit Hilfe japanischer Fachleute eine große Perlenzuchtfarm angelegt hat, lohnt einen Besuch ebenso wie **Ko Chang**: Das kleine Eiland ist zwar **namensgleich mit Thailands drittgrößter Insel** im Osten, aber nur 18 km^2 groß. An seiner Westküste finden sich vier schöne **Strände**, an denen man Bungalows mieten kann.

FANG

Region: Nordthailand
Provinz: Chiang Mai
Höhe: 655 m ü. d. M.
Einwohnerzahl: 12 000

Für die einen gehört ein Besuch bei den Bergvölkern im Norden zu den Höhepunkten ihrer Reise. Für andere ist dies ein No-go, um nicht weiter so manche Menschenzoo ähnliche Zustände zu unterstützen. Entscheiden muss das jeder für sich selbst. Wer einen Besuch bei den Bergvölkern plant, der sollte Fang in seine Planung einbeziehen. Der Ort ist nicht nur ein guter Ausgangspunkt für Touren, sondern liegt inmitten einer grandiosen Dschungellandschaft.

Tor zu den Bergvölkern

Während des Lanna-Königreichs war Fang schon **Handelsplatz** und ein strategisch wichtiger Ort, in der zweiten Hälfte des 20. Jh.s dann auch ein Umschlagplatz für **Opium und Waffen**. Heute stehen die in der Umgebung lebenden Bergvölker im Mittelpunkt des Interesses. Bei einem Besuch der **Märkte** von Fang, wo **Akha, Lahu, Lisu** und **Meo** ihre Produkte anbieten, bekommt man bereits einen Vorgeschmack.

Legende vom Königspaar

Der tiefe Brunnen

In den tiefen Brunnen im Zentrum der Stadt sollen sich König **Udom Sin** und seine Gemahlin gestürzt haben, um den Birmanen nicht in die Hände zu fallen. Von den **Befestigungsanlagen**, die unter dem Stadtgründer König **Mengrai** entstanden, sind nur noch einige größtenteils überwucherte Erdwälle zu sehen.

Rund um Fang

Lehrstation

Interessant ist ein Besuch der nördlich gelegenen landwirtschaftlichen Versuchs- und Lehrstation, die zum **Tribal Welfare Committee** gehört. Dazu fährt man von Fang in Richtung Tha Thon, biegt kurz vor Ban Mae Ai links ab und folgt der Straße zum **Doi Pha Hom Pok** etwa 15 km. Die Regierung versucht mit erheblichem Aufwand, den Bergvölkern **Alternativen zum Opiumanbau** anzubieten: Sie werden im Anbau von Obst, Gemüse, Getreide, Tee und Kaffee unterwiesen.

Heiße Quellen

Nationalpark Doi Phahom Pok

10 km nördlich der Stadt gibt es bei dem Dorf Ban Pin etwa 50 heiße Quellen mit **schwefelhaltigem Wasser**, von denen einige ständig aktiv sind. Die Quellen gehören zum **Nationalpark** Doi Phahom Pok

VIELVÖLKERSTAAT

Thailands geografische Grenzen durchschneiden die Siedlungsgebiete einiger Völker. Neben den Thai-Völkern haben sich vor allem im Norden und Westen viele Bergvölker niedergelassen, die sich anderswo von Repressalien und Diktaturen bedroht fühlten und verfolgt wurden.

▶ **Die Bergvölker** kamen aus den Nachbarländern Myanmar, Laos, Vietnam und auch aus China.

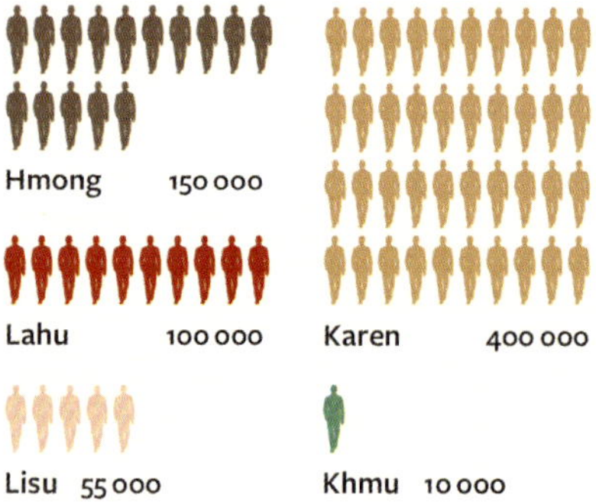

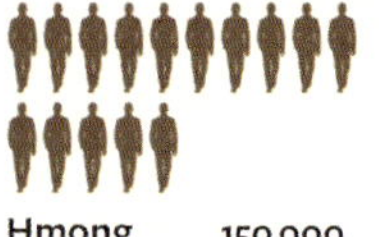

Hmong 150 000

Lahu 100 000

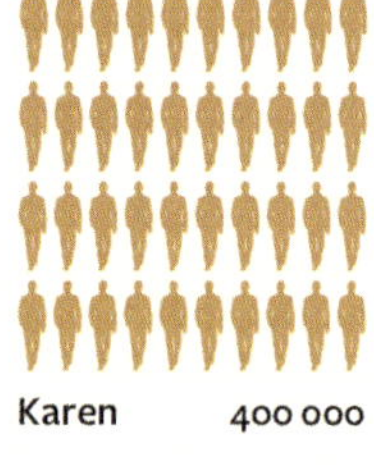

Karen 400 000

Lisu 55 000

Khmu 10 000

▶ **Religion in Thailand**
Im Unterschied zu den Thais ist bei den Bergvölkern der Geisterglaube (Animismus) vorherrschend. Sie verehren zahllose Wald- und Schutz-, Wasser-, Erd-, Haus- und Feldgeister.

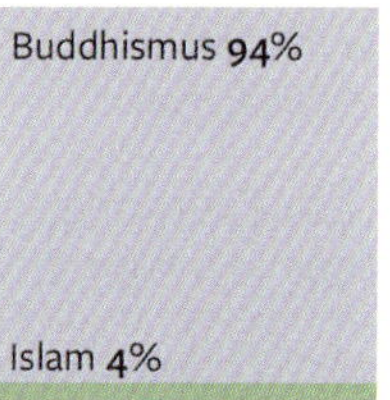

Christentum, Hinduismus, Animismus 2%

▶ **Völker ohne Heimat**
Die heimatlosen Völker Südostasiens zählen zusammen genommen etwa so viele Menschen wie das größte heimatlose Volk der Welt, die Roma.

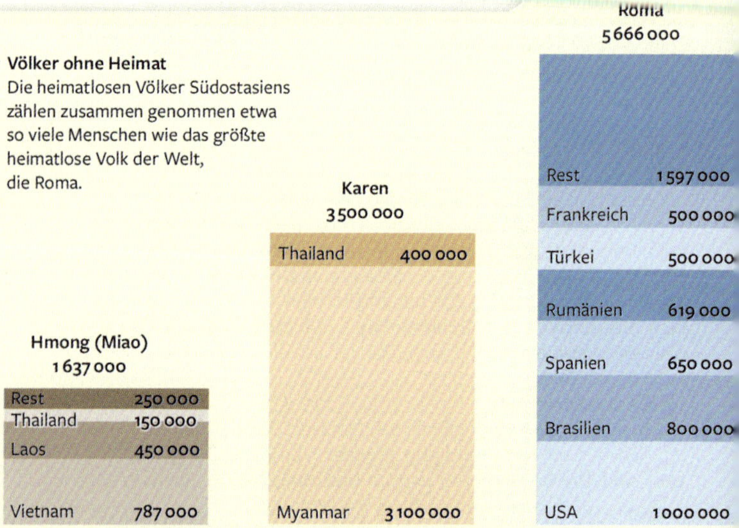

Hmong (Miao) 1 637 000

Rest	250 000
Thailand	150 000
Laos	450 000
Vietnam	787 000

Karen 3 500 000

Thailand	400 000
Myanmar	3 100 000

Roma 5 666 000

Rest	1 597 000
Frankreich	500 000
Türkei	500 000
Rumänien	619 000
Spanien	650 000
Brasilien	800 000
USA	1 000 000

MYANMAR
LAOS
VIETNAM
THAILAND
BANGKOK
KAMBODSCHA
Golf von Thailand
VIETNAM
MALAYSIA
200 km
THAILÄNDISCH
Thai, Phu
SINO-TIBETANISCH
Hmong (Miao)
Karen
Lisu
Lahu
ASTRO-ASIATISCH
Khmer
Khmu
MALAYO-POLYNESISCH
Malays

ARCHAISCHE MOMENTE

Eine Floßfahrt, die ist lustig ... Sie kann aber auch faszinieren, wenn man durch üppigen Dschungel fährt. Sie kann verführen in eine ganz andere Welt. Und sie kann nachdenklich stimmen über diese andere Welt der archaisch lebenden Bergvölker.
Wie bei der mehrtägigen Floßfahrt von Tha Thon hinunter nach Chiang Rai.

und sind an den Wochenenden bei den Einheimischen als Ausflugsziel beliebt. Mit 2285 m ist der Doi Phahom Pok der zweithöchste Berg Thailands.

Archaische Verhältnisse

Bergvölker

Die Dienste eines **ortskundigen Führers** sowie ein geländegängiges Fahrzeug sollte in Anspruch nehmen, wer eine Fahrt durch die Berge um Fang unternehmen will. Hier leben unter manchmal archaisch anmutenden Verhältnissen zahlreiche Angehörige der **Lahu, Lisu, Haw, Meo, Akha** und **Yao**. Sprachliche Barrieren und über Jahrhunderte gewachsene Traditionen sind bei ihnen immer noch obligat. Moderner Ackerbau soll die **Brandrodung** ablösen, die eine echte Sesshaftigkeit der Bergvölker verhindert.

FANG ERLEBEN

ANREISE

Auto
Von Chiang Mai über die Straße 107 (155 km), von Chiang Rai über die Nationalstraßen 1 und 109 (65 km).

Bus
Tgl. mehrmals von Chiang Mai und Chiang Rai.

PHUMANEE LAHU HOME €

Einfache, aber liebevoll hergerichtete, großzügig geschnittene und saubere Zimmer, sogar mit Wifi. Das Haus wird von einer herzlichen Lahu-Familie geführt. Der Opa war noch Stammeschef. Gutes Lahu-Essen im Lokal, schöne Lahu-Kunst als Deko und auch eine Lahu-Massage kann man sich gönnen. 16 Zi., Restaurant.
4 T. Viang Road | Tel. 053 45 28 75
www.phumaneehotel.com

Mehrtägiges Abenteuer
Beeindruckend ist eine Bootsfahrt von der Grenzstadt **Tha Thon**, 24 km nördlich von Fang, über den von steilen Felsen gesäumten, an Stromschnellen reichen Fluss Kok hinunter nach **Chiang Rai**. In Tha Thon gibt es die Möglichkeit, ein **Floß** zu mieten, auf dem bis zu sechs Passagiere Platz haben. Die Fahrt bis nach Chiang Rai dauert je nach Jahreszeit und damit verbundener Strömung 2 – 6 Tage. **Geschlafen und gekocht** wird auf dem Floß, das von einer einheimischen Besatzung geführt wird. Unterwegs gibt es mehrere Dörfer der **Bergvölker**, von denen einige auch angesteuert werden. Preis um 250 € pro Person.

Menam Kok

HUA HIN

Region: Westthailand
Provinz: Prachuap Khirikhan
Höhe: 3 m ü. d. M.
Einwohnerzahl: 42 000

Der König als Sommerfrischler, das waren noch Zeiten! Vor mehr als 70 Jahren wurde mit dem Royal Hua Hin Golf Course der erste Golfplatz Thailands eröffnet – gleich hinter dem Holzbau des altehrwürdigen Bahnhofs, der sogar über eine königliche Warte-Saal verfügt. Denn in der Regel gesellte sich einmal im Jahr der König unter die Besucher, weshalb der Ort trotz enormen Touristenaufkommens seinen konservativen Seebadcharme bewahrt hat. In Hua Hin ist oben ohne unmöglich, sind Bars wie in Pattaya oder Patong weit und breit nicht zu finden. Und der braune statt inselweiße Sandstrand stört niemanden, denn an den Hua-Hin-Stränden geht man selten ins Meer, weil lästige Quallen häufig den Badespaß verderben im ältesten Seebad des Landes.

Königlicher Ausflug

Der **Aufstieg** von Hua Hin ist eng mit dem Bau der in den Süden Thailands führenden **Eisenbahnlinie** verbunden. Bis 1921 ein unbedeutendes Städtchen, entdeckten es die **oberen Zehntausend** von Bangkok, allen voran **Prinz Nares**, ein Sohn von Rama V., der dort eine erste Sommerresidenz, das **Saen Samran House**, errichten ließ. Spätere Prinzen und Prinzessinnen erweiterten sie um Bungalows und Parkanlagen. Während die Residenz Ramas VII. zum **Rundgang** durch die Räume und den Park einlädt, ist die von Rama IX., also des letzten Königs Bhumibol, genutzte Residenz am westlichen Ortsausgang noch nicht zugänglich.

Tailands ältestes Seebad

Hua Hin heißt **steinerner Kopf** und liegt 232 km südlich von Bangkok am Golf von Thailand. Wem Rummel nicht gefällt, der ist in Hua Hin bestens aufgehoben. Das älteste Seebad Thailands ist wie ein Gegenentwurf zu Pattaya und eignet sich gut für einen **Familienurlaub**. Kinder gehen ja sowieso am liebsten in den Pool, denn mit den häufig auftretenden **Quallen** ist nicht zu spaßen. **Sandburgen** bauen und im seichten Meereswasser plantschen, geht allemal am 3 km langen Strand. Nur beim **Schwimmen** kann es gefährlich werden.

Wohin in Hua Hin?

Früh aufstehen!

Fischmarkt

Einen Besuch lohnt der lebhafte Fischmarkt im nördlichen Teil des Orts. In Hua Hin ist die **zweitgrößte Fischereiflotte** Thailands beheimatet. In den Morgenstunden werden **viele Tonnen Fisch** angelandet und zur Weiterverarbeitung verladen.

Im europäischen Stil

Königlicher Palast

Wie ein europäisches **Lustschloss** ist der Königliche Palast erbaut, dem König Rama VII. den Namen **Klai Klangwan**, d. h. »fern von allen Sorgen«, gab. Der 1910 fertig gestellte Palast ist von einem **herrlichen Park** umgeben, dessen Anlagen bis ans Meer reichen. Am südlichen Ende des Sandstrands ragt der **einem Kopf gleichende Felsen** empor, der dem Ort den Namen gegeben hat.

Schöner Ausblick

Wat Khao Lad

Ganz in der Nähe steht **auf einem Felsen** Wat Khao Lad, von dem man einen schönen Blick aufs Meer und die Berge hat. Man muss sich jedoch auf einen steilen Anstieg über **viele Treppen** gefasst machen.

Mit königlichem Wartehäuschen

Bahnhof

Eine restaurierte **Dampflokomotive** steht auf dem kleinen Holzbahnhof von Hua Hin. Dampflokomotiven, u. a. von den deutschen Firmen Krauss-Maffei, Henschel und Hanomag, wurden bei der State Railway of Thailand bis 1975 eingesetzt. Sehr schön ist das anmutige königliche Wartehäuschen. Der Bahnhof **im Thai-Stil** wirkt zwar wie ein Museum, wird aber noch aktiv genutzt. Auch der berühmte, im Kolonialstil gehaltene Luxuszug **Eastern Oriental Express**, hält regelmäßig in Hua Hin. Er verbindet Bangkok mit Singapur.

Rund um Hua Hin

Grotten

In den **Kalkbergen** der näheren Umgebung (Halbtagesausflug empfehlenswert) findet man zahlreiche begehbare Grotten, unter ihnen

BAEDEKER ÜBERRASCHENDES

6X DURCHATMEN

Entspannen, wohlfühlen, runterkommen

1. MORGENS IM LUMPINI-PARK

Bangkok ruht. Aber die Ruhe wirkt wie die Ruhe vor dem Sturm. Doch jetzt, um 6 Uhr, machen vor allem ältere Herrschaften in aller Seelenruhe ihre Thai-Chi-Übungen und genießen die Kühle des Morgens auf der Haut. (▶ **S. 89**)

2. 306 STUFEN

Wat Doi Suthep liegt nicht nur auf 1053 m Höhe, sondern verlangt seinen Besuchern auch noch 306 Stufen bis ganz nach oben ab. Dann schnauft man zuerst tief durch, ehe man das ganze Gold rundum aufsaugen möchte. (▶ **S. 126**)

3. GOLDGELBER TRAUMSTRAND

Phuket ist hektisch. Aber es gibt ja den Mai Khao Beach: 10 km unverbauter Strand und Teil des Sirinat-Nationalparks. Kein Jet-Ski, keine Strand-Infrastruktur. Einfach nur Hand in Hand barfuß spazieren gehen … (▶ **S. 300**)

4. KÖNIGLICHES WARTEHÄUSCHEN

Der Holzbahnhof von **Hua Hin** wirkt wie ein Museum, aber der Schaffner pfeift, die Glocke läutet und manchmal hält auch der berühmte Eastern Orientel Express. Der Platz zum Innehalten ist das anmutige königliche Wartehäuschen. (▶ **S. 152**)

5. GAAANZ RUHIG …

… bleiben in abgelegenen Ecken in **Ayutthayas Ruinen**. Da tarnt sich ein 3 m langer Riesenleguan perfekt: Den Schwanz legt er wie eine Baumwurzel von einem Baumstamm weg. Da kann man leicht drüber stolpern … (▶ **S. 51**)

6. SECHS SINNE

Ein Resort mit allem Luxus und dennoch anders. Seine Frühstückseier kann man direkt von der Henne holen. Es gibt keine Plastikflaschen und so viel Natürliches wie möglich. Ach, warum gibt's nicht mehr Six Senses wie auf **Ko Samui** … (▶ **S. 199**)

die **Tempelgrotte Tham Dao**, die Grotten **Kai Lab Lae** sowie **Kai Lon** und **Kai Fa** mit einigen schönen, aber kunstgeschichtlich unbedeutenden Buddha-Statuen.

Hoch zu Elefant

Weinberge

Eine **Deutsche** ist »The Winemaker«, und mit einem Elefanten kann man sich durch die **Hua Hin Vineyards** nördlich der Stadt schaukeln lassen. **Phuang Whan** heißt der Dickhäuter, der sich gerne sein Fressen verdient: Weiß er doch, was nach dem Ritt auf ihn wartet. Er nimmt zunächst mal einen kräftigen Schluck Wasser – pro Rüsselfüllung 15 l – und dann gibt's das **Festtagsmenü**: Ananas, Papaya und Wassermelone zur Vorspeise, Zuckerrohr und Kokosnussblätter als Hauptgericht und frische Bananenstauden zum Dessert. Die Touristen werden mit **Delikatessen** verwöhnt und verkosten diverse **Thai-Weine**. Übrigens (inzwischen) alle gut trinkbar, aber natürlich noch weit von edlen Tropfen aus der Toskana und dem Bordeaux entfernt.

Seebad für Betuchte

Cha Am

Noch weiter nördlich trifft man, von Bangkok aus gesehen, auf den ersten großen Badeort entlang des **thailändischen Rüssels**: Cha Am, ein typisches Seebad für die modernen und betuchten Großstädter. **Hoch- und Apartmenthäuser** prägen das Erholungszentrum, das einst ein kleines Fischernest war. Kein Mensch geht ins Wasser, zu groß ist die Gefahr, von den häufig an diesem Küstenstreifen auftauchenden großen **Quallen** gebrannt zu werden. Dafür findet man 13 gepflegte **Golfplätze**, die so manche Ananas-Plantage verdrängt haben.

Tempel mit Affen

Khao Takiap

Die etwa 6 km südlich von Hua Hin gelegene Bucht von Khao Takiap besitzt einen besonders **feinen Sand** und einige **gute Fischrestaurants**. Imposant ist die an einen Berg gebaute schneeweiße **Buddha-Statue**. Der hinter ihr liegende Tempel beherbergt eine vielköpfige Schar frei lebender **Affen**.

600 m hohe Kalksteintürme

★ Nationalpark Khao Sam Roi Yot

Auf dem Weg zur etwa 25 km südlich gelegenen Stadt **Pranburi** kommt man zunächst an einigen **stillen Badebuchten** vorbei. Dann erhebt sich entlang der Küste ein mächtiges Kalksteinmassiv, das wegen seiner zahlreichen **Gipfelspitzen** den Namen Khao Sam Roi Yot, Gebirge der 300 Bergspitzen, trägt und der zentrale Teil des gleichnamigen, etwa 130 km² großen Nationalparks ist.
Das Massiv ist reich an **Grotten** und **Schluchten** und ein Teil der **Zentralen Kordillere**, die sich von Nordthailand bis zur Malaiischen Halbinsel erstreckt. Die markantesten geologischen Ausbil-

HUA HIN ERLEBEN

ANREISE

Auto: Von Bangkok über die Nationalstraßen 35 und 4 (185 km).

Bus: Von Bangkoks Southern Bus Terminal mehrfach tgl. (3 Std.).

Bahn: Von Bangkok-Hua Lumphong tgl. mehrfach (5 Std.).

Flug: Mehrfach wöchentl. von Bangkok (1 Std.).

ANANTARA RESORT & SPA €€€

Neues Luxusressort direkt am Strand mit herrlichem Garten und tollem Lounge-Bereich am Meeresrand. Gebaut wie ein Thai-Dorf. 190 Zi., 2 Restaurants, 2 Pools, Spa, Tennisplatz, Fahrradverleih.
43, Phetchkasem Beach Road
Tel. 032 52 02 50
www.anantara.com

CENTARA GRAND BEACH RESORT & VILLAS HUA HIN €€€

Wo einst das Personal der thailändischen Eisenbahn nächtigte, legen sich heute traditionsbewusste Gäste zur Ruhe. Das ehemalige Railway Hotel ist die atmosphärisch beste Adresse in Hua Hin. Die Zimmer haben 4-Sterne-Niveau, die 42 netten Villen im Kolonialstil mit eigenem Pool bekommt man schon ab 270 €. 249 Zi., Restaurant, Pool, Spa, Tennisplatz, Fahrradverleih.
1, Damnernkasem Road
Tel. 032 51 20 21 38
www.centarahotelsresorts.com

CITY BEACH RESORT €€

Unweit des Nachtmarkts gelegenes Hotel mit gutem Mittelklassekomfort. Nicht von der eintönigen Außenfassade täuschen lassen: Die Zimmer sind für den günstigen Preis sehr gut ausgestattet. 162 Zi., Restaurant, Pool.
16 Damnoenkasem Road
Tel. 032 51 28 70
www.citybeachhuahin.com

LUNAR HUT €

Hübsches kleines Resort, das zwar nicht direkt am Strand liegt, aber gemütlich und ordentlich ist. Man sollte für wenige Baht Aufpreis die Superior-Kategorie wählen, um in einem eigenen Bungalow zu logieren. Die Standard-Zimmer sind im 2-stöckigen Haupthaus. 60 Zi., Restaurant, Pool.
1, Huadon Thambon Road
Tel. 032 52 75 82
www.lunarhutresort.com

RAILWAY RESTAURANT €€€

Es ist nicht nur die (internationale) Küche, sondern besonders das 1920er-Jahre-Ambiente, das anzieht. Auch Szenen aus dem Vietnam-Antikriegsfilm »The Killing Fields« wurden hier gedreht.
479, Phaholyothin Road
Tel. 053 72 25 35 | tgl. 11 – 22 Uhr

Wer Thai-Food mag, geht entlang der Hauptstraße: Dort gibt es eine Vielzahl von guten und preiswerten Restaurants, in denen selbstverständlich auch Seafood frisch aus dem Meer angeboten wird. Und auf keinen Fall ein Essen auf dem Nachtmarkt versäumen: Frischer und besser isst man nirgendwo in Hua Hin. Es ist einer der besten Nachtmärkte im Land! Tgl. in der Dechanuchit Road.

Dank hölzerner Stege kommt man im Nationalpark Khao Sam Roi Yot über den See.

dungen sind die teils bizarr anmutenden Kalksteintürme, die eine Höhe von mehr als 600 m erreichen und aus der weiten Ebene herausragen.

Während dieser Teil des Nationalparks gut erkundet werden kann, ist das westlich gelegene Gebiet von dichter, üppiger Vegetation geprägt, unwirtlich und abweisend. Ausgewiesene Wanderwege gibt es nicht, von Touren auf eigene Faust wird aus diesem Grunde auch abgeraten. Keine Zierde für den Nationalpark sind die zahlreichen **Shrimp-Farmen** in der Ebene, die in den 1980er-Jahren angelegt wurden.

 KAMPHAENG PHET

Region: Nordthailand
Provinz: Kamphaeng Phet
Höhe: 47 m ü. d. M.
Einwohnerzahl: 44 000

Kamphaeng Phet ist wie eine unbekannte Schöne und der historische Park so sehenswert wie verwunschen: Schließlich sieht der Besucher die Reste einer der blühendsten Städte des Sukhothai-Reichs. Und die mit Dschungel bedeckten Höhenzüge, die zahlreichen Wasserfälle und Höhlen der Umgebung geben dazu eine passend hübsche Kulisse ab.

Sie war der **Vorposten des Sukhothai-Reichs**: König Liu Thai (1347 – 1368) erbaute sie und wollte so die ältere Stadt **Chakang Rao**, von der heute nur noch wenig zu sehen ist, auf der anderen Seite des Flusses Ping als Vorposten ablösen – das heutzutage so verwunschen-schöne Kamphaeng Phet Das Sukhothai-Reich bestand indes **nur bis 1376**, und so dauerte die **Blütezeit** Kamphaeng Phets auch nur wenige Jahre. Trotzdem entstanden noch im 15. und 16. Jh. weitere **Tempelanlagen**. Das Ende der Bautätigkeit setzte erst ein, als die Birmanen Ende des 16. Jh.s. einfielen, die Stadt plünderten und teilweise zerstörten. Die **Stadtmauer** sowie der **Historical Park** mit seinen Tempelanlagen wurden 1991 zum **UNESCO-Weltkulturerbe** erklärt.

 Die Ruinenstadt

Chakang Rao

Zum Historical Park gehört auch die einstige Stadt Chakang Rao, der erste Vorposten im Sukhothai-Königreich. Man erkennt die Überreste des aus Laterit gebauten Forts **Phom Thung Setti** und die vier eleganten, restaurierten **Chedis**. Der hoch aufragende, mit Nischen besetzte, wahrscheinlich nach birmanischem Vorbild erbaute und mit einem schmiedeeisernen Schirm gekrönte Chedi aus dem 20. Jh. steht im Bezirk des ehemaligen **Wat Boromathat**. Er wurde in der frühen Bangkok-Zeit über drei Chedis aus der Sukhothai-Epoche errichtet, die innen noch zu sehen sind. Über die Brücke gelangt man rechts in die neue Stadt und links in den **ummauerten alten Bezirk**, in dem von den einst 6 m hohen Erdwällen noch Teile erhalten sind.

Die Sukhothai-Periode im Überblick

Nationalmuseum

Wenn Sie nicht zuvor in Sukhothai waren, sollten Sie zunächst das bei der Ruinenstätte gelegene Nationalmuseum besuchen, das zahlreiche Funde aus Kamphaeng Phet enthält. Besonders gut erkennbar ist der **auf Eleganz und Harmonie bedachte Stil** der Sukhothai-Periode. Außerdem sind Skulpturen und Bronzen aus **allen thailändischen Kunstepochen** zu sehen, darunter viele **Meisterwerke** wie ein sitzender Buddha aus Bronze im U-Thong-Stil, Bronzefiguren aus dem 13. Jh. und Arbeiten im Lopburi- und Dvaravati-Stil.

Di. - So. 9 - 16 Uhr | Eintritt: 30 Baht

Der Einfluss Ceylons

Wat Phra That

Gegenüber dem Museum sieht man die Ruinen des Wat Phra That, einst das **zweitwichtigste Kloster** der Stadt, auch bekannt als **Tempel der heiligen Reliquie**. Die Glockenform des zentralen Chedi auf quadratischer Basis weist auf **singhalesischen Einfluss** hin. Zur Bauzeit war die strenge Lehre des Buddhismus, wie sie heute noch in Sri Lanka gepflegt wird, in Thailand sehr verbreitet. Der Chedi ist von Säulen umstanden, im Innern war eine **Reliquie** untergebracht, über deren Verbleib nichts bekannt ist. Vom Viharn sind nur noch die Fundamente und die Reste einiger rechteckiger Pfeiler erhalten.

Kolossale Buddha-Statuen

Wat Phra Kaeo

Gleich daneben steht der **Königs-Wat**. Besonders eindrucksvoll sind verschiedene, einsam in der Landschaft stehende Buddha-Figuren und eine große liegende **Buddha-Statue**, deren durchgestalteter Kopf mit sehr schönen Gesichtszügen noch gut erhalten ist. Die Kolossalfigur auf der hohen Terrasse des ehemaligen Bot ist durch die **Verwitterung** allerdings gesichtslos geworden. Im Zentrum des ehemaligen Viharn findet sich eine weitere Riesenstatue eines Buddha, dessen Gesichtszüge ebenfalls durch die Erosion gelitten haben. Diese Statue ist umgeben von zahlreichen, im Rechteck angeordneten kleineren Statuen, die **wie moderne Plastiken** anmuten: Die Formen von Körper, Kopf und Gliedmaßen sind abstrakt und nachdem der Stuck abgebröckelt war, blieb nur noch der Torso aus Laterit übrig. An der Basis des großen, glockenförmigen Chedi sind noch Bruchstücke von ursprünglich **32 Löwenskulpturen** erhalten, in einigen der 16 Nischen im Oberteil stehen noch Buddha-Figuren. Am Ende sieht man einen **symbolischen Fußabdruck** Buddhas aus Backstein.

Der Grundstein

Lak Muang

Nördlich des Wat Phra Kaeo trifft man auf den Grundstein der Stadt, den von der Bevölkerung sehr verehrten Lak Muang, und zwei **längliche Teiche**, die einen dritten runden Teich umfassen.

Weitere Wats

Außerhalb der Stadtmauer

Die Ruinen des **Wat Pu Mud Nok** und die des kleinen **Wat Phra Meud** machen den Anfang, gefolgt vom sehr viel größeren **Wat Phra Non**, dem Tempel des ruhenden Buddha: ein großer Bot mit Säulen,

Ob sitzend oder liegend – Buddha-Statuen gibt es in Hülle und Fülle.

Mauern und die für die Sukhothai-Periode typischen schmalen, senkrechten **Fensteröffnungen**. Dahinter liegt der Viharn, ein quadratischer Bau mit vier Reihen zu je vier mächtigen Pfeilern. Er barg einst die Statue eines ruhenden Buddha, von dem jetzt nur noch Teile des langen Unterbaus vorhanden sind.

Die vier Grundhaltungen

Wat Si Iriyabot

Im Mondhop des Wat Si Iriyabot standen einst Statuen, die Buddha in den vier Grundhaltungen – **sitzend, schreitend, gehend, ruhend** – zeigten. Daher rührt auch der Name des Tempels: si heißt vier, iriyabot entspricht Haltung. Ein stehender **Kolossal-Buddha**, eine der schönsten Skulpturen im Sukhothai-Stil, ist noch erhalten. Vom schreitenden Buddha sind nur noch Reste zu sehen.

Die Elefantenskulpturen

Wat Chang Lom

Im Wat Chang Lom sind noch die Überreste eines glockenförmigen Chedi auf quadratischer Basis vorhanden. Die **Elefantenskulpturen**, die einst den Oberbau trugen, sind – bis auf zwei Exemplare, die heute vor dem Eingang zum Nationalmuseum von Kamphaeng Phet stehen – nicht mehr vollständig erhalten.

Rund um Kamphaeng Phet

Teakholzwälder

Unweit von Kamphaeng Phet beginnen die letzten Teakholzwälder Thailands, die sich bis hoch in den Norden erstrecken. Seit 1988 gilt per **Königserlass** ein komplettes **Fällverbot** von Tropenhölzern. Früher wurden die Teakholzstämme auf dem Menam Ping bis nach Bangkok geflößt.

Kulturpause auf dem Weg

Nakhon Sawan

Wer von **Bangkok über Ayutthaya** nach Kamphaeng Phet fährt, passiert auch die **100 000-Einwohner-Stadt** Nakhon Sawan. Von der alten Stadt ist heute kaum noch etwas zu sehen, bis auf **Wat Chomkiri Nagaproth** auf einem Hügel: Im Innern ist die schöne Statue eines **sitzenden Buddha** im Ayutthaya-Stil erwähnenswert, der Thron wird von **Dämonen** getragen. Weitere Buddha-Figuren umgeben einen großen sitzenden Buddha im Viharn. Im Hof hängt zwischen steinernen Pfeilern eine große, fein ziselierte **Bronzeglocke** von 1870. Nach der (Kultur-)Pause sind es noch 182 km nach Kamphaeng Phet.

Besuch bei König Taksin

Tak

Die **Weiterfahrt nach Sukhothai** kann man mit einem Umweg über die von hohen Bergen umgebene Kleinstadt Tak verbinden. In der **Altstadt** haben noch zahlreiche **im Thai-Stil erbaute Holzhäuser** überlebt und auch das Taksin-Denkmal für König Taksin (1768 – 1782), dem berühmtesten Sohn der Stadt, lohnt einen Blick. Im nahen, östlich gelegenen **Nationalpark Lan Sang** stößt man auf Dörfer der **Meo-, Lahu-** und **Lisu-Bergstämme** sowie einige schöne Wasserfälle.

KAMPHAENG PHET ERLEBEN

ANREISE

Auto
Von Bangkok über die Nationalstraße 1 (360 km), von Phitsanulok (102 km) und Sukhothai über die 101 (76 km).

Bus
Mehrfach tgl. von Bangkok und Phitsanulok (6 bzw. 2 Std.).

SCENIC RIVERSIDE RESORT €€

Hübsches Hotel direkt am Fluss Ping, das in einem in Thailand unüblichen Baustil errichtet wurde. Die Zimmer sind geschmackvoll eingerichtet und tragen europäische Namen wie Zermatt, Matterhorn oder Amsterdam. 7 Zi., Restaurant, Swimmingpool, Fahrradverleih.
325, Tesa II. Road
Tel. 055 72 20 09
www.scenicriversideresort.com

KANCHANABURI

Region: Zentralthailand
Provinz: Kanchanaburi
Höhe: 74 m ü. d. M.
Einwohnerzahl: 172 000

Regisseur David Lean, die Hauptdarsteller Alec Guinness und William Holden begründeten mit der Hollywood-Verfilmung »Die Brücke am Kwai« den Ruhm der Provinz Kanchanaburi im Westen Thailands. Acht Oscars gab es. Die Stadt selbst wäre schon mit einer kleinen Auszeichnung zufrieden, aber leider: Sie hat wahrlich nichts zu bieten, wohl aber die landschaftlichen Reize in der Umgebung, besonders natürlich am River Kwai.

Am River Kwai

Bestattungsriten sagen viel aus über Glaube und Kultur. So fand man am Kwai Noi, dem kleinen Kwai-Fluss, ein vollständig erhaltenes **Grab aus der Bronzezeit**, das heute im Nationalmuseum von Bangkok zu sehen ist. Die Art der Bestattung ist in Kanchanaburi heute noch üblich: Das Gesicht nach Norden gewandt, die Beine angewinkelt, der Oberkörper wurde mit einem Stein beschwert. Offenbar sollte damit der Geist des Verstorbenen im Grab festgehalten werden, damit er die Lebenden nicht beunruhigen konnte.
Viel später, zuletzt 1767, fielen Soldaten aus Birma über den Drei-Pagoden-Pass ein. In Kanchanaburi, an einer strategisch wichtigen Stelle, wo sich die Flüsse Kwai Yai, der große Kwai, bekannt als River Kwai, und Kwai Noi zum Mae Klong vereinigen und sich die wild zerklüfteten Berge in einer breiten Ebene zum Golf von Thailand hin öffnen, konnten die siamesischen Heere dem Feind manchmal trotzen.
Kanchanaburi war immer gut besiedelt, wahrscheinlich wegen des außerordentlich fruchtbaren Bodens. Es gedeihen Zuckerrohr, Tabak, Baumwolle, Mais und Maniok; den größten Teil der Anbaufläche nimmt jedoch der Reis ein. Große wirtschaftliche Bedeutung haben zudem **Edelsteinminen**, u. a. werden Saphire gefördert.

Rund um Kanchanaburi

Brücke am Kwai

Sie ist weder architektonisch gelungen, noch wartet sie mit einem Längen-, Höhen- oder Gewichtsrekord auf. Und dennoch kennt sie fast jeder: die Brücke am River Kwai. Sie ist das **herausragende Ausflugsziel** der Gegend wegen **Buch und Film** »Die Brücke am Kwai«, obgleich die spektakuläre Verfilmung nicht am Originalschauplatz, sondern auf **Sri Lanka** gedreht wurde. Bei der heutigen **Stahlbogenbrücke** handelt es sich eigentlich um eine zweite, die nach der

KANCHANABURI ERLEBEN

TOURISM AUTHORITY OF THAILAND (TAT)

14, Saengchuto Road
Tel. 034 51 12 00
www.tourismthailand.org/kanchanaburi

ANREISE

Auto
Von Bangkok auf der Nationalstraße 4 (130 km).

Bus
Tgl. mehrfach von Bangkoks Southern Bus Terminal (2,5 Std.).

Bahn
Von Bangkok-Thonburi tgl. mehrfach (2,5 Std.).

1 PAVILION RIM KWAI €€

Schönes Mittelklassehotel mit modernen und gepflegten Zimmern direkt am River Kwai und trotzdem nur wenige Kilometer vom Stadtzentrum entfernt. Ruhig gelegen! Es gibt auch geräumige Bungalows für Familien. 194 Zi., 2 Restaurants, Swimmingpool, Fahrradverleih.
9, Ladya-Erawan Road
Tel. 034 51 38 00
www.pavilionhotels.com

2 RIVER KWAI BOTANIC GARDEN RESORT €€

Am schönsten ist natürlich eine Übernachtung im Raft House im Fluss, aber auch die rustikalen Bungalows inmitten der urwüchsigen Landschaft sind gut. Das Abendessen im schwimmenden Restaurant bietet einfache, aber gute Küche. Das Management organisiert Fahrten mit dem Bambusfloß. 78 Zi., Restaurant.
13, Tambol Bankao Road | Tel. 034 67 08 41 | www.botanic.co.th

3 PUNG WAAN RESORT & SPA €€

Inmitten eines liebevoll angelegten Gartens liegt dieses ökologisch orientierte Hotel mit komfortablen Zimmern. Schön ist das Abendessen im Floating Restaurant. 111 Zi., 2 Restaurants, Swimmingpool, Spa.
2, Tumbol Thamakham Road
Tel. 034 51 47 92
www.pungwaanriverkwai.com

4 RIVER KWAI JUNGLE RAFTS €

Einfache, saubere Zimmer auf 33 mit Topfblumen und Hängepflanzen geschmückten Übernachtungsflößen auf dem Kwai Noi. Von der eigenen Terrasse kann man direkt in den Fluss springen! Strom gibt es in dem 2-Sterne-Eco-Resort nicht, ein bisschen Petroleumlampen-Romantik will schon sein. 100 Zi., Restaurant.
Ban Tahsao, Kwai Noi | Tel. 02 642 54 97 | www.riverkwaijunglerafts.com

2 APPLE'S RESTAURANT €

Gutes und günstiges Thai-Food.
77, Mae Nam Kwai Road
Tel. 034 51 20 17 | tgl. 11 – 22 Uhr

1 SCHLUCK RESTAURANT €

Westliche Gerichte und dicke Steaks für alle, die etwas Abwechslung vom typischen Landesessen suchen.
20, Mae Nam Khwae Road
Tel. 034 62 45 99
Di. – So. 16 – 22 Uhr

Fertigstellung einer provisorischen Holzbrücke von **Tausenden von Zwangsarbeitern** errichtet wurde. Reste der Holzbrücke kann man bei Niedrigwasser noch sehen (▶ Baedeker Wissen, S. 164).

95 Stufen zum Höhlentempel

Grotten

Nach halbstündiger Bootsfahrt auf dem Kwae Noi – Boote kann man in Kanchanaburi mieten – gelangt man zur **Mangkorn-Thong-Grotte**. Über 95 Stufen erreicht man einen Höhlentempel und durch einen Tunnel durch den Gipfel des Berges eine weitere Grotte mit schönen Stalaktiten. Außerordentlich reizvoll ist auch die Grotte **Keng Lawa**, in einer schönen Landschaft mit schroffen Felsen, dschungelbedeckten Bergen und tiefen Schluchten mit Wasserfällen gelegen. Sie weist mehrere Hallen mit eindrucksvollen Tropfsteingebilden auf und ist die größte Höhle der Region, 75 km von der Stadt entfernt, am Ufer des Kwai Noi gelegen.

Raue Fahrt durch Stromschnellen

Sai-Yok-Yai-Wasserfall

Ein großes Erlebnis ist die abenteuerliche Bootsfahrt über **Stromschnellen** und zwischen hohen **Felswänden** hindurch zu den Sai-Yok-Yai-Wasserfällen (2 km von der Bahnstation Nam Tok). In mehreren Kaskaden ergießt sich – besonders eindrucksvoll während der Regenzeit – ein **Wildbach** in den Kwai Noi.

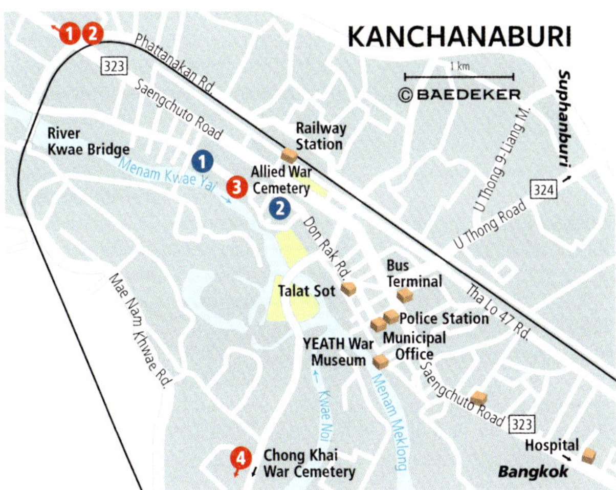

TODESBAHN NACH BIRMA

Brutale Gewalt und unmenschliche Verhältnisse, dazu Hitze und Malaria: Das Schicksal der Kriegsgefangenen, die bei dem Bau der Brücke während des Zweiten Weltkriegs zu Tode kamen, ist vor allem durch den Film »Die Brücke am Kwai« weltbekannt geworden.

Das Spektakel wiederholt sich täglich und zum Pauschalpreis, Softdrink und Sandwich inklusive. Nach knapp zweistündiger Fahrt nimmt der Lokomotivführer der State Railway of Thailand (SRT) den Fahrschalter seiner schweren Diesellokomotive zurück, bevor der Zug, der am Morgen Bangkok verlassen hat, die **nüchterne Stahlkonstruktion** der Brücke über den Kwae Noi befährt. Ein älterer Mann pfeift leise die ersten Takte des »River-Kwai-Marschs«, der in den 1960er-Jahren weltweit zum Gassenhauer wurde, eigentlich aber »Colonel Bogey-Marsch« heißt. Der wurde von Kenneth J. Alford bereits 1914 komponiert, später von Malcolm Arnold orchestriert. Da der Text des Originals kaum an der Filmzensur vorbeigekommen wäre, wurde die Melodie gepfiffen.

Kriegsgefangene

Jene, die diese Brücke erbauten, hatten keinen Grund zum Pfeifen. Es waren **Kriegsgefangene** der Japaner, sie kamen aus England, Australien, den USA und Holland. Ihre Zahl wird mit mehr als 108 000 angegeben. Dazu gesellte sich schätzungsweise eine Viertelmillion asiatischer Gefangener, die aus Birma, Malaysia und aus Thailand selbst, aber auch aus Japan stammten. Was sich heute als touristengerecht aufbereiteter Ort präsentiert, war in der Zeit des Kriegsgefangenenlagers die **Hölle**. Viele verloren den Kampf gegen die unerträgliche Hitze und die Myriaden von Moskitos, andere starben an Auszehrung, durch die brutale Gewalt der Wächter oder durch die Kugeln, die aus ihren Gewehren kamen. Nicht zu vergessen jene, die durch die Bombenangriffe der Alliierten umkamen. Ihre Geschichte ging mit dem Roman **»Die Brücke am Kwai«** von Pierre Boulle (1956) um die Welt.
Berühmt wurde die Brücke jedoch vor allem durch den später allerdings auf Sri Lanka gedrehten, u. a. mit acht Oscars und drei Golden Globes ausgezeichneten Film mit Alec Guinness.

Zuerst eine Holzbrücke

Errichtet wurde die Holzkonstruktion über dem Flüsschen Kwae Noi als Bestandteil einer strategisch wichtigen Eisenbahnstrecke, die über den **Drei-Pagoden-Pass** führen und Thailand mit Birma verbinden sollte, um den Nachschub an kriegswichtigem Material sicherzustellen. Eine weitere Brücke, diese aus Stahl und Beton, wurde fünf Monate später gebaut. Die insgesamt 415 km lange Strecke erhielt schon bald den ausgesprochen zutreffenden Namen **»Todesbahn«**. 13 Monate dauerten die Bauarbeiten, die immer wieder durch schwere **Luftangriffe der Alliierten** unterbrochen wurden. Was man heute sieht, ist nicht mehr der Originalzustand, erst in den Jahren nach dem Krieg wurden die Brückenpfeiler repariert und die heutige Stahlkonstruktion aufgesetzt. Nach wie vor wird die Brücke für den Eisenbahnverkehr genutzt.

Im Hellfire Pass Museum wird vergangener Schrecken gedacht. (► S. 160)

Fahrt nach Nam Tok

Der Zug hat die Brücke passiert und nimmt wieder Fahrt auf, aber nur, um schon nach wenigen Kilometern erneut abzubremsen. Denn es geht weiter über waghalsig an den Felsen geklebte Bambusholzkonstruktionen nach Nam Tok, und wer den Blick aus dem Zugfenster wagt, sieht in den **gähnenden Abgrund des Tals**, in das sich der Kwae Noi geschnitten hat. An der Bergseite schließlich bemerkt man die kleinen Höhlen, in denen viele Gefangene hausen mussten. Nam Tok ist heute die Endstation, hier gibt es ein kleines Restaurant und Souvenirshops. Ab hier wurden die Gleisanlagen, die einst bis tief hinein nach Birma führten, nach dem Krieg komplett demontiert. Es gibt nur 3.-Klasse-Züge; weitere Info: www.kanchanaburi-info.com/de/train.html

In Erinnerung

Am Ufer des Mae Klong in Kanchanaburi gibt es ein kleines Museum, dessen Name **»JEATH War Museum«** an die Herkunftsländer der Gefangenen erinnert (tgl. 8.30 – 18 Uhr; Eintritt: 30 Baht). Es besteht aus drei Blätterhütten, identisch mit jenen, in denen der größte Teil der Gefangenen untergebracht waren. Hier werden unter anderem alte Fotografien, handschriftliche Notizen, von Gefangenen gemalte Bilder über das Leben im Lager und **improvisierte chirurgische Instrumente** gezeigt, die gefangene Ärzte für ihre verletzten Kameraden selbst hergestellt hatten.

Nachkriegszeit

Nach Kriegsende wurden die meisten der überlebenden Gefangenen übrigens keineswegs befreit; **die Japaner deportierten sie ein weiteres Mal**, und zwar in die Bergwerke von Nagasaki. Hier starben wiederum viele Tausend unter unvorstellbaren Qualen. Nicht versäumen sollte man einen Besuch von einem der beiden **Soldatenfriedhöfe**, Don-Rak und Chonk-Kai, die man von der Brücke aus mit dem Boot erreicht und auf dem 1700 Opfer begraben sind.

Der Pfad für Schmuggler

Drei-Pagoden-Pass

Von den Wasserfällen führt ein Pfad durch eine fast **unberührte Dschungellandschaft** zum Drei-Pagoden-Pass, wo einige **Bergstämme** durch mühsame Bodenbearbeitung nach Brandrodung ihr Leben fristen. Der Pass hat seinen Namen von drei Pagoden, die an seinem Weg liegen. Er führt in Höhen von bis zu 1400 m. Der höchste Berg der Region, der **Khao Thai Pa**, ist sogar 1811 m hoch. Heute ist der Pass ein beliebter Schmuggelpfad zwischen Myanmar und Thailand, und das Begehen ist **nicht empfehlenswert**. In nordwestlicher Richtung liegen die beiden undurchdringlichen Wildschutzgebiete **Thung Yai Naresuan** und **Huai Kha Khaeng**, die zum **UNESCO-Weltnaturerbe** der Menschheit gehören.

Unmenschliche Arbeit

Hellfire Pass

Der Hellfire Pass, ein nur 73 m langer und 25 m breiter **Bergeinschnitt**, bildete während des Zweiten Weltkrieges einen **Teil der Todesbahn**. Unter unmenschlichen Bedingungen waren die Gefangenen gezwungen, diesen und später einen weiteren Einschnitt mit einer Länge von 450 m in bis zu **18 Stunden** täglicher Arbeit zu bewerkstelligen. An diese Ereignisse erinnert das Museum an der Straße 323, das von der australischen Regierung mitfinanziert wird, da ein Großteil der Gefangenen aus Australien stammte. Die **traurige Geschichte der Zwangsarbeiter** wird anhand zahlreicher **Originalgegenstände, Fotografien** und einem **Video** anschaulich. Durch das Gelände führt ein 4 km langer **Memorial Walking Trail** entlang berühmt-berüchtigter Sehenswürdigkeiten und grandiosem Panoramablick am **Kwae Noi Lookout**.

Tgl. 9 – 16 Uhr

Das Gold der Minen

Bo Phloi

Einen Teil ihres Reichtums verdankt die Provinz ihren **ergiebigen Minen und Gruben**, von denen einige heute noch ausgebeutet werden, etwa bei Bo Phloi, 48 km nördlich von Kanchanaburi. Man fördert Gold, Silber, Wolfram und Zinn. Außerdem gibt es zahlreiche **Edelsteinminen**, in denen blaue Saphire, Sternsaphire, Rubine sowie Granate und Amethyste gefunden werden. In Bo Phloi kann man rohe oder geschliffene Steine ebenso wie fertige Schmuckstücke noch **günstiger kaufen** als anderswo in Thailand. Aber man sollte sich auskennen mit der Materie.

Über sieben Stufen sollst du fließen

Erawan-Wasserfall

Lohnende Ausflugsziele im **Tal des Kwai Yai** sind der **Wat Kanchanaburi Khao**, ein Tempel, der an der Stelle der alten Stadt Kanchanaburi steht, sowie der Erawan-Wasserfall, der 55 km entfernt liegt. Über sieben Stufen stürzt das Wasser über Felsvorsprünge von Becken zu Becken. Er soll Erawan, dem **dreiköpfigen Elefanten** des

Für die Wasserfälle im Erawan-Nationalpark sollten Badesachen griffbereit sein.

Gottes Indra, gleichen und erhielt daher seinen Namen. **Schwimmsachen** nicht vergessen: Das erfrischende Bad im **smaragdgrünen Wasser** ist herrlich!

Ausgrabungen von Bedeutung

Pong Teuk

Östlich von Kanchanaburi liegt an der heutigen 323, einer vermutlich sehr **alten Handelsstraße**, die Ausgrabungsstätte Pong Teuk. Fast sensationell war der 1928 gemachte Fund: eine **römische Öllampe** aus Bronze, die vermutlich im 2. Jh. n. Chr. in Alexandria (Ägypten) gegossen wurde. Dieses Fundstück gilt als Beweis für Wirtschaftsverbindungen zwischen dem Römischen Reich und Südostasien. Weitere Sehenswürdigkeiten sind der aus Teakholz erbaute **Wat Dong Sak**, in dem ein besonders schön geschnitzter Giebel sowie eine Vishnu-Figur aus dem 6. Jh. bemerkenswert sind, sowie **Wat Phra Taen Dong Rang**, in dem sich der Legende nach **Buddha** in eine Mulde gelegt haben soll, um ins Nirwana einzugehen. Unweit dieses Tempels steht ein auf einem Berg gelegenes weiteres Heiligtum, in dem, ebenfalls der Überlieferung zufolge, die Leiche Buddhas eingeäschert wurde.

Kein Herz für Tiere

Wat Pha Luang Ta Bua

Lange Zeit galt der sogenannte **Tigertempel**, in dem Mönche zusammen mit Tigern lebten, als Highlight westlich der Brücke am Kwai. Nach langwierigen Ermittlungen und einigen Gerichtsverfahren wurde Wat Pha Luang Ta Bua 2016 endgültig geschlossen. Tierschützer beschuldigten die Mönche des Handels mit einer bedrohten Art, warfen ihnen Schmuggel und Tierquälerei vor. Schließlich wurde die Anlage per Gerichtsbeschluss zugemacht.

Blick in die Steinzeit

U Thong

Für historisch sehr Interessierte bietet sich eine Fahrt ins 25 km nördlich von Kanchanaburi gelegene Städtchen U Thong an. Die vermutliche Hauptstadt des **Fusan-Königreichs** (1. – 6. Jh.) und in der Folge die erste Hauptstadt des **Dvaravati-Königreichs** war möglicherweise schon in der Jungsteinzeit besiedelt. Im **Nationalmuseum** kann man tief in die Historie eindringen und sich auch den Kunststilen dieser Zeiten nähern.

KHAO LAK

Region: Südthailand
Provinz: Phang Hga
Höhe: 2 – 25 m ü. d. M.
Einwohnerzahl: ca. 175 000 (Region)

1990 stand Khao Lak auf keiner touristischen Landkarte. Nur langsam wurde das Gebiet entdeckt. Dann kam der 26. Dezember 2004 und mit ihm der Tsunami – die Stunde null. Nirgendwo sonst in Thailand schlug die Naturkatastrophe derart erbarmungslos zu wie in Khao Lak. Rund 15 Jahre später wird die Gegend wieder besucht, als ob nichts gewesen wäre. Aber ein von der Welle aufs Land geworfenes Polizeiboot im Wald dient als Denkmal. Und viele Überlebende erzählen bis heute, was damals geschah – mit Gänsehaut, bei 33 Grad …

Der Tsunami

Das **Polizeiboot 813**, das einen Enkel des damaligen thailändischen Königs Bhumibol bei Wassersportaktivitäten an **Weihnachten 2004** an der Küste von Khao Lak begleitete, liegt heute, 1,5 km vom Meer entfernt, auf dem Trockenen vor einem Wald. Wären die Bäume nicht gewesen, hätte der Tsunami das gut 10 m lange Schiff noch weiter ins Inland gespült. Bhumibol, der seinen damals 19-jährigen Enkel bei der Naturkatastrophe verlor, wünschte, dass dieses Boot zu einem **Denkmal** wird. **95 %** von Khao Lak waren zerstört: Mit ungebremster Wucht brachen die bis zu **30 m hohen Wellen** des Tsunami über den etwa 12 km langen Strand, zermalmten oder beschädigten fast alle Hotelanlagen und forderten eine Vielzahl von Menschenle-

Eine Bootsfahrt im Nationalpark Khao Sok ist ein absolutes Muss.

ben. Die meisten der **5400 Tsunami-Todesopfer** in Thailand, darunter 534 Deutsche, wurden in Khao Lak gezählt. Aber schon wenige Wochen nach der Katastrophe machten sich die Überlebenden an den **Wiederaufbau**. In ungewöhnlich schneller Zeit waren 50 Resorts eröffnet, und längst wurden alle Hotels und Bungalowanlagen wieder aufgebaut: sehr schöne Resorts an einem sehr schönen und immer noch recht ruhigen Strand.

Wohin in Khao Lak?

Die Strände

Khao Lak ist eigentlich **kein Ort**, sondern die Bezeichnung für die Region, die sich etwa 80 km nördlich von Phuket entfernt **am Meer entlangzieht**. Die Nationalstraße 4 verläuft kilometerlang nur wenige Hundert Meter vom Meer entfernt und führt immer wieder durch kleine Ansiedlungen mit Geschäften und Restaurants. Der 12 km lange Strand von Khao Lak ist durch einige ins Meere ragende Felszungen in **mehrere Abschnitte** unterteilt: Khao Lak Beach im Süden, Sunset Beach, Hang Thong Beach, Bang Niang Beach, Khuk Khak Beach und Coral Cape Beach mit dem kleinen Fischerdorf **Ban Pramong**. Der Sand ist überall gelblich bis ockerfarben, etwas grob, aber sehr schön. Das Wasser ist sauber, man kann fast überall sehr gut schwimmen und kaum ein Strandabschnitt ist voll oder zugestellt.

KHAO LAK ERLEBEN

ANREISE

Auto: Von Phuket über die Nationalstraße 4 (80 km).

Bus: Von Phuket tgl. mehrfach (1,5 Std.).

THE SAROJIN €€€€

Einen Tag, bevor das Hotel eröffnen sollte, kam der Tsunami, der einen großen Teil der am Meer gelegenen Anlage überflutete. Das Resort hat einen quadratischen 25-m-Pool, in den Ruhe-Salas gebaut wurden. Die Zimmer sind komfortabel, in zeitlosem Stil eingerichtet, einige haben Privat-Pools. Das eigene Schnellboot bringt die Gäste auch zu den Similan Islands. 56 Zi., 2 Restaurants, Pool, Spa.
Khuk Khak Beach
Tel. 076 42 79 00
www.sarojin.com

MUKDARA BEACH VILLA & SPA RESORT €€€

In schönem Thai-Stil errichtetes First-Class-Hotel mit geschmackvollen Zimmern und einer großzügigen Gartenanlage direkt am Meer. Auch das Essen gibt's direkt am Strand. 148 Zi., 3 Restaurant, 3 Pools, Spa.
Khuk Khak Beach
Tel. 076 42 99 99
www.mukdarabeach.com
Khuk Khak Beach
Tel. 076 4 20 16 68
www.similanaresort.com

KHAO LAK SEAVIEW RESORT & SPA €€€

Schöne Lage direkt am Strand und komfortable Zimmer auf gehobenem Mittelklasse-Niveau. 197 Zi., 2 Restaurants, Swimmingpool, Spa.
Hang Thong Beach | Tel. 076 42 98 00 | www.khaolak-seaview resort.com

SIMILANA RESORT €€

Das weitgehend aus Holz erbaute, einfache Resort liegt in einer Natur belassenen Umgebung. Nur wenige Meter vom Strand entfernt stehen die Bungalows auf Stelzen mit geräumigen Zimmern. 71 Zi., Restaurant, Pool.

RUEN MAI €€

Die Kräuter kommen aus dem Dschungel, das Seafood direkt von den Fischern: Beides wird im urigen Freiluftrestaurant hübsch im Thai Style serviert und – es schmeckt!
Khuk Khak Beach | Tel. 076 48 51 56 | Tgl. 12 – 22 Uhr

YAOWAWIT €

Gut für einen informativen Ausflug mit Mittagessen oder vielleicht sogar für eine Nacht mit Abendessen: Ein 2-Sterne-Gästehaus, das an ein Kinderheim für Tsunami-Opfer und Arme angegliedert ist. Alle Einnahmen kommen den Kindern zugute, die eine touristische Ausbildung machen. Motto: thailändischer Alltag statt Beach Life – der nächste Strand ist 30 km entfernt.
2955 Moo Road | Kapong
Tel. 090 1 52 90 52
www.yaowawit.com

An allen Khao-Lak-Stränden finden sich an den Zufahrtswegen und der Hauptstraße viele mobile Garküchen und kleine Lokale mit sehr gutem Thai-Essen und frischen Fischgerichten zu sehr günstigen Preisen.

Der Hauptort

Takua Pa

Als Hauptort der Region Khao Lak könnte man Takua Pa, ein **geschäftiges Städtchen** mit etwa 20 000 Einwohnern, bezeichnen. Der Ort liegt 134 km von Phuket entfernt am gleichnamigen Fluss, wo ein Besuch auf dem **Markt** in den Morgen- bzw. Vormittagsstunden lohnt. Takua Pa hat eine **bewegte Vergangenheit**, denn bereits im **3. Jh. v. Chr.** siedelten dort nachweislich die ersten Menschen. Aus dieser Zeit stammen einige Fundstücke, meist Keramiken, Schmuckstücke und Statuetten, die v. a. im Fluss gefunden wurden. Zahlreiche **Baggerseen** im Hinterland sind Zeugen für die einst florierende Zinnindustrie. Es gibt schöne Strände in der Umgebung.

Erinnerung an 2004

Tsunami-Museum

Am Highway Nr. 4 bei **Bang Niang** gibt es ein kleines Museum, das an den Tsunami vom 26. Dezember 2004 erinnert. Im Mittelpunkt der interessanten Ausstellung steht das nach der Katastrophe aufgebaute **Tsunami-Warnsystem**. Unweit davon erinnert das **Polizeiboot 813** (▶ s. o.) ebenfalls an den Tsunami.

Tgl. 9 – 19 Uhr | Eintritt:100 Baht

Wie am Amazonas

Khao Sok Nationalpark

Etwa 4 km hinter Takua Pa erreicht man den Nationalpark Khao Sok. Typisch für ihn ist die abwechslungsreiche, **hügelige Landschaft**. Die höchste Erhebung ragt 960 m aus der dschungelbesetzten urwüchsigen Landschaft heraus. Ein Teil des Nationalparks wurde zu einem besonderen Schutzgebiet erklärt, da dort letzte Reste tropischen Regenwalds stehen. Eine **Bootsfahrt** auf dem **Fluss Tang Le** wird gerne als Tour auf dem Little Amazonas verkauft. Manche meinen, es sehe aus wie im Film »Avatar«. Jedenfalls gibt es uralte Bäume, Schlangen dösen im Geäst und fallen schon auch mal ins Wasser, Kröten unken und diverse bunte Vögel zwitschern frohgemut. Mit etwas Glück sieht man sogar Warane, Bären und Elefanten. Die Landschaft ist auch reich an Höhlen und Grotten, außerdem gibt es einige beeindruckende Wasserfälle. Der markanteste ist der **Nam Tok Sip-et-Chang**, der Wasserfall der elf Elefanten, an dem das Wasser über elf Stufen in die Tiefe fällt. Am Eingang zum Nationalpark gibt es einige bescheidene Gästehäuser. Empfehlenswert ist mindestens ein Tagesausflug; es gibt aber auch tolle 3-tägige Touren.

www.khaosok.com

Neun Inseln – ein Unterwasserparadies

Similan Islands

Takua Pa ist Ausgangspunkt zum vorgelagerten, 70 km entfernten **Marinenationalpark** der Similan Islands, bestehend aus neun Graniteilanden mit durchweg weißen Sandstränden. Die Inseln besitzen die schönsten **Korallenriffe** Thailands, die größtenteils auch dem Tsunami trotzten und ihre ursprüngliche Schönheit bewahren konnten. Deshalb sind sie ein sehr **beliebtes Ziel** für Taucher aus allen Ländern. Manche zählen die Inseln sogar zu den besten Unterwasserrevieren weltweit. Zu sehen sind **Mantas, Haie, Barrakudas** u. v. m. Bis auf Ko Huyong, wo Schildkröten ihre Eier ablegen, sind alle Inseln zugänglich. Etliche Reiseveranstalter und Tauchschulen in Khao Lak bieten Exkursionen an. Von Takua Pa fahren außerhalb der Monsunzeit (Mai – Nov.) täglich Schiffe in gut 2 Std. nach **Ko Similan**, wo sich einige einfache Unterkünfte und Tauchbasen finden.

KHAO-YAI-NATIONALPARK

Region: Zentralthailand
Provinzen: Nakhon Nayok, Nakhon Ratchasima, Prachinburi, Saraburi
Fläche: 2168 km²
Höhe: bis 350 m ü. d. M.

E 9

Tiger und Leoparden, Elefanten und Krokodile, Gibbons und insgesamt rund 800 Tierarten gibt's im ältesten Nationalpark Thailands zu sehen. Der Khao-Yai-Park gehört zum UNESCO-Weltnaturerbe der Menschheit: mit bis zu 1350 m hohen Bergen, malerischen Wasserfällen und idyllischen Seen. .

UNESCO-Weltnaturerbe seit 1991

Für die UNESCO stand bei der Vergabe des Weltnaturerbe-Status »der außergewöhnliche **universelle Wert** des Gebiets« außer Frage, und die Größe bietet eine gute Voraussetzung für die **langfristige Erhaltung gefährdeter Habitate** und Arten. Dazu kam »die außerordentlich hohe **Artenvielfalt** an der Schnittstelle der vier biogeographischen Zonen Festland-Südostasiens« sowie die große Anzahl von mindestens 28 international **gefährdeter endemischer Arten**.

Wohin im Nationalpark?

Grüner Berg ganz groß

Dong-Phayayen-Bergkette

Wer will nicht mal einen **Tiger** oder **Leoparden** in freier Wildbahn erleben? Die Chance ist allerdings mit Glück verbunden und viel Geduld nötig. Und wenn's nicht klappt, bleibt eine wunderschöne Natur … Die höchsten Berge liegen im östlich Teil: **Khao Laem** (1328 m) und **Khao Khiau**, der Grüne Berg mit 1350 m. Beide können in Tagestouren bestiegen werden und bieten herrliche Rundblicke. Sehens-

Im Khao-Yai-Nationalpark bietet nicht nur der Wasserfall ein gutes Fotomotiv.

werte Wasserfälle sind der **Haeo Suwat**, der **Pa Kluai** – der Orchideen-Wasserfall, denn die Felsen sind von Orchideen umrankt –, und der **Kong Keo**. Im Park leben **Elefanten, Bären**, Tiger, Leoparden, Tapire, Büffel, Affen, Damhirsche und Wildschweine. Vom Turm **Nong Pak Chi** kann man das Wild in den Morgen- und Abendstunden gut beobachten. Ebenfalls in der abendlichen Dämmerung gehen **Fledermäuse** auf Nahrungssuche und sind dann gut zu sehen. 2 km vom nördlichen Parkeingang entfernt, trifft man auf eine große Höhle in einem Kalkfelsen. In dieser Höhle leben Hunderttausende kleiner Fledermäuse. Bei der Parkverwaltung gibt es einen Plan für die sehr gut markieren **Wanderwege**. Am Hauptquartier kann man auch Mountainbikes mieten.

Zwischenstopp am Klong

Prachinburi

Auf dem Weg von Bangkok in den Nationalpark liegt fast **am Wegesrand**, südlich des Parks, das Kleinstädtchen Prachinburi, in dem man noch auf Klongs schippern, die Ausgrabungsstätten **Si Mahaphot** und **Muang Phra Rot**, den Felsentempel **Chao Po Khun Dan** sowie **Wat Ton Po** besuchen kann. Der Tempel ist das Ziel vieler Pilger, die dort einen Feigenbaum mit der großen Statue eines sitzenden Buddha verehren.

KHAO-YAI-NATIONALPARK ERLEBEN

ANREISE

Auto
Von Bangkok über die Straßen 1 und 2 bis kurz vor Pak Chong, dann auf die 2090 (gut 100 km).

Bus
Tgl. von Bangkoks Northern Bus Terminal. Nicht empfehlenswert, nur mit mehrfachem Umsteigen, Fahrzeit: 4 Std.

Bahn
Tgl. mehrfach ab Bangkok-Hua Lumphong bis zur Station Pak Chong an der Eisenbahnstrecke nach Nakhon Ratchasima. Ab Pak Chong mit Songthao oder Taxi weiter.

DUSIT D2 €€
Supermodernes und sehr elegant eingerichtetes 5-Sterne-Resort, das kaum einen Wunsch offen lässt. Höhepunkt im Wortsinn ist sicher ein Dinner im Cocoon in Baumwipfelhöhe. Bis zum Park sind es nur 10 Min. 79 Zi., 2 Restaurants, Swimmingpool.
Ban Tambol Moosi | Tel. 04 4 00 30 00 | www.dusit.com

PALM GARDEN LODGE €
Kleines Hotel mit familiärer Atmosphäre. Ansprechende und trotzdem sehr günstige Zimmer, gutes Restaurant mit vielseitiger Speisekarte. Die Besitzer bieten geführte Touren durch den Nationalpark an. Bis zum Eingang sind es 13 km. 9 Zi., Restaurant.
Ban Kon Khuang | Tel. 08 99 89 44 70 | www.palmgalo.com

KHON KAEN

Region: Nordostthailand
Provinz: Khon Kaen
Höhe: 155 m ü. d. M.
Einwohnerzahl: 115 000

Armenhaus des Landes: Das klingt nicht schön, entspricht aber der Realität für Khon Kaen und besonders die Umgebung. Die Isan-Provinzstadt liegt selten auf einer Reiseroute, es sei denn man ist kunsthistorisch sehr interessiert und möchte sich einige Fundstücke aus Ban Chiang, der Wiege der Thailänder, ansehen.

Der **Friendship Highway**, die Nationalstraße 2, spielte eine wichtige Rolle bei der Versorgung der während des Vietnamkriegs im Nordosten Thailands stationierten US-Streitkräfte. Das half zwar bei der wirtschaftlichen Entwicklung der Region, aber trotzdem ist die Gegend um Khon Kaen immer noch eine der ärmsten Gegenden Thai-

KHON KAEN ERLEBEN

ANREISE

Auto
Von Bangkok über die Nationalstraßen 1 und 2 (440 km).

Bus
Von Bangkoks Northern Bus Terminal mehrfach tgl. (6 Std.).

Bahn
Ab Bangkok-Hua Lumphon tgl. (7 Std.).

Flug
Von Bangkok-Don Muang tgl. (1 Std.).

HOTEL PULLMAN RAJA ORCHID €€
Das erste Haus am Platz mit großzügigen, modernen, komfortablen Zimmern und idealer Lage im Zentrum. Das hauseigene Kronen Brauhaus ist eine gute Mikrobrauerei. 293 Zi., 2 Restaurants, Swimmingpool.
9, Prachasumran Road
Tel. 043 91 33 33
www.pullmankhonkaen.com

lands. Viele Prostituierte in Bangkok stammen aus Khon Kaen, wo bis vor ein paar Jahren manche Väter ihre Töchter sogar noch an Bordelle verkauft haben. Und bis heute werden von den Parteien bei Wahlen Stimmen gegen Geld erworben. Andererseits ist Khon Kaen Sitz der einzigen Universität im Isan.

Wohin in Khon Kaen?

Funde aus Ban Chiang

Nationalmuseum

Das Nationalmuseum beherbergt einige **sensationelle Funde** aus Ban Chiang: **Töpferware**, bemalt mit geometrischen Mustern, Blättern und Blumen oder Tieren. Die Stücke wurden auf 4500 bis 3500 v. Chr. datiert. Auch ist eines der in Ban Chiang freigelegten **Gräber** zu sehen, ebenso wie weitere Funde aus der Bronzezeit, die z. T. sogar älter als 5000 Jahre sind. Weitere Exponate stammen aus dem 8. – 13. Jh., Khmer-Kunst, eine schöne große Statue eines sitzenden Buddha im Sukhothai-Stil oder eine Bronzeplastik des Gottes Shiva.
Mi. – So. 9 – 16 Uhr | Eintritt: 100 Baht

Sieben Jahrhunderte Kunst

Ban Sema

60 km östlich trifft man auf das Dorf Sema. Dort lag zwischen dem 9. – 11. Jh. die Dvaravati-Stadt **Muang Fa Daed**, von der man bedeutende Stücke aus der für die Entwicklung der thailändischen Kultur wichtigen **Kunstepoche** zwischen dem 6. bis 13. Jh. gefunden hat.

KO CHANG

Region: Ostthailand
Provinz: Trat
Höhe: 3 – 744 m ü. d. M.
Einwohnerzahl: 4000

Das Elefanteneiland – Chang heißt Elefant – ist nach Phuket und Ko Samui die drittgrößte Insel Thailands und bildet zusammen mit mehr als 50 kleineren, zumeist unbewohnten Inseln den Ko Chang Marine National Park. Die abgelegene Lage nahe der Grenze zu Kambodscha bringt es mit sich, dass die Uhren dort etwas langsamer gehen als anderswo. Wer also nochmal ein wenig Bambushütten-Feeling auf Stelzen erleben möchte, quartiert sich auf Ko Chang ein. Luxustourismus findet dort (noch) nicht statt.

Noch ursprünglich

29 km lang, 8 – 14 km breit und durch den **Nationalparkstatus** auch glücklicherweise noch sehr **ursprünglich**, trotz der touristischen Entwicklung: Das ist Ko Chang. Die dicht bewaldeten Erhebungen erreichen eine Höhe von bis zu **744 m**. Das Inselinnere wird von Regenwald dominiert, in dem Affen, Schlangen und einige Wildschweine leben. Der **Nam Tok Tham Mayom** ist der größte Wasserfall an der Ostküste, unweit davon liegt der Wasserfall **King Rama**. Über einige notdürftig ausgeschilderte Wanderwege und mit festem Schuhwerk lässt sich das Inselinnere auch erkunden.

Die kleine Hauptstadt

Klong Son

Im Fischerdorf Klong Son, dem größten Dorf der Insel, **legen die Boote an**, die vom 17 km entfernten **Laem Ngop** auf dem Festland kommen. Einige der Häuser sind **auf Pfählen erbaut**. Die Bewohner ernähren sich in erster Linie von den Erträgen der weitläufigen **Kokosnuss- und Gummibaumplantagen** sowie vom **Fischfang**. In jüngerer Zeit spielen aber auch die Einnahmen aus dem Tourismus eine wichtige Rolle.

Die Strände

Ab an die Westküste

Nachdem es viele Jahre lang nur einige einfache Unterkünfte gab, entstanden nun zahlreiche **kleine Resorts** mit gutem Komfort. Trotzdem sind einfache **Bungalows direkt am Strand** immer noch zu bekommen. Die besten Strände mit entsprechender Infrastruktur, Resorts, Restaurants und Wassersport-Centern finden sich ausnahmslos an der Westküste. An der **Ostküste** sind die Strände zu flach; dort wohnen die Leute, sitzt die Verwaltung und auch die Polizei. Die wichtigsten Strände der Westküste von Nord nach Süd sind:

Von Ko Chang aus geht es zu den Inseln des gleichnamigen Marine Parks.

Das Urlauberzentrum

White Sand Beach

Der Name kommt nicht von ungefähr: White Sand Beach hat wirklich **weißen und feinen Sand**, ist mit 2 km zwar nicht der längste Strand, aber das touristische Zentrum von Ko Chang. Einfache Hütten wurden weitgehend durch **komfortable Resort-Anlagen** ersetzt. Am nördlichen Ende findet man aber noch ein paar sehr hübsche Bungalows direkt am Strand. Den besten Blick hat man von einem Hügel am Südende, wo ein kleiner chinesischer Tempel steht.

Die heimliche Nr. 1

Klong Prao Beach

Der Sand ist noch feiner als am White Sand Beach, quasi **puderfein**, ebenso weiß und auch die Wasserqualität ist gut. Mit gut **3 km** der längste und mit 70 – 80 m auch der breiteste Strand der Insel und noch dazu sehr schön mit **Kokospalmen** gesäumt. Die Unterkünfte sind hauptsächlich Mittelklasse-Resorts, aber es gibt auch noch einfache Beachfront Bungalows, sogar auf Stelzen, ab 1200 Baht.

Die schmale Variante

Kai Bae Beach

Kai Bae ist kein perfekter Strand, ocker der Sand, schmal der Strand, mit **Felsen und Steinen** durchzogen der Meeresuntergrund. Den

KO CHANG ERLEBEN

ANREISE

Auto: Von Bangkok über die Nationalstraßen 3 und 334 nach Trat und von dort nach Laem Ngob (335 km), ab Pattaya über die 3 (165 km).

Bus: Tgl. mehrfach von Bangkok und Pattaya (6 bzw. 3 Std.).

Fähre: Vom Laem Ngop (nahe Trat) tgl. Fähren im 30-Min.-Takt (8 – 19 Uhr); Autos und Motorräder können mitgenommen werden. Fahrzeit: 45 Min.

Flug: Von Bangkok (beide Airports) nach Trat mehrfach tgl. (1 Std.). Vom Flugplatz nur ca. 10 Min. zur Fähre.

THE SPA RESORT €€€

Wer in Thailand eine Fastenkur unter fachlicher Anleitung machen möchte, dürfte hier gut aufgehoben sein. Außerdem gibt's Rund-um-Wohlfühlpakete: Yoga, vegetarische Küche etc. Geschmackvoll eingerichtete und komfortable Zimmer im Thai-Stil. Aber: weit weg von den Stränden, an der Ostküste gelegen. 25 Zi., Restaurant, Pool, Spa.
Ban Salak Kok
Tel. 080 9 64 76 14
www.thespakohchang.com

CENTARA TROPICANA RESORT €€

Die hübsch eingerichteten Bungalows sind alle mind. 40 m² groß, mit Palmstroh bedeckt und auch im Inneren dominieren natürliche Materialien. Die Ausstattung hat 4-Sterne-Niveau; sehr gutes Preis-Leistungs-Verhältnis. 157 Zi., Restaurant, 2 Pools.
Klong Prao Beach | Tel. 039 55 71 22
www.centarahotelsresorts.com

SEA VIEW RESORT & SPA €€

Moderne, gepflegte Zimmer, ein schöner Garten und sehr ruhig. 138 Zi., 2 Restaurants, Pool, Spa.
Kai Bae Beach | Tel. 039 55 28 88
www.seaviewkohchang.com

PLALOMA CLIFF RESORT €

Einfache, aber nette Zimmer in schönen Bungalows mit Garten, viele direkt am Strand. 18 Zi., Restaurant, Pool, Fahrrad- und Motorradverleih.
White Sand Beach
Tel. 039 55 11 19
www.plalomacliffkohchang.com

KP HUTS €

Ein Klassiker für Romantiker: Holzhüttchen auf Stelzen, direkt am Strand, 1. Reihe, ohne Komfort, aber immerhin mit eigenem Bad/WC. Wie in den 1980ern ... 15 Zi., Restaurant.
Klong Prao Beach
Tel. 084 1 33 59 95
kp_huts2599@hotmail.com

SEA BREEZE €€

Internationale Küche und Fisch stehen auf der Karte dieses schönen Strandrestaurants. 1x pro Woche lohnt das jeweils fantastische Seafood- und Thai-Buffet.
Klong Prao Beach
Tel. 039 55 71 22
Tgl. 12 – 14 und 18.30 – 22.30 Uhr

Des Weiteren gibt es an jedem Strand kleine und günstige Lokale direkt am Wasser, die meistens auch frischen Fisch im Angebot haben.

sieht man allerdings sehr gut, weil man **weit gehen** muss, um schwimmen zu können.

Ein bisschen Chaweng

Lonely Beach

Viele sagen Lonely Beach oder auch Thanam Beach ist die **kleine Version** vom Chaweng Beach auf Ko Samui. Grund: die häufigen **Beachpartys**. Die Unterkünfte sind günstig (ab 400 Baht!), junge **Backpacker** die Klientel und der Strand ist auch gut, allerdings v. a. bei Flut deutlich schmaler als die anderen. Auch das Wasser fällt recht schnell ab. Und: Alleine ist man auch am Lonely Beach schon lange nicht mehr ...

Der Kleinste

Bailan Beach

Der **südlichste Strand** der Westküste und mit knapp 400 m auch der kürzeste: Der Sand ist hell, der Meeresuntergrund allerdings steinig und der Palmen gesäumte Strand ist nur bei Flut zum Schwimmen geeignet. Der **Regenwald** wächst fast bis ans Meer heran. Es gibt zwei Mittelklasse-Resorts.

Rund um Ko Chang

Bootsausflug

Von verschiedenen Stränden gibt es regelmäßig Ausflugsboote in den **Marine National Park**. 50 Inseln schafft man bei einem Tagesausflug zwar nicht, aber doch meistens fünf: Fast immer dabei sind **Ko Rang, Ko Wai** und **Ko Yak**, dazu kommen in der Regel noch zwei Schnorchelstopps.

Kapitän auf Zeit

Ko Mak

Ebenfalls zum **Marine National Park** gehörend, hat sich auch auf Ko Mak eine sichtbare **touristische Infrastruktur** entwickelt, besonders an den beiden sehr schönen und gleichzeitig wichtigsten Stränden **Khao** und **Suan Yai**. Von der einfachen, günstigen Strandhütte bis zu einem luxuriösen Bungalow reicht die Auswahl an Unterkünften. Die witzigste Bleibe bietet sicher das Cococape Resort: Auf einer hübsch restaurierten **Reisbarke** schläft man direkt am Meer (www.kohmakcococape.com) – und ist Kapitän auf Zeit. Ko Mak ist täglich mehrfach von Ko Chang und Laem Ngop per Boot erreichbar.

Vorsicht vor Malaria!

Ko Kut

An dem **halben Dutzend Stränden** der Westküste liegen einige meist einfache Bungalow-Anlagen. Alle Strände sind klein und schmal, die Infrastruktur wenig ausgebaut. Wegen der Nähe zur Grenze leben viele **Kambodschaner** auf der **viertgrößten Insel** Thailands. Vorsicht in der **Regenzeit**: Dann gilt Koh Kut als Malaria-Gebiet! Die Insel ist täglich mehrfach von Ko Mak, Ko Chang und Laem Ngop erreichbar.

★ KO LANTA

Region: Südthailand
Provinz: Rayong
Höhe: 0 – 488 m ü. d. M.
Einwohnerzahl: 20 000

B/C 16

Die Traveller rücken inzwischen mit Trolley statt Rucksack an. Reger Wettbewerb um die Gäste gehört zum Alltag von Ko Lanta, dieser etwa 50 km südlich von Krabi in der Andamanensee gelegenen Insel, auf der erst in den 1990er Jahren der Tourismus durchstartete. Die Strände sind, damals wie heute, der große Anziehungspunkt für die Urlauber, denen ein feines und bezahlbares Angebot an Resorts zur Auswahl steht.

Es gibt Ko Phuket und Ko Phi Phi, Ko Samui und Ko Samet: Warum also soll man ausgerechnet nach **Ko Lanta Yai**, der großen bewohnten, und **Ko Lanta Noi**, der kleinen unbewohnten Insel, die nur durch einen schmalen Meereskanal getrennt sind? Nun, da ist die gut 20 km lange Westküste mit neun sehr schönen Sandstränden, eine Beschaulichkeit, die es auf den genannten Inseln nicht mehr gibt, und eben die Möglichkeit, auch mal auf eine unbewohnte Insel für einen Robinson-Ausflug ausweichen zu können. Teile von Ko Lanta Yai sowie eine Anzahl vorgelagerter kleinerer Inseln wurden 1990 zum **Meeresnationalpark** erklärt. Die höchste Erhebung liegt im südlichen Inselteil von Ko Lanta Yai und bringt es immerhin auf 488 m über dem Meeresspiegel. Bis vor wenigen Jahren galten die Inseln noch als Refugium für Globetrotter. Doch inzwischen gibt es auch recht komfortable Unterkünfte. Die Hauptsaison liegt zwischen Dezember und Februar, dann sind die Unterkünfte deutlich teurer und auch sehr gut belegt. Vom Tourismus lebt auf Ko Lanta bislang nur ein kleinerer Teil der Bevölkerung. Vielmehr bringen neben vielen **Kokosnussplantagen** die zahlreichen **Shrimp-Farmen** das Geld ins Haus.

Wohin auf Ko Lanta?

Besser ist die Westküste

Die Strände

Von den neun Westküstenstränden, meist mit Kasuarinen, Pinien und nur einigen hohen Palmen bewachsen, sind **Klong Dao** und **Phrae Ae**, häufig auch **Long Beach** genannt, die schönsten: jeweils 3 km lang und weitläufig, mit guter Infrastruktur hinsichtlich Unterkunft, Restaurants, Wassersportangebot und Nachtleben (bezogen auf Long Beach). Dort spielten sich ungefähr zwei Drittel des touristischen Lebens ab. Alle anderen Buchten sind nicht weniger schön, nur deutlich einfacher in der Infrastruktur, dafür aber häufig sogar viel ruhiger, wie etwa **Ao Klong Jark**. Die Strände an der östlichen Inselseite eignen sich nicht zum Baden: Sie sind schlicht zu flach.

Gut bebaut

Aussichtspunkt

Etwa 2 km westlich von Ban Saladan liegt die **Halbinsel Kaw Kwang**, wo vom Strand einige Treppen zu einem Aussichtspunkt führen. Dort muss man feststellen, dass auch Ko Lanta schon ganz gut bebaut ist ...

Immer vormittags

Märkte

Abgesehen von den alten Häuser von **Old Lanta**, wie die älteste Siedlung auf der Insel genannt wird, bieten weder **Ban Saladan** an der Westküste noch **Ban Ko Lanta** an der Ostküste besondere Sehenswürdigkeiten. Reizvoll sind jedoch die Märkte, die vormittags abgehalten werden.

KO LANTA ERLEBEN

ANREISE

Fähre: Von Krabi, Ko Phi Phi und Trang geht es mit Expressbooten (ein- bis zweimal tgl., je nach Wetterlage) nach Ban Saladan, dem Hauptort der Insel. Es gibt auch eine Autofähre, ca. 20 km südlich von Krabis Airport (tgl. bis 22 Uhr). Während der Monsunzeit wird der Fährverkehr fast vollständig eingestellt.

Flug: Der nächste Flughafen befindet sich bei Krabi, von dort geht es weiter mit dem Boot.

SRI LANTA €€€€

Schön gelegene, modern und luxuriös eingerichtete Villen, meist in Hanglage, aber mit einfachem Zugang zum Strand. 49 Villen, Restaurant, Swimmingpool, Yoga-Classes.
Moo 6, Klong Nin Beach
Ko Lanta Yai | Tel. 075 66 26 88
www.srilanta.com

PIMALAI RESORT & SPA €€€

Ein edles Small Luxury Hotel of the World, das an einer weit geschwungenen, 900 m langen Bucht liegt und allen Komfort bietet. Schon die kleinsten Zimmer haben 48 m^2. 86 Zi., 3 Restaurants, Swimmingpool, Spa, eigene Tauchbasis.
Moo 5, Ba Kan Tiang Beach
Ko Lanta Yai
Tel. 075 60 79 99
www.pimalai.com

NOON SUNSET RESTAURANT €€

Fantastische Lage auf einem Felsvorsprung, gepaart mit gutem Thai-Essen wie dem Krebs-Curry, macht das Restaurant zum besten der Insel.
Moo 5, Kan Tiang Beach
Ko Lanta Yai | Tel. 075 66 51 28
www.noonlanta.com

Ansonsten gibt es in jeder Bucht auch kleine Lokale direkt am Strand, meist auch mit frischem Fisch im Angebot und alles für wenig Geld.

Atmosphärischer Blick auf den Leuchtturm von Ko Lanta

★★ KO PHA NGAN

Region: Südthailand
Provinz: Suratthani
Höhe: 3 – 627 m ü. d. M.
Einwohnerzahl: 12 000

»The place to be« für Partys, zum Tanzen, Abhängen, Flirten bei Techno- oder Lounge-Musik. Zum Sonnenuntergang läuft man von Hat Rin Ost ein paar Schritte nach Hat Rin West, wo jeden Abend die orangerote Kugel ins Meer plumpst, unzählige Bierchen sowie einige Pillen geschluckt werden, und Pärchen hemmungslos knutschen – ob sie nun hetero, schwul oder lesbisch sind. Ko Pha Ngan, von einem mächtigen Kalksteingebirge dominiert, das stellenweise bis zu den Stränden heranreicht, hat seine Nische im Schatten von Ko Samui gefunden. Die Bewohner leben noch in erster Linie vom Fischfang. Wenngleich sich der Tourismus immer mehr zur zusätzlichen Einnahmequelle entwickelt. Und wunderbare Top-Resorts gibt's inzwischen auch schon!

Die 19 km lange und 12 km breite Insel, 16 km nördlich von Ko Samui, dient schon seit langem als Ausweichquartier: wenn Samui überfüllt ist und für diejenigen, denen Ko Samui einfach nicht mehr gefällt. Etwa 15 Jahre in der Entwicklung hinterher – das sagt man der um etwa ein Drittel kleineren Schwesterinsel Pha Ngan nach. Landschaftlich ist Ko Pha Ngan felsiger, urwüchsiger und rauer als die große, sanfter anmutende Schwester. Zwei Drittel der Fläche sind von tropischem Urwald überzogen, wo sich seit mehr als 200 Jahren kaum etwas verändert hat. Zu dieser Zeit kamen die ersten Chinesen auf die Insel, um Kokosnussplantagen anzulegen und die vorhandenen Zinnvorräte auszubeuten.

Die Inselmetropole

Thong Sala

Thong Sala ist die einzige nennenswerte Ansiedlung auf Ko Pha Ngan mir rund **50 % aller Insulaner** als Einwohner und mit allen notwendigen **Einrichtungen**, angefangen vom **Anlegesteg** für die Boote von Ko Samui über Apotheke bis zur Verleihstation von Motorrädern. **Markt** und Walking Street ist jeden Sa. 16 – 22 Uhr. Empfehlenswert ist ein Besuch des Meditationstempels **Wat Khao Tham** mit einem Fußabdruck Buddhas. Der Tempel liegt bei Ban Tal. Am Buddhismus interessierte Menschen können hier an englischsprachigen **Meditationskursen** teilnehmen.

Die Strände

30 Strände

Die knapp 30 und insgesamt mehr als 17 km langen Strände zählen zu den **schönsten Thailands**, wenngleich sich das Meer bei Ebbe an vielen Stellen so **stark zurückzieht**, dass an Schwimmen nicht zu denken ist. Aber die meisten sind recht klein und **idyllisch** gelegen, was den **Bergen** und dem **Dschungel** als naturschöne Kulisse geschuldet ist. Sie lassen auch nicht zu, dass der ganze Inselsaum bebaut werden kann. Und so ist auch der **Bootstransfer** noch immer der gängigste Weg, um an die einzelnen Strände zu gelangen. **Komfortable Hotels** sind im Kommen, echter Luxus ist noch selten und **einfache Unterkünfte** gibt es noch zahlreich. Langzeitreisende schätzen das. Sie bewohnen Bambushütten, dösen in Hängematten, lesen am Strand dicke Wälzer und lassen die Haschpfeifchen kreisen: Hippie-Romantik ohne Armbanduhr. Abends, bevor die Sonne im Golf von Siam versinkt, rafft sich die Gemeinde auf und spielt eine Runde **Beachvolleyball**. Sozusagen das Warm-Up für die langen **Party-Nächte**.

Zur Insel stapfen

Mae Hat Beach

Der schönste Platz an der **Nordküste**: Vereinzelt sind **Hängematten** an den Bäumen zu finden, das Wasser ist klar und der Strand mit

Bei Sonnenuntergang kommt an so manchem Strand langsam Party-Stimmung auf.

500 m Länge schon recht groß. **Heller, feiner Sand**. Das Beste: Ein Fußmarsch durchs Wasser zur Miniinsel **Maa**.

Der schönste Strand

Thong Nai Pan Beach

Die **Ostküste** glänzt mit einer ganzen Reihe von **verträumten Buchten** und mit **Stränden wie gemalt**: hellblaues Wasser, weißer, feiner Sand, breit, sanft abfallend – ideale Bedingungen zum Schwimmen – und fast immer zwischen zwei dicht bewachsenen Hügeln gelegen. Herausragend: die zwei sichelförmigen Buchten Thong Nai Pan Noi und Thong Nai Pan Yai, also die **kleine** und die **große Bucht**. An der Kleineren finden sich die besten Resorts der Insel. Thong Nai Pan Yai hat noch einige Bungalows. Beide Strände sind nie voll, und die **Granitfelsen** an den Rändern erinnern an schönste Seychellen-Aufnahmen.

Mit Korallenriff

Ban Tai Beach

An der **Westküste** findet sich einer der **längsten Strände** der Insel, der von einem breiten, von der Küste etwa 200 m entfernten Korallenriff geschützt ist. Der Sand ist hell und fein, das Meer **sehr flach** abfallend. Entwickelt sich nach und nach zur **zweiten Feierzone** mit **Half-Moon-Partys** und anderen Events, welche die Zeit zum Vollmond verkürzen sollen.

KO PHAN NGAN ERLEBEN

ANREISE

Fähre: Von Suratthani, meist mit Zwischenstopp auf Ko Samui, von Samui ab Nathon und auch von Ko Tao, jeweils mehrfach tgl. Fahrtzeit jeweils um 2 Std.; das berühmte Nachtboot von Suratthani benötigt 7 Std. (23 – 6 Uhr).

ANANTARA RASANANDA VILLA RESORT & SPA €€€

Ohne Zweifel das schönste Resort auf der Insel! In abgeschiedener Lage fühlt man sich wie an einem Privatstrand. Jede der schick-asiatisch gestylten Suiten, die mit allem ausgestattet sind, was ein Luxus-Resort haben muss, verfügt über einen eigenen Pool mit großer Terrasse und Dschungel- oder Meerblick, das abendliche Zikaden-Konzert inkl. Das Moskitonetz ist nicht nur romantisch, sondern auch nützlich, wenn man mit offener Terrassentür schlafen möchte. Vom Meer aus gesehen, ist das Resort kaum auszumachen, so gut wurde es in die Natur integriert. Das Spa ist komplett aus Holz und die Yoga-Plattform mystisch in Granitfelsen geschlagen. 64 Zi., 2 Restaurants, 2 Swimmingpools, Spa.
Thong Nai Pan Noi Beach
Tel. 077 95 66 60
https://phangan-rasananda.anantara.com

PHUWADEE RESORT & SPA €

Für den günstigen Preis sehr gut ausgestattete Steinbungalows, z. B. mit Klimaanlage und Kühlschrank. Es gibt auch zwei Beachfront-Chalets. 50 Zi., Restaurant, Swimmingpool, Spa.
Thong Nai Pan Noi Beach
Tel. 077 44 51 32
www.phuwadeeresort.com

FIRST VILLA BUNGALOW €

Einfaches, aber nettes Resort, u. a. auch mit Beachfront-Bungalows und Wassersportmöglichkeiten, südlich von Thong Sala. 26 Zi., Restaurant, Swimmingpool, Jeep- und Motorradverleih.
Ban Tai Beach
Tel. 077 37 72 25
www.firstvilla.com

PHANGAN RAINBOW €

Schöne Holz-Bungalows, einige davon direkt zum Strand ausgerichtet. Familienbetrieb am Ban Khai Beach, der, wie Ban Thai, zu den Party-Stränden auf Pha Ngan zählt. 25 Zi., Restaurant.
Ban Khai Beach
Tel. 077 23 82 36
www.rainbowbungalows.com

BISTRO@THE BEACH €€

Die Füße sind barfuß im Sand, der Blick geht aufs Meer – und auf den Teller, der mit köstlichen Thai-Spezialitäten bestückt, auch der Nase schmeichelt.
Thong Nai Pan Noi Beach
Tel. 077 95 66 60
Tgl. 11 – 15 und 18 – 22 Uhr

Man isst meist an seinem Strand, um unnötige nächtliche Fahrten zu vermeiden. Trotzdem gibt es mehrere Optionen, denn wirklich an jedem Strand warten kleine und günstige Lokale, die meistens auch frischen Fisch im Angebot haben, auf Kundschaft.

Die Party-Meile

Hat Rin

Dieser 1 km lange helle und feine Sandstrand ist ein **Phänomen**. Bekannt wurde er, weil er mit den Bereichen Hat Rin Ost und West die Möglichkeit bietet, sowohl den Sonnenaufgang als auch den -untergang zu erleben: am **Sunrise** und **Sunset Beach**. Das wurde gefeiert und irgendwann kamen dann die legendären **Full-Moon-Partys** dabei daraus. Dort treffen sich **Haschbrüder und -schwestern** sowie **Schickis und Mickis** gleichermaßen. Ergebnis: Der Strand ist komplett zugebaut, sogar mit mehrstöckigen Häusern. Besonders zur Hochsaison verwandelt sich Hat Rin nachts in eine riesige Party-Meile mit mehreren großen **Soundsystemen**, Feuer-Shows und selbstverständlich Thai-Whiskey und Drogen – auch ohne Vollmond ... Tagsüber gehört **Oben-Ohne-Baden** im Tanga zum Traveller-Ton, was den Thais gar nicht gefällt, auch wenn sie nichts dazu sagen. Das fällt wohl unter thailändische Toleranz ...

Völlig ausgeflippt

Full-Moon-Party

Bis zu **40 000 Head-Banger** kommen jeden Monat am ersten Abend des Vollmonds. Diese Vollmond-Partys sind inzwischen **weltberühmt** und berüchtigt: Das Jungvolk aus beinahe allen Ländern bevölkert dann die Insel. Einmal Full-Moon-Party am Hat Rin Beach! Einmal dabei sein! Das ist für viele wichtiger als alles andere in Thailand! **Verdeckte Drogenermittler** versuchen zwar das Gröbste zu deckeln, aber konsequent geht keiner dazwischen. Das **Party-Geschäft** ist inzwischen schon zu groß, als dass man auf die Einnahmen verzichten kann und will. Wenn man allerdings erwischt wird, endet die Party nicht selten im Gefängnis. Es gibt Angebote auf Ko Samui,

abends nach Pha Ngan zu schippern und morgens zurück, denn die **Zimmerpreise** zu Vollmond steigen immer mindestens um 100, oft auf bis zu 200 % an!

Ausflug per Segelschoner

Bootsausflüge zu den **42 Inseln** im Ang-Thong-Archipel führen in eine faszinierende **subtropische Welt** mit schönen Stränden und tollem **Unterwasserangebot**. Viele dieser Inseln sind noch **unbesiedelt**. **Ko Mae** mit dem Emerald Lake ist immer dabei. Ansonsten gibt es Strand- und Schnorchel-Stopps an z. T. bizarren Felsformationen. Sehr schön ist die **Übernachtfahrt** mit dem Segelschoner »Itsaramai« (http://sailing.thailand.free.fr).

★★ KO PHI PHI

Region: Südthailand
Provinz: Rayong
Höhe: 2 – 744 m ü. d. M.
Einwohnerzahl: 3500

Die Südsee in Thailand: Es strahlen traumhafte, palmengesäumte weiße Strände, in Idealform geschwungen und eingerahmt von mit dichtem Urwald bewachsenen Bergen. Dort die tiefe, dunkelblaue Bucht Tonsai, in der die Schiffe anlegen, und gegenüber die seichte und deshalb hell schimmernde Lo Dalum Bay: Schöner geht's nicht! Wenn es nur nicht ein verlorenes Paradies wäre: Tourismus und Tsunami haben auf beiden Phi-Phi-Inseln deutliche Spuren hinterlassen. Trotzdem sind – alleine die Natur betrachtet – keine Inseln schöner in Thailand! Und für die Chinesen sogar der Garten Eden: Werden darauf doch an schier unerreichbaren Klippen unter schwersten Bedingungen Schwalbennester geerntet, die als Delikatesse zubereitet, Potenz fördernde Wirkung haben sollen ...

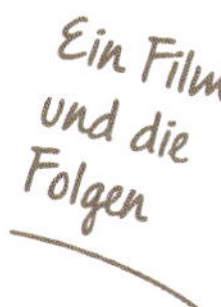

Die ersten **Bambushüttchen** entstanden Anfang der 1970er-Jahre. **Fischer** sorgten für den Bootstransfer. Die Szene traf sich abends im dämmrigen Schein von **Petroleumlampen** und schwärmte von Eden. Alles war gut. Es kamen zwar immer mehr Touristen, aber noch keine Massen. Das änderte sich mit Alex Garland und seinem **Roman »The Beach«**. Die Geschichte über die Suche nach dem **perfekten Strand** wurde verfilmt, und die Filmemacher wählten mit **Leonardo di Caprio** in der Hauptrolle, der den Rucksackreisenden Richard spielte, die unbewohnte Insel **Phi Phi Le als Drehort**. Dort fand di Caprio schließlich seinen verklärten Traumstrand und die Phi-Phi-Inseln wurden mit einem Schlag weltberühmt. Was verheerende Folgen haben sollte. »The Beach« ist die **Maya Bay**, in der alle Blautöne schimmern und das grelle Weiß des feinen Sandstrands für einen scharfen Kontrast sorgt. Nur Palmen gibt es nicht. Für diesen letzten Touch wurden von Requisiteuren **60 Kokospalmen** eingebuddelt. Erst dann gab sich Produzent Andrew MacDonald mit der Location zufrieden. Die Palmen sind mittlerweile wieder verschwunden. Aber Maya Beach hat seine Ursprünglichkeit nie wieder zurückerlangt. Die Anzahl der Besucher, von ein paar Handvoll pro Tag, hat sich seitdem in die Tausende erhöht.

Die Welle und ihre Folgen

Der Tsunami

Ko Phi Phi war eines der Gebiete in Thailand, das vom Tsunami am 26. Dezember 2004 besonders **schwer getroffen** wurde. **691 Menschen starben** nach offiziellen Angaben durch die Flutwellen, fast die gesamte **Infrastruktur wurde zerstört**. Mittlerweile ist zwar alles wiederaufgebaut. Aus der Katastrophe haben die Bewohner von Phi Phi Don allerdings offensichtlich nicht allzu viel gelernt. Die **neue Bebauung** folgt wiederum der Uferlinie. Anordnungen der Regierung, sicherheitshalber wenigstens eine gewisse Entfernung einzuhalten, wurden schlichtweg nicht befolgt. Immerhin wurden **Warnschilder** aufgestellt, die im Falle eines weiteren Tsunami, den Weg zu sicheren Inselgebieten weisen.

 Ko Phi Phi Don

Wunderbarer Lookout

Von den vielen kleinen Inseln, die den 390 km² großen **Hat Noppharat Thara Marine National Park** bilden, ist Phi Phi Don als einziges Eiland **bewohnt**. Unvergleichlich ist die Landschaft mit wahrhaft exotischen Traumstränden mit feinem Sand und türkis schimmerndem Wasser. Der schweißtreibende, stellenweise recht **steile Aufstieg** zum Lookout (Wasserflasche nicht vergessen!) wird mit einem wunderbaren Blick über die Ao Tonsai und die gegenüberliegende Ao Lo Dalum sowie auf die Nachbarinsel Ko Phi Phi Ley belohnt. Es ist vielleicht der schönste Aussichtspunkt in Süd-Thailand.

Long Beach und Co.

Die Strände

Von den rund **15 tollen Stränden** ist Long Beach mit seinem feinen weißen Sand und Aussicht auf die **Steilwände** sowie Koh Phi Phi Leh sicher der spektakulärste. Das Meer schimmert türkis-grün und glasklar. Resorts unterschiedlicher Preiskategorien stehen zur Wahl. **Lo Dalam Beach** ist zwar nicht ganz so weiß, fein und türkis-grün, aber dafür der **Party-Spot**: Jede Nacht wird fröhlich und laut gefeiert.

Von der größeren Insel geht es nach Ko Phi Phi Lay an di Caprios Traumstrand.

Wunderschön, immer noch recht ruhig, obgleich fast wie eine Kopie der gefilmten Maya Bay, ist der kleine und etwas versteckte **Nui Beach**.

Mit dem Longtail-Boot

Insel-rundfahrt

Da es auf Phi Phi Don – abgesehen von der Straße durch das dicht bebaute Örtchen Tonsai Bay – **keine Straßen** gibt, lohnt eine Inselbesichtigung mit dem Longtail-Boot. Solche Bootsrundfahrten werden von vielen Hotelanlagen und Reisebüros vor Ort angeboten. Dabei werden Zwischenstopps eingelegt, bei denen Gelegenheit zum **Schnorcheln und Baden** besteht. Außerdem wird auch immer die unbewohnte Nachbarinsel **Phi Phi Lay** mit ihrer faszinierenden Welt über und unter Wasser angesteuert.

Die Bambus-Insel

Ko Phai

Einige Kilometer nördlich von Phi Phi Don liegt das kleine und flache Bamboo Island, von den Einheimischen Ko Phai genannt. Sie ist ein schönes Ziel für einen **Tagesausflug** mit einem gecharterten Longtailboot. Die Strände sind **wunderschön** zum Sonnenbaden, Schwimmen und Schorcheln.

★★ Ko Phi Phi Lay

Der Traum von der Maya Bay

Thailands wahrscheinlich **schönste Insel** liegt nur wenige Kilometer von Phi Phi Lay entfernt: Mit senkrecht aus dem Meer ragenden, durch Erosion entstandenen, zerklüfteten **Steilwänden**, tonnenschweren **Stalaktiten**, riesigen **Höhlen**, klar aus dem Wasser schimmernden **Korallengärten** und traumhaften **Buchten** verzaubert sie alle – auch wenn seit dem Di-Caprio-Film alles **überlaufen** ist. Die Resorts auf der Schwesterninsel Phi Phi Don statten die Gäste für ihre Massenrobinsonaden mit Schnorchel und Lunch-Paketen aus.

KO PHI PHI ERLEBEN

ANREISE

Fähre: Tgl. mehrfach von Krabi, Ko Lanta und Phuket (je 2 – 3 Std). Mai – Sept. fallen aufgrund der Wetterbedingungen oftmals die Fähren aus oder verkehren nur sporadisch. Der Weitertransport der Hotelgäste auf der Insel erfolgt im Regelfall mit dem Longtail Boot.

PHI PHI NATURAL RESORT €€

Schön in eine weitläufige Gartenanlage hineingebautes Mittelklasse-Resort mit hübsch eingerichteten Zimmern, z. T. in einzeln stehenden Holzbungalows. Breiter, schöner Sandstrand im ruhigen Norden. 77 Zi., Restaurant, Swimmingpool.
Nang Beach | Tel. 075 81 87 06
www.phiphinatural.com

PHI PHI VILLA RESORT €€

Gut gelegenes, gehobenes Mittelklasse-Resort mit sehr modern eingerichteten Zimmern mit Parkettböden, alle mit Balkon oder Terrasse. 62 Zi., Restaurant, Swimmingpool, Minimarkt.
Long Beach | Tel. 075 60 10 00
www.phiphivillaresort.com

PARADISE PEARL €€€

Nagelneues 4-Sterne-Resort mit sehr geschmackvoll im Thai-Stil dekorierten Zimmern. Im guten Strand-Restaurant überblickt man die ganze Bucht. 40 Zi., Restaurant, Swimmingpool.
Long Beach | Tel. 077 41 19 60
www.phiphiparadisepearl.com

ZEAVOLA €€€€

Mit echten Antiquitäten individuell eingerichtete Zimmern in schönen Thai-Villen, von denen einige sogar einen kleinen Privatpool mit Sicht aufs Meer haben. Der Raum zwischen den Bungalows könnte größer sein, ansonsten tadellos: Das derzeit beste 5-Sterne-Resort der Insel, ebenfalls im ruhigen Inselnorden an einem schönen, breiten Strand. 52 Zi., Restaurant, Swimmingpool, Spa.
Laem Tong Beach | Tel. 075 62 70 00 | www.zeavola.com

Zum Abendessen bleibt man eigentlich immer an seinem Hotelstrand, um nächtliche Boot-Transfers zu vermeiden. Doch an jedem Strand gibt es immer mehrere Optionen. Im Hauptort Tonsai Bay ist praktisch in jedem zweiten Haus ein Restaurant.

Bis zu 5000 Ausflügler kommen pro Tag an die Maya Bay! Inzwischen wird sie von **Mai bis September komplett gesperrt**. Dann macht die Maya Bay Urlaub von den Urlaubern.

Frisch in die Suppe

Schwalbennester

Die kleine Phi-Phi-Insel ist zwar **unbewohnt**, aber dennoch wirtschaftlich bedeutsam: Ganze Familien holen Schwalbennester im Auftrag eines Konzessionärs aus den vielen **Höhlen und Grotten**. Dabei hangeln sie sich waghalsig an Gerüsten aus zusammengebundenen Bambusstangen, manchmal auch an Lianenbündeln in die Höhe. Die Schwalbennester der kleinen **Seglerschwalben** sind eine ebenso beliebte wie rare Zutat für die chinesische Küche, wo sie als absolute **Delikatesse** gelten. Für 1 kg werden in Hongkong bis zu 2000 US-$ gezahlt. Gegessen werden übrigens nicht die Nester, sondern die **Speichelfäden**, mit denen die Vögel ihre Nester zusammenkleben. Nach längerem Einweichen können diese, von Schmutz gereinigt, in einer Brühe gekocht werden. Auf der Nordseite der Insel Phi

BAEDEKER MAGISCHE MOMENTE

DI CAPRIO SPIELEN

Ganz früh ein Longtail-Boot von der Phi-Phi-Hauptinsel nehmen und im Idealfall vor den anderen 4999 Tagesgästen in der Maya Bay von Ko Phi Phi Lay ankommen: grünlich schimmerndes Wasser, ein weißer Strand, bewachsene Steilwände und eine durchdringende Ruhe ... Ja, das ist der perfekte Strand! Als sei man Richard im Roman und Film »The Beach«. Der wurde übrigens von Leonardo di Caprio gespielt ...

Phi Lay geben **Höhlengemälde** der Wissenschaft immer noch Rätsel auf. Sie werden zwar als Wikinger-Gemälde bezeichnet, doch stammen die Segelschiffbilder wohl kaum vom nordischen Seefahrervolk.

KO SAMET

Region: Südostthailand
Provinz: Trat
Höhe: 2 – 105 m ü. d. M.
Einwohnerzahl: 2500

E 11

Jetzt ist man da – und träumt trotzdem: Gibt's das eigentlich? Wer zupft einen? Damit man weiß, dass alles wahr ist! Das Wasser vor Ko Samet ist dunkelblau und geht an den Stränden in Türkis oder Smaragdgrün über. Schneeweiße Strände mit herrlich grünem Palmensaum runden ein paradiesisches Bild bei der Ankunft mit dem Boot ab. Samet war deshalb eine der ersten Inseln Thailands, die auch ausländische Touristen anlockte. Denn den Einheimischen aus dem nahen Bangkok war das Eiland längst bekannt …

Dunkelblau und türkis

Ko Samet, 1981. Die Insel wird in den **Nationalpark Khao Laem Ya** integriert, um den schlimmsten Wildwuchs an Hüttchen zu verhindern. Eine Bungalow-Anlage nach der anderen wurde bis dahin auf der Insel gebaut, schwarz, ohne Genehmigung. Elf Jahre später: Der Nationalpark-Status hat nicht geholfen, und es kommt zu einer bis dahin nicht gekannten Aktion der Behörden. Die kleine Trauminsel mit ihrer Felsküste und den herrlich weißen Sandbuchten dazwischen schien schon zu bersten, ehe ein drei Monate dauerndes Großreinemachen anstand: Rund 50 Bungalowanlagen mussten schließen, weil sie ohne Erlaubnis gebaut wurden, sich die Besitzer nicht um die Müllentsorgung kümmerten und keine Maßnahmen für die Trinkwasserversorgung in Angriff nahmen. Heute wird das Trinkwasser per Boot herangeschafft, da das Inselgrundwasser nur noch in großen Tiefen über Trinkwasserqualität verfügt. Ebenfalls über dem Seeweg wird der größte Teil des anfallenden Mülls abtransportiert und schließlich auf dem Festland entsorgt.
Trotz ungelöster Probleme – zugebaute Strände, Abfall, Trinkwasserknappheit – wurde ein erlassenes Übernachtungsverbot auf der Insel wegen des Widerstands von Geschäftsleuten und Einheimischen nach zwei Jahren wieder aufgehoben. Ko Samet ist nun fast wieder auf dem Stand von 1981, nur sind die Resorts nun komfortabler und

Der alte Hafen von Ko Samet hat die touristischen Stürme überstanden.

zeitgemäß sowie meist genehmigt. V. a. an Wochenenden kommen Tausende **einheimischer Ausflügler** aus Bangkok und das ganze Jahr über weiterhin **Touristen aus aller Welt**, weil es sicherlich der beste Ort ist, um in der Nähe von Bangkok zu faulenzen, gut zu essen, zu schwimmen oder zu schnorcheln.
Achtung, v. a. in der Regenzeit besteht zeitweise **Malariagefahr**: Daher Vorsorge treffen, abends helle, lange Hemden und Hosen anziehen, sich mit Repellent einschmieren und immer unterm Moskitonetz schlafen! Praktisch jedes Resort auf Ko Samet hat Netze über den Betten.

Die Strände

Fliegende Händler und Hühnerbeine

An der Schönheit der Strände zweifelt trotz aller Umweltsorgen kein Mensch. Der Großteil der Touristen verteilt sich auf **zehn Buchten** auf der 6 km langen und 2 km breiten Insel. An erster Stelle in der Gunst liegt **Ao Phai**. Ein Strand, der kaum einen Wunsch eines Feriengastes offen lässt: ob nach Büchern, auch deutschsprachigen und strandtauglichen 500-Seiten-Romanen, oder Surfbrettern, einer großen Auswahl an Restaurants und Unterkünften oder ob nach Liegestühlen, Hängematten und Sonnenschirmen. Am Strand kommen **fliegende Händler** vorbei und bieten von **tragbaren Grillstationen** marinierte Hühnchen-Steaks und -Schenkel oder den teuflisch scharfen Papaya-Salat aus grünen, unreifen Papayas an. Das Gleiche gilt auch für die anderen Strände, besonders für **Ao Tantawan**, wenn auch klein, aber dafür mit wunderschönen Kokospalmen bestückt, im Osten, **Ao Sai Kaeo** im Nordosten mit Puderzuckersand sowie **Ao Phrao**, der sehr ruhige und nur 300 m lange Paradiesstrand im Westen.

KO SAMET ERLEBEN

ANREISE

Auto: Von Bangkok über die Nationalstraßen 3 und 36 bis Rayong; von dort geht's weiter nach Ban Phe zum Pier (195 km).

Bus: Tgl. mehrfach von Bangkoks Eastern Bus Terminal mit Umsteigen in Rayong nach Ban Phe (4 Std.).

Fähre: Tgl. mehrfach von Ban Phe auf die Insel (30 Min.).

SAI KAEW BEACH RESORT €€€

Stylish, cool und modern das Äußere, durchaus warm und elegant die Zimmer im Inneren. Sehr gepflegte 4-Sterne-Anlage, guter Service und sogar an zwei Stränden gelegen. 158 Zi., Restaurant, Swimmingpool, Babysitter.
Phrao Beach
Tel. 038 64 41 95
www.samedresort.com

VONGDEUAN RESORT €€

Einfaches Mittelklasse-Resort mit recht schlichten Zimmern im Haupthaus und deutlich besserer Ausstattung in den Bungalows. 40 Zi., Restaurant, Swimmingpool.
Tantawan Beach | www.koh-samet.org/koh-samed/Vong_Deuan_Resort

BAAN PLOY SEA RESORT €€

Schlichtes, 2-stöckiges Holzgebäude, keine 10 m vom Wassersaum entfernt. Einfach, aber stilvoll mit viel Holz eingerichtete Zimmer im 2-Sterne-Bereich. Der orangefarbige Pool liegt ebenfalls direkt am Meer. 16 Zi., Restaurant, Swimmingpool, Babysitter.
Sai Kaeo Beach | Tel. 038 64 43 55
www.samedresorts.com/baanploy

CANDLELIGHT RESORT €

Schlichte Bungalow-Anlage im Südosten, wie es sie früher so oft gab: einfache Ausstattung, mit oder ohne Klimaanlage, gemütlich und günstig. Reservierungen werden nicht angenommen. 21 Zi.
Thian Beach | Tel. 08 17 62 93 87
http://kohsamed.net/candlelight resort.html

Zum Abendessen bleibt man meistens an seinem Hotelstrand oder bummelt mal über den Hügel zum Nachbar-Beach. Jeder Strand bietet aber immer mehrere Optionen, fast immer auch mit frischem Fisch, den man auf dem Eisbett auswählt und sich dann nach Gusto zubereiten lässt.

Fischsauce vom Festland

Rayong

7 km sind es von Samet zum Festland und nochmals weitere 7 km in das **Provinzstädtchen** Rayong. Im Bus sind die Fenster geöffnet. Und schon kilometerweit vor dem Ort ist Rayong zu erriechen. Der Grund: Die Gegend lebt vom Fang winziger Fische, die zu der Fischsauce **Nam Pla** verarbeitet werden.

Eine große Flotte buntbemalter Schiffe, die jede Nacht ausläuft, zeigt die Bedeutung, der Fischgeruch am Hafen die Intensität von Nam Pla. Arbeiter verrühren in Betonmischern die in der Sonne grell silbrig glitzernden **Fischwinzlinge** mit grobem Salz. Nach ausreichendem Rotieren wird der Inhalt der Trommel in Zisternen gekippt, wo er ein paar Monate ziehen muss, was den strengen Geruch verursacht. Ist der Reifeprozess abgeschlossen, wird der Hahn aufgedreht, das goldbraune Nam Pla in Kanister abgefüllt und **ins ganze Land verschickt**.

Auch wenn die Prozedur dem Großraum Rayong einen penetranten Geruch beschert: Nam Pla verfeinert viele Gerichte, ist das Maggi der thailändischen Küche, das auf keinem Tisch im Königreich fehlen darf. Die Thais lieben die Sauce und sind froh, dass es Rayong gibt …

KO SAMUI

Region: Südthailand
Provinz: Suratthani
Höhe: 2 – 635 m ü. d. M.
Einwohnerzahl: 45 000

Wunderschöne Strände, herunterhängende Palmen und grünlich schimmerndes Wasser: Ja, das gibt es alles noch auf Ko Samui. Nur ist inzwischen fast alles zugebaut, und die einstige Romantik ist passé. Aber dennoch sind sie alle da, auch rund 40 Jahre später: die Traveller, die Alternativen oder diejenigen, die sich zumindest dazu zählen, die Alt- und Neu-Hippies, die 40-Baht-Billiger-Sucher, die Szenigen, die Ohrringträger, die Dosenrandabwischer, die Runtergekommenen. Amerikaner treffen Israeli, Australier Deutsche, Italiener Südafrikaner und Thailand trifft die Welt. Neu hinzugekommen sind seit 20 Jahren Mittelklassehotel- und seit 10 Jahren Luxustouristen sowie jede Menge Chinesen, die die Deutschen als Gästenation Nr. 1 auf der Insel längst abgelöst haben … Willkommen im immer noch schönen Ko Samui, aber eben im Ko Samui des 21. Jahrhunderts.

Der Traum geht weiter

Ko Samui – der Name hat Gewicht, schürt Träume und Sehnsüchte. Ko Samui ist eine Marke, an die man Erwartungen hat. Die Insel gehört – neben etwa 40 weiteren, meist unbewohnten Eilanden – zum Ang-Thong-Archipel nördlich von Suratthani. Bis in die 1980er-Jahre hinein galt Samui mit traumhaften Stränden als Refugium für Rucksackreisende.

Die Vorzüge der zweitgrößten Insel Thailands blieben jedoch auch den Tourismusplanern nicht verborgen, und als Ende der 1980er-Jahre ein privater Flugplatz von Bangkok Airways gebaut wurde, stand einer kontinuierlichen Entwicklung nichts mehr im Wege. Bangkok Airways hat bis heute das innerthailändische Monopol für (vergleichsweise teure) Flüge auf die Insel Samui, die inzwischen zu den beliebtesten Badeurlaubszielen in Südostasien zählt.

Von den explosionsartig steigenden Besucherzahlen – man geht 2018 von knapp **1 Mio. Gästen** pro Jahr aus – hat die Insel zwar in wirtschaftlicher Hinsicht profitiert, nicht jedoch die Natur. Es gab keinen Bebauungsplan, und der Wildwuchs an Bungalowanlagen nahm unkontrollierte Ausmaße an. Auch die knapp 100 000 inselfremden Hilfskräfte in der Touristik sind in der Insel-Infrastruktur gar nicht vorgesehen, und nicht weniger als 80 000 t Müll lagern in den unzugänglichen Bergen, weil die Müllverbrennungsanlage den ganzen Abfall einfach nicht mehr schafft. Immerhin half der Bau von Kläranlagen zumindest bei der Wasserqualität.

Ein Ende des Booms ist nicht in Sicht: Derzeit landen täglich 20 Flugzeuge auf Ko Samui, anvisiert für die nächsten Jahre sind 75 Landungen. Und alle wollen nach Chaweng und Co. (▶ Das ist, S. 24)

Von einfacher Hütte bis Pool-Villa

Tourismus

Die Zahl der einfachen, preiswerten Unterkünfte ist seit Langem rückläufig, aber wer sucht, der findet bis heute noch einfache Hütten für 600 Baht pro Nacht, allerdings irgendwo hinten an der Straße und nicht mehr in Beach-1-A-Lage. Zugelegt haben nach den **Mittelklasseunterkünften** aber v. a. auch die traumhaft schönen, zwar teuren, aber – im Vergleich mit anderen Ländern – immerhin noch bezahlbaren **Luxusresorts**. Seit rund zehn Jahren sind v. a. die Resorts im Kommen, die private Villen mit eigenem Pool anbieten.

Wassersport, ob nun Tauchen, Schnorcheln, Windsurfen oder Hobby Cat segeln, steht allen Gästen zur Verfügung: Die Auswahl an den Stränden ist enorm. Erschlossen ist die Insel durch eine gut ausgebaute **Ringstraße**, über die man alle Strände und Sehenswürdigkeiten erreicht. Außer Taxis, die teurer sind als in Bangkok, und Songthaos, Pick-ups, die als Minibusse agieren, ist es sehr beliebt, **Motorräder** und führerscheinfreie Mopeds, aber auch Autos für **Inselumrundungen** zu mieten. Einen Tag sollte man für die 54 km einplanen, wenn man es mit Bade- und Esspausen gemütlich angehen will. Nicht vergessen: Niemals ohne Helm! Es gibt immer wieder schwere Unfälle, in die meist auch Touristen verwickelt sind, die ohne Helm unterwegs waren. Gründe für die Unfälle sind mangelnde Erfahrung mit dem Linksverkehr, aber manchmal auch der Zustand der Leihmaschinen. Bei der Fahrzeugübergabe sollten deshalb v. a. die Bremsen, Reifen und die Lichtanlage überprüft werden, auch wenn die Tagesmiete oft nur 200 Baht fürs Moped beträgt.

 Die Strände

Ban Nathon und Westküste

Ban Nathon ist wegen der Anlegestelle für die **Personenfähren** von Suratthani der Hauptort der Insel. Das groß gewordene Dorf besitzt keine Sehenswürdigkeiten, vom kleinen **chinesischen Tempel** in der Soi 4 mal abgesehen, aber zahlreiche Restaurants, Reisebüros, Souvenirläden sowie das kleine **Inselhospital**. Die Westküste ist noch wenig bebaut, da die Strände allesamt extrem flach abfallen, so dass man hunderte von Metern ins Wasser geht, aber nicht mal der Bauchnabel nass wird ...

Bei so vielen Traumstränden fällt die Wahl schwer – diese Dame hat sich für den Lamai Beach entschieden.

An der Nordküste

Mae Nam und Bo Phut

Auch der erste Strand an der Nordküste, vom Westen kommend, ist noch relativ unbebaut: **Bang Po** hat ockerfarbigen Sand, schöne Palmen und ist häufig Party-Treffpunkt der Einheimischen. Mae Nam ist der **wichtigste Strand** im Norden, rund 4 km lang, mit Blick auf Ko Phangan und mit vielen Resorts sowie bester Infrastruktur, besonders in der Soi 4 mit dem schönen Donnerstags-Markt ab 16 Uhr.
Groben und gelblichen Sand hat auch Bo Phut, die kaum merkliche Fortsetzung von Mae Nam. Schön dort: das gemütliche **Fisherman's Village** mit netten Lokalen, Cafés und Pubs in Holzhäusern sowie Shopping und Motorradverleih. Ab Bo Phut verkehren auch die **Boote nach Ko Phangan**. An allen Stränden im Norden kann man **gut schwimmen**, und das Beach- sowie Nachtleben ist noch sehr entspannt.

Auf der Halbinsel Laem Thong

Big Buddha und Cheong Mon

Die größten und vielleicht die einzigen wirklichen Sehenswürdigkeiten von Ko Samui sind unübersehbar: Big Buddha mit 74 Stufen zu der imposanten und **12 m hohen Statue**, die zum Wat Phra Yai gehört. Und 2 km weiter nördlich, ebenfalls schon von Weitem sichtbar, die 14-armige Statue von **Guanyin**, die Göttin der Barmherzigkeit aus der Chinesischen Mythologie. Sie gehört zu **Wat Plai Laem**, einer erst 2004 erbauten Tempelanlage, die ständig erweitert wird, zuletzt mit einem großen, **lachenden Buddha**.
Ebenfalls ein Muss, nur ganz anderer Art: Dining on the Rocks an der **nördlichsten Spitze** der Insel: Schöner (und sehr gut) kann man auf Ko Samui kaum speisen ... Auf der anderen Seite der Halbinsel liegt noch Cheong Mon, der **ruhigste Strand** der Westküste mit **guten Bademöglichkeiten** und den vorgelagerten Inseln Fan Yai und Fan Noi. Die Start- und Landebahn des **Flugplatzes** von Ko Samui grenzt in etwa die Halbinsel nach Süden ab.

An der Ostküste

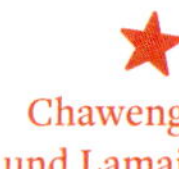

Chaweng und Lamai

Sie waren der Grund für die Entdeckung von Ko Samui: **zwei Traumstrände**, wie für eine Postkarte gemacht, die aber inzwischen gelitten haben. An der 6 km langen Bucht von Chaweng, geografisch in zwei Teile gegliedert, **Chaweng Yai** und **Chaweng Noi**, reiht sich ein Resort ans andere. Kaum 1 m Platz scheint dazwischen zu liegen. Und wenn, dann hat sich dort ein Restaurant, ein Souvenirladen oder ein anderer Shop angesiedelt. Nach dem Bau des Flughafens explodierte der kleine Ort regelrecht. Ohne Frage ist Chaweng das **touristische Zentrum** der Insel. Dort ist es aber auch am lautesten, und sogar die Wasserqualität ist nicht mehr die beste. Die Hotels räumen jeden Morgen ihren Strandabschnitt sauber, sonst wäre es wohl bald vorbei mit dem Attribut Traumstrand, an dem man trotz aller Unkenrufe immer noch **am besten baden** kann.

KO SAMUI ERLEBEN

ANREISE

Fähre: Von Suratthani mit dem Taxi zum Fähranleger, dann tgl. mehrfach in 2 Std.; das berühmte Nachtboot benötigt 7 Std. (23 – 6 Uhr).

Flug: Von Bangkok in gut 1 Std. Außerdem gibt es Verbindungen nach Chiang Mai, Krabi, Pattaya, Phuket und Trat.

SIX SENSES HIDEAWAY €€€€

Zwölf Stufen führen vom rustikalen und trotzdem so eleganten Wohnraum runter in den privaten 24-m²-Pool mit Terrasse und Liegestühlen. Es gibt pro Villa auch zwei Außenduschen und eine versenkte Badewanne: Mehr Bad geht kaum ... Dazu kommt einer der schönsten Gemeinschafts-Pools der Insel, aller Komfort, beste Matratzen und ein Panoramafenster für den Blick in den Dschungel oder aufs Meer vom Bett aus. Ansonsten setzt man auch alles auf die Bio-Karte: keine Plastikflaschen, die Strohhalme sind aus Zitronengras, organischer Müll wird kompostiert und Marvin ist der Chef unter 19 Ziegen, der einzigen Farm auf Ko Samui für besten Käse. Toll: Seine Frühstückseier kann man selbst von den 80 Hühnern holen und sich dann zubereiten lassen. 66 Villen, 2 Restaurants, Swimmingpool, Spa.
Plai Laem Beach | Laem Thong
Tel. 077 24 56 78 | www.sixsenses.com/resorts/samui/destination

W RETREAT €€€€

Moderne, etwas schräg eingerichtete Villen, die alle einen privaten 10-m-Pool, mit Terrasse und Liegestühlen, sowie mindestens 163 m² Fläche haben. Toll die Lounge mit Sitzinseln im Teich über dem Meer. Und einer der schönsten Strände der Insel mit bequemen Liegebetten, Hängematten und Sonnenschirmen für den perfekten Strandtag. Am Sweet-Spot sind zudem Eiscreme, Softdrinks, Wasser und Eiswürfel kostenfrei. 69 Villen, 6 Restaurants, Swimmingpool, Spa.
Mae Nam Beach | Tel. 077 91 59 99
www.wretreatkohsamui.com

BELMOND NAPASAI €€€€

Im Thai-Stil geschmackvoll arrangierte Suiten mit viel Bambus und Holzvertäfelungen als Kontrast zur verglasten Meerblickseite. Toller Überlauf-Pool mit Meerblick, aber ein eher durchschnittlicher Strand. 69 Zi., 2 Restaurants, Swimmingpool, Spa, Tennisplätze.
Mae Nam Beach | Tel. 077 42 92 00 | www.belmond.com/de/napasai-koh-samui

ANANTARA LAWANA €€€

Traumhafte Anlage am ruhigen nördlichen Chaweng Beach mit schönem, feinsandigem Starnd direkt vorm Gemeinschafts-Pool. Die schicken und empfehlenswerten Suiten mit eigenem Pool gibt es schon ab 6000 Baht, große Villen mit eigenem Pool kosten etwas mehr. In der Bibliothek kann man sich die passende CD für romantische Abende ausleihen. 120 Zi., 3 Restaurants, Swimmingpool, Spa.
Chaweng Beach | Tel. 077 96 03 33
www.anantara.com

ANANTARA BO PHUT €€€

Modern eingerichtete und sehr großzügig geschnittene Zimmer. Frei stehende Wanne im Zentrum des Bads. Von der Terrasse sind es nur wenige

Schritte zum schönen, gelbsandigen Strand. Kaum Wellen und perfekt zum Schwimmen. Wunderschön ist ein abendliches privates Dinner direkt am Strand. Ins Fisherman's Village kommt man in 5 Min. zu Fuß am Strand entlang. 106 Zi., 2 Restaurants, Swimmingpool, Spa, Tennisplatz.
Bo Phut Beach | Tel. 077 42 83 00
www.anantara.com

OCEAN KISS €€€

Einmal pro Woche gibt's Barbeque am Strand mit den Füßen im Sand für alle. Lecker und unvergesslich! Aber auch in seinem Tree Tops Restaurant ist man bei Küchenchef Awang in besten Händen. Wer es ganz persönlich mag, bucht das Dinner on the Beach mit Fackeln und Kerzen direkt am Strand, edel gedeckter Tafel und 5 bis 7 Gängen.
Chaweng Beach
Tel. 077 96 03 33

IMPERIAL BOAT HOUSE €€

Originelles Hotel, weil es außer den Zimmern im Hauptgebäude auch Suiten in Bootsform gibt, die allerdings deutlich teurer sind. 210 Zi., 2 Restaurants, Swimmingpool, Spa.
Choeng Mon Beach | Tel. 077 42 50 41 | www.imperialhotels.com/boathouse

FAIR HOUSE €€

Etwas abseits der Touristenmeile und des Strandes gelegenes Hotel der guten Mittelklasse, gut für Familien geeignet. 24-Std.-Babysitting ist möglich, muss aber im Voraus gebucht werden. 130 Zi., Restaurant, Swimmingpool, Spa.
Chaweng Beach
Tel. 077 42 22 55
www.fairhousesamui.com

COCOPALM BEACH RESORT €

Nette, einfache Bungalows, mit Rattanmöbel ausgestattet, eigenem Bad und mit sehr gutem Preis-Leistungs-Verhältnis. Die Anlage hat direkten Strandzugang. 70 Zi., Restaurant, Swimmingpool, Spa.
Mae Nam Beach
Tel. 077 42 75 58
www.thecocopalmsamui.com

DINING ON THE ROCKS €€€€

Für einen besonderen Moment hat man doch die schönste Lage am Nordzipfel von Ko Samui und bestes Essen, etwa Jakobsmuschel in Apfel und Koriander. Am besten ordert man ein 5-, 6- oder 7-Gänge-Menü (ab 2400 Baht). Es lohnt sich!
Plai Laem Beach
Laem Thong
Tel. 077 24 56 78

Entlang der Zufahrtsstraßen zu den Stränden gibt es Dutzende von Restaurants mit einem vielfältigen Speisenangebot von der thailändischen bis zur klassischen internationalen Küche.

Ebenfalls entlang der Zufahrtsstraßen zu den Stränden gibt es eine riesige Auswahl von Geschäften, vom Souvenirladen bis zum Maßschneider. Die größte Auswahl hat Chaweng Beach, ruhiger zum Shoppen ist allerdings Bo Phut. Und auch dort ist die Auswahl nicht schlecht.

CHANDRA BOUTIQUE

Das Konzept ist klar: gute Qualität zu gutem Preis, ob Bikini oder Strandkleid.
Bo Phut Beach

SOFY'S ART

Echter Schmuck und ausgefallenes Design: Das zieht die Damenwelt magisch an ...
Bo Phut Beach

ROMANTIK PUR

Fackeln und Kerzen weisen den Weg durch den Sand zum Tisch am Strand: Die Tafel ist fürstlich gedeckt, das Weißweinglas beschlägt, die Augen leuchten. Und dass, schon bevor aufgetragen wird: je nach Wunsch fünf-, sechs-, siebengängig, sicher mit Meeresfrüchten und sicher mit duftendem Jasminreis. Ein privates Dinner on the Beach wie auf Ko Samui wird man ganz sicher nicht so schnell vergessen.

Gleiches gilt für den südlich anschließenden 4 km langen Lamai Beach. Auch er ist touristisch hoch entwickelt und inzwischen schon vergleichbar mit Chaweng. Interessant ist der zwischen Ban Hua Thanon und Ban Lamai liegende Mama-und-Papa-Felsen **Hin Ta** und **Hin Yai**. Er wird von den Einheimischen so genannt, weil die Felsformation einem Penis und einer Vagina gleicht. Im Dorf Hua Thanon trifft man auf den chinesischen Schrein **Guan Yu** mit einer mächtigen, 16 m hohen Buddha-Statue, die erst 2016 eingeweiht wurde. Sie erinnert an die Einwanderung von Hainan-Chinesen nach Ko Samui im 12. Jahrhundert.

An der Südküste

Thong Krut und Laem So

Der Süden ist noch das **weitgehend authentische** Ko Samui mit wenig touristischer Infrastruktur, da die Strände wie im Westen sehr flach abfallen. Dafür gibt es noch **Fischerdörfer** und bunte Boote sowie weitläufige **Kokosnussplantagen**. Manche Plantagen beschäftigen hauptsächlich für vorbeikommende Touristen **Affen**, die in rasender Geschwindkeit die Nüsse abdrehen. Ein Weibchen schafft als Ernteleistung 600 Kokosnüsse pro Tag, ein Männchen kommt nur auf 100. Bei Ban Thong Krut ist eine **Triple Coconut Tree** eine Besonderheit. Laem So bietet am südlichsten Zipfel der Insel die hübsche **Khao Jadi Pagoda**. Im Hinterland machen sich dichter **Dschungel** und bis zu 600 m hohe **Berge** breit. Es gibt allerdings nur wenige Zugänge ins Inland, etwa zu drei **Wasserfällen**.

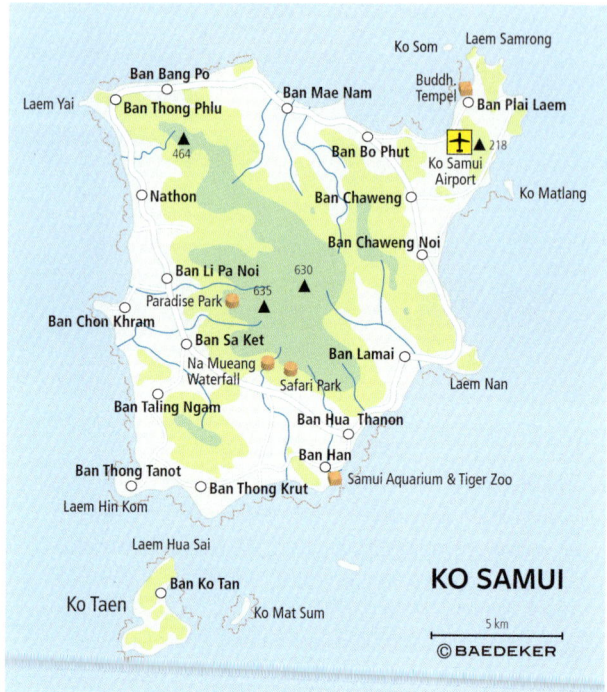

42 Inseln warten

Nationalpark Ang Thong

Tagestouren führen zu einigen der 42 Inseln des bei Tauchern sehr beliebten Archipels. **Ko Mae** mit dem Emerald Lake ist immer dabei. Bei **Ko Sam Sao** wird das Kayak ausgepackt und vor **Ko Wao** geschnorchelt. Bizarre Felsformationen, die einem Affen oder Löwen ähneln, findet man auf **Ko Tai Plaw**. Schließlich gibt's auch noch was zu essen und genügend Zeit am Strand. Die Fahrtzeit mit dem **Schnellboot** dauert 50 Min. einfach (www.mysamuiisland.com).

KO TAO

Region: Südthailand
Provinz: Suvatthani
Höhe: 2 – 379 m ü. d. M.
Einwohnerzahl: 1400

Ein noch etwas verträumtes Kleinod im Golf von Thailand: So könnte man Ko Tao, die Schildkröteninsel, bezeichnen. Zwar nah dran an den Schwestern Samui und Pha Ngan, aber doch weit weg von Massentourismus und lauten Full-Moon-Partys. Rundgeschliffene Granitfelsen, vergleichbar mit den weltberühmten Formationen auf den Seychellen, etwa ein Dutzend wunderschöne, wenngleich sehr seichte Strände, sauberes Wasser und hervorragende Tauchgebiete machen das Eiland zu einem Juwel.

Die **Schildkröteninsel**, so die Übersetzung, weil das **Profil** bei der Anfahrt mit dem Boot wie ein Schildkrötenpanzer aussieht, ist vieler Orts vergleichbar mit dem Ko Samui der 1980er-Jahre, als die dortige Tourismusindustrie zum großen Sprung ansetzte. Die 1400 Einwohner von Ko Tao – nur 8 km lang und max. 3 km breit – verteilen sich in erster Linie auf die Dörfer **Mae Hat, Hat Sai** und **Chalok** und leben von ihren **Kokosnüssen**, dem **Fischfang** und ihren **Bungalows**, die sie an Farangs vermieten. Die Einnahmen für Kost, Logis oder Bootscharter bleiben auf der Insel. Noch haben sich keine Hintermänner und Investoren eingenistet, wie auf Phuket oder Samui.

Wohin auf Ko Tao?

20 gute Spots

Das Tauchgebiet

An die **100 Hart- und Weichkorallenarten** wurden rund um Ko Tao gezählt. Es gibt **50 Tauchschulen**, und tagsüber, wenn die zahlreichen Taucher im Wortsinn untergetaucht sind auf ihrer Suche nach zierlichen **Anemonenfischen** und mächtigen **Walhaien, Meeresschildkröten** und **Rochen**, ist's auf Ko Tao ruhig – und unter Wasser viel Verkehr. 20 gute Tauch-Spots sind bekannt.

Bauchtief und Schluss

Die Strände

So ein Tag auf der Insel vergeht in der Regel wie in Zeitlupe. Eine Runde Beachvolleyball ist schon Action pur an den Stränden. Der größte und meistfrequentierte Beach ist **Ao Hat Sai Ree** im Westen der Insel, aber leider kann man an den meisten Plätzen kaum schwimmen, da die **Korallenriffe** bis dicht an die Strände heranreichen. Am **Sai Nual Beach**, südlich vom Hauptort Mae Hat ebenfalls im Westen

Rund um Ko Tao liegen farbenprächtige Korallenriffe – ideale Tauchreviere

gelegen, kann man wenigstens bauchtief ins Meer gehen. Ansonsten begnügt man sich mit einem Bad im brühwarmen, seichten Wasser oder man wartet, bis die Flut kommt. Dann geht's auch schon mal haarscharf über die Korallenstöcke. Am besten geht Schwimmen noch in den Buchten **Hinwong** und **Mao** im Osten oder in der **Mango Bay** im Norden, die jedoch nur sehr einfache Resorts aufweisen.

Ko Nang Yuan

Ein **hübsches Mädchen**: Nang Yuan heißt übersetzt genau das. Und eigentlich besteht das hübsche Mädchen aus drei Inseln, die ein paar Bootsminuten der Nordwestküste Ko Taos vorgelagert sind. Zwei etwa 100 m lange Sandbänke verbinden die Eilande, was ein **beein-**

KO TAO ERLEBEN

ANREISE

Fähre
Tgl. von Ko Pha Ngan (2 Std.), von Ko Samui mit dem Expressboot (2 Std.), von Chumphon vom Festland aus mit der Fähre 6 Std., mit dem Schnellboot 2 Std.

DUSIT BUNCHA RESORT €€
Einzigartige Lage zwischen den Granitfelsen am Ende des Hat Sai Ri Beach. Die großzügigen und doch relativ preiswerten Unterkünfte sind als Bungalows aus heimischen Materialien erbaut. Und gut drei Viertel der Energie werden mit Solaranlagen erzeugt. Um ins Meer zu kommen, muss man allerdings ein wenig klettern. 32 Zi., Restaurant, Swimmingpool, Tauchschule, Kajakverleih.
Hat Sai Ree Beach
Tel. 077 45 67 99
www.dusitbuncharesort.com

THIPWIMARN RESORT €€
Von jedem der komfortabel ausgestatteten Bungalows hat man einen herrlichen Blick auf das Meer. Die Unterkünfte wurden an einem Hang oberhalb des Strandes erbaut und sehr schön in die Landschaft integriert. 11 Zi., Restaurant, Swimmingpool, Spa.
Hat Sai Ree Beach
Tel. 077 45 64 09
www.thipwimarnresort.com

PINNACLE DIVE RESORT €€
Am besten sind die 25 Bungalows, alle mit großzügigem Balkon oder Terrasse und Meerblick. Privater Strand, großer tropischer Garten. 45 Zi., Restaurant, Swimmingpool, Tauchschule.
Chun Chua Beach
Tel. 02 6 41 46 88
www.pinnaclehotels.com

NANGYUAN ISLAND DIVE RESORT €€
Das einzige Resort auf der Insel und am großen Inselhügel bzw. am Strand schön gelegen. Alle gut eingerichteten Zimmer sind in Bungalows untergebracht und haben Terrasse mit Blick aufs schöne Mädchen, so der Inselname übersetzt. 32 Zi., Restaurant, Tauchbasis.
Auf Ko Nang Yuan
Tel. 077 24 11 65
www.nangyuan.com

Man isst meist an seinem Strand, um manchmal komplizierte Fahrten zu vermeiden. Aber an jedem Strand finden sich kleine und günstige Lokale, die meistens auch frischen Fisch im Angebot haben. In Mae Hat gibt's aber natürlich die größte Auswahl an Restaurants.

druckendes Bild ergibt. Zwei Strände, die mitten im Meer liegen: vorne Wasser, hinten Wasser. Dazu wird die tiefe **Blue Lagoon** von haushohen **Granitfelsen** umrahmt. Motto: Drei Inseln und zwei Sandbänke ergeben einen **Traum**. Aber: Ko Nang Yuan hat keine Süßwasserquelle. Das Trinkwasser wird von der Hauptinsel Tao herbeigepumpt und auf die Bungalows des einzigen Resorts verteilt.

★★ KO TARUTAO

Region: Südthailand
Provinz: Satun
Höhe: 2 – 713 m ü. d. M.
Einwohnerzahl: 500

C 17

Da stehen sie nun mächtig und in beeindruckender Weise mitten im Meer. Das Longtailboat wirkt wie ein schwimmendes Streichholz dagegen, je näher der Bootsführer an die bis zu 200 Meter hochragenden Felswände kommt. Sie sind kahl und schroff oder üppig bewachsen. Ein Vergleich zu Monument Valley auf hoher See drängt sich auf ... Die Tarutao-Hauptinsel und 50 weitere Eilande bilden den Tarutao National Park, ein großartiges Meeresschutzgebiet.

Naturparadies

Piraten und Schmuggler waren in der Gegend und zwischen 1939 und 1947 diente sie als **Verbannungsort** für missliebige politische Gefangene. Erst 1974 kam der Nationalpark-Status. **Botaniker** registrierten auf der Insel nicht weniger als 869 verschiedene Blütenpflanzen. An den Stränden legen Seeschildkröten in der Zeit vom Mai bis

KO TARUTAO ERLEBEN

ANREISE

Fähre: Von Pak Bara, 65 km nördlich von Satun, verkehren Nov. – April tgl. Fährboote zur Hauptinsel (2 Std.). Auch Ko Lipe wird mit Schiffen angesteuert (4 Std.). Während der übrigen Monate ist der Fährverkehr wegen des Monsuns fast völlig eingestellt.

Auf Ko Tarutao hat der Besucher die Wahl zwischen einfachen Bungalows, kleinen Hütten und Bambuslanghäusern. Auf der Nachbarinsel Ko Adang stehen nur sehr schlichte Bambuslanghäuser zur Verfügung. Camping ist an einigen Stellen erlaubt, Auskünfte erteilt die Nationalparkverwaltung (Tel. 02 5 79 52 69). Ko Lipe hat inzwischen einige Resorts, z. B. https://kohlipe.castaway-resorts.com. Auf Ko Bulon Lae, an der Grenze zum Meeresnationalpark, ist zu empfehlen:

PANSAND RESORT €

Auf Bulon Lae hat der Entdecker der Insel und heutige Resortmanager Syn Panpatanasilp 1990 die ersten spartanischen Hüttchen gebaut. Inzwischen ist es ein angenehmes Cottage-Resort auf 2-Sterne-Niveau in Top-Location an einem wunderschönen Strand.
30 Zi., Restaurant.
Pansand Beach | Ko Bulon Lae
Tel. 081 6 93 36 67
www.pansand-resort.com

September ihre Eier ab. Die Fläche des unweit der Grenze zwischen Thailand und Malaysia gelegenen Nationalparks beträgt etwa 1400 km², die Inseln sind bis auf wenige Ausnahmen **unbewohnt** und touristisch nicht erschlossen.

Dia-Abend oder Krokodil-Höhle?

Ko Tarutao

Bei der **Talu Wao Bay** an der Ostseite der Insel sieht man noch die Grundmauern des ehemaligen Gefängnisses. Eine diskrete Warnung? Um den Schutz der einzigartigen Inselwelt zu gewährleisten, gibt es an der Punta Bay ein Hauptquartier der Naturschutzbehörde. Dieses sollte auf jeden Fall die erste Anlaufstelle für Besucher sein, denn wer die Eintrittsgebühr nicht bezahlt, riskiert eine Strafe in erheblicher Höhe.

Jeden Abend finden im Besucherzentrum kostenlose Dia-Abende statt, bei denen man einen Eindruck von der Naturvielfalt der Inselgruppe gewinnt. Die Mitarbeiter vermitteln auch Bootsfahrten, zum Beispiel zur Krokodil-Höhle mit beeindruckenden Stalaktiten und Stalagmiten. Es gibt zudem einige Wanderwege, doch wurden die meisten von ihnen im Lauf der Zeit vom Dschungel überwuchert. Auch schöne **Sandstrände** können während der Wanderung erobert werden.

Ko Adang und seine Nachbarn

Bootsfahrt

Eine phantastische Bootsfahrt führt zu einigen anderen Inseln des Parks: Überall sieht man hoch aufragende **Kalkberge** und das glasklare Meer mit **Korallenbänken**. Eine enorme Macht aus Stein, die aber – man mag es kaum glauben – fast überall unterhöhlt ist. Die wunderbaren Felsen und Inseln stehen auf tönernen Füßen. Mit Salzwasser und **Erosion** sind die beiden Schuldigen schnell gefunden. Immer wieder trifft man auf Boote von **Seenomaden**, die in dem Gebiet leben.

Während sich **Ko Adang** und die Nachbarinseln **Ko Rawi** und **Ko Batong** Naturbelassenen zeigen, mit dichtem Dschungel, fast unwirklich grünlichem Wasser und nur ein kleines Resort ohne Elektrizität bieten, hat sich der Tourismus mit einigen Resorts auf **Ko Lipe**, südlich von Tarutao bereits eingenistet. Die drei Strände von Ko Lipe sind schneeweiß. Neben Bootstouren in der Phangnga Bay ist ein Ausflug in diesem Meeresnationalpark der beste, den man in Thailand auf dem Meer unternehmen kann. Es ist tatsächlich eine Art Monument Valley auf hoher See.

Strände auch am Festland

Satun

Satun ist die **südlichste Stadt Thailands**, von Bangkok etwa 800 km Luftlinie entfernt. Das **charmante** Städtchen liegt am Fuß des steil abfallenden **Tenasserim-Gebirges** in einer exotischen, fast menschenleeren Landschaft mit tiefgrünem **Regenwald** und schroff aufragenden **Bergketten**. Die Küste verfügt über schöne Strände mit klarem Wasser. Vorgelagert sind zahlreiche Inseln mit **Korallenbänken**. Die Bewohner leben hauptsächlich vom Fischfang und vom **Handel mit Malaysia**.

★★ KRABI

Region: Südthailand
Provinz: Krabi
Höhe: 12 m ü. d. M.
Einwohnerzahl: 26 000

Bizarr geformte Kalkberge, die aus der üppigen Vegetation ragen, Höhlen wie Kunstwerke und weißsandige Strände, eingefasst von leicht geneigten Kokospalmen und dem grünblauen Meer. Die Hafenstadt Krabi, besser gesagt ihre Umgebung, hat einiges zu bieten und ist nicht umsonst in den letzten Jahren in der Gunst des Publikums weit nach oben gerückt.

Wie viele Schattierungen des türkisblauen Wassers erkennen Sie?

Nachdem die ersten Globetrotter Krabi Mitte der 1980er Jahre entdeckt hatten, genoss der Ort über viele Jahre hinweg den Ruf eines vom Tourismus nahezu unberührten Paradieses. Dies änderte sich 1999 mit der Eröffnung des Flughafens. Schon zuvor entstanden allerdings etliche komfortable Hotelanlagen. Die einst sprichwörtliche Einsamkeit muss man heute mit vielen anderen Touristen teilen.

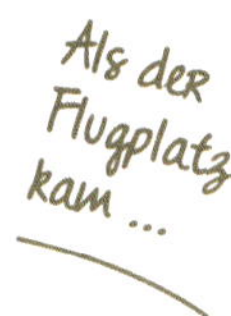

Wohin in Krabi?

Ao Rai Leh und Co.

Besonders von November bis April sind **Ao Nang** sowie **Ao Rai Leh** und **Ao Phra Nang** stark besucht. Letztere sind nur per Boot erreichbar, wobei es sich um eine Ansammlung nebeneinanderliegender ‚wunderschöner, feiner und **weißsandiger Strände** handelt.

Phra Nang Cave

Die Höhle der Prinzessin
Weltbekannt ist Rai Leh mit seiner großartigen und **bizarren Felslandschaft**, die auch Freeclimber anzieht. Besonders die Höhle der Prinzessin, die Phra Nang Cave, sorgt in Anbetracht der über dem Prunkstrand hängenden Stalaktiten bei jedem Besucher für raunende »Ahhs!« und »Ohhs!«. Das Gesamtbild mit Tropfsteinen, Palmen, Dschungel und großen Steinphalli, an denen thailändische Frauen Op-

PRINZESSIN UND PHALLUS

Über einem bizarre Tropfsteingebilde und Stalaktiten, unter einem feiner, weißer Pudersand, im Rücken die mächtige Princess Cave und der Blick nach vorne richtet sich auf die grün-türkisliche Andamanen See. Dann kommt eine Thai-Frau vorbei, opfert Blumen, Räucherstäbchen, Reis. Sie legt es zu einem phallusartigen Stalagmiten. Denn sie wünscht sich sehnlichst ein Kind ...

fergaben darbieten, wenn sie sich Nachwuchs wünschen, ist einmalig. Weitere bis zu 120 m tiefe Tropfsteinhöhlen und **Grotten** runden diese wunderschöne Landschaft ab. Weiter westlich gelangt man schließlich noch zum Strand **Noparat Thara**, der aus weißem, feinem Sand und winzigen **Muscheln** besteht. Alle Strände sind in süd-südwestlicher Richtung 20 – 30 km von Krabi entfernt.

Insel zum kleinen Hühnchen

Ko Poda und andere

Jeden Tag kann man per Boot zum **Island Hopping** starten: z. B. nach **Ko Poda**, einer mit Kasuarinen und Kokospalmen bewachsenen Insel mit **schneeweißem Korallensand** und besten Schnorchelmöglichkeiten, oder nach **Ko Hua Khwan**, ein wegen seiner Form auch Hühncheninsel genanntes Mini-Eiland. Bei Ebbe ist es möglich, durch kristallklares, knietiefes Wasser zur großen, von Dschungel überwucherten Insel **Thab** zu waten. Weitere vorgelagerte schöne Inseln sind **Kai** und **Mo**.

KRABI ERLEBEN

ANREISE

Auto: Ab Bangkok über die Nationalstraßen 35, 4, 41 und 44 (870 km).

Bus: Tgl. mehrfach von Bangkoks Southern Bus Terminal (13 Std.).

Flug: Tgl. mehrfach ab Bangkok (1 Std.)

RAYAVADEE €€€€

Die dezente Anlage liegt inmitten eines großflächigen Palmenhains und zugleich an einem der schönsten Strände ganz Thailands. Die Zimmer, alle in Bungalows gelegen, haben 5-Sterne-Standard. 102 Zi., Restaurant, Swimmingpool, Spa.
Phra Nang Beach
Tel. 075 62 07 40
www.rayavadee.com

ANANTARA SI KAO RESORT & SPA €€€

Eine klasse Anlage mit sehr gutem Preis-Leistungs-Verhältnis! Moderne 5-Sterne-Zimmer und bester Service. Mit Blick auf die vorgelagerte Inselwelt: Auf Ko Kradan hat das Anantara sogar einen eigenen Beach-Club; mit regelmäßigem Shuttle-Service. 139 Zi., 3 Restaurants, 2 Swimmingpools, Spa, Tennisplatz.
Ban Si Kao zwischen Krabi und Trang
Tel. 02 3 65 75 00
www.anantara.de.com

CENTARA ANDA DHEVI RESORT & SPA €€

Hotel der gehobenen Mittelklasse mit angenehmer Atmosphäre und liebevoll eingerichteten Zimmern. Großer tropischer Garten. 153 Zi., Restaurant, Swimmingpool, Spa, Kinderbetreuung.
Ao Nang Beach
Tel. 075 62 22 22
www.centarahotelsresorts.com

PAKASAI RESORT €€

Wer 5 (Fuß-)Min. bis zur Ao Nang Beach nicht scheut, findet in Hanglage eine komfortable und moderne Mittelklasse-Unterkunft mit schönem Ausblick. 104 Zi., Restaurant, Swimmingpool, Spa.
Ao Nang Beach
Tel. 075 63 77 77
www.pakasai.com

Alle Strände bieten kleine und günstige Lokale, die meistens auch frischen Fisch im Angebot haben.

Muschelfriedhof Susan Hoi

Versteinerungen

Südlich von Krabi liegt auch der um die **75 Millionen Jahre** alte Muschelfriedhof von Susan Hoi, eine **Ablagerung von Süßwasserschnecken**. Sie bildeten eine Schicht von 40 cm. Durch neuzeitliche Verschiebungen sind die Erdplatten und -schichten an die Oberfläche gekommen. Es gibt auch einen **Lehrpfad**; allerdings sind die versteinerten Kalkschalenbänke **nur bei Ebbe** zu sehen. Weltweit gibt es nur drei solcher Fundorte, Susan Hoi ist **der einzige in Asien**.

Der Blick ins Innere

Wat Tham Suea

Wer vom Strandleben genug hat und sich **tolerant** zeigt, macht sich auf den Weg nach Wat Tham Sua, **nördlich von Krabi**. Eine Treppe führt in ein rundes **Tal ohne Ausgang**.
Z. T. in Höhlen und z. T. in einfachen Hütten wohnen mehr als 250 Mönche und Nonnen, die einer recht eigenwilligen, aber mit dem Buddhismus in Einklang stehenden **Meditationsart** nahe stehen: Dort werden die Werte des Inneren geschätzt. Und plakativ hängen überall Fotos von **aufgeschnittenen Leichen** und freigelegten Innereien.
Im Höhlenkloster steht zudem ein Skelett hinter Glas. Doch nicht nur für Leute, die kuriosen Ansichten und Angelegenheiten offen gegenüberstehen, ist das Tal den kurzen Ausflug von Krabi wert. Naturfreunde finden in dem Kessel riesige **Brettwurzelbäume**, wobei die größten den würdigen Namen tausendjährige Bäume tragen.

Artenreiche Schönheit

Nationalpark Khao Phanom Bencha

30 km nördlich von Krabi erhebt sich der dicht bewachsene Berg **Khao Phanom Bencha** mit einer Höhe von 1350 m. Er ist das weithin sichtbare **Wahrzeichen** des gleichnamigen, 1981 zum Nationalpark erklärten Gebiets.
Der Nationalpark besticht v. a. durch seine **Artenvielfalt** an Flora und Fauna: Wissenschaftler zählten 32 Säugetier- und 162 Vogelarten! Einer der beiden ausgeschilderten Nature Trails führt zum **Nam Tok Huay To**, ein Wasserfall, in dessen Becken man baden kann.

Wie geht Kautschuk?

Ban Thong

22 km nordwestlich führt die Nationalstraße 4 an der Ban Thong Agricultural Station vorbei, in der neue Arten von **Kautschukbäumen, Tee- und Kaffeesträuchern** gezüchtet werden. Eine Besichtigung ist täglich zwischen 8 und 17 Uhr möglich.
Was aus den jungen Pflanzen wird, kann man auf der Weiterfahrt nach Krabi durch die **Gummibaumplantagen** sehen. Vor den zumeist aus Holz gebauten Häusern sind weiße Latex-Matten zum Trocknen aufgehängt, das Zwischenprodukt aus dem Kautschuksaft, der in kleinen, an den Bäumen hängenden Behältern aufgefangen wird.
Thailändischer **Rohgummi** wird in viele Länder der Erde exportiert und ist ein wichtiger Faktor in der Handelsbilanz des buddhistischen Staates.

OBEN: Auf Krabi gibt es natürlich auch einen Big Buddha mit Aussicht.

UNTEN: Auch big – die weltgrößten Riesenmuscheln Tridacna gigas gibt es auf der Hühnchen-Insel Ko Hua Khwan.

LAMPANG

Region: Nordthailand
Provinz: Lampang
Höhe: 242 m ü. d. M.
Einwohnerzahl: 52 000

C 5

Wie spitz zulaufende Hügel sehen die weißen Chedis inmitten der grünen Reisfelder aus. Sie sind gekrönt und einige mit safranfarbigem Tuch bekleidet. Wat Chedi Sao ist nur eine Tempelanlage von vielen, die das große Kleinstädtchen Lampang, südöstlich von Chiang Mai, so lohnenswert machen. Und zwar besser für einen ganzen Besuch als nur für einen Ausflug oder Abstecher.

Vom Fürstentum zum Königreich

Die Mon gründeten im 7. Jh. das Fürstentum Lampang, das zunächst zum Königreich **Haripunchai** gehörte, im 11. Jh. dann dem **Khmer-Reich** einverleibt wurde. König Mengrai brachte Lampang zum **Lanna**-Königreich, bevor im 16. Jh. die **Birmanen** auch von Lampang Besitz ergriffen. Sie hinterließen deutliche und noch sichtbare Spuren: Die meisten heutigen Sehenswürdigkeiten stammen vorwiegend aus der Zeit nach der Eroberung durch die Birmanen. Vieles zeigt ihre künstlerische Handschrift. Von der alten Stadt Lampang ist außer einem **achteckigen Turm**, der zu den Befestigungsanlagen gehört, kaum noch etwas zu ahnen.

Wohin in Lampang?

Klassische Birma-Architektur

★ Wat Phra Kaeo Don Tao

Der ab 1680 erbaute Wat Phra Kaeo Don Tao, **einer der am meisten verehrten Tempel** in Thailand, liegt sehr malerisch am Menam Wang. Besonders sehenswert ist die kleine, um 1800 entstandene Kapelle. Sie ist eines der schönsten Beispiele klassischer Birma-Architektur: Kunstvolle Holzschnitzereien fassen die bogigen Öffnungen ein, feines Rankwerk ziert die Säulen und fantasievoller, bunter Reliefschmuck die prachtvolle Kassettendecke im Innern mit Einlegearbeiten aus Perlmutt, Emaille und kleinen Glasstückchen. Farben und Formen der Ornamente bilden mit den Proportionen der Architektur eine Einheit. Weiter sehenswert ist die **kupferne Buddha-Figur**. In der von den Hauptgebäuden etwas abgelegenen **Kapelle** befinden sich eine Buddha-Figur im Chiang-Mai-Stil und ein kleines **Museum**.

Die Geschichte vom Elefanten

Jade-Buddha

Im Garten steht ein tönerner Elefant, der an die Ereignisse um den berühmten Jade- bzw. Smaragd-Buddha erinnern soll. Nach seinem

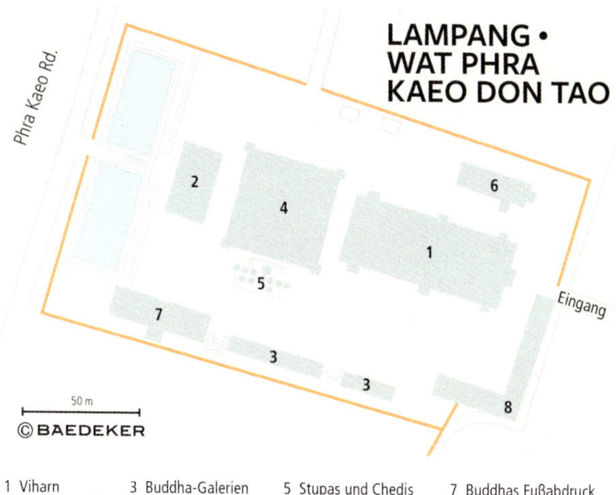

1 Viharn
2 Bot (Ubosot)
3 Buddha-Galerien
4 Großer Chedi
5 Stupas und Chedis
6 Mönchswohnungen
7 Buddhas Fußabdruck
8 Verwaltungsgebäude

Fund 1434 in Chiang Rai soll **Sam Fang Kaen**, der zu dieser Zeit regierende König von Chiang Mai, befohlen haben, den Jade-Buddha in einer Prozession in seine Residenz zu bringen. Allein, der für den Transport ausgewählte Elefant verweigerte den Dienst und schlug schnurstracks den Weg nach Lampang ein. 32 Jahre lang, bis 1468, soll die Figur in diesem Wat gestanden haben, bevor sie dann nach Bangkok gelangte, wo sie seither im Wat Phra Kaeo steht und als **bedeutendstes Heiligtum Thailands** verehrt wird.

Inmitten von Reisfeldern

Wat Chedi Sao

Ein weiteres **gut erhaltenes Beispiel** birmanischen Stils liegt inmitten großer Reisfelder im Norden der Stadt: Wat Chedi Sao. Einzigartig sind die schön gegliederten, mit Reliefschmuck verzierten und mit einem kleinen, goldenen Schirm bekrönten 20 weißen Chedis im **birmanischen Lanna-Stil**.

Rund um Lampang

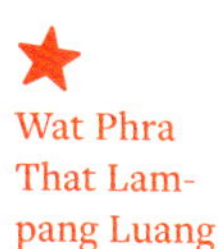

Wat Phra That Lampang Luang

Der 18 km südwestlich von Lampang bei dem Ort **Ko Kha** gelegene Wat Phra That Lampang Luang ist einer der schönsten Tempel Thailands. Feinster ornamentaler Schmuck stammt vermutlich aus der Zeit der Prinzessin **Chama Thevi** (650 – 700 n. Chr.), der die Gründung dieser Tempelanlage zugeschrieben wird. Möglicherweise diente der Wat während seiner langen Geschichte als **Fluchtburg für die**

Der prächtige Wat Phra That Lampang Luang ist einer der schönsten des Landes.

Bevölkerung, wenn brandschatzende und plündernde Eindringlinge, v. a. aus Birma, für Unruhe sorgten. Als Beweis können die dicken Umfassungsmauern dienen, die der Anlage einen **festungsartigen Charakter** geben. Im Norden und im Osten führt je eine lange Treppe zum Eingangsportal, deren Balustraden von den sich schlängelnden Leibern einer mehrköpfigen Naga gebildet werden: Dies ist ein unverwechselbares Merkmal der birmanischen Architektur. Im Zentrum des Tempelbezirks aus dem 16. Jh. erhebt sich auf einem von alten Bäumen umgebenen Hügel ein hoher, durch Simse gegliederter Chedi mit einer sehr langen, vergoldeten Spitze. Der Mittelteil ist mit vergoldeten Kupferplatten bedeckt. Er ist von einer bronzenen Balustrade umgeben, und an allen vier Ecken stehen Ehrenschirme in Kupferfiligran. Besonders prachtvoll sind die reichen Dekorationen des Viharn: **feinste Holzschnitzereien** mit Blüten, Blättern und Rankwerk. An der Innenseite des Portals findet sich ein **Rad des Gesetzes,** und an Säulen, Fassaden und Portalen prangt fantasievoller Skulpturenschmuck. Der Viharn birgt zwei Buddha-Figuren im Chiang-Saen-Stil. In der offenen Sala, die ein dreifach gestaffeltes, mit glasierten Ziegeln gedecktes Dach trägt, steht ein reich mit Reliefskulpturen im birmanischen Stil geschmückter Altar, umgeben von holzgeschnitzten Emblemen, sogenannte **Thongs**, die an Stangen hängen.

Unscheinbar in Holz

Das Heiligtum

Fast unscheinbar steht in einer Ecke der Anlage ein Teakholztempel, der jedoch das bedeutendste Heiligtum des Wat Phra That Lampang Luang ist. Der **kleine Buddha** hinter einem starken Gitter soll aus demselben Nephritblock geschnitten sein wie der berühmte **Jade-Buddha** aus dem Wat Phra Kaeo in Bangkok. Vielleicht ist er aber auch nur eine Nachbildung der Originalfigur, die bereits seit 1778 in Bangkok beheimatet ist, vorübergehend aber auch im Wat Phra Kaeo Don Tao aufgestellt war.

Mit Wandelgang

Tempelmuseum

In der Nähe befindet sich ein kleines Tempelmuseum mit mehreren Kostbarkeiten, darunter **Bücherschränke** aus rotlackiertem Holz, mit Edelsteinen besetzte Buddha-Figuren, ein Buddha-Kopf im Chiang-Saen-Stil, Holzschnitzereien mit Tiermotiven und mehrere Thongs. Schön sind auch die Buddha-Figuren im Wandelgang entlang der inneren Mauer.

Mi. – So. 9 – 16.30 Uhr | Eintritt: 20 Baht

Schöner Ausblick

Wat Mon Cham Sin

Wegen der drei schönen **Chedis im birmanischen Stil**, noch mehr aber wegen des eindrucksvollen Rundblicks über die abwechslungsreiche Landschaft lohnt sich ein Besuch des Wat Mon Cham Sin, der **auf einer kleinen Anhöhe** nahe der Nationalstraße 1 in Richtung Chiang Mai zu finden ist.

Tor zum Wald

Doi Khun Tan

Von Lampang aus erstreckt sich in nördlicher Richtung ein dichtes, gebirgiges und **fast unberührtes Waldgebiet**, das von schluchtartigen Tälern durchbrochen und von schroffen Felsen überragt wird. Der Gipfel des Doi Khun Tan erreicht eine Höhe von **1348 m** und er ist von der Straße 11 nach Chiang Mai und von der Eisenbahn aus gut zu sehen. Die Nationalstraße 1 in Richtung Chiang Rai wird bei Km 50 sehr schmal. Zu beiden Seiten ragen höchst eindrucksvoll **steile Felsen** auf. Diese Stelle wird **Pratu Pa**, Tor zum Wald, genannt. Dem dort wohnenden Schutzgeist ist ein kleiner Tempel gewidmet.

LAMPANG ERLEBEN

TOURISM AUTHORITY OF THAILAND (TAT)

358, Chiang Rai Road | Tel. 036 4 22 76 89 | www.tourismthailand.org/Lampang

ANREISE

Auto
Von Bangkok über die Nationalstraßen 32 und 1 (680 km). Von Chiang Mai auf der Nationalstraße 11 durch eine faszinierende Landschaft (70 km).

Bus
Von Bangkoks Northern Bus Terminal mehrfach tgl. (9 Std.).

Bahn
Von Bangkok-Hua Lumphong mehrfach tgl. (12 Std.). Die Nachtzüge verfügen über bequeme Schlafwagenabteile.

Flug
2x wöchentl. von Bangkok und Phitsanulok (1 Std. bzw. 30 Min.).

THE RIVERSIDE GUEST HOUSE €

In einem schönen Thai-Haus untergebrachte Zi., wunderschön dekoriert mit hangearbeiteten thailändischen Antiquitäten und Textilien. Ein herrlich angelegter Garten umgibt die am Wang-Fluss gelegene schöne Anlage. 19 Zi., Fahrrad- und Motorradverleih.
286, Tald Kao Road
Tel. 054 22 70 05
www.theriverside-lampang.com

Das Leben der Dickhäuter

Thai Elephant Conservation Center

In dem 28 km hinter Lampang in Richtung Chiang Mai gelegenen Thai Elephant Conservation Center wird dem Umstand Rechnung getragen, dass Elefanten zu den **bedrohten Tierarten** in Südostasien zählen. Das zum Schutz der wenigen noch verbliebenen Tropenwälder verhängte **Holzfällverbot** hat viele Hundert Elefanten arbeitslos gemacht. Was die Tiere seither lernen, ist zur Unterhaltung der Touristen gedacht – das Ergebnis kann man hier im Center beobachten: **Vorführungen** finden täglich um 9.30, 11 und 14 Uhr statt, die erste beginnt morgens mit einem **gemeinsamen Bad von Elefanten und Treibern** im nahen Fluss. Nach jeder Vorführung hat man die Möglichkeit, auch auf den Dickhäutern zu reiten. Auf dem Gelände gibt es ebenfalls ein Hospital für kranke oder verletzte Elefanten (► Das ist, S. 20).

Eine der Größten

Grotte Tham Pua Thai

Nach weiteren 10 km erreicht man die Grotte Tham Pua Thai, die sowohl eine der größten als auch eine der interessantesten **Tropfsteinhöhlen** Thailands ist.

LAMPHUN

Region: Nordthailand
Provinz: Lamphun
Höhe: 295 m ü. d. M.
Einwohnerzahl: ca. 43 000

Einmal im Jahr wird der mächtige Chedi mit geweihtem Wasser gewaschen. In seinem Inneren erklingt einer der größten Gongs der Welt, und in der Bibliothek stehen in alten Bücherschränken wertvolle Palmblattmanuskripte. Schon alleine wegen dem im ganzen Land verehrten Wat Phra That Haripunchai ist ein Besuch in Lamphun, 24 km südlich von Chiang Mai, ein Muss.

600 Jahre Macht

Den **ehrwürdigen Charakter der Stadt** hat auch die heutige Zeit kaum verändert. Lamphun war schließlich einst die Hauptstadt des **Königreichs Haripunchai** und bewahrte seine Bedeutung auch in dem Ende des 13. Jh.s von König Mengrai gegründeten Lanna-Königreich. Der Überlieferung zufolge soll zunächst für eine Buddha-Reliquie der Wat Phra That Haripunchai gebaut worden sein, doch schon bald darauf entstand eine mit Befestigungen gesicherte Stadt. Etwa 600 Jahre bestand das Königreich Haripunchai, erst durch die Eroberung durch **König Mengrai** fand es 1281 sein Ende. Damals brannte die ganze Stadt nieder. Die erste Hauptstadt des neuen **Lanna-**

Am Wat Phra That Haripunchai laufen die Vorbereitungen auf das Laternen-Festival Yi Peng.

1 Löwenstatuen
2 Großer Viharn
3 Bibliothek
4 Gong
5 Großer Chedi
6 Viharn
7 Offene Hallen
8 Stufenchedi
9 Altes Museum
10 Mönchswohnungen
11 Bot
12 Küche
13 Schulgebäude
14 Verwaltung
15 Trommel

Reichs entstand dann bei **Kum Kam**: Das heutige **Saraphi** lag zwischen Lamphun und Chiang Mai. Mengrai gab die neue Hauptstadt jedoch schon bald wieder auf, da sie mehrmals im Jahr von **verheerenden Hochwassern** des Menam Ping heimgesucht wurde. Die Legende berichtet, dass aus diesem Grund die Könige Mengrai, Ramkhamhaeng und Nareng Muang, die Herrscher der drei benachbarten Königreiche, auf einen Berg stiegen und von dort aus die Lage der neuen, gemeinsamen Hauptstadt auswählten. 1556 eroberten die **Birmanen** außer Chiang Mai auch Lamphun. Erst unter **König Taksin** wurden 1775 beide Orte von der Fremdherrschaft befreit und 1873 unter Rama V. wie das ganze einstige Königreich Lanna in das **Königreich Siam** eingegliedert. So wurde aus Haripunchai das heutige Lamphun.

Alleen zur Begrüßung

Die Stadt

Alte Bäume, alleenartig gesäumt, und wie Perlen an einer Kette **ältere und neuere Tempel**: So wird man von Lamphun empfangen, wenn man über die Straße 106 die Stadt anfährt. Die Menschen in Lamphun leben von der Landwirtschaft und von den Erträgen der weitläufigen Obstgärten und Plantagen sowie von den handgewebten **Seidenstoffen**, welche die Stadt berühmt gemacht haben; bekannt sind auch die traditionellen **Silberarbeiten**. Ein Zentrum der **Baumwollweberei** ist der Ort **Pa Sang**, 10 km von Lamphun.

 Wat Phra That Haripunchai

Vergoldeter Chedi

Der im ganzen Land hochverehrte Tempel Wat Phra That Haripunchai steht auf dem Gelände des ehemaligen Königspalasts, der jenseits der noch teilweise sichtbaren Stadtmauer lag. Die Geschichte des Wat reicht bis in das Jahr 867 zurück, als der Mon-König Atityaraj für eine Buddha-Reliquie einen Mondhop errichten ließ. Man stößt zunächst auf zwei kolossale **Löwenfiguren**, ein Kennzeichen für den birmanischen Einfluss. Vor der eigentlichen Tempelanlage steht ein kleinerer, schmuckloser Viharn mit der 15 m langen Figur eines ruhenden Buddha. Aus diesem Bau wurde später ein Chedi, der im Lauf der Jahrhunderte mehrfach erhöht und verändert wurde. Seit dem 16. Jh. besitzt er eine **Höhe von 51 m**. Die reich gegliederte Basis und das Oberteil sind mit ornamentierten, vergoldeten Kupferplatten belegt, die Spitze wird von einem neunstufigen Schirm gekrönt.

Östlich des Chedi steht ein Glockenturm im birmanischen Stil, der **einen der größten Gongs der Welt** birgt. Die heutigen Tempelgebäude entstanden fast ausnahmslos im 20. Jh., wie der 1925 erbaute Viharn. In seinem Innern sind v. a. die Statue eines **Buddha im Chiang-Saen-Stil**, die reich verzierte Verkündigungskanzel sowie die kunstvoll gefertigte Holzdecke beachtenswert.

Wertvolle Palmblattmanuskripte

Bibliothekspavillon

Weiter verdient der anmutige Bibliothekspavillon aus Holz auf der linken Seite des Viharn Beachtung, der an der Stelle eines älteren Gebäudes im 19. Jh. errichtet wurde. Auf einem massiven Sockel steht ein mit **Schnitzereien und Einlegearbeiten** verziertes Obergeschoss mit einem gestuften Dach. Die alten Bücherschränke im Innern enthalten wertvolle Palmblattmanuskripte, sogenannte **Lontare**. Geht man nun am großen Viharn rechts vorbei, stößt man auf einen Ziegel-Chedi aus dem 8. Jh., der einst 60 Buddha-Figuren besaß, doch nur wenige sind erhalten. Auf der vorderen Seite des quadratischen Sockels stehen drei Buddha-Figuren im **Chiang-Saen-Stil**.

LAMPHUN ERLEBEN

ANREISE

Auto: Nur 26 km südlich von Chiang Mai über Nationalstraße 11 oder (schöner!) über Straße 106.

Bus: Mehrmals tgl. ab Chiang Mai.

Bahn: Station an der Strecke Bangkok – Chiang Mai (von Bangkok 729 km).

BAAN KONG HOSTEL €

Sehr einfaches Guest House in einem traditionellen Thai-Holzhaus mit Klimaanlage in den schlichten Zimmern. 5 Zi., Restaurant.
486, Charoen Tar Road
Tel. 054 44 11 19
baankong@hotmail.com

Silber und Gold

Tempel-museum

Im hinteren Teil der Anlage findet man ein kleines Tempelmuseum mit **Buddha-Statuen aus verschiedenen Stilepochen**, v. a. im Chiang-Mai-Stil mit deutlichen Merkmalen des Dvaravati-Stils. Außerdem sind mehrere alte, mit Reliefdarstellungen versehene Steinplatten sowie einige Bücherschränke, Votivtafeln, Manuskripte und Gefäße aus Silber und Gold ausgestellt. Letztere werden beim feierlichen Abwaschen des Chedis benutzt. Mehrere weitere Viharn sowie einige **Klostergebäude**, darunter ein offener Pavillon mit einem vierfachen symbolischen Fußabdruck Buddhas, vervollständigen die Anlage.
Mi.–So. 8–18 Uhr | Eintritt 20 Baht

Rund um Lamphun

Wat Kukut

Der zweite bedeutende Tempel von Lamphun ist der 1 km außerhalb der Stadt gelegene Wat Kukut. Der Sohn der Chama Thevi, König Mahandayok, ließ ihn zu Beginn des 8. Jh.s erbauen. Dieser Tempel ist allein schon wegen seiner beiden Chedis, großartige Beispiele der Mon-Architektur, einen Besuch wert. Der größere, 21 m hohe, ist der bedeutendere; allerdings fehlt seit einem Blitzeinschlag die Spitze. Auf seinem mächtigen terrassierten Sockel mit quadratischem Grundriss erheben sich fünf in Stufen angeordnete Stockwerke, die Übergänge zwischen den einzelnen Stockwerken sind durch kleine Chedis betont. In jede Seite sind drei reich verzierte Nischen eingelassen, die jeweils mit einer Buddha-Figur aus Stuck besetzt sind.
Die insgesamt **60 Statuen** zeigen Buddha u. a. in der Geste des Furchtvertreibens und lassen deutlichen **Khmer-Einfluss** erkennen. Während sich die Körper im Originalzustand befinden, wurden die

Köpfe bei fast allen Figuren erneuert bzw. restauriert. In diesem Chedi ist die **Asche der Königin** Chama Thevi beigesetzt. Der kleinere Chedi ist im Stil der Mon gehalten. Er hat ebenfalls die Form einer Stufenpyramide und mit Buddha-Statuen besetzte Nischen. Ihm sind große **Dämonenfiguren** beigegeben.

Die wundersame Reliquie

Wat Phra Yun

Ein weiterer interessanter Tempel ist der Wat Phra Yun, 2 km nördlich der Stadt am Ufer des Menam Kuang. Er wurde 1369 von König Kuna für den **Mönch Sumana** erbaut. Kuna rief den gelehrten Mönch aus Sukhothai in sein Reich, damit er die Lehre des **Theravada-Buddhismus** verbreite. Sie setzte sich allmählich gegen den Mahayana-Buddhismus durch, dem v. a. die Mon-Völker anhingen. Sumana brachte auch die **Reliquie** mit, die sich auf so wundersame Art in zwei Hälften geteilt hatte. Später wurde sie nach Chiang Mai in den **Wat Suan Dok** gebracht. Über den Ruinen des Mondhop, der die Reliquie barg, wurde im 16. Jh. ein Chedi errichtet. Die Buddha-Figuren in den Nischen des Oberteils sind meist Nachbildungen. Auf einem Sandstein im Hof kündet eine **Inschrift in Pali und Thai** von der Ankunft Sumanas. Der Viharn, der drei stehende Buddha-Figuren des 16. Jh.s enthält, der Bot mit schönen, vergoldeten Schnitzereien an der Portalseite und die **elegante Bibliothek** entstanden um 1900.

Schönes Karen-Dorf

Ban Kon Tang

Hinter dem Dorf Bang Hong, 40 km von Lamphun, erreicht man das Karen-Dorf Ban Kon Tang. Viele Bewohner tragen noch ihre **farbenprächtigen Trachten** und bieten ihr **Kunsthandwerk** zum Kauf an.

★ LOPBURI

Region: Zentralthailand
Provinz: Lopburi
Höhe: 30 m ü. d. M.
Einwohnerzahl: 54 000

Lopburi ist die Stadt der Affen. In keiner anderen thailändischen Stadt gibt es so viele von den Kerlen, jedenfalls keine, die sich so offen und stets hungrig zeigen wie in Lopburi. Ein wenig Vorsicht ist da also angesagt. Mehr Anmut benötigt man dagegen für die Tempel der ehemaligen Königsstadt, die im Norden überragt wird vom Khao Wong Phra Chan, der sich an seinen drei spitzen Zacken, die den Gipfel bilden, zu erkennen gibt.

Hundertjähriges Königreich

Lavo, wie die Stadt früher hieß, wurde der Überlieferung nach 468 n. Chr. von König Kalavarnadis von Taksila gegründet. Bis etwa 950 war sie **Hauptstadt eines großen Mon-Königreichs**, das von der Menam-Ebene nordöstlich bis zum Mekong reichte und bis zum 11./12. Jh. bestand. Nach Inschriften auf Münzen und Steinplatten, teils in Mon-Buchstaben, teils in Sanskrit, nannte sich dieses Reich **Dvaravati**. Zu Beginn des 11. Jh.s eroberten die Khmer unter ihrem König Suryavarman I. (1002 – 1050) weite Teile des heutigen Thailand; Lopburi wurde eine **Festung des Khmer-Reichs** und Residenz eines Provinzgouverneurs. Der Khmer-Stil prägte bis ins 15. Jh. Architektur und Plastik; im Kontakt mit dem **Dvaravati-Stil** bildete sich die Mischform des Lopburi-Stils heraus. Nach dem Niedergang der Khmer-Herrschaft nahm der Thai-König **Si Dharmatraipitok** das Land in der südlichen Menam-Ebene in Besitz. Etwa 100 Jahre lang regierten die Könige von Lopburi das Reich, dann kam es unter die **Herrschaft verschiedener Fürsten**; u. a. verzeichnet die Chronik den birmanischen König Annarudha und den Thai-König U Thong. Als dieser 1350 seine Residenz von U Thong nach Ayutthaya verlegte, setzte er seinen Sohn, Prinz Ramesuen, als Verwalter des Lopburi-Staats ein. Die Stadt hatte eine **wichtige strategische Funktion** in den Auseinandersetzungen mit den Königen von Sukhothai. Als dieses 1376 zu einem Vasallenstaat und 1438 zu einem Bestandteil Ayutthayas wurde, verlor Lopburi an Bedeutung.

Öffnung nach Europa

Zweite Blüte

Erst unter König Narai (1656 – 1688) erlebte Lopburi als zweite Hauptstadt neben Ayutthaya eine neue Glanzzeit. Narai wählte Lopburi zum Nebensitz, denn zum einen war es **hochwassersicher**, gleichzeitig stellte der Fluss die Wasserversorgung von Stadt und Palast sicher. Als die **Holländer** das dem Golf von Thailand näher gelegene Ayutthaya anzugreifen drohten, verlegte Narai seine Residenz vorübergehend nach Lopburi und ließ (wie auch in Phetchaburi) Paläste z. T. im westlichen Stil erbauen. Narai war es auch, **der sich Europa öffnete** und diplomatische Verbindungen zum französischen Königshaus aufnahm. Er empfing eine Gesandtschaft König Ludwigs XIV. unter **Chevalier de Chaumont**, dessen Reiseberichte einen guten Teil unseres heutigen Wissens über Lopburi ausmachen. Narai ernannte überdies den Griechen **Konstantin Phaulkon** (▶Interessante Menschen) zu seinem Berater. Nach Narais Tod (1688) bestieg Phra Petraja (Luang Sorasak) den Königsthron und ließ viele, die seinen Amtsvorgänger unterstützt hatten (auch die französischen Diplomaten und Kaufleute in der Stadt), hinrichten. An Lopburi fand er keinen Gefallen, er zog zurück nach Ayutthaya. Fortan blieb die Residenz unbewohnt, die Gebäude verfielen. Erst König Mongkut (1851 – 1868) ließ das einzige noch relativ gut erhaltene Gebäude im Palastbezirk, den **Chanthara-Phisan-Pavillon**, sowie Mauern und

König Narai führte Lopburi mit seinen Palästen zu einer zweiten Blütezeit.

Tore restaurieren und neue Paläste errichten, von denen heute noch einige zu sehen sind.

 Die Königsstadt

Denkmal für König Narai

Kommt man auf der Nationalstraße 1 nach Lopburi, passiert man beim ersten Kreisverkehr **als Erstes** das Denkmal für König Narai (Sa Kaeo Ratkrai), den **wichtigsten König** in der Geschichte Lopburis. Etwas weiter in einer rechts abgehenden Querstraße sieht man **Reste der Stadtmauer** und ein altes Tor, das **Pratu Phaniat**. Dort lag einst der **Elefantenkral**, wo König Narai der französischen Gesandtschaft unter Chevalier de Chaumont das Abrichten der Elefanten vorführte.

Von Affen umkreist

Wat Kala

Am dritten Kreisverkehr, kurz vor der Bahnlinie, stehen die Ruinen des Kala-Tempels, eines **Hindu-Heiligtums des 10. Jahrhunderts**. Von dem einst sehr hohen **Prang aus Laterit** steht nur noch der mächtige Unterbau; der kleine, aufgesetzte Tempel stammt aus späterer Zeit. Erwähnenswert ist das Relief des Türsturzes, es zeigt **Vishnu** auf einer Schlange liegend. Der neue Tempel von 1953 steht auf den Fundamen-

Alte Khmer-Architektur lässt grüßen: die Ruinen von Wat Phra Prang Sam Yot.

ten des alten Heiligtums und birgt die Statuen von zwei Hindu-Gottheiten. Auf dem **Banyan-Baum** (Ficus indiaca) mit seinen ineinander verflochtenen Luftwurzeln und auf den Straßen rundherum leben unbeeindruckt vom regen Autoverkehr ganze Affenhorden.

Hoch verehrt

Wat San Phra Karn

Im Zentrum der Altstadt, östlich der Bahnlinie, liegt der Wat San Phra Karn, ein einstiger **Hindu-Schrein**, der bis heute als heilige Stätte verehrt wird. Das alte Khmer-Heilgtum ist der **Hindu-Totengöttin Kala** gewidmet und wurde früher San Sung genannt. Der San Phra Karn datiert vermutlich aus dem 11. Jh. und besteht aus großen **Laterit-Blöcken**, die einen Hügel bilden. Auf dem Hügel finden sich die Überreste eines **quadratischen Schreins** mit einem Vorbau, der über Treppen erreichbar ist.

Der Tempel mit den drei Türmen

Wat Phra Prang Sam Yot

Die drei zusammenhängenden, mit Prangs gekrönten Kapellen des Wat Phra Prang Sam Yot in der Wichayen Road sind wohl die **eindrucksvollsten Ruinen von Lopburi** und ein gutes Beispiel für den Architekturstil der Lopburi-Zeit. Die **drei Kapellen mit kreuzförmigem Grundriss** haben eine Türöffnung an jeder Seite und werden durch einen ehemals gedeckten Gang mit einem lang gestreckten **Ziegelgebäude** verbunden, das ganz mit Stuck verkleidet war; Reste wie einige Ornamente und die fratzenhaften Gesichter an einer Ecke der Grundmauer sind an vielen Stellen noch vorhanden. Die Räume und die Türme weisen **Kraggewölbe** auf, im Innern befinden sich einige Fragmente alter Buddha-Figuren sowie die gut erhaltene Figur eines sitzenden Buddha aus der Sukhothai-Epoche. Vermutlich war der Bau zunächst ein den **Hindu-Gottheiten Vishnu, Shiva und Brahma** geweihter Tempel, der später zu einem buddhistischen Wat umgewidmet wurde.

Was Bogenfenster verraten

Wat Phra Si Ratana Mahathat

Der Wat Phra Si Ratana Mahathat im Westen der Stadt an der Nakala Road war schon im 12. Jh., als er **von den Khmer errichtet** wurde, ein bedeutendes Heiligtum. Im Zentrum der Anlage steht ein großer, schlanker **Prang aus Laterit im Lopburi-Stil** mit schönen Stuckarbeiten. Der Haupteingang des Prang ist durch eine mit einem kleinen Turm bekrönte Vorhalle betont, von einer im Quadrat angelegten Galerie sind noch Reste zu erkennen. In sie eingegliedert ist der noch erhaltene **Viharn**, der zu einer weiteren Galerie überleitet. Er hat – ein äußerst ungewöhnliches Stilmittel – **Bogenfenster** und ist daher der Regierungszeit von König Narai zuzurechnen. Im zweiten Hof sowie außerhalb der zweiten Galerie stehen noch etliche kleine und größere Chedis aus verschiedenen Epochen, die meisten stammen jedoch aus der Ayutthaya-Zeit.

 Königspalast Phra Narai Ratcha Niwet

Rundgang

Der Palastbezirk ist durch Mauern mit mehreren Toren **in Höfe aufgegliedert**, die sehenswertesten Teile der heutigen Anlage befinden sich im inneren Hof. Die rechteckige Anlage ist von **monumentalen Mauern** umgeben, deren mächtige Tore von Zinnen bekrönt sind. Wesentliche Teile der alten Anlage stammen aus dem 17. Jh. und wurden von König Narai entworfen und gebaut. Die später hinzugefügten modernen Gebäude erhielten ihr Aussehen durch König Mongkut, der bis auf den **Chanthara-Phisan-Pavillon** viele Gebäude schleifen und an ihrer Stelle neue errichten ließ. Man betritt die Anlage durch das Tor an der Surasak Road. Hier soll den Griechen **Konstantin Phaulkon** sein Schicksal ereilt haben: Er wurde gefangengenommen und später enthauptet. Seine **Residenz** ist eine weitere Sehenswürdigkeit in Lopburi. Auf dem Weg in den zweiten Hof, den wiederum ein monumentales Tor vom ersten trennt, stehen etliche Gebäude. Berichtet wird, dass der König, auf dem Sterbebett liegend, nach einigen besonders wertvollen Kleidungsstücken verlangte, die ihm aus einer dieser zwölf Hallen, deshalb möglicherweise **Schatzkammern**, gebracht wurden. Rechts dahinter liegen die alten, aus Ziegeln gemauerten **Wassertanks**, die von Quellen auf einem im östlichen Teil der Stadt gelegenen Hügel gespeist wurden. Um das Wasser zum Palast zu leiten, wurden ein italienischer und ein französischer Ingenieur damit beauftragt, einen hydraulischen Mechanismus zu konstruieren. Die Anlage soll erst nach zehnjährigen intensiven Versuchen funktioniert haben. Gegenüber den Wassertanks liegt etwas zurückgesetzt in einer gepflegten Parkanlage die **Empfangshalle für ausländische Besucher** (Phra Khlang Supharat). Kurz vor dem zweiten Tor bemerkt man links die teilweise erhaltenen Außenmauern des Gebäudes, in dem einst die **königlichen Elefanten** untergebracht waren. Auf dem Rasen hinter dem Portal sind **Statuen im Dvaravati-Stil** aufgestellt..

Tgl. 6.30 - 16.30 Uhr | Eintritt: 150 Baht

Spiegel von Louis XIV.

National-museum

Im zweiten Hof steht rechts der Chanthara-Phisan-Pavillon, die 1665 erbaute Residenz von König Narai, heute beherbergt sie das **Somdet Phra Narai National Museum**. Von dem **Balkon an der Front** aus begrüßte König Narai seine Gäste. Der Pavillon enthält einen Thron; die Wände waren **mit Spiegeln verkleidet**, die Chevalier de Chaumont, Diplomat König Ludwigs XIV., mitbrachte. Das Gebäude besaß ursprünglich nur einen Raum und wurde erst bei der Renovierung durch Mongkut zweigeteilt. Im zweiten Raum ist das **Ölgemälde** eines unbekannten Künstlers zu sehen, das die Ankunft der französischen Delegation darstellt. Im größeren Raum, der eigentlichen Empfangshalle, sieht man zwei prachtvoll verzierte, hölzerne Throne und einige kunstvoll geschnitzte und vergoldete Bücherschränke.

Tgl. 8.30 - 16.30 Uhr | Eintritt: 30 Baht

Die Privatgemächer des Königs

Wat Phra Thinang Visuthi-vinitchai

Links neben dem **Chanthara-Phisan-Pavillon** steht der dreistöckige, von Mongkut erbaute Tempel Phra Thinang Visuthivinitchai. Der westliche Teil war der Phiman-Mongkut-Pavillon; im oberen Stockwerk lagen die **Privatgemächer** des Königs (großer Schlafraum, Lesezimmer und Waffenkammer), im unteren Geschoss Arbeitszimmer und Audienzhalle. Die Pavillons sind heute als **Museum** eingerichtet und enthalten Skulpturen, Votivtafeln, Waffen und Fayencen.

Tgl. 8.30 - 16.30 Uhr | Eintritt: 30 Baht

Nur für Auserwählte

Frauen-häuser

Hinter dem Königspalast lebten in einigen kleinen Häusern in einem abgeschlossenen Hof die vielen **Frauen und Kinder** des Königs, heute ein **Museum** mit landwirtschaftlichen Geräten Dieser Teil der Anlage durfte noch während der Regierungszeit König Mongkuts nur von Auserwählten betreten werden; damals war es absolut verboten, Mitglieder der Königsfamilie zu berühren. Erst König Rama V. Chulalongkorn schaffte das Verbot ab.

LOPBURI • PHRA NARAI RATCHA NIWET

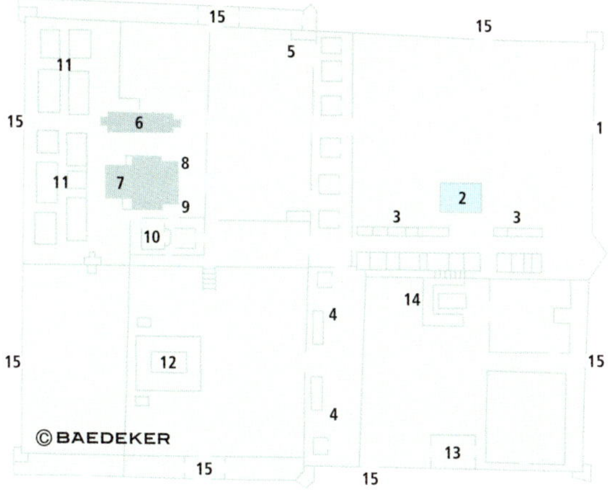

1 Haupteingang
2 Wasserreservoir
3 Magazine
4 Elefanten- und Pferdeställe
5 Palastgarde
6 Chanthara Phisan
7 Phiman Mongkut
8 Waffenkammer
9 Lesezimmer
10 Dusit Sawan Thanya Maha Prasat
11 «Harem»
12 Sutthasawan
13 Phra Chao Hao
14 Empfangshalle
15 Tore

Das höchste Gebäude

Audienzhalle

Links vom Phiman-Mongkut-Pavillon liegen, von hohen Mauern umgeben, die Ruinen des **Dusit Sawan Thanya Maha Prasat**, der königlichen Audienzhalle. Bruchstücke lassen darauf schließen, dass die Front von **europäischen Bauformen** bestimmt war (z. B. gotisierende Bögen an den Türen), die Rückseite aber von klassisch thailändischer Architektur. Es war wohl das **höchste Gebäude** der gesamten Palastanlage und besaß alten Berichten zufolge ein **Dach in Pyramidenform**. Die Wände der Halle waren mit **Spiegeln** verkleidet, ein Geschenk König Ludwigs XIV. Das Innere der Halle muss prachtvoll ausgestattet gewesen sein; **Nicolas Gervais**, ein Mitglied der französischen Delegation, berichtete von vielen Wandgemälden, Bodenmosaiken, chinesischem Kristall und Porzellan und von einem kunstvollen, erhöhten Thron am Ende der Halle, den der König über eine marmorne Treppe erreichte.

Vier Teiche zum Schwimmen

Wohnhaus des Königs

In dem sich anschließenden weiten Garten sieht man die Fundamente der Sutthasawan-Halle, das **Wohnhaus König Narais**, in dem er am 11. Juli 1688 starb. Einige der großen Lateritblöcke wurden im frühen 19. Jh. nach Bangkok gebracht, wo sie beim Bau des **Wat Sakhet** Ver-

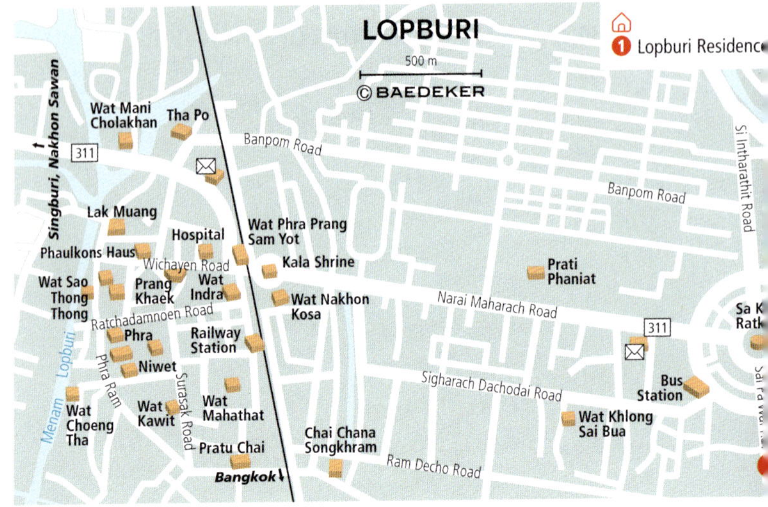

wendung fanden. Das Dach, so schrieb Nicolas Gervais, war mit gelb glasierten Ziegeln gedeckt, die Dachbalken waren reich mit Gold verziert. Um das Gebäude herum waren **vier Teiche** angelegt, in denen der König zu baden pflegte – schien die Sonne, wurden **riesige Baldachine** darüber gespannt. Bei einem der Teiche ließ Narai eine kleine **Grotte** anlegen. Im südöstlichen Hof lagen noch zwei private Empfangssäle, wie das gut erhaltene Gebäude **Phra Chao Hao** von König Narai, Lagerhäuser, Ställe und Unterkünfte für die Wachen.

Buddha mit Kreuz

Wat Sao Thong Thong

Unmittelbar nördlich des Palastbezirks nahe dem Flussufer liegt hinter einer neueren Mauer der Wat Sao Thong Thong, der in der frühen Ayutthaya-Zeit angelegt wurde. Der Viharn auf hohem Sockel mit langen, schmalen Fenstern in Lotosblütenform und einem Staffeldach im Ayutthaya-Stil war zur Zeit König Narais eine **christliche Kapelle**, die große Figur eines sitzenden Buddha im Innern trägt noch das christliche Kreuz. Die Pfeiler zieren Blattkapitelle, in den Wandnischen stehen Buddha-Figuren im Lopburi-Stil. Die **Pavillons** bei den Klostergebäuden ließ König Narai als **Quartier für ausländische Gäste** erbauen.

Der Platz für die Europäer

Phaulkons Palast

Nördlich des Wat Sao Thong Thong, an der Wichayen Road nahe dem Fluss, stand der Palast Phaulkons, einige Gebäude waren aber bereits für Chevalier de Chaumont errichtet worden. Der Palast ist ein gro-

LOPBURI ERLEBEN

ANREISE

Auto: Von Bangkok über die Nationalstraßen 1, 32 und 311 (150 km).

Bus: Tgl. mehrfach von Bangkoks Northern Bus Terminal (2,5 Std.).

Bahn: Tgl. mehrfach von Bangkok-Hua Lumphong (2,5 Std.).

❶ LOPBURI RESIDENCE €
Zentral gelegen, recht komfortabel. 130 Zi., 2 Restaurants, Swimmingpool.
180, Cholpatan Cannel Road
Tel. 036 61 34 10

ßes dreistöckiges Gebäude in **siamesisch-europäischem Mischstil**. Zu dem Bezirk, der von einer 2 m hohen Mauer umschlossen wurde, gehörten noch eine Küche im linken hinteren Teil, Ställe und Bäder, eine Kirche mit einem Haus für die katholischen Priester und einem frei stehenden Glockenturm sowie ein einstöckiger Audienzpavillon; von allem existieren nur noch **Ruinen**. Nur die drei **monumentalen Tore**, durch die man den Palast einst betrat, sind gut erhalten.
Mi. – So. 7 – 17 Uhr | Eintritt: 50 Baht

Und ein Lustschloss

Die Forts

Von den **Befestigungsanlagen**, die Lopburi einst umgaben, sind noch das **Fort Tha Po** im Nordwesten, das **Fort Chai Chana Songkhram** und das Tor **Pratu Chai** im Süden erhalten. **Französische Ingenieure** legten auch die Dämme und Schleusentore für ein großes **Wasserreservoir** im Norden der Stadt an. Auf einer Insel des Sees, der heute zugeschüttet ist, ließ sich König Narai ein Lustschloss, den Pavillon Phra Thinang Yen Kraison Sahavarat, kurz **Yen-Pavillon** genannt, erbauen. Die Ruinen lassen mit etwas Fantasie die Schönheit und die gelungenen Proportionen dieses Bauwerks noch erahnen.

 Singburi

In der Nähe des **25 km nordwestlich** liegenden Singburi, findet man noch eine besuchenswerte Attraktion: nämlich 5 km südwestlich von Singburi den Tempel Phra Nou Chak Si. Er beherbergt eine riesige, 40 m lange Statue eines ruhenden Buddha, die **größte liegende Buddha-Statue in Thailand**. Mehrere Restaurierungen haben die künstlerische Qualität leider beeinträchtigt.

MAE HONG SON

Region: Nordthailand
Provinz: Mae Hong Son
Höhe: ca. 300 m ü. d. M.
Einwohnerzahl: ca. 15 000

Wer Mae Hong Son sagt, meint leider oft genug die Langhals-Frauen. Sie gehören zu dem kleinen Padaung-Stamm, und ihre Frauen sind bekannt dafür, ihre Hälse von jung an mittels Messingringe künstlich zu verlängern. Die Mädchen haben oft Mull unter dem letzten Ring, um den Schmerz besser zu ertragen. Das Leiden für die Schönheit ist mittlerweile ein Leiden für die Foto-Voyeure. Viele junge Frauen verweigern aber inzwischen die Ringtortur. Auch wer auf einen Besuch bei den Langhals-Frauen verzichtet, sollte Mae Hong Son dennoch nicht auslassen. Allein die wunderschöne Berglandschaft lohnt die Anreise.

Treffpunkt der Bergstämme

Besonders zu den Marktzeiten (tgl. 5.30 – 9 Uhr) trifft man zahlreiche Angehörige der **Bergstämme**; farbenprächtig gekleidete Meo, Karen, Lawa, Lisu und Lahu bieten zumeist **handgefertigte Waren und Viktualien** sowie Erzeugnisse der fruchtbaren Landschaft wie Chilis, Tabak, Betelnüsse, Obst und Gemüse an. Am Ufer des kleinen Sees in der Stadtmitte stehen in unmittelbarer Nachbarschaft die im birmanischen Stil erbauten Tempel **Wat Chong Kham** und **Wat Chong Klang**. Der Viharn des Wat Chong Klang beherbergt **mehr als 30 Statuen**, die um 1860 von Birma hierher gebracht wurden.

Ausblick auf Mae Hong Son

Doi Kong Mu

Vom Gipfel des etwa 250 m über Mae Hong Son aufragenden Bergs Doi Kong Mu, den man in gut einer halben Stunde Fußmarsch vom westlichen Stadtrand erreicht, grüßen die im birmanischen Stil erbauten Chedis der Stadt. Der **Aufstieg** ist ein Erlebnis: Mitten in **tropischer Wildnis** stehen vor einer grün überwucherten Treppe vor den letzten Metern zur Bergkuppe zwei **riesige Steinlöwen** in birmanischem Stil. Von dort hat man den besten Blick über Stadt und Land.

Rund um Mae Hong Son

Goldenes Dreieck

Das Goldene Dreieck ist nahe, die Schmuggelpfade im gebirgigen **Grenzgebiet** zu Myanmar gegenwärtig, und die **Berglandschaft** rund um Mae Hong Son gehört zu den **herausragenden Natur-**

Die Region um Mae Hong Son hat natürlichere Schönheiten zu bieten als die Langhals-Frauen.

schönheiten Thailands. Man erlebt sie eindrucksvoll schon bei der Anfahrt. Und wer ein Faible für weitere Autofahrten hat sowie mühsame Kurvenstrecken nicht scheut, um dafür atemberaubende Landschaften zu sehen, sollte sich vor Ort über die 380 km lange **Hufeisenfahrt** informieren. Der Ort ist aber auch ein guter Ausgangspunkt für ein- oder mehrtägige **Wandertouren**, wie sie von etlichen Reiseveranstaltern angeboten oder auf eigene Faust unternommen werden können. Aber Achtung: Die **Shan** kämpfen – bis heute erfolglos – seit Jahrzehnten für ihre **Unabhängigkeit** von Myanmar wie auch von Thailand! Einen Besuch der auch heute noch kriegerischen Shan sollte man nur **in Begleitung eines ortskundigen Führers** unternehmen, von dem man weiß, dass er auch den Shan willkommen ist.

Chaing Kai-sheks Mannen

Die Kuomintang

Etwa 20 km nordwestlich von Mae Hong Son, erreichbar über die Straße 108, stößt man auf ein Dorf der **Kuomintang**, die sich heute **Mae Aw** nennen. Ihre unmittelbaren Vorfahren waren Mitglieder der Truppen des chinesischen Generals Chiang Kai-shek. Diese folgten

ACHT DINGE FÜR EIN LEBEN

Die Mönche mit ihren orangefarbenen Roben und kahl geschorenem Schädel sind aus dem Straßenbild thailändischer Städte nicht wegzudenken. Sie genießen ein hohes Ansehen im Land.

Annähernd jeder gläubige Thai geht einmal in seinem Leben in ein Kloster. Noch bis 1945 war ein **Mindestaufenthalt** von drei Monaten vorgeschrieben, jetzt sind es oft nur wenige Wochen, die der junge Mann dort verbringt, um sich in die Lehren Buddhas zu vertiefen. In vielen Tempeln sieht man acht- bis zwölfjährige Jungen, die zunächst die schulische Ausbildung im Kloster beginnen und im Alter von 15 Jahren als Novizen aufgenommen werden. Auch in den Schulferien gehen viele Jungen für einige Wochen ins Kloster.

Regeln des Mönchstums

In ganz Thailand leben in etwa 3000 Tempeln schätzungsweise 200 000 Mönche. Schon als Novizen bemühen sich die Knaben, die drei wichtigsten Regeln des Mönchtums einzuhalten: Sie müssen arm sein, dürfen niemandem Leid zufügen und müssen sich jeden geschlechtlichen Genusses enthalten. In sein Leben als Mönch darf der Novize nur die **acht Utensilien eines Asketen** einbringen: das dreiteilige Mönchsgewand, eine Nadel, ein Messer zum Rasieren des Kopfes, ein Sieb, eine Schale für Almosen und eine Meditationsschnur mit 108 Kugeln.

Mönche betteln nicht

Am frühen Morgen beherrschen Mönche in safrangelben Gewändern (kasaya) und mit kahlgeschorenen Köpfen das Straßenbild aller Städte und Gemeinden Thailands. Sie sammeln Nahrung für den Tag, wofür der Begriff »Betteln« völlig verkehrt wäre. Im Gegenteil: Die Gläubigen geben ihren Teil zur Ernährung der Mönche mit gehöriger Demut, sie versprechen sich dafür einen Beitrag zur Erlösung ihrer Seele und bedanken sich mit einem **respektvollen Wai**, dem Zusammenlegen der Hände. Meist wird das Essen extra für die Mönche gekocht, fein säuberlich verpackt und dankend übergeben. Dass Mönche nichts nehmen dürfen, was zuvor die Hand einer Frau berührt hat, ist nicht Buddha zuzuschreiben, sondern wurde erst lange nach seinem Tod bestimmt. Praktiziert wird dieses Verhalten jedoch kaum noch.

Die Mönchsweihe

Eines der wichtigsten Ereignisse für einen Mann ist seine Weihe für die Mönchszeit. Gefeiert wird dies als Familien- und Nachbarschaftsfest sowie als religiöse Zeremonie. Schon Tage vor dem Fest macht der junge Mann die Runde bei allen Verwandten und Nachbarn und bittet sie um Verzeihung für seine »Untaten«. Am Abend vor der Weihe strömt die ganze Gemeinde zusammen und bringt ein **Musikorchester** mit, manchmal sogar zwei. Das erste setzt sich aus Musikern gesetzten Alters zusammen, das andere besteht aus Altersgenossen des zu Weihenden und hat Jazz- und Popmusik im Repertoire. Während die jüngeren Leute bei Lampionschein draußen flanieren und sich an Reis und süßen Speisen aus Riesentöpfen gütlich tun, versammeln sich

Drei der acht Dinge am Leib: das orangene Mönchsgewand

ältere Verwandte und Nachbarn im Elternhaus des heutigen **»Siddharta«**, der wie ein Prinz gekleidet der Länge nach vor einem Brahmanen in weißem Gewand auf dem Boden liegt. Der Brahmane zählt dem jungen Mann noch einmal auf, was seine Eltern ihm Gutes taten. Bei besonders verdienstvollen Taten unterbricht die Menge der Alten ihr Betelkauen, Zigarettenrauchen oder Teetrinken durch ein beifälliges, lautes »Huuii!« und der junge Mann bricht nicht selten in dankbares oder reuevolles Schluchzen aus. Den Raum schmückt ein Altar mit Blumen, Räucherkerzen, einer Buddha-Figur und der aus buntem Papier geflochtenen Naga. Naga ist die Schlange, die einst Buddha vor einem schweren Regenfall schützte, dabei ihre sieben Häupter über den Meditierenden ausbreitete und ihn um Aufnahme in seinen Orden bat. Sie wurde abgelehnt, doch fortan sollte jeder Mönch am Tag vor der Weihe ihren Namen tragen. Am nächsten Morgen begibt sich die Festgesellschaft schreitend und tanzend zu Trommelklang in einer farbenprächtigen Prozession zum Tempel. Falls es an dem eines Prinzen würdigen Pferd mangelt, reitet der Naga auf den Schultern seiner Altersgenossen. Andere tragen Geschenke, die auf Silbertabletts getürmt sind. Im Tempel folgt dann die Zeremonie des **Haareabschneidens,** und am dritten Tag erhält der junge Mann aus der Hand seiner künftigen Mitbrüder das safrangefärbte **Mönchsgewand**. Für die Familie ist dieses Ereignis Anlass, das Fest ohne den Novizen fortzusetzen.

MAE HONG SON ERLEBEN

ANREISE

Auto: Von Chiang Mai über die Straßen 107 und 1095 (130 km).

Bus: Mehrfach tgl. von Chiang Mai (2 Std.).

Flug: Von Chiang Mai mehrmals wöchentl. (45 Min.).

❶ THE IMPERIAL €

Etwas außerhalb des Stadtzentrums am Fluss gelegenes Mittelklassehotel mit modernen und komfortablen Zimmern sowie einem schönen Garten. 104 Zi., Restaurant, Swimmingpool.
149, Pangmoo Road
Tel. 053 68 44 44
www.imperialmaehongson.com

nach dem verlorenen Krieg gegen die Truppen der chinesischen Volksbefreiungsarmee nicht ihrem Führer nach Formosa, dem heutigen Taiwan, sondern flohen nach Birma. Von dort gingen sie über die Grenze nach Thailand, wo sie bis heute **von der Regierung geduldet** werden. Die Kuomintang-Männer arbeiten vielfach als Polizisten und Beamte der thailändischen Regierung. So übernehmen sie zum Beispiel einen Teil der Überwachung der Grenze zu Myanmar.

Ein rätselhafter Stamm

Die Padaung

1,5 Fahrstunden in nordwestlicher Richtung von Mae Hong Son und nur noch **3 km von der Grenze zu Myanmar** entfernt, liegt ein Dorf der Padaung. Die Existenz dieses rätselhaften Bergstamms war bis vor etwas mehr als zwei Jahrzehnten nur wenigen bekannt. Dann floh eine 50-köpfige Dorfgemeinschaft über die birmanische Grenze nach Thailand und machte so auf sich aufmerksam.

Schmerzhaft und fragwürdig

Die Padaung-Frauen

Die Trachten, Sitten und Gebräuche der Padaung lassen auf **nordbirmanische Herkunft** schließen. Sie legen ihren Mädchen ab dem vierten Lebensjahr **goldene Ringe** um den Hals, denen sie bis zum 25. Lebensjahr in regelmäßigen Abständen weitere hinzufügen, was bei einem Gewicht **zwischen 5 und 9 kg** die Schultern gewaltig nach unten drückt.
Diese Touristenattraktion zu besichtigen kostet: Findige thailändische Geschäftsleute kamen auf die Idee, damit den Tourismus anzukurbeln. Neben einer Eintrittsgebühr für das gesamte Dorf wird auch für das Fotografieren der Bewohner eine Gebühr verlangt. Allerdings regt sich von vielen Seiten **deutliche Kritik** an dieser Art von **Menschenzoo**. Viele Touristen verweigern inzwischen sogar den Besuch bei den Langhals-Frauen ganz bewusst.

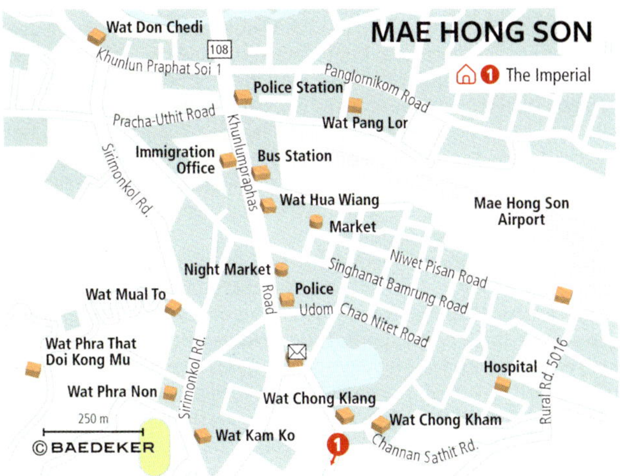

★★ NAKHON PATHOM

Region: Westthailand
Provinz: Nakhon Pathom
Höhe: 8 m ü. d. M.
Einwohnerzahl: 120 000

Sunthorn Phu ist in Thailand, was Goethe für die Deutschen ist: Thailands größter Dichter bezeichnet. Denn er war es, der dem Irdischen den Einzug in die Literatur ermöglichte. Vor ihm beherrschten ausschließlich religiöse Motive und Geschichten die thailändische Poesie. In »Nirat Phra Pathom« beschreibt ereine Reise nach Nakhon Pathom. Dabei geht er auf der Terrasse des Tempels ehrfürchtig im Uhrzeigersinn um den sich gerade im Bau befindlichen Chedi, der heute als der heiligste und erste Chedi des Landes gilt. In einer Passage schreibt Sunthorn: »Das muss der Weg zum Himmel sein, wenn wir einmal sterben.« Er hatte den quadratischen Aufsatz des Bauwerks erkannt, der als über dem Irdischen stehendes Heiligtum gedeutet wird.

Nakhon Pathom ist sicher eine der **ältesten Siedlungen Thailands**. Im 3. Jh. v. Chr. war König Ashoka Herrscher eines großen indischen Reichs. Dem neu entstehenden **Therawada-Buddhismus** zugewandt, sandte er Mönche auch in das heutige Stadtgebiet. Aus dieser Zeit soll ein Vorläufer des imposantesten Bauwerks der Stadt, des **Phra Pathom Chedi**, stammen. Gesichert ist die Besiedlung von Nakhon Pathom jedoch erst ab 675 n. Chr., als die Stadt Regierungssitz des Königs Chaisiri und des gleichnamigen Königreichs war. Der überwiegende Teil der Bevölkerung stammte von den Mon ab, deren Kultur, wie Funde aus dieser Zeit, z. B. steinerne Gesetzesräder und Buddha-Abbildungen, beweisen, stark von dem indisch-buddhistischen **Gupta-Stil** beeinflusst war.

Nakhon Pathom wurde Nachfolgerin von U Thong als Hauptstadt zur Zeit des mächtigen Dvaravati-Königreichs. Auf den Reichtum der Stadt lässt ihr **Münzrecht** schließen; Silbermünzen des 7./8. Jh.s zeigen auf der Vorderseite **Symbole des Wohlstands** wie eine Kuh mit Kalb oder eine Vase mit Blumen, auf deren Rückseite sich in Sanskrit die Inschrift »Verdienst des Dvaravati-Königs« findet. Vermutlich wurde die Stadt entweder von König Suryavarman I. (1002 – 1050) oder Jayavarman VII. (1181 – 1218) zerstört. Danach geriet Nakhon Pathom **in Vergessenheit**. Die meisten Bewohner zogen fort und gründeten am rechten Ufer des Flusses Ta Chin die neue Stadt **Nakhon Chaisi**, die es heute noch gibt. Der Phra Pathom Chedi wurde vom Dschungel allmählich überwuchert.

Erst König Mongkut, der während seiner Zeit als Mönch auch zum Chedi pilgerte, erkannte dessen Bedeutung. Als er 1851 die Regierung übernahm, veranlasste er die **Restaurierung**. Da das alte Heiligtum jedoch stark zerfallen war, überbaute er die ursprünglich aus der Khmer-Zeit stammende Dagoba mit einem neuen Chedi. Dieser Bau wurde erst unter Mongkuts Nachfolger **Chulalongkorn** fertiggestellt.

Ältestes buddhistisches Bauwerk

Prang

Kommt man auf der Nationalstraße 4 von Bangkok, fällt am westlichen Stadtrand ein **weiß getünchter Prang** auf quadratischem Sockel auf. Er soll das älteste buddhistische Bauwerk in ganz Thailand sein, älter noch als der Phra Pathom Chedi.

Phra Pathom Chedi

Tgl. 7 – 20 Uhr

Höchstes buddhistisches Bauwerk

Der in der Stadtmitte gelegene Phra Pathom Chedi, der heiligste und erste Chedi, ist mit 118 m Höhe (mit Terrassen 127 m), das **höchste buddhistische Bauwerk der Erde**, höher noch als die weltweit um ein Vielfaches bekanntere Swedagon, die Goldene Pagode in Yangon (Rangun in Myanmar), die nur 99,36 m hoch ist. Der Phra Pathom Chedi steht auf der **Vorschlagsliste zum UNESCO-Weltkulturerbe** der Menschheit.

Die Legende der Sühne

Eine Figur im Viharn auf der Nordseite der Anlage soll **König Phya Kong** darstellen, der in der **Legende** um die Entstehung des Chedi eine Rolle spielt: Ein Astrologe weissagte ihm, dass sein Sohn ihn eines Tages töten würde. Daraufhin ließ er ihn im Wald aussetzen, wo ihn eine Frau fand, die ihn großzog. Als er, **Phya Pan** genannt, erwachsen war, trat er in die Dienste des Königs von Ratchaburi, der dem König des benachbarten Königreiches Nakhon Chaisi lehenspflichtig war. Phya Pans Klugheit und Umsicht wurden allenthalben gerühmt, so dass der König ihn adoptierte. Phya Pan brachte ihn dazu, gegen den Lehnsherrn Krieg zu führen, und in der Schlacht tötete Phya Pan seinen Vater. Nach dem Sieg forderte er, wie es der Brauch war, die Königin, also seine Mutter, zur Frau, erfuhr dabei aber die Geschichte seiner Herkunft. Zur Sühne ließ er eine **Dagoba** errichten, den **Vorgängerbau** des Phra Pathom Chedi, die heute im Innern des Chedi verborgen ist.

König Phya Kong

Über der Welt stehend

Der heilige Bezirk mit **quadratischem Grundriss** ist von einem Gitterzaun umgeben. Der Haupteingang liegt auf der Nordseite, wo eine breite Treppe auf die erste, von einer Balustrade eingefassten Terrasse führt. Die Geländer sind reich mit **Ornamenten** und siebenköpfigen **Nagas** verziert. Auf der Terrasse stehen mehrere Gebäude. Im Bot, südlich des Osteingangs, befindet sich **eine der schönsten Buddha-Statuen**: Sie ist aus hellem Quarzit und teilweise mit Blattgold und Lack überzogen, im Dvaravati-Stil gehalten und zeigt den Erleuchteten in europäischer Sitzhaltung (»Buddha der Zukunft«). Die drei exakten Kopien dieser Statue gehörten einst zum **Wat Na Phra Men** in Nakhon Pathom, von dem nur noch einige Backsteinres-

Heiliger Bezirk

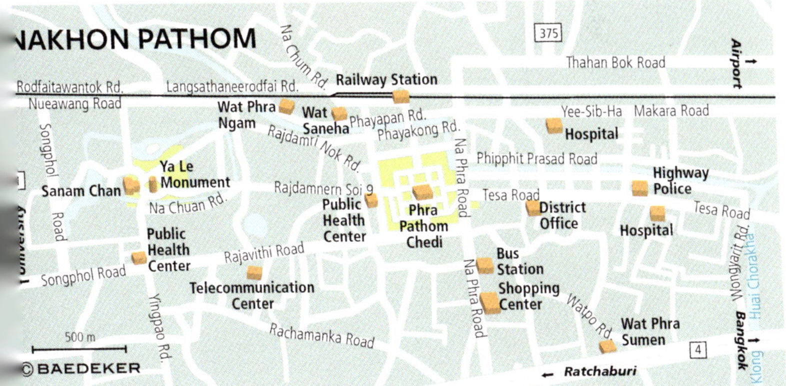

te zu sehen sind. Eine der Kopien steht heute im Wat Phra Men in Ayutthaya, die beiden anderen im Nationalmuseum in Bangkok. Über dem kreisförmigen Fundament erhebt sich die **große Kuppel** (Anda) mit einem Durchmesser von 98 m in der Form einer Glocke bzw. einer Almosenschale buddhistischer Mönche. Verzierte, sich nach oben verjüngende Gesimse schließen die Basis ab. Es folgt ein **quadratischer Aufsatz**, der im Allgemeinen als über der Welt stehendes Heiligtum gedeutet wird. Den Abschluss bildet ein spitz zulaufender Kegel, der Ehrenschirm, der die Würde Buddhas symboli-

Phra Pathom Chedi ist als größtes buddhistisches Bauwerk schon von Weitem gut zu sehen und vor allem mit spektakulärem Himmel besonders prächtig.

siert. Um die Basis des Chedi verläuft eine Säulengalerie, die von vier symmetrisch angeordneten Viharns unterbrochen wird.

Buddhas und Bronzeglocken

Tempelmuseen

Der Viharn nördlich des Osteingangs birgt das alte Tempelmuseum, in dem Stuck- und Steinplastiken aufbewahrt werden. Sehenswerter ist das Museum am südlichen Aufgang, an dessen Außenseite die **steinernen Gesetzesräder** aus der frühesten Zeit Nakhon Pathoms stehen. Zu sehen sind im Innern Buddha-Statuen, Stein- und Terrakotta-Skulpturen, außerdem Gegenstände des täglichen Lebens. Am südlichen Aufgang stehen das **Modell des Khmer-Prangs**, auf dessen Ruine König Mongkut den heutigen Chedi setzte, und eine Nachbildung des berühmten Chedi des **Wat Mahathat** von Nakhon Si Thammarat. Am nördlichen Aufgang setzt sich die Treppe bis zur oberen Terrasse fort mit den beiden Salas im javanischen Stil. Sodann trifft man auf die von vier Viharns unterbrochene Säulengalerie. Durch **rot lackierte Mondtore** gelangt man auf die innere Terrasse mit 24 Türmchen, in denen Bronzeglocken untergebracht sind. Auf beiden Terrassen sind chinesische Steinfiguren, zahlreiche Funde aus dem Tempelbezirk sowie mehrere Salas zu finden.

Mi.–So. 9–16 Uhr | Eintritt: 30 Baht

Szenen aus Buddhas Leben

Viharn

Die vier Klostergebäude (Viharn) bestehen aus einer offenen Vorhalle und einem Innenraum. In der Vorhalle des nördlichen Viharn beeindruckt eine **8 m hohe, vergoldete Statue** eines stehenden Buddha im Sukhothai-Stil, Hände und Füße stammen von einer steinernen Figur, die man um 1915 bei Sukhothai fand. Der Körper wurde in Bangkok in Bronze gegossen. Eine **Inschrift** an der Wand des Viharn besagt, dass im Sockel der Statue die **Asche König Mongkuts** beigesetzt sein soll. Im Viharn sind Figurengruppen aufgestellt; die eine stellt die Szene dar, wie zwei Prinzessinnen dem neugeborenen Siddharta bzw. Buddha ihre Verehrung bekunden. Die andere zeigt eine der **wichtigsten Szenen aus dem Leben Buddhas**: Nach vierzigtägigem Fasten brachten ihm Tiere aus dem Dschungel Nahrung. Im südlichen Viharn finden sich wunderschöne Steinplastiken, in einer kleinen Wandnische steht die Figur des Phya Pan aus dem **6./7. Jahrhundert**. In der Vorhalle des westlichen Viharn trifft man auf die 9 m lange Figur eines ruhenden Buddha.

Sogar mit Rummelplatz

Tempelfest

Alljährlich **im November** findet in Nakhon Pathom ein großes Tempelfest statt, zu dem Pilger aus dem ganzen Land kommen. Auf den Tempelterrassen gibt es **Theateraufführungen und Schattenspiele**, zu Füßen des Chedi wird sogar ein Rummelplatz aufgebaut. Der Chedi selbst wird mit Lichtergirlanden **illuminiert**.

DAGOBAS, STUPAS, CHEDIS

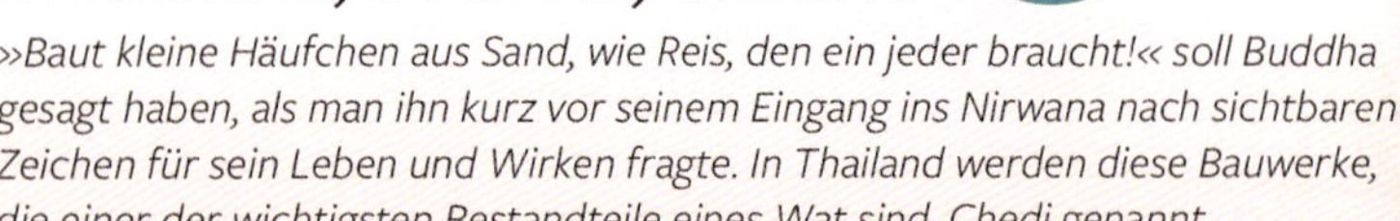

»Baut kleine Häufchen aus Sand, wie Reis, den ein jeder braucht!« soll Buddha gesagt haben, als man ihn kurz vor seinem Eingang ins Nirwana nach sichtbaren Zeichen für sein Leben und Wirken fragte. In Thailand werden diese Bauwerke, die einer der wichtigsten Bestandteile eines Wat sind, Chedi genannt.

▶ **Der Ursprung**

Die Bezeichnung Stupa ist in Indien verbreitet, In Tibet nennt man solche Reliquienschreine »Tschörten« oder »Chörten«, in der Mongolei »Suburghan«, in Burma und Sri Lanka »Dagoba« in Thailand »Chedi« und in China »Pagode«.

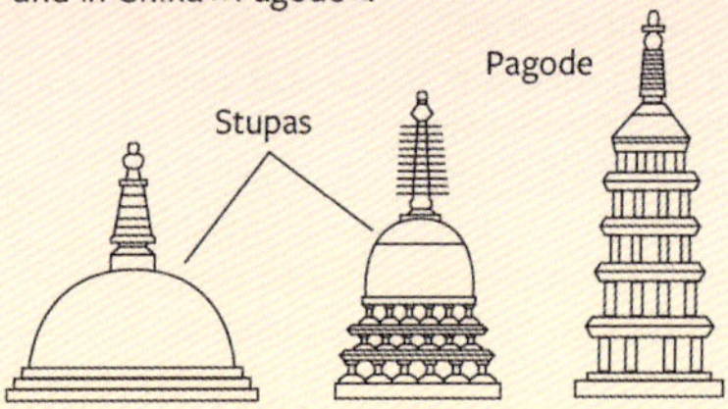

Stupas

Pagode

▶ **Formenvielfalt**

Die Form der Stupa variiert stark auf dem gesamten asiatischen Kontinent. Jede Region hat ihren eigenen Stil entwickelt.

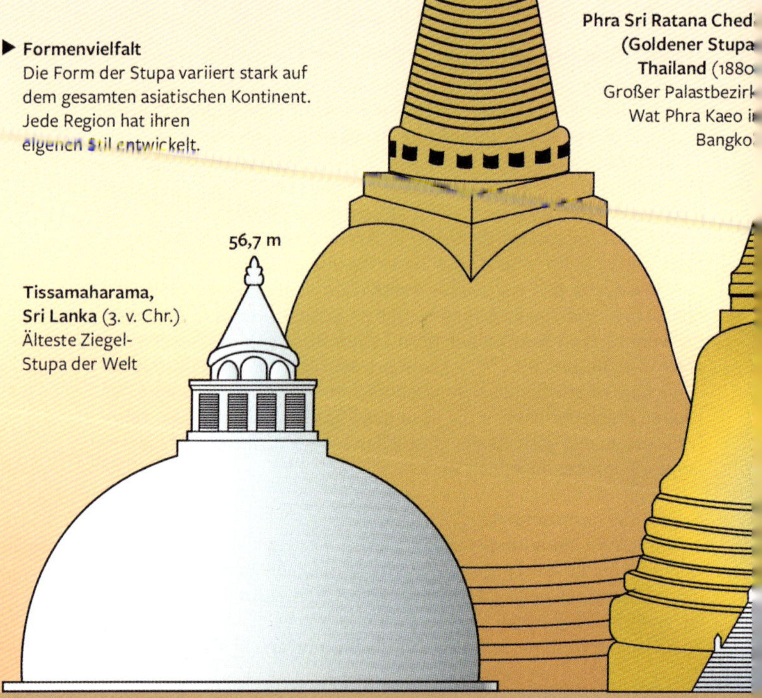

127 m

Phra Pathom Chedi, Thailand (1773)
Höchster Chedi der Welt, in Nakhon Pathom

Phra Sri Ratana Ched
(Goldener Stupa
Thailand (1880
Großer Palastbezirk
Wat Phra Kaeo i
Bangko

56,7 m

Tissamaharama, Sri Lanka (3. v. Chr.)
Älteste Ziegel-Stupa der Welt

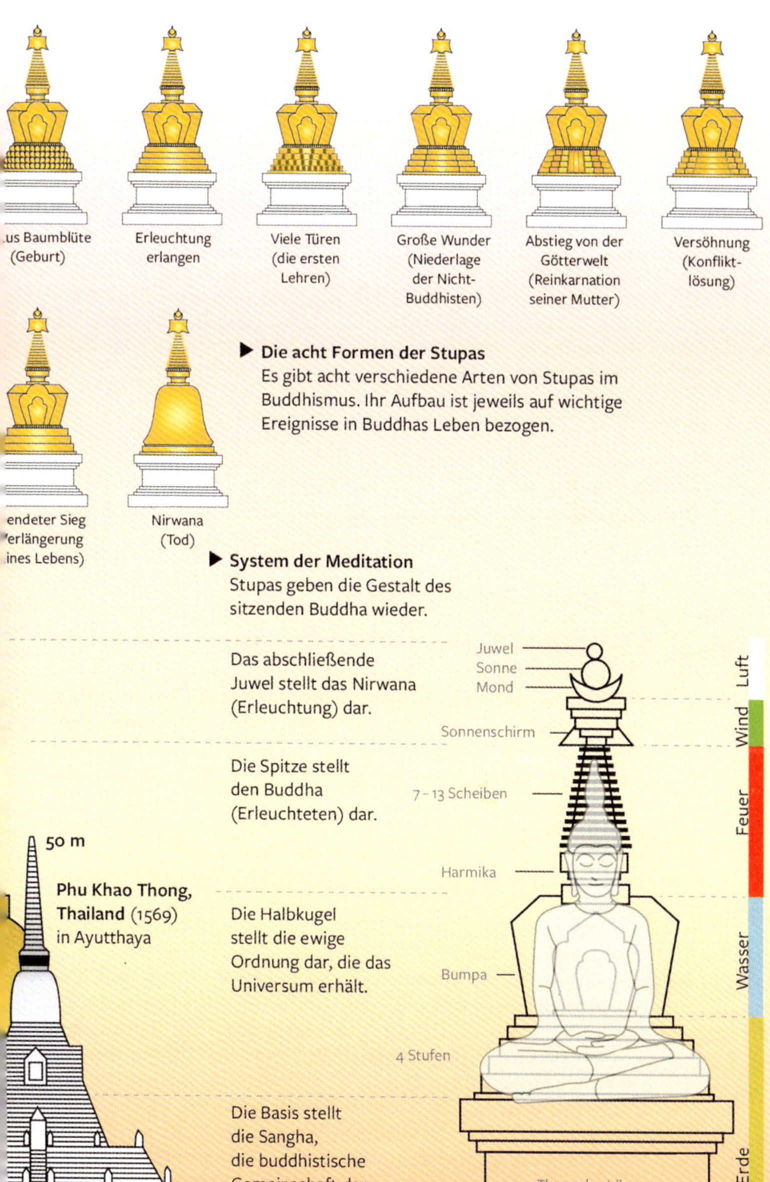

▶ Die acht Formen der Stupas
Es gibt acht verschiedene Arten von Stupas im Buddhismus. Ihr Aufbau ist jeweils auf wichtige Ereignisse in Buddhas Leben bezogen.

▶ System der Meditation
Stupas geben die Gestalt des sitzenden Buddha wieder.

Das abschließende Juwel stellt das Nirwana (Erleuchtung) dar.

Die Spitze stellt den Buddha (Erleuchteten) dar.

Die Halbkugel stellt die ewige Ordnung dar, die das Universum erhält.

Die Basis stellt die Sangha, die buddhistische Gemeinschaft dar.

NAKHON PATHOM ERLEBEN

ANREISE

Auto: Von Bangkok über die Nationalstraße 4 (54 km).

Bus: Tgl. mehrfach von Bangkoks Southern Bus Terminal (1 Std.). Reisebüros bieten auch Tagestouren an, oft mit dem Schwimmenden Markt Damnoen Saduak und Rose Garden.

Bahn: Tgl. mehrfach ab Bangkok-Hua Lumphong (1 Std.).

SAMPRAN RIVERSIDE HOTEL €€

Zu den schönsten Unterkünften des in einem tropischen Garten gelegenen Hotels gehören die sieben antiken Thai-Häuser. Alternativ wohnt man in komfortablen Zimmern, knapp auf 4-Sterne-Niveau. 60 Zi., Restaurant, Swimmingpool.
32, Pet Kasem Road
im Rose Garden
Tel. 034 32 25 44
www.sampranriverside.com

Rund um Nakhon Pathom

Sanam-Chan-Palast

4 km entfernt, im Nordwesten des Zentrums, ließ König Rama VI. 1910, also noch vor seiner Regierungszeit, in einem weitläufigen Park den Sanam-Chan-Palast errichten. Eine breite Allee führt vom Westtor der Chedi zu ihm. Sehenswert sind die z. T. in **europäisch-thailändischem Mischstil** errichteten Gebäude; die Audienzhalle ist im Bangkok-Stil gehalten. In einem Schrein wird der Hindu-Gott **Ganesha**, der einen Elefantenkopf und einen massigen Menschenkörper mit mehreren Armen hat, verehrt. Kurios mutet vor dem Chali Mongkol Asana genannten Gebäude die **Statue eines Hundes** an. Wahrscheinlich ist Ya Le dargestellt, der Lieblingshund von König Rama IV.

Erholung im Grünen

Rose Garden

Rose Garden, **32 km südwestlich von Bangkok** am Weg nach Nakhon Pathom gelegen, ist mit seiner Größe von 20 ha interessant für Golfspieler (18-Loch-Golfplatz) und Stadtmüde. Die Gartenanlage ist überwiegend im **italienischen Stil** gehalten. **Offene Restaurants** am Menam Chao Phraya bieten westliche, chinesische und thailändische Küche. Jeden Nachmittag um 13.30 und 14.45 Uhr wird eine gut einstündige Show gezeigt, in der bäuerliche und familiäre **Thai-Zeremonien** ebenso zu sehen sind wie Elefanten bei der Arbeit, historische Thai-Tänze und traditionelle Sport- und Spielformen. Nach der Vorstellung besteht **Reitgelegenheit auf Elefanten**.
Tgl. 8 – 18 Uhr | Eintritt: 400 Baht

NAKHON RATCHASIMA

Region: Nordostthailand
Provinz: Nakhon Ratchasima
Höhe: 222 m ü. d. M.
Einwohnerzahl: 170 000

Nakhon Ratchasima ist die Stadt der Dame, die heroische Tapferkeit zeigte, und die Stadt der Dame, die die erste Olympische Goldmedaille für Thailand holte. Es gibt wertvolle Thai-Seide und gute Korat-Nudeln. Nakhon Ratchasima wird sehr häufig einfach nur Korat genannt. Das Tor zum Isan lag einst an der wichtigen Verbindungsstraße von Angkor im Osten nach Kanchanaburi im Westen.

Vermutlich wurde der Ort **im 13. Jh.** als ein Vorposten der Thai-Fürstentümer gegen die Khmer gegründet, wobei unter König Narai (1656 – 1688) **Befestigungen** gebaut wurden, von denen Reste zu sehen sind. Die Chronik berichtet von einem **Überfall von Khmer-Truppen** 1826. Daran erinnert das **Denkmal Khunying Mo**, das Wahrzeichen der Stadt vor dem westlichen Stadttor. **Udomporn Polsak** hat noch kein Denkmal bekommen, hätte aber eines verdient: Sie war die **erste Olympiasiegerin** in der Sportgeschichte Thailands. Bei den Olympischen Spielen in Athen 2004 errang sie in der Disziplin **Gewichtheben** die Goldmedaille in der Gewichtsklasse bis 53 kg.

Wohin in Nakhon Ratchasima und Umgebung?

Die List der Frau

Befestigungsanlagen

Die breiten Wassergräben und das wiederaufgebaute Tor **Pratu Chumphon** vermitteln einen Eindruck von der einstigen Größe der Befestigungsanlagen. Auf einer Terrasse vor dem Tor steht das Bronzedenkmal von **Thao Suranari**, die als **Nationalheldin** (Khunying Mo) verehrt wird. Als 1826 Khmer-Truppen unter König Anu die Stadt überfielen, veranstaltete die Frau des Festungskommandanten mit anderen Frauen außerhalb der Stadt für die Besatzer ein **Trinkgelage** und griff dann die betrunkenen Soldaten an. Bald hatten sie die Khmer vertrieben.

Neben dem Krematorium

Wat Sutthachinda

Der Wat Sutthachinda ist von hübschen Gärten umgeben. Besonders anmutig sind der von zwei **Bronzelöwen** bewachte kleine Viharn und der zierliche Glockenturm. Beachtenswert auch der reich

geschmückte Giebel des Viharn sowie die kunstvoll geschnitzten Fenster zu beiden Seiten des Heiligtums. Im Innern stehen drei Buddha-Statuen, die von **fünfstöckigen Schirmen** gekrönt sind. Die größte der Statuen zeigt den **Gestus der Vergebung**, eine der fünf klassischen Haltungen Buddhas. Neben dem Tempel steht ein Krematorium, in dem buddhistische Einäscherungszeremonien erfolgen.

Hochverehrter Vishnu

Wat Phra Narai Mahathat

An der Prajak Road liegt der weitläufige Wat Phra Narai Mahathat mit mehreren aus Khmer-Tempeln stammenden **skulptierten Sandsteinplatten** und einer hoch verehrten **Vishnu-Figur** in einem kleinen Hindu-Tempel.

Ban Pak Thong Chai

Die Provinz Nakhon Ratchasima ist ein Zentrum der thailändischen **Seidenproduktion**. In dem 33 km entfernten Seidenweberdorf Pak Thong Chai, lässt sich die Seidenherstellung **von der Raupe an** beobachten. Manche Betriebe veranstalten Führungen durch die Produktionsräume und verkaufen **preisgünstige Seidenartikel**. An der Hauptstraße liegen etliche kleinere Seidenwebereien.

Still und fast verlassen

Wat Prasat Phanom Wan

Obwohl die Buddha-Statuen im alten Wat Prasat Phanom Wan, etwa 14 km nordöstlich von Nakhon Ratchasima von vielen Gläubigen verehrt werden, liegt der kleine, hervorragend erhaltene Khmer-Tempel still und fast verlassen da. Neue Klosterbauten sind z. T. auf den Fun-

NAKHON RATCHASIMA ERLEBEN

TOURISM AUTHORITY OF THAILAND (TAT)

2102, Mittraphap Road | Tel. 044 21 36 66 | www.tourismthailand.org/nakhonratchasima

ANREISE

Auto
Von Bangkok über Nationalstraßen 1 und 2 (265 km).

Bus
Tgl. mehrfach von Bangkoks Northeastern Bus Terminal (3,5 Std.).

Bahn
Tgl. mehrfach von Bangkok-Hua Lumphong (4 Std.).

1 SRI PATTANA €

Geräumige Zimmer mit gutem Komfort für untere Mittelklasse. Der Pool ist gegen Gebühr auch Nicht-Hotelgästen zugänglich. 212 Zi., Restaurant, Swimmingpool.
346, Suranari Road | Tel. 044 2 51 65 | www.sripattana.com

2 SIMA THANI €

265 Zi., 4 Restaurants, Swimmingpool. Komfortable, moderne Mittelklassezi. zu günstigen Preisen.
2114, Mittraphap Road
Tel. 044 21 31 00
www.simathani.com

1 SUAN MUANG PORN RESTAURANT €

Hübsche Flussterrasse und natürlich kommen Korat-Nudeln auf den Teller: Pad Korat ist ähnlich wie das bekanntere Pad Thai ein Gericht aus gebratenen Nudeln, aber schärfer.
196, Mitrapharp Road | Tel. 044 32 32 63 | Tgl. 11 – 22 Uhr

Und auch auf dem Markt an der Mukkhamontri Road gibt es leckere Korat-Nudeln.

damenten der alten entstanden. Erhalten blieb das Heiligtum aus dem **11. Jahrhundert.** Die Verzierungen weisen auf das 10. Jahrhundert. Die rechteckige **Umfassungsmauer** mit innen liegender **Galerie** war in der Mitte jeder Seite von einem reich geschmückten Torbau unterbrochen. Im Hof stehen noch einige **Ruinen von Prangs**, viele Türstürze sind erhalten geblieben. Das Heiligtum ist eine rechteckige Anlage mit einem Prang aus grauem Sandstein, dem an allen vier Seiten Vorhallen angefügt wurden. Von der östlichen Vorhalle führt ein gedeckter, durch Fenster erhellter Gang zu einer 10 x 3 m großen Halle mit Stufendach, der **Mandapa**. Die Buddha-Statuen, unter ihnen zahlreiche vergoldete, stammen aus neuerer Zeit.

Ältester liegender Buddha

Ban Muang Sema

Etwa 40 km westlich von Nakhon Ratchasima liegt bei dem Dorf Muang Sema ein **Ruinenfeld**, an dessen Stelle eine bedeutende

Die traditionelle Seidenherstellung kann sich getrost »old school« nennen.

Stadt der Mon vermutet wird, die sich dort zwischen dem 6. und 11. Jh. niederließen. Ergebnisse der Forschungsarbeiten wurden bisher nicht veröffentlicht. Im **Wat Thamachak Semaran** findet sich der älteste liegende Buddha Thailands.

NAKHON SI THAMMARAT

Region: Südthailand
Provinz: Nakhon Si Thammarat
Höhe: 13 m ü. d. M.
Einwohnerzahl: 118 000

In der Provinz stellt das Kino oft genug die einzige Unterhaltungsmöglichkeit dar. Armes Mädchen verliebt sich in reichen Jungen oder umgekehrt. In Nakhon Si Thammarat oder Nakhon, wie die Thais die Stadt kurz nennen, gibt es aber auch noch 300 fingerfertige Figurentheaterkünstler des Schattenspieltheaters. Besonders schön anzusehen im Wat Mahathat, dem ältesten und interessantesten Tempel in Nakhon.

Die Stadt trug einst den malaiischen Namen **Ligor** und war eine **wichtige Station auf dem Handelsweg** zwischen Europa, Afrika und Indien bzw. China. Schon in den ersten Jahrhunderten nach Christi Geburt soll Nakhon Si Thammarat die **Hauptstadt eines Fürstentums** namens Tambralinga gewesen sein, das bis 1360 bestand. Als gesichert gilt, dass Nakhon Si Thammarat im 8. Jh. unter der Hoheit des **Srivijaya-Königreichs** stand, das Sumatra und große Teile der Malaiischen Halbinsel umfasste. Eine **Steintafel** berichtet, dass um 775 Tempel erbaut wurden, in denen die Lehren des **Mahayana-Buddhismus** verbreitet wurden. Ende des 10. Jh.s eroberte ein Fürst von Tambralinga das Mon-Reich von Lopburi, das bereits dem Khmer-Reich zugehörte, und machte sich unter dem Namen Suryavarman I. zum **König von Angkor Wat**. 1292 eroberte König Ramkhamhaeng von Sukhothai Tambralinga; wie Sukhothai wurde es dann im 14. Jh. zunächst ein Vasallenstaat, später Teil des Reichs von Ayutthaya.

König Rama Thibodi II. (1491 – 1529) erlaubte 1516 den **Portugiesen**, in Ligor eine Handelsniederlassung zu gründen. Als Ayutthaya im Jahr 1767 zerstört wurde, war das Fürstentum Tambralinga noch einmal kurze Zeit unabhängig, bis es König Taksin seinem neuen Reich einverleibte. **Obstkulturen und Bergbau** brachten Wohlstand.

Die Schattenspieler

Kunst und Kultur

In der Kunst spielte die Stadt eine wichtige Rolle, denn von Nakhon kamen einige bekannte Künstler, die für die **besondere Qualität ihrer Buddha-Abbildungen** bekannt waren. Auch das Schattenspieltheater **Nang** ist von großer Bedeutung. Es ist indonesischer Herkunft, wird nur noch in Südthailand und v. a. in Nakhon gepflegt, besonders an buddhistischen Feiertagen.

Eine weitere künstlerische Tradition ist die **Niello-Technik**: Sie stammt wahrscheinlich aus China und wurde auf thailändischem Boden **zuerst in dieser Stadt** heimisch. Beim Niello wird eine Zeichnung in Metall, meist Silber, eingeschnitten und mit schwarzer Schmelzlegierung ausgefüllt. In vielen Läden der Stadt kann man Dosen, Kästchen, Aschenbecher und Schmuckstücke in Niello-Technik kaufen. Andere Läden bieten Schattenspielfiguren aus stark gegerbter Büffelhaut an. In Nakhon gibt es zudem vier **Universitäten** sowie das **Arts and Handicraft College** – es bildet den kunsthandwerklichen Nachwuchs aus – und das **Dramatic Arts College**, das die Kunst des klassischen Thai-Dramas lehrt.

Wohin in Nakhon Si Thamarat?

Einst am Meer gelegen

Altstadt

Die Stadt lag früher unmittelbar am heute 26 km entfernten Meer, die lange Hauptstraße folgte aber immer noch der **Küstenlinie**. Heute ist sie über die nördliche Begrenzung hinausgewachsen, die Altstadt mit den **meisten Sehenswürdigkeiten** bildet gewissermaßen einen Vorort. In ihrem Zentrum findet man noch teilweise wiederhergestellte Reste der **historischen Stadtmauer**, die schon in der Stadt-Chronik von 1278 Erwähnung fand. Von Ost nach West ist sie 456 m lang, von Nord nach Süd 2238 m.

Buddha aus Bronze

Wat Maheyong

Folgt man der Ratchadamnoen Road mit ihren **hübschen Holzhäusern** nach Süden, trifft man noch vor den alten Stadtmauern auf den Wat Maheyong, in dem ein schöner Bronze-Buddha im **Nakhon-Si-Thammarat-Stil** steht.

Mit Phallus-Symbolen

Wat Sema Muang

Der Wat Sema Muang, ebenfalls auf der rechten Seite der Ratchadamnoen Road, wurde um 775 gegründet. Dort fand man die erwähnte **Steintafel**. Baureste sind jedoch nicht mehr zu sehen. Nur wenige Schritte weiter stehen zwei mit rotgedeckte **brahmanische Tempel** aus der Srivijaya-Zeit. Im rechten Heiligtum befinden sich einige Lingams, also Phalli, Symbole für den Gott **Shiva**.

Drei Originale

Ho Phra Sihing

Der Ho Phra Sihing, eine kleine **Kapelle** im Hof der im Thai-Stil erbauten **Präfektur**, gelegen in der Stadtmitte an der Abzweigung der Straße 4019 nach Thung Song, birgt eine berühmte Figur, den Buddha **Phra Sihing** im Sukhothai-Stil. Im Nationalmuseum von Bangkok sowie in Chiang Mai im Wat Phra Singh gibt es je ein weiteres identisches Exemplar, das ebenfalls als authentisch reklamiert wird. Das **Original** stammte vermutlich aus **Ceylon**, dem heutigen Sri Lanka. Beachtenswert sind auch die beiden mit Gold bzw. Silber umkleideten Buddha-Figuren.

Mit 216 kg Gold

Wat Mahathat

Der **berühmteste Tempel** und einer der ältesten in Thailand ist der Wat Mahathat in der Ratchadamnoen Road. Man erkennt ihn schon an dem **74 m hohen Chedi**, der eine Spitze aus 216 kg purem Gold trägt. Das Gründungsdatum dieses Tempels ist nicht bekannt. Man vermutet aber, dass er im 10. Jh. entstanden ist. Eine tiefgreifende **Umgestaltung**, nach der von der alten Anlage nicht mehr viel übrig blieb, erfuhr der Tempelbezirk zwischen 1157 und 1257. Den weitläufigen Bezirk des Wat umgibt eine mit farbig glasierten Ziegeln gedeckte **Wandelhalle**. Im Hof stehen 156 kleine und größere Chedis in Glockenform bzw. Stupas. Auch der zentrale Chedi, dessen Fundament von 757 stammt, wird von einer gedeckten Galerie umgeben, die mit **173 Buddha-Statuen** besetzt ist. Das **Hauptheiligtum** liegt nördlich vor dem Chedi.

OBEN: Die eindrucksvolle Pagode von Wat Mahathat
UNTEN: Beim Hae-Pha-Khuen-Festival helfen alle mit.

NAKHON SI THAMMARAT • WAT MAHATHAT

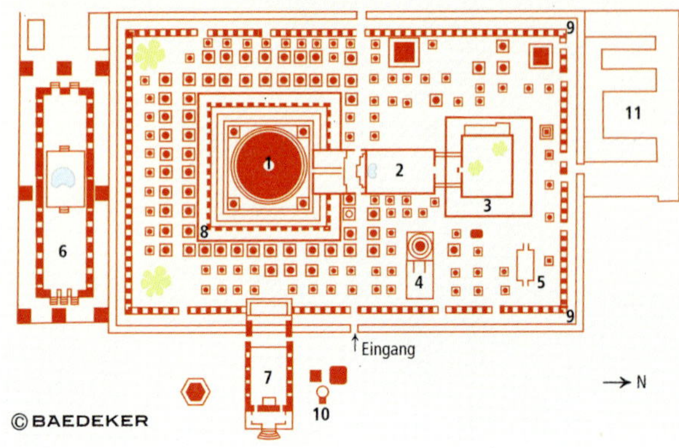

1 Großer Chedi
2 Viharn Kien Museum
3 Bholi Lanka Viharn
4 Phra Si Dharmasokaraj Viharn
5 Phra Ad Viharn
6 Königlicher Viharn
7 Dharma Sala Viharn
8 Tab Kaset Viharn
9 Phra Rabiang Viharn
10 Phra Thorani
11 Museum

Von hier aus führt eine breite, von Löwen und Yaks bewachte Treppe auf eine Terrasse des Chedi. An der Treppe liegen zwei Kapellen: In der linken sind eine Buddha-Statue im Sukhothai-Stil und Stuckreliefs sowohl im Srivijaya- als auch im Ayutthaya-Stil, in der rechten eine Buddha-Statue im Ayutthaya-Stil und Stuckreliefs am Altar zu sehen. Das kleine, aber feine **Tempelmuseum** im Viharn Kien enthält viele kunstgewerbliche Gegenständen wie feine Silberarbeiten, Fayencen aus China und Sawankhalok. Besonders hervorzuheben sind dabei zwei wertvolle, bezaubernd schöne Kunstwerke: ein sitzender Buddha im Srivijaya-Stil und ein stehender im Dvaravati-Stil. Zu den Vollmondfesten im Februar und März strömen Tausende **weiß gekleideter Pilger** zum Wat und seinem Chedi. Während sie ihn umkreisen, wird er mit orangefarbenen Tüchern behängt.
Mi.-So. 9-16 Uhr | Eintritt: 30 Baht

Vishnu und Sänften

★ National-museum

Sehr sehenswert ist das 1974 eröffnete Nationalmuseum an der Hauptstraße auf dem Gelände des ehemaligen Wat Suan Luang Tawan Ok. Hier findet sich eine große Anzahl von **Kunstwerken in verschiedenen Stilen**. Besonders beachten sollte man drei steinerne Bildnisse im indischen Pallava-Stil aus dem 9. Jh., die Vishnu mit zwei Adoranten, Mann und Frau, darstellen.
Funde aus dem **Neolithikum** (Steinketten), Ess- und Kochgeschirre aus dem 3. Jh. sowie das prächtige Giebelfeld des 1769 erbauten **Wat Sa Riang** sind weitere Sehenswürdigkeiten. Einzigartig ist die älteste in Südostasien gefundene **Vishnu-Figur aus dem 5. Jahrhundert.**

NAKHON SI THAMMARAT ERLEBEN

TOURISM AUTHORITY OF THAILAND (TAT)

8, Ratchadamnoen Road | Tel. 075 34 65 15 | www.tourismthailand.org/nakhonsithammarat

ANREISE

Auto
Von Bangkok über die Nationalstraßen 3514, 41und 401 (ca. 735 km); von Suratthani entweder südlich oder zunächst östlich und dann an der Küste entlang (115 km).

Bus
Tgl. mehrfach von Bangkoks Southern Bus Terminal (12 Std.).

Bahn
Von Bangkok-Hua-Lumphong 2 x tgl. (15 Std.).

Flug
Tgl. von Bangkok (1 Std.).

KHANOM GOLDEN BEACH HOTEL €

Moderner Zweckbau, aber direkt am Strand, etwas außerhalb der Stadt, mit einfachen, aber geräumigen Mittelklassezimmern. 70 Zi., 2 Restaurants, Swimmingpool.
Nadan Beach, Khanom
Tel. 08 54 88 95 00
www.khanomgoldenbeach.com

In der Thai-Galerie findet sich religiöse Kunst aus dem Dvaravati- und dem Srivijaya-Reich sowie zwei bronzene Trommeln aus Nord-Vietnam. Im Innenhof stehen historische Kutschen und Sänften. Ein Nebenraum zeigt diverse besonders kunstvoll verzierte Stöcke, die einstmals wohl zur **Abwehr von Schlangen** dienten.
Mi.–So. 9–16 Uhr | Eintritt: 30 Baht

Hingehen?
Tiermarkt
Regelmäßig wird in der Nähe des Busbahnhofs der Tiermarkt abgehalten, auf dem **Affen, Schlangen, Wildkatzen** und manchmal auch **Elefanten** angeboten werden.

Rund um Nakhon Si Thammarat

Grotte, Strand und Tempel

Die Umgebung von Nakhon Si Thammarat ist sehr abwechslungsreich; zum Landesinnern hin dominieren weite **Gummibaumplantagen**, die Küste besitzt einige **schöne Strände**.
In den Bergen vor der Stadt gibt es zahlreiche Höhlen wie die **Taksin-Grotte**, erreichbar über die Straße 4015 in Richtung Lan Saka. In ihrer Nähe befindet sich der **Wat Khao Khun Phanom**, ein Tempel inmitten einer grandiosen Dschungellandschaft mit einigen be-

achtenswerten Buddha-Statuen und einer Statue des Königs Taksin. Sehenswert ist auch der nordwestlich von Nakhon Si Thammarat gelegene **Phrom-Lok-Wasserfall**, in dessen Becken man baden kann.

20 Wasserfälle

Khao-Luang-Nationalpark

30 km westlich der Stadt liegt der **1834 m hohe Berg** Khao Luang, nach dem der ihn umgebende Nationalpark 1984 benannt wurde. Besonders sehenswert ist der **Karom-Wasserfall**, dessen Kaskaden über mehrere Stufen 40 m in die Tiefe stürzen. Ein Weg führt durch eine **faszinierend urwüchsige Landschaft** zu weiteren 19 Wasserfällen.

Ein Blick nach Süden

Phattalung

Wer noch weiter in den Süden vordringen will, fährt noch **gut 100 km** bis Phattalung. Die Stadt liegt in einer eindrucksvolle Landschaft mit **dichtem Dschungel, steilen Felsen** und **vielfältiger Tier- und Pflanzenwelt**.
Einige Tempel sind gute Beispiele kunstvoller **Thai-Architektur**. Etwa **Wat Khuha Suwan** mit einer großen, durch Tageslicht erhellten Felsenhalle und mit Gold bedeckten Figuren liegender und sitzender Buddhas.
Der **Thale-Noi-Nationalpark** im Nordosten bietet naturbelassene Sumpf- und Dschungellandschaften mit mehr als 220 verschiedenen **Vogelarten**, darunter Ibis, Storch, Kormoran oder Graureiher. Knapp 50 km südlich des Thale-Noi-Nationalparks locken nach der Vogelbeobachtung bei **Ban Khao Chai Son** 52 °C heiße **Thermalquellen** mit Badehäusern und Dampfbädern.

Prozession mit Trommlern

Phon-Lak-Phra-Festival

Alljährlich im Oktober oder November, am **Tag des Vollmonds** im 11. Monat nach dem thailändischen Lunisolarkalender, findet in Phattalung das bedeutende Phon-Lak-Phra-Festival statt, eine Mischung aus **Volksfest** und religiösen Zeremonien. Zwischen verschiedenen Tempeln werden **Prozessionen** veranstaltet, begleitet von Trommlern, die die traditionelle Trommel **Phon** schlagen.

Sprungbrett zu den Inseln

Trang

Westlich von Phattalung liegt noch die Provinzhauptstadt Trang, bewohnt von vielen **Chinesen und Malaien** sowie umgeben von weitläufigen **Gummiplantagen**. Für die meisten Reisenden ist Trang wegen dem Flughafen nur eine **Durchgangsstation** zu den vorgelagerten Inseln oder den schönen Stränden am Indischen Ozean, z. B. **Pak Meng** (ca. 40 km) mit besonders feinem Sand. Von dort kann man zu den Inseln **Ngai, Muk, Libong** und auch **Lanta** übersetzen.

NAN

Region: Nordthailand
Provinz: Nan (Nang)
Höhe: 200 m ü. d. M.
Einwohnerzahl: 22 000

Es war einmal ein kleines Königreich ... So beginnt die Geschichte von Nan. Das Wasser spritzt beim Raften, und der Dschungel scheint mit seinem dichten Grün alles zu absorbieren ... So zeigt sich Nans Natur. Und diese Orangen sind süß, saftig und lecker. Denn auch Genuss hat Nan zu bieten, das nahe der Grenze zu Laos im Tal des Menam Nan liegt, einem der großen Zuflüsse des Chao Phraya, umschlossen von hohen Bergketten.

Die Unwegsamkeit des Geländes sicherte bis in das vergangene Jahrhundert hinein den Bestand eines kleinen Königreichs. **Erst 1931** wurde Nan dem Königreich Siam angegliedert. **Spuren einer Besiedlung** gab es jedoch schon ab 1280. Ab dem Beginn des 15. Jh.s war Nan dann Teil eines Königreichs, das von **König Boroma Trailokanat** (1448 – 1488) regiert wurde. Zeitweise waren die Könige von Nan allerdings denen von **Chiang Mai tributpflichtig**, 200 Jahre lang waren sie **Vasallen der Birmanen** und später der **Könige von Ayutthaya**. Doch stets besaßen die Könige von Nan ihre Privilegien.

Von Wat Phra That Khao Noi kann man zusammen mit dem goldenen Buddha die Aussicht auf Nan genießen.

Wohin in Nan?

Im Oval angelegt

Stadtmauer

Die nach **Mon-Art** im Oval angelegten Stadtmauern wurden 1857 errichtet, nachdem die alten Befestigungen durch mehrere Hochwasser des Menam Nan zerstört worden waren.

Kreuzförmiger Grundriss

Wat Phumin

In der Architektur der frühen Nan-Zeit zeigen sich zunächst **Merkmale des Mon- und des Chiang-Saen-Stils**, später ließ sich Nan auch vom **Sukhothai-Stil** anregen. Und der berühmte Tempel der Stadt, Wat Phumin von 1596, enthält Stilelemente aus allen genannten Epochen. Er weist einen kreuzförmigen Grundriss auf, die dreistufigen Dächer sind zu dem mit einem graziösen Schirm gekrönten Kreuzungspunkt hin gestaffelt. Die vier symmetrisch angeordneten Eingänge, zu denen kurze, schön geschwungene, **löwenbewachte Treppen** hinaufführen, haben reich verzierte, geschnitzte Portale. Den würfelförmigen Altar im Innern umgeben vier sitzende Bronzelöwen im Sukhothai-Stil. Pfeiler und kunstvoll verstrebtes Gebälk tragen eine reich dekorierte Kassettendecke. Die **Wandfresken** von thailändischen Künstlern stammen aus der Restaurierungsphase Ende des 19. Jh.s und erzählen in lebhaften Bildern und ungewöhnlich bunten Farben Szenen aus der **Geschichte des Landes**, besonders von Schlachten und aus den früheren Leben Buddhas.

Von 28 Elefanten getragen

Wat Chang Kang

Charakteristisch ist der schöne Chedi **aus dem 15./16. Jh.** mit einem Sockel, der von 28 Elefantenskulpturen getragen wird. . Die beiden Heiligtümer enthalten einige hervorragende **Buddha-Skulpturen im Sukhothai-Stil**; das eine besitzt einen schreitenden und einen stehenden Buddha mit vorgestreckten Armen und geöffneten Händen, das andere einen schreitenden Buddha aus **massivem Gold**. Dieser Buddha war Jahrhunderte lang unter einer dicken **Gipsschicht** verborgen. Als man ihn an einen anderen Ort bringen wollte, löste sich die Umhüllung. Wie aus den **Inschriften** auf dem Sockel der beiden erstgenannten Figuren hervorgeht, ließ König Ngua Pha Sum 1426 fünf Standbilder anfertigen, die beiden anderen **lebensgroßen Statuen**, vielleicht die schönsten dieser Serie, stehen im **Wat Phaya Phun** (s. u.).

Von der Königin gegründet

Wat Suan Tan

1456 von der Frau des ersten Königs von Nan gegründet, zeigt sich Wat Suan Tan mit der Statue eines **sitzenden Buddha** im Sukhothai-Stil und einem 40 m hohen prangähnlichem Chedi durchaus bemerkenswert.

Steinerne Löwen bewachen die Treppen zum Wat Phumin.

Mit Stoßzahn

National-museum

Das kleine Nationalmuseum enthält einige schöne Ausstellungsstücke, die sich in erster Linie auf die verschiedenen **ethnischen Gruppen** in und um Nan beziehen. Hier wird auch ein mehr als 300 Jahre alter **Elefantenstoßzahn** aufbewahrt, der von der Bevölkerung besonders verehrt wird. Er ist kürzer und dicker als die üblichen Stoßzähne (97 cm lang und 47 cm im Umfang) und die Elfenbeinfarbe ist im Lauf der Jahre zu einem schwärzlichen Gelb geworden.

Di. – So. 9 – 16 Uhr | Eintritt: 100 Baht

30 m aus einem Baum

Langboot-rennen

Jedes Jahr wird Ende Oktober, nach Abschluss der buddhistischen **Fastenzeit**, ein zweiwöchiges Fest gefeiert. Höhepunkt ist dabei ein Langbootrennen auf dem Fluss Nan. Die **Renntradition** soll bereits gegen Ende des 19. Jh.s entstanden sein. Die Boote, die bis zu 30 m lang und aus einem einzelnen Baumstamm gefertigt und mit bunten traditionellen Motiven bemalt sind, können **bis zu 50 Ruderer** aufnehmen.

Die süße Schönheit

Goldene Orange

Im Dezember findet jährlich das Fest um die Goldene Orange statt. Sie wird rund um Nan angebaut, gehört zur Spezies der Mandarinen, ist aber viel süßer und schmackhafter und hat eine wunderschön glänzende goldene Haut. Drumherum gibt es **Schönheitswettbewerbe, traditionelle Shows** sowie **Ausstellungen** und Stände mit qualitativ hochwertiger **Handwerkskunst** und regionalen Produkten, etwa **Kunstgegenstände aus Rohr**, die von Frauen und Kindern in Heimarbeit hergestellt werden, oder auch handgewobene **Seiden- und Baumwollstoffe** mit modernen und traditionellen Motiven.

Von Buddha besucht

Wat Phra That Chao Meng

3 km südöstlich der Stadt, auf der anderen Seite des Menam Nan, liegt **malerisch auf einer Anhöhe** der Wat Phra That Chao Meng. Es heißt, **Buddha** habe diesen Ort selbst besucht und dabei vorhergesagt, dass man an dieser Stelle **Reliquien** finden und einen Tempel für sie bauen würde. Zwei breite, **von Nagas gesäumte Wege** führen hinauf zu den Eingängen des Wat, der 1300 gegründet und 1476 renoviert wurde. Der 56 m hohe, elegante Chedi ist mit kostbar

Südlich von Nan liegt beim Dorf Doi Samer Dao eines von zehn Schutzgebieten der Umgebung: der Nationalpark Si Na.

NAN ERLEBEN

ANREISE

Auto: Von Chiang Rai über die Nationalstraßen 1, 103 und 101 (160 km).

Bus: Regelmäßige Verbindungen bestehen von Chiang Mai, Chiang Rai, Phrae und Phayao (jeweils 2 – 3 Std.).

Flug: Von Bangkok über Chiang Mai als Umsteigeverbindung (2 Std.).

HUEN MUAN JAI BOUTIQUE GUEST HOUSE €
Sieben einfache, aber saubere Zimmer in Thai-Holzhäusern.
5 Naiwieng Road
Tel. 054 75 05 14

vergoldeten Kupferplatten verkleidet, die Umgrenzung des Chedi mit vergoldeten Kupferschirmen, Ziertürmchen und Löwenstatuen geschmückt. Der **Viharn** offenbart in der Dachform **laotischen Stil**.

Mit Stufenpyramide

Wat Phaya Phun

Südlich der Stadt steht **auf einem Berg** der Chedi von Wat Phaya Phun, dessen Form die einer spitzen, mit Nischen besetzten **Stufenpyramide** aufweist. Ob er wie die Buddha-Statuen aus dem 14. Jh. oder aus dem 18. Jh. stammt, ist noch ungeklärt.

Landschaft um Nan

Nom Chom, Sao Dip, Sao Nin

Die Umgebung von Nan begeistert jeden Naturfreund, der **Trekking-Touren, Rafting-Trips** (www.siamrivers.com) und andere Abenteuer unternehmen oder einfach **überwältigende Natur** genießen möchte. Das Städtchen ist von nicht weniger als zehn Nationalparks umgeben. Wunderschön ist die **Gegend südlich von Nan**: Nehmen Sie die Straße 1026 nach Ban Na Noi entlang des **Si Nan Nationalparks**. In der Umgebung findet man eine beeindruckende canyonartige Landschaft mit drei Gruppen gespensterhaft emporragender Felsen: Nom Chom, Sao Dip und Sao Nin.

Wasserfälle und Höhlen

Doi Phu Kha Nationalpark

Im Norden von Nan lockt der 1704 km² große und 1988 eröffnete Doi Phu Kha Nationalpark, in dessen Zentrum sich der **1940 m hohe Berg** erhebt, der dem Park seinen Namen gab. Das Schutzgebiet besteht in erster Linie aus **bewaldeten Regionen**, in denen sich markante, schroffe **Sandsteinformationen** erheben und eine ganze Reihe sehenswerter Wasserfälle sowie etliche Höhlen zu sehen sind. Der Nationalpark ist ein Rückzugsgebiet für viele große und kleine **Wildtiere** sowie die Heimat einiger **Bergvölker**: Es gibt Siedlungen der Mien, Hmong und Thai Lü. Eine Karte mit eingezeichneten **Wanderwegen** ist bei der Parkverwaltung erhältlich. Außerdem besteht die Möglichkeit, einen ortskundigen **Führer** für kurze oder mehrtägige Wanderungen durch den Nationalpark zu engagieren. Im Park gibt es einige einfache **Bungalows**, die man auch über das Internet reservieren kann (www.dnp.go.th), sowie ein Restaurant und einen Minimarkt.

Tgl. 7 – 19 Uhr | Eintritt: 500 Baht

Ein Künstler stellt aus

Nan Riverside Gallery

20 km nördlich von Nan hat sich auch der in Thailand sehr bekannte Künstler **Winai Prabipoo** sein kleines Idyll geschaffen. In einer ehemaligen Reisscheune werden im unteren Geschoss regelmäßig Wechselausstellungen mit **Keramiken, Zeichnungen** und **Skulpturen** veranstaltet, während im Obergeschoss dauerhaft Gemälde zu sehen sind, bei denen sich der Künstler offensichtlich durch die sakralen Bilder im Wat Phumin inspirieren ließ.

Mi. – So. 9 – 17.30 Uhr | Eintritt: 20 Baht

NONTHABURI

Region: Zentralthailand
Provinz: Nonthaburi
Höhe: 18 m ü. d. M.
Einwohnerzahl: 40 000

Gemütlich geht es mit dem Boot stromaufwärts, vorbei an einfachen Pfahlbauten, kleinen Tempeln und üppiger Vegetation: Der schönste Weg nach Nonthaburi führt von Bangkok auf dem Fluss Chao Phraya. Zahlreiche Wasserläufe und malerische Klongs streben auf geraden oder gewundenen Wegen dem großen Strom zu. Ein Großteil des täglichen Lebens spielt sich auf dem Wasser ab.

Nonthaburi erlebt man mit dem gemieteten Boot und manches auch mit der regulären Fähre. Bevor es losgeht, schaut man sich vielleicht noch das alte **Rathaus** an, das in der Regierungszeit König Ramas VI.

Rauf aufs Boot!

In Nonthaburi genießt man zum Sonnenuntergang die Aussicht von den Wats im Vordergrund zur Flussinsel Ko Kret bis zum goldenen Buddha auf der anderen Flussseite.

AUG IN AUG MIT DEM STORCH

Ein Nachmittag im März am Wat Phai Lom, dem Tempel der Störche, im Städtchen Pathum Thani: Die Menschen sitzen auf Hochsitzen und warten. Sie warten auf Klaffschnabelstörche, die am Tempel überwintern und ihre Jungtiere aufziehen. Der Erste kommt, zwei, drei, zehn, Hunderte ... und alles ganz nah.

im **europäischen Stil** errichtet und sehr schön mit **geschnitztem Teakholz** verziert wurde. Ansonsten braucht man nur die Muße, das **Leben am Wasser** an sich vorbeiziehen zu lassen.

Auf dem Fluss

Die Klongs

In Bangkok wurden sie zu 95 % längst zugeschüttet, in Nonthaburi sind sie noch die **Lebensadern**: die Klongs. Vom Klong Bang Yai gelangt man zu dem malerischen, von mehreren Kanälen umflossenen Dorf **Bang Yai**. Der **Wat Prang Luang**, am rechten Ufer hinter Bang Yai, stammt aus der Ayutthaya-Zeit. Recht gut erhalten ist noch ein formschöner **Prang**. Auf dem Wasserweg geht's vorbei an mehreren sehr schönen modernen Tempeln bis **Bang Kruai**.

Eiland im Fluss

Ko Kret

Ko Kret ist eine winzige Insel im Chao Phraya, dessen Ostufer ein Klong bildet und das man per Boot vom **Wat Sanam Nua** aus erreicht. Hier leben Nachkommen eines **Mon-Volkes**, die sich als **Töpfer** einen Namen gemacht haben. Typisch für ihre Arbeiten sind die feine, rötlich-schwarz glänzende Oberfläche und das raffinierte Design.

Ein lebendiges Inneres

Wat Prasat

Im **reinen Ayutthaya-Stil** zeigt sich der Wat Prasat, errichtet um 1700. Der mächtige Haupttempel hat zwei **Säulenvorhallen** und ist reich mit Skulpturen und Schnitzwerk geschmückt. Die Fresken im Innern wirken sehr lebendig: Sie sind mit **starken Pinselstrichen** ausgeführt, ein typisches Kennzeichen der ersten Bangkok-Periode.

Tempel der Störche

Wat Phai Lom

Weiter flussaufwärts folgt der Wat Pai Lom in dem Städtchen **Pathum Thani**. Neben drei sehr fein gearbeiteten **goldenen Buddhas**

NONTHABURI ERLEBEN

ANREISE

Auto: Von Bangkok auf der Samsen Road, dann Phibul Songkhram Road, den Menam Chao Phraya entlang (20 km).

Bus: Von Bangkoks Northern Bus Terminal mehrmals tgl. (1 Std.).

Boot: Mehrfach tgl. ab Bangkok-River City Pier oder Oriental Pier den Menam Chao Phraya hinauf (2 Std.).

GOLDEN DRAGON HOTEL €

Gepflegtes Mittelklassehotel mit gutem Service im Zentrum. Das Restaurant gilt als eine der besten Adressen für chinesische Küche: Mehr als 30 Dim-Sum-Gerichte stehen auf der Karte. 114 Zi., Restaurant, Swimmingpool.
20, Ngam Wong Wan Road
Tel. 02 5 89 01 30
www.goldendragon.co.th

sind aber v. a. **Klaffschnabelstörche** das Ziel der Touristen. Zumindest zwischen November und Juni, wenn Tausende der Tiere dort überwintern und ihre Jungtiere aufziehen. Die Störche leben vorzugsweise von Schnecken, die sie in den nahen Reisfeldern während der Überschwemmungszeit finden. Zur Nahrungssuche verlassen sie morgens den Tempel, am Nachmittag kommen sie wieder zurück. . Am interessantesten ist die Beobachtung der Störche während der Brutzeit im März. Hochsitze ermöglichen einen fast hautnahen Kontakt, wie er nur selten möglich ist.

PATTAYA

Region: Südostthailand
Provinz: Chonburi
Höhe: 3 – 70 m ü. d. M.
Einwohnerzahl: 108 000

Eine Story zu Pattaya? Es war einmal ein beschaulicher Fischerort im paradiesischen Thailand ... Man könnte sie aber auch ganz anders anfangen: Wenn Sie nach Pattaya kommen wollen, um Thailand kennenzulernen, haben Sie den falschen Platz gewählt ... Pattaya hat sich zwar inzwischen auch als Familien-Destination in die Urlaubskataloge geschoben, aber den Ruf als Rotlicht-Hauptstadt des Landes konnte man deshalb noch lange nicht ablegen.

Rummel ohne Ende

Pattaya führte viele Jahre lang ein stilles Leben. An den Wochenenden kamen einige Besucher aus Bangkok, doch blieb es den im Luftwaffenstützpunkt U Tapao bei Sattahip während des Vietnamkriegs stationierten **US-Streitkräften** vorbehalten, Pattaya zu entdecken. Explosionsartig entwickelte sich das Städtchen in den 1970er-Jahren zum Bade- und Sextouristenort.
Die Lücke, die der Abzug der US-Streitkräfte in den späten 1970er-Jahren hinterließ, füllten v. a. Reiseveranstalter aus Deutschland, der Schweiz und Österreich mit allein reisenden Herren. Mit einem groß angelegten Programm wurde der zweifelhafte Ruf des Ortes zwar etwas aufpoliert. Verbessert hat sich aber allenfalls die Qualität des Meerwassers, seit 1992 eine Großkläranlage in Betrieb genommen wurde. Eine Sex-Stadt ist Pattaya trotzdem immer noch, ohne Wenn und Aber.

Eine andere Welt

Die Stadt

Wer in Pattaya aus dem Bus steigt, glaubt, in einer anderen Welt gelandet zu sein. Pattaya ist schon auf den ersten Blick ein **Konglomerat** aus Sex und Unsittlichkeit, derbem Benehmen und lautem Getose. Thailändische Verhaltensweisen? In Pattaya? Für was? Und für wen? Dass die **Prostitution** mit Tourismuszahlen zu tun hat, bestreitet auf Thailands Regierungsbänken niemand. Obgleich man gerade in diesen Kreisen angesichts der Werbewirksamkeit der heimischen Go Go Girls und Massagesalons im Ausland gerne Augen und Ohren verschließen möchte. Angeblich sollen 70 % der ausländischen Männer in Thailand Kontakt zu Prostituierten suchen.
Die Reiseveranstalter bestreiten diese Zahl allerdings. Und Bordelle gibt es nicht erst seit den GIs, die während des Krieges aus Vietnam zur Erholung nach Thailand geschickt wurden. Und nicht nur in Bangkok oder Pattaya, in buchstäblich jedem noch so verschlafenen Kaff findet sich ein Freudenhaus, denn der Gang dorthin ist für viele thailändische Männer eine Selbstverständlichkeit. Sie leisten sich gerne Nebenfrauen, Mätressen oder Dirnen. Die früheren Könige hatten sogar bis zu 40 Frauen. Das wird gesellschaftlich toleriert, obgleich Prostitution **gesetzlich verboten** ist. Das Gesetz ist aber eben nur eine Frage der Interpretation und der richtigen Bestechungssumme. Service-Girls heißen die leichten Mädchen deshalb auch offiziell und unverfänglich. Service kann schließlich alles bedeuten. Pattaya wacht erst abends richtig auf, tagsüber verfällt das Zentrum fast in einen Tiefschlaf. **Zahllose Bars, Nightclubs, Diskotheken** und sonstige Vergnügungsstätten drängen sich an den beiden Hauptstraßen sowie den Sois dazwischen, konzentriert auf der von unzähligen Leuchtreklamen erhellten **Pattaya Walking Street**, die ab 19 Uhr für den Fahrzeugverkehr gesperrt wird.

1 Centara Grand Mirage
2 Dusit Thani
3 Amari Ocean
4 A-One The Royal Cruise Hotel
5 The Bayview
6 Royal Cliff Beach Terrace
7 Asia Pattaya Hotel

Am Abend erwacht Pattaya mit unzähligen Bars und Diskos zum Leben.

Viele Kilometer Sand

Die Strände

Die Uferstraße ist 6 km lang und touristisch komplett erschlossen. Der Sandstrand ist etwas kürzer, gelblich, zum **Sonnenbaden und Schwimmen** gleichermaßen geeignet und alle Arten von **Wassersport** stehen hoch im Kurs, von Tauchen über Surfen bis zum (relativ teuren) **Parasailing**. Im Norden schließen sich **Wong Phra Chan** und **Wong Amat Beach** an, je 1 km lang und noch relativ ruhig sowie gut zum Baden.

Mit großem Buddha

Aussichtspunkt

Zu den wenigen Sehenswürdigkeiten des Badeorts gehörten zwei neuere **Tempelbauten**, die südlich der Stadt auf dem **Pattaya Hill** (Prathumnak) liegen. In der einen sind ein kleiner Garten mit chinesischen Figuren, in der anderen der große Golden Buddha erwähnenswert. Toller Blick auf die sichelförmige und komplett zugebaute Bucht.

Virtuelle Welt

Ripley's Believe It or Not

Recht unterhaltsam ist ein Besuch des **Kuriositätenkabinetts** Believe It or Not, einer Außenstelle der US-amerikanischen Museumskette Ripley's. Im angrenzenden **Laser Trek** wird mit virtuellen Waffen gekämpft, während man im **Motion Master Moving Theatre** einen simulierten Flug durch die dreidimensionale Filmwelt erleben kann.
218 moo 10 Beach St. | Tgl. 11 – 23 Uhr | Eintritt: 600 Baht

100 m Meer

Eine Attraktion ist das **Meerwasser-Aquarium** Underwater World. Mehr als **4500 Fische** und andere Bewohner des Meeres kann man beim Gang durch einen 100 m langen **Unterwassertunnel** aus speziellem Plexiglas beobachten. Dazu kommen acht Zonen, u. a. die **Touch Pool Zone**, wo Kinder manche Tiere auch berühren dürfen.

Underwater World

Tgl. 9 – 18 Uhr | Eintritt: 500 Baht

Ganz schön bissig

Die Krokodile und andere Reptilien sind Teil des **Stone Parks** mit Steingärten und Bonsais sowie Zoo mit **weißen Tigern**. Trotzdem kommen die Leute hauptsächlich wegen den **Shows** mit den Krokodilen, frühs um 9 und abends um 17 Uhr. Die Farm hat die **größte Menge** an Salzwasserkrokodilen im Land.

Crocodile Farm

Tgl. 8.30 – 18 Uhr | Eintritt: 400 Baht

Auf einen Blick

Thailand im Miniaturformat zeigt der Park Mini Siam, wo die wichtigsten **Sehenswürdigkeiten** Thailands im **Maßstab 1 : 25** nachgebildet sind. Reizvoll ist ein Besuch in den **Abendstunden**, wenn die 80 Objekte illuminiert sind.

Mini-Siam

Tgl. 7 – 22 Uhr | Eintritt: 500 Baht

Rund um Pattaya

Die der Küste vorgelagerten Koralleninseln **Ko Larn, Ko Khrok** und **Ko Sak** haben schöne Badestrände mit guten Schnorchelmöglichkeiten und sind alle 2 Stunden leicht per Boot vom Hauptstrand in Pattaya zu erreichen. Auf Ko Sak kann man sogar übernachten.

Vorgelagerte Inseln

Schauen und reiten

Im Elephant Village ca. 6 km östlich wird die **Arbeit mit den Tieren** gezeigt. Nach den englischsprachigen Vorführungen besteht die Möglichkeit zum **Elefantenreiten**.

Elephant Village

Tgl. 8 – 17 Uhr | Eintritt: 700 Baht

Der Platz für Familien

Der 6 km lange Strand von Jomtien ist südlich von Pattaya durch den **Pattaya Hill** getrennt. Jomtien ist für Familien zweifelsohne die angenehmere Wahl als Pattaya, aber die **Wasserqualität** ist nicht besser als an den anderen Stränden.

Jomtien Beach

Wasserspaß und Ausblick

8 km südlich von Pattaya findet man das **Freizeitzentrum** Pattaya Park mit großzügigen **Pools** und sechs **Riesenwasserrutschen**. Es

Pattaya Park

PATTAYA ERLEBEN

TOURISM AUTHORITY OF THAILAND (TAT)

10, Pratamnak Road in Chonburi
Tel. 038 42 87 50 | www.tourismthailand.org/pattaya

ANREISE

Auto
Von Bangkok auf den Nationalstraßen 34 und 3 (150 km).

Bus
Tgl. zahlreiche Verbindungen vom Bangkok-Eastern Bus Terminal (2,5 Std.).

Bahn
Von Bangkok-Hualampong mehrfach tgl. (3,5 Std.).

6 ROYAL CLIFF BEACH TERRACE €€€–€€€€

Eigentlich vier Hotels auf einem Areal und seit Jahren eine der ersten Adressen in Pattaya. Komfortabel und auf 4-Sterne-Niveau ist das größte Hotel, das Royal Cliff Beach (527 Zi.) mit der Royal Cliff Terrace (88 Zi.). Höherwertiger gibt sich das Royal Cliff Grand (372 Zi.) und luxuriös das Royal Wing & Spa (85 Suiten). Alle vier Hotels bieten jegliche Annehmlichkeiten, darunter elf Restaurants und sieben Swimmingpools. Und zum Trubel von Pattaya ist es auch nicht weit.
353, Phra Tamnuk Road | Tel. 038 25 04 21 | www.royalcliff.com

2 DUSIT THANI €€€

Geniale Lage an einer kleinen Landzunge mit zwei Strandabschnitten und großer Pool-Landschaft. Alle Zimmer haben Balkon oder Terrasse. 5 Sterne, herzlicher Thai-Service. 457 Zi., 4 Restaurants, 2 Swimmingpools, Spa, 4 Tennisplätze.
2, Pattaya Beach Road | Tel. 038 42 56 11 | www.dusit.com

3 AMARI OCEAN €€

Neues und modern gestaltetes 4-Sterne-Hotel an der Beach Road mit dem Strand vor der Nase. Alle Zimmer haben Fenster vom Boden bis zur Decke für beste Sicht aufs Meer. 297 Zi., 2 Restaurants, Swimmingpool, Spa.
240, Pattaya Beach Road
Tel. 038 41 84 18
www.amari.com/ocean-pattaya

4 A-ONE THE ROYAL CRUISE HOTEL €€

Originelles, in Form eines Schiffs erbautes Hotel direkt am Hauptstrand von Pattaya. Komfortable Zimmer auf 3 – 4-Sterne-Niveau, alle mit Meerblick. 465 Zi., 3 Restaurants, Swimmingpool, Spa.
499, North Pattaya Beach Road
Tel. 038 42 48 74
www.a-onehotel.com

1 CENTARA GRAND MIRAGE €€

Nördlich von Pattaya und damit deutlich ruhiger gelegenes First-Class-Hotel mit direktem Strandzugang, das sich für Familien eignet. Gepflegte Gartenanlage, aufmerksamer Service. 137 Zi., 2 Restaurants, 2 Swimmingpools, Spa, Tennisplatz.
5, Naklua Road | Tel. 038 4 26 99 09
www.centarahotelsresorts.com

5 THE BAYVIEW €€

Mitten im Trubel von Pattaya gelegenes Hotel, das vom Strand nur durch die viel befahrene Beach Road ge-

trennt wird. Komfortable, großzügige Zimmer auf 3-Sterne-Basis, schöner Garten. 260 Zi., 3 Restaurants, Swimmingpool.
310, Pattaya Beach Road
Tel. 038 42 38 77
www.thebayviewpattaya.com

7 ASIA PATTAYA HOTEL €
Eines der ersten großen Hotels in Pattaya und ein bisschen in die Jahre gekommen. Die Zimmer sind etwas dunkel, aber gepflegt und für den günstigen Preis gut ausgestattet. Das Beste aber ist: Das Hotel besitzt einen eigenen privaten Strand, deshalb ist es für einen Familienurlaub gut geeignet. Im Zentrum ist man mit dem Sammeltaxi in 10 Minuten. 305 Zi., 2 Restaurants, Swimmingpool, Tennis- und 9-Loch-Golfplatz.
12, Pratumrak Road | Tel. 038 25 06 02 | www.asiahotel.co.th

Pattayas Herz ist die Beach Road, seit ein paar Jahren auch abends von 19 – 24 Uhr als autofreie Pattaya Walking Street bekannt. Dort gibt es nichts, was es nicht gibt. Es reihen sich Maßschneider an Maßschneider und Schmuckgeschäfte an ebensolche, Jeans- an Hemdenstände, und dazwischen gibt es zahlreiche Restaurants und Bars. Aber auch die dahinter liegende Second Road hat sich zu einem Shopping-Zentrum mit vielen Ladengeschäften entwickelt. Und grundsätzlich gilt: Handeln gehört immer dazu.

---

gibt auch Restaurants, ein riesiges Hotel mit 718 Zimmern und den 250 m hohen **Pattaya Park Tower** mit zwei Dreh-Restaurants in der 52. und 53. Etage, die einen herrlichen **Rundblick** bieten.
Tgl. 10 – 19 Uhr | Eintritt: 300 Baht

Fast wie früher

Floating Market

Nachgebautes schwimmendes Dorf mit **Attraktionen** im Vorbeischippern: von **Affen-Show** über **Thai-Boxing** bis **Zipline**. Ziemlich touristisch, aber für Kinder ganz toll.
Tgl. 10 – 21 Uhr | Eintritt: 400 Baht

Erinnerung an Vietnam

Sattahip

Auf dem ehemaligen **Luftwaffenstützpunkt U Tapao** waren während des Vietnamkriegs der B-52-Bomber der US-Luftwaffe stationiert. Dadurch ist die 50 000-Einwohner-Stadt Sattahip, rund 35 km südlich von Pattaya, bekannt geworden.
In der heutigen Marinebasis ist u. a. das **Sea Turtle Conservation Centre** untergebracht. Zwischen Mai und Juli verbuddeln die Meeresschildkröten an den Stränden ihre Eier. Die Marine wacht darüber, dass weder Eier noch geschlüpfte Schildkröten ihren Fressfeinden zum Opfer fallen. Sind die Schildkröten groß genug, werden sie ins Meer entlassen.
In der Umgebung gibt es außerdem ein paar gute Sandstrände, etwa bei **Ban Pala** und **Bang Sare** an Land, oder auf den vorgelagerten Inseln wie **Samae San, Chuang** oder **Khram**.

Blick hinter die Kulissen

Waisenhaus

Nahe der Autobahn nach Bangkok liegt das Waisenhaus, das in den 1970er-Jahren von dem irischen Pater **Raymond Brennan** (▶ Interessante Menschen) begründet wurde. Betreut werden auch Kinder, die von **Sextouristen** gezeugt wurden und ohne Vater (und Mutter) leben müssen. Besucher, die einen Eindruck vom Leben hinter der Fassade des Vergnügungsorts bekommen wollen, sind nach **Voranmeldung** willkommen.

Tel. 038 42 34 68 | www.thepattayaorphanage.org

Markt und Heiligtum

Naklua

Morgens wegen des täglich stattfindenden **Fischmarkts** und abends wegen des **Nachtmarkts** lohnt sich ein Besuch des Städtchens Naklua im Norden von Pattaya. Rund um den Markt gibt es einige gute **Fischrestaurants**. Bei Naklua befindet sich auch das Sanctuary of Truth, das **Heiligtum der Wahrheit**. An dem aus Holz errichteten Gebäude wurde mehr als 20 Jahre gearbeitet. Mittelpunkt ist ein

Beim traditionellen Büffel-Rennen im Oktober in Chonburi bleibt seit 140 Jahren kein Auge trocken.

100 m hoher, mit weltlichen und religiösen Elementen reich verzierter **Pavillon**.

Lohnender Bootsausflug

Ko Sichang

Der Fischerhafen von **Si Racha**, 30 km nördlich von Pattaya, ist Ausgangspunkt einer Fahrt zur vorgelagerten Insel Sichang. Die Ostseite ist relativ dicht bebaut, an der Westküste finden sich hingegen **schöne Strände**. Sehenswert ist die zerfallene **Sommerresidenz** von König Rama V. auf dem höchsten Punkt der Insel. Da die Franzosen 1893 die Insel besetzten, wurde der Palast nie fertig gestellt. Im südlichen Teil ist eine gelbe **Buddha-Statue** weithin sichtbar. Vom chinesischen Tempel daneben hat man eine gute **Aussicht**. Zuvor müssen aber rund **500 Stufen** bewältigt werden. Es gibt auch Hotels und Bungalows; stündlicher Bootsverkehr.

Büffel im Oktober

Chonburi

Nahe dem Stadtzentrum steht auf einem Hügel der **Wat Sam Yot** mit einer eindrucksvollen **34 m hohen Statue**, die Buddha im Augenblick der Erleuchtung darstellt. Vom Hügel aus hat man einen guten **Blick auf die Stadt**. Wer im Oktober in der Gegend ist, sollte die traditionellen Büffel-Rennen nicht versäumen: Sie werden seit rund **140 Jahren** ausgetragen. Chonburi liegt ungefähr auf halber Strecke zwischen Pattaya und Bangkok.

Region: Südthailand
Provinz: Phangnga
Höhe: 6 m ü. d. M.
Einwohnerzahl: 13 000

Im Reich der Zauberberge sieht es aus wie im Märchenland. Die riesige Phangnga-Bucht wirkt wie der Spielplatz eines Riesen, der vergessen hat, seine Bauklötzchen aufzuräumen. Malerische Dörfer kleben an den Berghängen, weiße Bergspitzen und bizarre Felsformationen stechen aus dem intensiven Grün des Dschungels und dem Blau des Meeres hervor. Eine Bootsfahrt durch die Buchten von Phangnga ist eines der großartigsten Naturerlebnisse während jeder Thailand-Reise.

Auf der Suche nach Sehenswürdigkeiten in der Stadt Phangnga landet man allenfalls im kleinen Chinesenviertel, in dem noch etliche

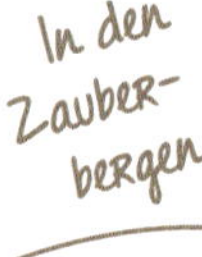

alte Häuser stehen, deren **Kulisse** steile **Felsenriffe** sind. Wer in die Phangnga-Region kommt, muss zumindest einen **organisierten Schiffsausflug** machen, besser noch selbst ein **Boot mieten** oder auch mal per **Kanu** tief in von außen uneinsehbare Kalksteinhöhlen eindringen.

Rund um Phangnga

Tham-Reussi-Grotte

In den umliegenden **Kalkbergen** gibt es viele Grotten, z. T. mit schönen **Tropfsteinen**, die Zuflucht zahlloser **Fledermäuse** sind. Eine der berühmtesten ist Tham Reussi, die **Höhle des Eremiten** nahe der Stadt beim Zollhaus. Sie besteht aus einem **Labyrinth** von seltsam geformten Höhlen mit Tropfsteinen. In einem Stalagmiten, der einer menschlichen Gestalt ähnelt, sieht die einheimische Bevölkerung einen längst verstorbenen wundertätigen Eremiten. Er genießt große **Verehrung** und wird täglich mit **Opfergaben**, v. a. Goldplättchen, bedacht.

Wat Tham Pong Chang

Im Elefantenmagen
Von dort führt ein Weg durch einen **Tunnel** zum 500 m entfernten Heiligtum Wat Tham Pong Chang, der **Tempelhöhle** im Elefantenmagen. Sie wird vom **Khao Chang**, dem Berg des Elefanten, überwölbt. Im Innern stehen drei Statuen heiliger Elefanten.

Tham Suwan Kutta

Buddhas und Tropfsteine
Ein palmengesäumter Weg weist den Eingang zum **Grottentempel** Tham Suwan Kutta, 13 km von Phangnga entfernt. Der Tempel birgt verschiedene Buddha-Figuren, die hinter der Grotte liegende **Höhle**

PHANGNGA ERLEBEN

ANREISE

Auto: Von Krabi wie auch von Phuket über die Nationalstraße 4 (jeweils 85 km); von Suratthani über die Straßen 401, 4040 und 4 (195 km). Die Nationalstraße 4 führt durch eine grandiose Landschaft.

Bus: Tgl. von Bangkoks Southern Bus Terminal (12 Std.).

PHANG-NGA INN €

Kleines und gepflegtes Gästehaus in Thai-Holzhäusern mit geschmackvoll eingerichteten Zimmern, falls man abends nicht wieder nach Phuket oder an die Krabi-Strände fahren will. 42 Zi., Restaurant.
2, Soi Lohakit
Tel. 076 41 19 63
phang-ngainn@png.co.th

Die Bucht von Phangnga gehört zweifellos zu den spektakulärsten der Welt.

weist mehrere schöne Tropfsteingebilde auf. 17 km weiter liegt der hübsche Ort **Ban Koke Loi** am Fuß des Gebirges. Von dort erreicht man über die Autobrücke die Insel ▶ Phuket.

Fantastische Kulisse

Than-Bok-Koroni-Naturpark

Bei Ao Luk, 42 km östlich von Phangnga, liegt der Zugang zum Than-Bok-Koroni-Park, einem der jüngeren Nationalparks in Thailand. **Prachtvoller Pflanzenwuchs, hohe Felsriffe** und ein Fluss, der nach unterirdischem Lauf zwischen den Felsen zum Vorschein kommt, bestimmen die Gegend. Die **Bucht von Ao Luk** bildet mit ihren steil aufragenden Felsen eine fantastische Kulisse.

Zerklüftete Felsenwelt

Bucht von Phangnga

Ohne Zweifel, die Phangnga Bay ist mit ihren spektakulären Felsgebilden eine der **schönsten Buchten der Welt** und ein großartiges Ensemble: Unzählige **Kalksteine** und **Inseln** lugen bizarr aus dem Meer.

Soweit das Auge reicht, wimmelt es geradezu von Brocken, Kegeln und Keulen, von Türmen, Pyramiden, Bergen und Inseln, die bis zu **300 m** hoch aus dem Meer ragen.
Dazwischen scheinen immer wieder grell und weiß Sandflecken und **Puderzuckerstrände** heraus. Ausgesprochen schöne Badeinseln sind **Ko Mak, Ko Chong Lat** und **Ko Klui**. Die Kreativität der Natur scheint bei der Entstehung keine Grenzen gekannt zu haben. Oder war es doch ein Riese, der sein Spielzeug vergessen hat? Natürlich nicht: Die imposanten Gebilde sind der Einwirkung von **Wind und Wetter** über Jahrtausende hinweg geschuldet. Die **Namensgebung** der kuriosen Kalksteinformationen geht in vielen Fällen auf die Form zurück: Es gibt Felsen mit Namen wie Eierinsel, Junger Hund oder Mädchenbrust.

Abfahrt in die Wunderwelt

Klong Khao Thalu

Zur Fahrt durch die zauberhafte Bucht starten Boote von der **Anlegestelle** am Fluss Klong Khao Thalu, 5 km südwestlich von Phangna. Zunächst geht's durch Mangrovenwälder. Nach 30 Minuten sieht man dann die wunderschöne Bucht, wo die Felsenhöhle **Khao Khien** mit ihren berühmten **Felsmalereien** angesteuert wird. Sie zeigen Krokodile, Fische, Delfine und andere Meeresbewohner, die den Menschen, sehr lebendig als **Jäger** dargestellt, umringen. Als Farben wurden ein bräunliches Rot, Ocker und Schwarz verwendet. Ein Erlebnis ist auch die Passage des **Tam-Lod-Bogens** mit bis ins Wasser herabhängenden Stalaktiten.

Bei den Seezigeunern

Ko Panyi

Nur Tote haben hier festen Boden. Denn nur der Friedhof wurde auf Erde angelegt. Ko Panyi, das knapp 3000 Einwohner zählende Seezigeunerdorf, liegt im Norden der Bucht. Die Häuser sind ausschließlich auf **Holzpfählen** im Meer gebaut – im 18. Jh. von malaiischen Fischern. Die weiß-grüne **Moschee** fällt schon von Weitem ins Auge. Der Friedhof schmiegt sich an einen der spektakulären Felsen der Bucht. Ein Netzwerk von **Planken** verbindet die Häuser miteinander. Sie sind bewohnt von moslimischen Chao Le, Seezigeunern, die seit gut 100 Jahren **keine Nomaden** mehr sind, sondern sich auf Ko Panyi fest angesiedelt haben. Inzwischen ermöglicht der Dorfpfad keine großen Einblicke mehr in das vermeintlich andere Leben der Chao Le: Es reihen sich Shop an Shop und Restaurant an Restaurant wie in einem **Touristenort** auf festem Boden.

Die Bond-Insel

Khao Ping Gun

Selbst die **Motiv-Scouts** für »James Bond« sind in der Phang-Nga-Bucht fündig geworden. Vor **Ko Phingan** in der Bucht von Khao Ping

Die »James-Bond-Insel« will natürlich jeder Hobbyfotograf festhalten.

Gun ragt ein umgekehrter Kegel wie eine Boje aus dem Wasser: **Ko Tapu** bildete die surreale Kulisse für Szenen aus »007. Der Mann mit dem goldenen Colt«, als sich Bond mit Bösewicht Scaramanga duellierte.

Die **Nagelinsel**, so die Übersetzung, heißt deshalb seit 1974 landläufig auch James Bond Island. So menschenleer wie im Film wird man diesen hübschen Flecken Erde allerdings wohl nie wieder sehen. Später wurden auch noch Szenen für **»Platoon«, »Heaven and Earth«** sowie **»Traumschiff«**-Folgen dort gedreht. Den **besten Blick** auf Felsen und Bucht hat man von einem kleinen Weg, der rechts vom Strand, an dem das Boot landet, steil bergan führt. Am Strand bieten fliegende Händler Souvenirs zum Kauf, und es gibt einige Erfrischungsstände.

DIE BUCHT DER ZAUBERBERGE

Zunächst geht's nur durch Mangrovenwälder. Aber nach 30 Minuten geht der Vorhang auf: Man fühlt sich wie in einem Reich der Zauberberge eines Märchenlandes. War da ein Riese, der vergessen hat, seine Bauklötzchen aufzuräumen? Hat er sie einfach ins Wasser geworfen? Nein, es sind weiße Bergspitzen und bizarre Felsformationen, die herausstechen aus dem Blau des Meeres.

★ PHETCHABURI

Region: Westthailand
Provinz: Phetchaburi
Höhe: 6 m ü. d. M.
Einwohnerzahl: 42 000

Wenn eine Stadt den Beinamen »Stadt der Diamanten« trägt, ist einiges zu erwarten. Und tatsächlich künden die Tempelanlagen und der Königspalast von einer großen Vergangenheit. Die Tham-Khao-Luang-Höhle mit unzähligen Buddha-Figuren verströmt eine fast magische Anziehungskraft. Und eindrucksvolle Bergketten sowie nur wenige Kilometer entfernte, schöne, ruhige Strände runden das Bild ab.

Wahrscheinlich im 8. Jh. von **Mon-Völkern** gegründet, bemächtigten sich **Khmer-Völker** der Stadt und richteten in ihr ein religiöses Zentrum ein. Um 1350 kam Phetchaburi zum Königreich von Ayutthaya. 1610 geriet die Stadt vorübergehend unter die Kontrolle **japanischer Piraten**, deren Anführer sich zu unabhängigen Fürsten erklärten. Das war ganz und gar nicht im Sinne der durchaus weltoffenen Könige von Ayutthaya, die zuvor zahlreichen europäischen Handelsgesellschaften die Niederlassung erlaubt hatten. Nach etlichen Auseinandersetzungen vertrieb König Petraja 1688 die Ausländer. Und für die nächsten 130 Jahre war Thailand allen Ausländern verschlossen.

Wohin in Phetchaburi?

★ Königspalast Phra Nakhon Khiri

Kosmopolitische Denkweise

Auf dem 95 m hohen **Hügel Khao Khlang**, dem Hügel der heiligen Stadt, thront der königliche Palast Phra Nakhon Khiri, den König Mongkut um 1860 in **europäisch-neoklassizistischem Stil** erbauen ließ. Architekt war der spätere stellvertretende Verteidigungsminister Thuam Bunnak, der auf einer Reise durch Europa Eindrücke von herrschaftlicher Architektur sammelte. Der Palast ist wie kaum ein anderes Bauwerk in Thailand Ausdruck der kosmopolitischen **Lebens- und Denkart thailändischer Könige**. Der Phra Nakhon Khiri wurde auf einem Hügel mit **zwei Gipfeln** errichtet, die durch Fußwege verbunden sind. Achtung vor den Affen: Sie sind bisweilen recht aggressiv, diebisch und sogar bissig! Daher besser Abstand halten! Die Palastanlage ist **zugänglich**, wenn keine Mitglieder der königlichen Familie anwesend sind.

Tgl. 8.30 – 16 Uhr | Eintritt: 40 Baht

Das Bett des Königs

Phra Thinang Phetphum Phairot

1859 wurde der Grundstein für den Phra Thinang Phetphum Phairot gelegt, das **größte Gebäude** der Palastanlage. In reinem neoklassizistischem Stil erbaut, diente es zunächst als **Audienzhalle**, später dann als **Haus für Staatsgäste**. Innen sieht man viele schöne Einrichtungsgegenstände, u. a. ein Bett von König Chulalongkorn.

Des Königs Büste

Phra Thinang Wichien Prasat

Ein besonders schönes Beispiel **thailändischer Sakralarchitektur** ist der Phra Thinang Wichien Prasat, ein trotz seiner Schlichtheit sehr ausdrucksstarkes Gebäude. Auf dem Dach umrahmen vier klei-

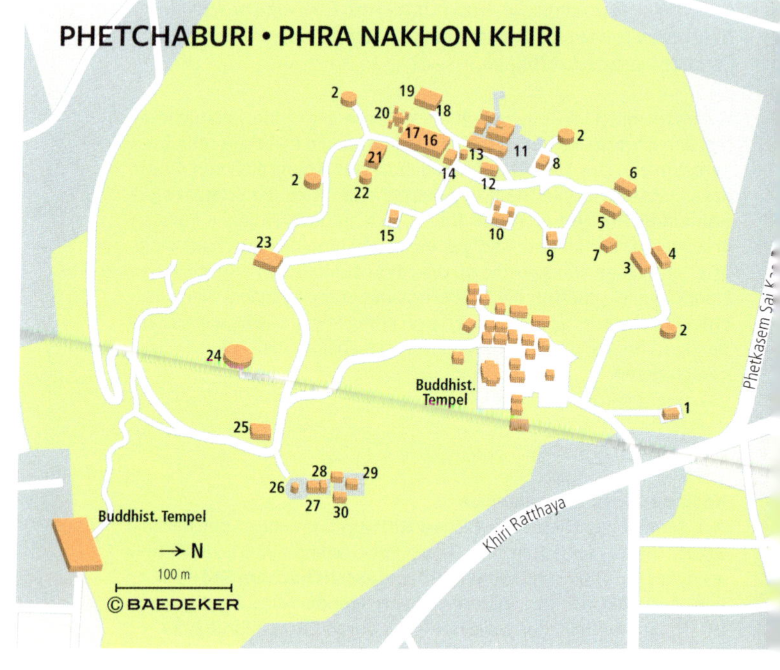

1 Sala Thasana Nakhathareuk
2 Befestigung
3 Wagenremise
4 Pferdestall
5 Ratcha Wallaphakan
6 Sala Luk Khun
7 Öffentlicher Rastplatz
8 Sala Dan Na
9 Sala Yen Chai
10 Phiman-Phetmahet-Hallen
11 Phra Thinang Santhakarn Sathan Theater
12 Sala Dan Klang
13 Festung Wachara Phiban
14 Tim Dap Ongharak
15 Rong Sukatham
16 Phra Thinang Phetphum Phairot
17 Phra Thinang Pramot Mahaisawan
18 Königliche Küche
19 Vorratskammer
20 Phra Thinang Wechayan Wichien Prasat
21 Phra Thinang Ratchathamma Sapha
22 Observatorium Chatchawan Wiangchai
23 Sala Dan Lang
24 Phra That Chom Phet
25 Pavillon Chatuwet Paritaphat
26 Chedi Phra Sutthasela
27 Weihehalle des Wat Phra Kaeo
28 Glockenturm
29 Phra Prang Daeng
30 Pavillons

nere, reich verzierte **Türmchen** einen symbolisierten Prang, die Basis wird von einer umlaufenden **Balustrade** umgrenzt.
Im Innern steht unter einem siebenstöckigen Schirm eine Statue, davor eine **Büste König Mongkuts**. Die Büste wurde von einem **französischen Bildhauer** geschaffen, der zunächst nach einer Fotografie modellierte. Mit dem Ergebnis war Mongkut nicht zufrieden, deshalb beauftragte er einen einheimischen Künstler, eine Statue in Bronze zu gießen, aber Mongkut starb vor der Fertigstellung.
Bemerkenswert sind noch der Bau des königlichen **Observatoriums** (Chatchawan Wiangchai) mit einem Glasdach und schönen Ornamenten sowie die drei Gebäude des **Phiman Phetmahet**, in dessen größtem der König einst seine religiösen Pflichten erfüllte.

Verblüffende Ähnlichkeit

Wat Phra Kaeo

Vom nordwestlichen zum südöstlichen **Gipfel** gelangt man nach einem **20-Minuten-Fußmarsch**. Wichtigstes Gebäude dort ist der Wat Phra Kaeo, der seinem Vorbild in Bangkok verblüffend ähnlich sieht.
In der **Ordinationshalle** (Bot) mit ihren reich verzierten Giebelfeldern und kunstvoll geschnitzten Türen war von der Fertigstellung bis zum Tod Mongkuts eine **kristallene Buddha-Figur** zu sehen, die nach Bangkok gebracht und durch eine Kopie ersetzt wurde. Gegenüber der Ordinationshalle befinden sich drei **Pavillons** und ein aus rotem Sandstein erbauter **Prang**. Den Haupthügel nimmt ein 40 m hoher Chedi ein, den Mongkut dereinst an die Stelle eines älteren Prang setzen ließ.

Wahrzeichen im Stadtzentrum

Wat Mahathat

Der Wat Mahathat am **Marktplatz** ist das Wahrzeichen Phetchaburis. Er stammt aus der **Ayutthaya-Epoche**, wurde aber erst im 19. Jh. vollendet. Das Bild beherrschen ein über 50 m hoher **Prang im Khmer-Stil**, dem ein Torbau angegliedert ist, und vier kleinere Prangs, die um ihn herum gruppiert sind. In der umlaufenden **Galerie** stehen mehrere schöne **Buddha-Statuen**. Der große Viharn zeigt außen kunstvolles Stuckdekor und im Innern restaurierte **Wandgemälde** sowie mehrere sitzende Buddhas, von denen besonders der oberste auf dem Altar im Ayutthaya-Stil bemerkenswert ist.

Der Schönste unter vielen

Wat Yai Suwannaram

Von den vielen interessanten Tempeln in Phetchaburi ist der Wat Yai Suwannaram östlich des Zentrums einer der schönsten. Er stammt aus dem **17. Jh.**; die ältesten Bauten zeigen besten **Ayutthaya-Stil**. Der Viharn enthält vorzügliche **Wandmalereien**, vorwiegend in horizontalen Friesen angeordnete Göttergestalten, die Buddha verehren. Auffällig sind die **Feinheit der Kolorierung**, die stilsicher geführten Linien und eine liebevolle Detailtreue. Erwähnenswert sind auch eine

In der Grotte Khao Luang wird die buddhistische Kultstätte magisch beleuchtet.

schöne **Kassettendecke** und die Figur eines sitzenden Buddha. Von den beiden aus Holz erbauten **Bibliotheken** stammt die eine aus der Gründerzeit, die andere vom Ende des 19. Jahrhunderts. Aufmerksamkeit verdient auch die große **Sala** mit schönen ornamentalem Schmuck und kühnen Proportionen.

Die 500 Leben Buddhas

Wat Ko Kaeo

Der Wat Ko Kaeo, im Süden der Stadt am östlichen Flussufer, wurde zu Beginn des 18. Jh.s errichtet und ist wegen der hervorragenden **Malereien** an den Wänden des Bot berühmt. Die sehr lebendig wirkenden Szenen aus dem Leben Buddhas zeichnen sich durch eine sichere Hand aus und sind – das ist das Besondere – **in Dreiecke gesetzt**, deren spitzer Winkel nach unten zeigt. Die Zwischenräume bilden nach oben weisende Dreiecke, die die Chedi-Form imitieren. Sie sind zum größten Teil mit **Jataka-Szenen** aus den mehr als 500 früheren Leben Buddhas ausgefüllt. Das Wandgemälde hinter der Opferstätte zeigt Buddhas Versuchung durch Mara und seinen Sieg.

Rund um Phetchaburi

Tham-Khao-Luang-Höhle

Von den zahllosen Höhlen und **Grotten** in der Umgebung ist die Tham-Khao-Luang-Höhle die berühmteste. In der **buddhistischen Kultstätte** meditierte einst König Mongkut während seiner Zeit als

PHETCHABURI ERLEBEN

TOURISM AUTHORITY OF THAILAND (TAT)
500, Phetkasem Road | Tel. 032 47 10 05 | www.tourismthailand.org/phetchaburi

ANREISE

Auto
Von Bangkok über die Nationalstraßen 35 und 4 (98 km).

Bus
Tgl. mehrfach von Bangkoks Southern Bus Terminal (1,5 Std.).

Bahn
Tgl. mehrfach ab Bangkok-Hua Lumphong (2 Std.).

RABIENG RIM HAM GUESTHOUSE €
In einem alten Teakholzhaus, erbaut um 1900, untergebrachtes Hotel mit einfachen Zimmern. Da zur Straße gelegen, kann es nachts manchmal recht laut sein. 17 Zi., Restaurant.
1, Chisa Road
Tel. 032 42 57 07

Mönch. Die Höhle besteht aus mehreren **unterschiedlich hohen und weiten Hallen**. In der Eingangshalle stehen einige Buddha-Figuren. **Steile Treppen** führen in die Tiefe in eine sehr große, mit Tropfsteinen und unzähligen Buddha-Figuren besetzte Halle. Das durch Risse und Löcher im Gewölbe einfallende Licht zaubert eine **magische Atmosphäre**.

Berg der Stalaktiten

Khao Yai

Nach weiteren 18 km gen Norden gelangt man zum Khao Yoi, dem Berg der Stalaktiten, mit mehreren **Tropfsteinhöhlen**. Einige von ihnen gelten als Heiligtümer und sind mit **Buddha-Figuren** ausgestattet.

Der Größte im Land

Kaeng-Krachan-Nationalpark

Südlich von Phetchaburi führt bei Tha Yang die Straße durch **Baumwollfelder** und **Zuckerrohrplantagen** zum von Bergen umgebenen Kaeng-Krachan-Stausee und noch weiter südlich zum gleichnamigen Nationalpark. Er ist der Größte im Land und gilt auch als **einer der schönsten Nationalparks**, wenngleich er beinahe unzugänglich an der Grenze zu Myanmar gelegen ist. Im dichten Regenwald leben noch **wilde Elefanten, Tiger** und **Malaien-Bären**. Der Park wurde als UNESCO-Weltnaturerbe vorgeschlagen, doch eine Entscheidung ist noch nicht gefallen. Trekking-Touren oder Floßfahrten sind nur mit Führern möglich. Infos dazu und zu den einfachen Übernachtungsmöglichkeiten im Park gibt die Auskunft am Eingang.
Nov. – Juli tgl. 6.30 – 18 Uhr | Eintritt: 500 Baht

PHIMAI

Region: Nordostthailand
Provinz: Nakhon Ratchasima
Höhe: 240 m ü. d. M.
Einwohnerzahl: 15 000 (Stadt)

Zuerst kam natürlich Angkor Wat. Aber nur wenige Jahre später folgte Phimai, das größte und am besten erhaltene Zeugnis der Khmer-Kunst auf thailändischem Boden. Über hundert Meter führt der Weg vom Eingangstor mit seinen Tempelwächtern bis zum Zentrum der Anlage. Man sieht viele buddhistische Mönche – und diese fotografieren sich in ihren safrangelben Roben gerne gegenseitig, als seien sie ganz normale Kulturtouristen. Sind sie auch. Denn Phimai hat keine religiöse Bedeutung für sie und ist auch kein Ort der Meditation.

Hochkultur der Khmer

Wurde Phimai einst **zerstört oder zerfiel** die großartige Stadt im Lauf von vermutlich acht Jahrhunderten langsam? Die Frage ist bis heute **ungeklärt**. Sicher ist, dass die Khmer-Hochkultur aus Phimai im 13. Jh. von der Sukhothai-Periode abgelöst wurde und sich in der Ayutthaya-Zeit ab dem 14. Jh. die pure buddhistische Kultur und Architektur durchsetzte. Funde von Tonscherben und Schmuck zeigen, dass die Umgebung aber schon während der **Jungsteinzeit** besiedelt war. Im 11. Jh. ließen die Khmer die Stadt befestigen und bauten sie zu einem Zentrum ihres Reichs aus. Phimai liegt an der Route, die **Angkor** mit seinen Provinzen verband; die Distanz zwischen Phimai und Angkor betrug etwa 240 km. Phimai muss in dieser Zeit auch **in religiöser Hinsicht** eine sehr bedeutsame Stadt gewesen sein. Erst im 14. Jh., als der erste Herrscher von Ayutthaya, Rama Thibodi I. (1350 – 1369), Angkor eroberte, verlor Phimai an Bedeutung und viele der prächtigen Gebäude verfielen.

Viel größer als heute

Die Stadt

Das heutige Phimai nimmt nur einen Teil des einstigen, von **Mauern, Wällen** und **Wassergraben** gesicherten Stadtgebiets ein; es umfasste ursprünglich eine Fläche von 1030 x 565 m. Von den 4 m hohen **Sandsteinmauern** sind noch Reste vorhanden, von den einst vier pavillonartigen **Stadttoren** steht noch das südliche. Durch dieses betraten die **Khmer-Herrscher** mit ihrer Gefolgschaft, von Angkor her kommend, die Stadt, und von dort führte eine von Geschäften gesäumte Straße geradewegs in den Tempelbezirk. Phimai lag **strategisch günstig** auf einer Insel. Zwischen dem Menam Mun und dem Khlong Chakrai wurde ein **Kanal** gebaut, der heute jedoch nicht mehr existiert.

PHIMAI ERLEBEN

ANREISE

Auto
Von Bangkok über Nationalstraßen 1, 2 und 206 (320 km).

Bus
Tgl. mehrfach von Bangkoks Northeastern Bus Terminal von Nakhon Ratchasima (4,5 bzw. 1 Std.).

PHIMAI PARADISE HOTEL €
Ganz hübsch und modern eingerichtetes 2-Sterne-Hotel mit schönem Pool, der nach einem langen Sightseeing-Tag sehr gut tut. Sauber, günstig und nah dran an der Ruinenstadt. 30 Zi., Swimmingpool.
2, Samairuchi Road
Tel. 044 28 75 65
www.phimaiparadisehotel.com

BAITEIY RESTAURANT €
Kleines Gartenrestaurant mit superfreundlichem Personal und aroy mak – also phantastischer Thai-Küche wie der Rotbarsch mit Mango-Salat, Phra Thop Tim. Als sei man im Nobelrestaurant, wird ein Stühlchen für die Foto- oder Handtasche bereitgestellt und die Cola am Nebentisch abgestellt, denn es wird nachgeschenkt. Einfach herzzerreißend und gut!
1, Chumpuang Road
Tel. 044 28 71 03
Tgl. 12 – 15 und 18 – 21 Uhr

Trotzdem nicht den allabendlichen Nachtmarkt von 16 bis 22 Uhr in der Anantajinda Road verpassen: Er ist zwar recht klein, aber lebendig und mit einigen Garküchen bestückt, in denen die für den Isan typischen Speisen, z. B. köstliche selbst gemachte Nudelgerichte, angeboten werden.

★★ Die Ruinenstadt

Übersicht

Natürlich ist Phimai wesentlich **kleiner als Angkor**, der Märchentempel im kambodschanischen Dschungel. Auch wurde Phimai in der **Khmer-Hierarchie** stets als Nr. 2 geführt. Der Tempel symbolisiert den **Hindu-Kosmos**, war aber **auch Buddha geweiht**. Deshalb sieht man etwa den tanzenden Shiva umgeben von zahlreichen buddhistischen Verzierungen. Das Tempelheiligtum stammt aus dem **11./12. Jh.**, wurde jedoch auf den Grundmauern eines sehr viel älteren Heiligtums unbekannter Provenienz errichtet (▶ 3D, S. 284).

Wie könnte es gewesen sein?

Computer-Animation

Wie die Tempelanlage von Phimai einst ausgesehen haben mag, damit hat sich der kanadische **Professor Richard M. Levy** von der Universität Calgary befasst. In Zusammenarbeit mit dem thailändischen Fine Arts Department hat er eine Internetseite aufgebaut, auf der mit

RUINENSTADT PHIMAI

Phimai zeigt deutlich den Einfluss der Khmer-Architektur auf diesen Teil des Landes. Die Bauten werden etwa auf das 11. Jh. datiert, als die Gegend noch zum Reich der Khmer gehörte. Phimai wurde als Schwesterstadt von Angkor konzipiert. Die Tempelanlagen aus dieser Zeit sind heute noch gut erhalten oder wurden detailgetreu restauriert.

Tgl. 7 – 18 Uhr | Eintritt: 100 Baht

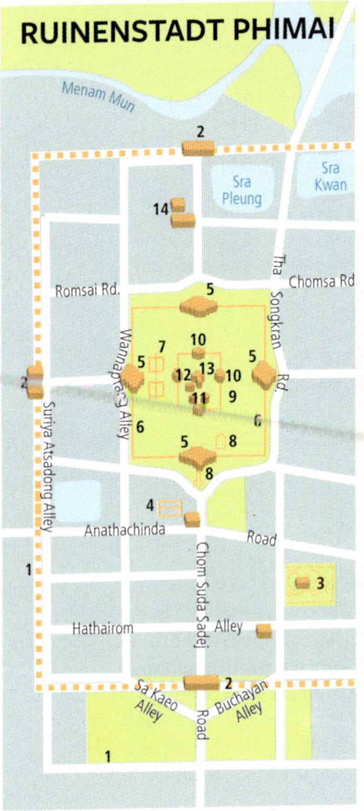

1 Tanzender Vajrasattva
Ein schön gestalteter Vajrasattva ist im Pilaster des südlichen Tempeleingangs zu sehen.

2 Mandapa
Mandapa ist die Bezeichnung der Architekturhistoriker für die Halle des Haupteingangs.

3 Prang
Der charakteristische knospenförmige Turm könnte einstmals als Vorbild für die Architektur von Angkor Wat gedient haben.

1 Dritte Umfassungsmauer
2 Stadttore; Südtor: Pratu Chai (Siegestor)
3 Meru Boromathat
4 Khlang Ngoen (Schatzkammer)
5 Portalbauten (Gopura)
6 Zweite Umfassungsmauer
7 Königliche Pavillons
8 Terrassen
9 Erste Umfassungsmauer (Galerie)
10 Torbauten
11 Heiligtümer
12 Hinduschrein (»Bibliothek«)
13 Hauptheiligtum
14 Wat Doem

4 Nördliche Vorhalle
Besonders beachtenswert ist hier der Türsturz, wiederum mit tanzenden Vajrasattvas verziert, sowie die Abbildung einer anmutig tanzenden Mädchengruppe.

5 Buddha-Darstellung
Unter dem Prang findet sich in der nördlichen Vorhalle die besonders schöne Reproduktion eines vom Schlangenkopf der Naga beschirmten Buddhas aus dem 13. Jahrhundert.

Seit einem Jahrhundert starten die Drachenboote beim Phimai Boat Racing.

Hilfe von Computer-Animationen die **ursprüngliche Tempelanlage** eindrucksvoll rekonstruiert wird (www.phimai.ca).

Regenwasser für die Lingams

Rundgang

Man betritt die Tempelanlage durch das gut erhaltene **Südtor** in der zweiten Umfassungsmauer. Den äußeren Hof zierten an allen vier Ecken große Teiche, von deren steinernen Einfassungen noch Reste vorhanden sind. Sie symbolisierten die **vier heiligen Flüsse Indiens** und enthielten Regenwasser, mit dem die Lingams, die **Phallussymbole** des Hindu-Gottes Shiva, und andere heilige Figuren begossen wurden.

Die beiden Gebäude aus Laterit und Sandstein in der Nähe des westlichen Tors dienten vermutlich als **Bibliothek** oder waren **Wohngebäude** der Khmer-Könige. Die vier **Torbauten der Galerie** (12. Jh.), in die vier Himmelsrichtungen weisend, waren kreuzförmig angelegt und standen wie auch die Vorhallen auf mächtigen **quadratischen Pfeilern**, die z. T. noch erhalten sind. Links im inneren Hof, der eine Fläche von 86 x 64 m umfasst, sieht man den **Prang Hin Daeng** aus rötlichem Sandstein, etwas weiter ein als **Hindu-Schrein** bezeichnetes Gebäude (möglicherweise eine Schatzkammer oder eine Bibliothek) und rechts den **Prang Meru Boromathat** aus Laterit. In ihm wurde eine außerordentlich schöne Statue des Königs Jayavarman VII. gefunden, die heute im Nationalmuseum von Bangkok steht.

Tgl. 7 – 18 Uhr | Eintritt: 100 Baht

Schönste Khmer-Architektur

Prasat Hat Phimai

Der Haupttempel, im 11./12. Jh. von den Königen Jayavarman VII. und Dharaindravarman I. aus feinem **grauen Sandstein** erbaut, ist neben Angkor Wat das schönste Beispiel der **Khmer-Architektur**, erlesen in den **Proportionen**, maßvoll, aber höchst kunstreich in der **Ornamentik**.

Das mit einem schönen, reich gegliederten Prang gekrönte Hauptheiligtum hat an allen vier Seiten **stufige Vorhallen** mit kunstvoll skulptierten Überbauten und Seitentüren. Das Dach ziert eine Reihe **Lotosknospen**. Der pyramidenförmige Turm des **Sanktuariums** wird von Garudas getragen und ist mit Nagas sowie Götter- und Dämonenfiguren besetzt. Von hoher künstlerischer Qualität sind die Türstürze und die Giebelfelder an Vorbau und Prang. Sie zeigen Szenen aus der **Geschichte des Khmer-Reichs** sowie Bildnisse Buddhas und der Heiligen des Mahayana-Buddhismus. Andere Stellen zeigen Szenen aus dem **Ramayana-Epos**. Fünfköpfige Nagas begrenzen die Giebelfelder an beiden Seiten. Der Turm, der im Innern ein Scheingewölbe bildet, barg einst die **wichtigste Buddha-Statue** des Tempelbezirks.

Diese und andere heilige Figuren wurden von Priestern in **Zeremonien**, an denen die Bevölkerung aus der Stadt teilnahm, mit dem Regenwasser aus den vier Teichen übergossen. Die Öffnung der Wasserleitung und der Metalluntersatz sind noch an der östlichen Turmseite zu sehen.

Buddha mit Naga

National-museum

Die Phimai-Dependance des Nationalmuseums stellt v. a. hervorragend skulptierte **Türstürze von Khmer-Tempeln** aus der Umgebung und **Buddha-Bildnisse** aus, darunter eines, das Buddha unter dem gespreizten Schild einer siebenköpfigen Naga zeigt. Den Sockel bildet der geringelte Leib der Schlange. Diese Darstellungsart ist besonders typisch für die Buddha-Plastik der Khmer.

Tgl. 9 – 16 Uhr | Eintritt: 100 Baht

Ein 85 m breites Blätterdach

Banyan-Baum

Eine besondere **botanische Sehenswürdigkeit** ist ein riesiger Banyan-Baum, dessen Blätterdach einen Durchmesser von 85 m hat und der wegen seines weit verzweigten Geflechts von **Luftwurzeln** von Betonpfeilern gestützt werden muss.

Spektakel auf dem Mun-Fluss

Phimai Boat Racing

Seit mehr als **100 Jahren** finden alljährlich am 2. Wochenende im November und zeitgleich mit dem in ganz Thailand gefeierten **Loy-Krathong-Fest** auf dem Mun-River bei den Ruinen von Phimai Drachenbootrennen statt. **Licht- und Tonpräsentationen** ergänzen das Spektakel.

Rund um Phimai

Chaiyaphum

2 km vor der ehemals wichtigen Zwischenstation auf dem Weg nach Angkor stößt man bei Chaiyaphum auf den Tempel Prang Ku aus dem 12. Jahrhundert. Das Heiligtum weist einige schöne Skulpturen an Giebeln und Türstürzen auf. Im Innern sieht man die Figur eines sitzenden Buddha im Dvaravati-Stil und eine weitere im Ayutthaya-Stil sowie die Figur eines stehenden Buddha, ebenfalls im Ayutthaya-Stil.

Aus Stein gemeißelt

Hügel Buddhas

Etwa 30 km ist der Hügel Buddhas von Chaiyaphum entfernt. Dort findet man an einem der vielen Sandsteinblöcke sieben aus dem Stein herausgemeißelte **Buddha-Figuren** im Dvaravati-Stil. Sie sind das Ziel alljährlicher **Pilgerfahrten**.

PHITSANULOK

Region: Nordthailand
Provinz: Phitsanulok
Höhe: 50 m ü. d. M.
Einwohnerzahl: 84 000

D 7

Immer im Schatten stehen, ist nicht einfach. Phitsanulok erduldet den Mega-Schatten von Sukhothai aber in stoischer Ruhe. Das war vor 600 Jahren so und ist heute so. Wenn eine Kulturrundreise etwas knapp bemessen ist, dann fällt Phitsanulok einfach weg ... Wer aber etwas mehr Zeit hat, der sollte den kleinen Umweg von Sukhothai unbedingt machen. Es warten schöne Tempelanlagen und viel weniger Besucher.

Es war **U Thong**, der die Stadt um 1362 eroberte, um sie in sein **Ayutthaya-Reich** zu integrieren. König Rama Thibodi, genannt U Thong, wusste schließlich um die Bedeutung der Stadt im **Königreich Sukhothai**. Doch wie die Politik so spielt: König Liu Thai erhielt sie jedoch bald auf freundschaftlichem Wege wieder zurück. **Erst ab 1438** gehörte Phitsanulok, wie auch das gesamte Sukhothai-Reich, zum Königreich Ayutthaya. 1563 eroberten die Birmanen die Stadt. Nach der Zerstörung war Phitsanulok für kurze Zeit **Hauptstadt eines kleinen Fürstentums**, bis es König Taksin 1770 in das entstehende **Königreich Siam** einverleibte. 1955 wurde Phitsanulok durch einen **verheerenden Brand** fast vollständig vernichtet.

Sieht Buddha schon erleuchtet genug aus? In der Buddha Image Factory von Phitsanulok legt man auch bei großen Figuren Wert auf Details.

Wohin in Phitsanulok?

Alle Stile zu finden

Wat Phra Si Ratana Mahathat

Das **wichtigste Bauwerk**, der Wat Phra Si Ratana Mahathat, ist von weitem durch seinen 36 m hohen, im oberen Teil vergoldeten **Prang im Khmer-Stil** (1482) zu erkennen. Der Wat wurde Ende des 15. Jh.s durch König Boroma Trailokanat (1448 – 1488) als Symbol seiner Herrschaft über das erworbene Gebiet erbaut, mehrere Restaurierungen haben das Aussehen der Tempelgebäude stark verändert. Das steile Dach des Viharn mit **bunt glasierten Ziegeln** aus der Bangkok-Zeit ist dreifach gestaffelt; das Giebelfeld wird durch ein vergoldetes Kassetten-Schnitzwerk geschmückt. Schlanke Säulen flankieren die Vorhalle und geben dem gesamten Bauwerk eine auffällige **Leichtigkeit**. Die Buddha-Statuen zu beiden Seiten sind hervorragende Beispiele des Sukhothai- und des Chiang-Saen-Stils. Die aus Ebenholz geschnitzten **Türen mit Perlmutteinlagen** stammen aus dem Jahr 1756.

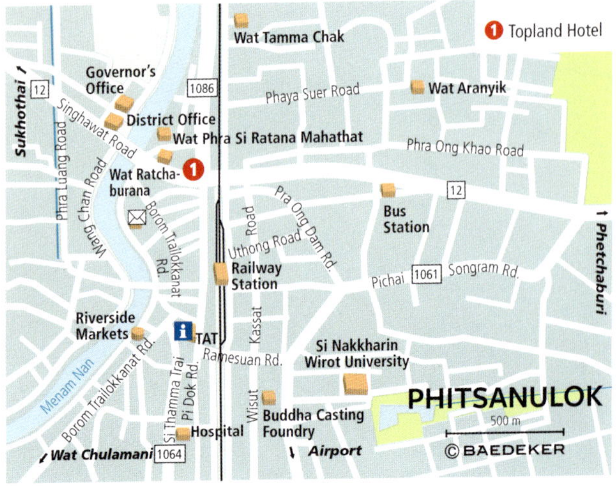

Das dreischiffige Innere des Viharn, das nur durch schmale Spalten in den niedrigen Seitenwänden Licht erhält, ist **einer der schönsten Sakralräume** Thailands. Dunkelblau, Rot und Gold sind die bestimmenden Farben an den in Lotosknospen endenden Säulen und dem verstrebten Gebälk. Neueren Datums sind die Wandmalereien. Die Gemälde rechts beschreiben die Erleuchtung Buddhas, die zur Linken berichten vom Zeitpunkt, als er Hab und Gut aufgibt und sich ganz der Religion hingibt. Mittelpunkt und Blickfang ist die Statue **Phra Buddha Jinarat**, der siegreiche König, ein Meisterwerk des späten Sukhothai-Stils und um 1350 in Bronze gegossen. Sie zeigt einen sitzenden Buddha in der Geste der Erdanrufung mit **fein ziselierter Aureole** vor einem dunkelblauen Hintergrund, der mit stilisierten goldenen Blüten und schwebenden Gestalten verziert ist. Von den Buddha-Statuen, die die zentrale Figur umgeben, sind einige von großer Schönheit. Bemerkenswert sind auch die kunstvoll geschnitzten **Kanzeln aus Teakholz**. Die größere von ihnen dient einer Gruppe von Mönchen beim Vortragen buddhistischer Pali-Texte.

An den Viharn stößt die Terrasse an, auf der sich der zentrale **Prang** erhebt. Über eine Treppe gelangt man in die **Reliquienkammer**. Die Galerie, die den Prang umgibt, ist mit Buddha-Figuren im Sukhothai-, U-Thong-, Chiang-Mai- oder Chiang-Saen-Stil besetzt. Schön sind auch die Holzschnitzereien sowie chinesische und thailändische Keramiken. An die Galerie schließt sich der **Bot** an. Verlässt man den Tempelbezirk durch den Hauptausgang und geht zur Rückseite, sieht man die **Riesenstatue** eines stehenden Buddha sowie zwei weitere bemerkenswerte Buddha-Figuren aus neuerer Zeit.

PHITSANULOK ERLEBEN

TOURISM AUTHORITY OF THAILAND (TAT)
8, Boromtrailokanat Road | Tel. 055 25 27 42 | www.tourismthailand.org/phitsanulok

ANREISE

Auto
Von Bangkok über die Nationalstraßen 1, 32 und 117 (380 km), von Sukhothai über die Nationalstraße 12 (58 km).

Bus
Von Bangkoks Northern Bus Terminal und Sukhothai mehrmals tgl. (5 bzw. 1 Std.).

Bahn
Von Bangkok-Hua Lumphong mehrmals tgl. (6 Std.).

Flug
Von Bangkok und Chiang Mai tgl. (je 1 Std.).

❶ TOPLAND HOTEL €€
Der Betonklotz bietet gut ausgestattete und sehr moderne Zimmer und einen aufmerksamen Service. 260 Zi., Restaurant, Swimmingpool, Spa.
68, Akathodsarod Road
Tel. 055 24 78 00
www.toplandhotel.com

Eine eher kleine Sammlung
In einem Gebäude, das ursprünglich sakralen Zwecken diente, wurde ein kleines Museum eingerichtet. Hier sind z. T. sehr alte Buddha-Figuren, sehenswerte Keramiken und andere **historische Artefakte** ausgestellt.

Tempel-museum

Aus Alt mach Neu
Gegenüber dem Wat Mahathat ist aus den Resten des alten Tempels der neue Wat Ratchaburana entstanden. Von dem alten Bauwerk ist nur noch ein eindrucksvoller **Chedi** übrig geblieben. Ein Glockenturm und ein Heiligtum, dessen geschnitzte Holzportale mit bunten Steinen ausgelegt sind und dessen Inneres interessante Fresken mit **Szenen aus dem Ramayana** zeigt, vervollständigen die Anlage.

Wat Ratchaburana

Echte Handarbeit
An der Wisutkasat Road kann man in der Buddha Image Factory die **Entstehung** von Buddha-Figuren beobachten. Die ausschließlich in wochenlanger Handarbeit produzierten Figuren ähneln berühmten Abbildungen des Erleuchteten, insbesondere aber dem **Phra Buddha Jinarat** aus dem Wat Phra Si Ratana Mahathat.
Mo. – Sa. 8 – 17 Uhr

Buddha Image Factory

Rund um Phitsanulok

Wat Chulamani

5 km südlich von Phitsanulok trifft man auf die **Ruinen** des Wat Chulamani. Das Heiligtum, das deutliche Einflüsse des **Khmer-Stils** zeigt, steht auf einem dreifach gestuften, reich gegliederten Ziegelsockel. Das **Hauptportal**, zu dem eine Treppe hinaufführt, und die **Seitenportale** mit einigen Stuckverzierungen sowie eine schöne Buddha-Statue sind erhalten geblieben. Der Wat stammt wohl aus der Lopburi-Zeit und wurde in der frühen Ayutthaya-Zeit unter König Boroma Trailokanat (1448 – 1488) restauriert.

Erst Aussicht, dann Wasserfall

Menam Kok

Nach ca. 15 km auf der Nationalstraße 12 nach Osten sieht man auf einem Berg die Ruinen eines **Chedi**; die Aussicht von dort ist **grandios**. Hinter dem Ort **Wang Thong** hat die Forstbehörde bei den **Stromschnellen** des Menam Kok einen kleinen Park angelegt. Von den Wasserfällen ist besonders der **Kaeng So Pa** sehenswert.

Glück bei der Tierbeobachtung

Nationalpark Thung Saleng Luang

Der 1280 km² große Nationalpark Thung Saleng Luang liegt 65 km östlich von Phitsanulok. Die Nationalstraße 12 führt durch hügeliges Gelände zum weitgehend gerodeten **Bergmassiv**, das die Ebene des Menam Nan von der des Menam Pasak trennt. Mit viel Glück trifft man in dem bis 1500 m hoch gelegenen Nationalpark auch auf Elefanten, Büffel, Wildschweine, Hirsche. Im Gästehaus am Eingang zum Nationalpark und in Bungalows kann man übernachten. Nördlich der Nationalstraße gibt es ein **Entwicklungszentrum** für die Einwohner der umliegenden **Meo-Dörfer**.

PHRAE

Region: Nordthailand
Provinz: Phrae
Höhe: 163 m ü. d. M.
Einwohnerzahl: 25 000

Mit fast 900 Jahren Geschichte gehört Phrae zu den ältesten Städten Thailands. Im fruchtbaren Tal des Menam Yom gelegen, leben die Leute hauptsächlich von Zuckerrohr, Mais, Erdnüssen und Tabak, der in großen, aus Ziegeln gebauten Öfen getrocknet wird. Die wenig besuchte Stadt lohnt für einen Stopp, wenn man in Richtung ▶ Chiang Mai oder ▶ Nan unterwegs ist.

Die Mon gründeten Phrae im 11. Jahrhundert. Heute noch ist die **historische Form** der Stadt, ein Oval mit Erdwällen und einem Stadtgraben, gut zu erkennen. Damit ähnelt sie Lamphun und Lampang. Es war Teil des Haripunchai-Königreiches, unabhängiges Fürstentum, Teil des Lanna-Königreichs und schließlich des Königreichs von Sukhothai.

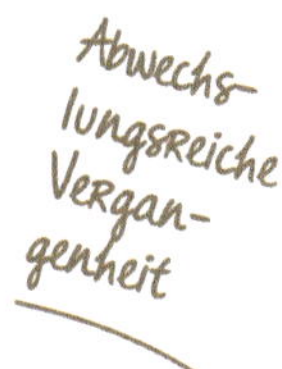

Wohin in Phrae?

Vollständig rekonstruiert

Stadtmauer

Innerhalb der rekonstruierten Stadtmauer liegen einige schön anzuschauende Tempel, etwa der junge **Wat Chom Sawan** oder **Wat Sa Bo Keo** im birmanischen Stil, während am **Wat Phra Bat Ming Muang Vora Vihara** eher laotische Elemente zu sehen sind. Im **Wat Luang** sind der schlanke Chedi, die Figur eines sitzenden Buddha und die Schnitzereien an den Balken des Viharn sehenswert.

Drei Heiligtümer

Wat Si Chum

Der Wat Si Chum umfasst drei Heiligtümer, einen Chedi aus dem 16. Jh. und eine hübsche Bibliothek. Das Heiligtum auf der linken Seite birgt eine Buddha-Statue im laotischen Stil, das mittlere eine weitere bemerkenswerte Buddha-Statue im Sukhothai-Stil.

Schöne Buddhas

Wat Phra Non

Besonders sehenswert ist Wat Phra Non im **Lanna-Stil**, der seinen Namen nach der Figur eines stehenden Buddha aus dem 18. Jh. erhielt. Die Statue findet man in einem Gebäude neben dem **Viharn**. Blickfang ist aber auch der goldene, 9 m lange, liegende Buddha.

PHRAE ERLEBEN

ANREISE

Auto
Von Bangkok über die Nationalstraßen 1, 32, 117 und 11 (560 km).

Bus
Mehrfach tgl. ab Chiang Mai und Phitsanulok mit Umsteigen (2 Std.).

Flug
Von Bangkok und Chiang Mai tgl. (1 Std. bzw. 30 Min.).

MAEYOM PALACE HOTEL €

Mittelklassehotel mit modernen und sauberen Zimmern. 104 Zi., 2 Restaurants, Swimmingpool.
181, Yantarakitkosol Road
Tel. 054 52 10 28
www.maeyompalace.com

Am Stadtrand

Wat Phra That Cho Mae

Auf einem Hügel 8 km südlich der Stadt liegt der in jüngerer Zeit erbaute Wat Phra That Cho Mae mit **eindrucksvollen Dekorationen**. Er wird von einem 34 m hohen, mit vergoldeten Kupferplatten verkleideten Chedi dominiert und ist **berühmt** wegen der Figur eines sitzenden Buddha, zu dem vor allem junge Frauen pilgern, die um reichen **Kindersegen** bitten.

Chedi in Pyramidenform

Ban Sung Noen

Beim Dorf Sung Noen, 10 km nördlich von Phrae, liegt der schöne **Wat Phra Luang**. Der alte Chedi aus dem 12. Jh. ähnelt den pyramidenförmigen Chedis von Lamphun. Die Nischen an allen vier Seiten sind mit Buddha-Figuren besetzt. Den Bibliotheksbau, zu dessen Eingängen überdachte Treppen hinaufführen, zieren schöne Skulpturen. Interessant ist auch der **achteckige Glockenturm**.

★★ PHUKET

Region: Südthailand
Provinz: Phuket
Höhe: 2 m ü. d. M.
Einwohnerzahl: 386 000 (Insel), 75 000 (Stadt)

Phuket hat einen Riesensprung in die internationale touristische Hautevolee gemacht. Die Region erfuhr nach dem Tsunami ein spürbares Upgrade. Deshalb nennt man Phuket heute in einem Atemzug mit Hawaii, den Seychellen, Bora Bora oder der Côte d'Azur. Nur hat Phuket die eindeutig besseren und trotzdem viel günstigeren Hotels ... Die größte Insel Thailands ist üppig mit Kokospalmen und Kautschukbäumen bewachsen und berühmt für seine langen, hellsandigen Strände an der glitzernden Andamanensee.

Böse Zungen behaupten, Phukets Geschichte fängt erst 1980 an, als **Patong Beach** zur Bebauung freigegeben wurde. Dabei muss man das Rad der Zeit bis ungefähr **1200** zurückdrehen. Da tauchte Phuket namentlich das erste Mal auf: Der Name stammt aus der **malaiischen Sprache** (Bhukit) und bedeutet soviel wie **hügelige Insel**. Stämme von **Seenomaden** waren vermutlich sogar schon längst vor den **Khmer** da, die von Norden einwanderten. Sie kamen über die Andamanensee aus Pagan im heutigen Myanmar. Erst König Ekatotsarot (1605 – 1610) erlaubte erstmals den Handel mit Fremden, wo-

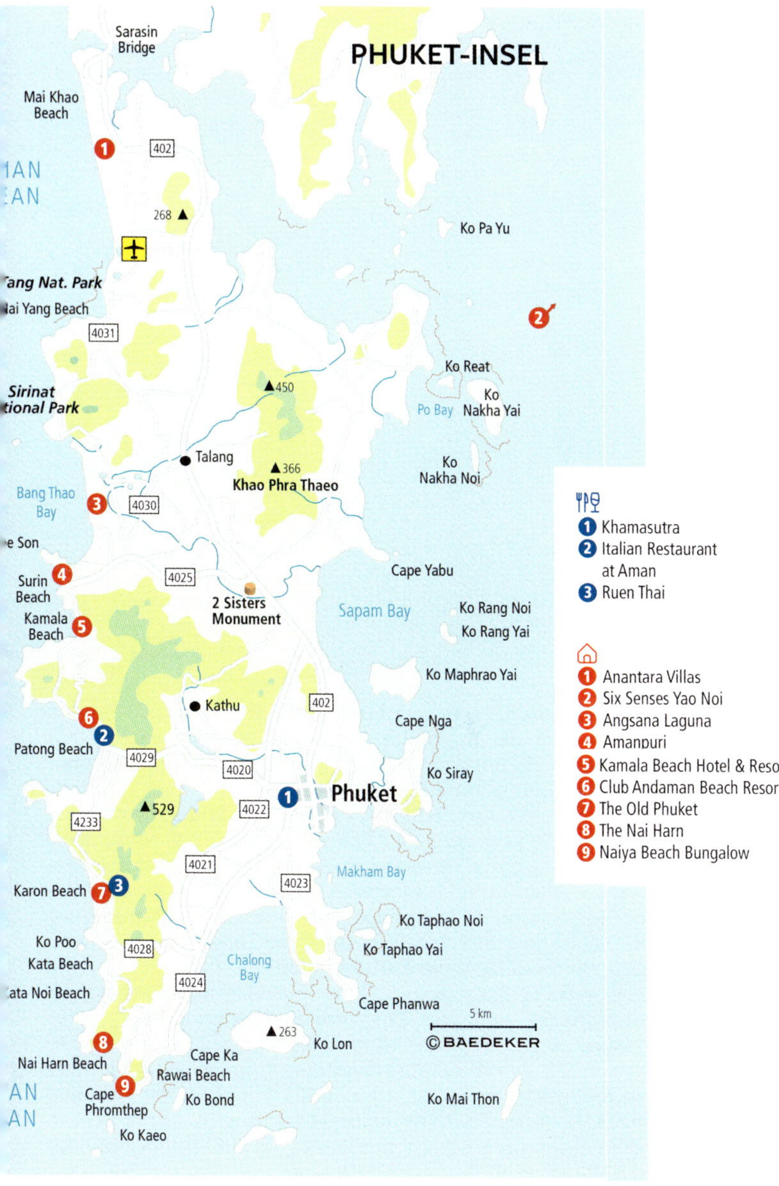
PHUKET-INSEL
Sarasin Bridge
Mai Khao Beach
402
268
4031
450
366
Talang
Khao Phra Thaeo
Bang Thao Bay
4030
Surin Beach
Kamala Beach
4025
2 Sisters Monument
Ko Pa Yu
Ko Reat
Po Bay
Ko Nakha Yai
Ko Nakha Noi
Cape Yabu
Sapam Bay
Ko Rang Noi
Ko Rang Yai
Ko Maphrao Yai
Kathu
402
Cape Nga
Patong Beach
4029
4020
Ko Siray
Phuket
529
4233
4022
4021
4023
Makham Bay
Karon Beach
Ko Taphao Noi
Ko Taphao Yai
Ko Poo
Kata Beach
4028
Chalong Bay
4024
Cape Phanwa
5 km
263
Ko Lon
© BAEDEKER
Nai Harn Beach
Cape Ka
Rawai Beach
Cape Phromthep
Ko Bond
Ko Mai Thon
Ko Kaeo
1 Khamasutra
2 Italian Restaurant at Aman
3 Ruen Thai
1 Anantara Villas
2 Six Senses Yao Noi
3 Angsana Laguna
4 Amanpuri
5 Kamala Beach Hotel & Resort
6 Club Andaman Beach Resort
7 The Old Phuket
8 The Nai Harn
9 Naiya Beach Bungalow

rauf **Franzosen, Portugiesen und Holländer** Niederlassungen aufbauten und die **Engländer** Zinnvorkommen entdeckten. 1785 belagerten die Birmanen erstmals Phuket; bei der dritten Belagerung, um 1800, wurde die Stadt **zerstört**.

Die Schwestern Chan und Muk führten eine **Widerstandsbewegung** an, die ihren Heimatort Thalang vor der Einnahme durch die Birmanen bewahrte: Sie spiegelten den Besatzern vor, dass es in Thalang vor Soldaten nur so wimmelte, indem sich alle Frauen als Männer verkleideten. Ein **Bronzedenkmal** zwischen dem Flughafen und der Stadt erinnert an die beiden Nationalheldinnen, das **Two Sisters bzw. Heroines Monument** an der Straße 402.

Anfang des 19. Jh.s strömten zahlreiche **chinesische Einwanderer** nach Phuket, um in den Zinnminen zu arbeiten, die erst in den 1980er-Jahren geschlossen wurden. Sie mischten sich mit der einheimischen Bevölkerung, so dass ihre Anwesenheit auch heute noch deutlich sichtbar ist: Etwa 50 000 Einwohner der Insel sind echte Chinesen. Nachdem schon König Rama V. Phuket seinem Reich einverleibte, schloss sich Phuket 1933 offiziell dem **Königreich Siam** an.

Ein Millionengeschäft

Das Ende des 20. Jh.s und das 21. Jh. stehen ganz im Zeichen des Tourismus. Die Insel mit ihren Traumstränden entwickelte sich nach und nach zu einem Tummelplatz des **Massentourismus**. 7 Mio. Besucher kommen heute jährlich nach Phuket, und trotzdem ist die Insel ein luxuriöses Ferieneldorado: Das **Nachtleben** von Patong Beach sucht im Süden Thailands seinesgleichen. Die Hotels haben Top-Niveau. Die Restaurants bieten eine unglaubliche Auswahl. Der Flughafen gilt als **Drehkreuz des Südens** und ist mit 13 Mio. Passagieren jährlich der drittgrößte internationale Flughafen Thailands, nach den beiden Airports in Bangkok. Die Preise stiegen für die einheimische Bevölkerung schier ins Unermessliche, während **Investoren** aus Bangkok und dem Ausland von dem Boom stark profitierten und Millionengeschäfte abwickelten, hauptsächlich für neue Hotels und Resorts, die zu den besten weltweit gehören. Allenfalls Bali kann in der Dichte von absoluten **Weltklasse-Resorts** mit Phuket mithalten.

Tourismus

Wie in alten Zeiten

Arm war Phuket nie. **Perlenzucht** und **Fischerei, Kopra** und **Zinn** gaben stets eine verlässliche wirtschaftliche Basis ab. Und im Hinterland scheint die Zeit sogar stehen geblieben zu sein. **Gummibäume** stehen in Plantagen in Reih und Glied. Der weiße, klebrige Saft rinnt bis heute zäh in am Baum befestigte Kokosnussschalen, ehe er mit Säure verhärtet und mit z. T. **altmodischen Mangeln** auf Badehandtuchgröße und -dicke gepresst sowie hernach zum Trocknen aufgehängt wird. Ein Baum gibt 25 Jahre lang Saft, ehe ihn Waldarbeiter abholzen und Schreiner zu Möbeln verarbeiten. Naturkautschuk ist **selten** geworden in der Welt.

Kautschuk

Schreckliches Unglück

Nicht nur Khao Lak, auch Phuket war stark betroffen vom Tsunami, der am 26. Dezember 2004 eine **Spur der Verwüstung** hinterließ. Wenngleich zu beobachten war, dass einige Strände und an ihnen liegende Hotels und Dörfer total zerstört wurden, andere hingegen nur in sehr geringem Maße Schaden davontrugen. Wissenschaftler führten dies u. a. darauf zurück, dass Strände mit davor liegenden **intakten Korallenriffen** besser geschützt waren. Offiziellen Angaben zufolge kamen auf Phuket mindestens 750 ausländische Touristen ums Leben. Der **Wiederaufbau** ließ nicht lange auf sich warten, und schon wenige Monate nach der größten Naturkatastrophe der neueren Geschichte hatten so gut wie alle Hotels, Restaurants und Geschäfte wieder geöffnet.

Tsunami

Muslimisch geprägt

In Town, wie die Inselhauptstadt, kurz genannt wird, bleibt in der Regel **kein Feriengast** über Nacht. Dort kommt man an und fliegt wie-

Phuket Town

der weg. Shopping? Geht besser an den Stränden! Geschichte und Religion? Buddha-Statuen und Tempel gibt's landesweit viel schönere und bedeutendere, abgesehen vielleicht von Wat Phra Thong. Kein Wunder: Phuket Town und die ganze Insel ist zu rund einem Drittel von Muslimen bevölkert. Bleibt noch die alte **Gouverneursresidenz** aus den 1920er-Jahren, heute Sitz der Provinzverwaltung: Das Kolonialstilgebäude diente im US-amerikanischen Vietnam-Kriegsfilm **»Killing Fields«** als Palast des kambodschanischen Gouverneurs. Und wer Ende September/Anfang Oktober in Town ist, sollte das zehn Tage dauernde **Vegetarier-Fest** nicht verpassen: In Trance versetzt, laufen Menschen **barfuß über glühende Holzkohlen**, ohne sich dabei zu verletzen (▶ Feiern, S. 461).

Göttin der Gnade

Chinesischer Einfluss

Der Einfluss chinesischer Einwanderer zeigt sich an den zweistöckigen, Ziegel gedeckten und mit Holzschnitzereien **verzierten Häusern**. Der älteste und schönste **Chinesentempel** auf Phuket, der Put Yaw in der Ranong Road, dokumentiert das Standing der chinesischstämmigen Bevölkerung ebenfalls. Der Haupttempel ist Kuan Yin, der Göttin der Gnade, geweiht. Auch **Wat Phra Thong** unweit des Stadtzentrums von **Thalang** ist ein von chinesischen Buddhisten hoch verehrter Tempel. Er zeigt eine besondere Darstellung des Erleuchteten: Die Buddha-Statue ist nur von den Schultern aufwärts zu sehen, der untere Teil ist **eingegraben**. Einer Legende zufolge erkrankten oder starben gar all diejenigen, die versucht haben sollen, die Statue auszugraben. Beachtung verdienen im Tempel auch die anderen Buddha-Figuren, darunter eine **sehr seltene Darstellung** eines Buddha, der seinen Kopf berührt.

Die Strände

Fast 30 Beaches

Im Falle von Phuket lässt man das thailändische Wörtchen Ko für Insel meistens weg. Mit einer Fläche von weit mehr als 570 km² ist Phuket **Thailands größtes Eiland**, obgleich kein rechtes Inselgefühl aufkommen möchte. Erstens wurde 1967 die **Sarasin-Brücke** fertig gestellt und zweitens erzeugen die wenigen Meter Meer zwischen Festland und Phuket einfach keine fühlbare Insel-Distanz. Den **Weltruhm** verdankt Phuket seinen feinen, flach abfallenden Sandstränden an der **Westküste**. Rhythmisch plätschert in verführerischem Grünblau die Andamanische See. Sanft wiegen sich die Palmen im warmen Wind. Und breit ist das Angebot an Wassersport. Dort trifft sich die Welt zum Relaxen, dort tobt das Nachtleben und mancherorts auch die Prostitution, als sei Mann in Pattaya. Jeder findet auf Phuket sein Plätzchen. Die Insel ist ein Ferienplatz für Singles und Familien, fürs Jungvolk und die goldene Generation,

Phuket hat zwei Gesichter: das Strandleben – wie hier am Phan Sea Beach – und das Nachtleben z. B. in Patong Beach.

für Faulenzer und Golfer, für normale Bürger und so manchen verwöhnten VIP. Sogar Strandromantiker kommen an unbebauten Buchten auf ihre Kosten, ohne zur touristisch verwaisten **Ostküste** fahren zu müssen, wo das Meer verschlickt und das Wasser deshalb trübe ist.

Das Militär macht mobil

Keine Sonnenschirme

Alle dachten anfangs, das sei nur ein dummer Scherz, als die thailändische Militärregierung 2016 ankündigte, die Strände von Phuket von Liegestühlen, Sonnenschirmen und illegal aufgebauten Strandbuden sowie Street-Food-Restaurants zu befreien. Doch als am kleinen Laem Sing Beach mit den ersten Abrissarbeiten begonnen wurde, wussten alle: Jetzt wird's ernst. »Wir wollen unseren thailändischen Stränden die **natürliche Schönheit** zurückgeben«, sagte Narong Pipattanasai, stellvertretender Generalsekretär des Nationalen Rats für Frieden und Ordnung (NCPO) der Militärregierung. »Denn alle Strände in Thailand sind **öffentlich** und sollen für jedermann zugänglich sein.« Tatsächlich sehen inzwischen alle Strände wieder fast so aus, wie Mutter Erde sie einst schuf, denn jetzt darf man nur noch sein Handtuch mit an den Beach mitnehmen, Liegestühle und Sonnenschirme sind tabu. Vereinzelt geben Resorts den Gästen allerdings Liegematten und mobile kleine Sonnenschirme mit an den Strand. In Sachen **Wasserqualität** will man mit Hilfe eines groß angelegten Programms zur **Abwasserentsorgung** zumindest den Status quo erhalten.

Besonders in der **Monsunzeit** (Mai – Okt.) entwickeln sich an den Stränden Phukets starke **Unterwasserströmungen**, Baden ist dann u. U. lebensgefährlich. Also nie bei roter Flagge am Strand zum Schwimmen gehen! Und nun die wichtigsten Strände der Westküste **von Nord nach Süd**:

Schlicht unberührt

Mai Khao Beach

Am **nördlichsten Teil** der Insel gibt's kaum Resorts und entsprechend kaum Leute am Strand. Mai Khao ist mit gut 10 km der **längste Strand** Phukets. Das Wasser wird schnell tief, der Sand ist gelblich und grobkörnig. Trotzdem ein **Traumstrand** und das wird wohl wegen dem **Sirinat-Nationalpark** auch die nächsten Jahre so bleiben. Die Auflagen sehen keine Bebauung, kein Jet-Ski und keine Strand-Infrastruktur vor. Mai Khao ist zudem der einzige Strand auf Phuket, an dem **Meeresschildkröten** ihre Eier ablegen.

Schmal und schön

Nai Yang Beach

Pinienwald umgibt diesen eher schmalen und ebenfalls gelblichen und grobkörnigen Sandstrand in Flughafennähe. Es gibt einige günstige Unterkünfte und kleine Lokale entlang der Zufahrtswege zum Beach, der selbst komplett unverbaut und sehr **sauber** ist sowie ein

PHUKET ERLEBEN

TOURISM AUTHORITY OF THAILAND (TAT)

191, Thalang Road, Phuket Town | Tel. 076 21 22 13 | www.tourismthailand.org/phuket

ANREISE

Auto

Von Bangkok über die Nationalstraße 4 sowie über die 402 und die Sarasin-Brücke auf die Insel (825 km). Ab Suratthani nimmt man die 401, die 4 und die 402 (240 km).

Bus

Von Bangkoks Southern Bus Terminal und Suratthani mehrfach tgl. Empfehlenswert sind ab Bangkok Nachtbusse mit Sleeper-Sitzen (13 Std.).

Flug

Phuket besitzt den drittgrößten internationalen Flughafen Thailands und wird mehrfach tgl. im Linien- und Charterverkehr angeflogen. Von Bangkok aus beträgt die Flugzeit knapp 1 Std.

1 ANANTARA VILLAS €€€€

Wunderbar gelegene Designer-Villen im Thai-Stil, alle mit privaten Pools und trotzdem noch bezahlbar. Sowohl vom Schlafzimmer als auch vom Bad aus kann man direkt in seinen Pool springen. Es gilt: Das Luxus-Resort ist das Ziel und ungestörte Entspannung die Maxime. Und wem es langweilig wird, der nimmt mal 1 Std. Muay Thai. 91 Zi., 5 Restaurants, Swimmingpool, Spa, 2 Tennisplätze.

Mai Khao Beach | Tel. 067 63 36 10
www.anantara.com

4 AMANPURI €€€€

Weltklasse-Resort und erstes Aman überhaupt. Seitdem die Messlatte für alle Luxus-Resorts weltweit. 30 fantastische Villen, die ihresgleichen suchen und alle über einen privaten Pool verfügen, und 40 Luxus-Pavillons. Perfekter Service, traumhafte Lage am Hang mit allerdings sehr vielen Treppen. Der super-elegante Haupt-Pool ist dunkel gekachelt: very stylish! Und am Strand richten die Beachboys Ihren Sonnenschirm immer nach dem Sonnenstand aus – unaufgefordert ... 70 Zi., 2 Restaurants, Swimmingpool, Spa.

Pansea Beach | Tel. 076 32 43 33
www.amanresorts.com

2 SIX SENSES YAO NOI €€€€

Ko Yao Noi liegt vor der Ostküste von Phuket. Der Blick auf die Bucht von Phangnga ist absolut überwältigend! Das Villa-Only-Luxus-Resort ist komplett aus natürlichem Material erbaut und jede Villa hat ihren eigenen Pool. Barhocker sind Baumstümpfe, die Türen aus Bambus, die Dächer palmstrohbedeckt. Offene Wohnzimmer mit Sala, offenes Bad, Bett mit Moskitonetz: Besonders deutsche Gäste buchen diese Oase, Amerikaner meiden sie, sonst müssten sie ja möglicherweise ihren ganzen Urlaub im Schlafzimmer verbringen, den einzigen Raum, den man klimatisieren kann ... 56 Zi., 4 Restaurants, Swimming Pool, Spa.

Auf Ko Yao Noi | Tel. 076 76 41 85 00 | www.sixsenses.com

3 ANGSANA LAGUNA €€€

5-Sterne-Hotel mit entsprechendem Komfort und schick eingerichteten, großen Zimmern an der künstlichen Lagune am Bang Tao Beach. Der Pool breitet sich über 323 m und das gan-

ze Resort aus. 406 Zi., 3 Restaurants, Swimmingpool, Spa, Golfplatz.
Bang Thao Beach | Tel. 076 32 41 01 | www.angsana.com

7 THE OLD PHUKET €€€

Sehr modernes Mittelklassehotel mit großen und zweckmäßig minimalistisch eingerichteten Zimmern, die sich um den großen Pool gruppieren. 83 Zi., Restaurant, Swimmingpool.
Karon Beach | Tel. 076 39 63 53
www.theoldphuket.com

8 THE NAI HARN €€€

Eine Ikone meldet sich zurück! Der altehrwürdige Royal Phuket Yacht Club hat unter neuem Namen wiedereröffnet: The Nai Harn, mit spektakulärem Blick über die Bucht und direktem Zugang zum Strand. Das 5-Sterne-Haus bietet zeitgenössisches Design und warme, frische Farben, verbunden mit asiatischen Akzenten. Alle großzügig geschnittenen Zimmer haben Terrassen, Daybeds und einen fantastischen Meerblick. Toller Lounge-Bereich auf dem Dach. 130 Zi., 2 Restaurants, Swimmingpool, Spa, Tennisplatz.
Nai Harn Beach | Tel. 090 2 16 26 20 | www.thenaiharn.com

5 KAMALA BEACH RESORT €€

Modernes Haus mit, für ein Mittelklassehotel, sehr komfortabel ausgestatteten Zimmer. Nur für Erwachsene; die Pools sind also auch kinderfrei. 353 Zi., 2 Restaurants, 4 Swimmingpools, Spa.
Kamala Beach | Tel. 076 20 18 00 |www.kamalabeach.com

6 CLUB ANDAMAN BEACH €€

Am nördlichen Ende von Patong ein recht ruhiges Mittelklassehotel in einem schönen tropischen Garten. Es lohnt sich, ein paar Baht mehr auszugeben und statt ein Zimmer im Haupthaus ein geschmackvoll eingerichtetes Andaman Cottage zu beziehen. 270 Zi., 3 Restaurants, 2 Pools, Spa.
Patong Beach | Tel. 076 34 05 30
www.clubandaman.com

9 NAIYA BEACH BUNGALOW €

Eine Anlage wie früher: nette, saubere Bungalows mit viel Rattan und mit Bastmatten verkleidete Wände, keine Klimaanlage, aber dafür einen Ventilator. Schöne Hanglage gen Süden, schöne Terrassen und ein entsprechend zauberhafter Blick für sehr wenig Geld. 20 Zi., Restaurant, Motorradverleih.
Nai Harn Beach
Tel. 091 0 43 98 93
www.naiyabeachbungalow.com

2 ITALIAN RESTAURANT AT AMAN €€€

Neben italienischen Spezialitäten gibt es fangfrischen Fisch und Krustentiere auf höchstem Niveau zubereitet. Man sitzt am schwarzen Pool, Kerzen brennen, Frösche quaken und der Himmel zeigt seine Milliarden Sterne ...
Pansea Beach | Tel. 076 32 43 33
Tgl. 11.30 – 15 und 18 – 23 Uhr

3 RUEN THAI €€

Liegt im Laguna-Komplex direkt an der Lagune und bietet vorzügliche Thai-Küche, am Abend einhergehend mit klassischer Thai-Musik. Es steht aber auch das vorzügliche BBQ-Buffet-Dinner als Alternative zur Wahl.
Bang Tao Beach
Tel. 067 6 36 29 99
Tgl. 11.30 – 15 und 18 – 24 Uhr

1 KHAMASUTRA €€

Sehr gutes indisches Restaurant in schön gestalteten Räumlichkeiten.
18, Takua Pa Road, Phuket Town
Tel. 076 25 61 92 | Tgl. 17 – 22 Uhr

Entlang der Zufahrtsstraßen zu den Stränden gibt es Dutzende von Loka-

Der Royal Phuket Yacht Club ist als The Nai Harn auferstanden.

len mit einem vielfältigen Speisenangebot von der thailändischen bis zur klassischen internationalen Küche und natürlich Seafood sowie frischen Fisch, den man sich meist direkt aus dem Becken oder vom Eisbett auswählen kann.

Wo es Touristen gibt, sind thailändische Geschäftsleute nicht weit. Zentrum für Shopper ist die Patong Road mit dem vielfältigsten Warenangebot. Zahlreiche Geschäfte und Stände – vom Maßschneider bis zum T-Shirt-Händler – finden sich aber auch an den anderen großen Stränden.

PHUKET NIGHTMARKET

Sa./So. von 16 – 21 Uhr in der Tai Rot Road in Town mit viel Auswahl, vielen Essensständen und viel Spaß.

JUNGCEYLON SHOPPING COMPLEX

Tgl. 11 – 22 Uhr am Patong Beach; Einkaufszentrum mit einer Filiale des Warenhauses »Robinson«.

---

vorgelagertes **Riff zum Schnorcheln** bietet. Im Hinterland liegen zudem zwei **Golfplätze**.

Cool und luxuriös

Bang Tao Beach

Vom Norden kommend, ist Bang Tao der erste **touristisch voll erschlossene** Strand und ein Luxus-Beach mit mehreren **Weltklasse-Resorts**. Der Sand ist fein und hell, das Wasser schimmert türkisblau und hinterm Strandsaum locken coole **Beach-Clubs** sowie viele Bäume und Palmen. Am mit 5 km zweitlängsten Strand Phukets bieten **Wassersport-Center** so gut wie alles an, was man mit, unter oder auf dem Wasser alles machen kann. Und man kann auch gleich eine Runde **Golf** spielen.

Hier will man bleiben – dabei ist Kata Beach nur einer der zahllosen Traumstrände.

Achtung vor Strömungen!

Surin Beach

Der Strand ist **relativ klein**, knapp 1 km lang, vergleichsweise schmal und hat ein gutes Wassersportangebot. Im gelblich-feinen Sand relaxen viele **Familien**, obwohl Surin bekannt für seine starken Strömungen ist. Die vielen **Palmen** locken aber auch Leute an, die wegen des Nachtlebens eigentlich in Patpong wohnen, tagsüber aber den schöneren Strand haben wollen ... Und umgekehrt: Das nördliche Ende der Surin-Bucht heißt **Pansea Beach** und ist der Strand des Amanpuri, dem besten Resort der Insel, in dem halb Hollywood und der Jetset absteigen.

Klein, aber oho

Laem Sing Beach

Keine **200 m** lang, leicht geschwungen und nur so bebaut, dass es kaum auffällt: Laem Sing ist klein aber oho, mit feinem hellen Sand, sauberem Meer und sehr schönen **Palmen**. Er liegt etwas **versteckt** zwischen Surin und Kamala Beach und ist nur über einen Trampelpfad mit Stufen nach unten oder mit dem Boot zu erreichen.

Keine Feiern

Kamala Beach

Die Bucht bietet klares Wasser, feinen gelblichen Sand und trotz einiger Hotels und Wassersport-Center geht es **sehr ruhig** zu. Bei **Flut** ist der Strand relativ schmal. Auch wenn Patong nur über dem Hügel liegt: große Feiern oder grelles Nightlife gibt's dort nicht; abgesehen von »**Phuket Fantasea**« im Hinterland, eine Bühnenshow im Las-Vegas-Stil (www.phuket-fantasea.com).

Die Party-Box

Patpong Beach

Der bekannteste und belebteste Strand der Insel heißt Patong. Patong ist **voll, laut**, nicht gerade sauber, **teuer** und nicht einmal richtig schön. Diesen Strand sollte man den **alleinreisenden Männern** überlassen, die sich jeden Abend ein **Thai-Mädchen** von den unzähligen Bars holen. Patong ist wie Pattaya und kein Ruhmesblatt für Phuket.

Schon auch trubelig

Karon Beach

Der Strand ist breit und 3 km lang, bedeckt mit feinem gelblichen Sand und von der Strandstraße durch **Dünen** getrennt. Palmen gibt es nur wenige, und das Meer ist selten ruhig. Wassersport wird trotzdem angeboten. Die **Strömungen** sollte man deshalb jederzeit im Auge behalten. Während der **Monsunzeit** ist Karon sogar häufig gesperrt. Abends ist es durchaus trubelig, auch dort gibt es **Mädchen-Bars**, aber alles in allem ist es noch lange nicht so wie in Patpong.

Drei Buchten im Blick

Kata Beach

Es gibt Kata Yai und Kata Noi, also den **großen und kleinen Kata-Strand**. Zusammen ist die **sichelförmige Bucht** an die 2 km lang und gehört zu den beliebtesten Beaches der Insel: mit **Kokospalmen**, hellem und weichem Korallensand, sauberem Wasser, gutem Sportangebot und am nördlichen Ende lockt ein **Korallenriff**. Mit Ko Poo gibt es sogar noch ein vorgelagertes Inselchen. Ein Platz für alle Urlauber, auch für Familien mit Kindern. Schön ist der **Kata View-point** auf drei Buchten.

Tolle Wellen

Nai Harn Beach

Der **Wind** bläst immer im Süden, die **Wellen** sind auch an ruhigen Tagen fast 1 m hoch und die 1,5 km lange Bucht gehört zu den **schönsten Stränden** Phukets: unbebaut, mit hellem, etwas gröberem Sand und schönen Kokospalmen sowie **Cape Phromthep** vor Augen, den südlichsten Zipfel der Insel. Im Dezember findet dort die berühmte **King's Cup Segelregatta** statt.

Rawai Beach und ein kuriose Palme

An der Ostküste

Der Strand von Rawai ist zwar hübsch mit **Kasuarinen** gesäumt, aber zum Baden nicht geeignet, wie alle Beaches an der Ostküste, die **verschlickt** und in Händen der **Fischer** mit ihren Longtail-Booten sind.

Das Dorf Rawai wird von Sea Gypsies bewohnt, die zu den **Moken** gehören, einem Volksstamm, dessen Wurzeln auf den Andamanen-Inseln und auf den Nikobaren zu suchen sind. Es gibt Moken, die ausschließlich auf dem Meer leben, andere führen an Land ein **halbnomadisches Leben**. Sie glauben an **Geister** und haben sich ihre eigenen Sitten bewahrt. Bis heute sind die Versuche der thailändischen Regierung, sie zu integrieren, fehlgeschlagen. Die Männer des Dorfs arbeiten zumeist als Fischer oder Bootsführer. Ban Rawai wurde durch den **Tsunami** schwer geschädigt.

Nördlich der Bucht ist eine **botanische Rarität** zu sehen: eine vierfach verzweigte Kokospalme. Der Baum ist mehr als 90 Jahre alt. Nach den ersten 20 Jahren hat sich der **Stamm zweigeteilt**, und nach weiteren 20 Jahren bildeten sich aus beiden Stämmen wiederum zwei Äste.

Fische und Affen

Makham Bay

An der Makham Bay ist das **Meeresbiologische Institut** interessant: Es gibt einen **Glastunnel**, der mitten durch ein großes Aquarium führt. Am Wochenende kann man darin Taucher bei der **Fischfütterung** beobachten (www.phuketaquarium.org).

Im Norden, im Hinterland der Bangrong Bay, lohnt zudem das **Rehabilitationszentrum** für Gibbon-Affen einen Besuch. Es nimmt Gibbons auf, die z. T. jahrelang in **Gefangenschaft** gehalten und z. B. zum Pflücken von Kokosnüssen oder als Touristenattraktion benutzt wurden. Sobald die stets monogam lebenden Gibbons einen Partner gefunden haben, werden sie von den ehrenamtlich tätigen Mitarbeitern des Projekts **ausgewildert** (www.gibbonproject.org).

Leinen los!

Insel-Hopping

Von der **Po Bay** gibt es regelmäßig Ausflugsboote in die **fantastische Inselwelt** rund um Phuket: nach Ko Yao Noi, Ko Yao Yai und Ko Hong. An den Stränden der Ostküste kann man aber auch Longtail-Boote für private Touren mieten, etwa nach Ko Maphrao, Ko Nakha Yai und Ko Nakha Noi, letztere mit Perlenzucht. Ko Bon, Ko Kaeo, Ko Raja Noi und Ko Raja Yai liegen vor der Südspitze und werden von Rawai angesteuert.

PRACHUAP KHIRI KHAN

Region: Westthailand
Provinz: Prachuap Khiri Khan
Höhe: 3 m ü. d. M.
Einwohnerzahl: 20 000

Seelenruhig pinkelt einer der Makaken auf eine Treppenmauer. Kaum fertig, streckt er die Hand aus, denn diese Touristen haben doch immer irgendwas Essbares dabei ... Am Spiegelberg, dem über der Stadt wachenden Khao Chong Krachok, passiert so was täglich. Prachuap Khiri Khan ist ein vom großen Strom der Urlauber verschontes, nettes Städtchen, das umgeben ist von schönen Stränden, Felsklippen und Bergen. Und südlich der Stadt liegt mit 13 km Breite die schmalste Stelle Thailands.

Auf dem Affenberg

Das verschlafene Fischerdorf Prachuap Khiri Khan rückte Ende **1941** für einige Tage in den Mittelpunkt des **Kriegsgeschehens** in Asien. Einen Tag nach dem japanischen Überfall auf den amerikanischen Flottenstützpunkt **Pearl Harbor** auf Hawaii landeten in den frühen Morgenstunden des 8. Dezember 1941 japanische Soldaten und besetzten die Polizeistation und den Bahnhof. Den thailändischen Truppen gelang es zunächst nicht, die Invasoren zurückzudrängen, die Zivilbevölkerung floh in die umliegenden Berge. Obwohl die Militärs in Bangkok befahlen, die Waffen niederzulegen und sich zu ergeben, nahmen thailändische Soldaten unter Leutnant Pravas Xumsai das Gefecht auf. In einem 32 Stunden dauernden Kampf gelang es ihnen, die Japaner zu besiegen, 442 Opfer waren zu beklagen (darunter 400 Japaner). Dazu wird alljährlich am 8. Dezember eine Licht-und-Ton-Schau veranstaltet. In der Bucht Manao, wo die Japaner landeten, gibt es auch einen Memorial Park.

Wohin in Prachuap Khiri Khan und Umgebung?

Ein Platz für Frühaufsteher

Die Stadt

Abgesehen vom **Fischerhafen** in den frühen Morgenstunden und einem Besuch des **Marktes** im Zentrum bietet das Städtchen nichts Sehenswertes. Umso interessanter wird es in der Umgebung.

Spielplatz der Affen

Khao Chong Krachok

Der die Stadt überragende Berg Chong Krachok wird von einem natürlichen **Torbogen aus Fels** durchbrochen, durch den man den Himmel

BAEDEKER ÜBERRASCHENDES

6X TYPISCH

Dafür fährt man nach Thailand.

1. AM ERAWAN-SCHREIN

Er ist klein, aber hochverehrt. Er liegt nicht schön und ist dennoch eine Oase in **Bangkok**. Er war Opfer eines Bombenattentats, aber die Thai beten, bitten und opfern, als sei nichts gewesen. (▶ **S. 89**)

2. AFFENPOLIZEI

398 Stufen sind nicht wenig. Atemraubender sind allerding die rund 300 Affen, die einfach alles klauen und auch beißen können. Aber am Fuß des **Chong Krachok** bieten sich Jungs an, um die Affen gegen ein paar Baht im Zaum zu halten. (▶ **S. 307**)

3. SAME SAME, BUT DIFFERENT

Es ist dasselbe, aber anders ... Auf jedem **Markt** wird man diese entwaffnende Floskel von den Verkäufern hören, die einem partout etwas verkaufen wollen, die jedoch nicht genau das haben, was der Kunde möchte. (▶ **S. 462**)

4. ELEFANTEN-IDEE

Hotel-Transfers sind normalerweise langweilig. Nicht so im **Anantara Golden Triangle Elephant** Camp, Resort & Spa: Dort besteigt man einen Elefanten, der einen durch die üppige Dschungel-Landschaft bis in die Hotel-Lobby bringt. (▶ **S. 139**)

5. IM SCHUTZ DES PHALLUS

Jeder Geist in Thailand hat ein Haus oder Geisterhäuschen, auch **Bangkoks Schutzgeist**. Es heißt Lak Muang und liegt am großen Platz Sanam Luang. Zu allen Tageszeiten drängen sich Buddhisten um den Lingam, das Symbol des Geistes in Form eines erigierten Penis. (▶ **S. 84**)

6. SANUK HEISST SPASS

Ein Tag ohne Sanuk ist ein verlorener Tag, sagen die Thai. Weil Spaß zum Leben gehört, von früh bis spät. Ist das Gebet verrichtet, darf auch wieder gelacht werden. (▶ **S. 458**)

PRACHUAP KHIRI KHAN ERLEBEN

ANREISE

Auto
Von Bangkok über die Nationalstraße 4 (280 km).

Bus
Von Bangkoks Southern Bus Terminal tgl. mehrfach (4 Std.).

Bahn
Tgl. mehrfach von Bangkok-Hua Lumphong (5,5 Std.).

PRACHUAP KHIRI KHAN GUESTHOUSE €

Man wohnt im Haus des deutschen Besitzers, der von Beruf Koch ist. Die Gästezimmer sind einfach, sauber und haben Klimaanlage. Zum Meer sind es 700 m. Und abends kocht Lothar Schweinebraten, Haxe, Schnitzel, Kartoffelsalat, Spätzle ... 3 Zi., Restaurant.
2, Sa Nam Pueng Road | Tel. 087 0 14 46 84 | www.urlaub-erleben lothar.blogspot.de

auf der anderen Seite des Berges sieht: daher der Name **Spiegelberg**. Der Berg wird von **Scharen wilder Affen** bevölkert. Und der Weg über die 398 Stufen ist nicht ohne, denn die rund 300 Affen sind durchaus angriffslustig und klauen alles, was sie kriegen können: ob Haarspangen von Frauenköpfen oder Wasserflaschen aus Männerhosentaschen. Am Fuß des Berges bieten sich Jungs an, um die Affen gegen ein paar Baht im Zaum zu halten. Vom Gipfel hat man dann einen herrlichen Blick über die Stadt und die Küstenregion.

Die Inseln

Nahe dem Kap Prachuap ragen die Kalkstöcke dreier Inseln mit **unberührten Sandstränden** empor, die man vom Hafen aus mit dem Boot erreichen kann. Ebenfalls per Boot lässt sich der **Höhlentempel Tham Khao Kham Kradai** erreichen, der in einem Felsvorsprung im Norden der Bucht liegt und besonders verehrt wird.

120 m in die Tiefe

Nam Tok Huai Yang

Im **Dschungel** nahe der Grenze zu Myanmar, 35 km südlich der Stadt, stürzen die Kaskaden des Huai-Yang-Wasserfalls 120 m in die Tiefe und bieten v. a. am Ende der Regenzeit ein eindrucksvolles Bild. Am Wochenende ist es tagsüber hier oft voll mit Besuchern. Nachts sind dagegen eher die vielen Schmuggelwege im Grenzgebiet frequentiert: Denn nicht allzuweit in der Nähe ist die schmalste Stelle Thailands.

6 km Strand

Bang Saphan

Noch weiter südlich, rund 130 km von Prachuap Khiri Khan entfernt, liegt bei Bang Saphan ein 6 km langer, sanft gebogener Sandstrand. In der Nähe sieht man auch die verschwiegene Insel **Thalu**, die man am besten mit einem gemieteten Fischerboot erreicht; ein gutes **Schnorchel- und Tauchrevier**.

★ RATCHABURI

Region: Westthailand
Provinz: Ratchaburi
Höhe: 5 m ü. d. M.
Einwohnerzahl: 82 000

Pittoresk tragen die Verkäuferinnen hohe Strohhütte und manche spannen genauso malerisch ein farblich passendes Sonnenschirmchen im Kanu auf. Wer keine Souvenirs, Kitsch und Kunsthandwerk verkauft, hält es mit dem traditionellen Warenangebot: Obst und Gemüse. Und es gibt, wie an Land auch, mobile Grill-, Koch- und Suppenstationen. Keine Frage: Der Schwimmende Markt von Damnoen Saduak ist immer noch die große Attraktion von Ratchaburi.

Während des Dvaravati-Reichs, in der Lopburi-Epoche, aber auch im Sukhothai- und Ayutthaya-Reich war Ratchaburi eine bedeutende **Handelsstadt**. Diese Funktion hat sie bis heute behalten. Seit 1768, als **König Taksin** die birmanischen Besetzer vertrieb, gehört sie zum **Königreich Siam**.

Das Meer ist weg

Lag die Stadt einst unmittelbar am **Golf von Thailand**, ist das Meer nun 30 km entfernt. Im Lauf der Jahrhunderte schwemmte der Mae Klong einfach zu viel Schlamm an.

Älteste Malereien

Wat Si Ratana Mahathat

Sein Aussehen erhielt der Wat im Wesentlichen während der **Lopburi-Zeit**. Ältere Teile stammen aus dem 9./10. Jh., während der Ayutthaya-Zeit kamen **Stuckverzierungen** und **Wandmalereien** hinzu. Schöne Stuckornamente besitzt der große Prang, dem zwei kleinere Prangs beigegeben sind. Die Wandmalereien von 1500 im Innern des zentralen Prang bedeuten einen **Höhepunkt der Thai-Kunst** und gehören zu den ältesten erhaltenen Malereien überhaupt. Sie zeigen Buddha-Darstellungen auf gelblichem Hintergrund in übereinander angeordneten Friesen. Auffallend sind die **fließende Linienführung** und eine gewisse Natürlichkeit der Bewegung. Der Bot beherbergt mehrere sehr schöne Buddha-Statuen im Dvaravati-Stil.

RATCHABURI ERLEBEN

ANREISE

Auto: Von Bangkok über die Nationalstraße 4 (124 km).

Bus: Von Bangkoks Southern Bus Terminal tgl. mehrmals (2,5 Std.). Viele Reisebüros bieten in Bangkok komplett arrangierte Touren an.

Bahn: Ab Bangkok-Hua Lumphong tgl. mehrmals (2,5 Std.).

NOKNOI HOTEL €

Das einzige Hotel in unmittelbarer Nähe des Damnoen Saduak Floating Market, was extrem frühes Aufstehen erspart. Spartanische Einrichtung, aber immerhin wahlweise mit Ventilator oder Klimaanlage. 10 Zi.
1, Amphur Road
Tel. 032 25 43 82
www.noknoihotel.com

Die wenigen Lokale in Damnoen Saduak sind sämtlich Abfüllbuden für organisierte Ausflugsgruppen. Auf individuelle Gäste ist man dort gar nicht vorbereitet. Wer Hunger hat, sollte sich deshalb auf den Märkten mit allerlei Reisgerichten, Grillgut, Suppen oder Snacks verpflegen. Im Zentrum des Floating Market kann es allerdings ganz schön wackelig werden ... Für abends ist der Amphawa Floating Food Market zu empfehlen.

 Damnoen Saduak

Schwimmender Markt

8 Uhr wäre schon eine gute Zeit, wenn man den berühmten Schwimmenden Markt von Damnoen Saduak so einigermaßen idyllisch erleben möchte. Das aber heißt: um **5 Uhr in Bangkok aufstehen** ... Wer später kommt, schiebt sich entlang dem vorgegebenen Trampelpfad – oder wird von den Massen geschoben –, während die meisten der Ausflugsboote zwischen den Verkaufsbooten feststecken und umgekehrt. Bei solch einem **Gewimmel** ist es unmöglich – weder vom Steg noch vom Boot aus –, Fotos mit nur einer Verkäuferin, vielleicht sogar farblich abgestimmt, in lila Bluse mit gelbem Sonnenschirm im Kanu, zu machen. Das sind die Bilder, die man ja im Kopf hat: vom **Poster, Folder, Katalog** ...
Und wer glaubt, man höre beim Shopping auf dem Wasser das Eintauchen des Paddels und das Knarren des Kanuholzes, der irrt. Die **Geräuschkulisse** vermengt sich zu sehr. Zu hören sind Verkäufer, die ihre Waren lautstark anpreisen, Touristen, die »guck mal dort!« sagen – in ungefähr fünf, aber gefühlten 50 Sprachen. Thai-Pop schäppert aus irgendwelchen Boxen und andauernd – bumm! – geraten die Holzboote aneinander, ohne dass ein Fender den Aufprall abdämpft.

Auf dem schwimmenden Markt Damnoen Saduak sollte man gut mit seinem Paddel umgehen können.

Zu Fuß auf den Stegen entlang der Kanäle hat man meist den besseren Überblick. Und wer sich per pedes aufmacht, erlebt auch noch **Läden direkt am Klong**, die Arbeitsplatz, Wohnstube und Schlafzimmer zugleich sind: geöffnet manchmal rund um die Uhr. Man darf sich deshalb nicht wundern, wenn man den Besitzer zwischen übervollen Regalen und endlosem Durcheinander erst finden und dann möglicherweise auch noch wecken muss. Das Geschäft ist eben auch sein **Schlafzimmer**. Er wird aber nicht böse sein und seinen Kunden zwar schlaftrunken, aber höflich bedienen.

Es war einmal ...

Markt seit 1856

Der Markt von Damnoen Saduak lässt ahnen, **welches Leben** sich – selbst früher in Bangkok – im verwirrenden **Kanalsystem** abspielte, mit etwa 200 miteinander durch kleine Seitenkanäle verbundene Klongs. Um den großen Touristenscharen gerecht zu werden, wurde der seit **1856** bestehende Markt 1984 von seinem ursprünglichen Standort, dem **Klong Ton Khem**, an den Kanal Damnoen Saduak verlegt.
Schwimmende Märkte nahmen nicht nur eine Funktion beim Handel mit Dingen des täglichen Lebens ein, sie erfüllten als Ort der Kommu-

nikation auch eine wichtige **soziale Funktion**. Die Händler kamen aus der näheren und weiteren Umgebung und boten die ganze Vielfalt des Agrarstaats Thailand an: **Gemüse und Obst, Fische und Fleisch**. Auch **Tauschhandel** wurde betrieben. Heute gibt es alles, was Urlauber sonst so kennen und angeboten bekommen. Frauen rudern mit Geschick an dröhnenden Motorbooten vorbei, ihre wackligen Kähne sind bis an den Rand beladen und die Preise sind deutlich teurer als an Land. Der Markt liegt 5 km westlich von Ratchaburi und ist trotz aller Unkenrufe immer noch einen Besuch Wert.

Noch drei Floating Markets

Bootsfahrt in die Umgebung

Südöstlich des Schwimmenden Marktes dehnen sich von einem dichten Kanalnetz durchzogene üppige **Gemüsekulturen** aus. Während der Bootsfahrt sieht man fast ausschließlich **Holzstelzenhäuser**, mit Hängepflanzen und Blumen geschmückt und der Bootsgarage nebenan, **im Klong badende Kinder** und manch einer putzt sich mit der Brühe sogar die Zähne. Nirgends begegnet man dem **Leben am Fluss** intensiver. Er ist der Platz zum Ratschen und Spielen, zum Arbeiten und Waschen. Selbst die Tempel sind allesamt nur übers Wasser zu erreichen. An der Mündung des **Mae Klong** liegt dann schließlich das Städtchen **Samut Songkhram**. Dort hat man die Möglichkeit, drei weitaus weniger besuchte, zwar auch weniger aktive, aber doch noch viel ursprünglichere Schwimmende Märkte zu sehen: **Bang Noi, Amphawa** und **Bang Nam**, wo zumindest Freitag und Samstag meist sogar bis 18 Uhr etwas los ist. Bei der Bootscharter sollte unbedingt kräftig gehandelt werden!

★ SAMUT PRAKAN

Region: Ostthailand
Provinz: Samut Prakan
Höhe: 3 m ü. d. M.
Einwohnerzahl: 63 000

Thailand auf einen Blick: Das geht nur auf der Landkarte. Und Thailand in einem Tag? Dann fahren Sie in die Ancient City. Gäbe es dieses Freilichtmuseum nicht, jenes Mini-Thailand in Form des Staatsgebiets mit den wichtigsten Bauten des Landes in Originalgröße oder maßstabsgetreu im 1 : 3-Format, würde man die Provinzhauptstadt Samut Prakan wahrscheinlich nicht mal auf der Landkarte finden. Tipp: Sie liegt 44 km südlich von Bangkok am Ostufer des Chao Phraya.

Um 1600 lag Samut Prakan noch direkt an der Küste. Aber die **Verlandung** sorgte im Lauf der Zeit dafür, dass heute einige Kilometer zum Meer zu fahren sind.

Muschel- und Marinemuseum

Zwei zum Mitnehmen

Während im Muschelmuseum (Shell Museum of Thailand) die verschiedenartigsten **Muscheln aus allen Meeren** der Welt zusammengetragen sind, verfügt das Marinemuseum über **detailgetreu gebaute Modelle** von Schiffen und Königsbarken.

Beide Museen: tgl. 9 – 16 Uhr | Eintritt: 50 Baht

Krokodilfarm

Muss das sein?

In der **weltweit größten Einrichtung** dieser Art leben etwa 100 000 Krokodile, darunter das größte in Gefangenschaft gehaltene mit 6 m Länge und 1,1 t Gewicht. Neben Zoo und Shows gehören aber auch ein Betrieb, in dem Krokodilleder verarbeitet wird, sowie ein Laden, in dem die Produkte verkauft werden, dazu. Im Restaurant kann man Krokodilfleisch probieren und sogar in Dosen verpackt mitnehmen. Jeder muss selbst entscheiden, ob man so ein Geschäft unterstützen will.

Tgl. 8 – 18 Uhr | Eintritt: 500 Baht

 Ancient City

Thailand ganz groß in Klein

Das landläufig Ancient City, **Alte Stadt** oder **Muang Boran** genannte Areal, eines der größten Freilichtmuseen der Welt, wurde von einem reichen Bürger aus Bangkok finanziert und kostete mehr als 200 Mio. US-Dollar. In 10-jähriger Bauzeit entstanden auf dem 300 ha großen Gelände in **Form des thailändischen Staatsgebiets** einige Objekte in Originalgröße sowie 65 Kopien der schönsten und **kulturhistorisch bedeutsamsten Bauten** im Maßstab 1 : 3, unter ihnen einige, die nur noch als Ruinen erhalten sind wie etwa der **Si Sanphet Prasat**, die königliche Audienzhalle des alten Ayutthaya. Zu den einzelnen Sehenswürdigkeiten, von denen die meisten an der richtigen geografischen Stelle platziert wurden, führt ein weitverzweigtes Netz von Straßen, die man auch mit dem eigenen Auto oder Golf-Cart (am Eingang zu mieten) befahren kann.

Tgl. 9 – 19 Uhr | Eintritt: 700 Baht

Anthropologisches Museum

Der Blick in den Alltag

Das Anthropologische Museum im Norden der weitläufigen Anlage von Ancient City enthält Exponate zu mehr als **1000 Jahren Geschichte** und zu nahezu allen Teilen Thailands. Es ist in einer Gruppe von Gehöften im zentralthailändischen Stil untergebracht. Das Museum gibt Einblick in das **Alltagsleben** anhand von Musikinstrumenten, Töpferarbeiten oder Geräten für Fischfang und Reisanbau.

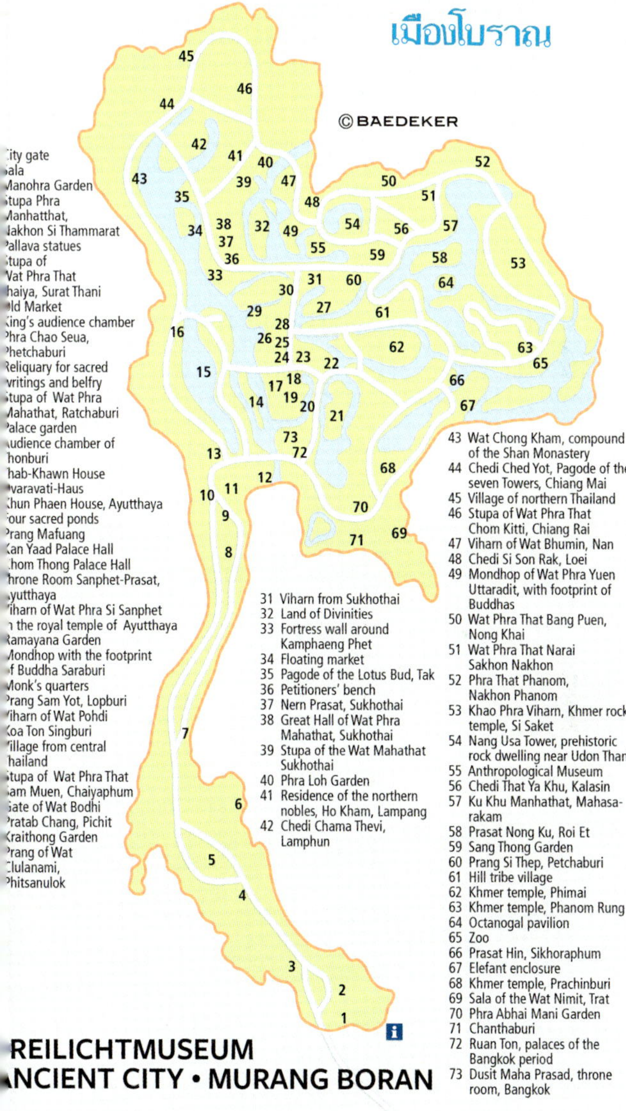

เมืองโบราณ
© BAEDEKER
ity gate
ala
Manohra Garden
tupa Phra
Manhatthat,
akhon Si Thammarat
allava statues
tupa of
Vat Phra That
haiya, Surat Thani
ld Market
ing's audience chamber
hra Chao Seua,
hetchaburi
eliquary for sacred
vritings and belfry
tupa of Wat Phra
Mahathat, Ratchaburi
alace garden
udience chamber of
honburi
hab-Khawn House
varavati-Haus
hun Phaen House, Ayutthaya
our sacred ponds
rang Mafuang
an Yaad Palace Hall
hom Thong Palace Hall
hrone Room Sanphet-Prasat,
yutthaya
iharn of Wat Phra Si Sanphet
the royal temple of Ayutthaya
amayana Garden
Mondhop with the footprint
f Buddha Saraburi
Monk's quarters
rang Sam Yot, Lopburi
iharn of Wat Pohdi
oa Ton Singburi
illage from central
hailand
tupa of Wat Phra That
am Muen, Chaiyaphum
ate of Wat Bodhi
ratab Chang, Pichit
raithong Garden
rang of Wat
lulanami,
hitsanulok
31 Viharn from Sukhothai
32 Land of Divinities
33 Fortress wall around Kamphaeng Phet
34 Floating market
35 Pagode of the Lotus Bud, Tak
36 Petitioners' bench
37 Nern Prasat, Sukhothai
38 Great Hall of Wat Phra Mahathat, Sukhothai
39 Stupa of the Wat Mahathat Sukhothai
40 Phra Loh Garden
41 Residence of the northern nobles, Ho Kham, Lampang
42 Chedi Chama Thevi, Lamphun
43 Wat Chong Kham, compound of the Shan Monastery
44 Chedi Ched Yot, Pagode of the seven Towers, Chiang Mai
45 Village of northern Thailand
46 Stupa of Wat Phra That Chom Kitti, Chiang Rai
47 Viharn of Wat Bhumin, Nan
48 Chedi Si Son Rak, Loei
49 Mondhop of Wat Phra Yuen Uttaradit, with footprint of Buddhas
50 Wat Phra That Bang Puen, Nong Khai
51 Wat Phra That Narai Sakhon Nakhon
52 Phra That Phanom, Nakhon Phanom
53 Khao Phra Viharn, Khmer rock temple, Si Saket
54 Nang Usa Tower, prehistoric rock dwelling near Udon Thani
55 Anthropological Museum
56 Chedi That Ya Khu, Kalasin
57 Ku Khu Manhathat, Mahasarakam
58 Prasat Nong Ku, Roi Et
59 Sang Thong Garden
60 Prang Si Thep, Petchaburi
61 Hill tribe village
62 Khmer temple, Phimai
63 Khmer temple, Phanom Rung
64 Octanogal pavilion
65 Zoo
66 Prasat Hin, Sikhoraphum
67 Elefant enclosure
68 Khmer temple, Prachinburi
69 Sala of the Wat Nimit, Trat
70 Phra Abhai Mani Garden
71 Chanthaburi
72 Ruan Ton, palaces of the Bangkok period
73 Dusit Maha Prasad, throne room, Bangkok
REILICHTMUSEUM
NCIENT CITY • MURANG BORAN

Ohne einen Nagel erbaut

Ho Kham

Eine Kollektion von Stein- und Bronzeskulpturen, von Keramik-, Holz- und Perlmuttarbeiten aus den Hochkulturen Thailands ist im Obergeschoss des Ho Kham, der **Vergoldeten Halle**, untergebracht. Glanzstück der Ausstellung ist eine **handgeschnitzte Darstellung** von 70 Episoden aus den Leben Buddhas. Das Gebäude selbst ist eine **originalgetreue Rekonstruktion** der früheren Gouverneursresidenz in Lampang, eines herausragenden Beispiels thailändischer Handwerkskunst, die nicht mehr existiert. Die Nachbildung wurde so originalgetreu wie möglich erschaffen: Das gesamte Bauwerk besteht aus Holz und wurde anhand von alten Fotografien ohne einen einzigen Nagel errichtet.

Ein Drittel kleiner

Bauwerke

Zu den in Ancient City wiedererrichteten **Originalbauten** von verschiedenen Standorten gehören z. B. einige Häuser, die an den Kanälen von Bangkok standen und in den 1970er-Jahren dem Straßenbau weichen mussten. Einige Großbauten von Tempeln und Palästen, die heute entweder nur noch Ruinen sind – z. B. die **Thronhalle Si Sanphet Prasat** aus Ayutthaya – oder in ihrem Aussehen völlig verändert

Sieben verschiedene Gärten können in der Ancient City besucht werden.

SAMUT PRAKAN ERLEBEN

ANREISE

Auto: Von Bangkok über die Nationalstraße 3 (44 km).

Bus: Von Bangkoks Southern Bus Terminal tgl. mehrmals (1 Std.). Organisierte Touren werden von nahezu allen Reisebüros in Bangkok angeboten.

THE COLOR LIVING €

3-Sterne-Hotel mit brauchbaren, modernen Zimmern, falls man nicht zurück nach Bangkok fahren möchte.
85 Zi., Restaurant.
2222, Teparak Road
Tel. 02 7 59 65 65
www.thecolorlivinghotel.com

wurden wie der **Dusit Maha Prasat** des Grand Palace in Bangkok, wurden auf ein Drittel verkleinert, aber sonst authentisch bis ins kleinste Detail rekonstruiert. Der Si Sanphet Prasat zeichnet sich v. a. aus durch die hohen Hallen mit ihren prächtigen Holzdecken, vergoldeten Wänden mit Spiegelmosaiken und Stuckornamenten. Im Dusit Maha Prasat sind die originalgetreuen **Wandmalereien** besonders sehenswert. Sie zeigen Staatszeremonien, religiöse Feste, Militärparaden und das Hofleben zur Zeit Ramas I. (1782 – 1809).

Der Blick aus Kambodscha

Aussichtspunkt

Im Nordosten der Anlage wurde ein **54 m hoher Berg** aufgeschüttet, der das **Niemandsland** zwischen Thailand und Kambodscha darstellt. Auf dem Berg steht eine Kopie des **Khao Phra Viharn**, eines Tempels, dessen Original für Könige wie für Pilger seit 1000 Jahren ein heiliges Ziel ist. Von einem kleinen Fluss aus erklimmt man vier **Terrassen**, auf denen sich steinerne Ruinen befinden.

Die Sagenwelt Thailands

Gartenanlage

Über das Areal verstreut sind sieben Gärten; Erholungsplätze, die – umgeben von Wasserfällen, Felsen und tropischen Blumen – die Sagenwelt Thailands darstellen. Der **»Garden of Gods«** zeigt beispielsweise ein bronzenes, scheinbar über dem Wasserfall fliegendes Zehnergespann des indischen Mondgottes Chandra.
Sehenswert ist außerdem ein **Elefantenkral**. Sind Kinder mit von der Partie, lohnt sich ein Besuch des kleinen Zoos in einem hübsch angelegten Park. Dort findet man Freigehege für Elefanten, Wild, Gibbons und exotische Vogelarten. Der **Schwimmende Markt** in Ancient City besitzt im traditionellen Stil erbaute Thai-Holzhäuser, die durch kleine Brücken miteinander verbunden sind. Daneben finden sich chinesische und buddhistische Tempel, christliche Kirchen sowie Moscheen.

SARABURI

Region: Zentralthailand
Provinz: Saraburi
Höhe: 30 m ü. d. M.
Einwohnerzahl: 68 000

Endlos weite und sattgrüne Reisfelder umgeben das Städtchen Saraburi, das für Thais und Chinesen gleichermaßen von Bedeutung ist, allerdings aus unterschiedlichen Gründen ... Wer wenig Zeit hat, dem sei in dieser Gegend Ayutthaya und Lopburi ans Herz gelegt. Wer noch einen Tag zugeben will, kann das historische Dreieck mit Saraburi komplettieren.

Reisfelder bestimmen das Umland der Kleinstadt vor den Toren des Molochs: Es sind nur gut 60 km zur nördlichen Stadtgrenze von Bangkok. Saraburi selbst ist **modern** und bietet nichts Besonderes.

Rund um Saraburi

Wat Phra Buddhachai

Zuerst geht's in den 5 km südlich gelegenen Wat Phra Buddhachai, den Tempel zum Schatten Buddhas. Die natürliche, reliefartige Zeichnung eines fast senkrecht hochstrebenden monumentalen **Kalksteinfelsens** wird als der Schatten Buddhas gedeutet. Eine steile, in den Fels gehauene **Treppe** führt zum Wat, der dem Schatten geweiht ist. Von dort bietet sich ein **herrlicher Blick**, und in der Nähe führen Pfade zu den **Wasserfällen** Sam Lan und Bo Hin Dad.

Chinesische Tempel

Hin Kong

8 km südlich von Wat Phra Buddhachai liegt Hin Kong, wo mehrere an einem Berghang gelegene chinesische Tempel das Ziel vieler chinesischer **Pilger** sind. In der Nähe ist auch ein **chinesischer Friedhof**.

Schöne Tropfsteingebilde

Wat Tham Si Wilai

Auf dem Weg zur Tempelanlage Phra Buddhabat Richtung Lopburi kommt man an dem **Höhlentempel** Wat Tham Si Wilai vorbei, dessen **weitläufige Hallen** schöne Tropfsteingebilde aufweisen.

Wat Phra Buddhabat

Echter Fußabdruck Buddhas

Wat Phra Buddhabat (von Buddhapada, Sanskrit für die symbolische Anwesenheit Buddhas) liegt 24 km nordwestlich von Saraburi. Er ist ein **Kleinod thailändischer Baukunst** und eine der **heiligsten**

Spüren Sie die symbolische Anwesenheit Buddhas in Wat Phra Buddhabat?

Stätten des Landes. Zweimal im Jahr ist der Wat **Ziel vieler Hundert Pilger**: Das Tempelfest findet zu wechselnden Terminen zwischen März und Oktober statt.

Der Jäger und das Wunder

Die Legende

In der **Chronik des Wats** vermischen sich Geschichte und **Legende**. Um das Jahr 1615 sandte der Ayutthaya-König Songtham (1610 – 1628) thailändische Mönche nach Ceylon, um dort einem **Fußabdruck Buddhas** die Ehre zu erweisen. Singhalesische Mönche wiesen ihn darauf hin, dass es im siamesischen Reich ebenfalls einen der fünf **echten Fußabdrücke Buddhas** auf der Erde gebe. Bald darauf wurde diese Stelle von einem Jäger gefunden: Ein **verwundeter Hirsch** wies ihm den Weg zu einer mit Wasser gefüllten, fußförmigen Vertiefung im Boden. Als der Jäger von dem Wasser trank, wurde er von einer schlimmen Hautkrankheit geheilt, an der er jahrelang gelitten hatte. Dieses **Wunder** wurde dem König berichtet, der dort einen Tempel erbauen ließ. Das Heiligtum wurde jedoch 1765 von den Birmanen **zerstört**. Die jetzigen Bauten ließ Rama I. um 1800 an mehreren Hügeln errichten.

Mit Silberfäden bedeckt

Der Tempelbezirk

Der **Mondhop** mit dem legendären Fußabdruck ist ein reich geschmücktes Bauwerk in Blau und Gold. Eine hohe dreiteilige Treppe, an dessen Balustraden sich der Leib einer fünfköpfigen Naga hochwindet, führt auf die **Terrasse**. 20 schlanke Säulen tragen das reich gegliederte, mit bunten Glasmosaiken verzierte, **pyramidenförmige Dach**, das in eine beringte, mit einem zierlichen Schirm endende Spitze übergeht. Auf der Terrasse hängen zahlreiche **Bronzeglocken**, die von Pilgern gestiftet wurden. Die Türen zeigen wundervolle **Perlmutt-Intarsien**, der Boden im Innern mit dem von Weihegaben überhäuften Fußabdruck ist mit einer aus **Silberfäden** gewirkten Matte bedeckt. Eindrucksvoll ist auch die kunstvoll verzierte **Kassettendecke**.

Zum Tempelbezirk gehören noch der als unregelmäßig geöffnetes Museum eingerichtete Viharn mit Weihegaben und Tempelrelikten, ein kleiner Bot, ein Chinesen- sowie ein Hindu-Tempel und mehrere Chedis. Von der Anhöhe genießt man einen **wunderschönen Blick** über Tempeldächer und Chedispitzen. Am Fuß des Tempels herrscht reges Leben. **Händler** verkaufen Holzstöcke mit religiösen Symbolen zum Anschlagen der Glocken, Amulette, diverse Kultgegenstände, Speisen und Getränke.

Zwischenstopp nach Norden

Si Thep

Ein Besuch von Si Thep, im 5. Jh. **von den Mon gegründet** und im Tal des von dschungelbewachsenen Bergketten eingerahmten Menam Pasak gelegen, ist nur dem zu empfehlen, der großes Interesse an der Geschichte Thailands hat, eine gehörige **Portion Fantasie** mitbringt und vielleicht sowieso auf dem Weg **nach Norden Richtung Petchaburi** ist. Denn noch immer hat die ordnende Hand der **Archäologen** nur zaghaft eingegriffen, Grabungen sind allerdings im

SARABURI ERLEBEN

ANREISE

Auto: Von Bangkok über die Nationalstraße 1 (110 km).

Bus: Von Bangkoks Northern Bus Terminal mehrmals tgl. (2 Std.).

Bahn: Von Bangkok-Hua Lumphong tgl. (2 Std.).

SOUCHADA RESORT €€€

Überraschend schönes Resort mit komfortablen und geschmackvoll im Thai-Stil eingerichteten Zimmern. 46 Zi., Restaurant, Swimmingpool, Spa, Fahrradverleih.

8 Tambol Hinson Road
Tel. 036 20 09 40
www.souchadaresort.com

Gange. Wer die schönsten Stücke aus Si Thep sehen möchte, findet sie allerdings im **Nationalmuseum von Bangkok**. Bei Grabungen wurden **brahmanische Statuen** und Abbildungen entdeckt, was auf eine der frühesten Besiedlungen Thailands schließen lässt.

 SI SATCHANALAI

Region: Nordthailand
Provinz: Sukhothai
Höhe: 68 m ü. d. M.
Einwohnerzahl: 12 000

Sie war die ehemalige Zwillingsstadt der ersten thailändischen Hauptstadt Sukhothai: Si Satchanalai ist zwar etwas abseits der großen Touristenströme gelegen, was jedoch den Reiz erhöht: Die Ruinenfelder gehören gewiss zu den interessantesten in Thailand, zeigen sie doch die ganze Herrlichkeit des jungen Thai-Reichs durch Bauten von hoher künstlerischer Qualität.

Si Satchanalai wurde um 1250, gleichzeitig mit Sukhothai, als **zweite Residenzstadt** des Sukhothai-Reichs für den Vizekönig, zumeist der Kronprinz, gegründet. Zwei Thai-Fürsten aus den umliegenden Gebieten hatten den Khmer-Statthalter von Sukhothai in einem blutigen Krieg besiegt. Einer von ihnen machte sich danach als König **Si Indratitja** zum König von Sukhothai, Si Satchanalai und der umliegenden Gebiete. Ihm folgte sein Sohn und dann König Ramkhamhaeng, eine der **mächtigsten Persönlichkeiten** der thailändischen Geschichte. Im 17. Jh. fiel Si Satchanalai an das Königreich Ayutthaya, wurde umbenannt in Sawankhalok und verlor an Bedeutung. Im 18. Jh., als die Birmanen wieder einmal vor der Stadt standen, wurde sie **von den Einwohnern verlassen**. Im späten 19. Jh. gründete man die **neue Stadt** Si Satchanalai, 11 km vom Ruinenfeld entfernt, sowie auch das moderne Sawankhalok.

 Die Ruinenstadt

Überblick

Si Satchanalai war in einem **Rechteck** angelegt. Teile der einst **5 m hohen Mauer** aus dem 16. Jh. und des **Wassergrabens** sind noch erhalten. Zwei damals von Wats gekrönte Hügel beherrschen den umgrenzten Bezirk, von denen sich aus ein guter Überblick über das **Ruinenfeld** bietet. Zu den Ruinen des **Wat Khao Phnom Pleung**,

Von oben erkennt man die rechteckige Anlage der Ruinenstadt von Si Satchanalai.

der Tempel des heiligen Feuers, auf der Kuppe des östlichen Hügels führt eine kolossale, teilweise erhaltene Treppe. Vom **Wat Khao Suwan Kiri** auf dem anderen Hügel steht noch ein schöner, glockenförmiger Chedi mit Resten der Stuckornamentik. Beeindruckend sind auch die Reste einer riesigen Buddha-Statue. Ein dritter Hügel, Khao Yai genannt, liegt im Westen vor den Stadtmauern: Vom **Wat Chet Yot**, der ihn krönte, sind nur noch Ruinen mit Resten schöner Skulpturen an den Türen vorhanden.

Fundament aus 39 Elefanten

Wat Chang Lom

Einer der **bemerkenswertesten Tempel** im alten Si Satchanalai ist der im Zentrum gelegene Wat Chang Lom, dessen monumentaler Chedi aus **Laterit** und **Stuck** noch gut erhalten ist. Er wurde von König Ramkhamhaeng 1285 begonnen und 1291 fertiggestellt. Der glockenförmige, von Lotosblättern umrankte **Chedi** steht auf zwei hohen quadratischen Sockeln. Der höhere davon ist mit 20 **Nischen** geschmückt, die einst mit 1,4 m hohen Buddha-Statuen besetzt waren. Einige sind noch vorhanden. Aus dem unteren Sockel kommen, durch Kandelaber voneinander getrennt, die **lebensgroßen Skulpturen** von 39 Elefanten, die den Anschein erwecken, als trügen sie das Bauwerk. Ihnen verdankt der Wat auch seinen Namen, der **»umgeben von Elefanten«** bedeutet.

Tempel des Vize-Königs

Wat Chedi Chet Theo

Ein prachtvolles Bild bieten die im Wat Chedi Chet Theo in sieben Reihen angeordneten **32 Stupas** verschiedener Stile und Formen, in denen die Asche von Mitgliedern der (vize-)königlichen Familien beigesetzt wurde. Beachtenswert sind der **zentrale Stupa** in Form einer Lotosknospe im Sukhothai-Stil – wie im Wat Mahathat in Sukhothai – und einige Stupas im Srivijaya-Stil, der im Sukhothai-Reich Eingang fand, als König Ramkhamhaeng im 13. Jh. Teile Südthailands eroberte. Viele der im **Mischstil** erbauten Stupas, größtenteils von König Loei Thai (Reg. 1347 – 1370) errichtet, zeichnen sich durch eine außerordentliche **Eleganz der Proportionen** aus. An einigen sind noch gute Stuckreliefs zu sehen, so z. B. am Stupa in der Mitte der nördlichen Reihe ein schöner meditierender Buddha unter einer Naga: Der **Kopfschild der Naga** zeigt den Einfluss des Srivijaya-Stils.

Tempel der Königin

Wat Nang Phaya

Der Wat Nang Phaya, der Tempel der Königin, besitzt einen schönen **glockenförmigen Chedi** auf quadratischer Basis und an einer Außenwand des verfallenen Viharn kunstvolle **Pflanzenornamente** aus Stuck, die wie feines Schnitzwerk die langen Spaltfenster umgeben.

Auf dem Grundstein der Stadt

Alter Königspalast

Vom ehemaligen Königspalast sind nur noch einige **Chedis** vorhanden: Südlich steht der über dem Grundstein der Stadt erbaute und von einer Lotosknospe gekrönte **Lak-Muang-Schrein**, den vier Chedis im Sukhothai-Stil umgrenzen.

Die berühmten Brennöfen

Ban Ko Noi

Im Norden von Si Satchanalai sind Reste der Öfen, in denen nach chinesischem Vorbild die berühmten **Sawankhalok-Keramiken** gebrannt wurden, zu finden. Bereits im 13. Jh. waren die Brennöfen von Ban Ko Noi – vermutlich die ältesten in Thailand – und die Erzeugnisse als **Chaliang-Ware** ein Begriff. Die hier vorgefundene Tonerde eignete sich besonders gut zum Hartbrennen. Als König Ramkhamhaeng bei einem Besuch in China solche Keramiken kennen lernte, beschloss er, diese auch in Thailand einzuführen. Er brachte **chinesische Töpfer** mit, die rund um Sukhothai und Si Satchanalai sesshaft wurden. Diente die Chaliang-Ware noch vorwiegend praktischen Zwecken, so entwickelte sich unter chinesischer Anleitung die Sawankhalok-Ware, die sich durch zarte und seidige Glasuren und **vollendetes Formgefühl** auszeichnete. Sie erreichte die Qualität chinesischer **Seladon-Keramik** und wurde zu einem wichtigen Exportartikel des Sukhothai-Reiches nach Indonesien, Japan und den Philippinen.

Rund um Si Satchalanai

Chaliang In einer Schleife des Menam Yom liegt Chaliang. Der **Phra That**, ein Khmer-Heiligtum und Vorläufer des späteren **Wat Phra Si Ratana Mahathat**, wurde an der engsten Stelle der Schleife angelegt, war also nur von einer Seite her von Land zu erreichen. Eine **Inschrift**, die König Ramkhamhaeng im Jahre 1292 anfertigen ließ, berichtet, dass der König 1285 aus dem alten Khmer-Prang **Reliquien** ausgraben und für sie in sechsjähriger Bauzeit einen neuen Chedi im Wat Chang Lom errichten ließ. Der heute sichtbare Chedi mit einem reich gegliederten, gestuften Sockel im Ayutthaya-Stil stammt aus dem frühen 15. Jahrhundert.

Die Figur des sitzenden Buddha an der Nordseite des Prang ist stark restauriert. An der Westseite stehen noch die Reste eines kleinen Heiligtums mit einem **bronzenen Fußabdruck** Buddhas. In einer kleinen Nische nahebei findet man zudem eine sehr schöne Steinskulptur, die Buddha unter der beschirmenden Naga zeigt. Das **Hochrelief des schreitenden Buddha** in gelöster Körperhaltung zählt zu den schönsten Bildnissen der **Sukhothai-Zeit**. Das bemerkenswerte Stuckrelief entstand zur Regierungszeit Ramkhamhaengs und befindet sich in dem kleinen **Heiligtum** östlich des Prang, in dem eine weitere stehende Buddha-Statue zu sehen ist.

Besonderes Interesse verdient auch die aus mehr als 1 m starken Zylindern gebildete Umfassungsmauer, die 1285 bis 1288 unter Ramkhamhaeng errichtet wurde. Etwas eigenartig wirken die großen, eindrucksvoll gezeichneten **Gesichter** an den vier Ecken; vielleicht sind sie vom Gesichterturm des **Bayon-Tempels in Angkor Thom**, heute Kambodscha, beeinflusst.

Kleiner Abstecher

Uttaradit Wer noch nicht genug von Tempeln hat, kann noch eine Visite im 25 km östlich gelegenen Uttaradit machen. **Wat Boromathat** hat laotische Stilmerkmale, Wandmalereien aus der Ayutthaya- und schö-

SI SATCHALANAI ERLEBEN

ANREISE

Auto: Von Sukhothai über Straße 101 (55 km).

Bus: Von Sukhothani und Phitsanulok tgl. mehrfach (1 Std.).

SISAT HERITAGE RESORT €
Einfache, aber nett hergerichtete Zimmer mit Klimaanlage in einzeln stehenden Bungalows. 20 Zi., Restaurant.
99, Moo Road | Tel. 055 64 75 64
http://sisatheritageresort.th-thailand.com

ne Chedis aus der Sukhothai-Periode. Und **Wat Phra Tan Sila Aat** besitzt fünf Fußabdrücke von Buddha, vier davon in Bronze.

SONGKHLA

Region: Südthailand
Provinz: Songkhla
Höhe: 4 m ü. d. M.
Einwohnerzahl: 70 000

Songkhla ist bei Ausländern lediglich durch die dem Kopenhagener Vorbild nachempfundene Seejungfrau bekannt, ansonsten aber eine Domäne lokaler und malaiischer Urlauber. Die Provinzhauptstadt im äußersten Süden ist zwar ein hübsches Seebad, aber leider gibt es seit Jahren auch große Sicherheitsprobleme.

Songkhla und das benachbarte Hat Yai sind so etwas wie **unsichtbare Grenzstationen**. Weiter südlich kann jeder Urlaub und **jede Reise gefährlich** werden, denn dort beginnt die Heimat der thailändi-

Unsichere Lage

schen **Moslems,** und es beginnen auch die Probleme mit dieser landesweiten Minderheit, die im tiefen Süden die Mehrheit stellt. In den Provinzen Narathiwat, Yala und Pattani sowie Teilen von Songkhla an der Grenze zu Malaysia herrscht das Notstandsrecht. Laut Auswärtigem Amt kommt es dort regelmäßig zu Auseinandersetzungen zwischen Separatistengruppen und Sicherheitskräften sowie zu terroristischen Anschlägen, auch auf von Ausländern frequentierte Ziele. Wer also eine Reise dorthin in Erwägung zieht, sollte vorher unbedingt die **Reise- und Sicherheitshinweise des Auswärtige Amts** studieren (www.auswaertiges-amt.de)
Nicht weniger als 6800 Menschen verloren seit 2004 bei Demonstrationen, Unruhen und Aufständen ihr Leben. In Gegenden, wo Teile der Bevölkerung den 11. September 2001 und später folgende Anschläge auf westliche Länder feierten wie einen Befreiungstag, greift das thailändische Militär mit äußerster Härte durch. Ein **Kreislauf der Gewalt**, der schwer zu durchzubrechen ist. Und die Sturheit hat ja sogar Geschichte: Schon 1642 rebellierten die Bürger von Songkhla gegen die damaligen Herrscher aus Ayutthaya ...

Das Standbein fehlt

Tourismus

Spürbar fehlt dem muslimischen Süden die buddhistische Leichtigkeit. Und abgesehen von einigen Küstendörfern an der Andamanen See, welche die Ausgangspunkte zu verschiedenen vorgelagerten Inseln sind, hat der Rest des tiefen Südens nichts mit westlichem Tourismus zu tun, so dass eine lukrative Einnahmequelle als Standbein wegfällt. Die 130 000-Einwohner-Stadt **Hat Yai** ist gesichtslos und nur durch den Flughafen bekannt. **Pattani** ist eine Hochburg der muslimischen Malaiien, die für die Loslösung von Thailand ist. In **Yala** beherrscht die große Moschee am Pattani-Fluss das Bild. Und in **Narathiwat** werden Touristen häufig noch bestaunt wie vor 30 Jahren. Auf jeden Fall sollte man vor jeder Reise in den tiefen Süden vorab die Homepage des Auswärtigen Amtes (www.auswaertiges amt.de) konsultieren und sich zusätzlich auch vor Ort nochmals **über die Lage erkundigen**.

Die bekannte Meerjungfrau

In Songkhla

Die Stadt liegt, beinahe rundum von Wasser umgeben, auf einer Landzunge zwischen dem Golf von Thailand und dem Songkhla-See, dem mit einer Länge von 80 km und einer maximalen Breite von 20 km größten Binnenmeer Südostasiens. Kilometerlang ziehen sich am See wie auch am Golf hellsandige, von Kasuarinen, Pinien und Palmen gesäumte Strände hin. Am südlichen Stadtrand steht am Hat Samila, mit Blick auf die vorgelagerten Inseln, das Wahrzeichen von Songkhla: eine große Bronzestatue einer Meerjungfrau, die an Kopenhagen erinnert – was allerdings nicht stimmt. Die Geschichte von der »Golden Mermaid« ersann Sunthorn Phu. Darin

Die Meerjungfrau von Songkhla – eine Reminiszenz an Kopenhagen? Angesichts der Sicherheitslage sollte man sich aber gut überlegen, dorthin zu fahren

verliebt sich ein Prinz in eine Meerjungfrau und folgt ihr ins Wasser. Nördlich sieht man viele auf Pfählen erbaute Fischerdörfer. Im Zentrum ist Wat Matchimawat aus dem 16. Jh. und eine etwa 2000 Jahre alte Buddha-Statue zu erwähnen, die einst mit einer Lotoskrone aus purem Gold geziert war. Aus Sicherheitsgründen wird die Krone in einem Safe aufbewahrt und der Statue nur an hohen Festtagen aufgesetzt.

Das Pattaya des Südens

Mit 160 000 Einwohnern ist Hat Yai die **größte Stadt** des tiefen Südens und der Flughafen ist für Gäste, die zum Tarutao-Nationalpark weiterreisen wichtig. Ansonsten genießt Hat Yai den **zweifelhaften** Hat Yai

Ruf, das Pattaya des Südens zu sein: Die Sextouristen dort kommen allerdings zu einem Großteil aus Malaysia, da Prostitution in ihrem Land wesentlich strenger verfolgt wird.

Zwiebelkuppel und Stierkampf

Pattani Einst ein **selbstständiger Stadtstaat**, der von muslimischen Ratchas regiert wurde. Hervorragendstes Bauwerk ist die **Moschee** mit großer Zwiebelkuppel. Und mit großer Begeisterung verfolgt man in Pattani **Stierkämpfe**, bei denen die Tiere gegeneinander antreten und fleißig gewettet wird.

Man spricht malaiisch

Yala Im **Wat Kuhaphimuk** fasziniert eine 24 m lange liegende und in den Bergen, in **Tham Koo Ha Pimsak**, eine 25 m hohe Buddha-Statue. Auch die Wandmalereien von **Tham Silpa**, wahrscheinlich die ältesten dieser Art in Thailand, wären wohl einen Besuch Wert, wenn eben nicht die fragliche Sicherheitslage wäre ... In Yala selbst ist kaum Thailändisch zu hören: Es wird malaiisch gesprochen.

Hauptstadt der Separatisten

Narathiwat Die Stadt, etwa 30 km nördlich der **Grenze zu Malaysia** gelegen, gilt als ein Zentrum der **malaiisch-muslimischen Separatistenbewegung**. Allerdings hat die malaiische Regierung **kaum Interesse an einem Anschluss**. Das Stadtbild wird von den **Zwiebeltürmen der Moscheen**, den im malaiischen Stil erbauten Holzhäusern, von denen zahlreiche mehr als 100 Jahre alt sind, und den farbenfroh gekleideten Menschen charakterisiert.

SONGKHLA ERLEBEN

Auto
Von Nakhon Si Thammarat am einfachsten über die Küstenstraße 408 (160 km).

Bus
Von Bangkok und von Nakhon Si Thammarat mehrmals tgl. (16 bzw. 2,5 Std.).

AO THAI RESORT €€
Wer trotz der unsicheren Lage im tiefen Süden ein wenig schnuppern möchte, sollte im etwa 40 km nördlich von Songkhla gelegenen, vom Deutschen Uwe Welschinger geführten Strand-Resort auf 4-Sterne-Niveau gut aufgehoben sein. Der Strand ist wunderbar, die Küche gut. 12 Zi., Restaurant.
Bodan Beach, Sathing Phra
Tel. 074 39 72 28
www.aothairesort.com

★★ SUKHOTHAI

Region: Nordthailand
Provinz: Sukhothai
Höhe: 66 m ü. d. M.
Einwohnerzahl: 36 000

Sukhothai stellt einen Meilenstein in Thailands Geschichte dar. Die Thais benannten ihr Königreich immer nach den jeweiligen Hauptstädten. 1238 machten sie es zum ersten Mal: 1238 markiert die Gründung des Königreichs Sukhothai und die Vertreibung der bis dato herrschenden Khmer. Bald dominierte das Sukhothai-Reich die ganze Region und das ganze Land. Sukhothai ist aber auch die Stadt des Bronze-Buddha, der Vorlage für unzählige Statuen im Land ist, und der Platz des wunderschön und geschmeidig wandelnden Buddha. Kurz: Das UNESCO-Weltkulturerbe Sukhothai muss man gesehen haben.

Als **Spross** einer Verbindung zwischen einem Menschen und einer mythischen **Naga-Prinzessin**: So soll einer der ersten Herrscher von Sukhothai, König Chao Aluna Khmara, auch Phra Ruang genannt, im 5. Jh. auf die Welt gekommen sein. Eine Legende natürlich, doch sicher ist: Die Stadt wurde um 500 n. Chr. gegründet. Die Blütezeit kam aber erst mit dem Aufstieg zur Königsstadt. 140 Jahre lang war Sukhothai die **Hauptstadt des bedeutenden Sukhothai-Königreichs**. Unter Ramkhamhaeng (1256 – 1317) reichte es im Nordosten bis nach Vientiane, im Westen bis Pegu im heutigen Myanmar und im Süden bis Nakhon Si Thammarat: Das war annähernd zwei Drittel des heutigen Staatsgebiets. Der König erfand das **thailändische Alphabet** und gab den Anstoß zu einer sich nach chinesischem Vorbild entwickelnden **Porzellanherstellung**. Und es gab die ersten **diplomatischen Kontakte** eines Thai-Herrschers zum Nachbarland China. Unter Ramkhamhaengs Nachfolger **Loei Thai** (1299 – 1347) gingen die meisten der neu gewonnenen Territorien jedoch wieder verloren.

Dessen Sohn Liu Thai (1347 – 1368), der sich auch Mahadharmaraya I. nannte, gelang es ebenso wenig, die einstige Größe des Reichs wiederherzustellen. Der Ayutthaya-König **Boromaraja I.** eroberte Sukhothai im Jahr 1378, 1438 wurde es endgültig Teil des Ayutthaya-Reichs. Als die **Birmanen** 1767 Ayutthaya dem Erdboden gleichmachten, verließen auch die Bewohner von Sukhothai ihre Stadt. Schon elf Jahre später jedoch begründete Rama I., erster König der von Bangkok aus herrschenden Chakri-Dynastie, die **neue Stadt** Sukhothai am linken Ufer des Menam Yom. Sie wurde 1968 durch ein **Feuer** größtenteils vernichtet.

1 Wat Traphang Dong
2 Ramkhamhaeng-Nationalmuseum
3 Königspalast
4 Wat Mahathat
5 Wat Traphang Ngoen
6 Wat Si Sawai
7 Lak Muang
8 Wat Chana Songkhram
9 Wat Sra Si
10 Phor Khun Ramkhamhaeng Monument
11 Wat Mai
12 Wat Trakuan
13 San Ta Pha Daeng
14 Wat Sorasak
15 Wat Son Kheo
16 Pratu San Luang
17 Wat Phra Pai Luang
18 Wat Si Chum
19 Brennöfen
20 Wat Deuk
21 Wat Pa Mamuang
22 Ho Thewalai
23 Makara-Kloster
24 Wat Sapan Hin
25 Wat Phra Bat Noi
26 Wat Chedi Ngam
27 Wat Tam Hip
28 Phra-Ruang-Damm
29 Wat Phra Bat Yai
30 Pratu Oa
31 Pratu Na Mok
32 Mondblumen-Kloster
33 Wat Chetuphon
34 Wat Chedi Si Hong
35 Wat Pichit Kitti Kalanyaram
36 Wat Chang Lom
37 Wat Traphang Thong Lang
38 Wat Chedi Sung
39 Pratu Kamphaeng Hak
40 Ashokaram

Im Zeichen der Lotusknospen

Kunst

Die Zeit des Sukhothai-Reiches sowie des **gleichnamigen Kunststils** währte von jeweils Mitte des 13. bis 15. Jahrhunderts. Und Sukhothai, die Morgenröte der Glücksseligkeit, war nicht nur das historische, sondern auch das **kunsthistorische Zentrum** der Zeit. In Abgrenzung zum Kunststil der Khmer entwickelten die Thais eine eigene Ästhetik, die sich speziell im Lotosknospenturm, dem Chedi, manifestiert. Die Tempelanlagen von Sukhothai gehören zu den eindrucksvollsten in Thailand.

Old Sukhothai und der historische Park bieten rund **200 Sehenswürdigkeiten**, die diesen Namen verdienen. Die thailändische Regierung hat den historischen Kern, der 11 km von der Neustadt entfernt liegt, zum **Nationalpark** erklärt, 1978 wurde er **UNESCO-Weltkulturerbe**. Und nach rund 25 Jahre dauernden Arbeiten machte König Bhumibol 1988 die Ruinenstadt Sukhothai der Öffentlichkeit zugänglich. **193 Tempel** waren ausgegraben und teilweise rekonstruiert worden.

Innerhalb des Mauerrings

Der alte Stadtkern

Von drei **Erdwällen** und zwei **Wassergräben** war der alte Stadtkern umgeben. Von den vier Zugangstoren, **Pratu** – im Osten Kamphaeng Hak, im Süden Na Mok, im Westen Oa, im Osten San Luang –, waren drei durch **Forts** gesichert, Reste davon sind heute noch zu sehen. Außer 21 Wats sind auch vier Teiche freigelegt worden. **Tempelanlagen** gab es zudem nicht nur innerhalb der eigentlichen Stadt, sondern auch weit in der **Umgebung** verstreut. Unter **Riesenbäumen** lässt es sich heute gemütlich wandeln oder noch besser **Fahrrad fahren** (diese können am Eingang gemietet werden) und das landesweit gefeierte **Loy-Krathong-Fest**, zu Ehren der Wassergöttin Mae Kongha, wird in Sukhothai so prachtvoll begangen wie kaum anderswo: Der See verwandelt sich durch Tausende kleiner schwimmender Blumenboote mit Kerzen, den Krathongs, in ein faszinierendes Lichtermeer.

SUKHOTHAI ERLEBEN

ANREISE

Auto: Von Bangkok über die Straßen 1, 32, 117 und 12 (482 km).

Bus: Von Bangkoks Northern Bus Terminal tgl. mehrfach (6 Std.).

Flug: Tgl. ab Bangkok (1 Std.).

THE LEGENDHA €€

Die sehr komfortabel ausgestatteten Zimmer in diesem wie ein kleines Dorf arrangierten Boutiquehotel sind mit originalen Teakholzmöbeln eingerichtet. Bis zur Ruinenstadt sind es nur 5 Minuten. 64 Zi., Restaurant, Swimmingpool.
3, Muang Kao Road
Tel. 055 69 72 14
www.legendhasukhothai.com

Die Nachtstände und Garküchen an der Charodvithithong Road in Neu-Sukothai sind eine günstige und spannende Essensadresse. Manche Stände haben sogar zweisprachige Speisekarten und einige bieten auch Thai-Delikatessen wie gegrillte Heuschrecken an (schmecken wie Chips!). Aber natürlich gibt es auch Reis, Nudeln, Fisch, Huhn …

BAEDEKER WISSEN

DER KÖNIG DEM VOLKE

Die Untertanen des Sukhothai-Reiches hatten in König Ramkhamhaeng einen überaus edlen und geradezu modernen Herrscher. Eine von ihm verfasste Steininschrift, wohl eine Art »Regierungserklärung«, wird heute im Nationalmuseum in Bangkok aufbewahrt:

»Das Land von Sukhothai blühe und gedeihe. Es gibt Fische im Wasser und Reis auf den Feldern. Der Herrscher des Reiches erhebt keine Zölle von seinen Untertanen, wenn sie die Straßen benutzen, auf denen sie das Vieh zum Markt treiben. Sie reiten ihre Pferde zum Verkauf, wer mit Elefanten handeln will, darf dies tun, wer mit Pferden handeln will, darf dies tun; wer mit Gold und Silber handeln will, darf dies tun. Wenn ein einfacher Mann stirbt oder ein Mann von Stand, dann fällt sein ganzer Besitz, seine Elefanten, Frauen, Kinder, Kornspeicher und Reis an seinen Sohn. Wenn seine Bürger miteinander im Streit liegen, prüft der König den Fall, um dem Streit auf den Grund zu gehen, und entscheidet dann in gerechter Weise. Er duldet keine Diebe und begünstigt keine Hehler. Wenn er jemandes Reichtum sieht, wird er nicht wütend. Wenn jemand auf einem Elefanten zu ihm kommt, um sein Land unter den Schutz des Königs zu stellen, dann lässt er ihm großzügige Hilfe zuteil werden. Wenn jemand ohne Elefanten und Pferde, ohne adliges Gefolge und ohne Gold und Silber zu ihm kommt, so gibt er ihm etwas, dass er einen Hausstand begründen möge. Wenn er Kriegsgefangene macht, lässt er sie nicht töten oder schlagen. Drüben am Tor hat er eine Glocke aufhängen lassen: Wenn ein Bewohner seines Landes Grund zur Klage hat, dass ihm der Leib schmerzt und das Herz weint, dann geht er hin und schlägt diese Glocke. König Ramkhamhaeng, der Herrscher des Königreichs, wird den Ruf erhören und das Anliegen des Bewohners prüfen, auf dass er eine gerechte Entscheidung treffe. Daher preist ihn das Volk von Sukhothai.«

Ob die königliche Schrift auch Elefantenhandel erlaubte, wenn diese aus Stein sind, ist nicht überliefert …

Der schönste schreitende Buddha

Ramkhamhaeng-Museum

Das 1964 eröffnete Ramkhamhaeng-Museum enthält zahlreiche Funde wie **Statuen, Stuckarbeiten** und **Keramiken** aus Sukhothai, Si Satchanalai und Kamphaeng Phet, den drei Hauptstädten des Reichs. Es gibt einen guten Überblick über die **Entwicklung des Sukhothai-Stils** von den Anfängen, in denen noch die Khmer-Kultur vorherrschte, bis zur stark vom Ayutthaya-Stil geprägten Endzeit. Hervorzuheben sind ein **schreitender Buddha**, der als die schönste Darstellung dieser Art gilt, ein sitzender Buddha aus dem **Wat Chang Lom** in Si Satchanalai sowie ein sitzender Bronze-Buddha. Im **Garten** des Museums befinden sich weitere Statuen und ein Keramikofen.

Tgl. 9 – 16 Uhr | Eintritt: 150 Baht

Der prachtvollste Wat

Wat Mahathat

Mahathat war der frühere Königstempel mit **185 Chedis** in der Blütezeit und einer **monumentalen Buddha-Statue** aus dem 14. Jh., die von mächtigen Säulen des ehemaligen Bot flankiert wird. Das Wat, neben dem früheren Königspalast gelegen, von dessen aus Holz errichteten Gebäuden keine Spuren mehr vorhanden sind, nahm eine Fläche von **40 000 m²** ein. Eine von Toren durchbrochene Mauer umgab den Bezirk. Am beeindruckendsten ist das **Zentrum** der Anlage, ein Hauptchedi mit einem Viharn sowie einem Bot. Der hochragende, fein gegliederte Chedi in reinem Sukhothai-Stil läuft in einer Lotosknospenspitze aus. Der Mittelteil gleicht den **Khmer-Prangs**: Den hohen, rechteckigen Sockel ziert unten eine Adorantenprozession mit 40 etwa 1 m hohen Figuren auf jeder Seite. Die Nischen der vier Eckkapellen zeigen schöne Stuckarbeiten, Rosetten, Szenen aus dem Leben Buddhas, Götter und Dämonen im Widerstreit; in den Nischen stehen wie auch auf dem Sockelsims **Buddha-Figuren**. Vier Khmer-Prangs in der Mitte jeder Seite bezeichnen die vier Himmelsrichtungen. Auf der Ostseite führt eine hohe Treppe in das Innere des zentralen Chedi. Von einem kleinen **Viharn aus dem 14. Jh.** im Stil der Ayutthaya-Zeit mit der Figur eines sitzenden Buddha und dem mächtigen Bot (40 x 15 m) stehen noch die Säulen. Besonders die **Säulenreihen** des fünfschiffigen Bot ergeben ein eindrucksvolles Bild. Dieser Bot enthielt einst die vergoldete Figur des **Phra Buddha Shakyamuni**, die Rama I. Ende des 18. Jh.s in den Wat Suthat nach Bangkok bringen ließ. In den Mondhops finden sich zu beiden Seiten die in schützenden Nischen eingelassenen, 8 m hohen Figuren stehender Buddhas. In den umliegenden, zerfallenen Chedis wurden vermutlich die **Aschen** verstorbener Mitglieder der Königsfamilie beigesetzt.

Vom Hinduismus zum Buddhismus

Wat Si Sawai

Der von einem Wassergraben und zwei Mauern umgebene Wat Si Sawai wurde im 12./13. Jh., also vor der Gründung der Hauptstadt

DIE HAND BUDDHAS

Ein Mönch in knallorangener Robe kniet direkt vor der riesigen Hand einer Kolossalstatue von Buddha in Sukhothai, deren Finger gerade nach unten gerichtet, schlank und elegant fast den Boden berühren. Der junge Mönch faltet seine Hände, führt sie bedächtig hoch zu seiner Stirn und richtet die Fingerspitzen nach oben. Wie schön die steinernen und lebendigen Hände, nach unten und oben gerichtet, korrespondieren ...

Sukhothai, im Khmer-Stil erbaut und diente zunächst dem **Hindu-Kult**. Erst nach dem Anbau von Bot und Viharn war er ein buddhistisches Heiligtum. Charakteristisch sind die drei je sieben Etagen hohen **Prangs aus Ziegeln**, die mit Steinplatten und Stuck verkleidet waren. In den Giebelfeldern der oberen Etage stehen noch Buddha-Figuren. Fragmente der Reliefs, die ursprünglich die Mauern der Prangs zierten, sind im **Ramkhamhaeng-Museum** zu sehen.

Schatz im Silbersee

Wat Traphang Ngoen

Auf einer Insel steht der mit **roten Lotosblüten** bedeckte Wat Traphang Ngoen (Silbersee) mit schönem Chedi und Säulen eines größeren Viharn. In den Nischen des Chedi stehen **Buddha-Figuren**, seine Spitze bildet eine **Lotosknospe**.

Im singhalesischen Stil

Wat Chana Songkhram

Der Wat Chana Songkhram mit einem **glockenförmigen Chedi** in singhalesischem Stil und den Sockeln zweier verschwundener Heiligtümer steht auf einer erhöhten Plattform. Das zerfallene kleine Gebäude südlich dieses Wats wurde über dem symbolischen Grundstein der Stadt, dem **Lak Muang**, erbaut.

Im Lotusblütenteich

Wat Sra Si

Der Wat Sra Si auf einer kleinen **Insel** muss sehr **prächtig** gewesen sein. Zu ihm gehören zehn von ceylonesischem Stil beeinflusste Chedis. Von dem großen Viharn stehen noch sechs Säulenreihen und die schöne Figur eines **sitzenden Buddha**. Den steinernen **Fußabdruck Buddhas** entdeckte vermutlich König Liu Thai im Jahr 1359. Der Bot steht in einem mit Lotosblüten bedeckten Teich.

Über einen Teich voller Lotusblüten geht es zum Wat Sra Si auf einer kleinen Insel.

Die Gebäude des von Mönchen bewohnten Wat am Ufer stammen aus neuerer Zeit.

Die Mischung macht's

Wat Trakuan

Zahlreiche **Buddha-Figuren** im frühen Sukhothai-Stil wurden in den Ruinen des Wat Trakuan gefunden, von dem nur noch ein schöner Chedi und der Sockel des Viharn zu sehen sind: Sie zeigen eine eigenartige Mischung von **ceylonesischen Elementen** und solchen des **Chiang-Saen-Stils**.

Weibliche Gottheiten

San Ta Pha Daeng

Der im 12./13. Jh. erbaute San Ta Pha Daeng zählt zu den **bedeutendsten Khmer-Ruinen** auf thailändischem Boden. Das Heiligtum steht auf einem 3 m hohen Sockel und besitzt vier Vorhallen, wo man fünf steinerne Fragmente von männlichen und weiblichen Hindu-Gottheiten im **Stil von Angkor Wat** fand.

Auf einem Elefantensockel gebaut

Wat Sorasak

Der Wat Sorasak wurde 1412, also in der Spätzeit des Sukhothai-Reichs, errichtet. Der Chedi in singhalesischem Stil wird von **24 Elefanten** getragen. Die Nischen sind mit Statuen besetzt, die Buddha in **westlicher Sitzhaltung**, also mit herabhängenden Beinen zeigen.

Wahrlich kolossal: die einst vergoldete Buddha-Statue von Wat Si Chum

Verlässt man den Stadtkern durch das Tor **Pratu San Luang**, gelangt man zu zwei weiteren Heiligtümern und zu den Keramiköfen.

Nördlich des Mauerrings

Wat Phra Pai Luang

Der weitläufige, von einem Wassergraben umgebene Wat Phra Pai Luang ist eines der **ältesten Heiligtümer** und war wohl eines der wichtigsten in diesem Gebiet; er wurde vermutlich um 1200 errichtet. Von den drei mit Stuck verkleideten Prangs aus **Laterit** steht noch der nördliche. Auf dem Giebel der Blendtür ist Buddha mit **Adoranten** dargestellt, die Stufen dieses Chedi wie auch die Basis des verfallenen östlichen Chedi zieren schöne Figuren aus Stuck. Vom Viharn sind noch die Begrenzungsmauer, die Fundamente und Reste der vier Säulenreihen zu sehen. Im Mondhop fand man Statuen, die **Buddha in den vier Grundhaltungen** zeigen. Vermutlich war dieses Heiligtum der Haupt-Wat der alten Stadt zu Zeiten der Khmer, bevor er von den Thai etwas weiter südl. auf das heutige Gelände der Ruinenstadt verlegt wurde.

Anmut auf fast 15 m

Der **Mondhop** des Wat Si Chum, ein massiger, fensterloser, quaderförmiger Bau (22 x 28 x 15 m), steht auf einem 4,30 m hohen Sockel, die Mauern sind 3 m dick. Durch einen Zugang in der südlichen Mauer kann man das **Dach ersteigen**. Die Decke dieses Gangs war einst mit kunstvoll gravierten Steinplatten geschmückt – eine ist im Ramkhamhaeng-Museum zu sehen, eine weitere im Nationalmuseum von Bangkok –, die in schwungvoller Linienführung Szenen aus den Leben Buddhas zeigen. Die Darstellungen sind von **herausragender Schönheit**, sie verraten den Einfluss singhalesisch-indischer Maler und weisen Ähnlichkeit mit der Tempelmauer von Polonnaruwa auf Sri Lanka auf. Im Innern des Mondhop befindet sich die **Kolossalstatue** (14,70 m hoch) eines sitzenden Buddha, die früher vergoldet war. Wahrscheinlich handelt es sich dabei um den von König Ramkhamhaeng im Jahr 1292 in einer Inschrift erwähnten **Phra Achana**. Dem Mondhop vorgelagert ist ein Bot mit einer Grundfläche von 21 x 12 m, dessen 13 Säulen aus mit Stuck verkleidetem Limonit, einem Mineral, noch stehen. Nördlich des Mondhop liegen die Ruinen eines kleinen Viharn und eines Ziegelbaus, der die Figur eines sitzenden Buddha birgt.

Beginn einer neuen Zeit

Keramikofen

13 Öfen soll es einst gegeben haben; ein Modell steht im Ramkhamhaeng-Museum. Die **Keramik- und Ziegelherstellung** begann um 1300, als König Ramkhamhaeng mehrere Hundert **Töpfer aus China** mitbrachte, und dauerte bis zur Mitte des 15. Jh.s, als Kriege die Produktion beeinträchtigten.

Westlich des Mauerrings

Tempelruinen

Von den Ruinen im Westen des alten Stadtkerns sind heute nur noch wenige sehenswert, einige von ihnen werden noch restauriert. Der **Wat Pa Mamuang** war in der Sukhothai-Zeit ein religiöses Zentrum. Inschriften in Pali, Khmer und Thai (heute im Nationalmuseum von Bangkok) geben über seine Geschichte Auskunft. Zu sehen sind noch die Basis des Mondhop, die Sockel mehrerer kleiner Chedis und die Ruine des Bot. Der **Ho Thewalai** steht auf einer hohen Plattform, zu dem eine Treppe hinaufführt; acht Säulen stehen noch von diesem Hindu-Heiligtum. Der Sockel des Chedi im **Wat Chang Rob** wird von 24 Elefanten getragen (▶ Abbildung S. 332), davor sind – außer einigen Trümmerstücken – noch die Lateritsäulen des einstigen Viharn zu sehen.

Buddhas schützende Haltung

Der Wat Sapan Hin liegt auf einer **Anhöhe** am Rand der **Yom-Ebene**, von der sich eine **schöne Aussicht** bis zu den Bergen von Si Satchanalai bietet. Zum Kloster führt ein mit Steinplatten belegter

Weg; daher auch der Name **Tempel der steinernen Brücke**. Eindrucksvoll ist die nun im Freien an eine Ziegelmauer angelehnte **12,50 m** hohe Figur eines stehenden Buddha im Sukhothai-Stil, die rechte Hand im **Gestus der Schutzgewährung** erhoben. In der Nähe sieht man die Statue eines sitzenden Buddha, ebenfalls im Sukhothai-Stil.

Thai- und Khmer-Stil gemischt

Interessant ist auch der Wat Phra Bat Noi, der **Wat zum Fußabdruck Buddhas**, mit einem eigenwilligen Chedi, einer Mischung von Thai- und Khmer-Stil. Der auf quadratischer Basis ruhende Mittelteil enthält an jeder Seite eine Nische, die mit einer kleineren Buddha-Statue besetzt ist. Der untere Teil der Spitze zeigt senkrecht verlaufende Rippen, die ebenso wie die Nischen mit Skulpturen vorwiegend hinduistischer Motive verziert sind. Der **Fußabdruck** aus dem Viharn befindet sich im Ramkhamhaeng-Museum in der Stadt.

Südlich des Mauerrings

Im Wat Chetuphon findet sich ein besonders schönes Beispiel für die **Bildhauerkunst** im klassischen Sukhothai-Stil: ein schreitender Buddha aus Stuck, der als Einziger von vieren einigermaßen gut erhalten blieb. Die anderen drei zeigten Buddha in sitzender, stehender und liegender Haltung. Sie besetzten die Außenwände des Mondhop, eines massigen Ziegelbaus, der das **Zentrum des Tempelbezirks** bildete. Der Chedi in Form eines Mondhop enthält die Buddha-Figur **Phra Si Arijya Maitreya**, den Buddha der Zukunft. Einzigartig sind auch die Mauern aus Schiefer, deren Skulptierung Holzarbeiten imitiert.

Seltene Mondsteine

Wat Pichit Kitti Kalanyaram

Weithin sichtbar ist der hohe, glockenförmige Chedi des Wat Pichit Kitti Kalanyaram aus dem Jahr 1403. Die quadratische Basis hat eine Kantenlänge von 15 m. Es finden sich noch einige schön skulptierte Mondsteine, die in **Sri Lanka** häufig, in Thailand jedoch nur selten anzutreffen sind.

Östlich des Mauerrings

An der Straße nach Neu-Sukhothai steht der Wat Traphang Thong Lang mit schönen **Stuckreliefs** an der Fassade. Das Flachrelief an der Südseite gilt als das beste seiner Art im Sukhothai-Stil: Es zeigt, wie der Erleuchtete, über Stufen schreitend, vom Himmel Tavatimsa

OBEN: Wat Traphang Thong Lang liegt östlich des Mauerrings in Richtung Neu-Sukhothai.
UNTEN: Buddha gewährt im Wat Sapan Hin mit seiner Handhaltung Schutz.

heruntersteigt. Buddha, beschützt von zwei Ehrenschirmen, wird begleitet von den Hindu-Göttern **Indra** und **Brahma** sowie von Adoranten. Man nimmt an, dass dies die erste, während der Sukhothai-Zeit erfundene, bildnerische **Darstellung des schreitenden Buddha** ist. Ein weiteres Flachrelief an der Nordseite des Bot zeigt auf weniger kunstvolle Art, wie Buddha den Elefanten **Nalagiri**, den sein Vetter Devadatta gegen ihn aufgehetzt hatte, zähmt. Das Relief an der Westwand zeigt Buddha unter einem Mangobaum bei der Vollbringung des **Wunders von Sravasti**.

Kraft und Noblesse

Wat Chedi Sung

Weiter östlich steht der Wat Chedi Sung mit einem hoch aufragenden, wirkungsvoll gegliederten Chedi, bei dem sich Kraft und Noblesse die Waage halten. Dieser mit Stuck verkleidete Chedi aus dem späten 14. Jh. zählt zu den **schönsten sakralen Bauten** der Sukhothai-Architektur. Der hohe Unterbau auf quadratischem Sockel weist Srivijaya-Stilmerkmale auf, während die Glocke auf achteckiger Basis eindeutig **singhalesischen Charakter** besitzt.

SURATTHANI

Region: Südthailand
Provinz: Suratthani
Höhe: 8 m ü. d. M.
Einwohnerzahl: 52 000

Früher hieß es: Wer nach ► Ko Samui möchte, muss nach Suratthani. Vom dortigen Pier gingen die Boote ab. Inzwischen nehmen die meisten den Flieger, und Suratthani ist ein wenig in den Hintergrund gerückt. Schade eigentlich, denn der Nachtmarkt ist immer noch so gut wie früher, und in der Nähe liegt mit Wat Phra Mahathat einer der meistverehrten Tempel Südthailands.

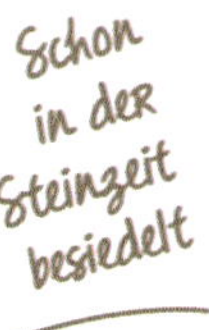

Suratthani liegt in der fruchtbaren Ebene an der Mündung des Ta Pi in den **Golf von Thailand**. Die Region war zwar bereits während der Steinzeit besiedelt, bietet jedoch heute keine besonderen Attraktionen, wenn man vom schönen **Nachtmarkt** und **Wat Dei Tamaram** absieht: Der recht junge Tempel besitzt einen prachtvollen, hohen Viharn mit reich verziertem Giebel. Wesentlich älter sind die martialisch anmutenden **Dämonen**, welche die Anlage bewachen.

Rund um Suratthani

Sprungbrett ins Paradies

Die umgebende **Landschaft** gehört zu den schönsten Gebieten in Thailand. Die **Dolomitfelsen**, die aus dem dichten **tropischen Regenwald** ragen, erreichen Höhen von bis zu 1000 m. Es gibt nicht weniger als sechs, allerdings schwer zugängliche **Nationalparks** im Umkreis von 100 km, und vor der Küste liegen Ko Samui und rund 50 weitere **Inseln**. Deshalb galt Suratthani früher als das Sprungbrett ins Inselparadies.

Ban Chaiya

Wat Phra Mahathat

Etwa 50 km nördlich liegt, in der Nähe der Stadt **Chaiya**, der von Mauern umgebene Wat Phra Mahathat, einer der **meistverehrten Tempel Südthailands**. Der älteste Teil der Anlage stammt aus dem **8./9. Jh.**: Die Stupa wurde zwar restauriert, scheint jedoch in der ursprünglichen Form erhalten zu sein; ein schönes Beispiel für die Architektur des stark javanisch beeinflussten **Srivijaya-Stils**. Wie die weltbekannte Tempelanlage Borobodur auf Java ist der Wat auf einem quadratischen Unterbau mit umlaufenden Gesimsen errichtet und besitzt mehrere kleine Vorbauten und ein dreifach gestuftes

Wo soll's hingehen? Rund 50 Inseln stehen zur Auswahl.

SURATTHANI ERLEBEN

TOURISM AUTHORITY OF THAILAND (TAT)
5 Thalad Mai Road
Tel. 077 28 88 17
www.tourismthailand.org/suratthani

ANREISE

Auto
Von Bangkok Nationalstraße 4, ab Chumphon die 41; etwa 650 km.

Bus
Von Bangkoks Southern Bus Terminal mehrfach tgl. in 10 Std., auch über Nacht mit Sleeper-Sitzen.

Bahn
Von Bangkok-Hualampong mehrfach tgl. in 11 Std., auch über Nacht im Liegewagon. Reservierung nötig.

Flug
Tgl. von Bangkok in 1 Std.

100 ISLANDS RESORT & SPA €
Erstaunlich gutes Provinzhotel mit sauberen und im Thai-Stil gehaltenen Zimmern sowie einem hübsch angelegten Garten mit Pool, der die Lage unweit der Schnellstraße vergessen lässt. 62 Zi., Restaurant, Swimmingpool, Spa.
19 Bypass Road | Tel. 077 20 11 50
www.100islandsresort.com

Wer in Suratthani hängen bleibt oder hängen bleiben will, sollte sein Abendessen auf jeden Fall auf dem vielfältigen Nachtmarkt einnehmen.

Auch zum anschließenden Shoppen eignet sich der Nachtmarkt bestens. Östlich von Chaiya liegt das auf Pfählen erbaute Fischerdorf Ban Pou Ma Riang, das für seine Seidenweberei bekannt ist.

Dach, das von vielen kleinen Stupas gekrönt wird. Beachtenswert ist auch der Chedi, der jedoch neueren Datums sein dürfte. Das kleine **Museum** in der Nähe beherbergt Kopien der in Chaiya gefundenen Statuen wie die Bronzefigur des **Buddha von Grahi**. Die Originale sind im Nationalmuseum von Bangkok zu sehen.

Meditieren im Kloster

Wat Suan Mokkhapalaram

7 km außerhalb von Chaiya liegt Wat Suan Mokkhapalaram, ein weithin bekanntes **Meditationszentrum**. Der Name lautet übersetzt: Garten der Befreiung. Die Flachreliefs im Wat stellen Episoden aus dem **Leben Buddhas** dar, die Malereien im Innern erzählen die **Geschichte des Buddhismus**. Angeboten werden 10-tägige Meditationskurse, auch für westliche Ausländer, mit Unterkunft und Verpflegung. Eine persönliche Vorsprache ist jedoch erforderlich (www.suanmokkh.org)! Begründet wurde das Kloster durch den in ganz

Thailand bekannten Mönch **Ajan Buddhadasa Bikkhu**, dessen Lehre sich aus verschiedenen Elementen des Therawada- und Zen-Buddhismus sowie des Taoismus zusammensetzt.

SURIN

Region: Nordostthailand
Provinz: Surin
Höhe: 145 m ü. d. M.
Einwohnerzahl: 40 000

Ob lockeres Fußballspiel oder glanzvolle Parade geschmückter Kriegselefanten: Wenn jedes Jahr im November in Surin die Dickhäuter beim Elefantenauftrieb den Ort beherrschen, ist die Provinzstadt für ein paar Tage die Hauptstadt Thailands. Denn der Elefant wird im Königreich nicht nur geschätzt, sondern hoch verehrt. Ansonsten ist Surin ein guter Ausgangspunkt zu einem der wichtigsten Khmer-Tempel, dem Prasat Phanom Rung.

Surin, in der weiten Ebene am südlichen. Rand des Khorat-Plateaus gelegen, ist zwar ein Zentrum der thailändischen **Seidenherstellung** und Seidenweberei und zum Teil auf den Fundamenten einer alten Khmer-Siedlung erbaut, bietet aber abgesehen vom Elefantenauftrieb mit bis zu 300 Dickhäutern, seit 1960 alljährlich in der dritten November-Woche, keine weiteren Akzente. Die mächtigen Tiere zeigen u. a. ihre Geschicklichkeit beim Transportieren von Baumstämmen und ihren Eifer bei sportlichen Wettkämpfen. Die Parade geschmückter und gepanzerter Kriegselefanten bildet den **Höhepunkt**. Toll ist aber auch das Elefantenfrühstück mit mehreren Tonnen Obst und Gemüse für die Burschen am Tag vor der Eröffnung.

Wohin in Surin und Umgebung?

Noch ein Elefantenfest

Ban Ta Klang

Surin verdankt seinen Ruf v. a. dem **Elefantendorf** Ban Ta Klang, das 60 km entfernt liegt. Die meisten Einwohner gehören zur Minderheit der **Suay**, einer ethnischen Gruppe, deren Sprache sich vom Thailändischen stark unterscheidet. **Elefanten als Arbeitstiere** zu trainieren, hat bei den Suay eine lange Tradition. Seit Jahrhunderten haben die Suay-Männer in den Dschungeln Nordthailands und Kambodschas wilde Elefanten gefangen, sie gezähmt und als Kriegselefanten

In Surin dreht sich auch beim bunten Elephant Festival alles um die Dickhäuter.

für die Thai-Regenten oder für die Waldarbeit abgerichtet. Insgesamt leben dort an die **200 Elefanten** mit ihren Mahouts. Und es gibt noch ein weiteres Spektakel: das farbenfrohe **Elephant Ordinary Traditional Festival**, jedes Jahr Mitte Mai.

Shivas Heim – streng geometrisch

Wat Prasat Phanom Rung

Einer der bedeutendsten **Khmer-Bauten** in Thailand ist – neben Phimai – der Wat Prasat Phanom Rung, eine wichtige Station und **Kultstätte** am Weg zwischen **Angkor Wat**, der Hauptstadt des Reichs im heutigen Kambodscha, und **Phimai**. Der Wat liegt knapp 70 km südwestlich auf der Kuppe eines 380 m hohen Bergs, eines erloschenen Vulkans, von der aus man nach Norden die Ebene und nach Süden hin die dicht bewaldeten Berghänge überblickt. Einst symbolisierte die Tempelanlage die Wohnstätte Shivas. Die streng geometrische Anlage zeugt von einem kraftvollen und auf Repräsentation bedachten Willen der Khmer-Architekten.

Mehrfach wurde der Tempelbezirk erweitert, insbesondere während der Regentschaft des birmanischen Königs **Suryavarman II.** Von einem U-förmigen Bau, dem **Rung Chang Puak**, von dem noch einige Mauern stehen, gelangt man über eine 12 m breite Steintreppe und von Steinpfeilern gesäumte Straße zu einer monumentalen, durch Absätze gegliederten weiteren Treppe. Die **Skulpturen** im Eingangsbereich stellen Szenen aus der hinduistischen Mythologie dar. Im Innern befinden sich an der Umfassungsmauer Galerien, die sich zum Innenhof hin durch kreuzförmige Torbauten und Fenster öffnen. Die **ältesten Gebäude** sind drei aus Ziegeln erbaute Prangs, von denen zwei aus dem **10. Jh.** stammende als Ruinen noch erhalten sind. Die beiden Gebäude aus Laterit zu beiden Seiten des Haupteingangs wurden im 12. Jh. errichtet, die Reste eines kleinen Prangs aus Sandstein mit schönen Skulpturen hat man zu einer Kapelle umgestaltet.

Tortürme zeigen den Weg

Das Hauptheiligtum

Ein **Prang aus Sandstein** auf quadratischem Sockel, der einem kleineren Prang übergestülpt wurde, stammt vermutlich aus dem 10./11. Jh. und ist das Haupheiligtum. Dem Turm sind an allen Seiten Tortürme, Gopura, vorgelagert, die den Zugang zum heiligen Bezirk kennzeichnen. Der östliche Vorbau setzt sich fort bis zur offenen, 8 x 10 m großen Halle **Mandapa**. Die Skulpturen (10./11. Jh.) an den Giebelfeldern, Türstürzen, Mauern und Pfeilern sind von **höchster künstlerischer Qualität**. Die figürlichen Darstellungen zeigen Sze-

SURIN ERLEBEN

ANREISE

Auto: Von Bangkok aus über Straßen 1, 2 und 226; etwa 460 km.

Bus: Von Bangkoks Northern Bus Terminal tgl. in 6 Std.

Bahn: Von Bangkoks Hauptbahnhof Hua Lumphong tgl. in 6 Std. Zum Elefantenfest verkehren von Bangkok Sonderzüge (Buchung im Reisebüro).

THONG TARIN €

Mitten in der Stadt gelegenes, modernes und komfortables Mittelklassehotel. Hohe Preise während des Elefantenfests, zu dem man auch lange im Voraus reservieren sollte! 220 Zi., Restaurant, Pool.
60 Sirirat Road
Tel. 044 51 42 81
www.thongtarinhotel.com

Die Gegend ist für ihre exquisite Seide und fein gefertigten Silberschmuck bekannt. Besonders in den Dörfern Ban Kha Wao Sinnarin, Ban Chok und Ban Sado, jeweils keine 10 km von Surin entfernt, kann man bei der Herstellung zusehen und auch das eine oder andere Stück kaufen. Am Grenzübergang nach Kambodscha, Chong Chom, gibt es zudem einen Markt, auf dem man Kunsthandwerk aus Thailand und aus Kambodscha erstehen kann.

nen aus der indischen Mythologie. Über der östlichen Innentüre des Heiligtums sind fünf **Eremiten** dargestellt, von denen einer besonders hervorgehoben ist. Eine Legende berichtet von einem hoch geachteten Mann, der sich in diese Einsiedelei zurückzog. Für ihn seien die ersten Bauten von Prasat Phanom Rung errichtet worden.

Tgl. 8 – 17.30 Uhr | Eintritt: 150 Baht

Die weitere Umgebung

Überall Khmer-Bauten

Der Isan, besonders entlang der südlichen Grenze Kambodschas zu Thailand, ist mit bedeutenden **Khmer-Ruinen** übersät. In der Nähe von Surin sind es noch drei Anlagen aus dem 11. Jh.: Der **Prasat Muang Tam** beeindruckt durch seine lebendig wirkenden Skulpturen und der geradezu romantischen Lage an einem See. Gleiches gilt für den **Prasat Yai Ngao**, während vom **Prasat Pluang** nur ein von Wasserbecken umgebener Turm erhalten blieb. Schließlich noch der **Prasat Phnum Pon** aus dem 7. Jh.: Türstürze und Säulen zeigen Skulpturen, Girlanden, Blütengehänge und blätterverzierte Medaillons.

TRAT

Region: Südostthailand
Provinz: Trat
Höhe: bis 25 m ü. d. M.
Einwohnerzahl: 14 000

F 11

Kambodscha ist in Sichtweite. ▶ Ko Chang, Thailands drittgrößte Insel, sowie rund 50 weitere Eilande sind auch nur ein paar Kilometer entfernt. Und einmal kam Trat sogar in die Weltnachrichten: In den 1970er-Jahren fanden dort Vietnamesen und Kambodschaner Zuflucht vor dem brutalen Pol-Pot-Regime.

Obst und Edelsteine

Hunderttausende flüchteten über das Meer, oft in kleinen Fischerbooten. Nach dem Frieden 1991 kehrten viele wieder in ihr Heimatland zurück. Seitdem ist Trat, v. a. wegen seiner Lage und dem östlichsten Flughafen des Landes, auch für den Tourismus bedeutsam. Wie das ▶ Chanthaburi ist auch Trat ein Edelsteinzentrum mit zahlreichen Minen in der Umgebung, in denen zumeist im Tagebau **Rubine und Saphire** gefördert werden. Der Besuch auf eigene Faust ist möglich. Ein weiteres wirtschaftliches Standbein ist der großflächige Anbau von Obst und Gemüse. Es gedeihen v. a. viele Obstsorten, die in alle Landesteile exportiert werden. Sehenswertes gibt es in Trat kaum, die Tempelanlagen stammen fast alle aus neuerer Zeit.

TRAT ERLEBEN

TOURISM AUTHORITY OF THAILAND (TAT)
1, Trat Laem Ngob Road
Tel. 039 59 72 59
www.tourismthailand.org/trat

ANREISE

Auto
Von Bangkok über die Nationalstraßen 34, 344 und 3 (400 km); von Pattaya sind es 290 km.

Bus
Tgl. mehrfach von Bangkok und Pattaya (6 Std. bzw. 3,5 Std.).

RESIDANG HOUSE €
Falls man nicht mehr weiter kommt, ist dieses ganz einfache Gästehaus recht nützlich. Es ist sauber, und die Zimmer sind mit Ventilator oder Klimaanlage ausgestattet. Kein Zimmer kostet mehr als 900 Baht, nicht mal das Familienzimmer für 4 Personen. Die Betreiberfamilie spricht deutsch und besorgt auch die Tickets für die Fähre auf die Inseln. 12 Zi.
87, Thanacharoen Road
Tel. 089 2 24 18 66
www.trat-hotel-residang.com

Wohin in Trat?

Die Asche Buddhas

Wat Burpharam

Eine Ausnahme ist der **Bupharam-Tempel**, in dem der Legende nach ein Teil von Buddhas Asche aufbewahrt wird. Außerdem sind der **Wat Chai Mongkol** mit einigen überwachsenen Chedis aus der Ayutthaya-Zeit und **Wat Yotha Ximit** mit kunstvollen Wandmalereien erwähnenswert.

Vom König erbaut

Stadtsäule

In der Lak Mueang Road befindet sich die Stadtsäule in einem im **chinesischen Stil** errichteten Gebäude. Es wurde von König Taksin erbaut und wird von den Einheimischen sehr verehrt.

Inseln und Kambodscha

Die Umgebung

Trat ist der beste Ausgangsort nach **Ko Chang** und zum **Ko Chang National Marine Park**. Dazu fährt man in den 10 km entfernten und südwestlich gelegenen Fischer- und Hafenort **Laem Ngob**, wo die Fähren ablegen.
Gen Osten verengt sich das thailändische Staatsgebiet kurz hinter Trat zu einem nur etwa 88 km langen, sehr schmalen Landstreifen mit einer überaus **reizvollen Landschaft**. Die **Khao-Banthat-Bergkette** bildet die natürliche Grenze zu Kambodscha.

★★ UBON RATCHATHANI

Region: Nordostthailand
Provinz: Ubon Ratchathani
Höhe: 146 m ü. d. M.
Einwohnerzahl: 80 000

H8

Die Königliche Stadt der Lotosblüte liegt schön am Menam Mun nahe des Dreiländerecks Thailand, Laos und Kambodscha, hat jedoch selbst kaum Sehenswertes zu bieten. Dafür erreicht man von Ubon aus die einzigartige Tempelanlage Khao Phra Viharn. Um diesen außergewöhnlichen Wat besuchen zu können, muss man über die kambodschanische Grenze. Dieser Tempel hat sogar den internationalen Gerichtshof in Den Haag beschäftigt …

Drei architektonische Stile

Ubons prächtige Tempelanlagen sind fast ausnahmslos aus jüngerer Zeit und kulturhistorisch wenig bedeutsam. Sehenswert sind dennoch **Wat Si Ubonat Thalam**, in dessen weitläufiger Anlage ein schöner Viharn steht, sowie der unter König Rama IV. errichtete **Wat Supattanaramworwihan**, der mit Khmer-, Thai- und europäischen Elementen gleich drei architektonische Stile aufweist.

Wohin in Ubon Ratchathani und Umgebung?

Wat Phra That Nongbua

Unübersehbar
55 m ragt der zentrale Chedi, das **höchste Bauwerk** der Stadt, über die anderen Gebäude von Wat Phra That Nongbua hinaus. Die ungewöhnliche Form hat ihre Wurzeln im indischen **Bodhgaya-Tempel**. Der **weiß-goldene Chedi** wurde zwar erst 1956, anlässlich der 2500-Jahr-Feier des Buddhismus, erbaut, ist aber einen Besuch wert.

Das Kerzenfest

Zu Buddhas erster Predigt
Alljährlich wird in Ubon anlässlich des Anfangs der buddhistischen Fastenzeit Mitte/Ende Juli das **Candle Festival** gefeiert, bei dem mit religiösen Zeremonien der ersten Predigt Buddhas nach seiner Erleuchtung gedacht wird. Bei diesem Kerzenfest werden **kunstvoll verzierte**, bis zu 2 m hohe Kerzen durch die Straßen gefahren. Die schönsten Kerzen erhalten **Preise** und werden den Tempeln der Umgebung gestiftet.

Wat Phokhao-kaeo

43 km östlich der Stadt stößt man auf den sehr schönen Wat Phokhaokaeo mit Gebäuden aus **rotgebrannten Tonziegeln**. Vom Viharn

Höchstes Bauwerk von Ubon Ratchathani: der Chedi von Wat Phra That Nongbua

mit kunstvoll geschnitzten Türen und Fensterläden auf einer rechteckigen Basis hat man einen guten Blick über das Land.

Gute und böse Geister

Sao Chaliang

Vorbei an der Zufahrt zum Kang-Tana-Nationalpark erreicht man kurz vor dem Ort Pa Tham das **Naturdenkmal** Sao Chaliang. Wind und Wetter haben an dieser Stelle eine imposante **Felsengruppe** geschaffen, die bei der einheimischen Bevölkerung als Sitz guter wie böser Geister gilt.

In Fels gemalt

Pa Tham

Eine der größten **Überraschungen** für die thailändische Geschichtsforschung war die Entdeckung der Felsmalereien von Pa Tham 1987, glaubte man doch, dass in dieser Region allenfalls eine kulturhistorisch unbedeutende Volksgruppe gesiedelt hätte. Die Malereien hoch über dem Ufer des Mekong sind die **großflächigsten dieser Art** in Thailand. Auf einer Länge von 150 m sind etwa 300 außerordentlich gut erhaltene Zeichnungen zu sehen, die 3 – 4 **Jahrtausende** alt sind und in braunen und roten Farben den Alltag von Fischern und Jägern sowie den Reisanbau zeigen. Beachtlich ist die große **Detailtreue**, in der Gebrauchsgegenstände, Tiere und Menschen abgebildet sind. Man erreicht die Felsmalereien über ein **Plateau**, von dem aus rechter Hand ein 1 km langer Weg hinab entlang der Felswand führt. **Weitere Gemälde** findet man, wenn man dem Weg etwa 30 Minuten weiter folgt. Von einigen Stellen aus bietet sich ein guter Blick über den **Mekong**. Das Gebiet wurde vor einigen Jahren zum **Nationalpark** erklärt. In einem **Besucherzentrum** sind Exponate sowie Informationen über die regionale Geologie zu sehen. Im Pa-Tham-Nationalpark gibt es auch Garküchen und die Möglichkeit, in Bungalows oder im Zelt zu übernachten.

Pa-Tham-Nationalpark: tgl. 8 – 17 Uhr | Eintritt: 300 Baht

25 m tiefer Wasserfall

Nam Tok Soi Sawan

Besonders von **Juni bis Oktober** lohnt sich die Weiterfahrt zum 20 km in nördlicher Richtung liegenden Nam Tok Soi Sawan, wo sich das Wasser über eine Höhe von 25 m in die Tiefe stürzt. Man erreicht den Wasserfall auch zu Fuß auf einem etwa 9 km langen **Wanderweg**, der durch eine **herrliche Landschaft** führt. Im Besucherzentrum kann man für ein geringes Entgelt einen Ranger zur Begleitung engagieren.

Im Wat Buddha Mongkol

Amnat Charoen

Die **geschäftige Kleinstadt** liegt 145 km nördlich von Ubon, ca. 50 km von der Grenze zu Laos entfernt. Geschichtlich oder kunsthistorisch hat sie keine Bedeutung, doch sollte man sich ein wichtiges Heiligtum ansehen, nämlich **Wat Buddha Mongkol**. Die mächtige, 16 m hohe Buddha-Statue steht im Südwesten vor den Toren der Stadt und stammt aus neuerer Zeit. Alljährlich im Februar findet im Heiligtum ein großes **religiöses Fest** statt, zu dem viele Pilger zusammenkommen.

Zankapfel nach indonesischem Vorbild

Wat Khao Phra Viharn

Ein Grenzübergang, 2 km Fußweg, 341 Stufen und vier Etagen müssen bewältigt werden, um einen **puristisch hinduistischen** Tempel zu besuchen, der **1962** zum Zankapfel vor dem **internationalen Gerichtshof** in Den Haag wurde. Der Khao Phra Viharn liegt gemäß einem Urteil des Gerichtshofs auf kambodschanischem Staatsgebiet, ist aufgrund seiner Lage auf einem Felsplateau aber **nur von Thailand her zu erreichen**. Schon deshalb ist Khao Phra Viharn für die Thai immer noch ein Stück Heimat. Erst zwei Jahrzehnte nach seiner Entdeckung wurde dieses **einzigartige Kulturdenkmal** 1989 wieder der Öffentlichkeit zugänglich gemacht. Es gibt zwar keinerlei Grenzformalitäten, aber die Schilder beidseitig des 2 km langen Zugangsweges lassen Erinnerungen aufkommen, dass beide Staaten auch in der jüngsten Geschichte Kriege gegeneinander führten: Die Flächen

UBON RATCHATHANI ERLEBEN

TOURISM AUTHORITY OF THAILAND (TAT)

264/1 Khuenthani Road | Tel. 045 24 37 70 | www.tourismthailand.org/ubonratchathani

ANREISE

Auto
Von Bangkok über die Straßen 1, 2 und 226 (630 km).

Bus
Von Bangkoks Northeastern Bus Terminal tgl. (10 Std.).

Bahn
Von Bangkok-Hualampong tgl. (11 Std.).

Flug
Von Bangkok mehrfach tgl. und von Chiang Mai 1x tgl. (je 1 Std.).

SUNEE GRAND HOTEL €€

Das beste Haus am Platz, ohne Frage, aber dennoch nur ein gutes Mittelklassehotel mit schönen Zimmern, aber keinesfalls ein Grand Hotel. 219 Zi., Restaurant, Swimmingpool, Spa.
1, Chayangkun Road
Tel. 045 35 29 00
www.suneegrandhotel.com

rechts und links des Weges sind z. T. immer noch vermint. Vor einem Besuch sollte man sich auf jeden Fall über die aktuelle Sicherheitslage informieren, da es im **Grenzgebiet** immer wieder zu militärischen Auseinandersetzungen kommt.

Es ist das **bedeutendste Heiligtum** der für ihre Zeugnisse der Khmer-Kultur berühmten Provinz Si Saket: Der Felsentempel Wat Khao Phra Viharn gehört, zusammen mit Phimai zu den wichtigsten Beispielen für die sakrale Architektur der Khmer und kommt einer idealtypischen Khmer-Anlage gleich. Mit einer Gesamtlänge von mehr als 1 km ist der Khao Phra Viharn auch **eine der größten Tempelanlagen** der Khmer und wurde etwa zur gleichen Zeit wie die berühmte Tempelstadt **Angkor Wat** im heutigen Kambodscha, vermutlich unter König Jayavarman II. im 11. Jh., nach indonesischem Vorbild zur Verehrung des Hindu-Gottes **Shiva** erbaut. Gopuram, Tortürme, bilden auf allen vier Ebenen den Zugang zu den Gebäuden. Von der untersten Ebene führt eine mit Nagas besetzte, nur teilweise erhaltene **Treppe** über mehrere Ebenen hinauf zum **Hauptheiligtum**. Auf der zweiten Ebene ist noch ein Prasat (Tempelturm) erhalten, der, wie ein weiterer auf der dritten Ebene, in Form eines Kreuzes angelegt war. Längst ausgetrocknet und mit Gras überwachsen sind die Teiche, in denen einst das **heilige Wasser** gesammelt wurde. Das größtenteils zerfallene **Sanktuarium** lag über viele Jahre hinweg in dichtem Dschungel. Erhalten ist ein **Mondhop**, der wie die wesentlichsten Teile der Gesamtanlage im frühen **Baphuon-Stil** errichtet ist. Von einigen Gebäuden sind nur noch die Grundmauern sichtbar. Zahlreiche in Stein gehauene Buddha-Bildnisse sowie mehrere Reliefs sind dagegen ganz oder teilweise erhalten. Besonders beachtenswert sind die **Pavillons** mit kunstvoll gefertigten Türstürzen und die Reste der Umfassungsmauern. Vom nahe gelegenen **Mor Daeng Cliff**, mit z. T. hervorragend erhaltenen Reliefs sowie die an manchen Stellen gut sichtbaren Felszeichnungen, hat man einen **ausgezeichneten Blick** auf die Tempelanlage und in das Nachbarland Kambodscha. Von Ubon Ratchathani nimmt man zunächst die Straße 24 und ab Km 270 die Straße 221 in südliche Richtung.

Tgl. 5 – 16.30 Uhr

Zum Raketenfest Bun Bang Fai

Yasothon

103 km nordwestlich kommt man nach Yasothon, einer dieser Provinzhauptstädte, die man wohl nie besuchen würde, wenn es da nicht – in diesem Fall – das **Rakentenfest** gäbe. Gegen **Ende der Trockenzeit** im Mai findet Bun Bang Fai statt, das in der ganzen Provinz drei

Von den Felsplateaus des Pa-Tham-Nationalparks schaut man an den Wandmalereien und -gravuren vorbei weit ins grüne Land.

Tage lang gefeiert wird. Salopp formuliert, soll es die Götter daran erinnern, das der Reis jetzt Wasser braucht. Schon Wochen vor dem großen Ereignis bastelt die Bevölkerung eifrig an den Raketen, deren Treibstoff (eine Mischung aus Salpeter und Holzkohle) die Flugkörper (meist Bambusrohre) bis 600 m hoch schießt. Als Zündschnur dient ein Stück safrangelben Stoffes. Ein **farbenprächtiger Festzug** bringt die Raketen zum Startplatz am Rand der Stadt. Die Raketen sind von unterschiedlicher Größe; bis zu 10 m hoch kann die **Hauptrakete** sein. Auf sie kommt es an: Je höher sie fliegt, desto mehr Regen wird fallen und eine gute **Reisernte** sichern. Die Gesichter der Männer sind mit Schlamm dick beschmiert, wohl um die Götter zu täuschen: Sie sollen nicht sehen, dass Menschen hinter dem Bestechungsversuch stecken.

Kissen mit drei Ecken

Ban Si Than

In der Nähe von Yasothon liegt, 20 km östlich, das Dorf Si Than, das bekannt ist für seine **handgewebten Seiden- und Baumwollstoffe**. Von dort stammen die in ganz Thailand beliebten dreieckigen Kissen mit den rautenförmigen Mustern, die in nahezu jedem Haushalt zu finden sind. Im **Pillow Village** sind sie deutlich günstiger zu haben als anderswo.

UDON THANI

Region: Nordostthailand
Provinz: Udon Thani
Höhe: 186 m ü. d. M.
Einwohnerzahl: 155 000

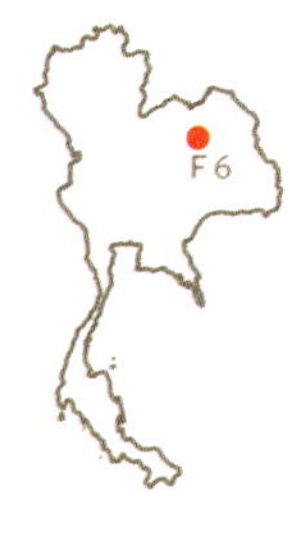

Nach Vientiane, der Hauptstadt von Laos, sind es 70 km, nach Ban Chiang, einer der Wiegen der Menschheit, gerade mal 50, der Menam Luang fließt gemächlich dem Mekong zu und Udon Thani selbst ist Thailands letzte Großstadt vor der Grenze zum Nachbarland Laos. Udon ist eine typisch hektische Isan-Stadt, in der in den letzten Jahren viele Expats mit ihren Thai-Frauen in deren Heimat neue Existenzen aufgebaut haben.

Kurz vor Laos

Endlich mal ein komplett **anderer Stil**: Während die meisten buddhistischen Tempel in Udon Thani aus neuerer Zeit stammen und deshalb wenig bemerkenswert sind, lohnt ein Besuch des **Chinesentempels** Sanjo Pu-Ya, in dem der Pu-Ya-Schrein im Innern des Hauptheiligtums besondere Verehrung zuteil wird. Zu sehen ist eine Statue der Göttin der Barmherzigkeit, Kuan Yin, die auch im Mahayana-Buddhismus hoch verehrt wird.

Rund um Udon Thani

Orchideenfarm

Kaum zu glauben, aber das **erste Parfüm aus Orchideen** wurde 2 km außerhalb von Udon, in der **Sunshine Nursery**, hergestellt. Eine botanische Attraktion aus jüngerer Zeit ist eine Kreuzung verschiedener Kletterbohnen, deren **Blätter zu tanzen beginnen**, wenn man ihnen etwas vorsingt oder mit einem Instrument etwas vorspielt. Das Phänomen wurde von Botanikern untersucht, jedoch ohne Ergebnis.

Tgl. 8 – 17 Uhr

Die Elefantenhöhle

Tham Erawan

25 km in südlicher Richtung stößt man auf die Elefantenhöhle Tham Erawan, die wohl schon in **prähistorischer Zeit** besiedelt war. Durch Löcher und Risse dringt das Tageslicht in die hochgewölbten Hallen. Der **Anstieg** zur Höhle, vorbei an einer riesigen Erawan-Statue, ist allerdings recht mühsam.

Dem Bär auf der Spur

Phu-Kradung-Nationalpark

Steile **Klippen**, eine interessante, für die Region untypische Pflanzen- und Tierwelt und eine reine, trockene, meist auch **erfrischende Luft** kennzeichnen den Park, dessen wildromantische Landschaft schon 1962 zum Nationalpark erklärt wurde. Er besteht im Wesentlichen aus einem bis zu 1316 m hohen **Hochplateau**, das man nach einer etwa 4 – 5-stündigen Wanderung auf gut ausgeschilderten Wegen und vorbei an einigen **Wasserfällen** mit Bademöglichkeit und Aussichtspunkten erreicht. Zunächst geht's durch dichtes Dschungelgebiet mit **Bambuswäldern**. Später erinnern Eichen-, Ahorn- und Pinienwälder eher an **europäische Landschaften**. Nicht jedoch die im Park lebenden Tierarten von Affen bis Hornvögeln: Manchmal bekommt man sogar Bären oder Panther zu Gesicht.

In uriger Landschaft

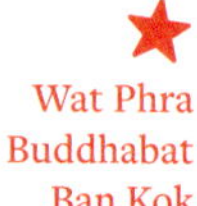

Wat Phra Buddhabat Ban Kok

In die andere Richtung, nämlich 65 km nordwestlich von Udon, liegt Wat Phra Buddhabat Ban Kok in einer eigenartigen **Landschaft**: Durch **Erosion** zerborstene und ausgekehlte riesige **Sandsteinblöcke** geben ihr das Gepräge. Der Tempel liegt malerisch auf dem kahlen Gipfel einer ansonsten dicht bewaldeten Anhöhe mit **wunderschönem Ausblick**. Sehenswert ist Wat Phra Buddhabat Ban Kok v. a. wegen eines symbolischen **Fußabdrucks Buddhas**. Unter einigen Felsen stehen neuere Buddha-Statuen, an den Wänden sieht man

UDON THANI ERLEBEN

TOURISM AUTHORITY OF THAILAND (TAT)

16, Mukmontri Road | Tel. 042 32 54 06 | www.tourismthailand.org/udonthani

ANREISE

Auto
Von Bangkok über die Nationalstraßen 1 und 2 (570 km).

Bus
Von Bangkoks Northeastern Bus Terminal tgl. (9 Std.).

Flug
Von Bangkok-Don Muang mehrmals tgl. (1 Std.).

CENTARA HOTEL €

Eine gute Stadtadresse, Mittelklassestandard, große und komfortabel eingerichtete Zimmer, guter Service. 259 Zi., 2 Restaurants, Swimmingpool, Spa.
277, Prajaksillapakhom Road
Tel. 042 34 35 55
www.centarahotelsresorts.com

Beim Bummel über den Nachtmarkt an der Prajak Silpakorn Road, täglich ab 18 Uhr, trifft man auf zahlreiche Garküchen mit leckeren thailändischen Spezialitäten.

Flachreliefs von sitzenden und stehenden Buddhas aus der Dvaravati-Zeit. Mönche des Wats bieten sich als **Führer** an.

Das Tor nach Laos

Nong Khai

Genau 52 km **gen Norden** sind es, und man erreicht das Tor nach Laos, Nong Khai, denn von der **Grenzstadt** sind es nur **20 km in die laotische Hauptstadt Vientiane**. Für einen Abstecher müssen Sie sich vorab bei der laotischen Botschaft in Bangkok ein **Visum besorgen**. Für die Wiedereinreise nach Thailand erhalten Sie ein sogenanntes **Re-Entry-Visum**. Besonders beeindruckend ist der Blick über den mächtigen Mekong, den größten Strom Südostasiens und achtlängsten Fluss der Erde. 1994 wurde die 1174 m lange Brücke der Freundschaft als **erste Brücke über den Mekong** eingeweiht.
In Nong Khai selbst herrscht noch ein wenig **koloniales Flair** im **französischen Viertel**, das aus jener Zeit stammt, als die Franzosen Kolonialmacht in Laos waren. Die Bäckereien verkaufen bis heute **Baguettes** und **Croissants**. Östlich von Nong Khai liegt **Wat Kaek** mit einer Monumentalstatue eines **meditierenden Buddha** und der Skulptur des indischen Gottes **Ganesha**, der auf einer Ratte reitet. Die bis zu 20 m hohen Tierfiguren aus Zement stellen eine **Parodie** der menschlichen Gesellschaft dar.

H
HINTER-GRUND

Direkt, erstaunlich, fundiert

Unsere Hintergrundinformationen beantworten (fast) alle Ihre Fragen zu Thailand.

Blick über das abendliche Bangkok ▶

SATHORN VISTA

DAS LAND UND SEINE MENSCHEN

Thailand liegt etwa in der Mitte von Südostasien und ist umgeben vom Indischen Ozean, der sich hier in den Golf von Thailand und die Andamanen-See gliedert. Großstadthektik und Tourismushochburgen gehören ebenso zum Landesbild wie abgelegene Bergdörfer und kleine Provinzstädtchen. Ganz nebenbei ist Thailand ein florierender, moderner Staat, und die besondere Gastfreundschaft seiner Bewohner wird seit Langem weithin gerühmt.

Vier Länder als Nachbarn

Thailand grenzt im Nordwesten und Westen an Myanmar (seit 1989 der Staatsname für Birma), im Norden und Nordosten an Laos, im Südosten an Kambodscha und im Süden an Malaysia. Das thailändische Staatsgebiet ist mit einer Fläche von 513 115 km² etwa **eineinhalb Mal so groß wie Deutschland**. Die größte Nord-Süd-Ausdehnung misst 1620 km, von Osten nach Westen sind es 780 km. Die **schmalste Stelle Thailands** findet man bei Prachuap Khirikhan mit nur 13 km Luftlinie zwischen dem Golf von Thailand und der Grenze zu Myanmar. Die **Küstenlänge Thailands** beträgt am Golf von Thailand 1875 km und am Indischen Ozean 740 km.

Fünf landschaftliche Großräume

Vielgestaltige Topografie

Die vielgestaltige Topografie Thailands kann in fünf Großräume unterteilt werden, von denen jeder seinen eigenen landschaftlichen Reiz besitzt. Das Landschaftsbild ist auch erheblich von den **Klimazonen** geprägt: Während es im Süden keine ausgesprochene Regenzeit gibt – der Regen fällt hier das ganze Jahr über gleichmäßig –, wird der Norden vom deutlichen Wechsel der Jahreszeiten geprägt. Dementsprechend unterscheidet sich auch die Vegetation. Während man es im Süden zur Malaiischen Halbinsel hin zu jeder Jahreszeit mit immergrünen Tropenwäldern und schier **endlosen Gummibaum-Plantagen** zu tun hat, macht eine ausgesprochene Dürrephase von Februar bis Juni das zentrale und nordöstliche Thailand zumindest auf den ersten Blick wenig attraktiv.

Zentralthailand

Der **Kernraum** Zentralthailands, das sich vom Meer etwa 270 km nach Norden erstreckt, ist das sog. Menam-Becken mit dem Fluss Menam Chao Phraya, der Thailand in nord-südlicher Richtung durchströmt und in einem breit gefächerten Delta (ca. 20 000 km²) in den Golf von Thailand mündet. Der Fluss, der als Lebensader des ganzen Landes gilt, entsteht aus den Zuflüssen Ping, Yom und Nan, die sich bei Nakhon Sawan vereinen; er löst sich jedoch schon bald wieder in eine **Vielzahl von Seitenarmen** auf und bildet etwa in der Mitte des Zentralbeckens sein Delta aus. Im Süden öffnet sich das Becken zum Meer, die anderen Seiten werden von Gebirgen begrenzt: im Westen von der Zentralen Kordillere (Tanen Tong Dan), die sich vom **Gebirgsland Nordthailands** ausgehend nach Süden bis zur Malaiischen Halbinsel erstreckt, im Norden vom Gebirgsland und im Osten von den Randbereichen des Khorat-Plateaus.

Das Menam-Becken selbst ist geomorphologisch zweigeteilt: Eine Hügelzone mit Erhebungen bis zu 500 m ü. d. M. bildet den Übergang zum Gebirgsland Nordthailands, während der Hauptteil des Beckens durch eine Aufschüttungsebene gebildet wird. Nur selten, etwa bei Lopburi, ragen **steilwandige Karstkegel** aus der Ebene auf. Die zentrale Ebene ist geologisch jüngeren Datums. Sie entstand v. a. durch die riesigen Mengen von Sedimenten, die vom Menam Chao Phraya herangeführt werden und dafür sorgen, dass das **Flussdelta verlandet** und sich jedes Jahr etwa 5 – 6 m in den Golf von Thailand vorschiebt.

Die breite Talzone wird auch durch **Hügel- und Terrassenlandschaften** bestimmt, die mit ihren fruchtbaren Alluvialböden seit Langem v. a. zum Reisanbau intensiv landwirtschaftlich genutzt werden. Typisch für diese Landschaft sind die **Haufendörfer** mit ihren wegen der ständigen Überschwemmungsgefahr auf Pfählen erbauten Holz-

Vom Berg Khao Nor bei Nakhon Sawan sieht man viel von Zentralthailand.

NATURRÄUME THAILAN
MYANMAR
(BIRMA)
Chiang Rai
1a
Chiang Mai
Lampang
LAOS
VIETNAM
Mekong (Menam Khong)
Udon Thani
Khon Kaen
Nam Chi
2
Nammun (Menam Mun)
Ubon
Ratchathani
Nakhon
Ratchasima
Phanom Dong Rak
Dong Phaya Yen
Yom
Nan
Phitsanulok
Menam Ping
3b
Nakhon Sawan
Menam Chao Phraya
Salween
Tanen
Tong
1b
Dan
Kwae Noi
Kwae Yai
3c
3a
Mae Klong
BANGKOK
Bang Pakong
3c
Arany-
aprathet
KAMBODSCHA
4
Chanthaburi
MYANMAR
(BIRMA)
Tenasserim-Geb.
Gulf of Thailand
Isth-
mus
von
Kra
VIETNAM
5a
Phuket-Kette
Surat Thani
Nakhon Si
Thammarat
Khao Luang
Phuket
5b
Songkhla
Andaman Sea
200 km
© BAEDEKER
MALAYSIA
Naturräume
1a Nördliches Bergland
1b Westliches Bergland
2 Khorat-Plateau
3a Unteres Menam-Bec
3b Oberes Menam-Beck
3c Randteile des Menar
Beckens
4 Südöstliches Gebirgs
5a Ostküste der Halbins
5b Westküste der Halbi

häusern. Durch die Lage des Menam-Beckens (Bangkok liegt lediglich 2 m über dem Meeresspiegel!) sind die Gezeiten bis weit ins Land hinein zu bemerken. Während des Monsunregens im Oktober und November sind die Ebene und Teile von Bangkok **häufig überschwemmt.** Auf lange Sicht gilt die thailändische Hauptstadt als höchst gefährdet, wenn durch weiteres Abschmelzen der Polareiskappen der Meeresspiegel ansteigt.

Nordthailand

Der Norden des Landes lässt sich vereinfacht durch den 17. Grad nördlicher Breite vom übrigen Staatsgebiet abgrenzen. Er wird von Ausläufern der Hinterindischen Hochgebirgsketten bestimmt, deren höchste Erhebung, der Doi Inthanon, 2565 m ü. d. M. erreicht, er ist gleichzeitig der **höchste Berg Thailands**. In den Tälern Nordthailands fließen die Flüsse Nan, Yom, Ping und Wang nach Süden. Zwischen den Bergketten sind zahlreiche größere und kleinere windgeschützte Becken eingebettet, die überaus günstige Voraussetzungen für eine ertragreiche Landwirtschaft bieten. Allerdings müssen wegen der sehr unterschiedlichen Niederschlagsmengen große Teile der Reisfelder künstlich bewässert werden.

Die Gesteinsgrundlage Nordthailands wurde im Erdaltertum geschaffen. Das Relief wird durch zwei unterschiedliche geologische Strukturen gestaltet, die auf verschiedenen Gebirgsbildungsvorgängen beruhen. Paläozoische Kalke und metamorphe Schiefer nehmen weite Flächen ein; wo Kalke das Gebirge bilden, wird das Relief durch schroffe Felsen mit vielen **Höhlen und Kavernen** geprägt. Dieses alte Gebirge wurde während der Aufwölbung des Himalaya im Tertiär noch einmal gehoben. Dabei drang **vulkanisches Magma**, das zu Granit erstarrte, nach oben und bildete flache Gebirgskuppen, wie etwa den Doi Inthanon.

Siedlungszentren sind vorzugsweise die Talebenen und die intramontanen Becken. Der Großteil der Bevölkerung lebt hier freilich nicht in Städten, sondern in Dörfern. Eine Ausnahme bilden die in etwa 3000 vorwiegend in unwegsamem Gelände verstreuten Siedlungen lebenden **Bergstämme** der Akha, Lisu, Yao, Meo und Karen. Nur wenige von ihnen konnten durch spezielle Regierungsprogramme sesshaft gemacht werden, viele blieben ihrer jahrhundertelangen **Tradition der Wanderbauern** treu: Sind die Böden nach Jahren der Bestellung und der Ernte ausgelaugt, ziehen sie weiter und suchen neue Gebiete. Dabei bedienen sie sich auch der Brandrodung, was zur weiteren Verkarstung führt.

Südostthailand

Tropenwald, eine etwa in west-östlicher Richtung verlaufende Talsenke und ein parallel zur Küste verlaufendes Bergland, die allmählich ineinander übergehen, kennzeichnen den südöstlichen Landesteil. Bestimmt wird er durch **immergrünen Regenwald** und durch das bis zu 1600 m hohe Bergland, das aus den Graniten des alten indochinesischen Sockels besteht. Eine **stark gegliederte Küste** mit tief eingeschnittenen Buchten und vielen Inseln verschiedenster Größe sind ebenfalls typisch für diese Region. Günstige Bedingungen herrschen hier für den Fischfang, wovon die vielen Fischerdörfer entlang der Küste zeugen. Hier findet der Thailand-Besucher das, was er sich unter tropischen Traumstränden vorstellt. Kaum eine andere Region Thailands ist deshalb verkehrstechnisch und touristisch so gut erschlossen wie der Südosten. Auch wirtschaftlich gewinnt die Region durch den 2006 eröffneten Suvarnabhumi Airport an Bedeutung. Aber auch der Bergbau ist wichtig für den Südosten: Die Region um die Stadt Chanthaburi ist das **Zentrum der Edelsteingewinnung**; Rubine und Saphire werden hier im Schachtbau gefördert oder aus dem Flusssand ausgewaschen.

Nordostthailand

Östlich der Menam-Flussebene steigt das überwiegend trockene Khorat-Plateau (durchschnittliche Höhe 200 m ü. d. M.) mit seinen charakteristischen roten Sandstein- und **Tonschieferformationen** auf. Das Plateau, dessen West- und Südrand durch Bergketten deutlich markiert ist (im Westen Dong Phaya Yen, im Süden Phanom Dong Rak) und dessen höchste Erhebung die 1300-m-Marke erreicht, ist ostwärts sanft in Richtung Mekong abgesenkt.
Der Boden ist wenig fruchtbar, weshalb diese Region oft als das »Armenhaus Thailands« bezeichnet wird. Die **ursprüngliche Vegetation** – schütterer Wald, offene Savanne und Grassteppe – ist noch teilweise erhalten. Die breiten Flusstäler werden in der Regenzeit fast vollständig überschwemmt, was den **Reis- und Juteanbau** begünstigt.

Westthailand

Im Westen bildet die zentrale südostasiatische Gebirgskette Tanen Tong Dan mit Erhebungen von **weit über 2000 m ü. d. M.** die natürliche Grenze zum Nachbarstaat Myanmar. Sehr beeindruckend ist die Bergkette Khao Sam Roi Yot (»Gebirge der 300 Gipfel«) südlich von Hua Hin.

Südthailand

Die Gestalt Thailands ist oft mit einem **Elefantenkopf** verglichen worden; in diesem Bild wäre Südthailand der Rüssel. Es bildet den Nordteil der lang gestreckten Malaiischen Halbinsel, ihr Gebirgsrückgrat ist die Fortsetzung der meridional verlaufenden Ketten Nordthailands. Die Menam-Ebene mit ihrem westlichen Gebirgsvorland begrenzt das Gebiet im Norden, im Westen bildet das kaum erschlossene, bis 1500 m hohe Tenasserim-Gebirge die natürliche Grenze zu Myanmar, im Süden das Gebirge San Kara Khiri die zu Malaysia. Die Halbinsel trennt **zwei Ozeane** voneinander; der Golf von Thailand bildet mit dem Südchinesischen Meer einen Teil des westlichen Pazifiks, während im Westen das Andamanische Meer ein Randmeer des Indischen Ozeans ist.

Der geologische Aufbau dieser Landschaft ähnelt der im Norden des Landes. Auf einem **Granitsockel** wurden Kalksteine abgelagert; wo der Granit die Oberfläche bildet, sind flache Kuppen ausgebildet. In Kalkgebieten beherrschen hingegen schroffe Felstürme die Landschaft. Die Oberseite ist fast immer von **dichter Vegetation** überzogen, während die Wände meist so steil sind, dass das blanke Gestein sichtbar wird. In jeder kleinen Unebenheit haben sich jedoch Pflanzen angesiedelt. Die **markanten Felstürme** werden oft zum Fuß hin schlanker; der Grund dafür ist, dass das herablaufende Regenwasser das Gestein angreift und immer wieder Überhänge abbrechen.
Die Westküste besitzt **zahlreiche Buchten** und Inseln aus steilwandigen Kalkfelsen. Reizvoll und für den Tourismus sehr gut erschlossen ist auch die Ostküste mit ihren breiten Sandstränden.
Faszinierend ist die Inselwelt Thailands, die durch eine Kippung der Malaiischen Halbinsel entstand, wobei der westliche Teil versank, der östliche sich hingegen hob. In der Andamanensee »ertranken« bei diesem tektonischen Vorgang ganze Gebirgszüge, nur die mit **dichtem Dschungel** überwachsenen Spitzen der Kalksteinfelsen ragen als Inseln aus dem Meer.
Das Khorat-Plateau wird vom Fluss Mun durchzogen, der zum Mekong fließt. An seinen nördlichen Zuflüssen wurden Staudämme errichtet, die der Bewässerung wie der **Stromerzeugung** dienen. Der Mekong kann wegen seiner tückischen Stromschnellen und der relativ geringen Tiefe kaum für die Schifffahrt genutzt werden. In Thailand gibt es nur wenige Seen von nennenswerten Ausmaßen, als **größter See** gilt der bis zu 20 km breite und fischreiche Thale Sap bei Songkhla (deshalb wird er auch Songkhla-See genannt). Im Thale Sap gibt es mehrere Inseln und zwei Vogelschutzgebiete.

Umwelt- und Naturschutz

Gestörtes Gleichgewicht

Das natürliche Gleichgewicht in Thailand ist seit vielen Jahren gestört. Ungehemmter Einschlag von Tropenhölzern trug dazu bei, dass es immer wieder zu **verheerenden Hochwassern** kommt: Zuletzt im November/Dezember 2011, als weite Landstriche in Zentralthailand unter Wasser standen, auch die Hauptstadt Bangkok von den Wassermassen bedroht war und zeitweise der Notstand in einigen Provinzen ausgerufen werden musste. Zwar sind die Bemühungen der Regierung unverkennbar, unkontrollierte Eingriffe in die Natur zu unterbinden, auch gibt es ein königliches Dekret, das den Einschlag von Tropenhölzern verbietet. Nicht zu verhindern sind jedoch **illegale Abholzungen**, die Folge sind Bodenerosionen, die die Aufnahmefähigkeit von Regenwasser vor allem während der Monsunzeit reduzieren. Wiederaufforstungsmaßnahmen gibt es zwar, doch werden die Erfolge noch lange Zeit auf sich warten lassen.

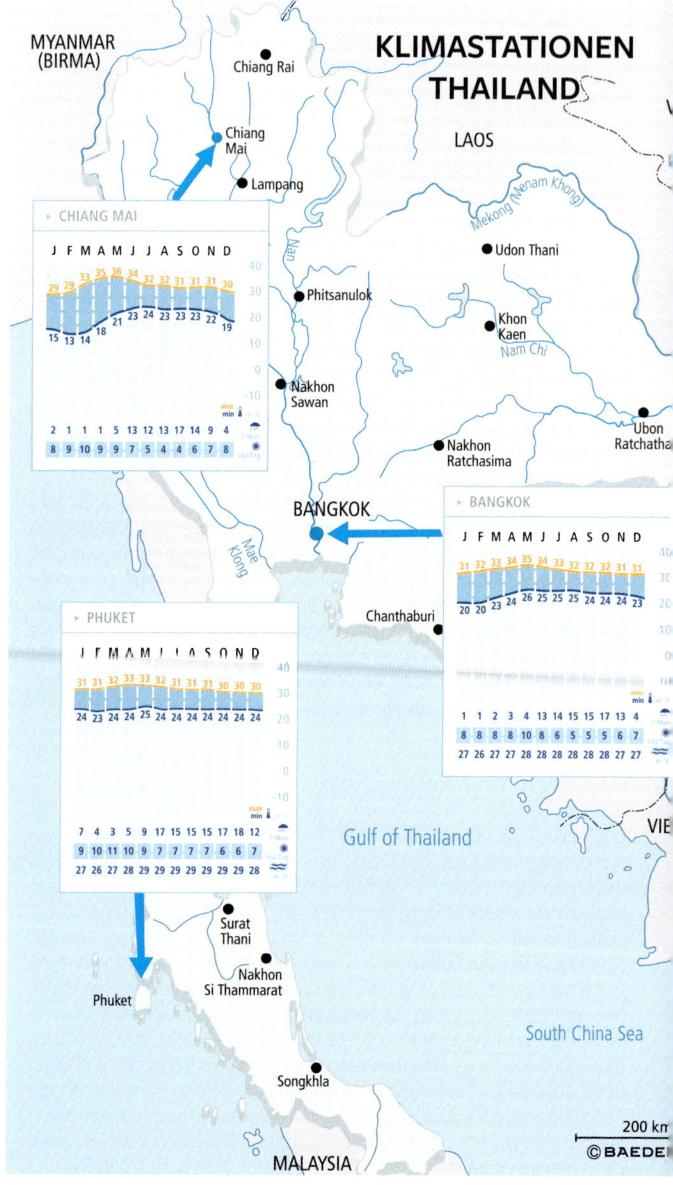
KLIMASTATIONEN THAILAND
MYANMAR (BIRMA)
LAOS
Chiang Rai
Chiang Mai
Lampang
Mekong (Menam Khong)
Nan
Udon Thani
Phitsanulok
Khon Kaen
Nam Chi
Nakhon Sawan
Nakhon Ratchasima
Ubon Ratchatha
BANGKOK
Mae Klong
Chanthaburi
Gulf of Thailand
Surat Thani
Nakhon Si Thammarat
Phuket
South China Sea
Songkhla
MALAYSIA
VIE
200 km
© BAEDE
CHIANG MAI
J F M A M J J A S O N D
29 29 33 35 36 34 32 32 31 31 31 30
15 13 14 18 21 23 24 23 23 23 22 19
2 1 1 1 5 13 12 13 17 14 9 4
8 9 10 9 9 7 5 4 4 6 7 8
40 30 20 10 0 -10
max min
BANGKOK
J F M A M J J A S O N D
31 32 33 34 35 34 33 32 32 32 31 31
20 20 23 24 26 25 25 25 24 24 24 23
1 1 2 3 4 13 14 15 15 17 13 4
8 8 8 8 10 8 6 5 5 5 6 7
27 26 27 27 28 28 28 28 28 28 27 27
max min
PHUKET
J F M A M J J A S O N D
31 31 32 33 33 32 31 31 31 30 30 30
24 23 24 24 25 24 24 24 24 24 24 24
7 4 3 5 9 17 15 15 15 17 18 12
9 10 11 10 9 7 7 7 7 6 6 7
27 26 27 28 29 29 29 29 29 29 29 28
40 30 20 10 0 -10
max min

Klima

Drei Regenzeiten

Fast immer heiß, fast immer schwül: Reisen nach Thailand können anstrengend sein für den Organismus. Kühler wird es nur in den Bergen und in ganz Thailand im Winter. Thailand hat ein tropisches Sommerregenklima mit nahezu **gleichbleibend hohen Temperaturen**. Deutlich ist der jahreszeitliche Wechsel der Niederschläge, der durch die Monsunströmung über Südostasien ausgelöst wird. Es gibt drei Regenzeiten: die Sommermonsunzeit (Mai – Okt.), die Wintermonsunzeit (Nov. – Feb.) und die Zwischenmonsunzeit (März – Anfang Mai). Anfang und Ende sowie Verlauf der Monsunphasen können unterschiedlich sein. Das gilt besonders für **El-Niño-Jahre**, in denen sich die Luftdruckverhältnisse im südpazifisch-südostasiatischen Raum grundlegend umstellen. Regional verschieden, beträgt die Sonnenscheindauer ca. 2400 bis 2800 Stunden im Jahr. Trocken und sonnig ist das Wetter vor allem in den Wintermonaten.

Regionale Unterschiede

Die **Jahresniederschläge** reichen von rund 1000 Litern in einzelnen Tälern Nordthailands bis zu 3000 Litern im südöstlichen Bergland. Von Mai bis Oktober bringt der Sommermonsun aus Südwesten fast dem ganzen Land ergiebige Niederschläge. Er erreicht die **Westküste** gewöhnlich um den 10. Mai und zwei Wochen später die Grenzregion zu Laos und Kambodscha. Von November bis Februar sorgt der trockene Wintermonsun für niederschlagsarmes Wetter mit viel Sonnenschein. Nur an der **Ostküste** der Malaiischen Halbinsel löst er durch die über dem Golf von Thailand aufgenommene Feuchtigkeit eine winterliche Regenzeit aus. Wenig Wind, große Hitze und häufige Gewitter sind typisch für die Zwischenmonsunzeit von März bis Anfang Mai. Bei schweren Gewittern können sintflutartige Regengüsse mit 50 bis 60 l/Std. niedergehen. Nach der winterlichen Trockenzeit werden diese ersten Frühjahrsniederschläge (»Mango-Rains«) in der Landwirtschaft **sehnlichst erwartet**. Spitzenniederschläge fallen im Mai, September und Oktober an jeweils bis zu 22 Tagen. Die Monate von November bis März sind, vor allem in den nördlichen und östlichen Gebirgstälern, extrem trocken. Tropische Wirbelstürme sind selten und betreffen nur **Südthailand**.

Gewaltiger Monsun

Der Monsun (urspr. vom arab. mausim = für die Seefahrt geeignet) ist ein jahreszeitlich wechselnder Wind, der als **Südwest-** (Sommer) bzw. **Nordostmonsun** (Winter) besonders um den Indischen Ozean vorkommt. Auslöser des südostasiatischen Monsuns ist eine **»Luftdruckwippe«** zwischen Asien und Australien. Im Nordsommer bildet sich durch die hohe Sonneneinstrahlung über dem subtropischen Asien ein Hitzetief, dem südlich des Äquators über Australien ein Hochdruckgebiet gegenübersteht. Umgekehrt entwickelt sich im Nordwinter durch Ausstrahlung über dem asiatischen Kontinent ein

SINTFLUT IM PARADIES

Am 26. Dezember 2004 um 7.58 Uhr Ortszeit erschütterte das zweitstärkste jemals registrierte Erdbeben mit der Magnitude 9,3 auf der nach oben offenen Richterskala den Meeresgrund knapp südwestlich der Nordspitze von Sumatra. Die freigesetzte Energie war so gewaltig, dass der Erdball noch einen Tag lang vibrierte. Der nachfolgende Tsunami verwandelte weite Küstenstriche Südostasiens in eine Katastrophenregion.

Mehr als 220 000 Menschen fanden in dem bis zu 30 m hohen Tsunami (japan. »tsu« = Hafen und »nami« = Welle) den Tod. Hunderttausende erlitten Verletzungen und mehr als drei Millionen Menschen in den betroffenen Küstenregionen wurden obdachlos.

Erdbebengebiet

Sumatras Westküste ist für Erdbebenforscher eine besondere Region. Hier treffen zwei tektonische Erdplatten aufeinander. Die **Indisch-Australische Platte** schiebt sich nach Osten unter die **Eurasische Platte**, auf der auch Sumatra liegt. Das geht nicht reibungslos vonstatten. Immer wieder verhaken sich die Gesteinsplatten ineinander, wobei die oben liegende Eurasische Platte nach unten gezogen und in Richtung Osten verbogen wird. Am Morgen des 26. Dezember 2004 erreichte die fast 200 Jahre lang angestaute Spannungsenergie einen kritischen Schwellenwert. Auf einer Fläche von 100 000 km² riss die Kontaktfläche beider Platten urplötzlich auf. Wie bei einer gespannten Feder, schnellte der Rand der Eurasischen Platte auf 500 km Länge bis zu 13 m nach Westen in seine Ausgangslage zurück. Gleichzeitig hob sich der Ozeanboden um 2 – 3 m und mit ihm die darüber liegende Wassersäule. Gigantische Wassermassen gerieten in Bewegung. Eine Front aus Wellenbergen und -tälern breitete sich mit rund 700 km/h in alle Richtungen aus. Innerhalb der nächsten zehn Stunden erschütterten 15 heftige Nachbeben den Meeresgrund und rissen die Bruchzone bis auf 1000 km auf.

Hohe Wellenfronten

Schon 15 Minuten nach dem großen Schlag brachen mehr als zehn Meter hohe Wellenfronten über die Küste der **Provinz Aceh** auf **Nordsumatra** und die zu Indien gehörenden Inseln der **Nikobaren** und **Andamanen** herein. 30 Minuten später erreichten die Wellen die Westküste Thailands und nach zwei bzw. dreieinhalb Stunden Sri Lanka und die Malediven. Fast zehn Stunden nach ihrer Entstehung fand die Flut mit immer noch meterhohen Wellen an der **afrikanischen Ostküste** ihr Ende.

Verheerende Wirkung

In Thailand waren die Küsten der sechs **Südprovinzen Satun, Trang, Krabi, Phang Nga, Ranong und Phuket** betroffen. Mit voller Wucht überrollten die Wassermassen die Traumstrände der dem Festland vorgelagerten Inseln. Viele Urlaubsparadiese, insbesondere Khao Lak, Phi Phi Don und Phuket, wurden in kürzester Zeit verwüstet. Mehr als 2500 Thailänder und ebenso viele Touristen, darunter mindestens 537 Deutsche, ließen in den gewaltigen Fluten ihr Leben. Die Zerstörungskraft des

Tsunami-Fluchtwege zu sicheren Anhöhen gibt es heutzutage nicht nur auf Ko Phi Phi.

Tsunami war von Bucht zu Bucht sehr **unterschiedlich**. Der Grund: eine stark gegliederte Küstenlinie und die unterschiedliche Form des Küstenvorfelds, wodurch die Kraft der anlaufenden Wasserberge gemindert oder verstärkt wurde. An vorspringenden Außenküsten verteilte sich die Wellenenergie, während sie in flachen Buchten noch gebündelt wurde.

Frühwarnsystem

Nicht jedes Beben löst einen Tsunami aus. Kritisch wird es ab **Stärke 7**. Dabei hängt die **Ausbreitungsgeschwindigkeit** der Wellen von der Wassertiefe ab. Im tiefen Ozeanbecken (durchschnittlich 5000 m) erreichen sie eine Geschwindigkeit bis zu 800 km/h, im Küstenbereich nur noch etwa 10 km/h. In seichten Gewässern werden die schwingenden Wassermassen in ihrer Vorwärtsbewegung gebremst. Die **Wellenkämme** rücken immer näher zusammen und steilen sich auf, mit verheerenden Folgen. Durch ein Frühwarnsystem, wie es im Pazifik schon seit Jahrzehnten existiert, wären die Opferzahlen erheblich geringer gewesen. Drei Wochen nach der Katastrophe beschlossen Indonesien und Deutschland, ein Tsunami-Frühwarnsystem für den Indischen Ozean aufzubauen. Verantwortlich für die Entwicklung des Projekts zeichnete das renommierte **GeoForschungsZentrum in Potsdam**. Regionale Messwerte von Land, aus dem Meer und von Satelliten sowie über Deformationen am Meeresgrund liefern Ergänzungen. Um Fehlalarme zu vermeiden, muss ein Tsunami auch ozeanographisch erfasst werden. Dazu dienen **Druckpegel** am Ozeanboden und spezielle **GPS-Bojen**. Hinzu kommen Beobachtungen von neun Pegelstationen an den umliegenden Insel- und Festlandsküsten. Alle Daten laufen zeitgleich in nationalen bzw. lokalen Warnzentren zusammen. Hier wird mit Hilfe von Computersimulationen die wahrscheinliche Höhe und Zerstörungskraft eines Tsunamis für gefährdete Küstenabschnitte berechnet. Im Ernstfall ist der automatisch ausgelöste Alarm dann nur Minutensache.

Farbenfroh: blühendes Rhododendrongewächs

Kältehoch, dessen nordaustralischer Gegenpart ein sommerliches **Hitzetief** ist. Zwischen beiden Systemen besteht über den Äquator hinweg ein Druckgefälle, das sich im Halbjahresrhythmus umkehrt. Die Monsunströmung sorgt für Luftdruckausgleich. Von der Coriolis-Kraft abgelenkt, weht der Sommermonsun über Thailand aus südwestlichen, der Wintermonsun dagegen aus nordöstlichen Richtungen.

Schwüle Hitze

Unter feuchter Hitze haben vor allem das Menambecken mit der Hauptstadt Bangkok sowie Südthailand abseits der Küsten zu leiden. Tagestemperaturen von 30 bis 35 °C oder sogar 40 °C (März und April), und Nachtwerte kaum unter 23 bis 25 °C sind nur für gesunde Menschen längere Zeit erträglich. **Angenehmere Bedingungen** findet man im Bergland und in ganz Thailand im Winter. In den Bergtälern von Nord- und Ostthailand kann es im Januar und Februar sogar frisch werden. Das Meer ist mit 27 bis 30 °C immer sehr warm (▶ Praktische Informationen, Reisezeit).

Pflanzen

Urwald und Reisfelder

Die Vegetation Thailands wird im Wesentlichen durch zwei Arten von Biotopen bestimmt: Ist es in den nördlichen und südlichen Landesteilen der **immergrüne Tropenwald**, so sind es in der Kulturlandschaft des Menam-Beckens schier endlose Reisfelder und ausgedehnte

Gummibaum-Plantagen auf der Malaiischen Halbinsel. Annähernd die Hälfte des thailändischen Staatsgebiets ist bewaldet; doch dieser Wald ist längst nicht mehr der über Jahrhunderte gewachsene Primär-, sondern nur noch Sekundärwald. Hemmungsloser Holzeinschlag, v. a. bei den sog. **Edelhölzern** (Teak), und eine fehlende planmäßige Wiederaufforstung sorgten dafür, dass heute weite Teile einstigen Dschungels lediglich noch mit Buschwerk bedeckt sind.

Waldgebiete

Der thailändische Wald wird durch Klima- und Höhenunterschiede in zwei Hauptgruppen gegliedert: Im Süden und Südosten herrscht **Tropenwald** vor, im Nordosten sowie in den anderen Landesteilen ist es Laub abwerfender **Monsuntrockenwald**. Eine landschaftliche Besonderheit stellt das Khorat-Plateau dar, wo jahrzehntelanger Raubbau zur Versteppung führte; während der Regenzeit treten hier die Flüsse über die Ufer und bilden sumpfige Seen.

Artenreicher Regenwald

Der tropische Regenwald ist der **Urwald**, wie man sich ihn bei uns gemeinhin vorstellt: ein schier undurchdringliches Gewirr aus vielen verschiedenen Pflanzenarten, deren **Lebensraum in »Stockwerke«** gegliedert ist. Am Boden wachsen Schatten liebende Sträucher, Farne und kleine Bäume. Die mittlere »Waldetage« besteht vorwiegend aus Vertretern der Dipterocarpaceae, einer zu den immergrünen Gewächsen zählenden Pflanzenfamilie, von der es allein in Asien mehr als 400 Arten gibt. Sie reicht bis 25 m hoch, darüber stehen die **mächtigen Yang-Stämme**, auf der Malaiischen Halbinsel auch der Takhian-Baum. Der Regenwald ist Heimat einer unübersehbaren Vielfalt unterschiedlichster Tierarten. Geschlossene Wälder finden sich jedoch nur noch auf der Malaiischen Halbinsel, an den Küstenstrichen Südostthailands sowie in Nordthailand im Grenzgebiet zu Myanmar. Fachleute schätzen, dass es, wenn der **Kahlschlag** im bisherigen Tempo weitergeht, bald nicht nur in Thailand, sondern auch in den Nachbarländern Myanmar und Malaysia nur noch Restbestände des »Königs der Wälder« geben wird. Dabei war Thailand vor geraumer Zeit noch zu rund zwei Dritteln mit dichtem, unberührtem Regenwald bewachsen; heute sind weniger als 20 % der Landesfläche mit Urwald bedeckt. Die planlose Abholzung des Primärwalds und so gut wie keine Wiederaufforstung, aber auch die bei der Landbevölkerung seit Jahrhunderten übliche **Brandrodung** sorgten für eine Verkarstung großer Landstriche. Heute muss Thailand schon knapp die Hälfte des benötigten Bauholzes aus anderen Ländern einführen.

Vielseitige Palmen

Wirtschaftlich genutzt werden auch Palmen, von denen es in Thailand zahlreiche verschiedene Arten gibt. **Kokospalmen** findet man v. a. in den südlichen Landesteilen; ihre Früchte werden gegessen, der erfrischende Kokosmilchsaft getrunken, während die Schale getrocknet und als Brennstoff benutzt wird. Das Öl der **Ölpalmen** wird in viele Länder exportiert, wo es z. B. als Rohstoff für die kosmetische Industrie Verwendung findet.

Mangroven-wälder

Eine Besonderheit sind die großen Mangrovenwälder im Süden Thailands, die sehr anspruchslos sind und selbst Salzwasser vertragen. Bei **Ebbe** liegt der Wald trocken, ist wegen seiner tiefen Verschlammung jedoch nicht begehbar. Bei **Flut** ragen nur noch die Wipfel der Mangroven aus dem Wasser. Zwischen den **Luftwurzeln** der Mangroven lagert sich der Schlamm ab und sorgt so für eine Verlandung der Küstenstreifen.

Blüten-pflanzen

Sehr reichhaltig und eindrucksvoll sind auch die Blütenpflanzen Thailands. Neben der großen Lotosblüte und den Seerosen gedeihen hier Jasmin, Hibiskus, Rhododendren, die üppig blühenden Bougainvilleen und die weißen, gelben oder rötlichen Blüten der Frangipani. Auch findet man in diesen Breitengraden die **größte Einzelblüte der Welt**, die Rafflesia: Ihr Durchmesser kann bis zu 1 m betragen; bestäubende Insekten lockt sie nicht nur durch ihren schieren Umfang an, sondern auch mit der Optik und dem **Geruch von Aas**. Ihren Namen verdankt die eigentümliche Pflanze, die in ganz Südostasien beheimatet ist, ihrem Entdecker Sir Thomas Stamford Raffles, der die Stadt Singapur gründete. Thailand ist außerdem Heimat zahlreicher **Orchideen**. Gezählt wurden rund 1300 verschiedene Arten, von denen einige vom Aussterben bedroht sind.

Landtiere

Tiger, Tapire und Bären

Die Tierwelt Thailands ist besonders in den dünner besiedelten westlichen Regionen und in den Berggebieten im Norden **recht artenreich**. Halbaffen, Schakale, verschiedene Bärenarten und Großkatzen findet man hier in großer Zahl. Tapire, Nashörner und die auch heute noch im unwegsamen Dschungel als Arbeitstiere verwendeten Elefanten sind jedoch stark dezimiert.

Wilde Elefanten

Die meisten der heute nur noch etwa 2000 wilden Elefanten leben entlang der burmesischen Grenze im Tenasserim-Gebiet. Weitere 3000 Elefanten wurden gezähmt und dienen entweder als **Arbeitstiere** für den Abtransport von Bäumen aus dem Dschungel oder als Reit- und Vorführelefanten im touristischen Sektor. Die Tragzeit einer Elefantenkuh dauert 23 Monate, drei Jahre lang genießt sie »Mutterschutz«. Ein ausgewachsener Elefant bringt bis zu vier Tonnen auf die Waage. Elefanten erreichen ein Alter von maximal 100, in der Regel von **80 Jahren**. Ab einem Alter von drei Jahren werden sie in **»Elefantenschulen«** auf ihre künftige Aufgabe vorbereitet (▶ Das ist, S. 20).

VEGETATIONSZONEN THAILAND
MYANMAR (BIRMA)
Chiang Rai
Chiang Mai
2595 m
Lampang
2300 m
Yom
Nan
Salween
Phitsanulok
2320 m
Menam Ping
Nakhon Sawan
Menam Chao Phraya
Kwae Yai
Kwae Noi
Mae Klong
BANGKOK
Bang Pakong
LAOS
VIETNAM
Mekong (Menam Khong)
Udon Thani
Khon Kaen
Nam Chi
Nammun (Menam Mun)
Ubon Ratchathani
Nakhon Ratchasima
KAMBODSCHA
Chanthaburi
200 km
© BAEDEKER
MYANMAR (BIRMA)
Gulf of Thailand
VIETNAM
1465 m
Surat Thani
1786 m
Nakhon Si Thammarat
Phuket
Songkhla
Andaman Sea
MALAYSIA
tropischer Regenwald
feuchter Monsunwald
trockener Monsunwald
Gras- und Strauchsteppe
Reisanbau
sonstige landwirtschaftliche Anbaufläche
Mangroven

Wenige Tiger ...

Tiger zählen zu den bedrohten Tierarten dieser Erde. Selbst in ihren Stammgebieten auf dem indischen Subkontinent wurde ihre Zahl in den vergangenen Jahrzehnten drastisch reduziert und beläuft sich nur noch auf einen geringen Teil ihrer ursprünglichen Population. Das liegt nicht nur daran, dass Tiger als Feinde des Menschen gelten, sondern auch an der **gewissenlosen Jagd** auf Tiger, um gewisse Körperteile zur Produktion von Aphrodisiaka zu gewinnen. Beides hat dazu beigetragen, dass in Thailand nur noch wenige 100 Tiger leben. Noch gibt es in Thailand **kein offizielles Schutzprogramm**, und so bleibt es mehr oder weniger privaten Initiativen überlassen, sich für das Überleben der Tiger zu engagieren.

... dafür umso mehr Affen

Affen, die meist in Rudeln leben, findet man vor allem **in den zahlreichen thailändischen Naturparks**, manchmal aber auch in städtischen Gebieten (z. B. in Lopburi rund um den Wat Phra Prang Sam Yot). Während die meisten als menschenscheu gelten, sind andere mutiger, bisweilen sogar angriffslustig: Sie treiben ihre Scherze mit allzu unbesorgten Besuchern und plündern etwa Essensvorräte in ihren Taschen. In Südthailand werden **Affen zu Kokosnusspflückern** ausgebildet, in den Touristenorten missbraucht man die Tiere manchmal als Staffage für Andenkenfotos.

Unersetzliche Rinder

Weit verbreitet und besonders in der Landwirtschaft unersetzlich sind Rinder, vor allem der riesige Gaur und der **Wasserbüffel**. In den Regenwäldern leben über 900 **Vogelarten**, etliche darunter gibt es nur noch in geringer Zahl. Dazu gibt es eine Vielzahl tropischer **Schmetterlinge**, unter ihnen auch seltene Arten. Um ihren Fortbestand nicht weiter zu gefährden, sollte man auf den Kauf von präparierten Schmetterlingen verzichten.

Fledermäuse

Zu erwähnen sind noch der Kalong-Flugfuchs (auch Flughund; Pteropus vampyrus), der eine Flügelspannweite von 1,5 m erreichen kann und in großen Schwärmen lebt, sowie weitere fliegende Säugetiere wie Fledermäuse und Flugdrachen. Dazu gehört das **kleinste auf der Welt lebende Säugetier**, eine nur hummelgroße Fledermaus, die in Nordthailand entdeckt wurde.

Nützliche Geckos

Völlig harmlos sind hingegen die Geckos, kleine, eidechsenartige Tierchen, die besonders abends vom Licht angezogen werden und ein schnatterndes Geräusch erzeugen. Sie sind als **Haustiere** gern gesehen, da sie sich vorzugsweise von Ungeziefer ernähren.

Große Echsen

Riesenechsen wie **Krokodile und Warane** sowie Schlangen – unter ihnen einige giftige Arten wie Kobra und Kettenviper – haben ihre Heimat in allen Teilen des Landes. Zwar scheuen sie im Allgemeinen die Nähe des Menschen; zum Schutz sollte man jedoch **nur mit fes-**

tem Schuhwerk durch Reisfelder waten oder Urwälder begehen. Meistens wird der Besucher Thailands Krokodile in »domestizierter« Form, also innerhalb von Krokodilfarmen zu sehen bekommen. Trotzdem sollte man sich vor allem beim Aufenthalt in den Brackwasserregionen, den Übergangsgebieten zwischen Land und Meer, vorsehen. Als äußerst gefährlich gilt das **Leistenkrokodil** (Crocodylus porosus), das sich bei Gefahr sehr aggressiv verhalten kann.

Thai lieben Tierwetten

Die Thai sind ein sehr wettfreudiges Volk. Nur ungern versäumen sie die vor allem auf dem Land beliebten Hahnenkämpfe, bei denen eigens für diese »Sportart« gezüchtete Hähne eingesetzt werden. Das Gleiche gilt für die **farbenprächtigen Kampffische**, die in Aquarien aufeinander losgehen.

Meerestiere

Tauchreviere

Die **Unterwasserwelt** vor den Küsten hat in den vergangenen Jahrzehnten erheblich unter dem Raubbau durch Thailänder und Touristen gelitten, während der Tsunami am 26. Dezember 2004 unter Wasser erstaunlicherweise nur geringe Schäden anrichtete. Längst gibt es nicht mehr so viele schöne Tauchreviere, unberührte schon gar nicht mehr. Der tauchsportbegeisterte Besucher sollte sich deshalb seiner **Verantwortung** für die Schönheiten der noch verbliebe-

Gute Haltungsnoten für den bunten Nashornvogel im Khao Yai Nationalpark

Gelb mit blauen Streifen – eine von vielen Farbkombinationen der Snapper

nen Unterwasserwelt bewusst sein und weitere Zerstörung vermeiden. Im Übrigen ist das Plündern von Korallenbänken strengstens untersagt (▶ Wissen, S. 444).

Korallen Korallen sind **Hohltiere** (Polypen), die sich zu ihrem Schutz mit einer Kalkhülle umgeben. Sie siedeln vorzugsweise in großen Kolonien, für ihr Wachstum bieten das warme, strömungsreiche Wasser und die starke Sonneneinstrahlung beste Voraussetzungen. Vor allem vor den Küsten der Andamanensee findet man noch große Korallenbänke. Sie sind sehr farbenprächtig, weit gereiste Taucher vergleichen sie mit denen des Roten Meers. Abgebrochene, scharfkantige Korallen werden oft an Land geschwemmt, weshalb man sich mit **Badeschuhen aus Gummi** oder Plastik schützen sollte.

Faszinierende Fische In den Tauchgebieten an den thailändischen Küsten findet man vor allem Kugel- und Igelfische der Gattungen Arothron und Tetraodon. **Kugelfische**, die sich im Wasser bei drohender Gefahr bis zu fünffacher Körpergröße »aufpumpen« können, gelten bei Tauchern als beliebte Spielgefährten. Sie sind aber auch eine **bedrohte Tierart**, weil sie in Japan als extravagante Delikatesse geschätzt werden (»Fugu«). Nicht überschätzen sollte man auch die **Gutmütigkeit des Igelfischs**, der mit seinen bei Gefahr aufgerichteten Stacheln eine Gefahr für den Taucher werden kann. Fische sind als Eiweißträger eine wichtige Ergänzung zur Reisernährung, allerdings ist durch die Überfischung besonders in den küstennahen Gebieten die Fischerei im Golf von Thailand zu einem mühsamen und **wenig ertragreichen Erwerbszweig** geworden (▶ Wirtschaft, S. 387).

Haie gibt es auch

Vor den thailändischen Küsten tauchen hin und wieder Haie auf. Auch wenn sie sich normalerweise weitab von der Küste aufhalten, ist eine gewisse **Vorsicht** vor allem bei Fahrten aufs offene Meer angeraten. Dies gilt im Besonderen für die in den Badeorten zu mietenden »Waterscooter«.

Hummer & Co.

Krustentiere wie Hummer oder Krebse werden auch heute noch in ausreichender Zahl im Süden Thailands an den Küsten der vorgelagerten Inseln gefangen. Eine beliebte Speise auch bei der einheimischen Bevölkerung sind Langusten und Muscheln.

Bevölkerungsdaten

Verschiedene Ethnien

Thailand hat etwa 68 Mio. Einwohner bei einer Bevölkerungsdichte von 132 Einw./km²; etwa jeder Zehnte lebt in Bangkok. Mit etwa 75 % stellen die **Thaivölker** wie Siamesen, Shan und Lahu die Mehrheit. Wichtige Minderheiten sind die **Malaien**, die vor allem im Süden des Landes leben, **Chinesen**, **Inder** in der Hauptstadt sowie in den Touristenzentren und die Angehörigen der **Bergvölker** in Nordthailand (▶ Baedeker Wissen, S. 148). Nicht zuletzt aufgrund der von der Regierung propagierten Geburtenkontrolle sank seit Ende der 1960er-Jahre die jährliche Rate des Bevölkerungswachstums deutlich auf nunmehr 0,54 %.

Generationenwechsel

In der Bevölkerungsstatistik drückt sich der Generationenwechsel der vergangenen Jahrzehnte deutlich aus. Heute sind 70 % der Bevölkerung bis 64 Jahre alt, während nur 8 % älter als 65 Jahre sind. Der Anteil der älteren Menschen steigt allerdings in dem Maß, wie die medizinische Versorgung der Thai-Bevölkerung besser wird. Wurden noch 1960 die Männer nur 50 und die Frauen 55 Jahre alt, so haben sie heute eine Lebenserwartung von 70 bzw. 74 Jahren.

Landflucht

Ein großes Problem ist die von Jahr zu Jahr zunehmende Landflucht; jeder siebte Einwohner Bangkoks ist nicht in der Hauptstadt geboren. Auf einer Fläche von 1566 km² drängen sich mehr als 6,3 Mio. Einwohner, im gesamten Ballungsraum Bangkok sind es über 7,5 Mio. Menschen. Unbekannt ist die Zahl der Slumbewohner, die sich naturgemäß keinem Zensus unterziehen lassen. Ein Vergleich mit dem Norden macht das Problem noch deutlicher: Die **viertgrößte Stadt**

Thailands, Chiang Mai, hat nur etwa 148 000 Einwohner. Am dünnsten besiedelt sind die an der Grenze zu Myanmar gelegenen Provinzen Tak und Mae Hong Son (19,9 bzw. 12,6 Einw./km²).

Magnet Bangkok

Die Hauptstadt zieht wie ein Magnet vor allem Menschen aus den ärmeren Landesteilen an. Allmorgendlich treffen an den Busbahnhöfen Hunderte von Neubürgern ein, wo sie oft bereits von Schleppern erwartet werden. Sie erhoffen sich Arbeit und Brot in der **»Himmlischen Hauptstadt«**. Nicht selten enden ihre Träume und Hoffnungen jedoch in halbdunklen Fabriken, wo sie unter unwürdigen Umständen arbeiten und schlecht bezahlt werden. Vor allem junge Frauen werden nicht selten mit dem Versprechen einer gut bezahlten Arbeit geködert, stattdessen aber in Bordelle verschleppt. Eine besonders **starke Zuwanderungswelle** kommt aus dem armen Nordosten des Landes und dem benachbarten Laos.

Bevölkerungsgruppen

Völkergemisch (►Baedeker Wissen, S. 148)

Die politischen Grenzen Thailands sind keine Bevölkerungsgrenzen. Die schwer zugänglichen Gebirge im Westen werden zu beiden Seiten der Grenze von **Bergvölkern** bewohnt, die sich dem staatlichen Zugriff beider Länder entziehen. Im Süden leben **malaiisch-thailändische Mischlinge**, ethnisch und kulturell eng mit den Bewohnern Malaysias verwandt, darunter zahlreiche Muslime. Bemerkenswert ist angesichts dieser Vielfalt unterschiedlicher Abstammungen, dass die Thai – von wenigen Ausnahmen abgesehen – friedlich miteinander leben. Konflikte gibt es jedoch immer wieder mit einigen muslimischen Separatisten im Süden des Landes, die sich für einen Anschluss an Malaysia starkmachen.

Thai und Siamesen

Den Großteil der Landesbevölkerung stellen mit ca. 75 % die Siamesen. Zwar ist die Herkunft der Thai nicht mit letzter Sicherheit geklärt, doch hat sich die Forschung darauf geeinigt, dass ihre Ursprünge im **Tal des Jangtse** in Südchina zu suchen sind. Um 650 n. Chr. sollen sie hier das erste unabhängige Königreich gegründet haben, das Nan Chao genannt wurde. Die Eroberung dieses Königreichs durch den Mongolen Kublai Khan 1253 verursachte eine **starke Völkerwanderung**. Dabei vermischten sich die Thai-Völker mit denjenigen, die ab 800 n. Chr., ebenfalls aus Südchina, ins Mekong-Delta gezogen waren. Hier gründeten sie 1257 das **erste souveräne Königreich Siam** und wählten Sukhothai zur Hauptstadt.

Bergstämme

Eine besondere Rolle spielen die im Norden Thailands sesshaften Bergvölker tibeto-burmesischer und sino-laotischer Herkunft. Zu den Thaivölkern zählen auch die **Shan** an der Grenze zu Myanmar und die **Lahu** und **Hmong** (Meo) im Norden und Nordosten. Sechs verschiedene Stämme der sog. Hilltribes sind von der thailändischen Regierung anerkannt, die sich auch um eine Integration der 150 000 **Hmong** (Meo), 100 000 **Lahu**, 30 000 **Yao**, 24 000 **Akha** und 18 000 **Lisu** bemüht. Hinzu kommen rund 400 000 **Karen**. Die Siedlungen dieser größten Stammesgruppe sind bis tief in den Süden des Landes zu finden. Berührungsängste untereinander haben die Bergvölker kaum, nicht selten liegen ihre Dörfer in direkter Nachbarschaft. Jedes der Völker hat jedoch eine **eigenständige Kultur** und manchmal archaisch anmutende Lebensweisen; gemeinsam ist den meisten jedoch der Glaube an Geister (Animismus) und die Verehrung der Ahnen. Alle Hilltribes gelten als **handwerklich besonders begabt**, ihre Produkte verkaufen sie auf den Märkten von Chiang Mai, Chiang Rai und Mae Hong Son.

Das Volk der Karen

Im Dunkeln liegt die Heimat der Karen, vermutet wird sie im südwestlichen China oder im südöstlichen Tibet. Die meisten Karen leben heute in Myanmar und befanden sich ab 1948 – dem Jahr der Gründung des Staates Birma – im Widerstand gegen die Regierung, die ihnen die Bildung eines eigenen und **unabhängigen Karenstaates** verweigerte. Diejenigen, die nach Thailand weiterzogen, gelten als die am besten integrierten unter den **Hilltribes**. Ihre Dörfer liegen entlang einer Linie von Mae Hong Son bis tief in den Süden entlang der Grenze zu Myanmar.

Akha, Lisu und Lahu

Die Opium anbauenden Akha, Lisu und Lahu in den Gebieten nördlich von Chiang Mai bis zum »Goldene Dreieck« fühlen sich kulturell zu **Myanmar** (Birma) gehörig und tragen auch die entsprechenden Trachten. Ihre Sprache gehört zur tibetisch-birmanischen Sprachfamilie. Während die Akha und Lahu seit Beginn des 20. Jh.s aus der südchinesischen Provinz Yünnan über das östliche Birma und das nördliche Laos nach Thailand vordrangen, kamen die Lisu aus dem Tal des Salween-Flusses in China. Die Angehörigen dieser drei Volksgruppen, die in Thailand leben, machen allerdings nur einen kleinen Teil aus; der größte Teil lebt weiterhin im ursprünglichen Siedlungsgebiet. Die **Akha** leben in engster Verbindung zu ihren Ahnen, glauben an Geister in jedweder Form und pflegen die alten Traditionen am intensivsten. Ihren Lebensunterhalt bestreiten die Akha mit Landwirtschaft, v. a. dem Reis- und Gemüseanbau, in einigen Dörfern im Grenzgebiet zu Myanmar gibt es noch das eine oder andere Opiumfeld. Den **Lisu** ist das Streben nach einer Vorrangstellung unter den Menschen zueigen, bereits die Kinder werden nach einem strengen Leistungsprinzip erzogen. Die (Groß-)Familien sind **streng patriarchalisch** ausgerichtet, die Gerichtsbarkeit im Dorf hält der stärkste Clan in Händen. Ihren Lebensunterhalt bestreiten sie vornehmlich durch den Gemüseanbau.

BAEDEKER WISSEN

▶ Thai-Schreibweise:

ราชอาณาจักรไทย

Fläche:
513 115 km²

Einwohner: **ca. 68 Mio.**

Bevölkerungsdichte:
132 Einwohner/km²,
Bangkok: 5270 Einw./km²
Im Vergleich:
Deutschland: 231 Einw./km²

Zeit:
MEZ + 7 Std.

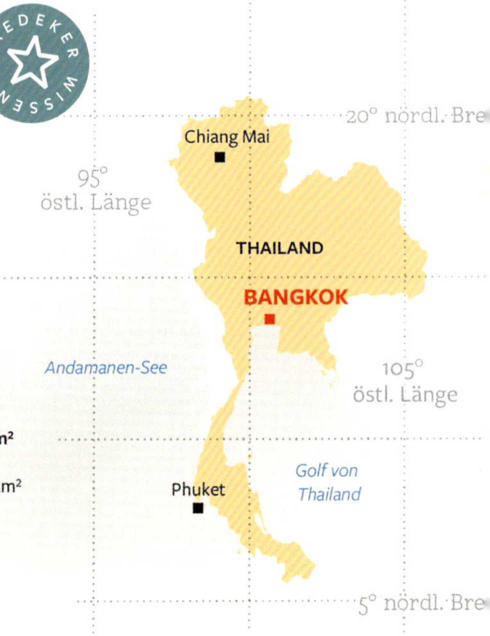

Chiang Mai
THAILAND
BANGKOK
Phuket
Andamanen-See
Golf von Thailand
20° nördl. Bre
95° östl. Länge
105° östl. Länge
5° nördl. Bre

▶ Staat

(Parlamentarische) Monarchie
Staatsoberhaupt: König Maha Vajiralongkorn (Rama X.)
Premierminister:
General Prayut Chanocha (nach Militärputsch von König Bhumibol ernannt)

▶ Flagge

▶ Sprache

Überwiegend **Thai** (Siamesisch) daneben: Chinesisch, Malaiisch, Englisch (Handelssprache)

▶ Geografische Daten

Längster Fluss: Maenam Chao Phraya »Königsfluss« (370 km)
Höchster Berg: Doi Inthanon (2565 ü.d.M) im Norden des Landes
Küstenlinie: 3219 km

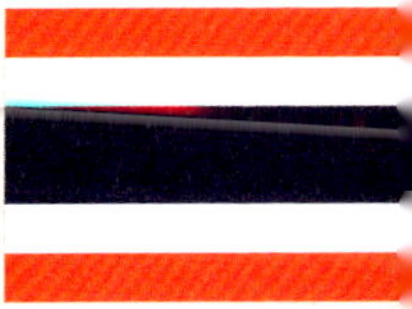

▶ Bevölkerungszusammensetzung

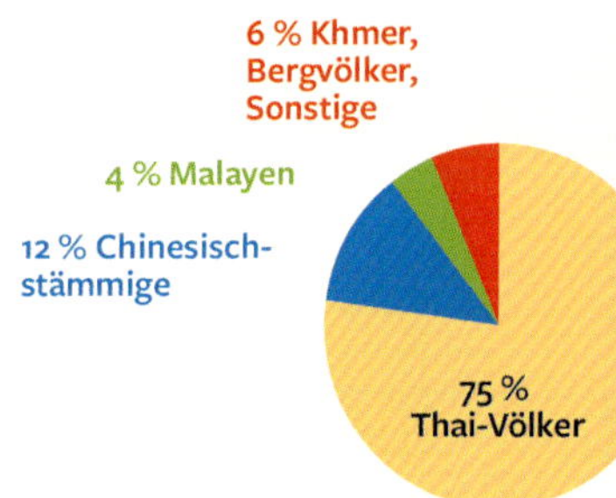

Wirtschaft

Bruttoinlandsprodukt (BIP):
437,8 Mrd. US$ (2017)

BIP je Einwohner:
6438 US$

Wirtschaftswachstum:
3,9% (2017)

Wirtschaftssparten (Anteil am BIP):
Dienstleistungen 45%
Bergbau, Industrie 45%
Landwirtschaft, Fischerei 10%
(aber >40% der Beschäftigten!)

Armutsrate: 7,2% (2015)

Religion

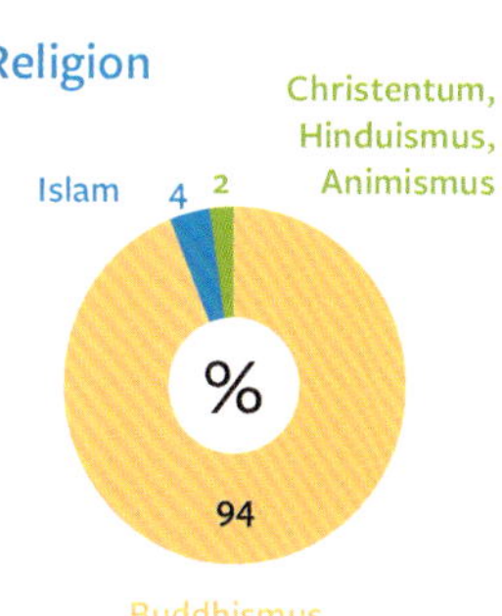

▶ Klimastation Bangkok

Durchschnittstemperaturen

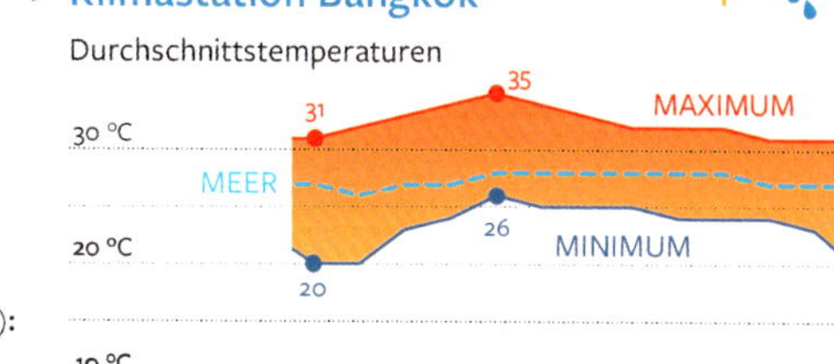

Niederschlag

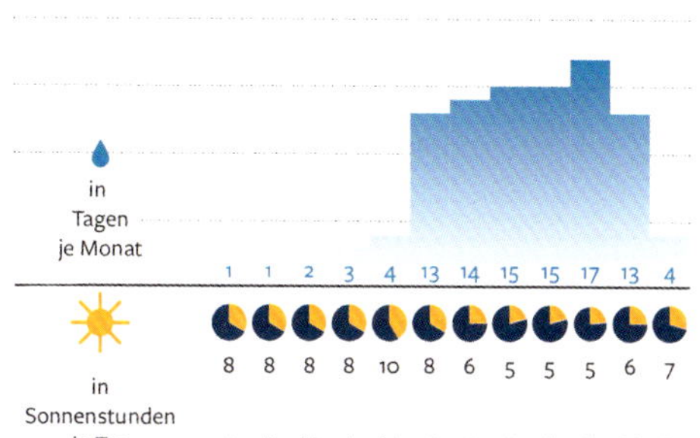

Die Chakri-Dynastie

Seit 1782 bis heute herrscht die Dynastie der Chakri-Könige über Thailand.
Sie begründete sich durch General Phraya Chakri »Rama I.«.
1932 wechselte die Staatsform von der absoluten zur konstitutionellen Monarchie.

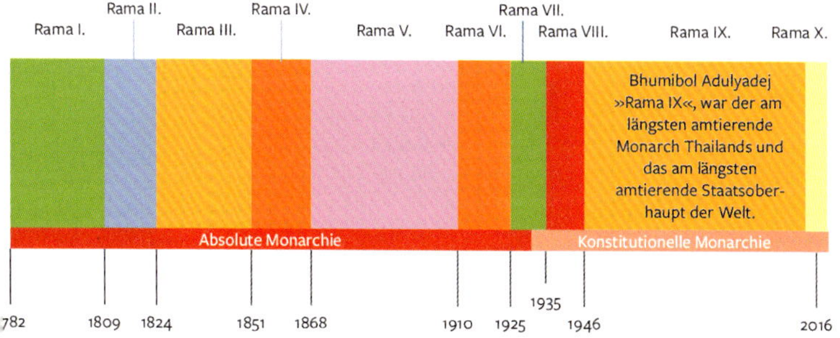

Jedem Wochentag in Thailand ist, begründet durch die hinduistische Mythologie, eine Farbe zugeordnet. Diese Farben sind auch zeitgleich die Geburtstagsfarben.

Hmong, Yao

Zur **sinotibetischen Sprachfamilie** zählen auch die Idiome der Hmong (Meo) und der Yao (auch Mien genannt); ihre Dörfer findet man v. a. in den Provinzen Chiang Rai und Nan. Ihre Heimat war das südliche Zentralchina; von Laos aus überquerten sie den Mekong und orientierten sich nach Aufenthalten in den Flüchtlingslagern entlang der kambodschanischen Grenze zum Norden Thailands hin. Sie wurden das Opfer der Machtübernahme des orthodoxen Kommunisten Pol Pot (1975); weil sie zuvor auf der Seite der Antikommunisten gekämpft hatten, blieb ihnen nur die Flucht aus ihrer angestammten Heimat. Die **Yao** haben sich Sprache und Schrift ihrer alten Heimat bewahrt. Die **Meo** leben in der Hauptsache vom Opiumanbau, auch wenn von der thailändischen Regierung propagierte Alternativen immer mehr Beachtung finden. In ihren Dörfern ist die **Polygamie** noch immer die Regel, das Leben ist ebenso wie bei den Lisu streng patriarchalisch organisiert. Den Meo und den Lisu ist gemein, dass Teile von ihnen als **Wanderbauern** leben; bringen die brandgerodeten und schon nach wenigen Jahren ausgelaugten Böden keinen Ertrag mehr, ziehen sie weiter und bauen an anderer Stelle neue Dörfer.

Mabri

Ethnologisch kaum erforscht sind die Mabri (auch »Yellow Leaves« genannt, da sie nur ihre Geschlechtsteile mit einem Laubblatt bedecken und sonst nackt sind), jagende und sammelnde **Nomaden**. Bislang schlugen alle Versuche, sie sesshaft zu machen, fehl. Etwa 200 von ihnen leben in versteckten Dörfern in den Bergen um Nan.

Muslime

In Thailand gibt es etwa 2,9 Millionen Muslime, davon 99 % Sunniten und 1 % Schiiten. Sie sind meist arabisch-malaiischer Herkunft und wohnen vorwiegend in den südlichen Landesteilen, und zwar in den **vier Grenzprovinzen** Satun, Yala, Pattani und Narathiwat. Galten sie noch vor Jahren als wenig integrationswillig und als ständiger Unruheherd, so hat sich die Mühe, die sich das thailändische Königshaus um ihre Eingliederung machte, offensichtlich gelohnt. Der Islam ist in Thailand heute nicht nur geduldet, er ist mit seinen Feiertagen **per Gesetz geschützt**. Etwa 100 Moscheen allein in Bangkok und über 2000 im ganzen Land sowie 200 Koranschulen zeugen vom Stellenwert des Islam in Thailand (▶ Religion). Allerdings gibt es in Südthailand bisweilen Spannungen, die vor allem auf separatistische Bewegungen zurückzuführen sind.

Wohnverhältnisse

Leben in der Stadt

Typisch für Bangkok und die anderen großen Städte sind die **gleichförmigen Häuser**, die sich, von Hotels, Bankgebäuden und den Verwaltungsgebäuden multinationaler Konzerne einmal abgesehen, an langen, meist geraden Straßen aufreihen. Während das untere Geschoss oft als Laden, Werkstatt oder Ähnliches dient und abends nur mit einem einfachen Rollladen verschlossen wird, leben in den Etagen darüber, nach einer strengen Hierarchie geordnet, im ersten Stock die Angestellten und Arbeiter, im zweiten der Besitzer und ganz oben die **Familienältesten**. Ist die Familie wohlhabend, verfügt sie über einen kleinen, meist vergitterten Dachgarten, der morgens der Gymnastik und abends den häufigen Geselligkeiten dient. Nur selten kann sich ein thailändischer Normalverdiener ein Einfamilienhaus leisten, sie sind vor allem der sogenannten Mittelschicht vorbehalten. Auffallend hohe Mauern, wegen eines ausgeprägten Sicherheitsdenkens oft auch von einzementierten Glasscherben gekrönt, umgeben diese Häuser.

Auf dem Land

Von den **traditionellen Thai-Häusern**, wie sie noch um die Wende vom 19. zum 20. Jh. überall im Land gebaut wurden, sind nur noch wenige erhalten. Zwar werden nach wie vor Elemente des altüberlieferten Hausbaus verwendet, z. B. die spitzen, **gekreuzten Giebelpartien**, doch hat sich weitgehend der praktische Hausbau durchgesetzt. Als Baumaterial wird auf dem Land wie schon seit Jahrhunderten vorrangig Holz verwendet. Die traditionellen Häuser werden mit großer Kunstfertigkeit ganz ohne Eisenteile und Nägel errichtet. Das klassische Thai-Haus ist **auf Pfählen** erbaut. Das dient

Kinder, Kinder: An jungen, fröhlichen Menschen herrscht im Vielvölkerstaat Thailand kein Mangel.

Dicht am Wasser gebaut: Wohnstatt über einem Bangkoker Klong

zum einen der Sicherheit vor Überschwemmungen während der Regenzeit, zum anderen kann der so zu ebener Erde entstehende Platz als Lager, Werkstatt oder auch als Aufenthaltsraum für die Familie genutzt werden. Oft finden die Haustiere (Schweine, Hunde, Vögel) dort ihren Platz. Das Dach wird meist mit Palmblättern gedeckt. Die Raumaufteilung ist denkbar einfach, oft gibt es nur **ein einziges großes Zimmer**, das als Aufenthaltsraum, Ess- und Schlafzimmer für die ganze Familie dient. Während elektrisches Licht heute zur Regelausstattung eines Hauses auch auf dem Land gehört, sind fließendes Wasser oder gar eine Badewanne eher die Ausnahme denn die Regel.

Sprache

Sinotibetische Sprachfamilie

Der sinotibetischen Sprachfamilie angehörend, ist Thai mit dem Laotischen, dem Shan und einigen Dialekten in Südchina verwandt. Sanskrit- und Paliwörter sind im Thai zwar enthalten, werden jedoch im Allgemeinen kaum mehr verwendet.

Sprachliche Strukturen

Thailändisch, früher als **Siamesisch** bezeichnet, ist wie das Chinesische eine isolierende, monosyllabische Sprache, in der die Tonhöhen **bedeutungsunterscheidende Funktion** besitzen. Verwendet werden also meist einsilbige, unveränderliche Wörter; grammatische Funktionen wie Zahl, Geschlecht, Modus etc. werden durch eigene

Wörter ausgedrückt. Da die Einsilbigkeit nur eine sehr begrenzte Zahl verschiedener Wörter ermöglichen würde, gibt es **sechs verschiedene Tonhöhen**, die dem Europäer die perfekte Beherrschung der Thai-Sprache fast unmöglich machen. Zählungen der Konsonanten und Vokale schwanken in westlichen Quellen zwischen 50 und 82, zumal viele Zeichen je nach Stellung im Wort einen anderen Lautwert haben: z. B. »l« und »r« spricht man am Wortende wie »n« aus, am Anfang eines Wortes klingen sie beide wie »l«, in der Wortmitte werden zwei »r« zum Vokal »a«, und schließlich bleibt ein »r« nach »s« stumm, was besonders häufig in religiösen und monarchischen Namen vorkommt. Beispiel »Sri Ayutthaya«: Das »Sri« wird als »Si« ausgesprochen.

Schrift

Das thailändische Alphabet wurde **1283 von König Ramkhamhaeng eingeführt**. Im Nationalmuseum zu Bangkok ist die in Stein geritzte Regierungserklärung ausgestellt, die die Geburtsstunde der Thai-Schrift dokumentiert. Das Alphabet besteht aus 44 Konsonanten und 32 Vokalen, wobei 14 einfache Vokale, die anderen Diphthonge sind. Die Wörter werden fortlaufend von links nach rechts geschrieben; lediglich zwischen vollständigen Sätzen und vor und nach Eigennamen gibt es einen Abstand. Der in ganz Südostasien **vorherrschende Buddhismus** trug dazu bei, dass dieses Alphabet auch von Myanmar, Laos und Kambodscha übernommen wurde, wenn auch mit einigen Abwandlungen. An der Schrift wurden im Laufe der Jahrhunderte nur sehr **wenige Änderungen** vorgenommen; so ist auch zu erklären, dass jeder des Lesens kundige Thai alte Handschriften aus früheren Zeiten ohne große Mühe zumindest entziffern kann (mehr Details ▶ Praktische Informationen, S. 488).

Staat und Verwaltung

Land der Freien

Thailand hat im Lauf seiner Geschichte **nie die Herrschaft fremder Mächte oder Völker** erdulden müssen. Aus dieser Tatsache ist auch der Staatsname Thailand (in der Landessprache »Prathet Thai«) zu erklären: Er bedeutet wörtlich »Land der Freien«.

Konstitutionelle Monarchie

Seit einem Staatsstreich und der danach im Dezember 1932 verkündeten ersten Verfassung besitzt Thailand die Staatsform einer **konstitutionellen Monarchie**. Die Volksvertretung nimmt ein Zweikammerparlament (Senat und Repräsentantenhaus) wahr. Damit ähnelt das thailändische Regierungssystem dem englischen mit **König, Ober- und Unterhaus**. Der Premierminister ist der Regierungschef, er wird vom Parlament vorgeschlagen und vom König ernannt, darf aber nur zwei Amtszeiten nacheinander ableisten. 400 der 480 Mitglieder des Repräsentantenhauses (Saphaputhan Ratsadon) werden in einer direkten Mehrheitswahl bestimmt, 80 weitere durch Verhältniswahl, und zwar nach Parteienzugehörigkeit. Von den 150 Mitgliedern des Senats (Wuthisapha) werden 76 durch direkte Wahl bestimmt, wobei jede Provinz (Changwat) einen Senator entsendet. Schließlich werden 74 weitere Volksvertreter aus akademischen Institutionen sowie aus öffentlicher und privater Wirtschaft durch ein Wahlkomitee bestimmt. Alle Parlamentsmitglieder, Abgeordnete wie Senatoren, haben eine Amtszeit von vier Jahren.

Bedeutung des Königs

Der König ist das **Staatsoberhaupt**, er entscheidet in letzter Instanz über die Annahme oder Ablehnung eines neuen Gesetzes. Eine Sonderform der Gesetzgebung bildet in Thailand das sog. »Königliche Dekret«, das der Monarch, ohne die Zustimmung des Parlaments einholen zu müssen, in Kraft setzen kann. Das Königreich Siam war von seiner Gründung bis 1932 eine absolutistische Monarchie, und auch heute noch gilt der König als sakrosankt. Doch hat sich vieles geändert, seit Rama I. 1782 als erster Angehöriger der Chakri-Dynastie den Thron bestieg. Das Gottkönigtum hat ebenso ausgedient wie der Glaube an die Unfehlbarkeit des Monarchen. Gleichwohl genoss König Bhumibol (Rama IX.) ausnehmend **hohes Ansehen** in der Bevölkerung, die ihm in einer Volksbefragung 1987 den Beinamen »der Große« verlieh (▶ Das ist, S. 12). Auch politisch hatte sein Wort hohes Gewicht. Der neue, im Dezember 2016 gekrönte König Maha Vajiralongkorn ist dagegen in der Bevölkerung als Playboy verschrien, gleichzeitig lässt er Majestätsbeleidigungen noch strenger verfolgen. Der Besucher hüte sich also vor respektlosen Äußerungen oder gar Beleidigungen des Königshauses.

Verwaltungsgliederung

Thailand ist in **73 Provinzen** (Changwat) gegliedert, die meist nach ihren Hauptstädten benannt sind. An der Spitze ihrer Verwaltung steht ein Provinzgouverneur, der gleichzeitig Vertreter der Zentralregierung in Bangkok und Leiter der provinziellen Selbstverwaltung ist. Die Provinzen sind ihrerseits in 567 Distrikte (Amphoe) unterteilt, diese wiederum in Gemeinden (Tamban). Als kleinste Verwaltungseinheit gelten die Dörfer (Mu Ban). Das **Haushaltsrecht** obliegt der Provinzregierung, die ihrerseits von der Zentralregierung in Bangkok beaufsichtigt wird. Von der Regierung in Bangkok erstellte **Fünf-Jahres-Pläne** sollen ein stetiges Wirtschaftswachstum garantieren und staatliche Investitionen in sinnvolle Bahnen lenken.

Rolle des Militärs

Das Militär ist traditionell die **mächtigste gesellschaftliche Gruppierung** in Thailand; seit 1932 putschte es nicht weniger als 18 Mal. Es maßt sich nicht einfach aufgrund seiner Verfügungsgewalt über Soldaten und Waffen politischen Einfluss an, die Offiziere stellen selbst eine »ehrenwerte Gesellschaft« dar. Wichtige Industriebetriebe und Dienstleistungsunternehmen – zum Beispiel zwei von vier

Bitte lächeln für den König – Bhumibol fotografiert seine Lieben fürs Album.

Fernsehsendern, das Telefonmonopol und Flughäfen – werden von Offizieren kontrolliert. Befehlsgewalt über das Militär bedeutet daher unmittelbar auch **Schutz wirtschaftlicher Interessen**. Dazu tritt das Militär naturgemäß als Großabnehmer von Rüstungs- und Versorgungsgütern auf, deren Hersteller wiederum gern Provisionen für die Aufträge zahlen. **Korruption** ist daher seit Langem ein zentraler gesellschaftlicher Mechanismus in Thailand. Gegen die Übermacht des Militärs, für politische Öffnung und eine effiziente Verwaltung kämpft die immer **stärker werdende demokratische Bewegung** vor allem der in Bangkok konzentrierten Intellektuellen und der Mittelschicht, die bemerkenswerterweise im Königshaus einen starken Rückhalt hat.

Parteienlandschaft

Das Parteiensystem ist vielgestaltig, keine Verbindung kann jedoch für sich eine Meinungsführerschaft beanspruchen. Parteien in Thailand sind meist von Interessengruppen gegründete Organisationen wie Militär und Unternehmen, deren Hauptaufgabe im Sammeln von Stimmen für ihre Kandidaten besteht; ein profiliertes politisches Programm besitzen eigentlich nur die Palang Dharma, die »Partei des buddhistischen Glaubens« des als unbestechlich geltenden ehemaligen Gouverneurs von Bangkok, Chamlong Srimuang. Er gilt als Anführer der sog. **Gelbhemden**, die im Mai 2010 als Anhänger der Regierung unter Abhisit Vejjajiva die **Rothemden**, die wiederum dem früheren Regierungschef Taksin Shinawatra anhängen, bekämpften. Dabei kam es vornehmlich in Bangkok, aber auch in anderen Landesteilen zu schweren, teils blutigen Auseinandersetzungen.

Politisches Bewusstsein

Ein die Gesellschaftsschichten übergreifendes politisches Bewusstsein gibt es in Thailand nicht; der Wähler gibt dem seine Stimme, der ihm verspricht, ihm möglichst schnell aus akuter Notlage herauszuhelfen. Zudem ist der **Kauf von Wählerstimmen** eine feste Einrichtung, vor allem auf dem Land, wo auch noch ein **ausgeprägtes Autoritätsbewusstsein** und eine festgefügte traditionelle Ordnung anzutreffen sind. Anders ist dies in der intellektuellen Schicht, in der die Demokratie Wurzeln geschlagen hat.

Außenpolitik

In der Außenpolitik lehnte sich Thailand stets an die Vereinigten Staaten an, was dem Land erhebliche Finanzmittel zur Verbesserung der Infrastruktur des Nordostens eintrug. Nicht zuletzt deshalb gestattete Thailand den USA während des Vietnamkriegs, im Land Truppen zu stationieren. Im Zuge einer stärkeren Unabhängigkeitspolitik in den späten 1970er-Jahren bat man die Amerikaner allerdings, die Stützpunkte aufzugeben. Seither verfolgt Thailand eine **relativ selbstständige Außenpolitik**. Seit die Rothemden 2011 die Parlamentswahl gewonnen haben, bemüht sich die Regierung insbesondere um bessere Beziehungen zum Nachbarland Kambodscha.

Internationale Mitgliedschaften

Thailand ist seit 1946 Mitglied der Vereinten Nationen sowie der UN-Sonderorganisationen. Es wirkte beim 1950 entwickelten **Colombo-Plan** mit, der die »Hebung des Lebensstandards in den Mitgliedsländern« nach dem Vorbild des Marshall-Plans zum Ziel hat, und ist Gründungsmitglied des 1967 in Bangkok konstituierten Verbands südostasiatischer Nationen (ASEAN).

Bildung und Wissenschaft

Die Vermittlung allgemeinen Wissens sowie grundlegender Schreib-, Lese- und Rechenkenntnisse oblag bis ins 19. Jh. hinein fast ausschließlich den Mönchen in den **Klöstern**. Erst während der Regentschaft von König Mongkut (Rama IV., 1851 – 1868) entwickelte sich ein Schulsystem, das die Ausbildung aller Thailänder zum Ziel hatte. Aber erst **1917** wurde die **allgemeine Schulpflicht** eingeführt. Das thailändische Schulsystem setzt bereits im Vorschulalter mit kindergartenähnlichen Institutionen an. Darauf folgen sechs Grundschuljahre. Auf dem Land werden die Kinder manchmal noch **in buddhistischen Klöstern** ausgebildet. Auf die Grundschule baut nach britischem Vorbild das System der Highschool auf. Dazwischen gibt es einen mittleren Bildungsweg.

Hochschulen, Ausbildungszentren

König Rama III. (1824–1851) ließ Mitte des 19. Jh.s in Bangkok eine **»Offene Universität«** einrichten, die für jedermann zugänglich war. Er hatte von 1832 bis 1848 den Tempel Wat Pho renovieren lassen und sah den Tempel nicht nur als eine heilige Stätte, sondern als ein demokratisches Bildungszentrum. Rama III. beauftragte Gelehrte, überlieferte Bücher auszuwerten und neue Bücher zu schreiben. Der

König selbst überwachte die Selektion. Er ließ die Texte auf Marmortafeln gravieren und im Wat Pho ausstellen, wo sie heute noch zu sehen sind. Es gibt 32 Universitäten und Technische Hochschulen in Thailand; unter den 20 Hochschulen in Bangkok ist die international anerkannte, 1917 von König Rama IV. gegründete **Chulalongkorn-Universität** die größte. Eine wichtige Rolle spielen die über das ganze Land verteilten Ausbildungszentren, in denen besonders Dorfbewohner in moderner Landwirtschaft unterrichtet werden.

Weniger Analphabeten

Noch 1970 konnten 17 % der 35- bis 40-Jährigen weder lesen noch schreiben; bis zum Jahr 2000 wurde diese Zahl auf etwa 4,5 % gesenkt, was dem Niveau der Europäischen Union entspricht.

Wirtschaft

Einer der »Vier Tiger«

Die **schwere Wirtschaftskrise**, die im Februar 1997 von Thailand ausgehend den gesamten asiatischen Kontinent erfasste und zu weltweiten ökonomischen Turbulenzen führte, war das Ergebnis eines geradezu rauschartigen Wirtschaftswachstums, von dem Südostasien über viele Jahre hinweg profitiert hatte. Etwa zu Beginn der 1980er-Jahre hatte Thailand Anschluss an die asiatischen Schwellenländer Hongkong, Singapur, Südkorea, Taiwan (auch die »Vier Tiger« genannt) gefunden, die zu einem beachtlichen Faktor der Weltwirtschaft geworden waren. Als verhängnisvoll erwies sich jedoch die in erster Linie auf Schulden im Ausland gegründete Baukonjunktur: Als das Angebot an neuen Bürohochhäusern namentlich in Bangkok die Nachfrage immer mehr überschritt, konnten viele der im Ausland aufgenommenen Kredite nicht mehr bezahlt werden. Selbst renommierte Geldinstitute wie die Bank of Thailand gerieten in Schwierigkeiten, der thailändische Baht wurde das **Opfer weltweit agierender Spekulanten**. Die Folge waren unerwartet hohe Exporteinbrüche, ein rapider Verfall der thailändischen Währung und verheerende Kursstürze an der Börse.

Aber auch die traditionell starke und **im Alltag durchaus immer noch übliche Korruption** spielte eine Rolle beim Niedergang der thailändischen Wirtschaft, von dem sie sich erst langsam wieder erholt.

Fatale Abhängigkeiten

Dabei kam die Wirtschaftskrise nicht unbedingt unerwartet. Kritiker der Entwicklung befürchteten seit Langem eine zu große **Abhängigkeit des Landes** vom guten Willen und vom Kapital ausländischer Investoren. Deren Warnungen hatten die Regierungen in Bangkok jedoch stets ungehört verhallen lassen. Die zu Hilfe gerufene Weltbank verband die Bewilligung finanzieller Mittel mit der Bedingung, wesentliche, strukturelle Wirtschaftsreformen durchzuführen. Derart gezwungen – was für Thailand einen **nicht unerheblichen Gesichtsverlust** bedeutete –, schloss die Regierung unter dem damaligen Ministerpräsidenten Chavalit zunächst einige illiquide Banken. Aber auch seine Nachfolger tun sich schwer mit dem Beenden der Vetternwirtschaft und der Auflösung der über Jahrzehnte hinweg gewachsenen politischen und wirtschaftlichen Strukturen und Hierarchien.

Traditionell: ein Handelsbilanzdefizit

Thailand verzeichnet nicht erst seit der Wirtschaftskrise ein Handelsbilanzdefizit; die Auslandsverschuldung liegt bei etwa 58 Mrd. US-$. Das Land bietet heute **zahlreiche Wirtschaftsgüter** (Edelsteine, Bekleidung, Reis, Früchte, Gemüse und Fisch), die für den europäischen Markt interessant sind. Weitere Wirtschaftszweige von Bedeutung neben der starken Automobilproduktion sind die Stahlproduktion, die Herstellung von Elektro- und Elektronikgeräten, die Textilindustrie und die Verarbeitung von landwirtschaftlichen Produkten.

Wertverlust für Zinn

Thailand verfügt über **wichtige Bodenschätze** wie Zinn, Zink und Fluorit; der Süden gehört zum Zinngürtel Südostasiens, dem »tin belt«, der bis nach Malaysia hineinreicht. Da der Zinnpreis in den vergangenen Jahren aufgrund der weltweiten Absatzkrise und dem Zusammenbruch des Zinnkartells drastisch verfiel, kam auch Thailand als **viertgrößter Zinnproduzent** der Welt in Schwierigkeiten.

Keine Atomkraftwerke

Thailand besitzt keine Atomkraftwerke, stattdessen dienen Erdgas, Erdöl und die v. a. im Norden im Tagebau geförderte Braunkohle fast ausschließlich der heimischen Energieversorgung. Jährlich werden ca. 17,6 Mio. t Braunkohle gefördert. Künftig soll das reichlich vorhandene **Erdgas** eine wichtige Rolle bei der Energieversorgung Thailands spielen. Nachdem in den 1980er-Jahren im Golf von Thailand bedeutende **Erdölvorkommen** entdeckt wurden, konnten die Erdöleinfuhren deutlich reduziert werden. Ein Drittel des Energiebedarfs soll durch die Nutzung heimischer Energiequellen gedeckt werden. So entstanden im Norden und Osten des Landes bereits mehrere **große Staudämme**.

Landwirtschaft, Forstwirtschaft, Fischerei

Reis steht im klassischen Anbaugebiet Thailand, der »Reisschale Südostasiens«, nach wie vor im Mittelpunkt der Agrarproduktion (▶ Wissen, S. 452). Die Reisernte wurde zwischen 1962 und 2016 von 10 Mio. Tonnen auf fast 26 Mio. Tonnen mehr als verdoppelt. Besonders intensiv wird die **Kokospalme** genutzt: Das Holz zum Hausbau, die köstliche Kokosmilch zum Trinken. Das Fruchtfleisch kann man essen, es wird aber auch zu Kopra getrocknet und zu Kokosöl verarbeitet. Die Schalen werden auf dem Land als Brennstoff genutzt. Über 70 % Nordthailands (30 % der Gesamtfläche Thailands) sind dicht bewaldet; die eine Hälfte mit Dipterocarpus-Wald, bei dem v. a. die Yang-(Holzöl-)Bäume genutzt werden, die andere mit Mischwald, bei dem das wertvolle **Teakholz** von wirtschaftlichem Interesse ist. Seit einem Fällverbot für Tropenhölzer darf nur Teakholz aus nachhaltiger Produktion gehandelt werden.

Obst, Gemüse und Fische

Die Erzeugung von Gemüse wurde ab den 1960er-Jahren **mehr als verdoppelt**, noch stärker stieg die Produktion von Obst. Nach dem Reis sind die wichtigsten landwirtschaftlichen Exportgüter Maniok, Zuckerrohr und Mais. Von großer wirtschaftlicher Bedeutung ist auch die Produktion von **Naturkautschuk**, hier ist Thailand Weltmarktführer. Vor allem in den südlichen Landesteilen gibt es großflächige Gummibaumplantagen; 2017 wurden über 3,8 Mio. Tonnen Kautschuk produziert. Thailand exportierte 2016 **Fisch und Meeresfrüchte** im Wert von 5,8 Mrd. US-$. Den Löwenanteil machte Thunfisch aus.

Großes Gefälle

Die Industrialisierung gewinnt zunehmend an Bedeutung, bringt aber auch Probleme mit sich: Trotz einer stetigen günstigen Wirtschaftsentwicklung ist das deutlich **ausgeprägte Stadt-Land-Gefälle** eines der größten Probleme Thailands. Tausende von Bewohnern der ländlichen Gebiete suchen v. a. in Jahren schlechter Ernten ihr Auskommen in der Hauptstadt Bangkok. Von der Regierung aufgelegte Pro-

Schnell zum nächsten Termin: Big Business wird in Thailand vornehmlich in Bangkok gemacht.

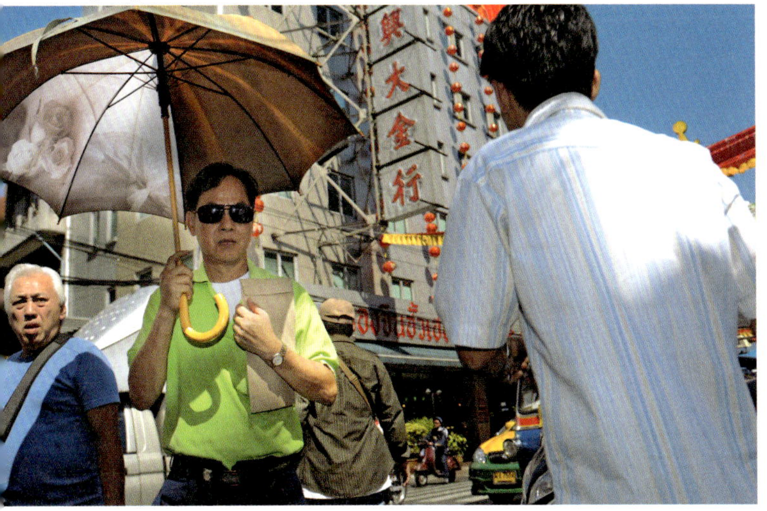

gramme, die in solchen Jahren für einen Einnahmenausgleich sorgen sollen, werden akzeptiert, brauchen jedoch Zeit, um greifen zu können. **Bangkok ist das Industrie- und Wirtschaftszentrum** des Landes. Alle internationalen Konzerne mit thailändischen Ablegern haben hier ihren Sitz.

Schmuck und Touristen

Es ist in Europa kaum bekannt, dass das Königreich Thailand nach Italien der zweitgrößte **Schmuckhersteller** der Welt ist. In Edelsteinminen werden Rubine und Saphire gefördert, während Diamanten und andere Steine aus den großen Förderländern nach Thailand zur Weiterverarbeitung geschickt werden. Neben Landwirtschaft und Fischfang hat sich der **Tourismus** in den letzten drei Jahrzehnten zu einer bedeutenden Einnahmequelle entwickelt (▶ Das ist, S. 24). Aufgrund der **politischen Unruhen** im Jahr 2010 erlebte die Tourismusindustrie einen Einbruch, von dem sie sich jedoch wieder erholt hat. Insgesamt leben etwa 3,5 Mio. Menschen in Thailand direkt oder indirekt vom Tourismus.

Kinderarbeit

Spezifisch für Südostasien ist der immer noch relativ hohe Anteil von Kinderarbeit. Allerdings konstatiert die International Labour Organization Thailand deutliche Fortschritte, auch wenn nach wie vor fast 13 % der 10 – 16-Jährigen arbeitet, statt in die Schule zu gehen.

So eine Ernte hält man stolz in die Kamera: Rambutanfrüchte mit ihrem typischen »Afro« sind reif, wenn sie rot werden.

Ein nicht geringer Teil der jährlich knapp 10 Mio. Besucher kommt nach Thailand auf der Suche nach Sexualkontakten. Für ihre »Bedürfnisse« werden Frauen, Mädchen und Jungen zumeist von **Schleppern** angeworben (z. T. auch von ihren Familien aus Not verkauft) und Bordellbesitzern und Zuhältern in allen größeren Städten des Landes zugeführt. Besonders erschreckend ist die starke Zunahme der **Kinder- und Jugendprostitution**. Nach Angaben der internationalen Hilfsorganisation »Médecins sans frontières« werden über 200 000 Kinder und Jugendliche zur Prostitution gezwungen; allein in Pattaya gebe es 20 000 Prostituierte, davon seien die Hälfte Jungen und Mädchen zwischen 10 und 14 Jahren. Die thailändische Regierung hat der Kinderprostitution – nach jahrelangem Zögern – nun offiziell **den Kampf angesagt**.

Sex-tourismus

RELIGION

Rund 94 % der thailändischen Bevölkerung und damit etwa 62 Mio. Gläubige bekennen sich zum Buddhismus.

Dem **Hinayana-Buddhismus**, der »Lehre des Kleinen Fahrzeugs«, gehört der weitaus größte Teil der Buddhisten an. Der zweiten buddhistischen Glaubensströmung, dem Mahayana-Buddhismus, der Lehre vom »Großen Fahrzeug«, schreiben sich etwa 12 % zu. Buddha selbst wird übrigens als Religionsstifter nicht angebetet, sondern verehrt. Der Buddhismus ist Staatsreligion in Thailand, andere religiöse Gemeinschaften genießen jedoch staatlichen Schutz. Dies sind die Hindus (ca. 22 000, meist Inder), die Muslime (4 %, überwiegend Malaien in den Südprovinzen Thailands) und die Christen (0,6 %).

Buddhismus

Geschichte und Lehre

Buddha – der Name stammt aus dem Sanskrit und bedeutet so viel wie »Erleuchteter« – wurde unter dem Namen **Siddharta Gautama** um 563 v. Chr. als Sohn eines reichen Großgrundbesitzers in Nepal am Fuß des Himalaya geboren. War zunächst der Luxus am elterlichen Fürstenhof prägend, so lernte Siddharta bei drei Ausfahrten menschliches Leid kennen, als er einem Greis, einem Kranken und einem Verstorbenen begegnete. Für sein weiteres Leben entscheidend war bei seiner vierten Reise das Zusammentreffen mit einem Eremiten, das dem 29-Jährigen den Anstoß gab, das bisher geführte Leben aufzugeben und als umherziehender Asket Antworten auf die Fragen nach dem **Sinn menschlichen Lebens** zu suchen. Nach intensiven Meditationen, in denen er einen Mittelweg zwischen Überfluss und Askese suchte, erreichte er nach sieben Jahren Wanderschaft unter einem Pipal-Baum am indischen Flüsschen Nerajara das Stadium der **Erleuchtung**. Die vier heiligen Wahrheiten – »Das ist das Leiden«, »Das ist die Ursache des Leidens«, »Das ist die Erlösung vom Leiden« und »Der Weg zur Aufhebung der Leiden« – sind die Grundsätze seiner ersten Predigt im indischen Städtchen Benares. 45 Jahre zog er selbst als Verkünder seiner Lehre vom **»Rad des Heils«** (dharmachakrapravartana) durch Indien. Während nach buddhistischer Überlieferung Buddha im Jahr 543 v. Chr. 80-jährig ins **Nirwana** einging, hat die Historie den Tod Buddhas auf 480 oder 470 v. Chr festgelegt. Doch noch heute ist das Jahr 543 v. Chr. das Jahr null des buddhistischen Kalenders. Oft trifft der Besucher auf die aus dem Todesjahr Buddhas und der westlichen Zeitrechnung addierte Jahreszahl: Das Jahr 2018 ist in Ländern mit buddhistischer Staatsreligion also das Jahr 2561.

Grundlagen des Buddhismus

Die Grundlagen des Buddhismus entstammen der hinduistischen Religion, aus ihr übernahm er den Begriff des **Karma**, des unüberwindbaren kosmischen Gesetzes. Karma meint die Vergeltung aller begangenen guten und bösen Taten, die regelmäßig in der Wiedergeburt in ihren energetischen Ausgleich gebracht werden. Dem Nirwana am nächsten sind die Mönche, die ihr ganzes Leben mit dem Studium der Lehren Buddhas verbringen. So ist das hohe Ansehen zu erklären, das Mönchen in Thailand entgegengebracht wird.

Mahayana- und Hinayana-Buddhismus

Der Unterschied zwischen dem Mahayana- und dem Hinayana-Buddhismus besteht in den Möglichkeiten, den Zyklus von Geburt, Tod und Wiedergeburt zu durchbrechen. Während der Hinayana-Buddhismus davon ausgeht, dass dies ohne jegliche Unterstützung jeder einzelne Gläubige erreichen muss, kennt der im 1. und 2. Jh. n. Chr. entstandene Mahayana-Buddhismus die **Bodhisattvas**. Das sind Menschen, die das Stadium der Erleuchtung bereits erlangt haben, jedoch immer noch (unerkannt) auf der Erde weilen, um anderen Menschen den »Achtfachen Pfad der Erkenntnis« und damit **den rechten Weg** zum Nirwana zu weisen. Auch Buddha selbst war gemäß dieser Auffassung nach seinem etwa 500 Leben umfassenden Zyklus von Geburt, Tod und Wiedergeburt zunächst ein solcher Bodhisattva, bevor er endgültig ins Nirwana einging.

Heutige Glaubensrichtungen

Vom indischen Herrscher Ashoka einstmals entsandt, gelangten im 3. Jh. v. Chr. die ersten buddhistischen Mönche in das Gebiet um Nakhon Pathom. Hier entstand die Glaubensrichtung, die heute gelehrt wird. Mit den Gesetzen des erleuchteten Buddha vermischten sich **Elemente des Hinduismus**, so z. B. das hinduistische Weltbild (▶ Das ist, S. 8). Während die reine Lehre des Buddhismus ohne

Götter auskam, entwickelten sich im Lauf der Jahrhunderte mehrere Glaubensrichtungen, die sich der Götter artverwandter Religionen, u. a. des Hinduismus, bedienten. Übernommen wurden so Teile der hinduistischen Mythologie wie die Trinität **Brahma**, der Schöpfer des Universums, **Shiva**, der Gott mit dem Unheil verkündenden dritten Auge, und **Vishnu**, der Wohltäter, Bewahrer und Erlöser. Sie treten auch in der buddhistischen Religion in den verschiedensten Inkarnationen auf, so z. B. Vishnu als Rama, Hauptheld des Epos »Ramayana«.

Animismus

Eine wesentliche Rolle im religiösen Leben der Thai spielen **gute und böse Geister**, ein Element des Animismus. Mit Buddhas ausdrücklicher Duldung, solange weder der Lehre noch den Lebewesen Schaden zugefügt wird, sind die zahllosen Götter dem großen Lehrer zwar unterstellt, aber doch nicht ihrer tröstlichen Macht für die alltäglichen Sorgen des Volkes beraubt – allerdings nur, wenn man versteht, sich ihre Gunst zu erhalten. Das Individuum gliedert sich in drei Teile, den materiellen Körper **»kai«**, eine eigene und eine freie Seele, **»winyan«** und **»khwan«**. Gelingt es, das »khwan« im Körper zu binden, sind Gesundheit, Wohlstand und beruflicher Erfolg sicher.
Besondere Riten pflegen die Bergvölker im Norden, denn bei ihnen spielen Geister eine noch größere Rolle. Es gibt böse Geister und natürlich auch gute: z. B. die Erdgeister »phi ruan« und die Hausgeister »phra phum«. Gute Geister werden, so man sie als solche erkennt, in

Hier ist alles Gold, was glänzt: Der Buddhismus ist im Alltag präsent, und für ein gutes Karma werden gerne Geld und Gold geopfert.

SITZEND, STEHEND, SCHREITEND, LIEGEND …

sind die häufigsten klassischen Darstellungen des Buddha. Jeder Körperhaltung ist eine Bedeutung zugedacht, die in Verbindung mit einer Mudra vervollständig wird. Eine Mudra (Sanskrit »Siegel«) ist ein Handzeichen oder eine Geste mit einer konkreten symbolischen Bedeutung, die auf eine bestimmte Aussage Buddhas verweisen. Mönche und Gläubige verwenden Mudras im täglichen Gebet; selbst die alltägliche Geste des Händefaltens gilt als Mudra.

▶ **Ein Buddha für jeden Tag der Woche**

Sieben verschiedene Buddhastatuen stehen für die sieben Wochentage. Jedem Tag ist eine Farbe zugeordnet. Montags tragen viele Thais Gelb und freitags Blau, um ihr Verbundenheit mit dem Königshaus zu zeigen.

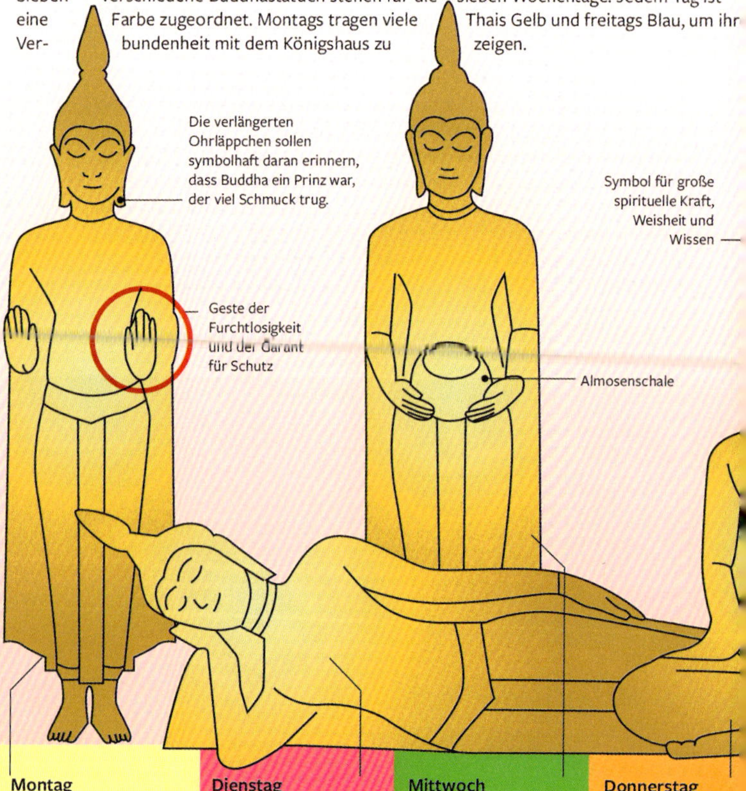

Die verlängerten Ohrläppchen sollen symbolhaft daran erinnern, dass Buddha ein Prinz war, der viel Schmuck trug.

Geste der Furchtlosigkeit und der Garant für Schutz

Symbol für große spirituelle Kraft, Weisheit und Wissen

Almosenschale

Montag
Symbolisiert die Rolle der Friedensstifter und Beschützer des Buddha

Dienstag
Buddha in der Haltung der »Parinirvana« (d.h. vor seinem Tod)

Mittwoch
Erinnerung, dem Ideal der Armut und Loslösung des Buddha zu folgen

Donnerstag
Klassische Symbolisierung der Meditation und Erleuchtung.

e Mudras
›difizierte und symbo-
che Positionen der Hände
ıd ein ikonografisches
erkmal, um Buddhastatuen
dividuell zu unterscheiden.

Varada Mudra
Erfüllung, Gabe, Gastfreundschaft, Großzügigkeit

Anjali Mudra
Geste der Ehrerbietung

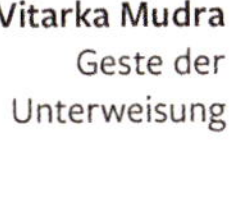

Vitarka Mudra
Geste der Unterweisung

Yoga Mudra
Meditation, Beschaulichkeit

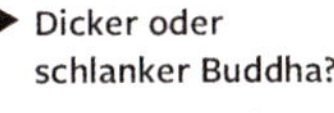

▶ **Dicker oder schlanker Buddha?**

Der schlanke Buddha ist der historische Gründer des Buddhismus. Der dicke ist eine Veranschaulichung oder »Butai Putai«. Butai Chan war ein chinesischer Zen-Mönch.

Geste des Selbstvertrauens

Die »Naga« (Schlange mit 7 Köpfen) schützt den Kopf vor Wind und Regen.

reitag
rinnert an das Zögern bei
er schwierigen Kommuni-
ation der Lehre nach dem
rreichen der Erleuchtung.

Samstag
Dieser Buddha vertritt die tiefe Meditation und ist dabei von der »Naga«-Schlange geschützt.

Sonntag
Diese Haltung steht für die Zeit, nachdem Buddha die Erleuchtung erlangt hat.

die Familiengemeinschaft aufgenommen, die bösen finden ihre Heimat in den **Geisterhäuschen**, den »saan phra phum«, wo sie durch Opfergaben täglich aufs Neue besänftigt werden.

Wächter über den Alltag

»Phra phum« ist der wahre Alltagstrost für jeden, denn er lebt mit den Menschen, zwar nicht unter einem Dach und auch nicht im Schatten des Hauses, aber gleich daneben. Er residiert in einem palast- oder tempelähnlichen, kunstvoll gefertigten Bauwerk, das in Augenhöhe auf einen Pfahl gesetzt wird. Zu jeder Tageszeit bringen die Thai Reis, Tee, Orchideen und andere Gaben, um vor allem die guten Geister **um Fürsprache zu bitten**. Bei besonderen Ereignissen, etwa Krankheit, Geburt, Verschuldung oder Hoffnung auf das große Los in der Lotterie, findet der »Phra phum« seine Schar an dienstbaren und unterhaltsamen Huldigern bereichert durch Pferde und Elefanten, Sklaven und Tänzerinnen, auch sie **zierlich aus Pappe oder Holz** gefertigt. An Straßen stehen Geisterhäuschen v. a. an besonders gefährlichen Stellen, an denen sich häufig Unfälle ereignen.

Religiöse Feste und Bräuche

Mönchstum

In ganz Thailand gibt es schätzungsweise um die 200 000 Mönche. Etwa die Hälfte von ihnen ist es auf Lebenszeit. Besonderen Respekt genießen alte Mönche, da man von ihnen annimmt, dass sie durch ihren **asketischen Lebenswandel** dem Stadium der Erlösung schon recht nahegekommen sind. In den Klöstern leben aber auch Maetschis, weibliche Bedienstete, die nicht denselben Regeln wie die Mönche unterliegen. Ihnen ist beispielsweise der Umgang mit Geld gestattet, und sie sind oft auch für die Haushaltsführung im Kloster zuständig.

Klosteraufenthalt

Fast jeder gläubige (männliche) Thai geht einmal in seinem Leben in ein Kloster. Oft tut er dies schon in jungen Jahren, zum Beispiel während der Sommerferien. Es gibt zahlreiche Tempel, die sich auf den zeitlich begrenzten Aufenthalt von Jungen im Alter ab etwa sechs Jahren eingerichtet haben (▶ Baedeker Wissen, S. 234).

Totenfeier

Sieben Tage lang versammeln sich die nächsten Angehörigen eines Verstorbenen in schwarzer oder weißer Trauerkleidung um den aufgebahrten Toten in dessen Haus und hören den »Sutren« der Mönche zu, die in einer Reihe auf erhöhten Podesten sitzen. Am Tag der Einäscherung (je höher der gesellschaftliche Rang, desto später wird sie vollzogen – mitunter erst nach einem Jahr) wird der Sarg mit dem Verstorbenen in den Tempelbezirk gebracht. Dort erhalten alle Trauergäste **kleine Strohsterne**, die sie in einem symbolischen Akt in eine Pyramide aus aufgeschichtetem Holz unter einer prächtigen

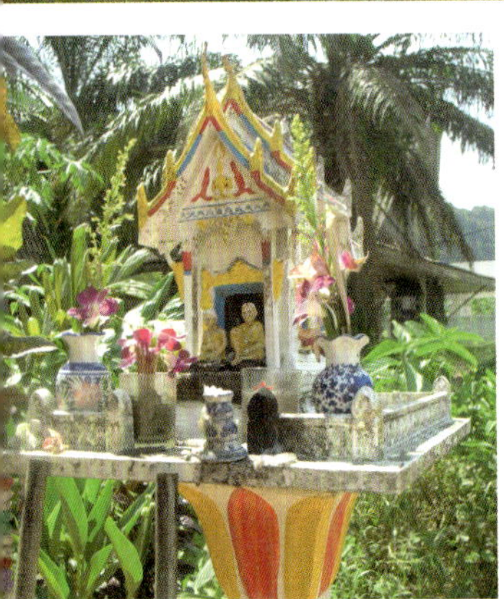

OBEN: Relikt großer Tage: Wat Mahathat, zentraler Tempel in Sukhothai

UNTEN: Geliebtes Ritual: Täglich wird den Geistern geopfert.

Papp-Pagode werfen, ehe alles zusammen vom höchstrangigen Gast in Brand gesteckt wird. Erdbestattungen sind in Thailand unüblich.

Alltag mit Hindu-Göttern

Während bei größeren Familienfesten, beim Erntesegen und am Vorabend einer Mönchsweihe auf die hohe Zeremoniekunst eines Brahmanen zurückgegriffen wird, sucht man **Trost und Hoffnung** für den Alltag zumeist bei steinernen und marmornen Hindu-Göttern. Meist genügen schon **bescheidene Opfergaben** wie einige Räucherkerzen, eine Blumengirlande (pyan malai), eine kleine Schale Reis oder andere Speisen und natürlich die demütige Ehrerbietung.

Blumenkettchen

Die »pyan malai«, die kunstvoll aus **duftenden Jasminblüten**, Orchideen oder Rosen geflochtene Girlande, wird abends an fast jeder Ampel den Autofahrern zum Kauf angeboten. Sie wird dem erfolgreichen Examenskandidaten oder Ehrentitelempfänger als **Glücksbringer** um den Hals, aber auch einer Buddha-Statue oder der animistischen Gottheit »Phra phum« zu Füßen gelegt.

Tempel

Vielfältige Einflüsse

Zwar trägt die sakrale Architektur die meist unverwechselbare **Handschrift des jeweiligen Herrschers**; doch daneben können fast alle Tempelanlagen Thailands den Einfluss fremder Kulturen nicht verbergen. Indische und ceylonesische Elemente gelangten durch Missionare oder Kaufleute nach Thailand. Die **Khmer** (Mon) bestimmten über Jahrhunderte hinweg die Tempelarchitektur entlang ihrer Handelswege, ihre Tempelanlagen im Nordosten wurden freilich mehr oder weniger dem Verfall preisgegeben. Im Norden waren es die Birmanen und Laoten, deren prächtige Bauwerke bis heute Vorbilder geblieben sind. Schließlich fanden im 19. Jh. auch europäische Stilformen und Materialien Eingang (ein schönes Beispiel dafür ist der Tempel Wat Benchamabobitr in Bangkok). Viele Tempelanlagen weisen verschiedene Stilelemente auf, weil über mehrere Epochen hinweg an ihnen gearbeitet wurde.

Hindu-Tempel mit »Cella«

In Indien wurde während der Gupta-Zeit (310 – 500 n. Chr.) der frei stehende Turmtempel entwickelt, der den Höhlen- oder Felstempel ablöste. Der **Turmtempel** besteht zunächst aus einem kubischen Block auf einer Terrasse mit quadratischem Grundriss. Über dem Hauptraum im Innern des Blocks, der Cella, erhebt sich ein pyramidenförmiger, meist gestufter Turm. Die Außenwände sind **mit Reliefs geschmückt**. An allen vier Seiten führt eine Treppe auf die Terrasse, während die Cella nur von einer Seite zugänglich ist. Nicht viel später wurde der Cella eine Mandapa genannte Versammlungshalle angefügt, dann zwischen Cella und Mandapa ein »Antarala« (Wandelgang) geschaffen. Die Cella erhielt reich verzierte Torvorbauten (Gopura). Damit war die Grundform des Hindu-Tempels gegeben. Einzelne Elemente dieses Baustils finden sich im thailändischen Wat wieder.

Khmer-Tempel

Entlang einer heute in ihrem genauen Verlauf nicht mehr bekannten Straße, die Thailand einst in Nord-Süd-Richtung durchzogen haben mag, stößt man auf zahlreiche mehr oder minder gut erhaltene Khmer-Heiligtümer. Nachgewiesen ist freilich, dass die Khmer **entlang der Handelsstraßen** Tempel errichtet haben, in denen die Reisenden ihren religiösen Pflichten nachkommen konnten. Im 2. und 1. Jh. v. Chr. waren die Khmer das **mächtigste Volk Südostasiens**. Ihr Einflussbereich reichte über das völlig von ihnen kontrollierte Gebiet des heutigen Kambodscha hinaus bis weit nach Thailand und Birma hinein. Die Architekten der thailändischen Tempel wiederum übernahmen etliche Elemente von den Khmer-Tempeln, wie z. B. den Prasat, den sie lediglich kunstvoller gestalteten, in seiner Urform jedoch weitgehend beließen. Die Architektur des Khmer-Tempels entwickelte sich aus dem Baphuon-Stil, der den Kult des »heiligen Bergs« (Meru) pflegte und deshalb vom hinduistischen Original stark beeinflusst wurde.

Heiliger Prasat

Das zentrale Heiligtum des in rechteckiger Form angelegten Khmer-Tempels ist der Prasat, meist ein hohes **Gebäude mit Säulenumgang** auf dem Grundriss eines griechischen Kreuzes; es wird in der Regel an allen Seiten von Prangs (Tempeltürmen) umgeben. Über der Vierung, an der die vier mehrfach gestaffelten Dächer zusammentreffen, erhebt sich ein Turm, der in der Regel mit **zahllosen Menschen- und Tierplastiken** besetzt ist. Diente das Gebäude für religiöse Kulthandlungen oder als Gedenkstätte, ist der Turm ein Prang; diente es dem König z. B. als Audienzhalle oder als Aufbahrungsraum, endet der Turm in einer Spitze. Breite Wassergräben außerhalb des Tempels symbolisieren die Weltozeane, innerhalb wurden vielfach steingefasste Becken angelegt, aus denen die Priester das heilige Wasser schöpften. Die Khmer-Tempel zeugen von hoher Kunstfertigkeit. Tempel im Khmer-Stil sind v. a. im Nordosten Thailands vielfach erhalten.

Thailändischer Wat

Der Begriff Wat wird oft als Kloster übersetzt. Wie die Klöster des europäischen Mittelalters sind auch die thailändischen Wat Stätten der Zuflucht und inneren Einkehr, Schulen, Kranken- und Waisenhäuser. Außerdem ist der Wat eines Dorfs oft der Platz, auf dem Feste gefeiert werden. Wat nennt man die **Gesamtheit einer Klosteranlage**; sie besteht aus dem heiligen Bezirk und den Wohnanlagen der Mönche. Die beiden Bereiche sind fast immer durch eine Mauer (»kamphaeng kheo«, Edelsteinmauer) voneinander getrennt. Die

Tempel mit den Ausmaßen eines ganzen Stadtteils: der berühmte Wat Phra Kaeo in Bangkok

Wohnungen für die Mönche (Khana), der große Versammlungssaal (Viharn), ein Hof mit Kapellen darum herum, der eigentliche Tempel und die Wirtschaftsräume bilden die Tempelanlage. Hinzu kommen, je nach Größe der Anlage, eine Bibliothek, in der die Sutren (Schriften mit der Lehre Buddhas) aufbewahrt werden, und ein oder mehrere Wandelgänge, in denen die Mönche meditieren. Je nach Größe des Tempelbezirks gibt es einen oder mehrere Viharn, die nach dem Namen der Buddhastatue in ihrem Innern benannt sind. Sichtbarstes Bauwerk ist der alles überragende **Chedi** (oder Prang). Außerdem gehört zum Wat ein Glockenturm (»Ho Rakang«), in dessen unterem Geschoss eine Trommel oder ein Gong aufgehängt ist. Häufig sind »Dschaks« (Tempelwächter chinesischen Ursprungs), »Kinnari« (Vogelmädchen), »Garudas« (die Reittiere Vishnus) sowie andere Figuren zu sehen, die der reichhaltigen hinduistischen Mythologie entstammen.

Heiliger Bodhi-Baum

Besondere Verehrung genießen Bodhi-Bäume, die in Tempelbezirken stehen und mit gelben oder safranfarbenen Stoffbändern verziert sind. Unter einem solchen Baum erlangte Buddha die Erleuchtung.

Bot

Das heiligste Gebäude im Tempelbezirk ist der Bot, auch Ubosot genannt, der **nur Mönchen zugänglich** ist – hier wird zum Beispiel die

Ordination der Mönche gefeiert. Acht Grenzsteine (»Sema«) umgeben den heiligen Bezirk und trennen ihn vom übrigen, ungeweihten Terrain. Sie haben meist lanzettenartige Spitzen und sind mit Reliefs – oft Szenen aus den mehr als 500 Leben Buddhas – verziert. Der Bot selbst ist ein lang gestrecktes Gebäude mit rechteckigem Grundriss und Fenstern in den Längsseiten, der Eingang ist stets an der östlichen Stirnseite. Ein größerer Bot besitzt drei Eingänge, wobei der mittlere immer größer ist als die anderen, sowie einen Wandelgang, in dem oft Buddhastatuen aufgestellt sind.

Prächtige Eingänge

Besonders kunstvoll ausgeprägt sind die Eingänge an nordthailändischen Tempeln, die meist nach birmanischem Vorbild erbaut sind. Die Körper von Nashornschlengen, mit vielen gläsernen Mosaiksteinchen besetzt, bilden eine Balustrade. Die mehrfach gestaffelten, leicht geschwungenen Dächer der Tempelbauten sind häufig mit bunt glasierten Ziegeln in einer bestimmten Anordnung gedeckt, den Abschluss bilden symbolisch sich in den Himmel windende stilisierte Nashornschlangen. Von den Dachsimsen herunterhängende **kleine Glöckchen** erklingen bei jedem Luftzug mit hellem Ton.

Malereien im Innenraum

Der Innenraum ist bei größeren Bauten dreischiffig, bei kleinen einschiffig. An der Westseite, dem Eingang gegenüber, befindet sich die **verehrungswürdigste Buddha-Figur**, oft umgeben von vielen weiteren Statuetten, Blumengirlanden, Opfergaben und einem Gefäß mit Sand, in den die Gläubigen Räucherstäbchen stecken. Die Atmosphäre des Raums wird außer von den Proportionen und dem sich verzweigenden Gebälk – oft ist eine prächtig verzierte Holzkassettendecke eingezogen – vor allem von der **Harmonie der Farben** bestimmt: Rot, Gold, Blau und Schwarz sind beliebte Farbtöne. Die Malereien an den Wänden stellen meist Szenen aus dem Leben Buddhas oder aus einem seiner früheren Leben (den Jataka) dar.

Viharn

Dem Bot sehr ähnlich ist der Viharn, die **Andachtsstätte für die Laien**. Auch er beherbergt eine oder mehrere Buddhastatuen und ist mit kunstvollen Details ausgestaltet. Tempelanlagen besitzen mindestens einen Viharn, größere oft mehrere.

Chedi und Stupa (▶Wissen S. 242)

Der indische Stupa und damit auch der thailändische Chedi entwickelte sich aus einem **Grabhügel**, der die Reliquien heiliger Mönche bedeckte. Die ersten Stupas soll der indische **König Ashoka** (273 – 231 v. Chr.) errichtet haben, so die vier Stupas in Pattan (Nepal). Zu den ältesten Stupas zählen auch die in Anuradhapura auf Sri Lanka, wo sie »Dagoba« genannt werden (in Laos »That«, in Birma, Nepal, auf Java und Bali »Pagode«). Stupas wie Chedis sind keine Gotteshäuser, sondern **unzugängliche Kultbauten**, die Reliquien Buddhas enthalten und als markantes Denkmal des Buddhismus bezeichnet werden können. Seine **Grundform** besteht aus einem halbkugel- oder glockenförmigen Körper aus Ziegeln, später verputzt oder mit Stuck verkleidet, mit einem rechteckigen Aufsatz, den ein mehrstufiger Schirm krönt, das Symbol der Heiligkeit. Den größten Chedi besonders heiliger Tempel krönt eine vergoldete oder **massiv goldene Spitze**.

Meditatives Gehen

Um Buddha Ehrerbietung zu erweisen, umwandert man Stupa und Chedi im Uhrzeigersinn, dazu dient die von einer **Steinbalustrade** umgebene Terrasse (die von Frauen nicht betreten werden darf). Vier große Tore durchbrechen die Balustrade an den vier Seiten. In Thailand hat sich der Stupa indischen Musters zu zwei Formen weiterentwickelt: dem Chedi und dem Prang. Sie sind wesentliche Bestandteile des Wat; an ihnen lässt sich die **Weiterentwicklung des indischen Originals** am besten nachvollziehen. Wies der klassische Stupa einen bauchigen, fast plumpen Körper auf, so formten die Thai ihn als Chedi zu einer Glocke und das Oberteil zu einer Spitze, die, ursprünglich in Form einer Lotosblüte ausgebildet, in späterer Zeit immer schlanker wurde. Sie verleiht dem Stupa die für Thailand **typische Eleganz**.

Verzierte Prangs

Der Prang hat sich bei den Khmer ebenfalls aus der indischen Dagoba entwickelt. Im Gegensatz zum Chedi besitzt er keine Nadelspitze, son-

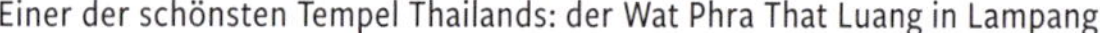

Einer der schönsten Tempel Thailands: der Wat Phra That Luang in Lampang

dern **eine Kuppe**. Die Silhouette oberhalb des Sockels ist schlank und verjüngt sich zur Spitze hin nur mäßig. Manche Prangs, v. a. solche aus der Zeit vor dem 16. Jh., wirken hingegen sehr gedrungen. In Innern birgt der Prang eine **Reliquie**; zu ihrer Kammer, die einen überdachten Vorbau aufweist, führt eine Treppe empor. Prangs sind meist kunstvoll verziert und mit Skulpturen geschmückt.

Sala

Salas sind kleine, **offene Hallen** im Thai-Stil, deren Dach von Pfeilern getragen wird. Sie stehen an verschiedenen Stellen im Tempelbezirk und dienen vor allem als **Ruheräume für Besucher**.

Ho Trai

Das Ho Trai ist die **Bibliothek**, in der heilige Schriften und Kultgegenstände aufbewahrt werden. Es hat einen kubischen, hohen Unterbau (zum Schutz der Schriftstücke vor Ungeziefer und Nässe), der zuweilen von einem Säulenumgang umgeben ist. Das Dach ist **pyramidenförmig** und in Stufen gegliedert. In Nordthailand gibt es noch gut erhaltene Ho Trais in **Teakholzbauweise**. Je nach Bedeutung kann ein Tempel über ein oder mehrere Ho Trai verfügen.

Kambarien

Im Kambarien, einem der wichtigsten, wenn auch meist schmucklosesten Gebäude eines Wat, rezitieren Mönche täglich 12 – 13 Uhr die **Sutren**. In seinem Innern steht oft eine aus Teakholz gefertigte, reich verzierte Kanzel, von der aus der Mönch spricht.

Phra Mahathat

Besonders **wichtige Tempelanlagen** tragen den Zusatz (Wat) Phra Mahathat (»Tempel der großen heiligen Reliquie«). Jede Königsstadt hatte mindestens einen **Wat Phra Mahathat**, der in seinem Chedi (oder Prang) eine Buddha-Reliquie (Haar, Knochen, Zahn) barg.

Wohnbereich

Im Wohntrakt der Tempelanlagen führen die Mönche ihr stilles, zurückgezogenes und im Tagesablauf **streng geregeltes Leben**. Der Besucher sollte das respektieren und nicht durch auffälliges Verhalten bei der Andacht stören.

Andere Religionen

Garantierte Religionsvielfalt

Neben dem Buddhismus genießen auch alle anderen Religionen große Entfaltungsmöglichkeiten, die in der Verfassung von 1978 dokumentiert sind. Auch das ist Ausdruck des **kosmopolitischen Denkens** in der thailändischen Regierung.

Sunnitische Muslime

Die Geschichte der sunnitischen Muslime in Thailand beginnt wohl im 13. Jh., als der Süden Siams von der **Malaiischen Halbinsel** aus islamisiert wurde. Während sich die Bevölkerung im größten Teil Thailands für den Buddhismus entschied, bildeten sich hier kleine Fürs-

tentümer. Um 1786 begannen die Thai, sich diese Sultanate einzuverleiben und tributpflichtig zu machen, wobei sie wenig auf die kulturellen und religiösen Traditionen achteten. Beamte aus dem fernen Bangkok bewiesen wenig Fingerspitzengefühl, sie sprachen oft nicht den Landesdialekt Yawi. Aus dem Untergrund wurde das verhasste System des Buddhismus und des thailändischen Königshauses bekämpft, auf Gewaltakte der Einheimischen folgte die ebenso gewalttätige Antwort der Herrscher. In den 50er- und 60er-Jahren des 20. Jh.s waren Separatistengruppen besonders aktiv.
Behutsam arbeitete das Königshaus an einer **Integration der Muslime**, gestattete wieder Unterricht und die Verwendung des Yawi-Dialekts. Frauen wurde wieder erlaubt, das traditionelle Kopftuch, den **Tschador**, in der Öffentlichkeit zu tragen. Ortsschilder wurden wieder zweisprachig. König Bhumibol bezahlte aus seiner Privatschatulle eine **Übersetzung des Korans** in die thailändische Sprache. Dem Staatsrat gehört ein hoher islamischer Würdenträger an. Für muslimische Beamte ist der Freitag für die »djum'a« (Zusammenkunft zum Freitagsgebet) ein halber Feiertag; für eine Pilgerfahrt nach Mekka bekommen sie einmal im Leben einen viermonatigen bezahlten Urlaub. Aber auch heute noch kommt es zu Spannungen, die sich auch in Terroranschlägen manifestieren. Wer in südliche Landesteile reisen möchte, sollte sich deshalb unbedingt zuvor über die aktuelle Sicherheitslage informieren.

Hinduismus In Thailand gibt es ca. 22 000 Anhänger des Hinduismus. In den Hindu-Schulen wird neben dem für alle Schulen obligatorischen Thai-Lehrplan **Hindi, Sanskrit und Englisch** gelehrt.

Christentum Im 16. und 17. Jh. kam mit den Jesuiten aus Spanien, Portugal und Frankreich das Christentum auch nach Südostasien. Heute genießen die Christen in Thailand wegen ihrer **wohltätigen Einrichtungen** hohes Ansehen. Waisen- und Altenheime, Krankenhäuser und Taubstummenschulen sind Betätigungsfelder, die vom Staat gerne den kirchlichen Institutionen überlassen werden. Viele Kirchen wurden **im europäischen Stil** erbaut.

GESCHICHTE

Bis heute sind die Thai stolz darauf, dass ihr Land nie von fremden Nationen besetzt war. Die thailändischen Könige sorgten mit einer geschickten Schachbrettpolitik dafür, dass Fremde zwar wohlgelitten waren, aber nie mehr Einfluss besaßen, als man ihnen auch zugestehen wollte.

Die Herkunft der Thai war lange umstritten. Man geht heute davon aus, dass sie im Zusammenhang mit den verheerenden Eroberungszügen des Mongolen **Kublai Khan** aus ihrem angestammten Gebiet vertrieben wurden. Kublai Khan, ein Enkel des berüchtigten Dschingis Khan, hatte um 1253 – noch vor seiner Ausrufung zum Herrscher über alle Mongolen – das in **Südchina** gelegene Königreich Nan Chao überfallen. Bei der darauf folgenden Völkerwanderung gelangten die Menschen unter anderem bis nach Thailand.

Woher kamen die Thai?

Vorgeschichte

Dass die aus Südchina stammenden Thai-Völker jedoch nicht die ersten Menschen waren, die das Gebiet des heutigen Thailand besiedelten, wurde 1967 auf überraschende Weise bewiesen: Unweit des Dorfs ▶ Ban Chiang in Nordostthailand gruben Forscher eine Vielzahl von Artefakten aus – darunter elegante Keramiken mit schönen Verzierungen –, anhand derer man davon ausgehen kann, dass dieses Gebiet bereits **4000 v. Chr. besiedelt** war. Geradezu sensationell muteten die **Bronzewerkzeuge** an, die man bei Ausgrabungen fand. Deren Entstehung datierte man auf etwa 2000 v. Chr., also zu einer Zeit, als in **Mesopotamien** die ersten bronzenen Gegenstände gefertigt wurden. Bis zu diesem Zeitpunkt war man davon ausgegangen, dass dies die ersten Bronzen waren, die von Menschen jemals hergestellt wurden.

Sensationelle Funde in Ban Chiang

Feine Steinmetzkunst: Khmer-Ruinen von Phimai

EPOCHEN

VORGESCHICHTE

ca. 4000 v. Chr.	Bronzewerkzeuge und Tongefäße in Ban Chiang
800 – 1000 v. Chr.	Die Khmer weiten ihr Einflussgebiet bis nach Thailand aus.
um 250 v. Chr.	Der Buddhismus kommt nach Thailand.

DAS ERSTE SIAMESISCHE KÖNIGREICH

1253	Gründung des Königreichs Siam
1279	König Ramkhamhaeng besteigt den Thron.

AUFSTIEG UND FALL VON AYUTTHAYA

1350	König U Thong begründet Ayutthaya.
1512	Die ersten Europäer kommen.
1569	Ayutthaya wird kurzzeitig besetzt, aber nicht zerstört.

DIE CHAKRI-DYNASTIE

1782	König Rama I. besteigt den Thron.
um 1830	Die erste Universität entsteht im Wat Pho in Bangkok.
1851	Rama IV. wird zum großen Reformer.

EINE MONARCHIE WIRD DEMOKRATISCH

1932	König Rama VII. tritt zurück.
1932	Erste Verfassung des Königreichs Siam
1939	Siam wird offiziell in Königreich Thailand umbenannt.

DAS VOLK GEGEN DIE MILITÄRMACHT

Ab 1973	Studentenproteste
1979	Neuwahlen bringen keine Veränderungen.
1991	Erneuter Miltärputsch
1992	Blutige Niederschlagung von Massendemonstrationen
2001	Thaksin Shinawatra wird Ministerpräsident.
26.12.2004	Ein Tsunami fordert mehr als 5000 Menschenleben.
seit 2006	Ständige Auseinandersetzungen zwischen den politischen Lagern lösen eine fast permanente Staatskrise aus.
2010	Straßenschlachten zwischen Rot- und Gelbhemden
Mai 2014	Der vorläufig letzte Miltärputsch

Anfänge des Buddhismus

Etwa 300 Jahre, nachdem der erleuchtete Buddha ins Nirwana eingegangen war, entsandte der indische **König Ashoka** Mönche in alle Himmelsrichtungen, um die Lehren Siddharta Gautamas zu verbreiten. Sie gelangten auch in das Gebiet um die heutige Stadt Nakhon Pathom und fanden dort eine interessierte Zuhörerschaft.

Die Khmer weiteten zwischen 800 und 1100 n. Chr. ihr Einflussgebiet aus. Während sie die Tempelstadt **Angkor Wat** (im heutigen Kambodscha) zum Zentrum ihres Reiches ausbauten, errichteten sie entlang ihrer Handelsrouten viele Heiligtümer. Diese dienten vermutlich der geistigen Erbauung der Händler und Kaufleute, die bis nach China reisten. Einige kleinere Gebiete im Nordosten wurden jedoch von Einwanderern aus den Gebieten Birmas und Kambodschas besiedelt, die am ehesten als **Ureinwohner Thailands** betrachtet werden können.

Das Reich der Khmer

Das erste siamesische Königreich

Im Jahr 1253 wurde das erste souveräne Königreich, Siam, gegründet. Als erster machtvoller Herrscher tat sich **König Ramkhamhaeng** hervor, der 1279 den Thron bestieg und ▶ Sukhothai zur Hauptstadt seines Reiches erklärte. Als sein größter Verdienst gilt die Einführung des heute noch gültigen **Thai-Alphabets**, das Elemente der indischen Dewanagari-Schrift enthält. Legendär wurde der König schließlich durch seine in Stein geritzte **»Regierungserklärung«**, in der erstaunlich viele demokratische Elemente enthalten sind (▶ Wissen, S. 332). In der Nachbarschaft von Ramkhamhaengs Königreich entstanden in Chiang Rai und Chiang Saen weitere **Thai-Fürstentümer**.

Hauptstadt Sukhothai

König Mengrai ist einer der weiteren Regenten, die in der siamesischen Geschichte eine wichtige Rolle spielten. Nachdem es ihm gelungen war, das Königreich Haripunchai in Nordthailand zu erobern, gründete er am Fluss Menam Ping eine Stadt und nannte sie Chiang Mai (**»Neue Stadt«**). Chiang Mai wurde Hauptstadt des Königreichs Lan Na (»Königreich der 100 000 Reisfelder«) und damit Nachfolgerin der Hauptstadt Lamphun.

Chiang Mai wird Hauptstadt

Aufstieg und Fall von Ayutthaya

Die Blüte des Königreiches Sukhothai endete bald nach dem Tod Ramkhamhaengs. Da sich seine Nachfolger nicht einig wurden, teilten sie das Reich in mehrere Fürstentümer auf. Statt Sukhothai gewann nun die neue Kapitale Ayutthaya an Macht. Deren Könige verstanden es, ihren Einflussbereich ständig zu vergrößern, schließlich gelang es ihnen sogar, die einstige Metropole Sukhothai in ihr Reich einzugliedern und **König Liu Thai** zum Statthalter zu degradieren. Den Grundstein zur Entwicklung Ayutthayas legte 1350 **König Rama Thibodi I.** (auch **U Thong** genannt). Bis zum Fall der Stadt im Jahr 1767 sollte sich Thailand zum mächtigsten Staatsgebilde Südostasiens entwickeln.

Mächtigster Staat in Südostasien

Portugiesen sind erste Europäer

Die ersten Europäer, die das Königreich von Ayutthaya besuchten, waren Portugiesen. 1512 segelten sie im Auftrag ihres Vizekönigs Alfonso d'Albuquerque den Menam Chao Phraya hinauf. Ihr Angebot, Feuerwaffen und Schießpulver für einen Feldzug gegen die Birmanen zu liefern, stieß bei **König Rama Thibodi II.** auf offene Ohren. Im Gegenzug erteilte er ihnen Wohn- und Handelsrechte in Ayutthaya sowie die Erlaubnis, die christliche Religion ausüben zu dürfen.

Ayutthaya erblüht

1556 eroberten die Birmanen Chiang Mai. Die Stadt blieb bis ins 18. Jh. unter ihrer Oberhoheit. Darüber hinaus gelang es ihnen, 1569 Ayutthaya zu besetzen; auf eine Zerstörung der Stadt verzichteten sie allerdings. 28 Jahre später konnte sich **König Naresuen** aus birmanischer Gefangenschaft befreien und Ayutthaya zurückerobern. In den folgenden Jahren erlebte die Stadt eine unerhörte Blüte. Mehr als eine Million Menschen lebten innerhalb der Mauern der Metropole, darunter auch Europäer in eigenen Vierteln. Europäische Besucher beschrieben Ayutthaya als **»das Schönste, was sie je gesehen haben«** und als »strotzend vor Gold und Diamanten«. Das spätere Bangkok blieb zunächst unbeachtet, doch bald, nachdem die europäischen Händler die strategisch und wirtschaftlich günstige Lage des Orts erkannt hatten, gründeten sie an den Ufern des Menam Chao Phraya die ersten Handelsniederlassungen.

Regierungszeit König Narais

König Narai, der ab 1656 das siamesische Reich von Ayutthaya regierte, war klar, dass die gastfreundlich aufgenommenen Europäer nicht nur Handel trieben, sondern auch militärische Ziele verfolgten. 1664 musste Narai einen ungünstigen Handelsvertrag schließen, da holländische Kriegsschiffe vor Bangkok in Stellung gingen. Die schon 1656 eingetroffenen, französischen Missionare erschienen ihm in dieser Situation als »Wink des Himmels«. 1685 schickte Ludwig XIV. eine Gesandtschaft nach Siam, die von Chevalier de Chaumont geführt wurde. Die französische Delegation verließ nach einem Jahr das Königreich Siam, ihre Schiffe waren beladen mit wertvollem chinesischen Porzellan und anderen Abschiedsgeschenken. Die nächsten Gesandten, Cébéret und de la Loubère, kamen mit 1400 Soldaten nach Siam. Ihnen und dem griechischen Berater König Narais, Konstantin Phaulkon, begegnete der Adel mit größtem Misstrauen. Unter der Führung des Kommandeurs des königlichen Elefantenregiments, **Phra Petraja**, nutzte eine Gruppe Adliger eine schwere Erkrankung Narais, um Phaulkon wegen Hochverrats anzuklagen und bei Lopburi zu enthaupten. Petraja bestieg selbst 1688 den Thron und vertrieb alle »farangs« (Ausländer) aus seinem Reich. Siam blieb von diesem Zeitpunkt an für 130 Jahre allen **westlichen Besuchern verschlossen**.

Die birmanische Bedrohung

Grenzstreitigkeiten mit Birma zwangen die Siamesen zu ständiger Wachsamkeit. Nur während der Regierungszeit von **König Boroma-**

kot (1732 – 1758) herrschte Frieden. Ayutthaya wurde weiter ausgebaut, Kultur und Kunst gelangten zu großer Blüte.

Eroberung Ayutthayas

Nach 15-monatiger Belagerung zerstörten die Birmanen unter König Hsinbyuschin (1763 – 1776) die Hauptstadt Ayutthaya und ermordeten König Ekatat. Nur wenige der mehr als eine Million Einwohner überlebten. Noch im gleichen Jahr konnte Taksin wieder eine schlagkräftige Truppe aufstellen, die er bis nach Chiang Mai führte, wo er die Birmanen aus dem Land trieb. 1768 machte sich **Phya Taksin** zum König und erklärte **Thonburi** zur Hauptstadt.

Die Chakri-Dynastie

Bangkok wird Hauptstadt

König Taksin, dem das Volk wegen seines Größenwahns mit gehörigem Misstrauen begegnete, wurde angeklagt, zum Tode verurteilt, in einen seidenen Sack eingenäht und zu Tode geprügelt. Nach seiner Hinrichtung wurde seinem Freund und Feldherrn Chao Phya Mahakasatsuck die Krone angeboten. Dieser bestieg 1782 im Alter von 45 Jahren den Thron als **Rama I.** (Phra Phuttayodfa Chulalok); er war der erste Herrscher der **bis heute regierenden Chakri-Dynastie**. Rama I. verlegte die königliche Residenz von Thonburi an das gegenüberliegende Ufer des Menam Chao Phraya und gilt damit als **Gründer der Stadt Bangkok**. Als er im Jahr 1809 starb, tratt sein Sohn Phra Phuttaloetla als **Rama II.** seine Nachfolge an. Er nahm 1818 nach 130 Jahren wieder **offizielle Beziehungen zu Europa** auf.

Regierungszeit von Rama III.

Während der Regierungszeit Ramas III. (1824 – 1851), der besonders Kunst und Wissenschaft förderte, wurde im Wat Pho in Bangkok die **erste öffentliche Universität** des Landes gegründet; ihr Besuch war kostenlos. In politischer Hinsicht war es für das Königreich Siam von Bedeutung, dass sich Großbritannien in Asien engagierte. Dem Herrscher **Rama III.** kam es sehr gelegen, dass die Briten einen Eroberungszug gegen Birma führten, denn das bedeutete für ihn die Beendigung des ständigen Verteidigungszwang im Westen.

Öffnung nach Westen

Als Rama III. im Alter von 63 Jahren starb, bestieg sein Sohn **Rama IV.** (auch Mongkut genannt), ein seit seinem 20. Lebensjahr umherziehender **Wandermönch**, den Thron. Er förderte die erzieherischen und medizinischen Aktivitäten der Christen, ohne jedoch selbst zu konvertieren, und reorganisierte Polizei und Militär nach europäischem Vorbild. Als König **Rama V.** (Chulalongkorn) 1868 an die Macht kam, öffnete sich das Königreich Siam weiter nach Westen. Durch eine geschickte Schachbrettdiplomatie gelang es ihm, dass Frankreich und Großbritannien das Königreich Siam als Pufferstaat zwischen ihren asiatischen Kolonien unangetastet ließen.

Aus alten Tagen: In Bangkoks Dusit Maha Prasat wurden einst Audienzen gewährt.

Ausbau des Verkehrssystems

In Bangkok wurde 1869 die **erste gepflasterte Straße** für den Verkehr freigegeben. Sie trug den bedeutungsvollen Namen Charoen Krung (»Es gedeihe die Hauptstadt«) und war immerhin 8 km lang. Um ihren Bau zu ermöglichen, wurden zum ersten Mal Klongs (Kanäle) zugeschüttet. Auch das Land wurde verkehrstechnisch erschlossen: 1882 wurde die erste, 70 km lange Eisenbahnstrecke von Bangkok nach Ayutthaya freigegeben. In der Hauptstadt verkehrte ab 1883 eine elektrisch betriebene Straßenbahn, und 1910 folgte eine von **deutschen Ingenieuren** gebaute Bahnlinie, die von Bangkok südwärts bis nach Suratthani führte.

Jeder braucht einen Nachnamen

Im Jahr 1920 wurden alle thailändischen Staatsbürger verpflichtet, zusätzlich einen Nachnamen anzunehmen. Davor waren nur einfache Namen üblich gewesen. Doch auch heute noch spricht man sich im offiziellen Verkehr **nur mit dem Vornamen** an.

Eine Monarchie wird demokratisch

Ultimatum für den König

Prinz Paripatra, der den in Urlaub befindlichen **Rama VII.** vertrat, wurde am 24. Juni 1932 gefangen genommen. Dem König wurde in seinem

Urlaubspalast Klai Klangwan in Hua Hin ein Ultimatum gestellt; er verzichtete nach einer denkwürdigen Rede auf sein Amt. Ein Regentschaftsrat nahm für den noch blutjungen **König Rama VIII.** die Regierungsgeschäfte wahr. Inzwischen aber erlangten die demokratischen Kräfte die Oberhand: Am 27. Juli 1932 wurde auf der Grundlage einer **konstitutionellen Monarchie** eine Verfassung beschlossen. Sie trat im Dezember 1932 in Kraft, der erste Premierminister war Phya Mano Pakorn Nitithada. Er konnte jedoch nicht verhindern, dass sich die Reformer in **ein ziviles und ein militärisches Lager** spalteten.

Aus Siam wird Thailand

Im Juni 1939 erhielt Siam offiziell den Namen Königreich Thailand, thailändisch **Prathet Thai**. 1941 marschierten die Japaner zwar in Bangkok ein und machten – noblesse oblige – das Oriental-Hotel zu ihrem Hauptquartier. Die Okkupation beschränkte sich jedoch auf die Hauptstadt und einige angrenzende Gebiete wie z. B. die Provinz ▶ Kanchanaburi, wo Tausende von Kriegsgefangenen unter unmenschlichen Bedingungen die berüchtigte **»Brücke am Kwai«** errichten mussten.

Der König ist tot ...

Am 9. Juni 1946 schreckte ein mysteriöses Ereignis die thailändische Öffentlichkeit auf: Der gerade erst 21 Jahre alte König Rama VIII., erst seit wenigen Monaten auf dem Thron, wurde tot in seinem Schlafzimmer aufgefunden. Während die Todesursache eindeutig war – er starb durch einen Pistolenschuss –, wurden die **Umstände nie geklärt**.

... es lebe der König!

Der plötzliche Tod des Regenten brachte seinen jüngeren Bruder **Bhumibol Adulyadej** ins Spiel. Er, der unter normalen Umständen mit einer Thronfolge nie rechnen konnte, sah sich unvermittelt mit den Aufgaben eines Königs konfrontiert. Am 28. April 1950 heiratete er **Sirikit**, die Tochter des thailändischen Gesandten in Frankreich. Beide wurden am 5. Mai 1950 in Bangkok gekrönt. Der neue König verschaffte sich rasch **Respekt und Anerkennung** in der Bevölkerung (▶ Das ist, S. 12).

Militärputsch

König Bhumibol konnte jedoch nicht verhindern, dass das Militär immer wieder nach der Macht im Lande zu greifen versuchte. 1957 stürzte General Sarit Thanarat den amtierenden Ministerpräsidenten Phibul und regierte bis zu seinem Tod 1963 als starker Mann.

Das Militär regiert weiter mit

Sechs Jahre später trat Feldmarschall **Thanom Kittikachorn** die Nachfolge Sarits an. Er erarbeitete eine neue Verfassung, die zwar auf der ersten von 1932 basierte und demokratische Elemente enthielt. Dem Militär, das hinter den Kulissen weiter die wichtigste Rolle im Staat spielte, wurden jedoch wesentliche Rechte zugestanden. Daran änderte auch die Tatsache nichts, dass 1969 zum ersten Mal **freie Wahlen** abgehalten wurden.

Vietnamkrieg

Die seit den frühen 1950er-Jahren von den USA durchgeführte **Entwicklungshilfe** – u. a. mit dem Ziel einer Verbesserung der Infrastruktur v. a. in Nordostthailand – erwies sich während des Indochinakriegs, der sich ab 1954 zum Vietnamkrieg entwickelte, als militärisch nützlich für die Weltmacht. Die thailändische Regierung gestattete die **Einrichtung US-amerikanischer Stützpunkte**, von denen aus **Luftangriffe auf Vietnam** geflogen werden konnten. Bis Mitte der 1980er-Jahre blieben die Amerikaner im Land.

Das Volk gegen die Militärmacht

Studentenunruhen

Bangkok war im Oktober 1973 nach friedlichen Demonstrationen Schauplatz schwere Auseinandersetzungen zwischen Studenten und Militär, Ausgangspunkt war die renommierte Thammasat-Universität. Die Demonstrationen wurden **mit Waffengewalt niedergeschlagen**; erst der König gebot der Jagd auf 400 000 Demonstranten Einhalt. Die obersten Machthaber flohen ins Exil, und der König setzte eine **Übergangsregierung** unter Professor Sanya Dhammasak ein. Dieser verkündet am 7. Oktober 1974 eine **neue demokratische Verfassung**, in der auch das Recht auf allgemeine Wahlen verankert war. Der Frieden im Land währte jedoch nur etwas mehr als ein Jahr. Thanom Kittikachorn kehrte im Mönchsgewand aus dem Exil zurück. Erneut protestierten Studierende gegen ihn auf dem Thammasat-Campus in Bangkok, aber auch diese Demonstration wurde vom Militär **blutig niedergeschlagen**.

200 Jahre Bangkok

Mit großen Feierlichkeiten wurde 1982 das 200-jährige Bestehen der Hauptstadt Bangkok und zugleich der Chakri-Dynastie begangen. Aus diesem Anlass fand erstmals wieder eine Prozession der renovierten königlichen Barken über den Menam Chao Phraya statt.

Konflikte mit Kambodscha

An der Nordostgrenze des Landes kam es 1984 zu Auseinandersetzungen mit Kambodscha. Thailändische Soldaten versuchten, eine vietnamesische Einheit zurückzuschlagen, die Widerstandskämpfer der Roten Khmer auf thailändischem Gebiet vermuteten. Erst das **Waffenstillstandsabkommen von 1987** beendete die Kämpfe in den Grenzgebieten.

Überschwemmungen

Verheerende Überschwemmungen in Südthailand forderten 1988 Hunderte von Menschenleben. Aus diesem Anlass verbot König Bhumibol den unkontrollierten Holzeinschlag und ordnete **Wiederaufforstungsmaßnahmen** an.

Neuerlicher Militärputsch

Der Putsch einer Gruppe von Generälen unter Führung von Suchinda Kraprayoon im Februar 1991 gegen die seit 1988 amtierende Regierung Chatichai hatte Erfolg. General Sunthorn Kongsompong bildete ein »Komitee zur Erhaltung des Nationalen Friedens«, das den 59-jährigen Diplomaten Anand Panyarachun als neuen Regierungschef akzeptierte.

Erfolgreiche Regierung

Die Regierung Anand setzte Neuwahlen an und beschloss als eine ihrer letzten Amtshandlungen 1992 ein **Umweltschutzgesetz**, das zu den schärfsten in Südostasien zählt.

Religiöses Friedenssymbol

Die Friedensverhandlungen mit Kambodscha brachten 1992 ein Ergebnis, das v. a. für die gläubigen Buddhisten von Bedeutung war: Der Felsentempel **Wat Khao Phra Viharn**, der genau auf der Grenze zwischen Thailand und Kambodscha liegt, wurde auch **von Thailand her** wieder zugänglich gemacht. Seit 2008 gehört der Tempel zum Weltkulturerbe der Unesco.

Ministerpräsident Suchinda

Im März 1992 fanden Neuwahlen statt, bei denen jedoch keine Partei eine regierungsfähige Mehrheit erhielt. Neuer Regierungschef wurde General Suchinda Kraprayoon, der Drahtzieher des Putsches vom Februar 1991; Kraprayoon war allerdings kein Parlamentsmitglied. Als er im Mai 1992 drei der Korruption überführte Politiker der Regierung Chatichai, die er selbst gestürzt hatte, in sein Kabinett aufnahm, führte dies zu **Massendemonstrationen**. Als die Regierung die Kontrolle zu verlieren drohte, verhängte sie am 18. Mai den **Ausnahmezustand** über Bangkok und vier Nachbarprovinzen. Zur folgenschwersten Konfrontation kam es noch am gleichen Tag, als Soldaten auf dem Königsplatz und vor dem Denkmal der Demokratie in Bangkok in die Menge schossen. Es gab Hunderte von Verletzten und viele Tote, rund 2000 Demonstranten wurden verhaftet. Unter dem Druck des Königshauses trat Suchinda am 24. Mai zurück.

Ablösung der Militärs

Wenige Tage darauf änderte das Parlament die Verfassung. König Bhumibol ernannte **Anand Panyarachun** wieder zum Ministerpräsidenten, der in der Bevölkerung allgemein großes Vertrauen genoss. Anand kündigte Neuwahlen an und entließ Ende Juli 1992 die Militärs, die für die Gewalt im Mai wesentlich verantwortlich gewesen waren.

Wirtschaftskrise

Die thailändische Wirtschaft, jahrelang von beinahe astronomischen Steigerungsraten verwöhnt, wurde 1992 von einem schweren Schlag getroffen. Binnen weniger Tage fielen die Börsenkurse ins Uferlose, der thailändische Baht geriet durch das Agieren der internationalen Finanzplätze unter Druck. Der Internationale Währungsfond gewährte neue Kredite nur unter der Bedingung, dass namentlich das marode Bankenwesen einer grundlegenden Reform unterzogen würde. Die thailändische Regierung veranlasste daraufhin eine Abwertung des Thai-Baht um knapp ein Drittel seines Werts.

Unruhige Zeiten: Staatsmacht in Alarmbereitschaft

Ein Milliardär regiert

Der Telekom-Milliardär **Thaksin Shinawatra** und seine Partei »Thai Rak Thai« (»Thais lieben Thais«) gingen bei den Neuwahlen 2001 als klare Sieger hervor.

Jahrhundert-katastrophe Tsunami

Am 2. Weihnachtsfeiertag 2004 löste ein schweres Seebeben vor der Küste Sumatras einen **Tsunami** aus, der auch die Westküste von Thailand erreichte. Besonders schwer betroffen waren die Küstenabschnitte von **Phuket und Khao Lak,** wo es nach offiziellen Angaben mehr als 5300 Tote und zahllose Verletzte gab. Auf der Insel Ko Phi Phi wurde nahezu der gesamte Hauptort zerstört; allein hier starben mehr als 800 Menschen.

Staatskrise

Nach den Neuwahlen am 2. April 2006 brach eine Staatskrise aus, da die Opposition den Urnengang als manipuliert bezeichnete. König Bhumibol forderte das Verfassungsgericht auf, einen Weg aus der Krise zu finden. Das Gericht erklärte die Wahlen für verfassungswidrig und ordnete Neuwahlen an. Nicht ohne indirekte Unterstützung durch König Bhumibol putschte am 20. September das Militär erneut. Nun übernahm Armeechef Sonthi Boonyaratglin, der eine Abstimmung über eine neue Verfassung sowie demokratische Neuwahlen versprach, die Macht.

Neue Unruhen

Nach einer Verfassungsreform zog sich das Militär wieder zurück. Die Wahlen im Dezember 2007 gewann die PPP, eine Nachfolgepartei von Thaksins Thai Rak Thai. Regierungschef wurde **Samak Sundara-**

vej, doch schon im Mai 2008 begannen verstärkte Proteste gegen seine Regierung. Am 1. September 2008 erklärte die Regierung den **Ausnahmezustand über Bangkok**. Am 9. September entschied das Verfassungsgericht, dass Sundaravej aus seinem Amt zu entheben sei. Am 17. September wurde Somchai Wongsawat, ein Schwager Thaksins, zum neuen Ministerpräsidenten gewählt.
Deutlich traten nun die **unterschiedlichen politischen Präferenzen** der städtischen und ländlichen Bevölkerung zutage: Während Erstere dazu neigte, das Stimmrecht der Landbevölkerung zu begrenzen, da ihrer Ansicht nach die Wahlergebnisse durch Stimmenkauf manipuliert würden, demonstrierten viele Tausend Anhänger eines **uneingeschränkten Wahlrechts** vor allem in Bangkok. Am 2. Dezember verfügte das Verfassungsgericht die Auflösung der Regierungspartei Pak Palang Prachachon (PPP) sowie zweier Koalitionspareien wegen Wahlbetrugs. Premierminister Somchai Wongsawat wurde für fünf Jahre jegliche politische Tätigkeit verboten. Er gründete jedoch sofort eine neue Partei mit dem Ziel, erneut die Regierung zu bilden. Am 15. Dezember wurde der Oppositionspolitiker Abhisit Vejjajiva zum Premierminister gewählt. Nach einem neuerlichen Aufflammen der Unruhen rief Abhisit wiederum den **Notstand** aus. Danach flachten die Proteste ab, die Auseinandersetzungen verlagerten sich wieder auf die politische Ebene.

Unerwünschter Milliardär

Der Milliardär Thaksin war bereits nach London ins Exil gegangen. Am 21. Oktober 2008 wurde er in Abwesenheit vom Obersten Gericht zu einer zweijährigen Haftstrafe wegen **Amtsmissbrauchs** verurteilt.

Aktuelle politische Lage

In Thailand hinterließ Thaksin ein zeitweiliges Chaos. Königstreue Demokraten (die sog. **Gelbhemden**, die durch das Tragen gelber T-Shirts ihre Sympathie zum Königshaus ausdrückten) lieferten sich zwischen März und Mai 2010 blutige Straßenschlachten mit ihren Kontrahenten, den sog. **Rothemden**. Diese nehmen für sich in Anspruch, die Interessen der ihrer Meinung nach unterprivilegierte Landbevölkerung zu vertreten, sie stehen in ihren politischen Zielen dem gestürzten Regierungschef Thaksin nahe. Den Rothemden gelang es, Ministerpräsident Abhisit Vejjajiva zum Rücktritt zu zwingen, dessen Partei bei einer Parlamentswahl im Juni 2011 nur noch 30 % der Wählerstimmen erhielt. Zuvor hatte Abhisit den Ausnahmezustand über 19 Provinzen verhängt, der erst am 22. Dezember 2011 aufgehoben wurde. Als Sieger der Parlamentswahlen ging die von Thaksin und anderen einflussreichen Persönlichkeiten im Hintergrund unterstützte Pheu-Thai-Partei hervor, die vor allem in den ländlichen Gebieten Thailands punkten konnte. **Yingluck Shinawatra**, die Schwester Thaksins, wurde am 5. August 2011 zur neuen Regierungschefin gewählt und ist die erste Frau in diesem Amt. Nachdem sich die Situation zwischenzeitlich beruhigt hatte, kam es Ende 2013 / Anfang 2014 wieder zu Massenprotesten und gewalttätigen Zusammenstößen vor allem in Bangkok, worauf die Regierung den **Ausnahmezustand** verkündete. Der Ausnahmezustand wurde im März 2014 aufgehoben und kurz darauf die Parlamentswahlen vom Januar 2014 für ungültig erklärt. Im Mai enthob das Verfassungsgericht Yingluck Shinawatra wegen eines Verfassungsverstoßes und neun weitere Minister ihrer Ämter. Neuer Premier wurde der bisherige Handelsminister Niwatthamrong Boonsongpaisan. Doch am 22. Mai **putschte das Miltär erneut**. General Prayut Chanocha will die nationale Versöhnung versuchen, doch die angekündigten Neuwahlen werden immer wieder verschoben. Von einer stabilen politischen Lage kann somit leider nach wie vor keine Rede sein.

Schwere Überschwemmungen

In der zweiten Jahreshälfte 2011 sorgten lang andauernde, **starke Monsunregenfälle** für schwere Überschwemmungen in weiten Landesteilen. In 58 Provinzen wurde Katastrophenalarm ausgelöst, mehr als 2,3 Millionen Menschen waren von der Flut betroffen. Bei dieser **größten Flutkatastrophe** der vergangenen 50 Jahre kamen mehr als 400 Menschen ums Leben, fast 2000 wurden verletzt. Eine Fläche von 6 Millionen Hektar, etwa 12 % der gesamten Landfläche Thailands, wurde überschwemmt. In Bangkok verhinderte ein 77 km langer Schutzwall in letzter Minute, dass auch die Hauptstadt überflutet wurde. Der volkswirtschaftliche Schaden wird auf mehrere Milliarden US-$ geschätzt.

KUNST UND KULTUR

Tempel in allen Landesteilen Thailands lesen sich wie ein Bilderbuch der Geschichte und der jeweiligen Epochen: Von der Khmer-Zeit bis zur Moderne. Der Buddhismus ist hingegen das prägende Genre der bildenden Kunst, Buddha ihr liebstes Sujet. Von ganz eigenem Reiz sind Aufführungen mit Puppen, Schattenpuppen und Schatten sowie Revuen des Volkstheaters Likay. Beim traditionellen Bambusstangentanz kommt es auf flinke Füße an – beim Fingernagel- und beim Kerzentanz hingegen auf subtile Handhaltungen. Takraw heißt der thailändische Fußball, ebenso beliebt sind die Kampfkünste Krabee-Krabong und Thai-Boxen.

Kulturgeschichte

Einflüsse anderer Kulturen

Die Kultur der Thailänder wurde von der der Nachbarländer beeinflusst; bis heute haben die Thai stets Kulturen anderer Völker mit großem künstlerischen Talent verfeinert. Streng genommen haben sie jedoch keine völlig neuen Stile geschaffen. **Indische Einflüsse** wie das Ramakien-Epos sind ebenso unverkennbar wie malaiische, z. B. das Schattenpuppentheater. Eine gewisse Verselbstständigung trat ein, als König Ramkhamhaeng Ende des 13. Jh.s erstmals ein Staatsgebilde begründete, das in etwa dem des heutigen Thailand entsprach, und Kunst und Kultur vielfach förderte. Später, als im 16. und 17. Jh. Ayutthaya zum kulturellen Zentrum Südostasiens wurde, gingen die Einflüsse von Thailand aus.

Kulturelles Bewusstsein

Das kulturelle Bewusstsein der Thailänder und die damit verbundene Rückbesinnung auf die Entstehung ihrer Kultur – sowie kunsthandwerkliche Traditionen wie die der Seidenweberei oder der Töpferkunst – entwickelten sich erst in den **1970er-Jahren**. Bis dahin beschränkten sich z. B. die Konservatoren des Bangkoker Nationalmuseums auf den Erhalt großer und religiös wichtiger Denkmäler, Tempelanlagen und Buddhastatuen.

Entstehung der Thai-Kunst

Wie die Kultur im vermutlichen Herkunftsland der Thai, in Südchina, beschaffen war, lässt sich nicht sagen. Sicher ist, dass sie in ihrer neuen Heimat eine ausgeprägte, indischen Einflüssen unterworfene Kultur übernahmen und diese relativ freizügig nach ihren religiösen Vorstellungen abwandelten. Dabei verwendeten sie nicht nur Symbole einer Religion, sondern kombinierten z. B. **buddhistische mit brahmanischen und hinduistischen Elementen**. Die ältesten entdeckten Überreste von Bauten und Kunstwerken in Thailand stammen nicht von der Hand der Siamesen, die erst etliche Jahrhunderte später als Eindringlinge aus Südchina kamen. Ihre Schöpfer waren Khmer, Birmanen und Laoten.

Kunststile

Dvaravati-Stil bzw. Mon-Stil

Die Kulturen aus der Zeit des Dvaravati- oder Mon-Königreichs (Ende 6. – 11./12. Jh.) lassen sich am besten in der **thailändischen Zentralebene** und im Norden erkennen. Die wenigen erhaltenen Bauten aus dieser Epoche gelten als Zeugen einer sich entwickelnden thailändischen Kulturidentität. In diesen frühen Kulturzeugnissen ist schon der **buddhistische Einfluss** erkennbar: Erhalten geblieben sind Darstellungen des Gesetzesrads (»Rad der Lehre«), das sich auf die erste Predigt des Erleuchteten Buddha in Benares bezieht. Buddha-Skulpturen, zumindest solche aus den ersten beiden Dvaravati-Perioden, lassen im Übrigen auf **indische Vorbilder** schließen.

Srivijaya-Stil

Die heutige Tradition der Thai-Kunst geht zwar im Wesentlichen auf den Dvaravati-Stil zurück, doch gab es damals ein **»künstlerisches**

Herausragende Kunstwerke: die Wandgemälde im Wat Phumin in Nan

Doppelleben«: Der Dvaravati-Stil ist allein der Lehre Buddhas verpflichtet, der Srivijaya-Stil (7. – Ende 13. Jh.), entstanden im gleichnamigen Königreich im indonesischen Archipel, zunächst dem **Hinduismus**. Vishnu, der vielarmige Gott, wird ebenso dargestellt wie das Linga, das Phallussymbol für den Gott Shiva. Einflüsse aus Java sind z. B. bei den Buddha-Figuren von Songkhla zu entdecken. Gegen Ende der Srivijaya-Zeit kamen einige Kunstformen des Khmer-Stils hinzu, von denen zahlreiche Stücke bis heute erhalten sind. Etliche davon findet man im **Nationalmuseum in Bangkok**.

Khmer-Stil

Parallel zu den genannten Stilen entwickelte sich der besonders wichtige Khmer-Stil (auch Angkor-Wat-Stil; 7. – 13. Jh.), dessen erhaltene Zeugnisse ihren Einfluss auf die Kulturen des Dvaravati- und Srivijaya-Königreichs deutlich machen. Hier ragen die Bauwerke des sog. Angkor-Stils des späten 9. Jh.s heraus. Dieser Stil ist nach der Stadt Angkor in Kambodscha benannt. Dort befindet sich mit der machtvollen Tempelanlage **Angkor Wat** auch das eindrucksvollste Bauwerk dieser Epoche. Kulturell besonders wichtig war Lopburi, das als Kulturzentrum der Mon gilt. Die Buddha-Bildnisse weisen eckige Gesichter mit strengen Zügen auf. Aus dieser Epoche sind nicht viele Bauwerke erhalten. Besonders typisch für den Angkor-Wat-Stil ist der **gekrönte Buddha**, der auf dem gewundenen Leib der Naga-Schlange sitzt und von ihren sieben Köpfen beschirmt wird.

Auch diese Darstellungsform geht auf eine Legende zurück: Am 42. Tag nach seiner Erleuchtung soll der Schlangenkönig Muchalinda (Naga) den unter einem Baum sitzenden Buddha vor einem tagelang währenden schweren Regen beschützt haben, indem er seine Häupter ausbreitete.

Chiang-Mai-Stil

Hauptplätze dieser Kultur (11. – Mitte 16. Jh.) sind die Städte Chiang Mai, Chiang Saen und Lamphun; es ist der Stil des Lanna-Königreichs, zu dem diese drei Städte gehörten. In der Architektur fehlen Zeugnisse für den Chiang-Saen-Stil, sie scheinen allesamt zerstört. Die Buddha-Figuren aus dieser Zeit weisen strenge, fast **hochmütige Gesichtszüge** auf, ihre Körper sind dicklich, die Brust ist gewölbt. Der Sitz besteht meist aus einer doppelten Reihe von Lotosblütenblättern. Viele Buddha-Bildnisse wurden **aus Halbedelstein** (v. a. Bergkristall) geschnitten. Zu den wichtigen Werken dieses Stils zählt der berühmte Jade-Buddha im **Wat Phra Kaeo** in Bangkok.

U-Thong-Stil

Typisch für den U-Thong-Stil (1220 – 1350 in Ayutthaya) ist der sitzende oder stehende, zumeist bronzene Buddha, den die Künstler im Gestus der Erdanrufung mit einer schmalen Stirnbinde und einer langen Stoffbahn über der Schulter gestalteten.

Sukhothai-Stil

Mit dem Aufstieg der Stadt Sukhothai zur Hauptstadt des neuen Königreichs (1279) schien der bis dahin dominierende Khmer-Stil ausgedient zu haben. Die Khmer-Tempel wurden aber nicht abgerissen, vielmehr wurde ihr Äußeres nach dem neuen Kunstempfinden im Sukhothai-Stil (Ende 13. – Anfang 15. Jh.) verändert. Eine Premiere erlebte in Sukhothai der **schreitende Buddha**. Der Sukhothai-Stil wird gern als der **schönste Stil** thailändischer Baukunst bezeichnet. Er wurde von neun Königen bestimmt; den nachhaltigsten Eindruck hinterließ der dritte von ihnen, der kunstsinnige Ramkhamhaeng (Regierungszeit 1279 – 1299). Zeugnisse des Sukhothai-Stils sind heute nicht nur in der Stadt dieses Namens, sondern überall in Thailand zu finden.

Ayutthaya-Stil

Die zweite große Kultur Thailands entwickelte sich in der Zeit des Königreichs Ayutthaya (1350 – 1767), wo die Suche nach neuen Formen in einen einzigartigen Aufschwung des künstlerischen Schaffens mündete. Wenngleich zunächst vor allem bei den Skulpturen Einflüsse aus vorangegangenen Stilen unverkennbar sind, so entwickelten sich in der Architektur nun eigenständige Formen mit feinen Gliederungen, hochstrebenden Proportionen und lebhaften Verzierungen. Charakteristisch für diese Zeit der kulturellen Selbstfindung sind in der Plastik gestreckte, zierliche Formen. Die **eigenständige kulturelle Identität** veranschaulichen auch einige figürliche Darstellungen des Religionsschöpfers Buddha; schon ihre Monumentalität zeigt die Bedeutung dieses Reichs und die entsprechende Selbstdarstellung der Herrscher. Mit dem birmanischen Einfall in Ayutthaya 1767 verbrannten die wichtigsten Zeugnisse dieser Kultur. Übrig blieb ein **riesiges Ruinenfeld**, das nur noch eine schwache Ahnung vom einstigen Glanz dieser ruhmreichen Stadt vermittelt.

Thonburi-Stil

Nur mühsam entwickelten sich nach der Zerstörung von Ayutthaya in Thonburi unter König Taksin neue Stilformen (ca. 1767 – 1780), die allerdings weitgehend **auf Althergebrachtem** fußten. Allein die Malerei gewann neue Kräfte, während in der Architektur (z. B. der Khmer-Prang des Wat Arun in Bangkok) nur wenige Änderungen erkennbar sind.

Bangkok-Stil

Prachtvolle Bauten, die **zunehmend westliche Einflüsse** aufnahmen, gibt es in der neuen Hauptstadt Bangkok. Besonders die Herrscher der Chakri-Dynastie betätigten sich als Baumeister ihrer Residenzstadt; ihre architektonische Hinterlassenschaft zeichnet sich allerdings nicht gerade durch spirituelle Ausdrucksstärke aus. Der Bangkok-Stil (1780 – 1930), auch **Rattanakosin-Stil** genannt, brachte zudem kaum Neuerungen; vielmehr beschränkte man sich auf die Verfeinerung der auf althergebrachten Stilen beruhenden Darstellungsformen. Einige Bauten sind heute vom Verfall bedroht, da viele Tempel aus Holz erbaut wurden. Um die **historische Kontinuität** zu demonstrieren, wurden berühmte Statuen aus allen Teilen des Landes in Bangkok zusammengetragen.

Die Kunst der Gegenwart

Seit den 1930er-Jahren versucht man sich der westlichen Moderne anzupassen. Das trifft allerdings weniger auf den Tempelbau zu, bei dem man sich nach wie vor auf traditionelle Formen stützt, wenn auch unter Verwendung moderner Baumaterialien. Zunehmend wurde die ursprüngliche Thai-Kunst in den entlegenen Provinzen wiederentdeckt; man ist seither bemüht, Funde und Fundgebiete sowohl dem eigenen künstlerischen Nachwuchs als auch den Touristen zu erschließen. Allgemein ist eine **Rückkehr zu traditionellen Thai-Stilen** zu beobachten, die mit einem größeren kulturellen Bewusstsein einhergeht.

Bildende Kunst

Kein Bild von Buddha

Die frühbuddhistische Epoche kannte keine Darstellung der Gestalt Buddhas. Dafür zeigte man religiöse Symbole wie die Lotosblüte, den Bodhi-Baum, das Rad des Gesetzes, den **heiligen Fußabdruck** oder den Stupa. Früheste Buddha-Bildnisse sind erst aus dem 1. Jh. n. Chr. bekannt. Sie entstanden im nordindischen Königreich Kubhana unter der Regentschaft des der Kunst besonders zugetanen Königs Kanishka. Im Letzteren entstand ein Kunststil, den vermutlich Künstler aus

Persien (das damals zum Reich Alexanders des Großen gehörte) stark beeinflussten. Deshalb nennt man ihn auch den griechisch-buddhistischen Stil.

Attribute Buddhas

Die frühen Darstellungen zeigen den Buddha Shakyami in stehender oder sitzender Körperhaltung; hier scheint sich schon der feste Kanon der Proportionen, Attribute und Gesten herausgebildet zu haben, entsprechend dem Wunsch, das »richtige« Bildnis zu schaffen und ihm ewige Gültigkeit zu verleihen. **32 Hauptkennzeichen** – später um weitere 80 ergänzt – weist der verklärte Körper Buddhas auf. Das ist z. B. der auf dem Kopf sitzende Auswuchs (Ushnisha, das Symbol der Allwissenheit), die Locke (Urna) zwischen den Augenbrauen, häufig als Fleck oder als Edelstein dargestellt oder das in kleine Locken oder Wellen gelegte Haupthaar, der »Heiligenschein« um den Kopf des Buddha oder um den ganzen Körper, Symbol für die Energie. Der Körper ist geschlechtsneutral, Handflächen und Fußsohlen zeigen oft das »Rad der Lehre«. Meist trägt der Buddha nur das einfache Mönchsgewand, das die rechte Schulter freilässt. Das ovale Gesicht wirkt friedlich und gelöst, häufig zeigt sich ein **ausgeprägt heiteres Lächeln**. Seit den ersten Buddha-Bildnissen gab es kaum Veränderungen. Der buddhistische Künstler strebt noch heute nicht nach freier Abbildung, sondern richtet sich nach dem **überlieferten Kanon**. Neuen Buddha-Figuren wird nach alter Tradition bei einem Weihefest Leben eingehaucht, der Geist Buddhas soll in die Figur einziehen.

Vier Abbildungen

Vier mögliche Abbildungen ihres ersten Erleuchteten kennt die buddhistische Religion: **stehend, sitzend, schreitend und liegend** (▶ Wissen, S. 394). Von den sitzenden und stehenden Haltungen gibt es jeweils fünf, dazu gibt es exakt festgelegte Handhaltungen, von denen jede ihren symbolischen Sinn hat. Viele Abwandlungen der klassischen Haltungen entstammen der reichen **Gebärdensprache** (»Mudras«) des indischen (und thailändischen) Tanzes.

Sitzender Buddha

Die klassischen Sitzhaltungen sind: gekreuzt untergeschlagene Beine, die Fußsohlen sind nicht sichtbar (Verschränkungssitz); gekreuzt untergeschlagene Beine, die Fußsohlen sind sichtbar (Diamantsitz, Lotossitz, Meditationssitz); ein Bein ist untergeschlagen, das andere hängt senkrecht herab (gelöster Sitz); Sitzen in europäischer Manier, beide Beine hängen herab (typisch für den »Buddha der Zukunft«, »Maitreya« genannt). Nicht selten sitzt Buddha auf dem Körper der **Naga-Schlange**, einem halbgöttlichen Wesen aus der indischen Mythologie.

Bodhisattvas

Bodhisattvas, transzendente Wesenheiten, die es nur im **Mahayana-Buddhismus** gibt, sind schlanker als die meisten Buddha-Figuren und ebenfalls geschlechtsneutral. Sie sind gekrönt und tragen Juwelenschmuck an Hals, Brust, Armen und Beinen. Der Oberkörper ist frei, nur über die Schultern ist ein Band oder ein Schal gelegt. Ihre Haltung ist lockerer als die der Buddha-Figuren, häufig haben sie viele Arme und Köpfe. So gibt es z. B. die Form des **elfköpfigen Bodhisattva** mit tausend Armen, die wie ein Speichenrad den Körper umrahmen.

Brahmanische Gottheiten

Von den brahmanischen Gottheiten werden Brahma, Shiva, Vishnu, Indra, Ganesha und die Göttin Lakshmi am häufigsten dargestellt, und zwar meist in einer **typisch thailändischen Version**:
Brahma, der Allwissende, Allsehende und Begründer des Universums, mit vier gekrönten Häuptern, die sich in die vier Himmelsrichtungen wenden, und mit vier Händen, die u. a. einen Stab, ein Gefäß mit Gangeswasser und einen Rosenkranz halten; **Shiva** mit einer Schlange über der Schulter oder mit seinem Tragetier, dem Stier Nandi, als tanzender Gott, der das Werden und Vergehen symbolisiert, oder es wird sein Linga (Phallus) in Form einer mehrere Meter hohen Steinsäule verehrt.
Vishnu, der Erhalter des Lebens, wird mit seinem Reittier, dem Vogelkönig Garuda (er besitzt Kopf, Flügel und Schnabel wie ein Adler, aber den Körper eines Menschen), oder auf der Weltenschlange sitzend dargestellt. Weitere indisch-brahmanische Darstellungsformen zeigen **Indra**, den Unbesiegbaren, der alle feindlichen Mächte niederkämpft und die Ordnung der Natur wiederherstellt, mit dem Donnerkeil (Vajra) und dem dreiköpfigen Elefanten Erawan und den Gott **Ganesha** mit Elefantenkopf und vier Händen, in denen er eine Lotosblüte, eine Muschel, den Diskus und eine Keule hält.

Theater

Lakon

Das Thai-Theater besteht aus einer **Kombination von Tanz, Pantomime, Musik und Gesang**. Theater heißt landessprachlich »Lakon«. Es gibt vier Formen, deren wichtigste wohl das Lakon Nai (Innentheater, umgangssprachlich »kon«) ist. Ursprünglich nur innerhalb königlicher Paläste von den Palastdamen aufgeführt, bildet es heute das Repertoire des **Nationaltheaters** in Bangkok. Die Darsteller haben eine harte Ausbildung als Tänzer und Musiker hinter sich. Alle männlichen Rollen von Rang, d. h. Prinzen und Könige, wurden schon immer von jungen Tänzerinnen dargestellt, während Dämone und Tiere – insbesondere Affen – den akrobatisch trainierten, männlichen College-Absolventen überlassen sind.

Ramakien

Hauptthema dieses klassischen Tanzdramas bilden Episoden aus dem Ramakien, der **thailändischen Version des indischen Ramayana**.

Farbenfroh: klassisches Puppentheater und Tanz

68 Gesten – meist Hand- und Kopfbewegungen – bilden die eigentliche Sprache der maskierten Tänzer, Gefühle werden dabei nur angedeutet.

Schattentheater

Die zweite Kategorie des Thai-Theaters stellt das Schattentheater **(Nang Yai)** dar. Die kunstvollen, ca. 1 m großen, in Büffelhaut gestanzten Nang-Yai-Bilder hatten bis zum Ende der absoluten Monarchie eine ebenso feierliche wie populäre Funktion: Fand auf dem Sanaam Luang, dem Platz vor dem Großen Palastbezirk in Bangkok, eine königliche Einäscherungszeremonie statt, dann wurden sie auf über 20 m hohen Bambuspfählen vor das Feuer gestellt und erzählten in dramatischer Folge Episoden aus dem Ramakien. Heute ist diese Theaterform fast ganz **durch das Kino verdrängt**.

Schattenpuppentheater

Das Schattenpuppentheater (Nan) dagegen blieb – besonders im Süden Thailands – erhalten. Nicht weniger kunstvoll in gegerbtes Büffelleder gestanzt, jedoch nur 20 bis 50 cm hoch, spielen diese Figuren vor einem von hinten beleuchteten Leinenschirm. Die Akteure bestehen aus einem Rezitator, der die Handlung erzählt, einem Musiker und ein oder zwei Puppendirigenten. Sie stellen die oft über 100 Figuren auf die Bühne und bewegen sie gemäß der Handlung. Der **indonesisch-malaiische Ursprung** dieses Puppenspieles ist nicht zu leugnen; doch echt thailändisch ist die **Beschränkung auf schwarzweiße Figuren** und auf wenige Epen.

Likay Die wohl **populärste Theaterform** in Thailand ist das »Likay«, eine farbenprächtige Mischung aus Operette, Kabarett sowie Zirkuseffekten. Üppig sind dabei auch die **strassfunkelnden Kostüme** der Mitwirkenden, die Musik steuert häufig ein Orchester bei.

Puppenspiel Die vierte Form des Thai-Theaters, das Puppenspiel, ist nur über Kontakte mit Thailändern oder Kulturinstituten zugänglich, da es meist von Privatleuten anlässlich eines Festes veranstaltet wird. Diese Vorstellungen in lokaler Nachbarschaft werden nirgends angekündigt und sind eigentlich auch **nicht für Fremde** bestimmt.

Ensembles und Instrumente Das **traditionelle Orchester** (»phi phat«) begleitet alles, was feierlich oder sonst bedeutsam ist: von Tempel- und Hofzeremonien über das klassische Tanzdrama bis hin zu den populären »Likay«, Schattentheatervorführungen (»nang yai«) oder auch Thai-Boxwettkämpfe. Großen Anteil haben Perkussionsinstrumente wie Zimbeln, Gongs und Trommeln. Melodieinstrumente sind die Xylophone mit

Schon früh beginnen Nachwuchstänzerinnen mit ihrer Ausbildung.

hölzernen Klangstäben, die Metallophone und die **halbkreisförmigen Gongkesselspiele**. Hinzu kommen als Blasinstrumente eine Oboe mit Vierfach-Rohrblatt und die Bambusflöte, als Streichinstrumente Röhrengeigen sowie Zithern und Lauten.

Tanz

Traditionelle Kunst

Der thailändische Tanz **beruht auf jahrhundertealter Überlieferung**. Wie beim Theater werden auch dazu schon ganz junge Mädchen aus dem ganzen Land strengen Aufnahmeprüfungen unterzogen; die Ausbildung in Bangkok dauert bis zur künstlerischen Reife mehrere Jahre. Künftige Tänzerinnen werden aber auch in ihren Heimatdörfern auch durch ältere Bewohner unterrichtet, wodurch die **unmittelbare Überlieferung** weiter gepflegt wird. Anlässe zur Aufführung von Tänzen gibt es genug; sei es die Freude über die Aussaat oder über die Reisernte.
Bei den Bergvölkern spielen **Tänze spiritistischen Inhalts** eine große Rolle. Erfreulicherweise gibt es noch genügend Traditionsbewusstsein in Thailand, so dass die Tänze meist in ursprünglicher Form erhalten sind, auch wenn man sie Touristen zeigt.

Bambusstangentanz

Der Bambusstangentanz ist wohl **der klassischste Tanz** von allen. Acht männliche Tänzer halten jeweils zu zweit zwei lange Bambusstangen und schlagen diese im Rhythmus der begleitenden Musik aneinander. Die Tanzpaare stehen in der Mitte und treten mit **atemberaubendem Geschick** abwechselnd zwischen die Stangen, wenn sie geöffnet sind, oder an die Seiten, wenn sie zusammengeschlagen werden.

Fingernageltanz

Der Fingernageltanz hat seine ursprüngliche Heimat in **Nordthailand**. Er wurde fast ausschließlich zu hohen Feierlichkeiten aufgeführt. Heute ist er fester Bestandteil von »fotogerecht« angelegten Vorführungen für Touristen. Die Tänzerinnen tragen auf den Fingerkuppen lange, spitz geformte Hüte, die entweder aus vergoldeter Pappe oder aus Silber gefertigt sind. Wie bei allen Thai-Tänzen hat jede Hand- oder Fingerstellung ihre eigene Bedeutung. Der **Kerzentanz** entspricht in der Symbolik dem Fingernageltanz, die Tänzerinnen tragen jedoch statt der Fingerhüte brennende Kerzen. In der Dunkelheit stellen diese die Verbindung zu den verehrten Ahnen und heiligen Wesen her.

Zauberhahntanz

Der Zauberhahntanz ist **einer der ältesten Tänze** Thailands, er wird vorwiegend im Norden des Landes getanzt. Grundlage ist ein altes Spiel um die Streitigkeiten zweier nordthailändischer Städte – es geht um Liebe, Tod und Trauer.

Tänze der Bergvölker

Auch die im Norden Thailands lebenden Bergvölker pflegen die Kunst des Tanzes seit vielen Jahrhunderten. Bei ihnen spielen jedoch weniger Geschichten und Erzählungen aus früheren Zeiten eine Rolle, vielmehr haben ihre Tänze vorwiegend **animistische oder mystische Themen** zum Inhalt.

Traditionelle Sportarten

Drachenwettbewerbe

Ab Mitte Februar wird der Sanaam Luang, der Platz vor dem Königspalast in Bangkok, als Übungsgelände für die jährlichen Drachenwettbewerbe »Kaeng Wau« genutzt. Ihren Höhepunkt erreichen die Wettkämpfe, die **mit Schachturnieren** kombiniert sind, in der zweiten Aprilhälfte. Dann drängt sich auf den Tribünen die Menge, wettet, isst und trinkt und verfolgt enthusiastisch die Vorführungen. Der Drachenkampf ist eine »himmlische« **Form des Geschlechterkampfs**. Die mannsgroßen Drachen haben über 1 m Spannweite und sind kunsthandwerkliche Meisterstücke.

Takraw

Beim Takraw (sprich »daggro«), einem Ballspiel, muss der Spieler einen Ball aus Rohrgeflecht von 12 cm Durchmesser mit allen Körperteilen, nur nicht mit den Händen, durch die Luft schießen, entweder durch eine 2,75 m hohe Schlinge in ein gegnerisches Netz oder über ein 2,5 m hohes Netz in das gegnerische Spielfeld.

Kreis-Takraw

Populärer ist jedoch in Thailand das »Kreis-Takraw« mit sechs bis acht Mitspielern und entweder mit oder ohne Zielschlinge über der Kreismitte. Bei dieser Variante stehen die Spieler kreisförmig in gleichen Abständen auf dem Spielfeld. Je länger der Ball in der Luft ist, je kunstvoller die Verrenkungen, je höher die Kopfbälle und je vielfältiger die zum **»Schlag«** benutzten Sprünge und Körperteile, desto höher die Punktzahl. Wenn der Ball Arm oder Hand berührt, ist er »tot«, ebenso wenn er auf dem Boden landet. Das Spiel dauert 40 Minuten ohne Ruhepause. Vor 1900 pflegte man das Spiel mit einem Ball aus Federn oder Bambusstreifen. Zu König Naresuans Zeiten (um 1579) war es üblich, dass Elefanten mit dem Ball spielten, um so seinen Inhalt – einen zum Tode verurteilten Verbrecher – zu exekutieren.

Krabee-Krabong

»Krabee-Krabong«, die **Thai-Version des Fechtens**, geht auf den Zweikampf zwischen (oft königlichen) Elefantenreitern zurück, ist also viele Jahrhunderte alt. Auch als moderne Schusswaffen diese Kampfform ersetzten, wurde sie noch bis ins 20. Jh hinein gepflegt, etwa von König Chulalongkorn, der alle Prinzen darin unterrichten ließ. Heute sind die Schwerter stumpf, Verletzungen sind aber nicht ausgeschlossen. Geübt wird daher auch mit **hölzernen Waffen**.

»Krabee-Krabong« gilt als Kampfsportart, in der auch Polizisten und Soldaten ausgebildet werden. Als waffenlose Kampfkunst hat sich das Thai-Boxen daraus entwickelt.

Thai-Boxen

König Naresuan befreite sich der Legende nach 1560 aus birmanischer Gefangenschaft, indem er die besten Kämpfer im Ringen bezwang. **»Muay Thai«**, das Thai-Boxen, das mittlerweile zum Nationalsport geworden ist, war ursprünglich eine **Art der Selbstverteidigung**, die sogar von den Mönchen in den Klöstern gelehrt wurde. Mit dem westlichen Boxen ist es kaum vergleichbar: Der Boxer schlägt mit den Händen, tritt mit den Füßen und stößt mit Ellenbogen und Knien nach allen Angriffsflächen, die der Gegner ihm bietet. Thai-Boxen ist in Thailand äußerst populär. Wenn im nationalen Boxstadion von Bangkok samstagabends großen Kämpfe anstehen, sitzt die ganze Nation vor dem Fernseher.

INTERESSANTE MENSCHEN

Irischer Pater: Father Raymond Allen Brennan

1933 – 2003
Waisenhausbegründer

»Lord, it's hard to be humble, when You are Irish!« Das Schild an der Tür zu seinem Büro bezeichnete trefflich eine Charaktereigenschaft des **irischstämmigen Redemptoristenpaters**. Bescheiden war Brennan nur dann, wenn es um ihn selbst ging. Die Redemptoristen, eine 1732 gegründete Ordensgemeinschaft, hatten ihn nach Südostasien entsandt. Nachdem er einige Zeit in den Flüchtlingslagern entlang der Grenze zu Kambodscha zugebracht hatte, kam er Anfang der 1970er-Jahre nach Pattaya. Dort lag eines Morgens das erste ausgesetzte Baby vor seiner Türe, binnen weniger Monate war es schon etwa ein Dutzend kleiner Menschen, um die er sich kümmern musste. Bald veranstalteten Hotels Weihnachts- oder Silvesterfeiern zugunsten des Pattaya Orphanage, überall in der Stadt gab es Spendensammelbüchsen. Dazu kamen Spender und Paten aus aller Welt. Brennan begründete die **erste nicht-öffentliche Blinden- und Taubstummenschule** Thailands und sorgte für Ausbildungsmöglichkeiten. Auch Straßenkinder, die sich nachts durch die Bars von Pattaya betteln, finden hier Aufnahme. Als Father Ray Brennan 2003 an Herzversagen starb, hinterließ er ein **bodenständiges Sozialwerk** sowie die **Father-Ray-Stiftung** (www.fr-ray.org).

Komponist am siamesischen Hof: Peter Feit

1883–1968
Musikwissenschaftler

Peter Feit war der Sohn einer Thailänderin und eines **deutschen Emigranten** aus Trier. Bereits in jungen Jahren bekam er eine Anstellung als Musiklehrer und Komponist am siamesischen Hof. Feit setzte als Erster die bis zu diesem Zeitpunkt nur aus dem Gedächtnis von Generation zu Generation überlieferte thailändische Musik in Noten um und bewahrte auf diese Weise wertvolles Volks- und Kulturgut. Er wurde von König Chulalongkorn beauftragt, die Königshymne und 1932 die **Nationalhymne für Thailand** zu komponieren.

Berühmte Gouvernante: Anna Harriett Leonowens

1831–1915
Erzieherin am Hof Ramas IV.

Die 1831 in Wales (Großbritannien) geborene Anna Harriett Leonowens ist wohl eine der **umstrittensten westlichen Figuren** der thailändischen Geschichte. Auch heute noch wird bisweilen heftig darüber diskutiert, welche Rolle die Frau, die ihre Erinnerungen an König Rama IV. in dem Roman **»The King and I«** (»Der König und ich«) niederschrieb, wirklich spielte. Geboren wurde Anna als Tochter eines Armeekapitäns. Mit 28 Jahren bewarb sie sich, mittlerweile Mutter eines Jungen, auf ein Stellenangebot als Gouvernante am Hofe von König Rama IV. Dieser legte auf eine westlich-orientierte Erziehung seiner Kinder großen Wert. 1876 ging sie für ihren letzten Lebensabschnitt nach Halifax in Kanada. Dort begründete sie die **Nova Scotia School of Art and Design** und starb 1915 in Montreal. Die Geschichte bot Stoff für viele Remakes in den 1940er- und 1950er-Jahren. 1999 schließlich folgte eine weitere erfolgreiche Kinoinszenierung, in der **Jodie Foster** und Chow Yun-Fat die Hauptrollen spielten.

Ehrenwerte Dame: Alma Link

1898–1989
Wohltäterin

In Russland, Deutschland und England erhielt Alma Link ihre schulische und berufliche Ausbildung als **Krankenschwester**. Nach Aufenthalten in London, Manila, Bangkok und Bagdad heiratete sie 1939 den in Bangkok ansässigen, deutschen Industriellen Herbert Link. In Bangkok fand Alma Link ihre Lebensaufgabe: Sie gründete die **»Cheshire-Heime«** Thailands. Der britische Hauptmann Cheshire war Zeuge des Angriffs auf Hiroshima; Lazarettaufenthalte machten ihm klar, dass Todgeweihte ohne ausreichende und fürsorgliche Verwandte eines »Heims« bedürfen. Alma Link ist die **erste und bisher einzige Frau**, die als Ausländerin den königlichen Ehrentitel »Khunying« (Ehrenwerte Dame bzw. Herr) verliehen bekam.

Die Verfilmung der Lebensgeschichte von Anna Harriett Leonowens mit Jodie Foster kam im Jahr 1999 unter dem Titel »Anna und der König« in die Kinos.

Einflussreicher Grieche: Konstantin Phaulkon

1647 – 1688 Königlicher Berater

Der **griechische Abenteurer** Konstantin Phaulkon war wohl eine der interessantesten nicht in Thailand geborenen Persönlichkeiten, die Einfluss auf Staat und Volk hatten. 1647 in Argostóli auf der Insel Kephallonia geboren, heuerte er schon früh auf einem britischen Schiff an. Zusammen mit den Brüdern Samuel und George White arbeitete er zunächst für die »East India Company«, danach machten sie sich selbstständig. Mit ihnen gelangte Phaulkon 1670 **nach Ayutthaya** an den Königshof. Phaulkon wurde zunächst königlicher Übersetzer, später Berater des weltoffenen Herrschers Narai.
Auf dem Höhepunkt seiner Macht war Phaulkon, als Narai ihn zum **Kanzler** ernannte. Um den König davon zu überzeugen, dass nur Franzosen die nach Macht und Einfluss drängenden Holländer aufhalten könnten, bediente er sich einer **waghalsigen Politik** und stationierte an der Mündung des Menam Chao Phraya französische Truppen. Daraufhin nutzten die Hofbeamten eine Erkrankung Narais zum Putsch. Sie nahmen Phaulkon gefangen und richteten ihn hin. Der Nachfolger Narais vertrieb die Ausländer. Für die folgenden 130 Jahre war das Königreich allen **westlichen Besuchern verschlossen**.

Rama V. auf Staatsbesuch in Deutschland mit Kanzler Bismarck

Erleuchtete Dichtkunst: Sunthorn Phu

1786 – 1855
Dichter

Vermutlich wurde der thailändische Dichter Sunthorn Phu in Thonburi geboren. Seine Mutter trennte sich schon früh von seinem Vater und wurde Amme am königlichen Hof in Bangkok. Der junge Phu wuchs in einem Prinzenpalast auf und lernte lesen und schreiben sowie die Grundlagen der Dichtkunst. Besonders häufig hielt er sich in einem Kloster auf der Insel Klaeng bei Rayong auf; hier war sein Vater einst Abt gewesen. Während Rama II. Sunthorn Phu begünstigte und ihn bei der Neubearbeitung des »Ramakien« und anderer literarischer Werke heranzog, fiel er bei Rama III. in Ungnade. Es folgte ein 18-jähriges Wanderleben als Rezitator, Auftragsdichter, Alchimist und Mönch; aus dieser Zeit stammen **seine schönsten Nirat-Werke**. Erst unter Rama IV. kam Sunthorn Phu wieder zu Ehren und sogar zu dem Titel »Herr Sunthorn, der Erleuchtete«.

Mönch und Astronom: Rama IV. (Mongkut)

1804 – 1868
König von Thailand

Rama IV. (Mongkut), bestieg als 46-Jähriger den Thron. Er zog **lange Jahre als Wandermönch** durch Siam und war Abt im Wat Bovornives in Bangkok. Im Gegensatz zu seinen Vorgängern, kannte er daher die Sorgen und Nöte seines Volks. Er ist als **Erneuerer des Buddhis-**

mus in die Geschichte eingegangen, doch als historisch höchstes Verdienst gilt, dass er die **koloniale Bedrohung** von Thailand abwehren konnte. Rama IV. hatte außer westlichen Wissenschaften auch Sprachen studiert. Das private Interesse des Königs galt der Astronomie. Dieses Hobby brachte ihm indirekt den Tod: 1886 konnte er eine völlige Sonnenfinsternis vorhersagen; bei deren Beobachtung in einem Sumpfgebiet zog er sich die Malaria zu, an der er starb.

Befreier der Sklaven: Rama V. (Chulalongkorn)

1853 – 1910
König von Thailand

König Rama V. (Chulalongkorn) wurde von Anna Harriet Leonowens erzogen (► S. 428) und übernahm mit 16 Jahren die Königswürde. Westlichen Gepflogenheiten positiv gegenüberstehend, gehörte es zu seinen ersten Amtshandlungen, dass er alle Untertanen zu »Thai« (= Freien) erklärte und 1905 jegliche **Sklaverei untersagte**. Rama V. lag vor allem die wirtschaftliche Erschließung seines Landes am Herzen: Er führte Eisenbahn, Telegrafie und Postwesen ein, schickte junge Thai zum Studium nach Europa und in die USA und holte Hunderte von Ingenieuren und Wissenschaftlern ins Land. Seine Politik sicherte dem Land **Unabhängigkeit, Frieden und Freiheit**, auch indem er Frankreich und Großbritannien dazu brachte, das Königreich Siam als Pufferstaat zwischen ihren asiatischen Kolonien zu akzeptieren.

Wirtschaftlicher Erfolgsgarant: Chin Sophonpanich

1910 – 1987
Bankier und Unternehmer

Das Hauptquartier der Bangkok Bank Ltd., mit 32 Stockwerken eines der **höchsten Gebäude Bangkoks**, wurde 1982 von deren Gründer Chin Sophonpanich anlässlich seines 72. Geburtstages eingeweiht. Als Sohn thai-chinesischer Eltern in Bangkok geboren, schickte ihn sein Vater auf die Schule nach Kanton. Als das Geld ausging, kam der 17-Jährige in seine Heimatstadt zurück, um im Chinesenviertel Reissäcke zu schleppen und Nudeln zu kochen. Vier Jahre später war er Manager einer kleinen Baufirma, verkaufte Bauholz, Werkzeuge und Konserven. Chin wurde einer der **wohlhabendsten Unternehmer Südostasiens** und war an rund 140 Unternehmen beteiligt. Seine Bank finanziert auch heute noch etwa 40 % aller thailändischen Exporte und beherrscht ca. ein Drittel des inländischen Bankgeschäfts.

Leidenschaftlicher Sammler: Jim Thompson

1906 – 1974?
Architekt und Bonvivant

Der US-amerikanische Architekt James (»Jim«) Thompson kam nach dem Zweiten Weltkrieg als Offizier des USA-Geheimdienstes OSS nach Bangkok, schied aber schon bald aus dem Dienst aus. Er

EIN LEBEN IM DOPPEL

Seit der US-Amerikaner Robert Hunter die Zwillinge Eng und Chang Bunker (1811–1874) entdeckte, als sie 18 Jahre alt waren, bezeichnet man ein lebensfähiges eineiiges Zwillingspaar, das am Kopf oder Rumpf zusammengewachsen ist, volkstümlich als »siamesische Zwillinge«.

Das als erste »siamesische Zwillinge« in der Geschichte der Medizin bekannt gewordene Brüderpaar Eng und Chang wurde im Jahr 1811 in Mae Klong in der thailändischen Provinz Samut Songkhram, etwa 60 km von Bangkok entfernt, als **zwei von zehn Kindern** eines Fischers chinesischer Abstammung von einer thailändischen Mutter geboren. Ihre beiden Körper waren **vom Gesäß bis zum Brustkorb** zusammengewachsen; eine Trennung durch eine Operation war damals nicht möglich.

Europa-Reise

Entdeckt wurden Eng und Chang, die bis dahin ein von der breiten Öffentlichkeit weitgehend unbemerktes Leben führten, im Alter von 18 Jahren von dem **US-Amerikaner Robert Hunter**, der während einer Reise durch Thailand auf die miteinander verwachsenen Brüder aufmerksam wurde und dem **Missionar Captain Coffin** von ihrer Existenz berichtete. Coffin überredete daraufhin ihre Mutter, die Zwillinge nach Europa mitnehmen und dort der Fachwelt vorstellen zu dürfen. Danach, so war der Plan, wollte sich das Brüderpaar als freie Bürger in den Vereinigten Staaten von Amerika niederlassen.

Perfekte Abstimmung

Besonderes Aufsehen erregte die Tatsache, dass die Zwillinge, die in ihrer neuen Heimat den Familiennamen Bunker angenommen hatten, ihr zwangsweise verbundenes Leben trotz **unterschiedlicher Charaktere** und manchmal auch durchaus verschiedener Meinung (was nicht selten bis zur offenen Auseinandersetzung führte) offenbar bestens aufeinander abgestimmt hatten. So erwiesen sich die Brüder als **exzellente Schachspieler**, außerdem lernten Eng und Chang ihre Bewegungen so geschickt zu koordinieren, dass sie sogar schwimmen konnten.

Kindersegen

Mit dem Geld, das das fest vereinte Brüderpaar durch seine **öffentlichen Auftritte** einnahm, erwarb es 1839 ein Grundstück in North Carolina und baute darauf ein Haus. Anschließend heirateten sie; Eng nahm Sara zur Frau, Chang vermählte sich mit Adelade. Nicht weniger als **22 Kinder entsprangen** dieser äußerst ungewöhnlichen Verbindung, wobei es dafür einiger **Absprachen** bedurfte – so wechselten sich die Frauen in der Benutzung des ehelichen Schlafzimmers im dreitägigen Rhythmus ab. Eng und Chang wurden 63 Jahre alt. Sie blieben sich auf extreme Weise **auch im Tode verbunden** – Eng starb 1874 an einer Infektionskrankheit, sein Bruder, der nicht erkrankt war, verschied zwei Stunden später.

Die originalen siamesischen Zwillinge: Eng und Chang Bunker

wählte Bangkok zu seinem ständigen Wohnort und entdeckte die **traditionelle Seidenwebkunst der Thai**. Thompson ist der heute weltweit gute Ruf der Thai-Seide zu verdanken: Er entwickelte moderne Produktionsverfahren und förderte die Rückbesinnung auf alte Techniken. **Somerset Maugham**, regelmäßiger Gast im Hause Thompson, schrieb nach einem Besuch der Produktionsstätten und einem Abendessen ins Gästebuch:

»
Sie haben nicht nur schöne Dinge geschaffen. Was die Außergewöhnlichkeit ihrer gesammelten Kunst angeht, so haben Sie diese auch noch mit exzellentem Geschmack ausgewählt.
«

Aus allen Teilen Thailands brachte er Antiquitäten nach Bangkok, wodurch er sie vor dem Verfall rettete. Schönstes Beispiel seiner Sammlerleidenschaft sind die im **traditionellen Thai-Stil** erbauten Häuser, die er an ihrem ursprünglichen Standort auseinandernehmen, in die Hauptstadt schaffen und dort wieder aufbauen ließ (▶ S. 101). Auf dem Höhepunkt seiner Schaffenskraft verschwand Jim Thompson im Alter von 61 Jahren auf bis heute nicht geklärte Weise. Sieben Jahre später (1974) wurde er für tot erklärt.

Bildung für Benachteiligte: Prateen Ungsongtham

geb. 1952
Schulförderin

Ganz bestimmt die bisher Jüngste und nach akademischen Regeln die »Ungebildetste« erhielt 1978 den **fernöstlichen »Nobelpreis«** (Ramon Magsaysay): In Tokio wurde der 27-jährigen Prateen Ungsongtham diese Auszeichnung für ihren Kampf um die **schulische Bildung von Slumkindern** und -bewohnern verliehen. Selbst im Slum am Hafen von Klong Toey geboren, schaffte sie es, lesen und schreiben zu lernen. Als 16-Jährige begann sie, Kindern aus ihrer Nachbarschaft Unterricht zu geben. Als diese »illegale Schule« vertrieben werden sollte, intervenierte die Stadtverwaltung und setzte sich für ihren Fortbestand ein. Inzwischen gibt es nahezu 2000 Schulkinder und über ein Dutzend regulär ausgebildeter Lehrer. Ihre Stiftung nennt sich »Duang Prateep Foundation« (= Lichtschimmer; http://de.dpf.or.th). Die Groschenschule (= 1 Baht pro Tag) wurde zu einem **Modell für alle Entwicklungsländer** der südostasiatischen Region. Heute gehören auch Erwachsenenbildung, Familienplanung, Berufsschulung, Gesundheit und Hygiene zum Lehrplan. Bei den Wahlen im Jahr 2000 wurde Prateen Ungsongtham in den Senat gewählt. Dort setzt sie sich für die Rechte armer und benachteiligter Menschen ein.

Erst verstoßen, dann geehrt: Pierra Vejabul

1900 – 1964
Ärztin

Pierra Vejabul, die später die **erste Ärztin Thailands** wurde, musste von zu Hause ausreißen, um sich ihren Berufswunsch erfüllen zu können. Sie setzte sich nach Paris ab. Nach der Promotion ging sie noch einige Monate an die **Berliner Charité**, ehe sie in den frühen 1930er-Jahren nach Bangkok zurückkehrte. Hier wurde sie mit der Leitung der Abteilung für geschlechtskranke Mädchen und Frauen betraut. Dabei nahm sie ausgesetzte Babys ihrer Patientinnen als Adoptivkinder an, worauf ihr die Familie Name und Ehren entzog. Ihr Name bedeutet »guter, geduldiger Arzt«; er wurde ihr, ebenso wie der Ehrentitel »Khunying«, vom Königshaus verliehen. Bis zu ihrem Tod 1964 leitete Khunying Vejabul ein Waisenhaus, in dem sie rund 3000 Kinder großzog.

Der Erfinder des Reiseführers: Karl Baedeker

1801 – 1859
Verleger

Als Buchhändler kam Karl Baedeker viel herum, und überall ärgerte er sich über die »Lohnbedienten«, die die Neuankömmlinge gegen Trinkgeld in den erstbesten Gasthof schleppten. Nur: Wie sollte man sonst wissen, wo man übernachten könnte und was es anzuschauen gäbe? In seiner Buchhandlung hatte er zwar Fahrpläne, Reiseberichte und gelehrte Abhandlungen über Kunstsammlungen. Aber wollte man das mit sich herumschleppen? Wie wäre es denn, wenn man all das zusammenfasste? Gedacht, getan: Zwar hatte er sein erstes Reisebuch, die 1832 erschienene »Rheinreise«, noch nicht einmal selbst geschrieben. Aber er entwickelte es von Auflage zu Auflage weiter. Mit der Einteilung in »Allgemein Wissenswertes«, »Praktisches« und »Beschreibung der Merk-(Sehens-)würdigkeiten« fand er die klassische Gliederung des Reiseführers, die bis heute ihre Gültigkeit hat. Bald waren immer mehr Menschen unterwegs mit seinen **»Handbüchlein für Reisende, die sich selbst leicht und schnell zurechtfinden wollen«**. Die Reisenden hatten sich befreit, und sie verdanken es bis heute Karl Baedeker. Thailand (Siam) beschreibt er erstmals im 1914 erschienen »Baedekers Indien«.

»

Jeder freie Siamese hat einmal im Leben drei Monate im Kloster zu verbringen. Die Sitte des Wallfahrens ist allgemein, ebenso die Stiftung von Heiligtümern, mit denen das Land überstreut ist.

«

Baedekers Indien 1. Auflage 1914

E

ERLEBEN & GENIESSEN

Überraschend, stimulierend, bereichernd

Mit unseren Ideen erleben und genießen Sie Thailand.

Alles bereit zum Dinner auf Ko Lanta ▶

BEWEGEN & ENTSPANNEN

Bei 3219 km Küstenlänge spielt Wassersport natürlich eine herausragende Bedeutung für alle, die im Urlaub gerne mal aktiv sind. Doch auch zu Land bietet Thailand einiges. Und wenn's dann mal zu viel an Action wird, legt man sich an den nächstbesten der vielen tollen Strände.

Strandleben »Vamos a la Playa« – das versteht man auch in Thailand. Und dennoch ist an thäiländischen Stränden so manches anders (geworden). Alle dachten, es sei nur ein dummer Scherz, als die thailändische Militärregierung ankündigte, die Strände von Phuket von Liegestühlen, Sonnenschirmen und illegal aufgebauten Strandbuden sowie Street-Food-Restaurants zu befreien. Doch als am Laem Singh Beach mit den ersten Abrissarbeiten begonnen wurde, wussten alle: Jetzt wird's ernst. »Wir wollen unseren thailändischen Stränden die natürliche Schönheit zurückgeben«, sagt Narong Pipattanasai, stellvertretender Generalsekretär des Nationalen Rats für Frieden und Ordnung

Ob traditionelle Thai-Massage oder wie hier eine Hot Stone Massage – wer wohltuende Entspannung sucht, findet ein reiches Angebot.

(NCPO) der Militärregierung. »Denn alle Strände in Thailand sind öffentlich und sollen **für jedermann zugänglich** sein.« Phuket war der Anfang. In anderen frequentierten Badeorten soll das Saubermachen weitergehen ...
Außerdem nicht vergessen: **Nacktbaden ist tabu!** Überall, ob am Strand oder am Pool. Es widerspricht im hohen Maße den Moralvorstellungen der Einheimischen. Selbst von oben ohne, zuweilen toleriert, sollte man Abstand nehmen.

Erkundungen

Ballonfahrt

Die Welt von oben zu sehen, ist eine ganz **besondere Perspektive**. Und so erfreuen sich Fahrten mit dem Heißluftballon immer größerer Beliebtheit. In vielen Touristenorten gibt es Anbieter, die solche Fahrten veranstalten. Besonders reizvoll sind Flüge über Nordthailand.

Elefantenritt

Einmal auf dem Rücken eines Elefanten reiten – das wünschen sich viele Kinder, aber auch Erwachsene. Vor allem in Nordthailand gibt es zahlreiche gut geführte Touren durch herrliche **Dschungelgebiete**. Im Süden sind Elefantenritte eher Jahrmarkt-ähnlich: Rauf auf den Elefanten, eine Runde drehen und wieder runter (▶ Das ist, S. 20).

Golf

200 Plätze

Thailand hat sich in den vergangenen Jahren zu einem Mekka für Golfspieler entwickelt. Allein im Großraum Bangkok gibt es fast 30 Golfplätze, im ganzen Land sind es rund 200. Darunter befindet sich auch der vermutlich **verrückteste Golfplatz** der Erde: Er liegt zwischen der Start- und der Landebahn von Bangkoks Flughafen Don Muang. Eine Liste aller thailändischen Golfplätze gibt es unter: www.golfasian.com/golf-courses/thailand-golf-courses.

Massage

Wohltuend und gesund

Mit käuflichem Sex hat die traditionelle Thai-Massage nichts zu tun. Es gibt sie überall im Land, und die Masseure arbeiten nach Methoden, wie sie für **medizinische Zwecke** gelehrt und angewendet werden. Die Fingerfertigkeit der Therapeuten sorgt für wohltuende Entspannung; allerdings wird der Körper bisweilen auch ordentlich in die Mangel genommen. Inzwischen hat fast jedes Urlauberhotel ein mehr oder weniger gutes **Spa** mit entsprechendem Massage-Angebot. Auch an den Stränden wird vielfach massiert. Ein Erlebnis ist sicher eine Massage im ▶ **Wat Pho** in Bangkok (rechts neben dem Haupteingang), wo es eine eigene Schule für klassische Massagemethoden gibt. Die Preise sind (außerhalb der Hotel-Spas) sehr niedrig. Achtung: »Massage Parlours« sind landesweit Bordelle und auch in so manchem »Massage Salon« gibt es neben traditioneller Massage auch noch etwas mehr für den Herrn ...

Meditation

Auch für Besucher

In den Meditationsstätten für einheimische Buddhisten sind auch Touristen gern gesehen. Dass sie bereit sein sollten, sich ernsthaft mit den Lehren Buddhas auseinanderzusetzen, versteht sich von selbst. Es gibt in verschiedenen Einrichtungen auch mehrtägige Schweigeseminare, die von Reisenden aus aller Welt gebucht werden können. Informationen über Meditationsgelegenheiten sowie ein Verzeichnis der Klöster, die Ausländern offen stehen, gibt es in Bangkok bei der **World Fellowship of Buddhists** (Soi Medhinivet Sukhumvit 24, Bangkok, Tel. 02 6 61 12 84, www.wfbhq.org). Diese Organisation bietet auch regelmäßig Abende mit Meditationsübungen und Vorträge buddhistischer Mönche. Mehrere **Meditationszentren** sind über die Landesgrenzen hinaus bekannt geworden. Zu ihnen gehören der Wat Mahathat in ▶ Bangkok (Englisch sprechende Mönche), Wat Umong und Wat Ram Poeng in ▶ Chiang Mai sowie Wat Suan Mok bei ▶ Suratthani. **Yoga**-Angebote haben inzwischen viele Hotels im Programm.

Strandsport

Schwimmen

Grün die Palmen, hellgelb der Sand, blau das Meer: Dieses Drei-Farben-Spektrum gibt es in Thailand in Hülle und Fülle. Strände sind aber nicht nur für Touristen und Fischer da: Besonders an den Wochenenden und während der Sommerferien zwischen Mai und Juli bevölkern die Thais ihre Badestrände selbst. Ins Wasser gehen sie maximal bis auf Bauchhöhe, denn die meisten können nicht schwimmen. Aber auch Schwimmer müssen aufpassen: **Unterwasserströmungen** können selbst geübte Schwimmer in Lebensgefahr bringen. Sie sind vom Land aus nicht zu erkennen und treten v. a. während der Monsunzeit auf. Deshalb unbedingt die warnenden Hinweisschilder und Flaggen beachten. Rote Flaggen am Strand bedeuten absolutes Badeverbot!

Auf die Inseln!

Die bessere **Wasserqualität** herrscht gegenüber Festlandsstränden wie Pattaya, Hua Hin oder Krabi auf den Inseln: ob nun auf Phuket, Ko Samui und ihren Schwestern, Ko Lanta, Ko Samet oder Ko Chang.

Es muss nicht immer Action sein – am Strand verfliegt die Zeit auch beim Ballspiel.

Obwohl am Festland gelegen, sind auch die Strände von Khao Lak sauber.

Ballsport

Fast gehört es schon zum Ritus, wenn gegen 17 Uhr am Strand das Netz gespannt und der **Volleyball** fürs allabendlich Mixed herausgeholt wird. Manchmal ist es auch ein kleines Fußballspiel, bei dem Einheimische und Besucher sich kennenlernen. Wer lieber zum Joggen geht, sollte dies am Morgen tun: Dann ist es noch etwas kühler, und nur wenige Menschen sind am Strand unterwegs.

Wassersport

Riesige Auswahl

Ob Windsurfen und Kiten, Segeln oder Hobby Cat fahren, Schnorcheln oder Tauchen, Parasailing oder lärmend mit dem Scooter übers Meer breschen: Die meisten Strände und die dort ansässigen Strandhotels bieten alle möglichen Arten von Wassersport übers ganze Jahr an – und das bei Wassertemperaturen, von denen man in Europa nur träumen kann. **Sportgeräte** können fast überall gegen Gebühr gemietet werden.

Neben Segeltouren gibt es auch einige Kanurouten zum Selberpaddeln.

Segeln Zum **Inselhüpfen** ist ein Segelboot ideal. Ankern ist fast überall möglich. Beschränkungen gibt es lediglich vor den zu Nationalparks erklärten Inselgruppen. Besonders **schöne Reviere** sind rund um Ko Phi Phi, Ko Tarutao, Ko Similan und Ko Tao. Zuverlässige Seekarten, die über Untiefen sowie tückische Strömungen während der Monsun-Zeit Aufschluss geben, sind unabdingbar. Seriöse Bootsvermieter händigen solches Material bei Übergabe des Schiffes aus. Für **Bootscharter** auf eigene Faust wird die Vorlage eines international gültigen Seglerscheins verlangt. Man kann aber auch Boote mit kompletter Besatzung oder zumindest einem reviererfahrenen Skipper chartern. Für kürze Törns für 2 – 3 Std. stehen vielfach **Hobby Cats** zum Mieten bereit, für die kein Führerschein notwendig ist. Alljährlich im Dezember findet in Phuket die traditionelle **Segelregatta** um den Phuket King's Cup statt, zu dem sich auch ausländische Mannschaften anmelden.

Surfen und kiten

Thailand steht zwar nicht ganz oben auf der Liste der besten Surf- und Kitereviere, aber für Schönwettersurfer mit **Badehose statt Neopren**, die leichte Winde lieben, sind die Andamanensee und der Golf von Thailand praktisch wie gemacht. An den großen Stränden gibt es Leihmaterial, allerdings mehr für Surfer und deutlich weniger für Kiter.

Water Scooter

Vorsicht ist bei der Nutzung von Water Scootern angeraten. Die lauten, PS-starken Gefährte erfordern ein gewisses fahrerisches Können. Immer wieder geschehen schwere **Unfälle**. Oft sind die Fahrzeuge auch in schlechtem Zustand, und der Benutzer wird manchmal für Schäden haftbar gemacht, die er gar nicht verursacht hat.

Tauchen und schnorcheln

Die Korallenbleiche ist auch an Thailands Meeren nicht vorübergegangen. Dennoch gibt es v. a. vor den Inseln immer noch faszinierende **Unterwasserwelten**. Die Regierung hat zum Schutz der Unterwasserwelt restriktive Gesetze erlassen, deren Einhaltung unbedingt angeraten ist. Zahlreiche Tauchschulen stehen zur Wahl (▶ Wissen, S. 444). Schnorchler finden an fast jedem Strand sowohl einige schöne Plätze als auch Masken und Flossen zum Verleih.

Hochseefischen

Blauer Marlin, Hai und andere »Big Boys« stehen auf der Agenda, wenn es zum Hochseeangeln hinaus aufs offene Meer geht. Manche Anbieter offerieren dem Gast sogar eine **Fanggarantie**. Schließlich gibt's ja auch noch Thunfisch, Schwertfisch, Seelachs, Meerbarsche und Makrelen. Die beste Zeit ist zwischen Januar und Mai. Ein größerer Fang wird auf Wunsch auch präpariert, was aber einige Tage, manchmal sogar 2 – 3 Wochen in Anspruch nehmen kann. Anbieter gibt's in jedem Ort mit einer größeren Marina.

Zuschauersport

Elefantenpolo

Es ist schon erstaunlich, wie geschickt sich die Tonnen schweren Dickhäuter beim Elefantenpolo bewegen. Alljährlich im September findet in **Hua Hin** das Turnier des Jahres statt, bei dem Mannschaften aus dem In- und Ausland eine Woche lang gegeneinander antreten. Es haben auch schon deutsche Mannschaften gewonnen!

Muay Thai

Thai-Boxen (Muay Thai) ist ein knochenharter Sport, der viel Technik, aber auch viel Kondition erfordert. Einige wenige Hotels, etwa das Peninsula in Bangkok, bietet den Gästen **Kurse** dazu an. Muay Thai ist die beliebteste Zuschauersportart in Thailand und geht auf das Jahr 1560 zurück, als sich der damalige König Naresuen aus burmesischer Gefangenschaft befreien konnte, indem er die besten Ringer im Kampf bezwang.

BAEDEKER WISSEN

FASZINATION UNTER WASSER

Große, kleine und kleinste Inseln mit weißen Korallensandstränden und eine touristische Infrastruktur, die selbst verwöhnte Gäste mehr als zufrieden stellt – das sind die wichtigsten Gründe für einen Tauchurlaub in Thailand.

1998 trat es das erste Mal auf, das mittlerweile berühmt-berüchtigte Klimaphänomen **El Niño**, der Warmwasserstrom, der an vielen Küstenregionen der Erde wegen seiner Wärme die Korallenriffe nachhaltig geschädigt hat, auch vor Thailands Küsten. Übrigens ganz im Gegensatz zum Tsunami von 2004, der trotz seiner ungeheuren Wucht, mit der er auf die thailändischen Ufer traf, erstaunlich wenige Schäden an den Riffen angerichtet hat. Was es trotz El Niño noch zu sehen gibt, ist an vielen Stellen trotzdem beeindruckend, zum Beispiel in den Tauchrevieren im Ang Thong Marine National Park, rund 40 km nordwestlich von Ko Samui. Um die 40 Inseln zählen zu diesem Naturschutzgebiet, das so rechtzeitig ausgewiesen wurde, dass der Unterwasserwelt Schäden erspart blieben. Man kann sich das ganz einfach vorstellen: Bestimmte Korallenarten wachsen pro Jahr gerade einmal 2 – 3 mm – weshalb ein einziger Fußtritt eines unachtsamen Tauchers genügt, das kunstvolle und jahrhundertealte Werk der Natur zunichte zu machen. Aber auch die Einheimischen haben nicht unwesentlich dazu beigetragen: Als Stichwort sei das früher vielfach übliche **Dynamitfischen** genannt. Diese Spuren sind an der Ostküste am deutlichsten zu sehen. Dort setzte auch der Touristenboom als Erstes ein, und das Meer wurde über viele Jahre hinweg regelrecht ausgeplündert.

Tolle Tauchgründe

Bekannte Tauchreviere sind neben Ang Thong die Inseln Ko Larn, Ko Sak und Ko Khrok vor Pattaya mit Tauchtiefen von bis zu etwa 20 m; weiter entfernt liegen die kleinen Inseln Ko Klung Badan, Ko Man Wichai und Ko Rin. Rund um Ko Sichang vor Si Racha sind Tauchgänge bis 40 m sowie **Wracktauchen** möglich. Auch die Tauchgebiete bei den Inseln Ko Samae San vor Sattahip und Ko Chang bei Trat sind längst nicht mehr unberührt. An der gegenüberliegenden Seite des Golfs von Thailand und in der Andamanischen See findet man ebenfalls vorzügliche Tauchreviere. Nordwestlich von Phuket liegt die kleine, aber feine Gruppe der Similan-Inseln mit der namengebenden Ko Similan. Bekannte Tauchplätze, an denen man regelmäßig auch **Haien** und **Mantas** begegnet, sind Christmas Point und Breakfast Bend vor Ko Bangru und Fantasy Reef. Ein lohnendes Ziel ist auch die Insel Ko Tachai mit dem legendären Tauchplatz am Richelieu Rock. Südlich von Phuket gibt es die schönsten Tauchgründe vor Ko Phi Phi Lay und Ko Phi Phi Don, vor Ko Lanta Noi und Ko Yao Tal. In der Nähe der Insel Ko Dok Mai befindet sich der Shark Point, ein Unterwasserriff, das **Leopardhaien** und **Stachelrochen** als Schlafplatz dient. Schon dicht an der Grenze zum Nachbarstaat Malaysia sind die Inseln um Ko Tarutao zu empfehlen.

Fantastische Unterwasserwelten wie hier bei Ko Similan gibt es zu entdecken.

Gute Tauchschulen

Naturgemäß haben sich die meisten Tauchschulen in den thailändischen Touristenzentren wie auf den Inseln Samui, Phi Phi, Phuket oder in Küstenorten wie Pattaya niedergelassen. Von dort aus starten sie zu den Tauchausfahrten in die vorgelagerte Inselwelt. Um den Teilnehmern eindrückliche Erlebnisse bieten zu können, müssen jedoch immer größere Distanzen zurückgelegt werden. Mittlerweile gibt es sogar richtige **Tauchsafaris**, bei denen die Boote mehrere Tage unterwegs sind. Als beste Zeit gelten die Monate zwischen Februar und November. Dann ist die Sicht unter Wasser am klarsten, und die touristische Hochsaison, die in den übrigen Monaten Tausende an die thailändischen Strände zieht, ist auch vorüber. Während der Regenzeit kann es jedoch auf dem Meer so ungestüm werden, dass sich kein thailändischer Bootsführer hinaustraut. Fast alle Tauchschulenbesitzer genießen einen recht ordentlichen Ruf, was die Qualität der Ausrüstung angeht. Schwarze Schafe gibt es meistens nicht länger als eine Saison. Eine gewisse **Portion Vorsicht** sollte jedoch jeder walten lassen: Verrostete Pressluftflaschen oder verrottete Atemregler sind Alarmzeichen, die jeden sicherheitsbewussten Taucher aufmerksam werden lassen. Man kann jedoch davon ausgehen, dass Tauchschulen, die nach einem der international gültigen Standards (PADI, NAUI oder SSI) ausbilden, auch ihre Gerätschaften in Ordnung halten.

Das heutige Thai-Boxen ist eine Art **Selbstverteidigung**, die sogar von Mönchen in Klöstern gelehrt wird, und bietet kaum Vergleiche mit dem westlichen Boxen: Der Boxer schlägt nicht nur mit den Fäusten, sondern tritt auch mit den Füßen nach allen Angriffsflächen, die der Körper des Gegners bietet. Bauch- und Nierengegend sind bevorzugte Ziele. Verboten ist jedoch das Kratzen, Würgen, Beißen oder Spucken. Die besten Thai-Boxkämpfe werden übertragen, sind regelrechte Straßenfeger und **Karten** sind kaum zu bekommen. Gute Kämpfe finden aber auch regelmäßig 2 – 3 mal pro Woche im Lumphini Stadium in Bangkok und im Phuket Boxing Stadium statt. Dort sind Karten meist noch zu haben.

Takraw

Geradezu artistisch katapultieren die Takraw-Spieler einen Ball aus **Rohrgeflecht** von 12 cm Durchmesser unter Einsatz aller Körperteile, nur nicht mit den Händen, durch die Luft über ein hohes Netz in das gegnerische Spielfeld. Ein Spiel dauert 40 Minuten und erlaubt keine Ruhepause. Wenn der Ball Arm oder Hand berührt, ist er tot, ebenso, wenn er auf dem Boden landet. Einmal sollte man Takraw schon gesehen haben ... Saison in der Takraw **Thailand League** ist März bis Juni, oftmals sieht man aber auch einige Talente am Strand oder in Hinterhöfen spielen.

ESSEN & TRINKEN

Keine Angst: Nicht alle Thai-Gerichte sind scharf, und sein Essen bekommt man immer und fast überall. Denn Thailänder lieben ihr Essen. Das Wort für essen heißt im Thailändischen »Gin Khao«, was wörtlich übersetzt bedeutet: Reis essen. Womit deutlich wird, welchen Stellenwert der Reis in der Thai-Küche hat.

Essen? Geht immer!

»Warme Küche bis 21 Uhr« – Solche Regeln kann man in Thailand getrost vergessen. Feste **Essenszeiten** wie in europäischen Ländern sind weitgehend unbekannt. Gegessen wird in Thailand immer und überall, ob um 14 oder 2 Uhr, ob im edlen Restaurant oder an der Bordsteinkante. Viele Thais essen kleine Portionen von den zahlreichen Garküchen sechs- oder siebenmal am Tag. Übrigens nicht mit Messer und Gabel (die als Symbole der Aggression gelten), sondern mit **Löffel und Gabel**, wobei der Löffel in der rechten Hand geführt wird und alle Speisen aufnimmt. Diese werden in kleinen, mundgerechten Bissen serviert. Stäbchen werden nur für gebratene Nudeln und für Nudelsuppen verwendet. Denn bei Nudelsuppen sind die Zutaten das Wichtigste und Schlürfen das Schönste.

OBEN: leckere Spießchen an einem typischen Streetfood-Stand
UNTEN: exklusives Dinnieren mit Ausblick auf der Insel Ko Kood

TYPISCHE GERICHTE

Traditionelle Thai-Küche ist scharf, das haben alle regionalen Küchen des Landes gemeinsam. Und doch gibt es Unterschiede, die sich in der Kombination der fünf Geschmacksrichtungen scharf, bitter, sauer, süß und salzig bemerkbar machen. Jeder Landesteil hat seine eigenen Spezialitäten, die wiederum eine Gemeinsamkeit haben: Frisch müssen die Zutaten sein.

Die Suppen

Es gibt in Thailand Gemüsesuppen ebenso wie Geflügel-, Fleisch- und Fischsuppen, die oft mit Nudeln kombiniert und entweder als Cremesuppen oder klare Brühen serviert werden. Der Klassiker ist die sauer-scharfe **Tom Yam Gung**. Als Basis verwendet man eine Hühnersuppe, in die Zitronengras, Limettensaft, fein gehackte Frühlingszwiebeln, frischer Koriander und Strohpilze gegeben werden. Zuletzt werden frische Garnelen in der Suppe mitgekocht, bis sie eine rosa Färbung angenommen haben. Ihre Schärfe erreicht die Tom Yam Gung durch frische rote Chilischoten, die in feine Scheiben geschnitten und mehr oder weniger reichlich zugegeben werden.

Gleiches gilt für die **Tom Kha Gai:** In Streifen geschnittenes Hühnerfleisch wird in einer Brühe gekocht, die aus Zitronengras, Galgantwurzel, Limettenblättern, Austernpilzen, Knoblauch, Koriander, Salz und Pfeffer besteht.

Goldene Geldtaschen

So heißen **Tung Tong** wörtlich übersetzt, eine häufig vegetarische Spezialität. Knusprig frittierte Teigtaschen, die mit einer Mischung aus Mais, Wasserkastanien und zerstoßenen frischen Korianderblättern gefüllt werden. Alternativ werden sie mit einer dezent abgeschmeckten Mischung aus Schweinefleisch, Nudeln und feingehacktem Knoblauch gefüllt. Zu beiden Variationen reicht man eine süße Chili-Sauce, in welche die Teigtaschen eingetunkt werden. Ähnliche Füllungen gibt es auch für die ebenfalls knusprigen **Popiaa** (Frühlingsröllchen).

Die Currys

Im Norden Thailands verwendet man gern **grüne Currypaste**, in den südlichen Landesteilen eher die **rote Variante**. Beide sind ähnlich scharf, obwohl die traditionell hinzugefügte Kokosmilch den Gerichten, die mit Hühnerfleisch, Schweinefleisch oder Rindfleisch, im Süden auch mit Fisch und Krabben zubereitet werden, etwas die Schärfe nimmt. Zum Fleisch gibt man Bambussprossen sowie fein gehackten Knoblauch, und immer gibt es gekochten Reis dazu.

Khao Phad

Der vielgeliebte gebratene Reis verbirgt sich hinter dem Begriff. Wenig aufwändig in der Zubereitung, aber richtig schmackhaft ist dieses traditionelle Gericht, das es in vielen Variationen gibt und an kaum einer Garküche fehlt. **Khao Phad Mu** bedeutet mit Schweinefleisch, **Khau Phad Gai** mit Huhn und **Khao Phad Gung** mit Krabben; immer mit roten Paprika, fein geschnittenen Zwiebeln, Frühlingszwiebeln und gehacktem Knoblauch. Nachgewürzt wird mit der Fischsauce Nam Pla und mit fein geschnittenen Chilischoten.

In den beliebten Straßenrestaurants sind alle zu finden: Thais und Touristen, Schüler, Familien und Rentner.

Das Frühstück? Etwas ungewöhnlich …

In Touristenhotels gibt es natürlich Buffets mit Toast und Marmelade, Schinken und Käse. Doch ein Frühstück nach europäischer Art nehmen die Thailänder nur selten zu sich. Gängig ist eine Reis- oder **Gemüsesuppe** am Morgen, auch ein Omelette, gibt es ab und an, und nur die thailändische Jugend nimmt heutzutage auch schon mal ein kontinentales Frühstück oder Müsli und Joghurt zu sich.

Die Hauptmahlzeiten? Unglaublich lecker!

Schnabuliert wird grundsätzlich, was schmeckt sowie nach Lust und Laune. Meist kommen die Köstlichkeiten gleichzeitig auf den Tisch, und jeder kann sein persönliches Menü zusammenstellen: Das süßsauer gebratene Gemüse löscht ein wenig die Schärfe des Hühner-Curry, der Barsch in Kräutern ergänzt das Rind mit Knoblauch. Dazwischen nimmt man gern vom Garnelen-Süppchen Tom Yang Gung, so etwas wie die Nationalsuppe in Thailand. Nur das Dessert wird auch im Königreich nach dem Essen serviert.

Reis (»khao«) steht im Mittelpunkt der Ernährung. Reis wird zum Frühstück, Mittag, abends und zwischendurch gereicht. Im Norden bevorzugt man den festen Klebreis, im Süden den lockeren Duftreis. Dazu gibt es Schweine- (»mu«) und Rindfleisch (»wua«) sowie

Hähnchen (»gai«), allesamt meist gebraten, gegrillt oder frittiert. Gleiches gilt für Fisch (»pla«) und Krustentiere wie Hummer (»gung gamgram«), Langusten (»gang«) und Krabben (»gung«), die vergleichsweise preiswert, stets **frisch** und immer vorzüglich zubereitet werden. Sehr wichtig sind rote, grüne oder gelbe **Curry-Pasten**, hergestellt aus unzähligen Ingredienzien und den Hauptbestandteilen Chili, Knoblauch und Salz. Sie sind die Grundlagen für die meist scharfen Saucen. Kräuter wie Koriander oder diverse Arten des Thai-Basilikums sowie Zwiebeln, Minze, Ingwer, Zitronengras und Limettensaft sowie Kokosmilch sorgen für ein unverwechselbares Aroma. Ebenso wichtig: stets frisches Gemüse von Auberginen bis Zucchini. Wobei die thailändische Aubergine in verschiedenen Farbtönen gedeiht und sehr unterschiedlich im Geschmack ist. Noch eine Eigenart: Die Thailänder sehen Kartoffeln als Gemüse.

Und die Schärfe? Hot, hot, hot!

Scharfes half früher gegen Bakterien und für eine längere Haltbarkeit. Außerdem bringt es den Kreislauf bei hoher Luftfeuchtigkeit und hohen Temperaturen in Schwung. Die Folge: Man schwitzt, und der Schweiß kühlt die Haut. Thai-Kids wachsen auch in Zeiten von Kühlschrank und Klimaanlage mit Chili statt Schokolade auf. Ihre Geschmacksnerven sind dementsprechend geschult. Farangs, also Westler, die zum ersten Mal ein original scharfes Thai-Gericht probieren, werden dagegen mit den Tränen kämpfen. Aber man kann in Touristengegenden auch meist **»not hot«** (also nicht scharf, auf thailändisch »mai sai prick«) bestellen oder auch einfach mehr Reis zu weniger Sauce nehmen. Und sollte es mal zu heftig auf der Zunge brennen, so helfen blanker Reis, den man langsam im Mund kauen sollte, und Tee.

Salz? Besser Nam Pla!

Bei uns ist der Salzstreuer auf dem Tisch nicht wegzudenken. In Thailand wird dagegen kaum ein Essen ohne die **Fischsauce** Nam Pla serviert. Nam heißt Wasser oder frei übersetzt Sauce, Pla bedeutet Fisch. Sie steht in jedem Restaurant und an jeder Garküche auf dem Tisch, meist in kleinen Schälchen, und ersetzt das Salz. Besonders die Version Prick Nam Pla mit eingelegten Chilis verschärft jedes Gericht enorm.

Und der Nachtisch? Eine Wonne!

Die Thais sind Leckermäuler. Deshalb darf nach einem guten Essen der süße Nachtisch (»khong wan«) nicht fehlen. Fast schon obligatorisch ist die Platte mit frischem **Obst** (▶Wissen, S. 456), hübsch auf einem Palmblatt angerichtet: Ananas, Papaya, Lychees, Melonen – überall im Land sind diese Früchte erhältlich. Bananen sind besonders beliebt, sie werden zum Beispiel in einem dünnen Teig gewälzt, in heißem Öl ausgebacken und mit etwas Honig serviert. Wunderschön sind die Obstschnitzereien: Oft dauert es Stunden, bis ein solches Kunstwerk entstanden und nur Minuten, bis es verzehrt ist.

EXPORTWELTMEISTER IN SACHEN REIS

Thailand führt über die Hälfte seiner Reisernte aus und ist damit zwar nicht mengenmäßig, aber relativ gesehen der weltweit größte Reisexporteur. Die Hauptanbaugebiete liegen im fruchtbaren, gut bewässerten Becken des Menam Chao Phraya sowie in Nordostthailand. Den Reishandel kontrolliert der Staat, der die Ernte zu Festpreisen aufkauft.

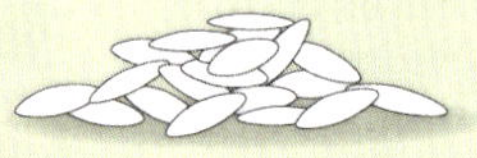

▶ **Duftreis**
Ist auch als thailändischer Jasminreis bekannt.
Eigenschaften: weiß, nach Jasmin duftend leicht süsslich.
Zurzeit sind im Norden Thailands etwa 200 verschiedene Duft-Reissorten kultiviert.

▶ **Langkornreis**
Eigenschaften: weiß, körnig und locker;
häufig in Indien angebaute Sorte
Länge ab sechs Millimetern.

▶ **Basmatireis**
Eigenschaften: weiß, schmales Korn
zartnussiges Aroma. Eine der edelsten und teuersten Langkörner, ursprünglich aus Afghanistan, aber in Indien kultiviert. Wird hauptsächlich am Fuße des Himalaya angebaut.

▶ **Traditionelle Anbautechnik Nassreisanbau**

Das von halbhohen Dämmen umgebene Feld wird mit Hilfe einfacher Pflüge, die meist von Wasserbüffeln gezogen werden, zur Pflanzung vorbereitet.

Die Reiskörner werden in großflächigen Saatbeeten vorgezogen und nach etwa drei Wochen per Hand vereinzelt.

Reisanbaugebiete und Erntemengen in Mio. Tonnen, 2016

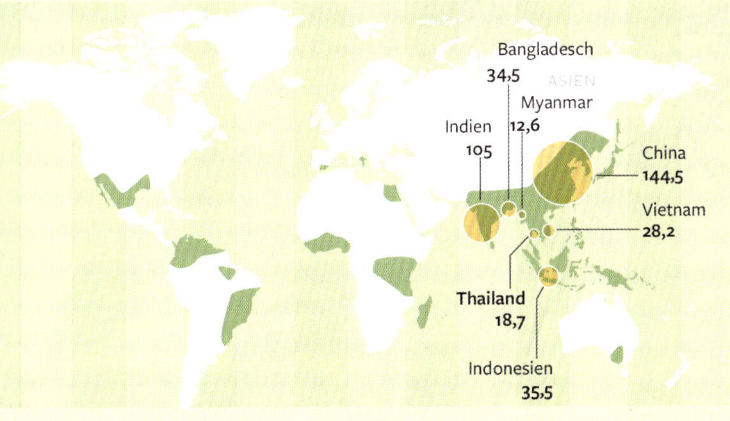

Die wichtigsten Reisexporteure in Mio. Tonnen, 2016/2017

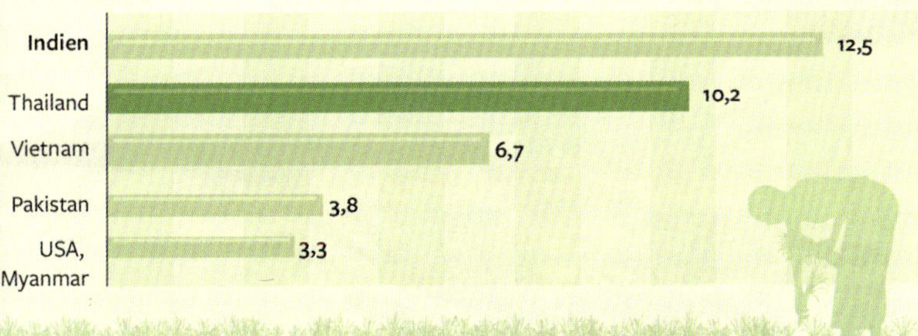

Nach etwa einem Monat werden die jungen Reispflanzen wiederum von Hand in die kniehoch gefluteten Felder umgesetzt.

Nach drei bis vier Monaten lässt man das Wasser wieder ablaufen. Nach ein paar Tagen Trocknung werden die Ähren büschelweise abgeschnitten.

Mango Sticky Rice muss jeder einmal probiert haben, ein Traum aus frischen, saftigen Mangos, Kokosnussmilch und Klebreis. Leckere **Eisbecher** sind stets phantasievoll angerichtet, etwa in einer ausgehöhlten Ananas. Während die grell-farbigen Puddings meist leider etwas zu süß daherkommen.

Wohin zum Essen? Wo es lockt!

Wie gemalt liegen der fangfrische Fisch und die Hummerkrabben auf Eis in der Auslage: Viele **Restaurants** in Küsten- und Touristenorten locken so ihre Gäste an. Und sicher ist: Wer während seines Thailand-Urlaubs ausschließlich in Hotelrestaurants speist, versäumt mit Sicherheit einiges. Besser man bucht eine Unterkunft mit Frühstück und nimmt die Hauptmahlzeiten außerhalb des Hotels zu sich. Damit ist eine kulinarische **Entdeckungsreise** garantiert! Schon für kleines Geld zaubern die Betreiber der vielen **Garküchen** wahre Köstlichkeiten in ihrem Wok (▶Das ist, S. 16). Dort sind Speisekarten unüblich: Man deutet auf die Zutaten, die man essen möchte, oder auf das, was gerade am Nachbartisch gegessen wird – wenn es denn lecker aussieht ... Mehrsprachige Speisekarten sind dagegen in Restaurants in Feriengegenden üblich, manchmal sogar deutschsprachig, in aller Regel aber immer in englisch.

Auch auf dem Samstagsmarkt von Chiang Mai können Sie auf eine kulinarische Entdeckungsreise gehen.

Bezahlen, bitte! Einer für alle …

Sitzen mehrere Gäste an einem Tisch, ist es üblich, dass einer die Rechnung komplett bezahlt und sich dann mit den anderen einig wird. **Getrennte Kasse** ist nur in Touristenhotels und Restaurants möglich. Zwar ist meist ein Servicezuschlag im Preis enthalten, doch kann man eine Rechnung gerne auch aufrunden. Weniger als 10 Baht zu geben, könnte allerdings als Beleidigung aufgefasst werden!

Rauchen? Nicht gestattet!

In Restaurants, Bars und ähnlichen gastronomischen Einrichtungen herrscht ein **gesetzlich** verordnetes, absolutes Rauchverbot.

Getränke

Tee, Wasser – und frischer Saft!

Wasser (»nam«) ist in jedem Lokal gratis, aber man sollte besser die Finger davon lassen und ein **versiegeltes Mineralwasser** bestellen. Auch der dünne, kalte Tee (»tschaa«) wird in vielen Restaurants ohne Aufpreis zum Essen serviert. Heißen Tee hingegen muss man extra bestellen. Kaffee (»kahfeh«) wird entweder mit Milch und Zucker (dann sehr süß) oder als Oliang schwarz, kalt und dann meist mit Eis gereicht. Italienische Zubereitungen wie Espresso oder **Cappuccino** haben sich mittlerweile auch in Thailand eingebürgert. Europäer trinken zudem gerne frischen Orangen- oder Zitronensaft (»nam som«, »nam menau«). Cola gibt's natürlich und auch andere Erfrischungsgetränke, die allerdings in Thailand viel zu süß und viel zu bunt gefärbt sind.

Bier? Aber immer!

»Singha« oder **»Chang«** lautet in Thailand meist die Frage, wenn man ein einheimisches Bier bestellt. Es ist relativ teuer, da Hopfen in Thailand nicht gedeiht und aus dem Ausland importiert werden muss. Ausländische Importmarken sind sogar noch teurer. Wer nach dem Essen noch ein paar Prozente mehr wünscht, bestellt einen **Maekong**, ein hochprozentiger Reisschnaps, der auch gerne in Cola, Soda oder Zitrolimo gemischt wird. Nie den günstigsten Maekong bestellen; der könnte nämlich auch als Glasreiniger durchgehen …

Wein? Besser als gedacht!

Auch einer Deutschen namens Kathrin Puff ist es zu verdanken, dass Thai-Wein inzwischen als drinkable gilt, qualitativ etwa auf dem Niveau eines Tafelweins, der in deutschen Supermärkten um 3 – 4 € angeboten wird. Aufgrund der Steuer ist Thai-Wein aber mindestens doppelt so teuer! Tropenfeste Rebsorten gedeihen im kühleren Norden und in Hua Hin, wo Kathrin aus Geisenheim recht gute Rieslinge keltert. Sie steht an der Spitze der **Hua Hin Vineyards**, der führenden Weinkellerei in Thailand. Aus Frankreich, Italien, Australien, Chile oder den USA importierte Weine kosten im Vergleich ebenfalls fast das Doppelte. Mit der 2017 eingeführten Sündensteuer von 20 % auf alle alkoholischen Getränke verteuerten sich die Preise nochmals.

VON ANANAS BIS RAMBUTAN

Thailand ist ein üppiger Obstgarten mit vielen, dem mitteleuropäischen Besucher noch unbekannten tropischen Früchten. Frisches Obst wird – je nach Jahreszeit – überall im Land angeboten.

Ananas (»sapparot«) gibt es frisch von April bis Juli in elf Sorten. In angegorenem Zustand verzehrt, kann sie eine abführende Wirkung haben. **Bananen** (»kluey«) sind in 15 Sorten das ganze Jahr über erhältlich; je kleiner die Banane, desto süßer schmeckt sie; hilft in größeren Mengen bei Durchfall. Sehr dekorativ gibt sich die **Drachenfrucht** (»kaew mung korn«) mit schneeweißem, süßlichem Fruchtfleisch und schwarzen Kernchen, die mitgegessen werden. Sie ist extrem kalorienarm und wächst jahrein jahraus. Das etwas mehlige Fruchtfleisch der **Durian** (»tu rian«), von den Europäern wegen ihres unangenehm-strengen Geruches auch Stinkfrucht genannt, gilt bei den Thais als Delikatesse (April – Juni). Die **Guave** (»farang«) wird September bis Januar geerntet und meist mit Zucker und einer Prise Salz gegessen oder zu Saft verarbeitet. Die süße, aromatische **Jackfruit** (»ka nun«), mehrere Kilogramm schwer, gilt, in Scheiben geschnitten und auf Eis serviert, als echte Leckerei (August – September). Die Milch der **Kokosnuss** (»ma prao onn«) ist ein erfrischendes, gesundes Getränk; das Fruchtfleisch wird mit einem spitzen Löffel entnommen (ganzjährig). Die **Langsat** (»lang sard«), eine wohlschmeckende, hellbraune Beere mit dünner, aber harten Schale, die mit einem Messer entfernt werden muss, bietet ein süßes Fruchtfleisch (Juni – September). **Limonen**, grün und rund, die einheimische Zitronenart, gibt es das ganze Jahr über. Die in Europa bekannten, gelben Zitronen werden importiert und sind sehr teuer. Die gelblich-braunen **Longane** (»lamyai«) kommen aus den nördlichen Provinzen. Da die Frucht nur wenige Tage haltbar

Lychee

Durian

Jackfruit

Langsat

Longane

Mangostane

ist und einen weiten Transportweg hat, wird sie schon in Bangkok teuer gehandelt (Juli – September). Schmeckt ein bisschen wie die **Lychees** (»linchi«), die, früher in Thailand nur als Luxusimport in Konserven aus China zu haben, jetzt auch im Land angebaut werden. Frisch und reif (rote Schale) sind sie von Mai bis August. Die **Mango** (»ma muang«) ist bei voller Reife wunderbar süß, saftig und aromatisch. Sie wird in der Mitte zerteilt, das Fruchtfleisch ausgelöffelt oder ausgesogen (März – Juni). **Mangostane** (»mang khud«), außen lila, innen weiß, werden von Juni bis November angeboten. Das Fruchtfleisch ist süß und ebenfalls ein wenig der Lychee ähnlich. **Orangen** (»som«) haben in Thailand eine dünne, grüne Schale. Bei gelber Färbung sind sie besonders süß (ganzjährig). **Grapefruits** (»som o«), mit köstlichem rosa Fruchtfleisch das ganze Jahr hindurch zu haben, werden in Thailand gern mit einer Prise Salz gegessen. **Papaya** (»malakhaw«), beim Hotelfrühstück in Hälften mit Limone serviert, ist die günstigste aller Thai-Früchte und an jedem Marktstand das ganze Jahr über zu bekommen. In größeren Mengen genossen sind Papayas ein sicheres Abführmittel. **Rambutan** (»ngor«) haben markant grün-rote Kraushaare. Die Schale wird mit einem Messer aufgeschnitten, um an das saftig-süße Fruchtfleisch zu gelangen (Mai – Oktober). Der **Rose-Apple** (»chompu«) hat die Form einer Birne mit einer rostfarbenen, wachsartigen Schale und einem porösen, weißen Fruchtfleisch; beides ist essbar. Da die Frucht einen etwas säuerlichen Geschmack hat, wird sie gern mit Zucker und einer Prise Salz gegessen (Januar – März).

Die thailändische Kunst der **Obst- und Gemüseschnitzerei** ist mit einer Legende verbunden: König Rama II. erzählt in einem Gedicht von einer Königin, deren Rivalin die Gunst des Königs für sich gewann. Sie wurde aus dem Palast verbannt, kehrte aber als Küchenmagd zurück und machte ihren Sohn auf sich aufmerksam, als sie Begebenheiten aus ihrem früheren Leben in die Gemüsestücke für die Suppe schnitzte. Der Sohn erkannte die Mutter, bat beim König um Gnade und erreichte, dass sie wieder an den Hof zurückkehren durfte.

FEIERN

Die Hände gefaltet und an die Stirn gelegt, die Augen geschlossen: Bei Tempelfesten spürt man die ganze Innigkeit der Thailänder zu Buddha. Dem Mondkalender und den Phasen unseres Erdtrabanten werden bis heute eine hohe Bedeutung zugesprochen. Viele religiöse und weltliche Feste richten sich danach. Trotzdem bleibt der viel zitierte »Sanuk« nicht auf der Strecke, denn ein Tag ohne Spaß ist in Thailand ein verlorener Tag ...

Feste für Buddha und König

Knapp 95 % der Thais sind Buddhisten. Die meisten versuchen, ihr Leben nach den Lehren des Erleuchteten auszurichten. Klar, dass in Ländern, in denen die Religion eine dominierende Rolle spielt, religiöse Feierlichkeiten im Mittelpunkt stehen – so auch in Thailand. Daneben gibt es aber auch zahlreiche Feste, die der Verehrung des hoch geachteten Königshauses und seiner einstigen und regierenden Herrscher dienen.

Party für alle

Die Thais feiern gern. Vor allem auf dem Land werden Feste zu frommen Anlässen dazu genutzt, daraus ein Dorffest für alle zu machen. »Sanuk« heißt ihr Zauberwort, es bedeutet so viel wie »Spaß haben«. Sollten Sie während einer Reise übers Land auf ein solches Dorffest, das meistens rund um den wichtigsten Tempel des Ortes veranstaltet wird, treffen, spüren Sie die Gastfreundschaft der Thais hautnah.

WAS? · WANN? · WO?

GESETZLICHE FEIERTAGE

1. Januar
Neujahr

6. April
Chakri-Tag: Er gilt dem Gedenken an Rama I. sowie aller Könige der seit 1782 regierenden Chakri-Dynastie. Deren acht Statuen im Pantheon im Wat Phra Kaeo in Bangkok sind der Bevölkerung nur an diesem Tag zugänglich. Zudem wird an diesem Tag der Gründung Bangkoks 1782 gedacht.

1. Mai
Tag der Arbeit: Mit Gewerkschafts- und Betriebsversammlungen. Im Lumphini-Park in Bangkok gibt es Musik und Theater, vor allem die populären Krabi (Komödien).

28. Juli
Geburtstag von König Maha Vajiralongkorn

12. August
Geburtstag von Königin Sirikit

13. Oktober
Todestag von König Bhumibol Adulyadej

23. Oktober
Chulalongkorn-Tag: Feiertag zu Ehren des beliebten Königs Chulalongkorn (Rama V., gestorben 1910). In Bangkok marschieren Kadetten am Platz vor dem Parlament vor der Reiterstatue König Chulalongkorns auf.

Grazile Fingerübungen bei einer Feier der Khmer-Kultur in Buri Ram

5. Dezember
Geburtstag von König Bhumibol Adulyadej und Vatertag
10. Dezember
Verfassungstag: An diesem Tag wird an die 1932 erlassene, erste demokratische Verfassung erinnert.

RELIGIÖSE FESTE

FEBRUAR

Im ganzen Land wird das Fest **Makha Bucha** gefeiert, das an eine der wegweisenden Predigten Buddhas erinnert. Die Gläubigen ziehen in abendlichen Prozessionen um die vom Vollmondlicht beleuchteten Tempel.

ENDE FEBRUAR/ANFANG MÄRZ

Das **Chinesische Neujahrsfest** ist mit einer Vielzahl lärmender Veranstaltungen feucht-fröhlich, vor allem in der Chinatown von Bangkok. Die Geschäfte der Chinesen sind zumindest an diesem Tag, wenn nicht die ganze Woche über geschlossen.

MÄRZ/APRIL

Weihe der geliebten Söhne in Mae Hong Son im Norden: Knaben, die für eine kurze Zeit ins Kloster eintreten, werden auf den Schultern durch die Stadt zum Tempel getragen. Dort werden ihre Köpfe kahlgeschoren, und sie erhalten ihre Mönchsgewänder.

MAI

Visakha Bucha: Dieses Fest am ersten Vollmondtag im Mai ist der höchste buddhistische Feiertag und gleich drei Ereignissen in Buddhas Leben gewidmet: Seiner Geburt, seiner Erleuchtung und dem Tag seines letzten Todes, an dem er den Kreislauf von Geburt-Tod-Wiedergeburt endgültig durchbrach und ins Nirwana eintrat. Es wird landesweit gefeiert.
Pflugzeremonie in Bangkok: In brahmanischen Riten werden Reiskörner gesegnet und an Bauern aus dem ganzen Land als Glücksbringer verteilt. Hochrangige, in weißgoldene Tracht gekleidete Persönlichkeiten ziehen auf dem Sanaam Luang in Bangkok mit dem Pflug, dem Symbol einer reichen Ernte, am König und seiner Garde vorbei.
Boon Bang Fai in Yasothon im Isan: Bei diesem mehrtägigen Fest werden selbstgefertigte Raketen abgefeuert, damit es bald wieder regnet. Ob es da-

Songkhran, das thailändische Neujahrsfest, wird ausgelassen zelebriert.

nach regnet oder nicht: Beides ist Grund genug für ein großes Volksfest.

JUNI

Phi Ta Khon in Loei im Isan: Erinnert wird an die Rückkehr von Prinz Vessandorn, der letzten Inkarnation Buddhas, in die Stadt. Junge Männer verkleiden sich als Geister mit langen Nasen, tragen eine Buddha-Statue und necken die Leute.

JULI

Asanrha Bucha: Landesweit wird bei Vollmond im Gedenken an die Predigt Buddhas vor seinen ersten fünf Jüngern mit Tempelfesten und Prozessionen gefeiert.

Khao Phansa markiert im ganzen Land den Beginn der buddhistischen Fastenzeit. Besonders schön wird das Fest in Ubon Ratchathani im Isan gefeiert: Riesige, kunstvoll geschnitzte Wachskerzen werden bei einer Prozession durch die Stadt getragen.

OKTOBER

Sakhon Nakhon, das Wachsschlossfest zur Beendigung der buddhistischen Regenzeit-Klausur: Tempelminiaturen aus Bienenwachs werden in einer Prozession mitgeführt und Bootsrennen veranstaltet.

Thot Kathin bedeutet das Ende der dreimonatigen buddhistischen Fastenzeit. Die ländliche Bevölkerung feiert in diesen Tagen das Ende der Regenzeit und beschließt die Hauptreisernte. Den Mönchen werden neue Roben geschenkt, der König besucht Wat Arun in Bangkok und benutzt zur Überquerung des Chao Phraya die königlichen Barken, gefolgt von einer großen Bootsparade.

NOVEMBER

Tempelfest in Nakhon Pathom im Westen: Rund um den höchsten Chedi der Welt gibt es ein großes Fest mit Jahrmarkt und Thai-Theater.

Tempelfest in Saraburi im Isan: Rund um Wat Phra Buddhabat findet ein großes Volksfest mit Musik, Thai-Tänzen und -Dramen sowie einem großen Jahrmarkt statt.

Fest des Goldenen Bergs in Bangkok: Um den 22. des Monats ziehen Scharen von Pilgern in einer nächtlichen Prozession hinauf zum Wat Sakhet, um Buddha-Reliquien zu verehren. Tags darauf folgt ein bunter Markt.

FESTE UND EVENTS

JANUAR

Elefantenfeste mit farbenprächtigen Umzügen und Märkten in den Isan-Städten Chaiyaphum und Surin.

FEBRUAR

Das **Chiang Mai Blumenfestival** am ersten Wochenende bringt einen großen Umzug mit geschmückten Wagen mit sich. Es gibt Ausstellungen mit Orchideen in einzigartiger Vielfalt, Workshops zum Thema Blumen und botanische Führungen.
Nakhon Phanom im Isan bietet das sehr schöne **Tempelfest** am verehrten Wat That Phanom. Volksmusik und -tänze sowie Bootsrennen auf dem Mekong gehören zu den Höhepunkten.

MÄRZ

Mitte des Monats wird das trubelige Pattaya während des **Pattaya Festivals** noch bunter und lebhafter ...

MITTE APRIL

Songkhran: Zu den am ausgiebigsten gefeierten Festen zählt das thailändische Neujahrsfest, das stets Mitte April stattfindet und landesweit mehrere Tage lang ausgelassen begangen wird. Es ist ein ziemlich feuchtes Fest: Viel Wasser kommt aus Spritzpistolen, manchmal sogar aus Eimern. Der wichtigste traditionelle Bestandteil dieses Festes ist die Respektbekundung gegenüber älteren Mitmenschen und Familienmitgliedern. Um ihre Zuneigung und Dankbarkeit zu zeigen, gießen die Jüngeren parfümiertes Wasser in die Hände ihrer Eltern und Großeltern und machen ihnen Geschenke. Im Gegenzug sprechen die Älteren den Jüngeren ihren Segen aus und wünschen ihnen Glück und Erfolg. Am ersten Tag des dreitägigen Festes, der Maha Songkran, wird das alte Jahr verabschiedet. Die Menschen reinigen traditionell ihre Häuser und bereiten alles für die bevorstehenden Festlichkeiten vor. Am zweiten Tag, Wan Nao, werden die Speisen für die buddhistischen Zeremonien am Neujahrstag zubereitet. Am eigentlichen Neujahrstag, Wan Thaloeng Sok genannt, ziehen die Menschen früh am Morgen mit neuen Kleidern und den Speisen in die Tempel, um den Mönchen Gaben zu spenden. Und in den Tempeln werden sogar die Buddhastatuen gebadet, um sie symbolisch zu reinigen.

ENDE SEPTEMBER/ ANFANG OKTOBER

Beim **Phuket-Vegetarier-Festival** laufen Menschen in Trance über glühende Holzkohlen; ein sehenswertes Fest mit farbenfrohen Prozessionen.

NOVEMBER

Loy Krathong wird landesweit gefeiert, am schönsten aber in der alten Hauptstadt Sukhothai: Das Lichterfest mit unzähligen schwimmenden Kerzen in aller Art von Gewässern sollte man einmal miterlebt haben.

ENDE NOVEMBER/ ANFANG DEZEMBER

River-Kwai-Brücken-Woche in Kanchanaburi mit großem Volksfest, spektakulärer Licht- und Tonschau sowie großem Feuerwerk: In Gedenken an das Leben in Thailand während des 2. Weltkriegs und an die Kriegsgefangenen, die beim Bau der Todesbahn und der River-Kwai-Brücke ihr Leben lassen mussten.

DEZEMBER

Beim **Food Festival** in Chiang Mai steht der Cherng Doi Market im Mittelpunkt. Zu kulinarischen Angeboten gesellt sich ein buntes Musik- und Künstlerprogramm.

SHOPPEN

Wenn der Begriff Einkaufsparadies fällt, ist das Wort Thailand nicht weit. Praktisch überall gibt es Stände, Märkte, Geschäfte und in Bangkok riesige Einkaufszentren. Man stolpert immer und überall über ein Angebot, das reichhaltiger kaum sein kann. Die Preise sind günstig und die Qualität häufig gut. Schließlich lassen hier viele internationale Markenfirmen produzieren. Aber Vorsicht: Nicht alles ist echt, was auf den zahllosen Märkten angeboten wird, und die europäischen Zollbehörden haben etwas gegen Produktpiraterie.

Märkte

Morgenstund' ...

Kurz nach dem ersten Hahnenschrei geht's häufig schon los auf den Märkten des Landes. So manche Händler reisen oft schon am Abend vorher an und übernachten an Ort und Stelle, um ihr Angebot den ersten Kunden schon **ab 6 Uhr** präsentieren zu können. Meist sind die Märkte aber bereits gegen 10 oder spätestens 12 Uhr wieder beendet.

Wildes Durcheinander

Fisch neben Spielzeug, lebende Tiere neben Plastikblumen und Gemüse neben Sportsachen: Thailändische Märkte sind wohl auch deshalb so interessant, weil es kein offensichtliches System gibt, die Augen immer im **Such-Modus** sind und die Geruchsnerven bisweilen ziemlich strapaziert werden. Meist finden sie unmittelbar in den Zentren der Städte und Dörfer statt. Sie versorgen nicht nur die Bevölkerung mit Waren aller Art, sondern sind auch Ort der Kommunikation und Geselligkeit. Das thailändische Wort für Markt heißt »Talaad«. Verbindet man es mit einem »Wo?« (»ti nai?«), wird jeder Thai dem Besucher gern den Weg zeigen.

Tolle Märkte

Kaum ein anderer Markt bietet ein derartig vielfältiges Angebot wie der **Wochenendmarkt** Chatuchak im Norden Bangkoks. Er gilt mit 15 000 Ständen als einer der größten Märkte der Welt. Ebenfalls immer einen Besuch Wert sind die **Nachtmärkte**, etwa von Chiang Mai oder Hua Hin. Eine Besonderheit sind die **Floating Markets**, die es noch in drei Städten gibt: in Bangkok am Klong Lat Mayom, in Ratchaburi der berühmte Damnoen Saduak Floating Market und drei weitere in der Nähe, in Samut Songkhram.

Kunsthandwerk aus dem Norden ...

Die ethnologischen Wurzeln Thailands werden auch im Kunsthandwerk deutlich. **Holzschnitzereien** stammen zumeist aus den ärmeren Landesteilen im Norden und werden dort von Familien, vielfach schon seit Generationen, hergestellt. Statt Teakholz nutzt man, seit

Ob früh morgens oder spät abends: Auf einem der vielen Märkte wird jeder fündig.

dafür in Thailand ein Fällverbot besteht, andere Tropenhölzer; der Unterschied ist kaum zu bemerken. Rund um Chiang Mai gibt es zahlreiche Möbelmanufakturen, in denen kunstvoll geschnitzte Stühle, Tische und Schränke hergestellt werden. Der Versand per Schiff wird vom Verkäufer organisiert. Mit ländlichen Motiven bemalte Sonnenschirme aus **Reispapier**, Puppen und Marionetten, Zinnprodukte, Bestecke aus Messing und schöne **Webwaren** aus Baumwolle und Seide, gute Lederwaren sowie schwerer Silberschmuck kommen ebenfalls weitgehend aus dem Norden. Sehr anspruchsvoll sind die **Seidenmalereien** und **Stickereien**.

... und aus dem Süden

Schattenspielfiguren, die aus hart gegerbtem Büffelleder geschnitten und anschließend bemalt werden, sind ebenso für den Süden bekannt wie hübsche Tischsets und Glasuntersetzer. Krüge, Vasen und Teller aus Ton oder Porzellan werden v. a. in Zentralthailand hergestellt.

Von der Stange ...

Thailand ist einer der größten Textilexporteure der Welt. Das Angebot an Kleidung ist auf den **Märkten** und in den **Shopping-Centern** schier überbordend. Darunter findet man auch Textilien, die man in Thailand zwar herstellt, dort jedoch angesichts des tropischen Klimas niemals benötigt (z. B. Anoraks). Und was auf dem Etikett steht, entspricht oft nicht den Tatsachen. Reine Baumwolle ist teuer und wird deshalb (aber auch aus Pflegegründen) mit Kunstfaser vermischt. **Markenkleidung** internationaler Hersteller sind durch das Warenzeichenschutzgesetz geschützt. Das sollten Sie bedenken, bevor Sie der Kauf-

Alles echt, was da funkelt? Auch Sie sollten Edelsteine unbedingt auf ihre Echtheit überprüfen!

rausch überkommt. Denn spätestens am heimatlichen Zoll wird man Sie darüber aufklären. Und bei manchem Touristen war der Koffer nach der Belehrung und anschließender Beschlagnahme wieder leer ...

... und vom Schneider

Häufig sind es **indische Sikhs**, die maßgeschneiderte Bekleidungen in fast jedem Touristenzentrum anbieten. Meist wird exakt und preisgünstig gefertigt. Allerdings nicht immer! Die Herstellung eines Anzugs dauert z. B. mindestens drei Tage, zwei unbedingt zu empfehlende Anproben inbegriffen. Wer sie unter drei Tagen anbietet, wird schlampig arbeiten. Wer den Kunden zu sehr bedrängt, hat wohl nur das Geld im Kopf. Auch die **Modelle im Schaufenster** geben Auskunft über die Qualität. Und es lohnt sich, einen Kunden zu fragen, der gerade gekauft hat. Wer sich schwer tut mit der Auswahl, sollte nach einem **europäischen Modemagazin** fragen und dem Schneider darin ein Beispiel für den persönlichen Wunsch zeigen. Nach der Bestellung und der Vermessung des Kunden ist es üblich, eine Anzahlung von etwa 20 – 25 % des Endpreises zu leisten.

Thai-Seide

Häufig bringen die Urlauber gerne ein Stück aus der guten Thai-Seide mit nach Hause: etwa ein exklusives **Herrenhemd** oder eine feine **Abendgarderobe** für die Dame. Etwas teurer ist die China-Seide, die etwas weniger knittert als die Thai-Seide. Darüber hinaus hat jeder gute Schneider auch eine große Kollektion an importierten Stoffen vorrätig. Ein maßgeschneiderter **Herrenanzug** aus Schurwolle (Jackett, Weste, Hose) kostet inklusive Material bis 150 €, ein rein seidenes Oberhemd rund 20 €. Damengarderobe ist etwas kostspieliger.

Antiquitäten

Alles echt?

Seriöse **Fachgeschäfte** kennen die Regeln im Geschäft mit echten Antiquitäten, wissen von den Ausfuhrbestimmungen und übernehmen meist alle Formalitäten. Die Bearbeitung eines Antrags auf Ausfuhr dauert nämlich etwa zwei Wochen. Ansonsten sollte man die Echtheit einer Antiquität aus gutem Grund anzweifeln, denn viele **Fälschungen** sind im Umlauf. Nur wenige Originale gelangen überhaupt in den Handel, da dieser staatlich kontrolliert wird. Echtheitszertifikate gibt es gegen Gebühr vom Fine Arts Department in Bangkok (Thanon Na Phra That, beim Nationalmuseum, Tel. 02 2 25 26 52; www.finearts.go.th).

Nur mit Genehmigung

Vor dem Versuch, antike Gegenstände ohne Genehmigung außer Landes zu bringen, sei **ausdrücklich gewarnt**. Das gilt auch für **Buddha-Statuen** und Teile davon, egal ob Originale oder Replikate. Herstellung und Handel sind in Thailand zwar erlaubt, der Export hingegen nur in Ausnahmefällen. Stichprobenartige Kontrollen an den Flughäfen sind an der Tagesordnung, Verstöße werden mit empfindlichen Geldbußen geahndet. Und wer echte Antiquitäten in Nachbarländern erworben hat und diese bei der Einreise nach Thailand mitführt, muss einen Herkunftsnachweis vorlegen.

Edelsteine

Zweitgrößter Schmuckhersteller

Im Osten gibt es zahlreiche Edelsteinvorkommen und in ▶ Chanthaburi findet sich die landesweit berühmteste Edelsteinstraße. Die Thais gelten zudem als kunstfertige Goldschmiede und Steinschleifer. Thailand ist – nach Italien – der zweitgrößte Schmuckhersteller der Welt und bietet ein **überreiches Angebot**.

Kenntnisse sind wichtig

Ohne Fachkenntnis sollten Sie sich auf Fachgeschäfte verlassen. **Seriöse Händler** beraten vor dem Kauf und geben zum erworbenen Schmuckstück auch ein **Echtheitszertifikat** dazu. Im Schmuckstück selbst muss der Edelmetallgehalt eingestempelt sein, sind Edelsteine eingearbeitet, darf auch das Karatgewicht nicht fehlen. Handeln ist trotzdem üblich. Wer glaubt, Edelsteine von einem fliegenden Händler am Strand günstig kaufen zu können und sich von täuschend echten Steinen beeindrucken lässt, ist schon auch selber Schuld. Bei Zweifel an der Echtheit gekaufter Stücke, wendet man sich an die **Touristenpolizei** (Hotline 11 55) oder ans Department of Mineral Resources in Bangkok (Rama VI Road, Tel. 02 6 21 95 00, www.dmr.go.th).

Saphir, Rubin, Smaragd

Im Wesentlichen werden in Thailand Saphire in verschiedenen Farbtönen, sattrote Rubine und grünliche Smaragde gefunden, seltener sind Diamanten. Man kann den Abbau der Edelsteine, z. B. in

► **Chanthaburi** an der Ostküste, beobachten. Dort sind Schmuckstücke und Rohsteine auch günstiger als in den Touristenorten.

Jade

Der eigentliche Markt für Jade ist Hongkong, doch auch ► Chiang Mai hat sich einen Namen gemacht. Zwei Materialien dürfen sich Jade nennen: **Nephrit** ist normalerweise dunkelgrün (wie der berühmte Jade-Buddha im Wat Phra Kaeo in Bangkok), er kann aber auch blass- bis mittelgrün sein. Als **gelbe Jade** wird ein ockerfarbiger, bisweilen auch brauner Nephrit bezeichnet, der seine Färbung durch lange Lagerung im gelben chinesischen Löss erhalten hat. Die in Thailand erhältliche Jade stammt zumeist aus dem Nachbarland Myanmar: Das Farbenspektrum reicht von Weißgrün und Grün über Braun, Rot, Orange, Gelb, Lila sogar bis Schwarz.

Gold und Silber

Reines Gold hat **24 Karat**; 18 Karat entsprechen einem Gehalt von 18 Teilen Gold und sechs Teilen anderer Metalle wie Kupfer oder Silber. Bei Silber sollte der Feingehalt mind. 90 % betragen. Manchmal wird ein Goldgehalt genannt, der nicht dem international üblichen Karat-Gewicht entspricht. Fragen Sie deshalb ausdrücklich nach dem **International Weight**. Gold ist in Thailand etwas günstiger als in Europa.

ÜBERNACHTEN

Bei Thailands Hotellerie schnalzen alle mit der Zunge, denn sie genießt seit Jahren einen ausgezeichneten Ruf. Das Angebot reicht von Unterkünften der Luxuskategorie bis zur einfachsten Schlafgelegenheit in Gästehäusern (Guest Houses) oder Bungalowanlagen. Bei Reisen außerhalb von Gebieten mit touristischer Infrastruktur muss man, was Komfort und Einrichtung anbetrifft, Einschränkungen akzeptieren. Dafür liegen die Zimmerpreise deutlich unter denen in den Touristenzentren.

Bestes Preis-Leistungs-Verhältnis

Ob **Weltklassehotel** zum Teil deutlich unter 300 € oder ein einfaches **Bungalow** direkt am Strand für 50 €: Es gibt weltweit kaum ein Land, das im Preis-Leistungs-Verhältnis an Thailand heranreicht. Hotelportale im Internet machen den Preisvergleich zudem einfach; buchen kann man ja dann trotzdem direkt beim Hotel, zumindest wenn es eine Best-Price-Garantie abgibt, also immer der günstigste auf dem Markt verfügbare Preis offeriert wird. In Bangkok ist wegen der Überkapazitäten sogar Handeln am Telefon oder per E-Mail möglich. Preistreu ist nur die Nummer 1 am Platz, das Mandarin Oriental. Ausgewählte Hoteltipps finden Sie bei den jeweiligen Orten im roten Teil.

In der **Hochsaison** zwischen Dezember und Februar ist landesweit mit etwas höheren Preisen zu rechnen.

Für jeden Geschmack

Abgesehen von Hotels und Resorts in den verschiedenen **Sterne-Kategorien** gibt es in Thailand für jeden Geldbeutel auch individuelle Angebote: im High-End-Markt alleinstehende Villen mit privatem Pool und Butler. Bis zum Low-Budget-Segment mit einfachen Guest Houses, in denen man ein Doppelzimmer häufig schon ab 10 € bekommt. Das Spezielle an Thailand sind aber Bungalows, die auf manchen kleineren und unbekannteren Inseln direkt am Sandstrand zu haben sind und die dem Urlaub den gewissen **Robinson-Touch** geben. In Sachen Ausstattung und Komfort (und damit auch im Preis) sind diese mittlerweile sehr unterschiedlich im Angebot: von einfach bis Mittelklasse-Niveau. Die Mitnahme eines leichten Moskitonetzes ist in diesen Fällen empfehlenswert. Top-Resorts bietet ebenfalls alleinstehende Villen an, zum Teil mit privatem Pool, aber nirgends direkt am Strand. Ausgewählte Tipps finden Sie bei den jeweiligen Badeorten. Camping ist in Thailand unüblich, abgesehen von einigen Nationalpark-Camps.

Pools haben viele Hotels; der des Hyatt Regency in Hua Hin ist besonders schön.

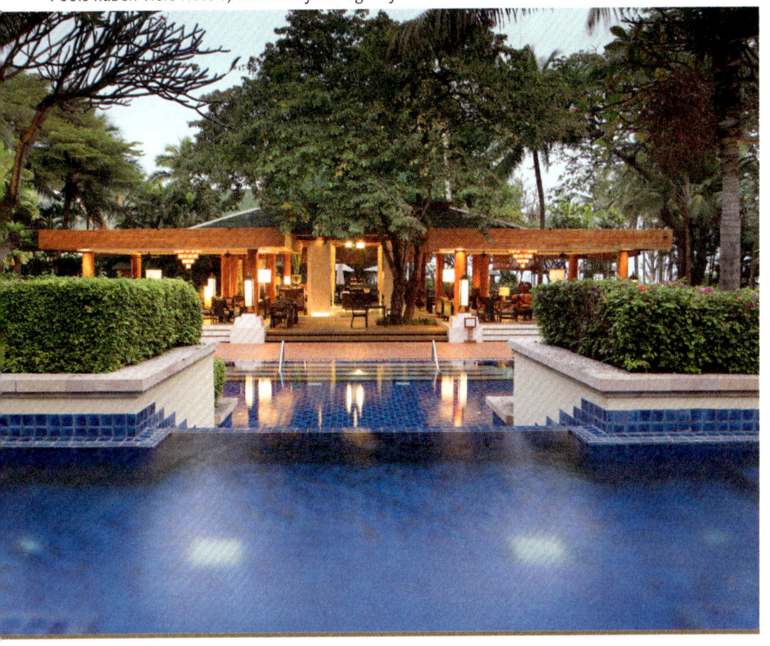

P

PRAKTISCHE INFOS

Wichtig, hilfreich präzise

Unsere Praktischen Infos helfen in allen Situationen in Thailand weiter.

Hochverehrter Tempel: Wat Doi Suthep bei Chiang Mai ▶

KURZ & BÜNDIG

ELEKTRIZITÄT
220 Volt/50 – 60 Hz; Adapter teilweise notwendig, die man entweder in Geschäften oder auch an der Hotelrezeption erhält.

NOTRUFE

TOURIST POLICE
Tel. 1155 (24 Std.)

FEUERWEHR
Tel. 199

UNFALLRETTUNG
Keine landesweit einheitliche Telefonnummer.
Bei Unfällen wende man sich an die nächstgelegene Polizeidienststelle.

DEUTSCHE RETTUNGSFLUGWACHT
Aus Thailand:
Tel. 0049 711 701070

ZEIT
MEZ + 6 Std.
Eine Sommerzeit gibt es in Thailand nicht, in diesen Monaten beträgt die Abweichung nur fünf Stunden.

ANREISE · REISEPLANUNG

Anreisemöglichkeiten

Flugzeug

Die meisten Besucher Thailands wählen naturgemäß das Flugzeug zur Anreise. Im Zeitalter der Jets ist die etwa 10 000 km lange Distanz von Mitteleuropa ohne Zwischenlandungen **in etwa zehn Stunden** zurückgelegt. Internationale Flughäfen gibt es außer in Bangkok noch in Chiang Mai und Phuket. Inländische Flugverbindungen ▶ Verkehr.

Ticketpreise

Je nach Reisezeit sind die Preise sehr unterschiedlich und differieren zwischen 550 und 900 €. Lohnenswerte Business-Class-Tickets bekommt man ab 2000 € (jeweils für Hin- und Rückflug). Interessant sind Airlines wie **KLM**, die mit komoden **Umsteigeverbindungen**, zum Teil sogar mehrfach täglich, in diesem Fall via Amsterdam, sehr **günstige Preise** und trotzdem einen guten Service anbieten.

Suvarnabhumi Airport

Der 2006 in Betrieb genommene Flughafen Suvarnabhumi International Airport liegt etwa 25 km östlich von Bangkok und zählt zu den modernsten der Welt. Er wird von mehr als 100 Fluggesellschaften

FLUGGESELLSCHAFTEN

AIR FRANCE
www.airfrance.de

BANGKOK AIRWAYS
www.bangkokair.com

KLM
www.klm.com

LUFTHANSA
www.lufthansa.com

THAI AIRWAYS
www.thaiairways.com

---

angeflogen. Ein hervorragend ausgebautes Straßennetz mit mehrspurigen Schnellstraßen und eine Schnellbahn verbinden den Flughafen mit der Hauptstadt. Für die **Anfahrt** sollten Sie zumindest eine Dreiviertelstunde einplanen.

Auto

Mit dem Auto von Singapur bzw. Malaysia kommend, benutzen Sie einen der **drei Grenzübergänge** im Süden des Landes, und zwar in den Provinzen Songkhla, Yala und Narathiwat. Die Einreise per Auto ist nur über diese Grenzübergänge (tgl. bis 18 Uhr geöffnet) möglich. Der Asian Highway von Europa bis Singapur ist noch immer unterbrochen.

Bahn

Von Singapur bzw. Malaysia verkehren täglich Züge. Die Fahrpreise sind niedrig, der Komfort ist gut, und die Fahrpläne werden recht zuverlässig eingehalten. Die Fahrzeit von Singapur nach Bangkok beträgt eineinhalb bis zwei Tage. Für Reisen in der 1. Klasse sowie für Schlaf- oder Liegewagen empfiehlt sich eine rechtzeitige Reservierung (▶ Verkehr, S. 495). Von Singapur kann man auch mit dem luxuriösen **Eastern & Oriental Express** nach Thailand reisen: Die sehr reizvolle, aber nicht ganz billige Fahrt geht über 2030 km, mit Stopps unter anderem in Kuala Lumpur und im thailändischen Kanchanaburi. Sie dauert knapp drei Tage (www.orient-expresstrains.com).

Schiff

Kreuzfahrtschiffe machen in Bangkok nur selten im Flussteil des Hafens (meist zwischen Pier 9 und 12) fest, in Pattaya, Sattahip, Phuket oder Ko Samui liegen sie auf Reede, d. h. die Passagiere werden mit kleinen Booten an Land gebracht. Die thailändischen Häfen sind Stopps bei ein- bis mehrwöchigen Routen im asiatischen Raum.

Ein- und Ausreisebestimmungen

Einreisedokumente

Zur Einreise nach Thailand benötigen deutsche, österreichische und schweizerische Staatsbürger einen **Reisepass**, der über den Zeitpunkt der Einreise hinaus noch mindestens sechs Monate gültig sein muss. Auch Kinder müssen einen eigenen Reisepass mit sich führen.

Aufenthaltsdauer

Für Aufenthalte bis zu 30 Tagen wird ein Visum auf dem Flughafen in den Reisepass gestempelt, erfolgt die Einreise auf dem Landweg, gilt das kostenfreie Visum nur für einen Aufenthalt von maximal 15 Tagen. **Visa für längere Aufenthalte** muss man vor der Abreise bei den zuständigen Konsulaten (▶ Auskunft, S. 476) beantragen. Bei der Einreise kann nach einem bestätigten Rückflugticket gefragt werden.

Neben dem oben genannten Besuchervisum für 30 Tage ist ein Tourist Visa für 60 oder ein Non Immigrant Visa für 90 Tage möglich. Wer weiß, dass er seinen Thailand-Aufenthalt eventuell verlängern will, sollte sich besser gleich das **Zwei-Monats-Visum** besorgen, da das 30-Tage-Visum nur mit einem erheblichen Aufwand an Zeit und Geld verlängert werden kann. Außerdem gibt es seit einiger Zeit ein **Jahresvisum für Personen über 50 Jahre**, das zur mehrfachen Einreise berechtigt, jedoch nur vor der Abreise ausgestellt wird. Allerdings darf sich der Inhaber eines solchen Visums nur drei Monate zusammenhängend in Thailand aufhalten, zusätzlich ist auch ein ausreichender Vermögensnachweis erforderlich.

Visaanträge

Visaanträge für Thailand sind online zum Download verfügbar (www.visum-thailand.de) oder auch in Reisebüros erhältlich. Zur Bearbeitung sind zwei Lichtbilder, zwei Antragsformulare, der gültige Reisepass, bei Pauschalreisen eine Buchungsbestätigung des Reiseunternehmens sowie bei Anforderung per Post ein frankierter Rückumschlag erforderlich. Die Bearbeitungsgebühr ist in bar beizulegen, aus Sicherheitsgründen empfiehlt sich der Versand stets per Einschreiben. Über Visa-Agenturen kann man auch Expressvisa einholen, die dann binnen 24 bis 48 Stunden erstellt werden (https://visaexpress.de).

Verlängerung von Visa

Die Verlängerung von Visa darf nur von den offiziellen Behörden vorgenommen werden und muss beim **Immigration Department** (Einwanderungsbehörde, http://immigrationbangkok.com/immigration-offices-in-bangkok) immer vor dem Ablauf des Erstvisums beantragt werden. Verlängerungen durch Reisebüros oder sonstige Vermittler sind **nicht selten Fälschungen** und werden bestraft. Außerdem droht ein so genannter Overstay, also eine eigenmächtige Aufenthaltsverlängerung, die nicht nur sehr teuer werden kann: Pro Tag sind 500 Baht in bar zu bezahlen; kann man dies nicht, droht Abschiebehaft sowie ein zeitweiliges Einreiseverbot nach Thailand! Die Deutsche Botschaft in Bangkok **übernimmt die Geldstrafen nicht** und tritt im Zweifelsfall auch nicht in Vorleistung.

Visa für Nachbarstaaten

Visa zum Besuch der Nachbarländer **Myanmar**, **Laos** und **Kambodscha** sind ausschließlich bei den diplomatischen Vertretungen dieser

IMMIGRATION DEPARTMENTS

Öffnungszeiten für alle Büros:
Mo.-Fr. 8.30-16.30 Uhr

BANGKOK
507, Sathorn Tai Road
Tel. 02 28731011
www.immigration.go.th

CHIANG MAI
71, Airport Road
Tel. 053 277190

KANCHANABURI
100, Mae Klong Road
Tel. 034 564279

KO SAMUI
Beim Post Office in Nathon
Tel. 077 421069

KRABI
1, Uttarakit Road
Tel. 075 6110 97

PATTAYA
8, Beach Road
Tel. 038 429409

SURATTHANI
In der City Hall | Tel. 077 273217

PHUKET
2, South Phuket Road
Tel. 076 221905

Länder in Bangkok und nicht an den Grenzübergängen erhältlich. Die Bearbeitung des Visumantrags kann unter Umständen mehrere Tage in Anspruch nehmen und sollte nicht zu kurzfristig geplant werden. Für **Malaysia** wird am Grenzübergang oder am Flughafen ein 90 Tage gültiges Einreisevisum erteilt. Verlässt man Thailand, um nach einem Abstecher – beispielsweise nach Hongkong oder Myanmar – wieder einzureisen, sollte man ein **Multiple-entry-Visum** beantragen, das den Inhaber zu maximal drei Einreisen berechtigt.

Tax Clearance Certificate

Von jedem Ausreisenden, der sich 90 Tage und mehr pro Kalenderjahr in Thailand aufgehalten hat, wird die Vorlage eines Tax Clearance Certificate verlangt, einer **Befreiung von der thailändischen Steuerpflicht**. Das Zertifikat muss auch von Reisenden vorgelegt werden, die über eine thailändische Arbeitserlaubnis verfügen oder zu Geschäftsreisen länger als 14 Tage im Königreich waren (http://www.rd.go.th/publish/23518.0.html).

Verlust des Reisepasses

Bei Verlust des Reisepasses muss die Botschaft Einreise-Ersatzpapiere vom Immigration Department besorgen. Die Deutsche Botschaft in Bangkok weist darauf hin, dass zur Ausstellung eines Ersatz-Reiseausweises, der übrigens nur zur Rückkehr in die Bundesrepublik Deutschland berechtigt, außer der Vorlage von zwei Passfotos eine sogenannte **Passverlusterklärung**, die man bei den thailändischen Polizeibehörden erhält, benötigt wird. Es ist ratsam, alle seine Dokumente als Kopien dabeizuhaben (Pass, Führerschein, Impfzeugnisse, Flugticket, Kreditkarten etc.) oder als JPG auf dem Handy, so dass man diese im Bedarfsfall ausdrucken kann.

Führerschein Zum Mieten eines Fahrzeuges in Thailand genügt im Allgemeinen der nationale Führerschein des Heimatlandes (vorgeschrieben ist allerdings ein **internationaler Führerschein**). Falls der Führerschein in Thailand verloren geht, sollte man versuchen, mit einem Polizeiprotokoll beim Department of Land Transport eventuell einen thailändischen Führerschein zu erhalten (http://driving.information.in.th/thai-dmv.html).

Haustiere Nach der Einfuhr von Haustieren müssen diese eine **dreimonatige Quarantäne** über sich ergehen lassen, weshalb sich die Frage nach Mitnahme von Hund oder Katze im Grunde erübrigt.

Nicht einführen! Um das Einschleppen von Schädlingen und die mögliche Übertragung von Tierseuchen zu verhindern, dürfen weder bei der Einreise nach Thailand **Nahrungsmittel, Samen, Pflanzen und tierische Produkte** eingeführt werden. Penible Reisegepäckkontrollen – auch mit Hunden – sind üblich; Zuwiderhandlungen werden mit recht hohen Geldbußen geahndet.

Zollbestimmungen

Einreise nach Thailand Gegenstände des persönlichen Bedarfs können zollfrei eingeführt werden. Besucher über 18 Jahre dürfen außerdem 200 Zigaretten oder 250 g Tabak oder 50 Zigarren, 1 l Wein oder Spirituosen, einen Fotoapparat und eine Video- bzw. Filmkamera mitbringen. Medikamente zum persönlichen Gebrauch können ebenfalls eingeführt werden; um Missverständnisse zu vermeiden, sollten Sie die **Originalverpackungen** mitführen. Die Einfuhr von Drogen und pornografischem Schriftgut ist grundsätzlich verboten. Der Import von Jagdwaffen und Munition bedarf der Genehmigung durch das Police Department. Die Einfuhr von **Harpunen zur Unterwasserjagd** ist verboten.

Einreise nach Deutschland Thailand ist ein **Einkaufsparadies**, allerdings sollte man bedenken, dass bei der Rückkehr in die EU-Staaten Deutschland und Österreich für Waren im Wert von mehr als 430 € Drittlandzoll sowie Einfuhrumsatzsteuer (= Mehrwertsteuer) bezahlt werden muss. Zollfrei sind alle bereits auf die Reise mitgenommenen persönlichen Gebrauchsgegenstände; es empfiehlt sich aber, **Quittungen über bereits im Heimatland gekaufte, wertvolle Geräte** mitzunehmen, um Probleme bei der Wiedereinreise zu vermeiden. Eingeführt werden dürfen ferner von Personen über 18 Jahren (in Österreich über 17 Jahren) 200 Zigaretten oder 100 Zigarillos oder 250 g Tabak sowie 0,25 l Toilettenwasser oder 50 g Parfum. Abgabenfrei sind außerdem 1 l Spirituosen über 22 Vol.-% oder 2 l Schaum- oder Likörwein, außerdem 2 l Wein. Die Einfuhr von **Nahrungsmitteln** ist seit 2005 verboten.

Abgabenfrei bei der Wiedereinreise in die Schweiz sind **Gegenstände des persönlichen Bedarfs**; außerdem für Personen über 17 Jahren 200 Zigaretten oder 50 Zigarren oder 250 g Tabak, an alkoholischen Getränken 2 l mit bis zu 15 Vol.-% Alkoholgehalt und 1 l mit mehr als 15 Vol.-%, ferner Waren im Wert von bis 100 sfr.

Einreise in die Schweiz

Ausländische Zahlungsmittel können bei der Einreise in unbegrenzter Höhe mitgeführt werden. **Landeswährung** darf ohne Genehmigung bis höchstens 50000 Baht pro Person ein- bzw. ausgeführt werden.

Währungen

Das Washingtoner Artenschutzabkommen soll den Fortbestand bedrohter Tier- und Pflanzenarten sichern. Es verbietet daher den Handel und damit auch die Einfuhr von exotischen Tieren – gleichgültig, ob tot oder lebendig. Auch Teile geschützter Tier- und Pflanzenarten dürfen nicht in EU-Staaten sowie in die Schweiz eingeführt werden, mit **Kontrollen** ist an den Flughäfen jederzeit zu rechnen. Empfindliche Geldstrafen drohen bei Zuwiderhandlung. Im Zweifelsfall verzichten Sie am besten auf den Kauf von geschützten Tieren oder Tierprodukten, zu denen z. B. bestimmte **Muscheln, Korallen, Vögel und Reptilien** (dazu gehören auch Krokodilledertaschen oder -schuhe) zählen.

Washingtoner Artenschutzabkommen

Reiseversicherungen

Es ist ratsam, auf alle Fälle eine **private Auslandskrankenversicherung** abzuschließen. Angeboten werden auch Versicherungspakete, die neben der Krankenversicherung eine Gepäck-, Unfall- und Haftpflichtversicherung einschließen.

Versicherungspakete

AUSKUNFT

IN DEUTSCHLAND

THAILÄNDISCHES FREMDENVERKEHRSAMT (TAT)
Bethmannstraße 58
60311 Frankfurt am Main
Tel. 069 1381390
www.thailandtourismus.de
Zuständig auch für Österreich und die Schweiz.

IN THAILAND

TOURISM AUTHORITY OF THAILAND (TAT)
D2 Building, 8th Floor
48, Ratchadapisek Road
10310 Bangkok
Tel. 02 2762720
TAT Call Center (mehrsprachig):
Tel. 02 1672
www.tourismthailand.org

In allen größeren Touristenorten gibt es TAT-Büros, allerdings gibt es in Internet-Zeiten kaum noch gutes Karten- und Informationsmaterial aus Papier ...
Die Adressen der TAT-Büros finden Sie in den entsprechenden Informationskästen im Hauptteil dieses Reiseführers. Gleich nach der Ankunft helfen die TAT-Offices am Flughafen Suvarnabhumi weiter:
Departure Hall (Abflughalle), Terminal 1, und Arrival Hall (Ankunftshalle), Terminal 2
Tgl. jeweils 8–24 Uhr

BOTSCHAFTEN

THAILÄNDISCHE VERTRETUNGEN

IN DEUTSCHLAND
Lepsiusstraße 64
12163 Berlin
Tel. 030 794810
http://thaiembassy.de
Mo.–Fr. 9–13 Uhr

IN DER SCHWEIZ
Thailändisches Generalkonsulat Zürich
Löwenstrasse 42
CH-8001 Zürich
Tel. 043 3447000
www.thai-consulate.ch
Mo., Mi., Fr. 9.30–11.30, Mo., Fr. auch 14–16 Uhr

IN ÖSTERREICH
Cottagegasse 48
A-1180 Wien
Tel. 01 4783 3350
www.thaiembassy.at
Mo.–Fr. 9–12 Uhr

VERTRETUNGEN IN THAILAND

DEUTSCHE BOTSCHAFT
9, South Sathorn Road
10120 Bangkok
Tel. 02 2879000
www.bangkok.diplo.de
Mo.–Fr. 8.30–11.30 Uhr

DEUTSCHES HONORAR-KONSULAT CHIANG MAI
199, Chonpratan Road
5010 Chiang Mai
Tel. 053 838735

DEUTSCHES HONORAR-KONSULAT PATTAYA
17, 2nd Road | 20150 Pattaya
Tel. 038 713613

DEUTSCHES KONSULAT PHUKET
100, Chalermprakia Road
83000 Phuket Town
Tel. 076 610407

ÖSTERREICHISCHE BOTSCHAFT
1, South Sathorn Road
10120 Bangkok
Tel. 02 1056710
www.bmeia.gv.at/oeb-bangkok
Mo.–Fr. 9–12 Uhr

SCHWEIZER BOTSCHAFT
35, North Wireless Road
10330 Bangkok
Tel. 02 6746900
www.eda.admin.ch/bangkok
Mo.–Fr. 9–11.30 Uhr

INTERNET

WWW.TOURISMTHAILAND.ORG
Die offizielle, englischsprachige Homepage des Thailändischen Fremdenverkehrsamtes bietet Informationen aus erster Hand.

WWW.THAILANDTOURISMUS.DE
Das deutschsprachige Pendant des Thailändischen Fremdenverkehrsamtes mit Reisezielen, Reisethemen und Reisevorbereitungen.

WWW.SAWASDEE.COM
Englischsprachige Homepage mit nützlichen Informationen zu Zielen

im Land mit einigen brauchbaren Karten.

WWW.THAILAND-COMMUNITY.DE
Deutschsprachige Homepage mit aktuellen Nachrichten, auch über politische Ereignisse in Thailand.

WWW.THAIZEIT.DE
Deutschsprachige, gut gemachte Website mit allem von A wie Aktuelles oder Auswandern über Dos & Don'ts und Kriminialität bis Z wie Zentral-Thailand.

BADEURLAUB

Wasserqualität

Thailand bietet eine Fülle von außerordentlich schönen Badestränden, bei einer Küstenlänge von 1875 km am Golf von Siam und 740 km am Indischen Ozean kein Wunder.
Viele davon sind auch bei der einheimischen Bevölkerung beliebt, die vor allem an Wochenenden und während der Sommerferien (Mai – Juli) eine Erfrischung zu schätzen weiß. Besonders die Strände, die man von Bangkok aus in zwei oder drei Stunden mit dem Auto erreicht, sind an solchen Tagen ziemlich überfüllt.
Alle in diesem Reiseführer empfohlenen Strände weisen zumindest eine unbedenkliche Wasserqualität auf, viele sogar eine gute oder sehr gute.

Rote Flagge

Unterwasserströmungen können selbst geübte Schwimmer in Lebensgefahr bringen. Sie sind vom Land aus nicht zu erkennen und treten v. a. während der Monsunzeit auf. Ist am Strand eine rote Flagge gehisst, kann das Baden unter Umständen sogar Lebensgefahr bedeuten. Diese warnenden Hinweisschilder sollten unbedingt beachtet werden. An thailändischen Stränden gibt es in aller Regel keine Rettungsschwimmer oder sonst einen organisierten Rettungsdienst. **Grüne Flaggen** am Strand bedeuten unbedenkliches Baden, bei **gelber Flagge** sollte man vorsichtig sein und nicht weit hinaus schwimmen.

Quallen

An Stränden, die häufig von Quallen heimgesucht werden, sollte man, falls man trotzdem im Meer baden möchte, ein Fläschchen **Essig** zur Sofortbehandlung mit an den Strand nehmen. Auch **Urin** hilft als Erste-Hilfe-Maßnahme gut.

FKK

Anhänger der Freikörperkultur kommen in Thailand kaum auf ihre Kosten, denn Nacktbaden widerspricht den **Moralvorstellungen** der Einheimischen. Allenfalls »oben ohne« ist an einigen Stränden geduldet, jedoch nie offiziell erlaubt.

DROGEN

Harte Linie

Egal, ob harte oder weiche Drogen: Die thailändische Justiz kennt kein Pardon, was den Besitz, den Konsum oder gar den Handel mit Drogen angeht! Nicht zuletzt auf Drängen der Europäer und US-Amerikaner verfolgt die thailändische Polizei diese Delikte ohne Rücksicht auf Staatsangehörigkeiten und arbeitet dabei u. a. mit deutschen Beamten zusammen. **Langjährige Gefängnisstrafen** sind die Regel, ab einem Besitz von mehr als 10 Gramm droht sogar die **Todesstrafe**. Die Gefängnisse in Thailand sind mit denen in Europa nicht vergleichbar, von den diplomatischen Vertretungen des Heimatlandes ist bei Drogendelikten nur die absolut notwendige Hilfe zu erwarten. Auch sollten Sie nie jemandem einen Gefallen tun und ein Päckchen für einen Freund mitnehmen: Sie könnten unversehens zum Drogenkurier avancieren und auf der Anklagebank landen! Besondere Vorsicht sollten Sie bei den **Full Moon Partys** auf Ko Pha Ngan und manchen anderen Stränden walten lassen. Oftmals sind es verdeckte Ermittler der thailändischen Drogenpolizei, die Drogen verkaufen. Auch weiche Drogen, wie zum Beispiel Amphetamine, sind verboten.

ETIKETTE

Gut zu wissen ...

Auch im Zeitalter der zunehmenden westlichen Orientierung hat die Gesellschaftsordnung der Thai ihre fest gefügten traditionellen Benimmregeln. Will man einen thailändischen Nationalcharakter beschreiben, wird man **Höflichkeit, Toleranz, tief verwurzelte Lebensfreude** und Respekt in religiösen Dingen an erster Stelle nennen. Gastfreundschaft wird groß geschrieben. Andererseits sollte der Besucher einige Verhaltensregeln beachten, um unbeabsichtigte Unstimmigkeiten von vornherein zu vermeiden.

Lächeln

Bei Erwachsenen ist die **Neugierde** – im positiven Sinne – ebenso natürlich wie bei den Kindern. Fragen nach Alter, Ehepartner, Kinderzahl, Beruf und Ähnlichem entspringen aufrichtigem, persönlichem Interesse, ja sind geradezu vom Anstand geboten. Frauen werden mitunter gefragt, ob sie allein (»kon di o«) hier sind, um Chancen zu prüfen. Dieser Frage kann man mit »mai tschai« (nicht richtig) oder »bai pop sami« (Treffe mich gleich mit meinem Ehemann) ausweichen. Am einfachsten ist es jedoch, mit »mai khau dschai« (verstehe ich nicht) zu **antworten.** Nur eines darf man **nie vergessen: lächeln**, und zwar je negativer die Antwort, desto freundlicher! Es gilt als ausgesprochen unhöflich, Ärger, Wut und Empörung durch lauten Tonfall zu zeigen.

Begrüßung

Die körperliche Berührung – besonders zwischen den Geschlechtern – wird vermieden durch die thailändische Form des Grußes, den **Wai**. Man legt die Handflächen aneinander, wie man es vom Beten her kennt, und hält diese vors Gesicht. Führt man die Hände zusätzlich in Stirnhöhe oder höher, so ist dies eine besondere Respektsbezeugung etwa einem Mönch gegenüber. Unter Gleichaltrigen, Unbekannten und Ranggleichen werden die **Fingerspitzen in Kinn- oder Nasenhöhe** gehalten, ein freundliches Lächeln gehört auch hier immer dazu.

Höflichkeit

In Bussen und Booten wird weder Alten, Müttern mit Kleinkindern noch Schwangeren der eigene **Sitzplatz angeboten**, allenfalls Mönchen, die jedoch ohnehin ein Anrecht auf die hinterste Sitzbank im Omnibus haben. Setzt sich eine Frau neben einen Mönch, sollte ein Sitzplatz dazwischen frei bleiben oder von einem Mann besetzt sein.

Konversation

Am schwersten ist für den westlichen Besucher das Ignorieren seiner eigenen Konversation etwa während eines Essens. Auch wenn alle Thai in der Tischrunde die Sprache des Fremden verstehen können, hören sie nur bei Themen zu, die sie besonders interessieren. **Unterbrechungen in Thai** zu einem persönlichen Gespräch untereinander sind gang und gäbe, selbst wenn man selber eingeladen hat. Und nochmals: Ein Lächeln gehört stets dazu!

Einladungen

Lädt man einen Thai mit seiner Frau zum Essen ein, so ist damit zu rechnen, dass der Geladene zwar erscheint, aber statt seiner Frau einen, zwei oder gar drei Freunde mitbringt. Die Ehefrau lässt sich dann entschuldigen. Nicht selten erfährt der westliche Besucher besondere Gastfreundschaft, wenn er zu einer thailändischen Familie eingeladen wird. Meist bittet ein Thai gleich mehrere Gäste zu sich, auch um einen möglichst interessanten Kreis zusammenzustellen. Eine **Kleidervorschrift** gibt es eigentlich nur für offizielle Anlässe. Dennoch sollte sich der Gast geziemend kleiden: **Keinesfalls in Schwarz**, da diese Farbe mit dem Tod in Verbindung gebracht wird – und nicht in Shorts und T-Shirt.

Geister

Neun verschiedene Geister wohnen jeweils auf einem Grundstück und im Haus. Einen davon sollte der Besucher nicht gleich zu Anfang vergrätzen, den **Schwellengeist**. Hat die Tür eine Schwelle, so sollte der Gast darüber steigen und nicht darauf treten. Dass er die Schuhe vor dem Betreten des Hauses auszieht, ist selbstverständlich. **Kleine**

Gastgeschenke werden erwartet: Für die Hausfrau sind Blumen oft das Richtige, Kinder freuen sich über kleines Spielzeug. Schwangeren auf keinen Fall Babykleidung mitbringen, das bringt Unglück!

Tabus

Zärtlichkeiten zwischen Mann und Frau dürfen in Gegenwart anderer (und seien es die eigenen Kinder) **nicht ausgetauscht** werden. Heutzutage wird aber toleriert, wenn junge Pärchen Händchen halten. Hingegen sind innige Umarmungen zwischen Frauen oder zwischen Männern auf offener Straße durchaus üblich.

Neben körperlichen Berührungen zwischen den Geschlechtern sind Kopf und Fuß tief verankerter Tabus. Der **Kopf** ist für jeden Thai Sitz seiner geistigen Würde. Daher liebt er es nicht, wenn man seinen Kopf berührt. Selbst ein liebevoll gemeintes Streicheln über den Kopf eines Kindes bewirkt oft das Gegenteil. Ebenso ist das Reichen von Gegenständen über die Schulter hinweg verpönt, da man auf diese Weise den Kopf eines anderen versehentlich berühren könnte. Auch darf man niemals auf den Kopf eines anderen hinabsehen, schon gar nicht auf das Haupt eines Älteren oder Ranghöheren. Der gewöhnlich hoch gewachsene Europäer wird es nicht immer vermeiden können, aber die **Bemühung** (z. B. Oberkörperneigung; sitzen, wenn der andere steht) ist entscheidend. So sieht man auch nie aus einem Obergeschossfenster oder von einem Balkon auf eine Prozession oder einen Festzug hinunter. Sollte der König dabei sein, wäre das ein Sakrileg, denn keiner darf höher stehen als er. Der **Fuß** bedeutet das Gegenteil des Kopfes, er ist unwürdig, beleidigend, schmutzig. Es wird als Affront empfunden, mit dem Fuß auf einen anderen Menschen zu weisen. Auch das **Übereinanderschlagen der Beine** ist allenfalls in der Verborgenheit unter dem Tisch gestattet, denn die Sohle könnte auf das Gegenüber gerichtet sein. Im Tempel müssen die Füße immer zum Ausgang und weg von Buddhas gerichtet sein.

Sakrilege

Zwar wird im international geprägten Bangkok im Vergleich zur Provinz manches verziehen oder nur belächelt, doch gilt dies bestenfalls für Übertretungen von Tabus, nicht aber für Sakrilege, die **gesetzlich definiert** sind und mit hohen Geld-, schlimmstenfalls sogar mit Haftstrafen geahndet werden. Sakrilege sind »Handlungen gegen einen Gegenstand oder Ort der religiösen Verehrung oder gegen eine religiöse Gemeinschaft, die geeignet sind, die betreffende Religion zu verunglimpfen« (§ 206 Strafgesetzbuch). Dazu gehört etwa **unbefugtes Berühren von Buddhastatuen**, mit dem Fuß auf sie zu deuten oder gar auf die Figuren zu klettern. Auch sehen die Thais es nicht gern, wenn man Buddha-Abbildungen als Staffage für Erinnerungsfotos benützt. Fotografische Gags vor Bildern der Königsfamilie sind ebenfalls zu unterlassen.

Das Gesetz schützt aber nicht nur den Buddhismus, zu dem sich die Mehrheit der Bevölkerung bekennt, sondern auch alle anderen Religi-

6x EINFACH UNBEZAHLBAR

Erlebnisse, die für Geld nicht zu bekommen sind

1. EIN FREUNDSCHAFTSBAND

Ein Tempel ohne großes Touristenaufkommen, in dem ein Mönch Gebete spricht und die Menschen segnet: Im **Wat Bovornives in Bangkok** können auch Sie sich segnen und sich ein Sai Sing, ein Freundschaftsband, ums Handgelenk binden lassen. (▶ **S. 81**)

2. ZAUBERN FÜR KLEINES GELD

Umsonst ist es nicht, aber ein unbezahlbares Erlebnis: Wer nur in Hotelrestaurants speist, versäumt mit Sicherheit einiges. Wagen Sie sich in Garküchen, und Sie erleben eine kulinarische Zauberwelt! (▶ **S. 16ff., 454**)

3. MAI PEN RAI

Dieser Ausspruch bedeutet **»Das macht doch nichts!«** und wird auch Ihnen helfen, so manche peinliche Situation zu meistern. Beim nächsten Missgeschick also cool bleiben und »Mai pen rai!« sagen. (▶ **S. 482, 488**)

4. BEIGE, WEISS ODER SCHNEEWEISS?

Man nehme je ein Löffelchen **Sand von den besten Stränden** und vergleiche diese zuhause. Dann sieht man am besten, wo es den feinsten und hellsten Sand gegeben hat. In schönen Schälchen ist der Sand auch eine hübsche Deko.

5. ÜBER DEN CHAO PHRAYA

Die Hotels auf der Thonburi-Seite haben einen regelmäßigen und kostenfreien **Fährverkehr über den Chao Phraya** eingerichtet. Sie verbinden mit ihren Barken das Hotel mit dem Pier Sathorn. Einfach mitfahren, auch wenn man kein Hotelgast ist. (▶ **S. 91ff.**)

6. MAL MIT DER BAHN

Die Tickets sind nicht kostenlos, das Erlebnis aber gibt es gratis: Eine Bahnfahrt macht Spaß und ist Thailand at its best. (▶ **S. 486**)

onen. So ist es untersagt, die Andacht in buddhistischen oder hinduistischen Tempeln, in Kirchen oder Moscheen zu stören. Beim Besuch religiöser Stätten und des Großen Palastbezirks in Bangkok ist **ordentliche Kleidung** zu tragen, das heißt konkret: nicht ohne Hemd, nie in kurzen Hosen oder kurzem Rock. Die Schuhe zieht man vor jedem Tempeleingang aus. Buddhistische Mönche dürfen mit einer Frau nicht in Berührung kommen, deshalb sollte eine Frau einem Mönch nie etwas direkt geben.

Mai pen rai

»Mai pen rai« ist ein Schlüsselsatz im thailändischen Alltag und heißt übersetzt: **»Das macht doch nichts.«** Denn »mai pen rai« hilft aus jeder unschicklichen Situation, um das **Gesicht zu wahren**. Beispiel: Dem Gast fällt etwas herunter. Die Thai-Reaktion: »Mai pen rai!« Begleitet von einem herzlichen Lachen. Der Bedienung fällt etwas herunter. Die Farang-Reaktion im Idealfall: »Mai pen rai!« Am besten ebenfalls mit herzhaftem Lachen. Und großer **Respekt** ist Ihnen gewiss.

Rauchen

Schon seit geraumer Zeit hat sich die thailändische Regierung dem **Kampf gegen den blauen Dunst** verschrieben. So sind die Zigarettenhersteller verpflichtet, abschreckende Bilder auf jede einzelne Packung zu drucken. In klimatisierten Räumen ist das Rauchen grundsätzlich verboten.

GELD

Wechselkurse

Der Wechselkurs für Banken ist **amtlich festgelegt**, aber es ist durchaus möglich, dass Money Changer einen etwas besseren oder schlechteren Kurs bieten. In Hotels sollten Sie nur im Notfall Geld tauschen, da der Kurs dort meist schlechter ist. Nie auf der Straße tauschen!

Bankautomaten

Für den Bezug von Bargeld sind die **Bank-Karten** mit Maestro-Logo und **Kreditkarten** längst die erste Wahl. An einer stetig wachsenden Anzahl von Automaten im ganzen Land kann man mit der dazugehörigen Geheimzahl rund um die Uhr vergleichsweise kostengünstig Bargeld abheben. Allerdings werden bei Kreditkarten häufig eine Pauschale von 5 € für die Automatenauszahlung plus um die 1,75 % des abgehobenen Betrags für die Fremdwährung fällig. Das sind bei 10 000 Baht (ca. 300 €) aus dem Automaten zusammen gerechnet bis 10 € Gebühren. Alle gängigen Kreditkarten werden von den meisten Hotels, Restaurants und Geschäften, Reisebüros und Fluggesellschaften akzeptiert. In der Regel nehmen nur internationale Autovermieter

Kreditkarten an. Man sollte unmittelbar nach dem Kauf die Rechnungsbeträge auf Original und Durchschlag auf Übereinstimmung prüfen und das evtuell noch verwendete Kohlepapier vernichten.

Geldwechsel

Die thailändischen Banken verfügen über ein dichtes Zweigstellennetz. Sie bieten alle üblichen Geldgeschäfte sowie die Möglichkeit telegrafischer Überweisungen aus Europa. Einige Banken unterhalten mobile Zweigstellen, an denen man Bargeld und Reiseschecks in die Landeswährung eintauschen kann. Man findet sie vor allem an touristischen Brennpunkten. Die gängigen **Öffnungszeiten** sind bei Banken: Mo.–Fr. 8.30–15, Sa. 8.30–12 Uhr; Money Changer: Mo.–Sa. 9–20 Uhr, So. meist geschlossen, außer am Flughafen.

Kartensperre

Unter der zentralen **Sperr-Notrufnummer** 0049 116116 (aus dem Ausland) kann man verlorene oder gestohlene Bank- und Kreditkarten sowie Handys sperren lassen (www.sperr-notruf.de). Dazu sollte man Bank- und Kreditkartennummern, Konto- bzw. Handynummern sowie am besten entsprechende Zugangs-PINs parat haben. Am besten man macht von allem vor der Reise Kopien und legt diese mit den anderen Wertsachen in den Hotelsafe.

GESUNDHEIT

Krankenhäuser

Das **thailändische Gesundheitswesen** ist gut: Zum einen gibt es modern ausgerüstete Krankenhäuser nach westlichem Vorbild (vor allem in der Hauptstadt und in den touristisch erschlossenen Gebieten), zum anderen (auf dem Land) eine Vielzahl kleiner Krankenstationen. Die Ärzte in Bangkok sind besonders gut ausgebildet, viele haben in Europa oder in den USA ihr Studium bzw. eine Facharztausbildung absolviert und sprechen Englisch.

Ärzte

Die Hotels und die örtlichen Vertreter der Reiseveranstalter vermitteln Ärzte, die in dringenden Fällen auch Haus- bzw. Hotelbesuche machen. Auf dem Land ist es dagegen manchmal schwierig, einen Arzt zu finden. Erste Anlaufstelle ist hier die **nächstgelegene Polizeistation**, die den nächsten Arzt oder das nächste Krankenhaus nennen kann.

Rettungswesen

Rettungshubschrauber gibt es nur wenige, bei Unfällen ist wegen den großen Distanzen unter Umständen mit längeren Wartezeiten zu rechnen. Auf die **Hilfsbereitschaft** der Thai kann man sich jedoch im Allgemeinen verlassen. Bei Schlangenbissen in ländlichen Gebieten wende man sich sofort an die nächstgelegene Polizeistation und informiere Einheimische.

Abrechnung

Die Kosten für ärztliche Behandlung und Medikamente müssen selbst getragen werden. Die meisten Krankenhäuser akzeptieren hierfür nicht nur Bargeld, sondern auch Kreditkarten. Die Vertretung Deutschlands gibt nur absoluten Notfällen zur Begleichung von Arzt- und Krankenhausrechnungen Darlehen. Sehr empfehlenswert ist vor der Reise der Abschluss einer speziellen **Auslandskrankenversicherung**, die auch die Kosten eines Rücktransports abdeckt.

Apotheken

In den mit (englisch) »Pharmacy« oder (thailändisch) »Ram kai jaa« bezeichneten Apotheken gibt es eine große Auswahl gebräuchlicher Arzneimittel. Die Preise betragen nur einen Bruchteil des zu Hause Üblichen. Um Verwechslungen zu vermeiden, sollte man die **Originalverpackung** des Arzneimittels mitbringen, das man haben möchte. Rezepte zum Kauf von Medikamenten sind bei einer Arztkonsultation nur in Ausnahmefällen üblich. Der Patient bekommt ein Plastiktütchen mit, das den Bedarf für die nächsten Tage enthält.

Apotheken: Mo.–Sa. 9–19, oft auch bis 20 Uhr, So. meist geschl.

Moskitoschutz

Vor allem abends ist ein ausreichender Mückenschutz empfehlenswert, den man gut und günstig besser vor Ort kauft, als teuer und weniger wirksam zu Hause. Zusätzlich schützen helle lange Hosen und helle langärmelige Shirts. Das Schlafen unter einem **Moskitonetz** ist der wirksamste Schutz in der Nacht. Besondere Vorsicht in den **Malariagebieten** im Norden und auf den Inseln im Süden!

Leitungswasser

Es ist immer und überall besser, **versiegeltes Trinkwasser** aus Flaschen zu nehmen. In den abgelegeneren Gegenden Thailands sollte man aber besonders vorsichtig sein: Unter Umständen ist sogar das Trinkwasser in den Hotels nicht unbedingt genießbar. Verwenden Sie deshalb dort auf jeden Fall versiegeltes Wasser.

LESETIPPS

Auboyer, J., Handbuch der Formen- und Stilkunde Asien, Stuttgart 1994. Detaillierte Darstellung verschiedener Kunststile.

Bechert, H., Der Buddhismus: Geschichte und Gegenwart, München 2008. Ein lehrreiches Buch über die Geschichte des Buddhismus.

Cooper, R., Kultur-Knigge Thailand, Köln 1990. Wie Thais denken, was sie fühlen und wie man Fettnäpfchen vermeidet.

Hand, E., Anna und der König, München 2000. Der Roman, aus dem der bekannte Film wurde.

Möbius M., DuMont Bildatlas Thailand, Ostfildern 2017. Impressionen aus dem Land des Lächelns.

Müssig J., Sehnsucht Thailand, München 2016. Klasse Reportagen aus dem ganzen Land und gute Fotos.

Sanuk, M., Badeurlaub in Thailand: die ideale Strandlektüre, Noderstedt 2010. Unterhaltsames Büchlein mit überraschenden Denkanstößen.

Saul, J., Teufelskreis Bangkok, München 1990. Packender Roman über die Unterwelt von Bangkok, 391 spannende Strand-Seiten.

Warren, W., Thailand: eine kulinarische Reise, München 1994. Rezepte zum Nachkochen und tolle Fotos.

NOTDIENSTE

Wer hilft?

Das **Tourist Assistance Center** (TAC) ist eine Abteilung der thailändischen Fremdenverkehrsbehörde (TAT). Dort erhält man Auskünfte in englischer Sprache – auch, ob ein bestimmter Edelsteinhändler seriös arbeitet. Die Beamten der Touristenpolizei **sprechen Englisch** und sind oft als Motorradstreifen unterwegs. In anderen Abteilungen der Polizei verstehen nur wenige Beamte ausreichend Englisch. Dennoch kann es wichtig sein, die Polizei heranzuziehen, damit zum Beispiel ein Protokoll aufgenommen werden kann.

TOURIST ASSISTANCE CENTER (TAC)

TAC Bangkok Suvarnabhumi Airport: Tel. 02 1344077
TAC Bangkok Don Muang Airport: Tel. 083 1312267
TAC Chiang Mai: Tel. 081 7967015
TAC Chiang Rai: Tel. 053 150192
TAC Chonburi: Tel. 038 381278
TAC Kanchanaburi: Tel. 034 520355
TAC Phuket: Tel. 076 327100
TAC Songkhla: Tel. 074 230772
TAC Sukhothai: Tel. 055 610222
TAC Surathani: Tel. 081 1746873
TAC Ubon Ratchathani: Tel. 045 311228
www.riderchris.com/info/thailand-tourist-assistance-center-tac

PREISE · VERGÜNSTIGUNGEN

Preise

Die Preise in Thailand sind für Reisende aus Europa durch das Wohlstands- und Währungsgefälle immer noch sehr **günstig**. Insbesondere für öffentliche Verkehrsmittel oder Dienstleistungen außerhalb der touristisch hoch frequentierten Regionen muss man nur einen Bruchteil des zu Hause Üblichen zahlen. So sollte man sich auch nicht über Gebühr echauffieren, wenn man bemerkt, dass oftmals dem »reichen« Ausländer beim Einkauf auf Märkten, aber auch in Hotels, Vergnügungsparks etc. ein höherer Preis genannt wird, als er den einheimischen Gästen abverlangt wird. Selbst staatliche Einrichtungen wie Nationalparks bedienen sich des durchaus legalen »Zwei-Tarife-Systems«. Und auch der Besuch von Tempeln ist für Touristen nicht automatisch gratis: Die großen Wat haben feste Eintrittspreise, in kleineren sollte man spenden.

Handeln

Die Thailänder sind ein merkantiles Volk, und Festpreise sind nur in modernen Kaufhäusern und Supermärkten die Regel. Ansonsten gilt: Handeln ist ein beträchtlicher **Teil des Kaufvergnügens**. Durchaus hilfreich ist es, den etwaigen Verkehrswert der Ware zu kennen, um nicht durch lächerlich niedrige Preisgebote das Gesicht oder die Gunst des Händlers zu verlieren. Wichtig: Auch zähe und langwierige Verhandlungen werden stets von einem **freundlichen Lächeln** begleitet.

Bahn fahren

Mit Eisenbahn in Thailand unterwegs zu sein, macht Spaß, außerdem ist es sehr günstig. Die thailändischen Staatseisenbahnen bieten den sogenannten **Rail Pass**, mit dem man 20 Tage durch das Königreich fahren kann.

Info am Hbf. Hua Lumphong in Bangkok | www.railway.co.th.

REISEZEIT

Im Winter

November bis Februar sind die Temperaturen mit 25 – 30 °C gemäßigt, und die Luftfeuchtigkeit ist mit 65 – 70 % verhältnismäßig niedrig. Dafür haben dann die Preise Hochkonjunktur. Für Thailänder hingegen ist die **heiße Jahreszeit** die Hauptsaison, wenn von **März bis Mai** Schulferien sind. Für Europäer kann es dann unerträglich schwül (Luftfeuchtigkeit bis 95 %) und mit über 35 °C sehr heiß sein. Eine Hotelreservierung ist in den Hauptsaisonzeiten dringend anzuraten.

Von **Juni bis Anfang August** gibt es pro Monat bereits etwa zehn Regentage. Allerdings regnet es nicht ununterbrochen, sondern ein- bis zweimal täglich in zum Teil heftigen Schauern. Die Temperaturen liegen um 30 °C, wie auch **Mitte August bis Oktober**, wenn es fast täglich regnet und sogar gelegentlich mit **Hochwasser** gerechnet werden muss. Im Sommer

Die **Monsunzeit** kann besonders in Phuket und auf der Andamanen-Seite sehr heftig ausfallen. Ko Samui und die Inseln im Golf sind weniger betroffen. Dann ist das Land überall üppig-grün und blühend und macht den kulturell interessanten, in punkto Vegetation aber nicht übermäßig gesegneten Nordosten zu einem attraktiven Reiseziel. Monsun

SICHERHEIT

In Thailand gibt es nicht mehr Verbrechen, Diebstähle oder Raubüberfälle als anderswo, das Königreich ist zudem eines der sichersten Reiseländer Südostasiens. Eigentumsdelikte sind oft das Ergebnis allzu großer **Achtlosigkeit** seitens der Betroffenen. Man sollte bedenken, dass man nicht selten mehr Bargeld mit sich führt, als das jährliche Einkommen z. B. eines einfachen Hotelangestellten beträgt. Durchaus sicher

Generell – und das ist auch eine Frage des Takts – sollte man seinen Lebensstandard nicht zur Schau stellen. Wertsachen gehören in den Hotelsafe, und man sollte immer nur so viel Geld bei sich tragen, wie man voraussichtlich benötigt. Kopien von Riesepässen udn anderen Unterlagen können durchaus hilfreich sein.

Besonders an von Touristen frequentierten Orten ist mit fingerfertigen Taschendieben zu rechnen. Man kann sich schützen, indem man Bargeld und Wertsachen in einen **Geldgürtel** oder Brustbeutel mit sich führt. Brustbeutel

Mit Nepp und Streit um **überhöhte Rechnungen** ist an den Orten zu rechnen, an denen sich das klassische Nachtleben abspielt. Reisende seien nicht zuletzt deshalb davor gewarnt, Schleppern zu folgen. Nepp

SPRACHE

Begrüßung

Begleitet von einem Wai, dem ehrerbietenden Gruß der Buddhisten, sagt der Thai **»sawadee«**; an dieses Wort hängt er (als Mann) ein »kaap« an, die Frau ein »kaa«. Das wird häufig auch am Ende eines Satzes so gehandhabt. Das »sawadee« wird immer gebraucht, es gibt keine Unterscheidung nach der Tageszeit.

Anrede

Grundsätzlich gilt: Vor die Anrede wird das Wort **»Khun«** gestellt, wenn es eine fremde Person ist, man sagt also zum Beispiel »Khun Kurt«. Ist man miteinander vertraut, genügt der Vorname wie bei uns.

Wichtigste Redewendung

Die wohl wichtigste Redewendung, mit der ein Tourist meist schon kurz nach der Ankunft in Berührung kommt, heißt **»mai pen rai«**, was so viel bedeutet wie »macht nichts«. Fehler im Verhalten werden mit einem »mai pen rai«, an das der Thai abermals öfters ein »kaa« (Frauen) oder »kaap« (Männer) für »bitte« anfügt, als erledigt betrachtet.

Aussprache

Das Wichtigste zuerst: Das **r wird meist als l** gesprochen, z. B. wird aus »rai« stets »lai«. Ph, th, kh werden als p, t, k, gefolgt von einem deutlichen Hauch, gesprochen. P, t, k werden ohne nachfolgenden Hauch gesprochen und klingen etwa wie b, d, g. Das w wird weich gesprochen, vergleichbar dem wh im Englischen what. Ae, oe gelten als Umlaute (also ä, ö) und für ein tsch gibt es gleich mehrere mögliche Schreibweisen: ch, j, tch.

Tonlage

Verwirrungen beim Versuch, Thai zu sprechen, sind kaum zu vermeiden. Zwei Beispiele mögen genügen: Spricht ein Tourist das Wort »mai« aus, kann es je nach Tonlage »Witwe«, »Seide«, »Holz«, »verbrennen« oder »neu« bedeuten. Wenn einer sagt, er habe »genug gegessen« (Thai: »por«) und verstärkt in der Aussprache das o, so hat er gerade eben gesagt, er habe seinen eigenen Vater verspeist.

Tipp

Thai ist zu kompliziert? Kein Problem: **Mit Englisch** kann man sich in Thailand fast immer durchschlagen. Der nachfolgende, kurze Sprachführer soll als Hilfe dienen. Dem Farang, zu deutsch »Ausländer«, sei jedoch empfohlen, wenigstens die Grußformel **»sawadee«** zu benutzen und ein Bedauern mit einem **»mai pen rai kaa(p)«** auszudrücken. Ein strahlendes Lächeln seines Gegenübers wird ihm gewiss sein.

Schreibweisen

Die europäische Schreibweise thailändischer Wörter und Namen variiert stark, je nachdem, ob buchstaben- oder lautgetreu geschrieben wird. Letzteres hängt dazu von der Zielsprache ab. Ein Englisch Sprechender wählt natürlich eine andere Transkription als ein Deutsch Sprechender. Daher trifft man in Thailand auf oft verwirrend unterschiedliche Versionen von Personen- und Städtenamen, sowie Straßen- und Bauwerksbenennungen; dasselbe gilt demnach auch für diesen Reiseführer. Zwar wurde versucht, die Umschrift möglichst zu vereinheitlichen; aber genauso musste auf die vor Ort anzutreffende Schreibweise Rücksicht genommen werden. Beispiele: »Wat Phra **Kaeo**« (Tempelname) wird auch »Kheo« oder »Keo« geschrieben. **»Ko«** (Insel) findet man auch als »Koh«, **»Prasad«** (Tempelbauwerk) als »Prasat« und **»Ratchadamnoen«** (Straßenname) als »Rajadamnoen« oder »Rachadamnern«.

SPRACHFÜHRER ENGLISCH

Wichtige Begriffe auf Thai ▶ Glossar S. 501f.

AUF EINEN BLICK

Vielleicht.	**Perhaps./Maybe.**
Bitte.	**Please.**
Danke./Vielen Dank!	**Thank you./Thank you very much!**
Gern geschehen.	**You're welcome.**
Entschuldigung!	**I'm sorry!**
Wie bitte?	**Pardon?**
Ich verstehe Sie/dich nicht.	**I don't understand you**
Ich spreche nur wenig (Englisch)...	**I only speak little (English) ...**
Können Sie mir bitte helfen?	**Can you help me, please?**
Ich möchte ...	**I'd like ...**
Das gefällt mir (nicht).	**I (don't) like this.**
Haben Sie ...?	**Do you have ...?**
Wie viel kostet es?	**How much is it?**
Wie viel Uhr ist es?	**What time is it?**

KENNENLERNEN

Guten Morgen!	**Good morning!**
Guten Tag!	**Good afternoon!**
Guten Abend!	**Good evening!**
Hallo! Grüß dich!	**Hello!/Hi!**
Mein Name ist ...	**My name's ...**
Wie ist Ihr/Dein Name?	**What's your name?**
Wie geht es Ihnen/dir?	**How are you?**
Danke. Und Ihnen/dir?	**Fine, thanks. And you?**
Auf Wiedersehen!	**Goodbye!/Bye-bye!**
Tschüs!	**See you!/Bye!**

AUSKUNFT UNTERWEGS

links/rechts	**left/right**
geradeaus	**straight on**
nah/weit	**near/far**
Bitte, wo ist ...?	**Excuse me, where's ..., please?**

... die Bushaltestelle	**... the bus stop**
... der Hafen	**... the harbour**
... der Flughafen	**... the airport**
Wie weit ist das?	**How far is it?**
Ich möchte ... mieten.	**I'd like to hire ...**
... ein Auto	**... a car**
... ein Fahrrad	**... a bike/bicycle**

EINKAUFEN

Wo finde ich ... eine/ein ..?	**Where can I find a ...?**
... Apotheke	**... chemist/pharmacy**
... Bäckerei	**... bakery**
... Kaufhaus	**... department store**
Lebensmittelgeschäft	**... grocery store**
... Markt	**... market**
Was kostet ...?	**How much is ...?**

ÜBERNACHTUNG

Können Sie mir ... empfehlen?	**Could you recommend ... ?**
... ein Hotel/Motel	**... a hotel/motel**
... eine Pension	**... a guest-house**
Ich habe ein Zimmer reserviert.	**I have reserved a room.**
Haben Sie noch ...?	**Do you have ...?**
... ein Einzelzimmer	**... a single room**
... ein Doppelzimmer	**... a double room**
... mit Dusche/Bad	**... with a shower/bath**
... für eine Nacht	**... for one night**
... für eine Woche	**... for a week**
Was kostet das Zimmer	**How much is the room**
... mit Frühstück?	**... with breakfast?**
... mit Halbpension?	**... with half board?**

ARZT

Ich brauche einen Arzt/Zahnarzt.	**I need a doctor/dentist.**
Ich habe hier Schmerzen.	**I've got pain here.**

BANK/POST/KOMMUNIKATION

Wo ist hier bitte eine Bank?	**Where's the nearest bank, please?**
Ich möchte ... Euro (Franken) wechseln.	**I'd like to change ... Euro (Swiss Francs).**
Was kostet ...	**How much is ...**
... ein Brief ...	**... a letter ...**
... eine Postkarte ...	**... a postcard ...**
nach Deutschland?	**to Germany?**
nach Österreich?	**to Austria?**
in die Schweiz?	**to Switzerland?**
Handy, Mobiltelefon	**mobile phone**

Wo ist das nächste Internetcafé?	**Where is the next internet café?**
Ich brauche eine Prepaid-Karte für mein Handy.	**I need a prepaid card for my mobile phone.**
Ich brauche eine Speicherkarte für meine Kamera.	**I need a memory card for my camera.**

SPEISEKARTE

Breakfast	**Frühstück**
coffee (with cream/milk)	**Kaffee (mit Sahne/Milch)**
hot chocolate	**heiße Schokolade**
tea (with milk/lemon)	**Tee (mit Milch/Zitrone)**
scrambled eggs	**Rühreier**
poached eggs	**pochierte Eier**
bacon and eggs	**Eier mit Speck**
fried eggs	**Spiegeleier**
hard-boiled/soft-boiled eggs	**harte/weiche Eier**
(cheese/mushroom) omelette	**(Käse-/Champignon-) Omelett**
bread/rolls	**Brot/Brötchen/Toast**
brown/white toast	**Körnertoast/Weißbrottoast**
butter	**Butter**
honey	**Honig**
jam/marmalade	**Marmelade/Orangenmarmelade**
yoghurt	**Joghurt**
fruit	**Obst**
Starters and Soups	**Vorspeisen und Suppen**
clear soup/consommé	**(Fleisch-) Brühe**
cream of chicken soup	**Hühnercremesuppe**
cream of tomato soup	**Tomatensuppe**
mixed/green salad	**gemischter/grüner Salat**
onion rings	**frittierte Zwiebelringe**
seafood salad	**Meeresfrüchtesalat**
shrimp/prawn cocktail	**Garnelen-/Krabbencocktail**
smoked salmon	**Räucherlachs**
vegetable soup	**Gemüsesuppe**
Fish and Seafood	**Fisch und Meeresfrüchte**
cod	**Kabeljau**
crab	**Krebs**
eel	**Aal**
haddock	**Schellfisch**
herring	**Hering**
lobster	**Hummer**
mussels	**Muscheln**
oysters	**Austern**
plaice	**Scholle**
salmon	**Lachs**
scallops	**Jakobsmuscheln**
sole	**Seezunge**
squid	**Tintenfisch**
trout	**Forelle**
tuna	**Thunfisch**

Meat and Poultry	**Fleisch und Geflügel**
barbequed spare ribs	gegrillte Schweinerippchen
beef	Rindfleisch
chicken	Hähnchen
chop/cutlet	Kotelett
fillet	Filetsteak
duck(ling)	(junge) Ente
gammon	Schinkensteak
gravy	Fleischsoße
ham	gekochter Schinken
kidneys	Nieren
lamb (with mint sauce)	Lamm (mit einer sauren Minzsoße)
liver (and onions)	Leber (mit Zwiebeln)
minced meat	Hackfleisch
mutton	Hammelfleisch
pork	Schweinefleisch
rabbit	Kaninchen
sausages	Würstchen
sirloin steak	Lendenstück vom Rind Steak
turkey	Truthahn
veal	Kalbfleisch
venison	Reh oder Hirsch
Dessert and Cheese	Nachspeisen und Käse
apple pie	gedeckter Apfelkuchen
cheddar	kräftiger Käse
cottage cheese	Hüttenkäse
cream	Sahne
custard	Vanillesoße
fruit salad	Obstsalat
goat's cheese	Ziegenkäse
ice-cream	Eis
pastries	Gebäck
Vegetables and Salad	**Gemüse und Salat**
baked beans	gebackene Bohnen in Tomatensoße
baked potatoes	gebackene Kartoffeln mit Schale
cabbage	Kohl
carrots	Karotten
cauliflower	Blumenkohl
chips	Pommes frites
cucumber	Gurke
fritters/hash browns	Bratkartoffeln
garlic	Knoblauch
leek	Lauch
lettuce	Kopfsalat
mashed potatoes	Kartoffelpüree
mushrooms	Pilze
onions	Zwiebeln
peas	Erbsen
peppers	Paprika
spinach	Spinat

sweetcorn	**Mais**
tomatoes	**Tomaten**
Fruit	**Obst**
apples	**Äpfel**
apricots	**Aprikosen**
blackberries	**Brombeeren**
cherries	**Kirschen**
grapes	**Weintrauben**
lemon	**Zitrone**
oranges	**Orangen**
peaches	**Pfirsiche**
pears	**Birnen**
pineapple	**Ananas**
plums	**Pflaumen**
raspberries	**Himbeeren**
strawberries	**Erdbeeren**
Beverages	**Getränke**
beer on tap	**Bier vom Fass**
cider	**Apfelwein**
red/white wine	**Rot-/Weißwein**
dry/sweet	**trocken/lieblich**
sparkling wine	**Sekt**
soft drinks	**alkoholfreie Getränke**
fruit juice	**Fruchtsaft**
lemonade	**gesüßter Zitronensaft**
milk	**Milch**
mineral water	**Mineralwasser**

TELEKOMMUNIKATION · POST

Briefmarken, Porto

Die thailändische Post arbeitet **zuverlässig** und schnell. Briefe nach Europa brauchen als Luftpost (Par Avion) in der Regel etwa sechs Tage. Fehlt der Luftpostvermerk, wird manchmal auf dem Land-See-Weg befördert, was dann drei Monate dauern kann. Die Briefkästen sind rot. In Bangkok besitzen sie einen eigenen Einwurf für Empfänger innerhalb der Hauptstadt. Jede Hotelrezeption nimmt ebenfalls Postsendungen entgegen und verkauft auch Briefmarken. Poststellen gibt es in allen Städten, oft auch in Dörfern sowie auf allen Flughäfen. Alle Postämter in Thailand nehmen auch **postlagernde Sendungen** an.

Porto

Ein Luftpostbrief bis 25 g kostet 25 Baht, jede weitere 25 g 9 Baht; eine Postkarte muss mit 15 Baht frankiert werden. Einschreiben

(»Registered Letter«) kosten einen Aufschlag; **wichtige Briefe** sollten immer eingeschrieben versandt werden.

Päckchen und Pakete

Pakete und Päckchen mit Empfänger im Ausland müssen **in Gegenwart des Zollbeamten** verschlossen werden, der in den Postämtern am Zollschalter (»customs window«) zu finden ist. Dort wird auch Verpackungsmaterial verkauft. Gewöhnlich wird für Geschenke und persönliche Dinge keine Zollgebühr erhoben, das Paket darf maximal 20 kg wiegen.

Internet

In allen größeren Städten gibt es **Internet-Cafés**, die meist sehr zentral gelegen sind sich oft gegenseitig im Preis unterbieten. Hier kann man gegen Gebühr das Internet nutzen, E-Mails abrufen bzw. versenden und auch über Skype telefonieren. Fast alle besseren Hotels bieten diesen Service mittlerweile ebenfalls an.

Handy

Alle Mobilfunknetzbetreiber in Thailand sind an das Roaming-Netz angeschlossen. Das bedeutet: Nachdem man sich nach der Ankunft in Thailand eingebucht hat, ist man dort auch über das Mobiltelefon erreichbar. Doch Vorsicht ist angeraten, die Preise differieren erheblich und können auch eine beträchtliche Höhe erreichen! Es ist auf jeden Fall empfehlenswert, sich vor Reiseantritt bei seinem jeweiligen Mobilfunkanbieter nach den **aktuellen Preisen** zu erkundigen. Mobilfunkgespräche, die Sie in Thailand erreichen, gehen **ab der Grenze des Heimatlandes** zu Ihren Lasten. Das gilt sogar, wenn Sie in Thailand Ihr Handy abgeschaltet, Ihre Mailbox aber aktiviert haben. Dann geht das in Thailand nicht angenommene Gespräch zurück – und kostet die doppelte Gebühr. Sicher geht man, wenn auf »Roaming aus« klickt. Allerdings ist man dann auch nicht erreichbar. Wer viel mobil telefonieren möchte, legt sich am besten in Thailand eine **Prepaid-Karte** zu bzw. tauscht diese gegen die deutsche Sim-Karte aus. Dann gilt jedoch nur noch die thailändische Rufnummer (bis wieder die deutsche Sim-Karte eingesetzt wird). Prepaid-Karten gibt es in Seven-Eleven-Läden.

VORWAHLEN

NACH THAILAND

Von Deutschland, Österreich und der Schweiz: Tel. 0066; dann folgt die Ortsvorwahl ohne die 0.

VON THAILAND

nach Deutschland: Tel. 0049
nach Österreich: Tel. 0043
in die Schweiz: Tel. 0041

INNERHALB THAILANDS

Die Ortsvorwahlen müssen auch dann vorgewählt werden, wenn man sich in der jeweiligen Stadt befindet.

Die Vorwahlnummern 01, 06, 08 und 09 sind Mobilfunk-Vorwahlen.

VERKEHR

Inlandsflüge

Streckennetz

Das in erster Linie von der thailändischen Flugverkehrsgesellschaft **Thai Airways International** bediente Streckennetz ist umfassend: Alle inländischen Flughäfen werden zumindest einmal täglich angeflogen. Daneben gibt es noch die private Fluggesellschaft **Bangkok Airways** mit verzweigtem Streckennetz sowie die mit bis zu 50 % billigeren Tarifen als Billig-Airlines geltenden **Air Asia, Nok Air** und **Orient Thai Airlines**. Eine einfache Strecke wie Bangkok – Phuket kostet im Durchschnitt um 50 €.

Zwei Airports in Bangkok

In Bangkok gibt es zwei Flughäfen, von denen der alte Airport **Don Muang** seit der Eröffnung des neuen Airports **Suvarnabhumi** vorwiegend für Inlandsflüge reserviert ist. Einige Flüge innerhalb Thailands werden aber auch vom neuen Flughafen abgewickelt, weshalb man sich informieren sollte, wo der gebuchte Flug startet. Die Flughafengebühren werden in der Regel beim Ticketkauf mitbezahlt. Bei Pauschalreisen wird die Gebühr fast immer vom Veranstalter übernommen.

Bahn

Die Fahrpreise der Thailändischen Staatsbahnen (SRT) sind sehr **günstig**. Auf allen Strecken führen die Nachtzüge Schlaf- und Liegewagen erster und zweiter Klasse mit sich: Rechtzeitig reservieren, vor allem in der Hochsaison sowie rund um Feiertage! Eine Bahnfahrt von Bangkok nach Chiang Mai kostet in der ersten Klasse etwa 15 €, Aufpreis für Schlafwagen ca. 12 €, Liegewagen sind etwa halb so teuer. Für Express-, Schnellzüge etc. sind Aufschläge zu bezahlen. Kinder von drei bis zwölf Jahren zahlen den halben Fahrpreis. An allen Bahnhöfen finden Sie Auskunfts- und **Reservierungsschalter** für die Buchung von Tickets (Mo. – Fr. 8.30 – 18, Sa., So. und Fei. 8.30 – 12 Uhr). Einen Überblick über die verschiedenen Linien, Bahnhöfe und Fahrpläne kann sich der Besucher unter www.railway.co.th auch online verschaffen. Fahrkarten können frühestens 90 Tage vor Reiseantritt gelöst werden. Fahrtunterbrechungen sind nicht möglich.
Ein **nostalgischer Traum** ist die Reise mit dem **Eastern & Oriental Express.** Sie führt von Bangkok nach Singapur oder umgekehrt. Die 2030 km lange Fahrt dauert drei Tage. Das Interieur des Zuges ist mit exquisiten Intarsien und Teakholzarbeiten gestaltet. Jede Kabine hat bequeme Betten und ein Bad. Die vorzügliche Küche serviert vier Mahlzeiten am Tag
www.belmond.com/de/eastern-and-oriental-express)

Bus Omnibusse sind das wichtigste Verkehrsmittel, für kürzere wie für lange Strecken; sie erreichen selbst die abgelegensten Orte. Zugleich sind sie die **billigste Möglichkeit**, durch Thailand zu reisen und dabei die ganze Herzlichkeit der Bevölkerung zu erleben. Neben den vom Staat unterhaltenen Linien auf den wichtigsten Strecken gibt es zahllose private Busunternehmer. Einen einigermaßen verbindlichen Plan gibt es nur für die vom Staat unterhaltenen Autobusse, während die privaten Unternehmer nach Bedarf verkehren. Ihre Busse halten, wenn man durch Winken am Straßenrand auf sich aufmerksam macht. Und vor allem auf dem Land kann es durchaus vorkommen, dass der Fahrer erst losfährt, wenn genügend Passagiere beisammen sind. Das gilt v. a. für die im **Kurzstreckenbereich** mit den auf dem Land eingesetzten Songthaews, Pick-ups mit Sitzbänken an den Seiten der Ladefläche. Für Touristen zu empfehlen sind für lange Fahrten die **Nachtbusse** mit Sleeper-Sitzen und Klimaanlage. Fahrkarten erhält man an den Busbahnhöfen oder manchmal auch im Bus beim Fahrer. Die Fahrpreise sind konkurrenzlos niedrig. Die Fahrt von Bangkok nach Chiang Mai (rund 700 km) kostet ab 10 €.

Fähren Zwischen dem Festland und den meisten Inseln im Golf von Siam sowie in der Andamanischen See bestehen **das ganze Jahr** über Fährverbindungen. Ausnahmen gibt es allerdings während der **Monsunzeit** (Juni – Sept.), da es dann zeitweise gefährliche Strömungen sowie hohe Wellen geben kann. Manche Fähren legen erst ab, wenn genügend Passagiere beisammen sind. Das gilt besonders für Fähren von privaten Betreibern. Tickets kauft man vorab im Reisebüro oder am jeweiligen Hafen. Auch hier sind die Preise recht niedrig: Für eine zweistündige Passage von Krabi nach Ko Phi Phi bezahlt man ab 15 €.

Straßenverkehr Das thailändische Straßennetz ist recht gut ausgebaut. Europäischen Maßstäben genügen jedoch nur die Nationalstraßen Straßen, die von Bangkok aus in alle Teile des Landes führen und Highways genannt werden. Außer einigen Land- und Gebirgsstraßen sind die Straßen auch während der **Regenzeit** (Juni – Sept.) befahrbar. Die Straßenbeschilderung ist in Thailändisch und Englisch. Allerdings gibt es verschiedene Schreibweisen von Ortschaften. Die **Verkehrszeichen** sind in aller Regel die international üblichen

In Orten gilt ein Tempolimit von 60 km/h, auf Landstraßen und Autobahnen von 100 km/h. Daran hält sich jedoch kaum jemand, gefahren wird so schnell, wie es der Verkehr zulässt. Es gibt allerdings **Geschwindigkeitskontrollen**, vor allem auf Autobahnen und Schnellstraßen. Zu schnelles Fahren kann richtig teuer werden, da es keinen offiziellen Bußgeldkatalog gibt, sondern die Strafe nach Gutdünken festgesetzt werden kann. Und nochmal Vorsicht: Auf mehrspurigen Einbahnstraßen in Bangkok gibt es oft **eigene Busspuren**, auf denen Omnibusse auch in entgegengesetzter Richtung fahren dürfen!

Dringend abzuraten ist davon, sich mit einem Mietwagen in das Bangkoker **Verkehrsgewühl** zu stürzen. Selbst geübte Autofahrer haben Probleme mit den chaotischen Verkehrsverhältnissen, die mit denen in Europa überhaupt nicht vergleichbar sind. Wer Stress und Unfälle meiden will, fährt Taxi oder benutzt Skytrain bzw. Metro. Zwar ist der Verkehr auf den Straßen außerhalb der Hauptstadt deutlich geringer, doch gilt auch dort größte Vorsicht. Frei laufende Tiere, spielende Kinder, Händler, Fußgänger oder gar schlafende Menschen an den Fahrbahnrändern sind keine Seltenheit. Man fahre daher defensiv und lasse sich keinesfalls vom Fahrstil der Einheimischen anstecken. Gefährlich für Autofahrer in ganz Thailand sind die Überlandbusse, die sich besonders nachts

BUSBAHNHÖFE

BANGKOK, NORTHERN BUS TERMINAL
Phaholyothin Road, beim Chatuchak-Markt, für Busse in den Norden und Nordosten nach Ayutthaya, Chiang Mai, Ubon Ratchathani u. a.

BANGKOK, EASTERN BUS TERMINAL
Sukhumvit Road, SRT-Station Ekamai, für Busse in den Osten nach Pattaya, Rayong, Chanthaburi u. a.

BANGKOK, SOUTHERN BUS TERMINAL
Pinklao-Nakhonchaisi Road, Thonburi, für Busse in den Süden nach Hua Hin, Suratthani, Phuket u. a.

CHIANG MAI
Kaeo Nawarat Road, Busse nach Bangkok, Chiang Rai, Lampang, Sukhothai, Nakhon Ratchasima u. a.

HUA HIN
am Ortseingang aus Richtung Bangkok, Busse nach Bangkok, Suratthani, Nakhon Si Thammarat, Phuket, Trat u. a.

NAKHON RATCHASIMA, BUS-TERMINAL 1
Burin Road, Busse nach Bangkok, Pak Chong, Surin u. a.

NAKHON RATCHASIMA, BUS-TERMINAL 2
Am nördl. Stadtrand, Busse nach Chiang Mai, Sukhothai, Phitsanulok u. a.

NAKHON SI THAMMARAT
1 km südl. vom Bahnhof an der Straße 4015, Busse nach Bangkok, Suratthani, Phattalung, Songkhla, Phuket u. a.

PATTAYA
Beach Road, Busse nach Bangkok, Rayong, Chanthaburi, Laem Ngob, Trat u. a.

PHUKET
Phuket Road, Busse nach Bangkok, Suratthani, Nakhon Si Thammarat, Krabi, Phangnga u. a.

SURATTHANI
Am Hafen Ban Don, Busse nach Bangkok, Phuket, Ranong, Phangnga, Prachuap Khiri Khan u. a.

UBON RATCHATHANI
4 km nördl. der Stadt, Busse nach Bangkok, Mukdahan, Nakhon Phanom, Nakhon Ratchasima, Surin u. a.

MIETWAGENFIRMEN

AUTO EUROPE
www.autoeurope.de

AVIS
www.avis.de
In Bangkok: Suvarnabhumi Airport, Tel. 084 7008159

HERTZ
www.hertz.de
In Bangkok: Suvarnabhumi Airport, Tel. 086 7795456

SIXT
www.sixt.de
In Bangkok: Suvarnabhumi Airport, Tel. 086 9094422

FLUGGESELLSCHAFTEN

AIR ASIA
www.airasia.com

BANGKOK AIRWAYS
www.bangkokair.com

NOK AIR
www.nokair.com

ORIENT THAI AIRLINES
www.flyorientthai.com

THAI AIRWAYS
www.thaiairways.com

Rennen auf den Autobahnen liefern und nicht selten schwere **Unfälle** verursachen. Ein besonderes Risiko geht auch von den vielen, meist schlecht oder überhaupt nicht beleuchteten Lastwagen in der Nacht aus.
Wer sich in Thailand ans Steuer eines Wagens setzt, darf **keinen Alkohol** konsumiert haben. Seit Sommer 2012 gilt diese Regelung auch **für alle übrigen Insassen** eines Autos. Fahrer sollen so weniger leicht verführt werden, doch selbst auch zu trinken.

Mietwagen

Eine Reise durch Thailand mit dem Auto kann sehr reizvoll werden, wenn man einige grundsätzliche Ratschläge beachtet. So sollten Sie pro Tag nicht mehr als eine Strecke von 250 km einplanen, besser sind nur 200 km, um nicht an der schönen Landschaft und an etwas versteckter liegenden kulturellen Sehenswürdigkeiten vorbeizufahren. **Linksverkehr, Rechtssteuerung** und asiatische Verkehrsverhältnisse erfordern jedenfalls die uneingeschränkte Aufmerksamkeit des Fahrers – und gute Nerven! Wer die nicht besitzt, sollte einen Chauffeur engagieren. Das ist nicht so teuer, wie man vielleicht vermutet, und die Fahrer sind routiniert. Ein in Bangkok gemietetes Fahrzeug sollten Sie wegen des Verkehrschaos auf jeden Fall am Stadtrand übernehmen. Relativ günstig sind Kleinbusse mit Chauffeur zu mieten, in denen Kleingruppen bis etwa acht Personen die Route nach eigenen Wünschen festlegen können.

Führerschein

Zwar ist die Vorlage eines **internationalen Führerscheins** vorgeschrieben, doch genügt den meisten Autovermietern auch der Führerschein des Heimatlandes.

Mietwagenanbieter

Internationale Verleihfirmen wie Auto Europe, Avis oder Sixt haben Niederlassungen in Thailand, und ihre Fahrzeuge sind in gutem und verkehrssicherem Zustand. Sie bieten auch die Möglichkeit, ein Fahrzeug mit Chauffeur zu mieten, was Sicherheit und Komfort gibt. Bei regionalen Autoverleihern sollte man bei der Fahrzeugübergabe auf den Zustand, auf eventuelle Fahrzeugschäden sowie auf ausreichende Versicherung achten. Die Preise sind günstig: Ein Kleinwagen für eine Woche kostet ab 100 €. Dringend angeraten ist der Abschluss einer **Vollkasko- sowie einer Unfallversicherung**.

Motorräder

Vom Leihen schwerer Motorräder kann nur abgeraten werden, da sie meist kaum verkehrssicher sind, zum anderen die Straßenverhältnisse oft verkannt werden. So ist z. B. mit plötzlichen Belagswechseln (Rollsplitt!) zu rechnen. Die kleinen Motorräder bzw. **Mopeds**, die in ganz Thailand sehr günstig vermietet werden, sind hingegen zumeist zuverlässig. Wegen unangepasster Fahrweise kommen aber auch mit kleinen Mopeds immer wieder Menschen zu Schaden. Die Tagesmiete für ein Moped beträgt oft nur 5 €. In Thailand gilt eine **Helmpflicht** für alle motorisierten Zweiradfahrer.

Fahrrad

Geführte Fahrrad-Touren in Bangkok, Ayutthaya und Chiang Mai bietet https://bangkokbiking.com.

Taxi

Allein in Bangkok soll es an die 100000 offizielle Taxis geben, nicht gezählt die Feierabend-Fahrer. Viele besitzen eine halbwegs funktionierende Klimaanlage und fahren mit umweltschonendem **Flüssiggas**. Seit vielen Jahren gibt es in Bangkok und in den größeren Städten Taxis, die mit einem geeichten Taxameter ausgestattet sind. Diese Taxen sind an dem Schild **»Taxi Meter«** auf dem Dach zu erkennen; sie sind lizenziert und ausreichend versichert. Die Fahrten sind sehr günstig. Kaum eine Stadtfahrt kostet mehr als 5 bis 6 €. Vom Flughafen Suvarnabhumi in die Altstadt werden für knapp eine Stunde Fahrt meist nicht mehr als 12 € fällig.

Tuk-Tuk

Das **klassische, thailändische Verkehrsmittel** Tuk-Tuk, ein dreirädriges Gefährt, das von einem knatternden Zweitaktmotor angetrieben wird, verschwindet langsam aus den Innenstadtbereichen Bangkoks. Der Preis muss vor Fahrtantritt ausgehandelt werden und liegt fast immer über dem Taxi-Meter-Preis. Erscheint der Preis viel zu hoch, winkt man das nächste Tuk-Tuk heran. Eine Fahrt mit dem Tuk-Tuk sollte man aber in jedem Fall machen: Sie ist ein **Erlebnis**.

Limousinenservice

Große Hotels bieten einen hoteleigenen Limousinenservice, der auch allgemein zur Verfügung steht. Limousinentaxis sind teuer, dafür aber gepflegt, klimatisiert und versichert. Handeln ist nur möglich, wenn man **längere Ausflüge** unternehmen will.

GLOSSSAR

ARCHITEKTUR

antarala	**Wandelgang**
ban	**Haus, Zuhause, Dorf**
bot (ubosot)	**Heiligste Gebäude im Tempelbezirk, nur Mönchen zugänglich**
cella	**Innenraum eines Tempels**
gopura	**Torvorbauten, eine Art Pavillon im Eingangsbereich der Tempel**
ho rakang	**Glockenturm**
ho trai	**Bibliothek**
klong	**Kanal**
ku	**Kleiner Stupa, teils offen und hohl**
khana	**Wohnungen für Mönche**
mahathat	**alle Tempel, die Buddhareliquien aufbewahren**
mandapa (mondop)	**Versammlungshalle**
masijd	**Moschee**
mon-dóp	**Kleiner Platz, Bauwerk mit Turm in einem wat**
prangs (oder chedi)	**Tempeltürme**
prasat	**Zentrales Heiligtum auf Tempelplatz; ein Gebäude mit Säulenumgang auf dem Grundriss eines griechischen Kreuzes, umgeben von prangs**
sala	**Klleine, offene Hallen im Thai-Stil, Dach von Pfeilern getragen, als Ruheräume**
saan phra phum	**Geisterhäuschen**
stupa (chedi)	**Unzugängliche Kultbauten, die Reliquien Buddhas enthalten**
viharn	**Versammlungssaal**
wang	**Palast**
wat	**Kloster**
wat phra mahathat	**Tempel der großen heiligen Reliquie**

RELIGION

bodhisattvas	**Menschen, die Erleuchtung erreicht haben, aber noch auf der Erde weilen**
Brahma	**Der Schöpfer des Universums**
brahman	**»Heiliges Wort«, Philiosophie der Weltseele, beschreibt die ursprüngliche Kraft im Brahanismus (indische Religion)**
dschaks	**Tempelwächter chinesischen Ursprungs**
garudas	**Reittiere Vishnus**
kai	**Materiellenr Körper**
kam	**Karma**

khwan	**Freie Seele**
Kinnari	**Vogelmädchen**
mâa chi	**Buddhistische Nonne in Thailand**
naga	**Mythisches Wesen mit magischen Kräften, ähnelt einer Schlange**
neen	**Novizen**
nibbana	**Nirvana**
phra	**Mönch**
phi ruan	**Erdgeister**
phra phum	**Hausgeister, Wächter über den Alltag**
pyan malai	**Blumengirlande**
samsara	**Reich der Wiedergeburt und Verwirrung im Buddhismus**
sangha	**Buddhistische Gemeinde**
Shiva	**Der Gott mit dem** Unheil verkündenden dritten Auge
sankhá	**Mönchsgemeinschaft**
sema	**Grenzsteine**
thaan	**Geben von Almosen an die Mönche zum eigenen Seelenheil**
tam bun	**Erwerb von religiösen Verdienst für sich selbst**
trimurti	**Dreieinigkeit im Hinduismus mit Brahma, Shiva und Vishnu**
Tripitaka	**Schriften des Theravada-Buddhismus**
vipassana	**»Einsicht«, Meditationstechnik**
vishnu	**Der Wohltäter, Bewahrer und Erlöser**
winyan	**Eigene Seele**

SONSTIGES

farang	**Ausländer (v. a. Europäer)**
isaan	**Thailands Nordosten**
khmer	**Volk von Kambodscha**
rot aa	**Blauweißer, klimatisierter Bus**
rot norn	**Bus mit Schlafplätzen**
sorng-taa-ou	**Als Taxi oder Bus dienende Transporter mit zwei kleinen Sitzreihen**
tuk-tuk	**motorisierte Fahrradrikscha**

REGISTER

A

B

C

D

E

L

M

N

R

S

T

BILDNACHWEIS

age fotostock 106; 47, 213 u. (Lookphotos)
Dumont Bildarchiv 19, 97, 124, 167, 357, 368, 389, 393, 397 o., 405, 410, 414, 423, 448, 449 o., 449 u. (Heeb); 400, 402, 418 (Sasse)
Fausel, M. 397 u.
Fotolia 54, 153, 156, 159; 8/9 (Anake); 216 (Atakorn); 280 (shotikwang); 316 (sushi7688)
Getty Images 12/13, 385; 197 (Arnold); 189 (Atkinson); 7 (Banagan); 130 (Boitano); 15 o. (Bronstein); 16/17 (Bush); 24/25 (Collection: WIN-Initiative); 5, 191 (Cultura Travel/Kozicki); 42 (John Crux Photography); 251 u. (Desai); 34 ([Genesis] - Korawee Ratchapakdee); 441 (Herrick, Collection: Lonely Planet Images); 121 (Kober); 3, 62 (Porteous/robertharding); 177 (Reuss, Collection: Lonely Planet Images); 276 (Rizky DP, Collection: Moment); 467 (Robinson); 275 (Sakultap); 437 (Scanella); 22 (Unger, Collection: Lonely Planet Images); 286 (Watson, Collection: Photolibrary)
Huber Images 90 (Gavin Gough); 10, 103 o., 210 (Richard Taylor); 208/209 (Andrea Armellin), 299 o. (Hans Peter Huber); 2, 304 (Luigi Vaccarella); 447 o. (Stadler Otto)
laif 381, 382; 312 (Azumendi); 80 (Fautre/Le Figaro Magazine); 26, 116/117, 128, 454 (Gardel/hemis.fr); 72, 75, 88 (Guiziou/hemis.fr); 442 (Gumm); 140 (Heuer); 87 (Hirsch); 332 (Huber); 98 (Linkel); 103 u. (Maisant/hemis.fr); 438, 447 u. (Martin/Le Figaro Magazine); 289 (Modrow); 481 (Moraschel); 303 (Standl); 273 (Tuul & Morandi); 270 (XINHUA/GAMMA-RAPHO)
Lookphotos 173, 184 (Stankiewicz)
mauritius images 266 (imageBROKER/Beck); 76 (imageBROKER/Schickert); 450 (imageBROKER/Wolf); 165 (robertharding/Robinson)
Mielke 424
picture alliance 79, 83, 84, 95, 367, 429, 430, 432; 456 Mi., 456 r., 457 l., 457 Mi., 457 r. (Stockfood)
Randebrock, S. 456 l.
Roetting T./Pollex S. 118, 127, 469
Schapowalow 299 u. (Huber); 201 (Schmid); 48 (Vaccarella)
shutterstock 20/21, 29, 61, 66, 109, 136, 143, 146, 169, 182, 193, 204, 213 o., 219, 225, 226, 235, 233, 240, 248, 251 o., 255, 257, 258, 261/262, 308, 319, 322, 327, 335, 336, 339 o., 339 u., 341, 344, 349, 352, 359, 373, 374, 390, 445, 459, 460, 464, U 8

Titelbild: Getty Images / Photographer

VERZEICHNIS DER KARTEN UND GRAFIKEN

IMPRESSUM

Ausstattung:
163 Abbildungen, 46 Karten und grafische Darstellungen, eine große Reisekarte

Text:
Jochen Müssig, Heiner. F. Gstaltmayri

Überarbeitung:
Jochen Müssig

Bearbeitung:
Baedeker-Redaktion (Martin Silbermann)

Kartografie:
Klaus-Peter Lawall, Hohenensingen; MAIRDUMONT Ostfildern (Reisekarte)

3D-Illustrationen:
jangled nerves, Stuttgart

Infografiken:
Golden Section Graphics GmbH, Berlin

Gestalterisches Konzept:
RUPA GbR, München

Chefredaktion:
Rainer Eisenschmid, Baedeker Ostfildern

12. Auflage 2019
Völlig überarbeitet und neu gestaltet

Anzeigenvermarktung:
MAIRDUMONT MEDIA
Tel. 0049 711 4502 333
Fax 0049 711 4502 1012
media@mairdumont.com
http://media.mairdumont.com

Trotz aller Sorgfalt von Redaktion und Autoren zeigt die Erfahrung, dass Fehler und Änderungen nach Drucklegung nicht ausgeschlossen werden können. Dafür kann der Verlag leider keine Haftung übernehmen.
Kritik, Berichtigungen und Verbesserungsvorschläge sind jederzeit willkommen. Schreiben Sie uns, mailen Sie oder rufen Sie an:

Verlag Karl Baedeker / Redaktion
Postfach 3162
D-73751 Ostfildern
Tel. 0711 4502-262
info@baedeker.com
www.baedeker.com

BAEDEKER VERLAGSPROGRAMM

Viele Baedeker-Titel sind als E-Book erhältlich:
shop.baedeker.com

A
Algarve
Allgäu
Amsterdam
Andalusien
Australien
Australien · Osten

B
Bali
Barcelona
Bayerischer Wald
Belgien
Berlin · Potsdam
Bodensee
Brasilien
Bretagne
Brüssel
Budapest
Burgund

C
China

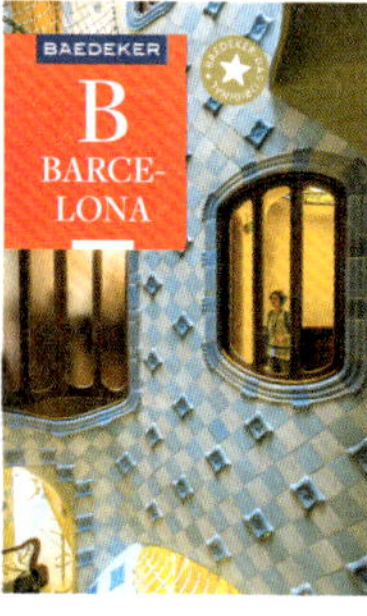

D
Dänemark
Deutsche Nordseeküste
Deutschland
Deutschland · Osten
Dresden
Dubai · VAE

E
Elba
Elsass · Vogesen

F
Finnland
Florenz
Florida
Franken
Frankfurt am Main
Frankreich
Frankreich · Norden
Fuerteventura

G
Gardasee
Golf von Neapel
Gomera
Gran Canaria
Griechenland
Großbritannien

H
Hamburg
Harz
Hongkong · Macao

I
Indien
Irland
Island
Israel
Istanbul
Istrien · Kvarner Bucht
Italien
Italien · Norden
Italienische Adria
Italienische Riviera

J
Japan
Jordanien

K
Kalifornien
Kanada · Osten
Kanada · Westen
Kanalinseln
Kapstadt · Garden Route
Kenia

Köln
Kopenhagen
Korfu · Ionische Inseln
Korsika
Kos
Kreta
Kroatische Adriaküste · Dalmatien
Kuba

L
La Palma
Lanzarote
Leipzig · Halle
Lissabon
London

M
Madeira
Madrid
Maldavien
Mallorca
Malta · Gozo · Comino
Morrokko
Mecklenburg-Vorpommern
Menorca
Mexiko
Moskau
München

N
Namibia
Neuseeland
New York
Niederlande
Norwegen

O
Oberbayern
Oberitalienische Seen · Lombardei · Mailand
Österreich

P
Paris
Polen
Polnische Ostseeküste · Danzing · Masuren
Portugal
Prag
Provence · Côte d'Azur

R
Rhodos
Rom
Rügen · Hiddensee
Rumänien

S
Sachsen
Salzburger Land
Sankt Petersburg
Sardinien
Schottland
Schwarzwald

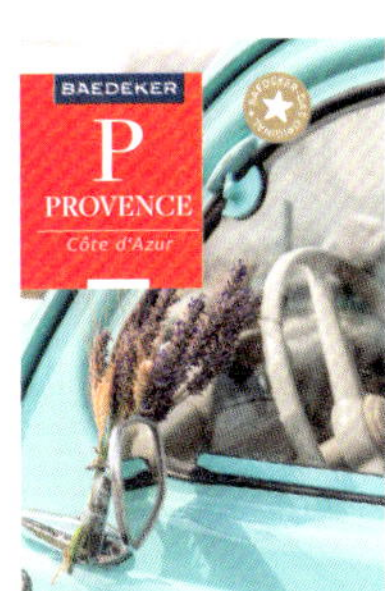

Schweden
Schweiz
Sizilien
Skandinavien
Slowenien
Spanien
Spanien · Norden · Jakobsweg
Sri Lanka
Stuttgart
Südafrika
Südengland
Südschweden · Stockholm
Südtirol
Sylt

T
Teneriffa
Tessin
Thailand
Thüringen
Toskana
Tschechien
Türkische Mittelmeerküste

U
USA
USA · Nordosten
USA · Nordwesten
USA · Südwesten
Usedom

V
Venedig
Vietnam

W
Weimar
Wien

Z
Zürich
Zypern

Meine persönlichen Notizen

Meine persönlichen Notizen

MYANMAR
THAILAND
INDONESIA
Bay of Bengal
Gulf of Marbaban
Andaman Sea
Andaman Islands (India)
Nicobar Islands (India)
Mergui Archipelago
Strait of Malacca
Gulf of Thailand
Sittwe
Pyachanung
Minbu
Yenangyaung
Taungdwingyi
Hisheng
Naypyidaw
Pyinmana
Loi-kaw
Yebok
Kyaukpyu
Letpan
Ramree I.
Cheduba I.
Taungup
Thayet-myo
Prome
Toungoo
Sandoway
Kyangin
Okpo
Papun
Kyeintali
Lemyethna
Henzada
Yegyi
Pegu
Kyaik To
Bilin
Bassein
Rangoon
Maubin
Syriam
Martaban
Moulmein
Bilugyun Island
Bogale
Labutta
Ama
Wagaru
Ye
Natkyizin
Tavoy
Zalut
Palauk
Mali Kyun
Kadan Kyun
Thayawtha-dangyi Kyun
Mergui
Saganthit Kyun
Theinkun
Kanmaw Kyun
Letsôk-Aw Kyun
Lenya
Pisandaungsaung
Ban Tap Li
Kawthaung
Zadetkyi Kyun
Ranong
Kapoe
Koh Phra Thong
Takuapa
Khao Lak
Koh Similan
Ban Khok Kloi
Thalang
Phuket
Ko Phi Phi
Ko Lanta
Kantang
Yong Sala
Ban Chin
Ko Tarutao
Alor Setar
Sungai Petani
George Town
Baling
Great Coco Island
North Andaman
Middle Andaman
South Andaman
Port Blair
Car Nicobar Island
Tillanchang I.
Little Nicobar
Great Nicobar
Weh Island
Banda Aceh
Sigli
Bireuen
Mae Salong
Mae Sai
Muang
Namaklwe
Chiang Saen
Chiang Rai
Muang Pakbèng
Fang
Mae Hong Son
Chiang Mai
Lamphun
Nan
Chom Thong
Lampang
Phrae
Mae Sariang
Bung Nam Nan
Thoen
Uttaradit
Kan Nam
Si Satchanalai
Tak
Sukhothai
Phitsalonuk
Kamphaeng Phet
Nakhon Sawan
Nam Chon Dam
Sangkhla Buri
Dan Chang
Khao Laem Dam
Lopburi
Suphanburi
Ayutthaya
Sarabur
Kanchana-buri
Nonta-buri
Bangkok
Nakhon Pathom
Ratchaburi
Samut Sakhon
Samut Pra
Chonb
Phetchaburi
Pattaya
Bang La
Hua Hin
Rayong
Kui Buri
Prachuap Khirikhan
Ban Bang Saphan
Pathiu
Chumphon
Ko Tao
Lang Sung
Koh Pha Ngan
Koh Samui
Don Sak
Surat-thani
Khao Sok Nat. Park
Sichon
Phangnga
Krabi
Nakhon Si Tham
Huait Yot
Hua Sai
Ranot
Trang
Phattalung
Thale Luang
Hat Yai
Songkhla
Pattani
Na Thawi
Yala
45
110
2
1
5
106
11
8
58
21
32
340
323
304
41
4
401
25